复旦百年经典文库

谈艺录
中国画论研究
欧洲文论简史

伍蠡甫 著
林骧华 编

复旦大学出版社

本书由复旦大学出版基金资助出版

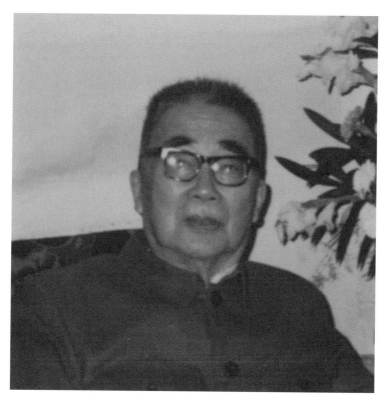

伍蠡甫先生（1900-1992）

大学院第五次学术讲演特请中华书局总编辑金子敦先生主讲"汉史竞说到证者"时间廿百星期三上午九时地点在茅廿句教室教祈佈告為荷此上

萧涤書自隆兄

伍蠡甫 五月廿一

伍蠡甫先生手迹

凡 例

一、"复旦百年经典文库"旨在收录复旦大学建校以来长期任教于此、在其各自专业领域有精深学问并蜚声学界的学人所撰著的经典学术著作,以彰显作为百年名校的复旦精神,以及复旦人在一个多世纪岁月长河中的学术追求。入选的著作以具有代表性的专著为主,并酌情选录论文名篇。

二、所收著作和论文,均约请相关领域的专家整理编订并撰写导读,另附著者小传及学术年表等,系统介绍著者的学术成就及该著作的成书背景、主要内容和学术价值。

三、所收著作,均选取版本优良的足本、精本为底本,并尽可能参考著者手稿及校订本,正其讹误。

四、所收著作,一般采取简体横排;凡较多牵涉古典文献征引及考证者,则采用繁体横排。

五、考虑到文库收录著述的时间跨度较大,对于著者在一定时代背景下的用语风格、文字习惯、注释体例及写作时的通用说法,一般予以保留,不强求统一。对于确系作者笔误及原书排印讹误之处,则予以径改。对于异体字、古体字等,一般改为通行的正体字。原作中缺少标点或仅有旧式标点者,统一补改新式标点,专名号从略。

六、各书卷首,酌选著者照片、手迹,以更好展现前辈学人的风采。

总　目

谈艺录 ………………………………………………………… 1
中国画论研究 ………………………………………………… 119
欧洲文论简史 ………………………………………………… 345

附录 …………………………………………………………… 607
　　伍蠡甫先生的学术思想 …………………………… 林骧华　609
　　伍蠡甫先生学术年表 ……………………………… 林骧华　622

谈 艺 录

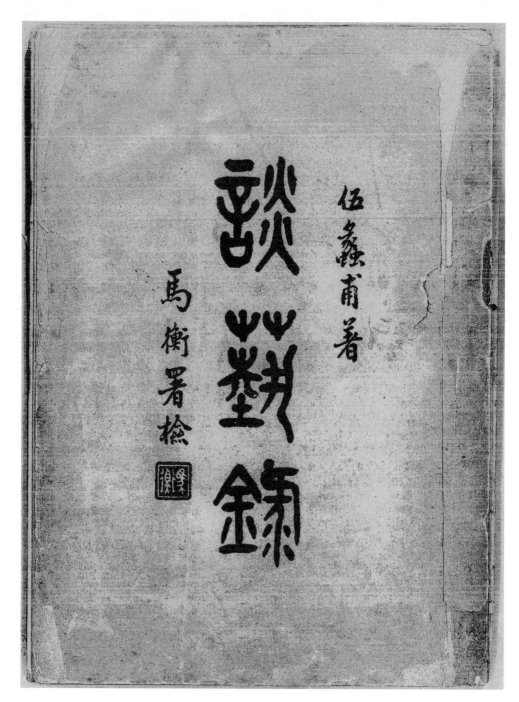

《谈艺录》(1947)初版书影

目　次

序 ··· 4
文艺的倾向性 ·· 5
试论距离、歪曲、线条 ··· 19
中国绘画的意境 ·· 26
再论中国绘画的意境 ··· 43
笔法论 ··· 60
中国绘画的线条 ·· 69
故宫读画记 ·· 85
关于顾恺之《画云台山记》 ·· 90
　　附晋顾恺之《画云台山记》 ··································· 95
在日本的中国古画 ··· 96
利奥那多·达·文西的《最后晚餐》(附译后记) ················· 108

序

  我这本小书所选的十篇文章，都是二十七年至三十五年间，流寓蜀中所写，曾发表于一些杂志和日报副刊，大半是关于中国绘画的问题的，因为陆续写成，所以前后的笔调，未必一致，就是见解，也未必统一。关于后一点，希望读者不必视为作者的矛盾，只须当做一个人思想的发展就是了。抗战期间，手边书籍，实在太少，间有一二引用旁人的话，而不能举出书名，这只好留待将来再行补正。更有些地方，无法多附参考资料，例如关于顾恺之《画云台山记》，近年来很多人研究，傅抱石、鲍正鹄、赵冈诸先生，都发表过考据的文章，手边一时没有，也希望将来都能够附入。又胜利以还，印刷条件，迄未改善，本来有许多插图，都为了制版困难，一概删掉，使读者不免有隔靴搔痒之感，这也是无可如何的。论艺之文，最须写得细致，所以特地译了 Vallentin 论《最后晚餐》，作为一个例子，希望与留心斯道者共同参考，固然像这样的文章，西洋委实太多，决不止这一篇啊。

伍蠡甫　三十五年六月三十日　重庆

文艺的倾向性

一

一个人小时在学校里,对于功课有的喜欢,有的厌恶。对于同学有的接近,有的疏远。长而择配,未必一见就成。成了之后,间或还要离异。等到置身事业,或则几十年里追踪一个目的,或则今年做学问,来年干政治,后年又经商。最后进入暮年,清算一生,觉得某事当时万不该做,某事又嫌做得还不彻底,当时为什么不再往下干。人生一世,不论思想行为,都表出一种倾向。每次认识所导向的行动,或每次行动所包蕴的认识,也含有某一倾向。甚至于言行不符,做出嘴里所不以为然的事情,还是表现某一倾向。又如随便批评,以为消遣,但是话里总有偏依,结果仍有倾向。再如"蝙蝠""骑墙""脚踏两船"等作风,本身也不失为一倾向,因为在左右两条路外,显然倾向中间一条。

人以无数不同倾向,构成他的一生,而在此无数倾向中,又常表出主要的几个。人活在现实里,既须反映现实,更须大家协同构造现实。于是,他的倾向就渗入现实,使社会发展也可视作无数倾向中一个主脑——倾向更高处所——之持续。然而,人虽时刻决定他的倾向,他自己却不必意识到此。自来分裂精神与物质或主观与客观为各自独立的存在,都是不曾觉察倾向性的作用。世上只有基于物质而后可以影响物质的精神,只有源于客观而后再去左右客观的主观。人就在这无数的影响和左右之中,表出他逐次递变的倾向。人有时不顾现实的伟力,以自己的意志为万能,他就成了浪漫主义者。他如果不敌这伟力的威胁而降服了,他便是写实主义者。但是现代思想则昭示我们,人固然不能不顾现实,但也不能降服于现实。他只有懂得如何察识现实的倾向,他才能操纵现实,高过现实,役使现实,以谋大家的福利。这时候,人是革命的写实主义者了。不过,我们认识倾向的程度,完全决定于我们认识现实的力量。现在我们已渐懂得,在统一之前,矛盾的势力表出相反的倾向;即在统一之中,也仍旧伏着矛盾;不过某一方面势力特强,于是倾向也就沿着一面,而较少纷歧。然而我们实已不能不以征服矛盾为人类世代相承的职责——永无休止的任务,倾向更在此绵延的过程中,用种种面目表现一贯的意志——向着高处的意志。

二

艺术与文学既占人类精神发展史的重要部分,当然也替人类表现种种面目的倾向。一部文艺史不窨精神趋向的持续。黑格尔以为"'发展'的原则包含潜伏于'存在'中的一个幼芽——一种努力实现自身的力量或可能"。照黑格尔的意思,"存在"就是"观念",就是"神",所以他觉得"'观念'在世界史上照见了自己,显出了自己的光荣"。于是近代观念派一大中心的黑格尔就把艺术视作观念,在发展过程中伸手摸索机会,好与感性的形态相合,而表出自己的成果了。他再进一步,依这结合程度的强弱,分出艺术发展的三大阶段——象征的、古典的和浪漫的。换言之,当观念还不曾寻到足以充分表出自己的那种适合的感性形态时,当然不能尽情发挥,不能深刻到可以把自己融入自己所从表现的感性形态中去,所以只有观念之象征,而没有观念之彻底的表出。建筑即属此类。等到观念寻着最合于表现自己的感性形态——就是人体的形态,毫无隔膜地唤起感性的人体的形态,于是观念乃得融解于这表出自身的事物中,而有古典的雕刻。最后,感性形态虽被充分应用,但观念的发展已超过它和感性形态间所保持的均衡,因此观念遂神游八荒,不再受感性形态的拘束,遂有浪漫的绘画、诗和音乐。黑格尔的艺术观导源于他的观念论,所以力点乃在:观念之无时不要渴求表现自己于形象中。我们如果探取艺术的倾向,觉得黑氏所说固不失为一普遍的公式。后来唯物史观的艺术论则给黑氏所云观念找到物质的基础,阐明一部艺术史中物质或实在如何决定观念,以及观念再如何作用实在,于是两派注意之点就根本不同。前者论艺术以什么法则表现倾向,后者论艺术表现过几种不同的倾向,而今后的倾向应该具有怎样的内容。一个偏重方法,一个偏重内容。黑格尔在他的美学上,说明这无时不在表现观念精神或神的倾向的艺术之如何受到那足以表出此倾向的感性形态之限制,抑即艺术内涵与艺术工具间之关系。这限制性的强弱,决定内涵表现出的难易。黑氏根据此点,解释各门艺术的本质,所以他所见的本质相异之因,皆起于各门艺术的工具或形式对于内容之限制,而一般言之,艺术的内容则永远视作精神向上这末一个倾向。反之,物观论者除了承认各门艺术本质相异外,关于一般艺术内容,则不满于黑氏之笼统的倾向说。物观论者把艺术倾向析成社会各层意欲的表示,并肯定种种内容相反的倾向。然而,物观论者只能提供事例,证明人类精神向上所循不同的路径,却根本无从废止黑格尔和其他观念哲学所持的笼统倾向观以及那个普遍的公式。至于艺术表现观上的研究,则只在最近才引起物观论者的注意。但是这种研究乃任何有心于文艺者所得而从事,他也无须先行解决内容应该是怎样这一问题之后,方始对此会有特别贡献。

不过观念论者也多越出自己方法所许的范围,侈谈倾向应当如何的问题。若从物观论者的立场看去,这一情形尤觉明显。本来作者在创造过程中有时意识到有时意识不到自己所持的倾向。在欣赏方面,也是如此。一个人先已懂得他自己卷进了社会发展,担任其中一部分的工作(不论怎样小),而后创造或欣赏一件作品,那时自会特别感到倾向之存在,以及倾向于何方。但是社会确有一大部分人一样地卷进,一样地担任(因为无人能够避免),却自己并未懂得,于是就主张艺术无需要有倾向,而且还怕听别人谈到有倾向的艺术,以为污蔑艺术的尊严。因此,同属易卜生的作品或其中人物,放在古斯(Edmund Gosse)和普列哈诺夫二人的笔下,便有绝对不同的批评。古斯一味称许易卜生的反抗力,说他"给一个有病的世界预备下一剂药,他尽量把那药配得富于作呕性和收敛性,因为他原不是那一种的医生,一味将果酱调入清凉的饮料中"。普列哈诺夫则以为易卜生的反抗是空无所有的:"他在这些作品里宣传'意志之刷清''人类精神之兴起';然而他不知道'刷清了的意志'应该有何种目的;'兴起后的精神'更应该毁灭何种社会关系。"换句话说,古斯自以为看到诗人的倾向,普氏则还觉不足,因为这诗人并未指出这倾向之所归。所以易卜生的创作和古斯的批评似乎都不曾以事例塞进一个公式里,他们只谈改革,而不谈如何改革。又如海涅曾说:唐吉珂德把"赤贫的酒店当作了堡寨,赶驴子的当作了骑兵,马房的娼妓当作了宫廷命妇。我呢,刚刚相反,要把我们的堡寨当作赤贫酒家,我们的骑兵当作了赶驴子的,我们的宫廷命妇当作了下等的马房娼妓",则在无意中表现自己的倾向,自己却并未知道。海涅是怎样尊重德谟克拉西的诗人,但在这番话里,不觉露出看不起穷酒店、马房娼妓、赶驴子的意思。他觉得必把堡寨当作赤贫酒家,方显堡寨的不足稀罕,然而这岂不先已默认穷酒店原属卑贱的所在吗?海涅是经过一个转弯,才把自己的倾向表出啊!

上面所说,或者可以揭发倾向的真面,以下想谈谈艺术需要何种媒介来达出倾向,至于倾向之应该如何,暂且不论。不过,我们必先肯定:艺术所表出的意识倾向,是有其物质的基础耳。

三

史家早就告诉我们,埃及人、印度人、希腊人胁于自然随在现出的生命力,特别是生殖力之伟大,他们的建筑就象征那表现此力最显的器官——男性的生殖器。印度也建过巨大的圆石柱,柱根比柱头大,基址又比柱根大,以平地拔起之姿表出崇拜的对象。后来才渐渐把圆柱分作外壳与内核,四周加上一个个的窗洞,遂成可以登临的塔,而今日凭栏远眺的人,已很少知道乃是盘桓于古代一个如斯的崇拜物中。希腊在雕刻尚未演为独立艺术时,已有三五十英寸的石像,由妇人用绳牵着,于举行酒神祭时公然游行,那像上阳物乃长若像的全身。在此,崇拜物以横的姿势显其力量。推而至于建筑、雕刻,在其它场所表出的姿势,也无不导向一个主要的倾向,暗示人类意识之所趋。所以在表示力量时,侧卧或倒垂的姿势极少应用。绘画也需如此:目的物应置画面的何处,画家应借几多配件之布置,才导向那一目的,使观者循此路径,以觉察倾向。但这几门造形艺术因为只能捉住某一时间与某一空间吻合而成的事象,所以表象纵可繁密,却只能奔赴一个主要的倾向,而由次要的相陪衬。时间艺术的诗则不如此。它无需执住时空的一段,它可以贯串许多前后发生的事象,而组成一个广袤的情势或局面,给与一段较长的历史,特别是倾向之转换。但空间艺术也可以若干单位(每一座像或每一幅画)列成一绵延的对象,使观者从头看到尾,经过若干倾向而成主潮(中国手卷画法当属于此)。

历代艺术名作无不以深澈的形象来表出倾向。倾向所趋是内容问题,如何表出倾向,以致别人见了,懂得它不朝东走,而一定是往西去,则属技巧问题。于是艺术家顶大的困难,便在指示我们,他们传出的倾向,乃是无论何人,可以同一素养处此同一情势所必走的路。在此,艺术过程就是凭想象去求典型了。关于这一点,可作如下的解说。

艺术所表现的,并不等于日常生活所碰到的。艺术使人领会某种现实产生某种倾向,此时,它给予了公性或群体性。然而艺术若停在此处,不复前进,它无异报纸上的新闻、图片等等,那末我们又何需艺术。艺术作品必使我们在认识公性之外,更能辨出其中确有某某其人真在奔赴某种倾向,结果我们进了一步,在公性中又切实体味到活生生的某一个体。于是,我们才有一张画,一首诗,或一篇小说。只具公性或只具个性,都嫌太过抽象或太过奇特,不足征取观者与读者的信心，不足唤起共鸣。唯从个别中表出普遍，则印象明晰，基础深固。换言之，从大众之间察出公性，复将公性还给某某其人，而把此人描写出来，此人便是典型。他所走的路才能概括那被社会陶成的同一气质而又处于一境遇的其他的人，都必具有的倾向了。所以，艺术家创造典型以达倾向之时，固须凭一己的想象，但是未用想象前，他不能不先充分认识公性之社会基础，否则他的想象容易陷入幻想，他最后所得的倾向也许是现实所不曾有过的。这就是说：他须以社会科学的知识，去察出倾向，再以艺术的想象去表出倾向。不过，本文只说想象对于表出倾向的功用。

假若目前有甲、乙、丙三人，表现十分强度的共同点。一位小说家将尽量把这共同点放到一个想象的人物——丁的身上，即以丁为主人翁，写成一篇小说。作为典型的丁可以不必就是甲、乙、丙，而却掩有甲、乙、丙的共同倾向。小说家理解了社会，才能看出甲、乙、丙的公性，但必凭一己想象，方得集三人公性于一个丁，而使丁成为灵肉俱全的活人。在此，想象可说有主观和客观两面：从那些提供想象的材料说，想象是有其客观之依据。从如何使用材料说，想象又是主观的，是源于客观的主观。至于想象发动的时候，"自由"亦为一必需条件。想象基于现实，所以艺术家须用完全被动的态度吸收外界给他的材料，庶免遗漏重要的项目。他如抱此态度，他的想象可以不受个人偏见或先入主观的控制，而得循"自由"的路径；并且，他既受现实的刺激去想象，所以也可避免陷入空虚的危险。西洋人论此甚多，在中国则有宋代宋迪的一番话，可算偶而言中："先当求一败墙，张素绢讫，倚之败墙之上，朝夕观之。既久，隔素见破墙之上，高下曲折，皆成山水之象。心存目想，高者为山，下者为水，坎者为谷，缺者为涧，显者为近，晦者为远，神领意造，恍然见人禽草木飞动往来之象，了然在目，则随意命笔，默以神会。自然景皆天就，不类人为，是谓活笔。"宋氏以为画家有时胸中丘壑贫瘠，此法便能唤起想象，但必须意识完全被动，那些高、下、坎、显、晦才会发生作用。利奥那多·达·文西（Leonardo da Vinci）在他有名的笔记第二○八条，作完全相同的主张。"如果你望着一面满是污痕、嵌着许多不同的石子的墙，而要从中发明一些景物，那末你不难见到那墙点缀着各种山、川、树、石、平原、深谷，以及丘阜的山水。你也不难见到其中有敌对的斗争，与闪过的人影、异样的服装、奇特的面貌，以及无穷的事象，使你分别悟出种种的形状。对着这样的墙与不同的石子混和，也同听到的钟声一样，你可以发现以前没有想象得到的每一个字和每一个名字。"

关于这一点,画家、诗人或小说家就像一架生产商品的机器,若不继续把原料放入,他会停止活动。不过他又和机器不同,他不能有两次创造,其原料完全相同,或处理原料之法也完全相同。艺术家固可用此法去求新的蹊径,但必先存主要倾向于他的意识中,才不致被上述那种"自由"所作弄,而走入虚幻了。自由足以培植想象,但是想象本身若无学识基础,则反足受自由之害。艺术家最好能抽出一份精力,随时校核自己的想象。清代画家包慎伯有一段论画的话,也能谈言微中,不妨取来譬喻。"学者有志学书,先宜择唐八字势凝重,锋芒出入,有迹象者数十字,多至百遍习之。用油纸悉心摹出一本,次用纸盖所摹油纸上,张帖临写,不避涨墨,不辞用笔根劲。纸下有本以节度其手,则可以目导心追,取帖上点、画、起、止、肥、瘦之迹。以后逐本递夺,见与帖不似处,随手更换。"他以为学者应于唐字形式之外,注意唐字笔法,因为两者是一个完整生命的两面,彼此渗和,有如血肉,不能拆开。但学者时常不及兼顾,他于是想出用油纸摹本的办法。有了这张摹本,学者可以随着当时情形,或留心形式,或留心笔法。他如果笔法差点,他仅能移目到原帖上去,原帖好给他指正,而同时手下有那油纸本子,决不致使他为了分心于笔法,而忽略了形式。这油纸本子腾出他一部分精神,来校核自己的工作。我觉得字的形式可比概念,字的笔法可比活的形象,好字必形式与笔法俱胜,方成饱满的气势,正如同好的诗文。绘画也须渗和概念与形象,以达出倾向。艺术家实应预备油纸本一般的东西,好让想象从容不迫地去应付形象的问题。通常只将想象放入概念,作品容易空洞,只将想象放入形象,结果又流为零星散乱。社会每有新的倾向,艺术随着也有新的对象。但作者如果实际体验尚未充足,总易较先理会此新倾向的概念以及几个大端,而没有找到很多新的实例,以供使用,于是不免偏向说教,满纸议论,不见活泼的,吸引住读者的形象。在此情形下,包氏的油纸本益发有用。艺术家如果肯先理解时代倾向,那末他已知所以节制想象,他已有了油纸本时刻在他腕下了。

未曾表出于艺术中的倾向,是如同筋骨般的概念,还待形象与以血肉。想象不能帮助作者去取得倾向而代表之。作者先须有充分学识以认知时代,认知倾向,那时骨骼健全,想象方能在骨骼上包以皮肉,灌入鲜血啊!

四

作者为典型找材料,以表出倾向,此时固须一条自由之路,好让原料一无障碍地输入。但是,他随后应用表现的手段时,也一样地少不了自由。黑格尔以为由雕刻而绘画而诗而音乐之一经过，显然证明艺术表现是无时不在追求手段上的自由。作者愈要写出广大的时空，便愈须摆脱形式、手段，或工具的限制。各门艺术受到不同限制，而各能制胜限制，各成优越的造诣。黑氏在他的美学所作比较，比列辛(Lessing)来得妥切。"雕刻和绘画互有短长。绘画不能给我们以一个局势，一桩事件，或一个动作之发展，不能像诗或音乐在一系列的变化中所表出。绘画只能体现时间的一个片段。在这一层上，我们可以默想，我们必定在此一片段中，把这一局势动作的整部抑即最盛时期(bloom)，放在我们的面前。结果，作者所选的那一片段必须连同它自身的前后两段，一齐集中在一点上。"然而，诗亦有不如画的地方，"它不得不将画所一次放在我们眼前的事象，表现为若干观念的联续，使我们常会忘记以前的一些是什么……画家端赖同时展露了若干细节，才能挽救他在联系过去与将来方面的失败。反之，画也有不及诗与音乐的地方，那就是抒情性。诗的艺术所能发展的，不仅是一般的情感与观念，还有情感与观念的转变、运动和递加的强度。"我们可以看出，黑氏将比较标准置于各门艺术对于倾向性所能表出的多寡程度上。画家或雕刻家知道自己所受的限制，不得不尽量充实那已被许可的园地，希望能以少于诗或音乐数倍的对象，达出仿佛诗或音乐的倾向之绵延。但事实上，他只能把画相当于诗的那一刹那间，表现得更加深澈，而永远赶不上诗中那末许多相连而又转变的刹那。在此，批评家所最爱用的"深刻"二字，实在就是指那强化了的倾向。同时，如果诗与音乐要想处处都不放松，也就不能不在相当于画的较短过程上作同样的努力。各门的艺术家为了传出活的转移，而非死的停顿，决不能单表目前，而要连缀过去的残痕与将来的暗示。必三者相衔，艺术才真地分有动的宇宙之一环，才能表出其倾向之一部。自来伟大作品之功，端赖这种综合与贯串。它不仅描写时间之由过去转到现在，而没入将来，以及空间之由此移彼，再从彼之它。伟大的作品必更能凝聚这种转换契机于一个中心点上。画与雕刻或音乐与诗皆含此种凝聚工夫，而诗所可以凝聚的当然更多于画。

但是，列辛及黑格尔等的看法，尚未提到艺术家在表现倾向时所有的苦思。（至于天才之如何作用，原同羚羊挂角，迹象难寻，批评者只得阐发它所生产的结果，却无从指出它所经过的步骤。）固然我们对于各门艺术作品，非待鉴赏全部，不能把捉它的倾向。然而很多的鉴赏之士，尤其是物观论者一经察出这作为内容的倾向，并揭出它和社会的关联后，便已满足，不想再进一步，回溯作者当时的手法，这未免有负艺人制作的苦心。

上文说过,想象因须受理知的校核,遂使作者不得不刻意经营,以洗炼出一个承前启后的倾向。事实上,这洗炼必须导向夸大,而夸大事象的某些特点,同时也必须省略事象的其它数点。既要夸大,便应省略,两者相反相成,实乃构成典型,以达倾向必经之路,所以同时更属于想象的一个重要过程。所谓由甲、乙、丙三人摄取的型,一方面必就三人属性有所节略,一方面更须将共同之点加以夸张。只要艺术家对于倾向早作内容上的确定,他自有成竹在胸,可以指挥他去调节夸张与省略了。在此,消极的省略协助积极的夸大,使凝聚或强调实现于倾向中。此外在欣赏方面,省略作用也无可否定。我们的吸收能力和记忆能力有相当限度,对于一件作品的感应和回溯也有相当限度,凡是未能强调倾向的作品不会深入而且久占我们的意识。雕刻和画正因为易于敛聚它们的倾向,所以也易于把生命精髓印在我们的心板上,而倾向比较绵延的诗和小说则时常只剩若干章句,若干节目,供人传诵。这等情形,尤多发现于缺少艺术修养的人。此所以许多人喜欢短调,甚过长调,喜欢绝句,甚过排律,喜欢意笔,甚过工笔了。但是,批评家探究手法之时,对于作品篇幅的多寡,绝不该有何轩轾。他从探究可知作家的省略乃有意的行为,不能混同无意的残缺。被年代摧毁剥蚀的作品,看去也像省略了不少细目,可是这些省略了的细目常会破坏倾向的完整,不能如有意的省略之反可助长倾向的强调。只有收藏家对于残缺并不计较,反而觉得物稀为贵,不惜抱残守缺,爱不释手。至于作家则应另抱一种观照的态度,或者看出那残余部分仍可相当表出原作的倾向,或者觉得这无意的缺少适足发生遗题法或宕笔法之作用,暗示一种冥索潜求的路向。这虽都是偶合,但近代艺术家之反对十足的完形,也不能不说是一部分地由于古代残存作品触动了他们的想象。然而讲到省略和残缺对于倾向表现的关系,则残缺毕竟又比省略消极得多了。

作家因须强调倾向,而又不落虚空,只好依据现实,使用极大的抽象力。下文所举的若干步骤,一来造成适当情势,使作家可以使用这种能力,二来不要让他背离现实诸"象"而有所"抽"取,致失倾向的真实性。换句话说,艺术家必审察自然,得其发展原则,才能知所强调,正如哲学家穷平生之力,归纳宇宙法则。艺术家实同哲学家一样,他将寻到一个抽象的结论,以为创造的基准。只有一味临摹或剽窃他人作品,以及视察肤薄的作家,才是根本知道这抽象力对他的重要,而反鄙为玄虚,不切实际。因为这种人还不曾辨别法则是抽象的,其基础或应用则必是具体的。

自来艺术家所发现的最大的普遍的原则之一,就是倾向循着曲线而非直线,并且这曲线奔向直线而永远不能吻合绝对的直线。自来名手就为了善于强调这曲线式的倾向,才得成功。也许有人觉得这一原则太过玄空,不过直接体察的结果,无不如是,现实更可提供充分的根据。

黑格尔所谓观念之矛盾的发展,马克思所谓物质之矛盾的发展,或达尔文所谓一切生物的形状、结构、机能等之永久的变化,都是告诉我们生命或生命的倾向是沿着曲线而前进,而我们所可把捉的演化的一个方式,也是曲线的。近来批评界征引黑、马二氏思想,分别论说倾向的表出与倾向的基础,而生物学、生理学、心理学亦作不少的补充。尤其是从后面三者的范围中,我们更可看得清楚,曲线与倾向不能顷刻分离。"我相信,原子的或次原子的变化多端,构成自然种种的精美的形式之条件,使这等形式绝不产生直线,却总产生种类无穷的曲线。只有原子和力各在绝对一致(uniformity)时,方会形成直线,真正的圈线,或两端遇合的曲线。不平等乃曲线的起源,并且当'成长'离开那直接的途径时,它几乎必需导向一最美的曲线——螺状线(spiral)——之产生。"(见 A. Cook: *The Curves of Life*, 1914)"有机体的生命有一条件,就是它有些微歪向(slight deviation)之可能,这一特性将增进有机体对于环境的适应。""软体动物的介壳所取的形状,是最能使得壳内的居住者容易生存。此种绝对适合于生存机能的结果或随伴物(accompaniment)就是'美','美'乃从数学的整律(mathematical regularity)之微妙的分歧。所以,我们如果在着手工作中创造'美',我们就不该忘记以前希腊人怎样小心应用在那崇奉雅典的守护神的大殿(Parthenon)的线条和巨柱之从数学的准确的分歧。"(均同上书)这几段话给倾向找出更深的基础,益见曲线的作用一样地存在于人的肉体机构中,而被艺术利用,使之在艺术对象上也寻到一个副本,结果遂以双方的一致,造成了"美"。因为大殿的巨柱如果单取笔长的线,而非微微的曲线,那末这柱在人的眼里反会失去坚牢和稳定。固然严格地依照数学的立场,直线在此已能尽支撑之职,但希腊的艺术家却能意识到人的肉眼遇见一根仅仅直竖的柱子,这柱子将传送一个皮包骨头的皱缩无力的东西到他的神经里,正如一条横线在其中段会显得软弱而有些要往下陷落的样子(图一)。从实用上讲,建筑物只需处处坚固,但从艺术上讲,它更须使人看去显得坚固。所以曲线的要求同时又是人类生理与心理上的要求。我们不必将那有生命的艺术与严峻刻板的准确

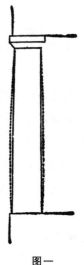

图一

性混为一物,而艺术家则比常人又多出一种任务,他贵能捉住欣赏者这一要求,而利用之,与以毫无痕迹的诱导,使在作品中再度体验倾向之曲线式的经程。"所以,并非任何事象都是美的,只有那些能使我们连带经验到某种同一的动的事象,才是美。""并且,作品的结构与内的情感之表出,实有相互的影响。""我曾分析过一个青年,他感觉有极强要求,逼他用速写似的字体越快越好地去填满一张纸……内中许多神秘的标记实和他的经验有关。例如,我问他这一个符号(图二)是何用意,他凭联想回答我是'生命'。但是他自己却不能陈述究竟。他望着自己方才所画的这一符号延长他的审察,最后记忆告诉他:'我十岁或十一岁时,总共有三人走进一个狭谷。忽地一个意大利人拿着一把刀向我们奔过来,我不知道他怀着什么恶意。也许他要在谷中一个池塘里钓鱼。所以好心望我们让开吧。'然而他还是没有说出这符号和他联想到的'生命'有什么关系。后来我叫他集中精神于这符号的相衔接的每一段上,于是他认识了曲线的第一段(甲乙),指出池塘里那一片水的终点。这一段右边那一旋转(乙)表明意大利人所站的地方。接着曲线的一段(乙丙)就是要绕到这意大利人将要向青年袭击时所进达的地方。末了一个弯曲(丙丁)则系这青年逃避的方向。"此一符号当然不能视作有意经营的艺术品,不过由甲至丁的曲线则可代表这十一岁青年情绪的经程与倾向,所以不失为一个良好的例子。

五

从生命所认识的曲线,可算更加具体地指出倾向了。艺术家为求反映忠实,可以倾注全神于此曲线上。他通过形式或结构的周折(非直线式的结构),以唤起观者的反应。欲求周折,他最须诉于组织或配合的手法。拉思金曾谓自然的轮廓是争向直线走,而永远走不到。艺术家不妨深味此言,免得在组合的时候,尽使观者走着平板的直路,而失尽真实性。他诱使观者经过几个转弯之后,有时便不必再着力了,因为这几个曲折已将观者领到主象之前。现在且分论造形艺术时间艺术中曲线的结构与凝聚倾向于一中心之关系。

利奥那多那幅杰作《最后晚餐》(Cenacolo 或 Last Supper)至今还耸立在米兰(Milan)一座小寺院(Monastery of S. Maria delle Grazio)的壁间,即使天气十分阴暗,立在画前也能首先望见那横案后面的三扇明窗,而中间一扇上头的飞檐,又必首先受人注意(图三)。因为横案是取的直线,飞檐下端也是直线,而上

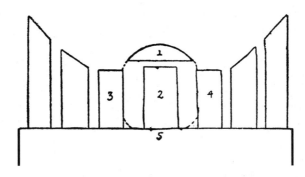

图三　1：飞檐　2,3,4：明窗　5：长餐桌

端则为曲线，向下覆盖，得到两条一短一长的直线由下仰承，遂局限视线于中间窗口，同时，更由左右竖立的关闭了的八扇窗会同构成一个长方形。是观者必须首先注视的地方。他既已被作者诱入这一长方形内，于是画中主角耶稣就找到最适宜表露自己的地方——他占据了这长方形，法国诗人梵洛仑(Paul Valery)在他的"利奥那多·达·文西的方法论"中说得顶明白："如果我们继续引伸这一曲线，我们就得到一个圈线，而基督便是圈线的中心。"观者既见主角，当然抱着莫大希冀，更察出他在这紧张期间的神态。在此，作者则与观者以一个非常宁静的印象。被画得丝毫也不惊惶的基督对他的门徒说："你们之中有一个人要出卖我了，这是不得不然的。"接着我们自然而然沿这白色的长餐桌，向左右看去（这也是作者所得而操纵的），我们发现基督的门徒被列成三群，两群听了先生话后，自相诧怪，急着要彼此问个明白，另一群则直接去问他们的先生（这群就坐在基督的左手），然而只有一人不在这三群之中，并且也不曾分有这三群的共同情感。此人取了惊惶错乱以至倒退的姿势。于是我们便会告诉自己，这人就是出卖先生的犹大了。画幅上共有宁静、诧怪和惊惶三种不同的情感，作者凭组织之妙，领导观象由宁静而至诧怪，由诧怪而至惊惶，中间经过几许周折。然而到了这一阶段，作者并不停止，他要利用正中三扇明窗的吸引，使我们巡视全图之后，重又归宿到此，于是基督的宁静继续将曲线式的倾向伸长了一步，进至更高的一个阶段，使这宁静在三种情感中显得最强，足以统摄全场的气势。换句话说，上文所谓凝聚的倾向，乃得表出于基督的泰然中。泰然是全图的主旨，是通过了宁静、诧怪、惊惶而终又回到宁静这一弯曲的路线之后，才被提炼成功的。在此，造形艺术的限制，真被作者征服了不少啊！

此外，再举米基安琪洛所作摩西雕像与最后审判大壁画（俱在罗马）为例，以见曲线式的传达法。有许多人说过,观者站在这一像前,竟不知道自己的眼睛停在像上哪一处才好。不过因为"眼睛是灵魂的窗户",所以苟能先察摩西的双目的神情,自会趋向全像的中心,就好像踏上盘旋路径的起点,不难跟着走去,求出一个梗概来。凡曾比较此像的若干影本,便觉高下之分全在摄影者能否保持这双目的神情。此像头部向右稍侧,如果摄影者对身躯取了正向,则对头部不能不取侧向,而双目遂不得全见,结果必失去原作的效力。反之,设对头部取正面,则益觉眼神协助那侧坐的身体,充分表出意志的活跃。从眼神所认识的摩西是满含愤怒与激情,并与浑身紧张的筋肉相调和。然而他虽则这般愤激,却依然坐着,并没有什么挥拳顿足的猛烈姿态。米氏所十分致力的,就在传出这种抑制住了的动作——放弃那发泄之后无以为继的奔放姿势,采取这忍耐才益见其怒的收敛姿势。因此,摩西虽坐,那一双眼神却又表示他势将起立,去痛斥犹太人的邪神崇拜,要把那夹在右臂的制定了的戒律,向大众宣扬——这才真是十足地表出统治一大民族者的雄姿了!在此,雕刻也利用一个抑制所得的周折,抑即通过坐定的姿势,再指示出投袂而起的那个倾向。这一承前启后的姿势既是怒的倾向中最有含蓄的表现,米氏便将它强调,使一切其它动作都向之降服了。

　　米氏的《最后审判》则企图在一个长六十六英尺宽三十三英尺的巨幅中,暗示人以精神应有的一大趋向——如何从游移未决的意志而渐渐接近生命的觉醒。善于解说意大利文艺复兴的席门斯(John Aldington Symonds,1840—1893)曾说:此图是"介于警悟与长睡,真现与梦幻之间的"。全图共分四层,笔者因目力不逮,故只能照当时所见,助以法国"TEL"版的局部影本,述其大概组织。大凡人物画尺寸过大,包蕴过繁,易使观者目眩,不知主从。名手到此,便先分段落。若是直幅(此图高度大过宽度),则须诱导观者视线先自上而下或自下而上(非自左而右或自右而左),再从数次往复中暗示全图的倾向。此图第一层画在左右两个穹窿屋顶上,是天使分司赏罚,一面抱着象征觉醒的十字架,一面抱着捆绑恶人的巨柱。但因位于屋顶,适当我们遇到直幅画(尤其是寺院的壁画与建筑的高度发生联带关系)时所最易首先注意的地方(凡入寺院赏玩壁画,不觉受到寺院结构的影响,常先仰观,然后平视、俯视),所以占了居高临下的优势,因而这一层的意念就笼罩了其下的三层。二层以殉教者绕住了耶稣和他的母亲,旁有许多已经"得救"的人围着,全神贯注地看还有什么人可以"复活",这就是说,人类最后的范围究竟有多大。三层是上升与下沉的人,正在挣扎。末层是已经否决了的一群,被击入世界最黑暗的"地狱"中去。作者为了题旨的宏大,及其可能唤起的深切的影响,所以必使人物繁多,姿势极度地纷歧乖离,才能造成骇人的骚动与喧嚣;而由于要收惕醒之效,所以只有耶稣一像是在扰乱中持续着恬静,抑即那最能表出"博爱"的姿态。在他四周,尤其是在他以下(三、四层),好像人人都要"跨过一柄柄的快剑"与"墨黑的倾向"。观者的视线移到此处,他的意识不禁折回一、二两层,构成了一个对照。这对照即是一个作者设计好了而使观者必须走过的周折或曲线。倘若我们能不受这罗马教皇西克斯图斯(Sixtus)的寺院建筑(此画所在寺院又名 Sixtine Chapel)之影响,并不首先仰望顶上的第一层,我们乃是由下而上,那末等到看到第一、

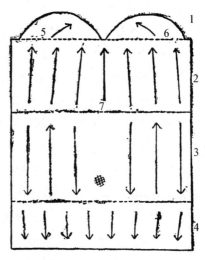

图四　1—4:四层　5,6:分司赏罚的天使　7:基督像

二层,我们还保持第四层地狱惊心动魄的印象,依然又与第一、二层构成对比。一个看法是使我们先见得救者,后见挣扎而落下者,我们的情绪由松弛而紧张;另一个看法则适相反,是由紧张而松弛。然而最后都趋向穹窿所罩的"救生"的"博爱",而完成了印象的统一(图四)。

所以,作家组织之时,实须做到从心所欲地操纵观者,使其注意循环着作家给他的某种曲径。他被放在径中,来回几次,终乃领会了作品的倾向。至于时间艺术也赖此法产生作用,而兼属时空的戏剧亦复如是。上文已经说过,倾向的绵延易表现于戏剧与诗中,其所涵括的若干阶段可以达出更多的转折,使凝聚或强调之点筑在更为广袤的基础上。诗人就以手法指示这许多转换,使从属某一中心,完成倾向强调。论者有谓《李耳王》占据莎士比亚四大悲剧的首席,其所持观点即在阶段推进的深度上。我们如以为终于悲剧的情绪是《哈姆雷特》《奥赛罗》《麦克贝司》三者所具的倾向,而由此情绪更进一步以达非悲剧所宜有的 Pathos 则是《李耳王》的倾向,那末《李耳王》就好像在其他三者倾向所循的曲线上,更添了一个转弯,抑即更多表出黑格尔所谓"递加的强度"。若在造形艺术中,便不能有如此多次的推进,因此悲剧作家也较多特意选择转换性强的对象,而写之了。在《麦克贝司》里,莎翁不能着力于被刺的邓肯,因为邓肯无论放在谁的腕下,只可表出是循着比较率直之境,归宿到"被杀"。刺客麦克贝司夫妇则是可以发挥

的人物,不仅谋杀之前经过许多阶段,谋杀之后更有无限余波,婉转地造成倾向之绵延。在各家评论中,似乎以特昆西(Thomas De Quincey)拈出"敲门"(Knocking Within)一点,别有见地。他的评论已不知受到多少赞颂,当然无须什么补充,不过我觉得若就倾向这一问题而论,其说倒有新的印证。他以为欲求人世静止的最高阶段,作者当致力于收束静止而转入活动的一个倾向,"敲门"便是尽了这一转换的任务,所以使麦克贝司夫妇在干了"恶毒如鬼"的事情之后,从兽性的迷蒙中惊醒,恢复了人性,而此人性与兽性乃得在他们二人以后的生命中,继续形成对比,给他们种种苦痛,以至于死。我想莎翁如果只写兽性,不继以清醒以后的对比,那末就好像一味在静止之中描写静止,乃直线式的用心,仿佛上文所说雅典神庙巨柱,不幸都放弃了曲线,便绝难动人深至了。敲门是一大关键,造成全剧之人兽二性的苦战的那一个倾向。

六

以上只就个人所见,略述几个大作品中表现倾向的手段,至于倾向本身应当如何,则不是仅从艺术范围里所得而判断。新兴文艺论几乎倾注全力于一个问题——文艺内容应该是些什么。唯物史观艺术论依据唯物史观的教条,指出今后的艺术内容应倾向着社会主义的一元社会,此说实含两个命题:(一)未来社会必是社会主义的社会,(二)人类必需走向这一社会;而所以缀合两命题的则是:社会史的倾向性之无上威权,它足以约制人类行为,强迫人类提早这样走,事实上,这"提早"一方面是要先行肯定所谓属于上层结构的文艺确有影响下层结构之可能,另一方面,"提早"也时常使人想到:人类之所以要服从历史,要以人力去把历史巨轮转得更快一点,其最后原因是否仍然回到观念论所竭力维持的为了全人类幸福的"公正""平等"那些属于先天的要求呢?

二十世纪的艺术家在讲求表现倾向的方法外,如果有心问到倾向的本身是什么,那末他必须没入另一领域啊!

一九三八年六月于北碚

附记:本文第二图系摹自 Pfiater 原书,约放大数倍,其余二图则系自作。

试论距离、歪曲、线条

欧阳永叔《试笔》有云:"萧条澹泊,此难画之意,画者得之,览者未必识之。故飞走迟速,意浅之物易见,而闲和严静,趣远之心难形。若乃高、下、向、背、远、近、重复,此画工之艺耳。"

这话值得深思。我们从自然所得的印象,以及如何把这印象的表出,原都是可深可浅。所谓"飞走迟速"与"萧条澹泊",是我们从自然所以领悟的意境。不过因为两者本身的迹象与轮廓,其明显的程度本不相同,所以作家表现它们的时候所需的力量,也就有强弱难易之分。我们平常多易于感受明确的物象,或欣赏着力的表现,而欧阳永叔所举的第一意境,既然比较浅显,所以也就较易把握。至于所谓属于"画工之艺"的高、下、向、背等事,则是造形艺术所不能少,为画家的基本手法,为认识与欣赏的初步媒介,却也未可全部抹煞。自然形态万千,我们面着自然,凭我们的想象所可获得的意境,也不止以上二者。然而这意境一经把捉之后,便成为人从自然所能寻到的价值,而艺术创作的最后使命,即在此价值之探讨。不过,正因为自然是如此地错综繁复,而我们每一次的创作,却单要从中表现出某一个独特的意境,于是在构成这一个意境的期间,势必剔除那些与它无关的形象。这种删略的工作,仅属创作的消极的方面。若从积极方面说,则更有强调这某一意境之必要。但无论如何,这一意境所需的形象上,也决非只限自然原来的形象,于是,艺术与现实之间,便有参差或距离了。只有坚持艺术必为现实之复写或自然之摄影的人,才会否认这种距离的。然而他们也都是应该最先了解这种距离的人!欧阳永叔的嗟叹,也正为他们而发啊!

讲到近代西洋的艺术,自从写实的作风衰退之后,这删略或保持距离的功夫,也渐被注意。此如特威忒·巴克尔在他的《艺术之分析》上说:"艺术决非现实,也非我们日常所见的现实之仅仅的一个再现。艺术一是为了我们的想象的要求,去表出现实的价值。然而,若不稍稍暗示那含着价值的对象之原有性质,那末所谓价值又何从把握。所以,为了对象的暗示,以及对象之表出,'再现对象'终属必要。"在此,他不仅指出自然原有形象的重要,更主张艺术家须使他的想象浸渍了这种形象,并且把它歪曲化了,而后再表现这浸渍或歪曲的结果。所以距离与歪曲,实可视为艺术创作的一大关键。没有想象来领导这歪曲所循的路径,校准了主观与客观二界间的距离,便无以显出艺术对于现实之修正与夫艺术所可给与的价值。然而作家在歪曲上所运用的想象,仍有相当的限度。如果用得过分的了,他会失去巴克尔氏所说的暗示,会使观者无从通过作品的形象,以认识作者的精神。反之,如果用得不够,也会把作品降为实物之翻印,使绘画或雕刻成为摄影。造形艺术原是基于现实,乃得修正现实,而终于超过现实。作家修改现实时所用的想象,如果摒绝了现实的一切形象,像现代西洋超现实主义者之所为,那末艺术不仅与现实距离得太远,而且也失尽现实的基础。作家的想象既变成了一个横行太虚的、不可捉摸的东西,那末他所修改的是什么?所予的价值是什么?也都无从解答了。艺术至此,无异乎否定了自己。

现在试再举点例子,以作补充。先看原始艺术,它实在已经含有歪曲现实的作用。澳洲土人树皮画上常喜欢用线条画出一桩事件的若干部分,很像中国旧小说里的插图,或西洋叙事体的讽刺画。每一份里,人物、禽兽、屋宇、树木,都足构成独幅的图画,而各幅或有连贯,或不相属(见商务本蔡译恩斯德·格罗塞的《艺术的起源》第七章)。这种割裂自然现象为若干断片,又重新并置一处,决非现实原来的面目,所以此中既有距离的作用,也有歪曲的作用。再如布须曼人的偷牛图中画布须曼人偷到一头牛,失主卡斐人握矛持盾在后面追赶,布须曼人或忙着赶牛,或引弓回射。椐安特烈氏所见,则小布须曼人和大卡斐人身躯高矮相差很多,原作者也许就要特意地表示布须曼人肉体的微小,方显其反抗卡斐人时精神的伟大。人体的大小,从无如此悬殊的,然而布须曼人的想象却偏偏强调这悬殊的一点,因此形成艺术与现实的距离,可见歪曲作用在未开化的人群中已有很大的势力了。自从原始艺术使用歪曲以后,文明社会的艺术便也不能摆脱歪曲的影响,除了写实主义的作品以外,其它创作的成就,遂亦不妨以其如何歪曲为一个衡量了。

在此,可论之点实多。如风格者,便是歪曲作用已经熟谙,并已有获得固定径途之后的产物。宋代画家江参(贯道)"用墨轻淡匀洁,林木树叶,排列珠琲,宋人亦珍之,视然(释巨然)则大有径庭矣。"(元黄公望语,见张子政《画山水跋》。)这是说自然通过大画师的胸次之歪曲,足以形成特殊的意境,同时这意境也反映出几乎属于个人风格。这风格一经形成,便是画师个人的私产,后来继有他人想去模拟，也都不是容易的事。清代恽格《瓯香馆画跋》云："昔白石翁每作云林，其师赵同鲁见辄呼曰，又过矣。董宗伯称子久画未能断纵横习气，惟迂也无闲然。以石田翁之笔力为云林，犹不为同鲁所许，疑翁与云林方驾，尚不免于纵横，故知胸次习气未尽，其于幽淡两言，觌面千里。"恽格是指出那拘于迹象的习气与剑拔弩张的作风必须除掉，此而不除，连模拟前人超脱的制作，都会无一是处的，更不必希望从自家笔下去产生那超脱之境了。若更把某家歪曲了的自然，放在精密的尺度上加以检阅，其结果也会发现表现与现实间之某种距离，是独一无二的（unique），是某家个人所特有的。在整部艺术史上，也决不会找出某两位作家具有完全相等的距离，正如甲的风格决不会与乙的风格完全相同。所以在欣赏方面，凡是某种距离树立了基础之后，它定能替人们培养成某种的胃口或嗜好，而距离既有不同，胃口也就不同，于是各分宗派，所谓门户之争，就从此而起。

中国人对于绘画的爱好，抑即鉴赏的标准，自来可以约略分为"刻露"与"含蓄"的两大阵营。宋米芾会以坚决的态度，反对过纵横习气，他最尊重温雅与蕴藉，连那称为画圣的吴道玄，他都不很赞许，书谓："李公麟病右手三年，余始画。以李尝师吴生，终不能去其气，余乃取顾高古，不使一笔入吴生……"米氏这种讲求含蓄的主张，渐在后代山水画上占有了指导地位。明董其昌更加拥护，影响至今未绝。董氏公开攻击刻意经营与实处着力的作风，鄙为旁门外道，更高挂"文人画"的招牌，以为蕴藉一派张目。他在《容台集》中说过："文人画自王右丞始，其后董源、巨然、李成、范宽为嫡子，李龙眠（按李公麟，龙眠不为米芾所许，是米、董所见未尽合）、王晋卿、米南宫及虎儿，皆从董、巨得来，直至元四大家黄子久、王叔明、倪元镇、吴仲圭，皆其正传，吾朝文、沈则又远接衣钵。若马、夏及李唐、刘松年，又是大李将军一派，非吾曹所当学也。"董氏这种论调遗响深遥，使清代以来的中国传统山水画家几乎只知道董、巨与元四家了。然因古代画迹，经过战乱，损失实多，残存的真本又大半深藏内府和少数人的手中，民间所见大都只是临摹之临摹，于是那些一味因袭前人的作家，不得不与现实完全断绝关系，只以重重折扣的摹本为制作的唯一资源。这种的艺术表现，至多也不过歪曲前人的歪曲，假若其中也还有可以称为距离的话，它们恐怕几乎是具有同一的尺度了。中国传统绘画艺术，遭此厄运，使画家既不知有一己的想象，也不知有自然与自然的形象，更不知何以删略，如何歪曲，没有对于自然评价的工具，结果也便无艺术之可言了。

现在，还剩下几个具体的问题，值得谈谈，就是：歪曲有否基本原则？想象与它的关系如何？对它的决定如何？歪曲的最后成功，又有何种具体的表现？这表现又必须凭着何种特殊的技巧？

凡经想象整理过了而后表出的现实，总含有一个特征，可名之曰"调和"或"均衡"，这一现实证明作者在消极方面已扫除了他对于现实或自然所感到的缺陷，在积极方面更表出了他所认为自然应有的改进。作者增删修改之后，乃得造成一个完全合乎他所想象的自然之新的组织，新的配合。未经主观化的自然，在结构上如果也有调和，也有均衡，那只可说是偶然的。唯有艺术作品的自然，其最小的调节，也藏着作者的想象，映出作者的灵魂，因此可知主观化了的或艺术化了的均衡，须有作者的一切的新的配合，此事完全是人为的，而不是偶然的了。是以距离与歪曲虽因人类想象的要求而始存在，不过它所过之处，却布满着理智与思考的种子。它可说是完全有计划的行为。清钱杜《松壶画忆》记赵松雪《松下老子图》有云："一松，一石，一藤榻，一人物而已；松极繁，石极简，藤榻极繁，人物极简。人物中衣褶极简，带与冠履极繁。即此可悟参错之道。"无疑地，这"参错"寓着人为的均衡与调和；可是万一李老先生真地曾经一榻横陈于松石之间，那疏密浓淡的配合，亦未必便如赵氏此图。反之，设如另有一位画家，也来画一张老子像，他对于人榻松石的繁简配合，也不必完全与赵氏相同。又明李日华《紫桃轩又缀》说："每见梁楷诸人写佛道诸像，细入毫发，而树石点缀，则极洒落，若略不住思者，正以像既恭谨，不能不借此以助雄逸之气耳。至吴道子以描笔画首面肘腕，而衣纹战掣奇纵，亦此意也。"若取与上一段话比较，更可想见梁楷之作偏重质的均衡，而松雪则为严的均衡，但都导源于作者的想象，而成就于作者的感情与理性之相互的约制。

更从简省、节略一方面看，则知歪曲之法还有许多实例。它可以特意省略画材，也可以特意省略表现的媒介。宋董逌《广川画跋》云："唐人孙位画水，必杂山石为惊涛怒浪，盖失水之本性，而求假于物，以发其湍瀑，是不足于水也。……近世孙白始创意作潭滔浚原，平波细流，停为潋滟，引为决泄，盖出人意外，别为新规胜概，不假山石为激跃，而自成迅流，不借滩濑为湍溅，而自成冲波，使夫萦纡曲直，随流荡漾，自然长纹细络，有序不乱，此真水也。"孙白是有意不用通常画水所必不能少的陪衬，却就在此省略之中发挥自己的想象，改变自然的秩序，而依旧写出水性。他那大胆的歪曲，补出了一个自然的新格，一个也许不尽可能的结构，却仍能使人相信他所画的是水，而不是旁的东西。于此，我们不禁想到亚里斯多德在《诗学》上那句名言："可能的不可能时常胜过不可能的可能。"又如彦远

《论顾陆张吴用笔》说:"顾、陆之神,不可见其盼际,所谓笔迹周密也。张、吴之妙,笔才一二,像已应焉,离披点画,时见缺落,此虽笔不周而意周也。"这是说笔墨节省到了缺落不全,而意象却依然饱满,像张、吴一笔之所包,实非庸手许多往复所能尽。张吴集中力量在很小的凭借上,而能表出很丰富的意义,这可算是东方艺术一个特征。纵使一点、一皴、一抹、一过之微,都足以代表想象所整理过了的自然之某一部分。不过,严格讲来,那确切代表这某一部分的,却又只应是某某一笔,它在长、短、宽、狭以及厚、薄、疾、迟上都能适如作者的原意,既不嫌多,也不嫌少。所以,最为忠实准确的表现,无不经过这最为简略的笔墨。反之,最为节略的笔墨,因为占据的时间都很少,所以支配它的想象,也势必较为真纯,不曾掺杂着任何的歧念。在此,表现才可当得起"忠实",意境也讲得上"真实",而非作伪与揉造了。那宋代"惜墨如金"的李成的真迹,在"无李"论的米芾口中,似乎早已失散完了,使后人无从想象他的本领,然他必定是很能"以简略来效忠于想象"的一人。回看西洋绘画,素描只是一种初步训练,油画才是正格。然而所谓正格的油画,细看笔墨何止千万过,于此而欲求笔笔都能为想象所把握,给想象所役使,却是很难的事。所谓象简意远的作品,直到后期印象派的各家,才逐渐产出,却又无可讳言地是受了日本版画的影响。在这一点上,我们可以窥见东西画学发展的速度了。

既然笔墨须简,想象始能正确地表现,而最简之笔又是什么呢?中国因书画关系的密切,线条为两者的基本,所以画家早就努力于线条之美。可是关于线条的问题,西洋人反多警辟的议论。意大利佛罗稜萨画派如契诃多、波的塞里等人的作品,比较重视线条,所以英国现代批评家罗杰·佛莱在他的《想象与计划》上曾说:"契诃多是世界上线条大师之一,虽然他的人物稍嫌幼稚生硬,却无伤伟大……讲到线条的特质,有三要点应当注意。第一,线表现装饰的调和,我们的视觉构造与我们的听觉构造,彼此相像,所以某些关系(大概是那些可经数学的分析的关系)是和谐可人的,某些是纷纭而使人厌倦的。第二,线的意义深长,使我们在想象之中,可从线条上重新构造一个真实的物体,而这物体却又非实际所必有。这一点非常巧妙,因为凡真形之最大可能的暗示,已被凝聚在这最简而又最易把握的一条线上;一方面避免徒乱人意的'冗繁';一方面当然也避免了不发生意义的'简单'。末了,我们可以把线条当作一种姿势。这姿势将艺术家的人格之直接启示,印在我们的意识中,就像书法一样。"这番话指出这忠实代表想象的线条,其形态如何,全受想象的节制,或多而不厌其冗赘,或少而不病其不足。

这一层实又进一步地补充了中国一味崇简的画风。又远在一八〇九年，被小泉八云称为英国畸零诗人的伯雷克，曾在伦敦展览他的绘画，那展览目录上有序一篇，也能阐释线条与想象的密切关系。"昔威尼斯画派及佛罗棱萨画派惯于切断线、面及色。伯雷克先生则反之，线、面、色三者都不切断。他们的艺术是释放形式，他的艺术则是找到形式，并且保存形式。他的艺术和他们的艺术，处处都相反。"这序又说："一个人所想象的轮廓与光线，如果不能比他肉眼所能见的更强更美，那末他就不会想象过。这一张画的作者（指伯雷克）断言他所有的想象，在他自己看来，都比肉眼所见的，更为完全，更有细密的组织。神原是组织过了的人，然而近人每有所状，偏不想用线条，而代以浓重的阴影。阴影不是比线条更加没有意义，更加笨重吗？哎，谁又能怀疑到这一点。"伯氏明白画家的利器是线，而不是面，这利器用得其宜，将使画家修补自然之短缺，其轻而易举，如同神一样。他更比较着阴影与线条的意义，这一点，尤能发人深省。现在我们试问毫无艺术素养的人，"在你肉眼所见的物像本身上，找得到阴影呢？还是线条呢？"答案恐怕多是"阴影"。因为线条以及它第一步所可合成的轮廓，决非物所原有，乃是画家加上去的。如果艺术的最大任务只不过在复制自然，或翻印现实，那末画出自然原有的阴影，应该是有意义的，画出自然原来没有的线条，反是无意义的。然而，所谓造形艺术者，原系造出想象所许而与实际未必尽合的形，于是，线条者虽乍看未免杜撰，实则它的任务之大，意义之深，远过于阴影。

试再看原始艺术。原始人表现能力虽然稚弱，但如上文所说，他们的想象力却极强大，知道用"杜撰"的线条，来造成艺术与现实之间的距离，因而完成艺术最最单纯的任务。由此，我们不妨提出最后一个问题：线是代表什么呢？据佛里采的意见，人与周围不调和时，精神可以表出两个相反的形态：或主动地征服周围，或被动地敬畏周围。前者以"求智"与"好奇"两个态度去应付，造成准确的观念，准确的传达，结果有"形状"的概念。后者排除生存的不安，为动摇的精神求安慰，遂从"变"去求"不变"，从"无常"去求"有常"，来制服现实之无恒，结果有"神"的概念及"线"的概念（见佛氏《艺术社会学》）。这话也值得参考。由此可见那作为想象之忠仆的线条，我们悠远的祖先早就应用，至于它到底如何地忠于它的主人，文明人很迟地才稍稍加以说明罢了。

最近心理学对于线在艺术上的作用，也很有说明，尤能指出线与人的精神动作间的关系，内中似以西奥多·立普司与佛厄隆·李等人先后所持的"感情移入"说发现特多。依尔克曾重述诸氏的意见："人如果注视一条线，他的精神与身体都全跟着发生动作。不过,因为这些动作很暧昧模糊,而又不与观者意欲相衔接,所以人反以为这动作是属于线的,而不属于人自己。我们看着一条线时,我们总须从某处开始,而停在某处。我们注意的本身,便已含有动作,但这动作却被领悟为线的本身的动作。并且,基于这动作的难或易,变化或单纯,这线所被感觉到的性质,也各不同。不仅此也,线条暗示我们,我们身体的动作可以与线条的运动具有互相类似动惰力。我们好像可以想象得到我们自己也在跑,在摇动,在飘浮,在驱驰,或顺着线条的路径航行,并且把这些动作的'感觉'都联系到线条上面去。线条还暗示我们以我们身体的姿势或轮廓,所以线条也可以表出立、卧、坠落、斜倚或升起,不论线条本身是细微或笨拙,严整或散逸,轻妙或沉着。……线条与眼帘相接,使我们想象我们自己形成这线条(单指鉴赏者),并且我们感觉随生,从线条中感觉它所暗示我们的若干情境,如畅达、潇洒、微妙或壮勇。"此一番话除已精微地说明感情移入线条的经过外,并且使我们悟出线条的姿态动向与彼此间的配置关系,都深深寓有人类的灵魂,而必待这一关系找到了均衡,想象才能满足,灵魂才有皈依。

艺术家与自然发生交涉,从而揣摩这交涉所可形成的意境,其中必有荦荦大端,其斩截清楚,亦可由几个线条交错而表现之一。是又论距离与歪曲者所必深究。此外,还有中国绘画在由歪曲以取均衡之比较上,问题很多,又关于歪曲之限度,中西更有不同的倾向,因限于时间,他日试再为文论之。

中国绘画的意境

一、序　　说

　　本文所指的中国绘画，是中国固有的绘画，也就是目前流行的名称——国画，而不是中国人所模仿的纯粹的西洋画。近十多年来，研究中国画学的著作渐渐可分为国内和国外两方面。国内的作者大都同时也是画家，懂得中国绘画的传统的旨趣和技巧，所以从传统的立场来说，他们的话都很"道地""内行"。但中国是一天天地在创新，她的绘画固然无需纯粹模仿西洋才有将来，不过它的发展，却不能避免接受西洋的影响。因此，道地、内行或本色的研究，纵能一部分为认识中国过去的绘画，却未必觉察得到在创新中的中国绘画循环的契机，更不足以把握其未来的可能的倾向，而加以批判了。加以国画家大都墨守成法，不很愿意兼通艺术的一般理论，对于和艺术密切相关的其它科学，也不感兴趣，于是他的著作，在纵的方面，不易捉取过去国画发展的原则，在横的方面也就无法理解各种不同作风、派别、方法等所共具的和独特的意义了。换言之，我们近来的国画研究者，似乎太过囿于历代权威的意见，究其量只不过是这些意见的零星的重述，亦即旧材料的累积，不能使读者从中看出什么系统的解释。他们又喜欢博引过去习用的抽象的字面，和批评的滥调，如"气韵生动""笔致高古"，或"古雅""神妙"等等，而不能进一步予以比较科学的说明，又或刻板似地写上许多类乎神话的诸大名家的遗闻轶事，而不肯说破它们的荒谬无稽，凡此更给读者添了不少的困难。因此，我们所有的关于国画的论著，在大体上可以说是失败了。

　　那末，国外的著作又是怎样呢？这类的著作近来出版极多，若就本人所看过的说，在方法、取材与综合的见解上，都比国内的稍胜。因为那些作者生长在另一个文化氛围中——一个含着浓厚的科学的气味的氛围中，他们首先占了方法上的便宜，他们次期所研究的是另一民族的簇新的陌生的对象，所以不致受到任何传统观念的束缚。不过，他根本不会亲自拿过一管毛笔，在竹或棉制的纸上画过一下,对于东方画法,隔膜太多,不晓得其中的甘苦,因而也不能透过方法,见到背后的主动的精神,谈起来自难搔着痒处。他们的弱点是只抓住笼统的轮廓、抽象的意念,而缺乏具体化的资料。他们特别表示无能的,就在识别画迹的真伪,他们著作中所选印的代表作品的图片,原迹多半是赝品,这证明他们对中国画迹不甚或不能加以正确的考评,从而也就未能把握中国画的精神,然而我们自己的论著所附的图片也时常未能免此,不过成分少些罢了。

经过这样比较之后,我们可以略说理想的国画研究之究应如何。(一)我们首须把国画看作时在发展的而且可以创新的精神形态之表现。(二)于是就从这精神所反映的中国社会——中国社会史发展上,去寻国画基础,而溯其原委。(三)等到它的构成、演变、流派都已明白,它的精神或本质就不难认识了。换句话说,我们从历史的迹象探求画学的哲学,找出一个最高原则。若再将这最高原则应用于现今中西文化交互影响的经途上,我们或可比从前的论者多晓得一桩事件,那便是:国画今后的趋势,亦即它的质,将发生怎样变化了。不过,在这研究经程上,我们尤应十分谨慎,不要像有些采用某种方法或公式的人,忽略了具体的事例,而陷入空泛的公式主义的危险中。我们要尽量参酌画史可提供的一切,尤其是画体、画法、画迹、画论,以及画家的生活思想等。本文限于篇幅,不能悉依上述的步骤,来探求国画的本质。所以开头就提出批评国画的最高鹄的,用中国社会的发展来给它说明,就客观的事象来考察,期以达到正确的认识,至于国画将来的倾向,当另为文论之。

二、中国绘画的意境或意识形态之完成与表出

中国人谈到诗、文、书、画等,常以意境之高下,为一个最具体的批判标准,意境是主观之具体的表现,有其特殊的形象,凡轮廓显明的意识形态之表现,都含着一个完整的而绝非支离破碎的意义。历代文人给它所下界说,或所举实例,虽然很多,大抵都没有越出以上的范围。再就画家的这种意识形态而论,则有其完成与表出的两方面。画家最初学画,其意境并未达到完成的阶段,同时他的笔也还不能表出一个完整的意义。他须学习才能使意境成熟,使技术足够运用,亦即使手从心,传写这成熟的意境,这情形无论中外古今都是如此。譬如一个人对着雄浑的高山,而不能为其所动,写出气势深宏的风景画,或经历过一桩英雄的事迹,而不能捉住当时最精美的一幕,写成纪念碑的人物画,那末他就不会完成他的意境,也就无所谓成熟的意境。又如一幅画尽有的是山川木石屋宇桥梁,或满

布着飞机大炮与激战的士兵,然而它并不一定就是表出含有完整意境的山水画或抗战画。事实上,在任何一部绘画史里,不仅是中国的,只有贯通了意境完成与意境表出这二重工作的人,才能成名家。然而此事至难,必先有像刘勰所谓"登山则情满于山,观海则意溢于海"那般狂热的情感,更有传达得出这番热情的技巧。反之,零乱地堆砌画面,搬运前人的一山一水到自己的结构中,毕生从不想和现实见面,而一味地把某某流派遮断了自己和现实间的沟通,以及仅剩一点一抹的技巧,而使人看不出在点抹之上,还有什么统摄全局的图旨——像这类的绘画也委实太多了,尤其是在一个画风衰落的时代里。作风如此的人,固可侥幸成名,然而严格地讲,他们既未企图完成上面所说的那一步贯通的工作,所以他们也无所谓艺术的创造,他们不是画家,只是画匠。

画匠与伪造名画的人是没有什么两样。在中国画史上,这类伪造者虽很少列名,但他们与画匠们却步趋暗合。所以关于中国历代鉴赏者所要辨明的"真""伪"这一问题,与其以伪作与真迹,不如以画匠与画家的作品,作为研究的资料。真迹表出作者意境或完整精神,伪作只有零碎断片的模画,而相当于此两者的画家与画匠的作品,在解释与认识上,都比"真""伪"两个相对名词更加明确,更加具体,使人容易领悟,容易识辨。西洋文艺批评中沿袭柏拉图观念论一派的主张,多认为凡有完整观念以供形式之传达或使用的艺术家,就是真的艺术家。假的艺术家则根本缺少这个完整的观念,他们的意识动向是和这一观念始终对抗的。这一派的批评除了切断观念与现实间的关联,亦即无视现实决定观念这第一原则外,其用以区别真伪艺术家的理论立场,却是可以接受的。如果将画家与画匠之分,与这一派所持的真伪的测度并列而观,总比中国历来鉴赏家关于真伪问题的那套门面话所能指示的,朴实得多、清楚得多了。

现在再进一步来探讨中国绘画上意境之完成与表出两方面,究竟遵循什么途径?应用什么法则?这一探讨工作等于寻出艺术的一般原理,所以不必仅仅关于中国绘画。本文只提纲挈领地,在这一课题中提出特别可以注意的几点:(一)国画意境之完成与一般意识形态之完成相同,是受现实与社会的决定,但如此被决定的意境,后来也未尝不可以反转来影响现实与社会,尤其是当它获得充分的力量时。(二)国画意境之表出与一般艺术相同,产自内容和形式间之相反相成,而内容常具更多决定的力量。(三)完成的意境与表出的意境需属同一体;表出的意境与内容并非同一体,因为在画家的精神运用的过程中,必先完成意境,始得有所表出,而他所感受于自然的必全部存在于他所表出的。至于内容更须与形式合作,始可映出意境。照(二)所说,它比形式的地位高一点,但又比意境的地位低一点。例如"苍茫"是中国山水画家常有的意境,独树、夕阳、远山等是专写此种意境时所常用的内容,树法与远山皴法以及天边如何色染而表出落照等,则是形式问题。他假使不能首先在那由于他的生活、地位所决定的主观里有了"苍茫",他不会想到用独树远山,更不能决定用何种树法与皴法。此三者的地位,孰为首要、次要,都可明白了。我们根据以上几点,才可以谈到中国绘画意境如何决定与如何形成。

三、中国社会史所决定的中国绘画的意境

当中国从殷代奴隶制末期渡到西周封建制的酝酿期,周族因反抗殷代奴隶主的统治,遂有动的宇宙观以对抗以前的静的宇宙观,有斗争的意识以对抗以前的"神学"的意识。等到西周封建秩序完全树立,治权稳固,大约就在春秋时代,为了维系这已成的秩序计,遂又有静的宇宙观来代替动的宇宙观,由斗争的意识转回"神学"的意识,而充分表现于孔门的哲学中。此后在中国封建社会的整个时期里,那源于孔学的儒家思想虽经过相当的内容变化,却支配了这一时期里的精神文化。直到清代鸦片战争,由于世界资本主义力量的伸入,中国封建秩序与儒家思想才起动摇。这作为中国文化主干的儒家思想实浸渍了中国的一切文化工作,并握住文化批判的钥匙,于是绘画与画学也不能例外,而我们所要进一步认识的画家意境,也逃不出儒家的范畴,纵使西方的关系有时是很间接,很隐晦。若说中国画学在方法论上主要是受着儒学的支配,亦不为过。至如封建社会内部逐渐演化,发生部分的突变,其最显著的有春秋时代代表没落的中小领主的复古主义(老聃思想),战国时代所转化而成的厌世主义(庄周思想),西汉末贵族地主不敌商人地主,由动摇而生的复古主义(刘歆思想),魏晋间地主集团无法挽回自身的颓势,因而沉溺着的清淡生活(何晏、王弼、王衍所代表)等,这一切都是以没落者姿态出现,所以很容易糅合于保守主义的儒家哲学中。儒家思想把它们都涵括了,遂使中国的文人一面虽以孔门嫡系自命,一面几乎无不染着出世、清谈的气味,而中国历代的画家也都是这末一个混合的模型所造出来的人物了。再从政治运用或官僚技巧方面来看,则儒家独到之处,乃在治人即所以卫己,有非佛家道家所能及,故深入各朝的政治基层,而得到在上者的提拔,负起重任,直到十九世纪才逢敌手。所谓董仲舒之尊儒而黜百家的大一统,王通之以儒为主的儒佛道合一,更是其中特别显明的例子。所以,在社会史这一种长的阶段中,

支配的阶级和支配的思想使儒家占了惊人的长期优势,更使观念论的中国文化史家感喟中国文化之停滞,是由于中国历史缺少一个近古,而只有上古、中古了。中国画学便在这保守的、单调的、停滞的支配的思想中发育滋长。近来所有一般中国画史虽把中国画学的发展分为实用、礼教、宗教、文学各个时期,然而事实上中国绘画主要是反映儒家哲学所攀附的治人者的意识,而次要是反映佛学道学所表现的僧侣贵族或半僧侣贵族的意识。国画的意境主要地也无非就是达官贵人或依傍他们而生存的文人"雅士"之意境。中国历代名画家几乎不是官僚便是士人,而论者更常常勉励学画的人,不能有半点寒伧气,这就是说,画乃显者之事。又须有书卷气,这就是说,画乃文人之事。日本人大村西崖在他的《文人画的复兴》里更明白写着:"文人画者有文学人所作之画也,又谓文人士大夫之画。在中国(原译作支那),士大夫当皆有文学,纵不能属诗赋,而身居高位,立于多人之上,其人格识见自有足取者也。"当然,位高并不一定识高,日本人学会我们一套门面话,但没有我们士大夫的辞令,所以把这番话说得生硬蠢笨;不过,中国的画学确属文人的学问的一个部门,是毫无疑义的。至于像《宋史·刘挚传》上所说:"士当以器识为先,一号为文人,无足观矣。"反倒不是通俗的见解,是不可为训的。若更从相反的一面看,中国诗是穷而后工的,中国画也是如此:不得意的文人,画几笔"离世绝谷"的或自命"不吃人间烟火食"的画,满纸是一股没落的滋味,而内心的深处仍如望幸的妃嫔,颇近王维的"那堪闻凤吹,门外度金舆",是忠于上人的,所以仍是一种御用品。上节所提出的意识形态之能翻转来影响现实与社会,便是指着这长期反映儒家思想的画家意境而言的;因为儒家思想的反拨作用不住地又在增强与累积社会上许多方面的保守精神,使之愈加浓厚,画家当然受此影响(中国画学中复古精神一点,将另为文论之),足见儒学于被动地产自社会外,还自动地深化社会各层(文人与画家)从它所接受的影响。

其次,我们要具体地试寻儒家中心思想如何影响画家的意境。儒的中心人物是孔子,但儒是先他而存在的。依据《说文》,儒大概是柔弱的寄生的术士。胡适之先生则以为是殷代遗民之一,给周人担任礼仪,类乎教士。"孔子乃殷之后,儒之有远见的领袖。"其实孔子是承继了一种生活的习惯,要进一步地研究,怎样才能最巧妙最聪明地过一种最少障碍的生活。胡先生称举孔子的卓见,"深知富有部落性的殷遗民的'儒'是无法拒绝六百年统治中国的周文化,故冲破民族界限曰:'吾从周'"。事实上,中国民族到周代,已由夏商两族为主干而合流为华夏族,即汉族的前身,所以孔子在当时,可算是封建领主的代言者。他随俗,柔和,解仕进。更有自己一套的哲学。第一无须学术的依据,假定"仁"是属于"人"的先天秉赋。《中庸》的"仁也者,人也"便是这种哲学的一种解释。其次,忽视矛盾:以后天仍可培植"仁",故曰:"为仁由己,而由乎人哉?""有能一日用其力于仁矣乎? 我未见力不足者。盖有之矣,我未之见也。"而《大学》给他所拟的方法则为格物、致知、诚意、正心,以及知止、定、静、安、虑、得。末了,他说出"仁"做到之后的好处,乃在消灭社会上一切的对立,使下不犯上,臣不弑君,子不弑父,阶级不相仇,邻国不相侵。易言之,"仁"的人即是"圣人"。以上只不过是孔子所提示的一般的修养。此外,孔子却有更加具体的办法。他承袭前代治人者的方法。依据他们的经验,来修订礼、乐,其中实潜藏着极为深刻的妙策。他注意到人是有感情的动物。必先诉诸感情才可以谈得上息争,减少矛盾,而致"太平"。"乐"乃特具调和感情的能力的工具,所以,列作息争的第一手段。不过他十分周密,还怕乐只有默化的力量,而没有强制的力量,所以跟着又提出"礼"来。"礼"若有不达之处,再维之以"政""刑",于是才能"同民心而出治道"了。作为政刑的前驱的乐礼,含有许多精透的理论,而中国绘画的理论则与之吻合。礼乐的最高原则,就是画理的最高原则,而历代的画家的意境又皆间接受着乐礼的理论之指导。这一层乃认识中国画学精神的一个门径,本文不避繁冗,试举例证,再加条贯,以见中国画学的根本。

《乐记》说:"凡音之起,由人心生也。人心之动,物使之然也。感于物而动,故形于声,声相应,故生变;变成方,谓之音。比音而乐之,及干戚羽旄谓之乐。"孙希旦解曰:"此言乐之所由起也。人心不能无感,感不能无形于声,声谓凡宣于口者皆是也。声之别有五,其始形也,止一声而已。然既形则有不能自已之务,而其同者以类相应。有同必有异,故又有他声之杂焉,而变生矣。变之极而抑扬高下,五声俱备,犹五色之交错而成文章,则成为歌曲,而谓音矣。然犹未足以为乐也,比次歌曲,而以乐器奏之,又以干戚羽旄象其舞蹈以为舞,则声容毕具,而谓之乐也。"《乐记》又曰:"是故先王慎所以感之者,故礼以道其志,乐以和其声,政以一其行,刑以防其奸。礼乐刑政,其极一也,所以同民心,而出治道也。"从这两段话,可以看出儒家的意思,认为原始的声虽属直情感的表现,然而同异参杂,没有划一的规律。它所代表的"心",太不同了,一如政出多门,非常有碍于治道。所以,第一步,应该使这真的情感由变以达音的时候,需要有"方",有节制。第二步,则用规定的乐,奏出这有"方"的"声"("音"),则"音"虽有高下疾徐,但是受了这规定的器具的限制,不同之中有了同了。第三步,再用规定的"干戚羽旄",来象征形声所不能自已之"务",则"务"所可能具有的缓急轻重,也受了这规定的器具的限制,不同之中,有了同了。由"声"而"音"而"乐",或由"心"感于物而"动"而"形声",而"不能自已",而表现为声与务的综合。抑即表现为"乐",其中贯彻着不同的同之"人为"规律,也就是"乐以和其声"的"和"。因为"声"与"务"是纯粹感情的,照"先王"的意见,是太不"慎"了,必须使它转成"乐",则声与务才都理性化了,才能合于规定的绳墨,而不致流为偏激奇险。"和"是"顺""谐""不坚不柔",发而皆中节的意思,也就是磨去了感情的棱角与锋芒,而把它局限在一种制定了的形式之中;其所以必须如此做法,则完全是为"治道"。所以乐并不仅是陶养性情,而是要陶养先王所理想的人民的性情,从而完成政治的使命。

乐既同人之情,以便于治理,礼更本此而发展为更高的阶段。所以《乐记》又说:"审声以知音,审音以知乐,审乐以知政,而治道备矣。……知乐则几于礼矣。礼乐皆得,谓之有德。"礼是人民所守的范围,但是倘若不先用乐来对人民做过一番柔软的工夫,而突然地予以硬性的规定,那是不可能的事。反之,人民假如懂得乐,他们离开礼也自然就不会很远了。所以儒家提倡的礼乐,可以说是对于政治的一大贡献。《乐记》曰:"乐者为同,礼者为异。同则相亲,异则相敬。乐胜则流,礼胜则离。合情饰貌者,礼乐之事也。"郑玄解说:"同谓协好恶,异谓别贵贱。礼乐欲其并行彬彬然。"陈氏澔解说:"和以统同,序以辨异。乐胜则流,过于同也。礼胜则离,过于异也。合情者,乐之和于内,所以救其离之失。饰貌者,礼之检于外,所以救其流之失。"所以《坊记》云:"礼者,因人之情而为之节文。"这种的节情,是源于乐,文情则为由乐发展而成的礼。盖儒家乃以内的感情,为外的举止奠立基础,再以感情来调剂举止的差异,同时也就是以举止来打破感情的雷同。换句话说:要做到情理的相互约制。一个人如果能有这样的修养,儒家称之为"君子"。所以《乐记》又从头开始的一点说:"凡音者,生于人心者也。乐者,通伦理者也。是故知声而不知音者,禽兽是也。知音而不知乐者,众庶是也。唯君子为能知乐。"

不过礼乐还有其它更大的作用,而这作用还有哲学的基础。《乐记》说:"人生而静,天之性也。感于物而动,性之欲也。夫物之感人无穷,而人之好恶无节,则是物至而人化物也。人化物也者,灭天理而穷人欲者也。"这是主张在物我之间,不可一味的以我制物,否则就接不上人欲人情必须"节文"的那番道理。《乐记》又说:"著不息者,天也。著不动者,地也。一动一静,天地之间也。故圣人曰礼乐云。"就是把一套理论哲学化了。拿礼乐来配合天地,以天地来解说礼乐,然后人民对于"节文",才能在信仰之外,更加上一层敬畏。照儒家的意思,天地乃一大调和,礼乐则不过是这调和所垂示的例子。唯圣人始能看出这一点,给常人来斟酌并且制定物我之间的应有关系或调协,使大家感于物而不为物所困,化物而又不使物消灭,而这一关系的成立,便把人位置在一个"天""地"之间的场所,抑即放在"中位"上。所以,懂得礼乐的是君子,制礼作乐的是圣人,而慎所感之的先王、今王,也就和圣人贯串在一个环上,而成为一体了。

于此,我们可以简单地说:礼乐是致取中和的手段,而中和之为用,便是中庸。所以,综合观之,儒家所说做人的最高理想——仁,其中乃以乐礼为手段,以中庸为目的。"仁"的人,应在学习礼乐的时候,特别留心如何把自家放到中位上,只待中位坐稳,一切行事就不会偏激犯上了。中国文化既久为儒家所支配,所以以画家的意境,也与儒家的思想十分吻合,现在即根据此点,试举例说明中国绘画的意境。

前文说过,中国绘画发展史是不宜严格划成若干时期的,因为无论艺人的或文士的绘画,其最后的作用,都给浸渍在儒家政治的意味之中。所以我们可以说:这些艺术作品的造意,含有一个共同的趋向。在那不同的面貌背后,隐伏着一个一贯的相同的使命。关于这一点,我们单就中国山水画来说一说。《唐书·崔植传》:"长庆初,穆宗问贞观、开元治道。植曰:'玄宗即位,得姚(崇)宋(璟)纳君于道,璟尝手写《无逸》,为图以献,劝帝出入观省,以自戒。其后开元之末,朽暗,乃易以山水图,稍怠于勤。今愿陛下以《无逸》为元龟,则天下幸甚。'"这番话无异主张山水画是无用的。山水画在中国,虽特别发达,然而直到明末的顾炎武,还是竭力予以攻击:"古人图画,皆指事为之,使观者可法可戒。自实体难工,于是白描山水之画兴,而古人之意亡矣。"但是事实上,那被崔、顾等人视作最无用处的山水画,在不知不觉之中,仍旧扶持着儒家的礼教。所谓"古人之意",可以说是始终未"亡"的。中国山水画——实则中国各门绘画也都如是——乃在儒家中庸的教训中滋长,而以物我调和为其最后的目的。中国山水画所表现的,与其说是"自然",不如说是通过"自然"而表现的"人"。山水画的种种意境,都是象征治道之下的某一种标准人品,不过同时,画家对于所遇着的自然的某些形象,也必须要能够使其配合得上人的某些品德,而谋取自然与人的契合。(西洋山水画在十九世纪,才渐渐含有人的成分。)所谓"幽淡""浑厚""古朴""清雅"等意境,都是从为人之道观照自然所得的结果。中国山水画家必须学着如何站在人与自然的关系下,去调节自然现象与主观现象。一幅山水画必须是从人的方面看,它兼有自然的成分,从自然方面看,它又兼有人的成分;抑即人天俱备,而且是位于人天中间。董其昌《画禅室随笔》:"画家以古人为师,已自上乘。进此当以天地为师。每朝起看云气变幻,绝近画中山。山行时见奇树,须四面取之。树有左看不入画,而右看入画者。前后亦尔。看得熟,自然传神。传神者必以形,形于心手相凑而相忘,神之所托也。树岂有不入画者,特画收之生绡中,茂密而不繁,峭秀而不塞,即是一家眷属耳。"所谓"绝尽画中山"或"入画"的树,便是可以表现人的自然的部分。所谓茂密而繁,峭秀而塞,乃不足以表现人的自然的部分。凡此都是站在人的立场来说的。至于站在自然方面的,只"进此当以天地为师"一句话,都概括了。而"传神"以及"心手相凑相忘",便是物、我、天、人的浑合,中位的获得,中庸的结果。

再从调和社会制度的约束以及个人的自由二者而言,则画家更不得不一面立意,一面守法;一面要敦人品,一面要讲笔墨,其结果则为"文饰"与"作伪"。文饰与作伪,在儒家的观点上,绝非恶劣的字面而是有其特殊的作用的。它们可以节制或修饰人的情欲,以求适应或迁就环境。然而这一层功夫,只有儒、君子、士始能做到,所以也只有文人画始合乎儒家的标准,是艺术品而非工艺品。文的对面,是质,伪的对面,是真。质而且真,虽为人的本来面目,但是并非处世之道。儒家因有文质调和之说。《论语·雍也》:"质胜文则野,文胜质则史,文质彬彬,然后君子。"便是这个意思。荀卿更补充之:"人之性恶,其善者伪也,故圣人化性而起伪。伪起而生礼义,礼义生而制法度。然而礼义法度者,是圣人之所生也,故圣人之所以同于众而不异于众者,性也,所以异而过于众者,伪也。伪者,文理隆盛也。无性则伪之无所加,无伪则性不能自美。性伪合,然后成圣人之名,一天下之功于是就也。"换言之,世间假使有所谓绝对的天然,这天然必须加以限制,尤须将人工放上。而这作伪的或人为的大任,却只有深知天人之道的圣人、君子,方始担当得起。所以荀卿又说:"君子者,天地之参也,万物之总也,民之父母也。"不过,于此又必须从儒的一群中,剔除众人,方见君子与小人之别。所以,他又说:"大儒者,天子三公也。小儒者,诸侯士大夫也。众者,农工商贾也。"这种看法,渐渐普遍于后来一般社会,卒使中国的绘画由实用工艺而转为纯艺术之后,便不得让文人来完全包办了,而立在中位以参天地,也逐渐成为画家立意造境根本的不变的态度了。

关于文人画一点,画史上可资印证的材料太多了,现在且引几个特别明显的例子,宋邓椿《画继》曰:"其为人也多文,虽有不晓画者寡矣;其为人也无文,虽有晓画者寡矣。"这只是说欣赏必属文人之事。明董其昌《容台集》:"赵孟頫问画道于钱舜举,何以称士气?钱曰:'隶体耳,画史能辨之,即可无翼而飞,不尔,便落邪道,愈工愈远。然又有关捩,要得无求于世,不以赞毁挠怀。'吾尝举似画家,无不攒眉,谓此关难度,所以年年故步。"这里所谓难关,实在就是一种画家不易消灭的矛盾。他如果一方面能够学到像真书(从《韵会》的解释:古之隶即今之真书也)那样的雍容静穆(行草的体性则是奔放的),一方面又能忍受"世俗"对这种"雅淡"的作风的漠视,才可以成家立派。这敛约的态度原是长期礼教的成果,许多别的条件如朴厚、谨严、高简、古拙,以及那些力戒的狂野、霸悍、粗豪等都本此态度,经过文饰节制而成功的。与"隶体"说并重的,则有苏轼的诗句:"退笔如山未足珍,读书万卷始通神。"也就是中国文人最爱说的"书卷气"的意思。简言之,中国画家须多读书,将自己浸渍于礼乐的教育中,才会懂得如何"文饰"自己的意境,才会得适当的形式或手段,以表出这意境于"天地之间"。

关于如何表现出天地之间或中位一层,中国画学都有很多具体的法则。约略的说,则有意境与法度两端之执中,以及气韵与笔墨两端之执中。不过,最后目的都是着重在意境与气韵,法度与笔墨毕竟退居从属的地位;而在这最后目的未达到前,两端或双方可以说是同等重要的。中国画家的思想中,虽然不曾有过观念的辩证法的运用,但是他们谋取中位时,却遵循与之相同的路径。他们使意与法统一起来,而常以意为主导。所谓"执两用中"这一训条,乍视乃一家一半的机械的分割,实则毕竟还有主从的,尤其是在较高阶段的新的发展中。他们在意境与法度、气韵与法度相对待时所指的意境、气韵,不必一定等于他们完成的画面上所含的意境、气韵。后者常是一种更远的造诣。现在试为分别例说尚意、尚法及以意使法三点,从而更加详细地说明中国绘画意境之形成。

四、中国绘画意境形成中意与法的问题

尚意 打开中国一部画史,不难看出"形"与"意"占有极不平等的地位。在较古的时代,"形"相当被重视,这当然由于实用的关系,所画如果不像原物,使人看不懂,那末绘画便会失了普遍宣传的任务。那当时的主形论,《韩非子》有一段可作代表:"客有为齐王画者,齐王问曰:'画孰最难者?'曰:'犬马最难。''孰易者?'曰:'鬼魅最易。夫犬马,人所知也,旦暮罄于前,不可类之,故难。鬼魅无形者,不罄于前,故易之也。'"《后汉书·张衡传》也有一段:"画工恶图犬马,而好作鬼魅,诚以实事难形,而虚伪不穷也。"更看汉唐的雕塑,则写实的作风十分浓厚。

苏州甪直所存的唐杨惠之的塑像,是一最好的例子。又如已经流落到日本的传为唐吴道玄所作的《送子天王像》(长卷原藏清宫),则人、兽、器物之比例都相当正确,形状都很逼真。又如朱景玄《唐朝名画录》所载:"韦偃常以越笔点簇鞍马、人物、山水、云烟,千变万态,或腾,或倚,或龁,或饮,或惊,或止,或走,或起,或翘,或跂。其小者或头一点,或尾一抹,山以墨幹,水以手擦,曲尽其妙,宛然如真。"更是推崇韦氏作品的形繁难象,而像这样的作风,确又为后世所少见。白居易诗:"画无常工,以似为工,画无常师,以真为师",也还是主张形似的意见。从宋代起,文人包办画事以达十分完密的程度,画事在表面上虽远离实用,但它帮助政治的力量,并未稍减,于是主形说就屈服于主意说。文人论画与作画,无不首贵立意,其中有极为鲜明的论调。明李式玉云:"今之画者,观其初作数树焉,意止矣,及徐而见其势之有余也,复缀之以树。继作数峰焉,意止矣,及徐而见其势之有余也,复缀之以峰。再作亭榭桥道诸物,意亦止矣,及徐而见其势之有余也,复杂以他物。如是画,安得佳?即佳,又安得传?"这是说意为贯通心手,支配画面的主力,它摆脱实景的束缚,在天地之间,往来自如。欧阳修说:"萧条澹泊,此难画之意,画者得之,览者未必识也。故飞走迟速,意浅之物易见,而闲和严静,趣远之心难形。若乃高下向背远近重复,此画工之艺耳。"这种论调几乎针对唐人写实的作风,以前所认为难状之物,现在竟不值得留心体察了。苏轼更痛快言之,有诗云:"论画以形似,见与儿童邻。作诗必此诗,定知非诗人。"他既瞧不起形似,当然就是着重意境。他自己则只工书而不善画,偶尔想画,势必寻那较为简单的题材,应用较为单纯的技巧,尤其与书道比较接近的技巧,结果就决定了他的画题:墨竹。我们都晓得他的墨竹很负盛名,虽然我们没有见过一幅好的真迹画。他重意轻形,所以又任意更变画竹的手段。《莫廷韩集》:"朱竹起自东坡,试院时兴至无墨,遂用朱笔,意所独造,便成物理。盖五彩同施,竹本非墨,今墨可代青,则朱亦可代青矣。"宋人深受到儒道释糅合的精神的影响,其中有一个自然的结果,便是观念游戏,而苏轼尤为一个典型的代表。儒家曾经注意到严谨的生活方式与习惯,经过魏晋清淡而失去了一半,到了宋代名流又失去了一半。这在绘画上特别看出,宋代画迹,除院体之外,渐少以前那样精谨从事的态度,转而崇尚一种不经意的立意。关于工具,也开始解放,例如大画家米芾作画,不专用笔,或以纸筋,或以蔗滓,或以莲房,皆可为画。自宋以后,中国绘画便一贯地尚意,剥削了不少形式,抑即处处以形就意,不再像唐代那样从形就意了。宋和宋以来的画论大都可以说是东坡那一首诗的复制。南宋陈与义《墨梅》诗:

"意足不求颜色似,前身相马九方皋",完全着意在被精神所集中的事物的某一点上,其它的一切客观方面的正确,都可不管了。易言之,画家画梅,应学秦穆公时最会相马的九方皋,他尽可把"牝而黄"与"牡而骊"颠倒弄错,但他却见到"天机","得其精而忘其粗,在其内而忘其外,见其所见,不见其所不见,视其所视,而遗其所不视"。梅花本不是黑色的,如果用墨而不用色来描写它,形似虽差,而意则非但没有走失,反倒经过一次很高的提炼了,后来元画重意,明画重趣,只不过是宋代文人精神发展之余绪。这重意的时代很长久。所以就是到了现在,大家还都承认中国画是重意轻形的,虽然宋以前并不如此。

至于创意本身的发展,与模拟的作风的成长,适为反比。模拟又与师古有关,这些都应另文专论。但是唐宋间竟尚"新"意,为后来一味模古者所不肯为,其中有积极的修养自己和消极的暗示自己的若干途径。唐张彦远说:"开元中,将军裴旻善舞剑,道玄观旻舞剑,见出没神怪,既毕,挥毫益进。时又有公孙大娘,亦善舞剑器,张旭见之,因为草书,杜甫歌行述其事。是知书画之艺皆须意气而成,亦非懦夫所能作也。"这是一种修养,而且它的基调完全是男性的,与唐代的国势以及统治者的行动精神相配合,只可惜吴张等氏的作品,现在太不容易见到真的(前云《送子天王像》卷首的人与怪兽格斗一段,约略可以相见积极的气势)。政治的途径,乃是弃武修文,所以其画风也就不同汉唐,是比较地闲静敛约,抑即张彦远之所谓懦夫了。邓椿《画继》云:"郭熙出新意,令圬者不用泥掌,止以手抢泥于壁,或凹或凸,俱所不问,干则以墨随其形迹,晕成峰峦林壑,加以楼阁人物之属,宛然天成,谓之影壁。"又王得臣《麈史》云:"郭忠恕侨寓安陆,郡守求其画,莫能得,因以缣属所馆之寺僧,时俟其饮酣请之。乃令浓为墨汁,悉以泼渍其上,亟携就涧水涤之,徐以笔随其浓淡为山水之形势。"两位郭氏固然不一定是懦夫,但平素却也未必有雄浑的气度,这是有过郭熙《早春图》(故宫博物院藏有影本)郭恕先《辋川图》(商务印书馆影本,为后人模作)的零星琐细,美而不雄,便可知道。他们有了主观的决定,所以感受自然的力量强过整理或利用自然的力量,因此他们不能选拔对象,而只能委身于对象,听其支配了。宋以后的绘画在题材、方法上都日趋单调,就是因为取意或接受暗示之时,既缺少积极与主动,遂使前人传统的丘壑抑即刻板似的画面组织法易于袭人了。

不过,文人画也并非单剩意境,此外便一些别的都没有了。它这不必为"常人"理解的意境究竟也还需通过一种特殊的形式,才能表现,和艺术一般的法则,并无什么两样。但是这特殊形式,决非自然所本有的现象,犹之朱与墨皆非梅花所本有，而文人就在这特殊形式上用了极深的锻炼的功夫。用它的名词来讲，这特殊形式就是与"意"相关的"法"，就是"笔墨"或"法度"。这是中国画学的特别发达的一部分。如要了解中国绘画，便不得不懂得它。现在一般的中国人以及外国人都给这部分阻挡住，被关闭在中国绘画的门外了。在大半的论说上，法常被视为意的对待物，实则它与意结合至深，常不易拆开，它是执中的一极，须详细说明的。

尚法 中国文人从事艺术，其立意本已充分表示了儒家的人为或作伪，而其法度则更受儒家的礼乐观念的影响。一切对象不能不折不扣地依照原样地接受，于是接受以后也就不能再依照原样地表出，这是当然的道理。所以歪曲过了的内容，需要着特殊的形式，尤其是自具谨严的法则的形式，否则，双方不相谋合，"意"便莫由传达了。人情经过文饰有如对象经过增删与改观。文饰须凭借制定的礼乐，有如改观须凭借具有固定的象征作用的笔墨。更因为儒家之支撑统治阶层，是以"一民心"为成功的标志，所以在作为支撑武器的礼乐之中，虽有所谓的"乐合同，礼别异"的话，然而这"合"与"别"却依然要有划一的、共同遵守的标准，才能生效，所以法度之须谨严不仅为儒家的生活教条，复为文人画家必须养成的习惯。就是若干名家所自命"偶尔成文"的逸趣（将详另一文），中国文人非常推重，但也必定先有法度的训练之后，才可做到这一层。

中国画学的"法"不是通常所谓方法或技巧，而是统理这方法或技巧的一个基本原则。法所包含的范围，简单地说，是笔墨。在尚法的精神下，笔墨极被重视，历代的画论几乎一贯地重视笔墨。这些画论把笔墨分论或合论，提出用笔、用墨、笔法、墨法等问题。但"笔"除与"墨"相对待外，更概括了"笔"与"墨"。称赞某人笔法好，就是说他懂得如何用笔，如何用墨，抑即他的作品里有笔有墨。笔过纸上，必藉墨痕始有表现，于此，笔的作用有赖于墨，所以提及用笔，势必说到用墨。中国初期绘画大都先钩物象，然后填色，便算了事。但是中国画学之所以能更高发展，却有赖于墨通过笔或笔使用墨，而又兼负起赋彩的任务。那托名五代荆浩的《笔法记》有云："夫随类赋彩，自古有能，如水晕墨章，兴吾唐代，故张璪员外树石，气韵俱盛，笔墨积微，真思卓然，不贵五彩，旷古绝今，未之有也。"这也和陈与义的"意足不求颜色似"是一样的意思。张彦远说得更明白："草木敷荣，不待丹碌之采；云雪飘扬，不待铅粉而白。山不待空青而翠，凤不待五色而绰。是故运墨而五色具，谓之得意。意在五色，则物象乖矣。"这也是主张以墨代色的。从中国传统的看法，西洋后期印象派以前的绘画，几乎可以说是无所谓立

"意",只有自然之复写,所以一味注重五色,笔踪便非所尚。他们以为如此才能传出物象,但由中国文人看来,则适足以乖物象;正因为中国文人的物象,是经主观洗炼过的东西,是"意"所制造过的东西。然而,墨还是隶属于笔的,笔则为意所主。于是由意出发,始有笔墨。张彦远言之确切:"夫象物必在于形似,形似须全其骨气,骨气形似皆本于立意,而归乎用笔,故工画者皆善书。"此处不过略述中国画学之重笔墨,就是贵立意,贵用笔,贵用墨,其间更是一脉相承的,而意实为主导,下文再详论之。

然而,从命意的观点看来,笔墨相调,其中尤多深至之理,不是西洋以前偏执于物的画学所能触发,《笔法记》又说:"项容山人树石顽涩,棱角无蹠,用墨独得玄门,用笔全无其骨;然于放逸,不失真元气,元大创巧媚。吴道子笔胜于象,骨气自高,树不言图,亦恨无墨。"这段话或有错落。明董其昌《容台集》更为说明:"荆浩云:'吴道子画山水,有笔而无墨,项容有墨而无笔。'盖有笔而无墨者,见落笔蹊径,而少自然,有墨无笔者,去斧凿痕,而多变态。"明顾凝远《画引》则曰:"以枯涩为基,而点染蒙昧,则无笔而无墨。以堆砌为基,而洗发不出,则无墨而无笔。先理筋骨,而积渐敷腴,运腕深厚,而意在轻松,则有墨而有笔。此其大略也。"明莫是龙《画说》又曰:"古人云:'有笔有墨'。笔墨二字,人多不晓,画岂无笔墨哉,但有轮廓而无笔法,即谓之无笔,有笔法而无轻、重、向、背、明、晦,即谓之无墨。古人云:'石看三面',此语是笔,亦是墨,可参之。"这几段话以莫氏所说较为机械、肤浅,并且太过拘泥迹象,反觉呆板了。我们确见过许多作品,轮廓清楚,笔法也有轻、重、向、背、明、晦,而这些作品未必就说得上有笔有墨,董、顾诸氏则是十足地文人见识,以笔墨相符,而又始终相济,以表出文人的意识,要笔中有墨,墨中有笔,好像骨肉相依,肉的中心,以骨支撑,骨的四周,以肉粘贴。于是乎,墨留纸上,须见笔踪。笔是指的那指挥人体动作的骨,人志寓于动作,画意存乎笔踪。人不可无骨,所以画也不可无笔。又笔过之处,亦须墨润。墨是指的那使人体动作灵活化的肉,人意因动作灵活而益显,画意赖墨润笔始更畅。人不可无肉,所以画也不可无墨。照文人的看法,画首贵立意,正如人首贵立志。所以画中有笔无墨,虽然枯窘一点,毕竟还不失为"削瘦"或"皮癌"的一格,这也正如志高而才华不足,还算是一位"君子"。在这种场所,"笔"终于取得第一表现的机会,纵使无墨,还传出一点精神,只不过不及笔墨互济时所表现的那末透澈和通畅罢了。

由此可知尚笔即所以尚法,或者不是错误的,过分的论断。文人既如此重笔,于是作为工具的笔如果能运转如人意,则这笔也有德,称为笔德。瞿宣颖《中国社会史料丛抄甲集》引池玉书语:所谓德大概不出尖、齐、圆、健四者,同上书引"考槃余事",有德的笔在致用时的情形:"副(毫)齐则波切有过,管小则运动有力,毛细则点画无失,锋长则洪阔自由。"蔡邕则更把笔德和笔功十分夸张,尤非外国人所能想象得到:"象类多喻,靡施不协。上刚下柔,乾坤位也。新故代谢,四时序也。圆和正直,规矩极也。玄首黄管,天地色也。"晋成公绥《弃故笔赋序记》则谓:"治世之功莫尚于笔,能举万物之形,序自然之情,即圣人之志,非笔不能宣,乃天地之伟器。"外国(西洋人)所用的笔通称 Pen,其相当于我们的毛笔的则为 Brush,其义与"刷子"通,则粗陋可知,当然不会有上面所说那些品德了。

至于中国画法所用的点、皴、擦、斡、染、擢等,皆为主要的技巧,使学者感到十分严格的限制,而其难处就在上面所举笔墨相济,笔为意之主导等原则,也须同样的应用。虽一点之微,一皴之细,也都得讲求笔法,所以中国文人画家尚法的精神,可以说是建基于笔墨的顶小的单位上。不过,因为点,皴这些工作属于技巧的多,属于原则的少,本文暂不细论。

以意使法　点、染、皴、擦等许多技巧表出不同的明确的形象,但是这些形象并非自然所本有,不像西洋传统的写实主义的绘画,能使观者从自然的形状中寻出完全相当于它们的部分。中国画的点可分点叶和点苔,其中种类繁多,然作点之时,初未必绝对地存着树叶或苔草的意思。每点的粗细,或数点缀合所成面积的大小,可以代表远近的林木,可以指出深浅的岩穴。如果很机械地把若干点当作若干树,或把每一点当作一片叶,那就根本没有懂得点的作用。又如山石的皴主要可分为披麻与劈斧,然而也不必把它们勉强视作山石的裂纹,远望丛林茂草所罩的山头,却只须寥寥几笔的皴,并且也可不加点子,其意已足;而若干皴纹交错于一片巨石之上,有时也在线条会合的地方,点上几点,但画者未必存有苔草长在石纹之上的意思。所以,点和皴的使用,其中含有很大自由,而点与皴相济相成,复表出自然的主要意向,抑即文人意识透过自然形象所创造出来的"应物而不为物累"的,或"借外以表内"的意境。中国文人所有的自然的印象,不是零碎的、片段的残景,而是配合得上文人情绪的一种完整的精神之涌现。文人通常属笔为文时所憧憬着的典雅、远奥、精约、壮丽、新奇等意境(试照刘勰《文心雕龙·体性篇》所举),都可以借点皴的运用,而被表现在画中。于是,为了统一形式以达统一的意境起见,某种的点应与某种的皴相凑合,也有研究的必要。米点不与劈斧并用,因为前者偏近典雅,而后者偏近新奇。夹叶点不与拖泥带水皴并用,因为前者偏近精约,而后者偏近壮丽。中国文人虽然不曾明白指定线条所能表现与唤起的精神形态及其反应,但是他所用的皴点,却都暗合此中的原则,即一面力求皴点的本质之能适合他的意境,一面更使皴点两者避免自身的冲突。所以,文人所用的技巧实际上是遵循固定的法则,以表出意境的某些符号。文人画的唯一任务也便是使立意方面须有造"形"的因素,表意方面须有抽"象"的因素,而落笔之时,则须使造形与抽"象"完全契合,使法中所有从自然抽取的形象恰恰就是意中修正自然所造的形象。南朝宗炳《画山水序》说得最好:"旨微于言象之外者,可心取于书策之内,况乎身所盘桓,目所绸缪,以形写形,以色貌色也。"这写形的形与貌色的色便是抽取之象,要写的形与要貌的色便是意造之象。因此,意境与法度在如此关系下,并非矛盾,并非敌对,只不过彼此本来隔离得远点,须待文人把它们弄到一处,使它们一见面就彼此水乳罢了。

不过,我们从上文尚意一节的说明中,可以认识文人虽须做到意法相济,而历代卓然名家的,却无不以意使法,无不预先能够确立一件作品的意境,然后才能使法就意,以意运法。换言之,他必定如一般论著所说,在握管濡墨,对着纸绢凝神构思的当儿,第一决定这幅画是要表出雄伟还是清秀,简远还是细密。待这笼统而又完整的精神全被捉住了,其次才讲构图,也就是谢赫六法的"经营位置"。最后才决定应用何种的点皴,方能就其各物的本来的体性与彼此间的联系,以与意境密切合作。此处就是重申前文所谓意境内容形式三者一贯的意思。如此完成的作品,使技巧的法则紧紧贴附在意境上,观者开始先给一股浓厚的,统摄全面的精神所吸住,有了坚牢的认识与深切的感动,其次才注意到丘壑位置与皴点等所循的法则。《文心雕龙·声律篇》:"器写人声,声非学器",虽是论文,兼能说出以法隶意的原理。所谓"先王因之(人声)以制乐歌",犹之后来文人因意境的不同而以不同的皴点为之写出,不过,意始终占着首位,倘若弄到声以学器而不以造器,便非"先王"与文人的本意了。所以,宗炳《画山水序》又说:"圣人含道应物,贤者澄怀味象。至于山水,质有趣灵,是以轩辕、尧、孔、广成、大隗、许由、孤竹之流,必有崆峒、具茨、藐姑、箕首、大蒙之游焉,又称仁智之乐焉。"足见"圣人"才能先立主观,再去适应周围,"贤者"便只能被动地解释周围。山水家则介于二者之间,在主观决定之后,还须凭着物象以追求主观的这一个"灵",是由客观表出主观。这就是说,法之为用,原在造意,客观原是为了主观而后才有它的价值,而贵为画圣者,端恃深藏主观,抑即有"道"可"含"耳!所以,也是主意的见解。中国文人无时无地不是走着由内而外的途径,用物用形以至用法时,都不可反为它们所用,"圣贤"与"小人"之分,大都在此一点。苏轼论书有云:"笔墨之迹,托于有形,有形则有弊,苟不至于无,而自乐一时,聊寓其心,忘忧晚岁,则犹贤于博弈也。虽然假外物而有守于内者,圣贤之高致也,惟颜子得之。"画家之事,与此无异,法度精熟之后,"内"始能守得住,也就是意可使法,而不为法累了。

再从主意这一点上去研究那几乎可作中国艺术论的核心的"中庸"观,也不难辨明它并非机械论的均衡说,而是统一矛盾于一个较高的发展中,虽然中国文人自己并没有看得这样清楚确切。这中庸观应用于艺术论上的多得很,例如:黄庭坚《山谷老人刀笔》:"肥字须要有骨,瘦字须要有肉。古人学书,学其二处,今人学书,肥瘦皆病。"又如米芾的《海岳名言》:"字要骨格,肉须裹筋,筋须藏肉,帖乃秀润。在布置稳不俗,险不怪,老不枯,润不肥。变态贵形不贵苦,苦生怒,怒生怪。贵形不作,作入画,画入俗,皆是病也。"姜夔《续书谱》总论:"用笔不欲太肥,肥则形浊,又不欲太瘦,瘦则形枯,不欲多露锋芒,露则意不持重,不欲深藏圭角,藏则体不精神,不欲上大下小,不欲左低右高,不欲前多后少。"然而,其中有个一贯的原则:由中庸或执中所获的成果已非原来两极之中的某一极,而是高过它的一个发展。"有骨"的"肥"出于"肥""骨"而胜过"肥","有肉"的"瘦"出于"瘦""肉"而胜过"瘦"。"不俗"与"稳","不怪"与"险","不枯"与"老","不肥"与"润","贵形"与"不苦,不怒,不怪",以及"不作,不入画,不入俗",亦皆极矛盾的两种。但是,文人所追取的不俗的稳,不怪的险,不枯的老,不润的肥,不苦不怒不怪的形,不作不入画不入俗的形,虽各导源于两极,却又高于稳、险、老、润、形。同样地,不太肥比肥好,因为有清的新因素,不太瘦比瘦好,因为有润的新因素,不多露锋芒,比露锋芒好,因为有持重的新因素,不深藏圭角比藏圭角好,因为有精神的新因素。总之,文人之执中而用,可以说是他创设一切意境的楷模,而在过程上则无处不是以高临于二极之上的意为主导,否则他只能停滞在原有的某一极,无从迈入新的领域了。

三十年八月二十日于北碚黄桷树

再论中国绘画的意境

前曾为《中国绘画的意境》一文说明儒家"执中而用"的精神,在中国长期封建社会的文化史上反映一个一贯的传统的"位于天地之间"的"意境",影响到文学艺术等方面。就绘画而论,一方面儒家这种"中间的"路向,主张"意"与"法"应当并重,一方面儒家对于观念的尊崇,更奠定了以"意"来使"法"的那一个最高原则。中国绘画(中国模拟西洋画不在内)抑即中国往日文人绘画的意境,其本源、发展、流派和演化的方式,无一不可以归纳到这"中位"的观念的哲学中。但是,这一种意境却含有若干比较细致的因素,表示若干独特的形态。在中国文人的口中,它们更化作许多抽象的字面,主要地如"简""雅""古""拙""偶然"等。为着彻底了解其中的真义,这些字面应当分别与以诠释,并应寻到它们的相互关系,然后一般认为那长期披在中国画家身上的神秘的外衣,才可以脱下,使我们看见他的真面;而时常易被误解的与现实好像隔离得很远的中国绘画,尤其是太不能被现代中国人看得懂的"自家祖传"的绘画,也才能变为一件浅近的事物了。现在依照发展的程序,分别说明这些细致的因素。

一、简

儒家本着助成政治的目的,来提倡礼教。《乐记》:"是故乐之隆,非极音也。食飨之礼,非至味也。清庙之瑟,朱弦而疏越,一倡而三叹,有遗音者矣。大飨之礼,尚玄酒而俎腥鱼,大羹不和,有遗味者矣。是故先王之制礼乐也,非以极口腹耳目之欲也,将以教民平好恶而反人道之正也。"又说:"大乐必易,大礼必简。"孙希旦给以解说:"乐之大者必易,一倡三叹而有遗音,而不在乎幻渺之音也。礼之大者必简,玄酒腥鱼而有遗味,而不在乎仪物之繁也。"儒者助"先王",提倡简易的礼乐,原为政治的方便,故首先必须缮人之性,节人之欲,使之适可而止:余音遗味之所以胜于极音至味,便是要养成人民的适可而止的习惯。儒者更求政治的普遍的效果,所以又必须先使礼乐易行,而易行的礼乐无有不是简单的。"简易"为礼乐的基本条件。中国文人生息于儒家的礼乐教养中,他的思想伸入文艺时,遂把整个文艺也看成礼乐,认为是治道的手段,因而文艺的主张也就绕着了这崇简的一个中心。在中国文艺发展途中,不住听到反对繁冗杂难的呼声,其故未尝不是一部分原于儒家礼教的运用技术。

《尚书序》:"夫子作《春秋》,笔则笔,削则削,游夏不能赞一辞。"《易·系辞传》引孔子:"书不尽言,言不尽意。"又云:"其旨远,其辞文。"这都是主张文章须简而得当,抑即刘勰所谓"一字见义"的作风,而同时也不无受到儒家那一位老师——孔子——的影响,即所谓"圣人去甚,去奢,去泰"。从文章尚用的一面讲,对于简当,也几乎没有异义。王充《论衡·艺增篇》甚至攻击违背这种风尚的人,骂他们是"俗"人:"世俗所患,患言事增其实。著文垂辞,辞出溢其真,称美过其善,进恶没其罪。何则?俗人好奇,不奇,言不用也。故誉人不增其美,则闻者不快其意,毁人不益其恶,则听者不惬于心,闻一增以为十,见百益以为千,使夫纯朴之事,十剖百判,审然之语,千反万畔。墨子哭于练丝,杨子哭于歧道,盖伤失本,悲离其实也。"在此数语中,儒者为政治的实施,从而实事求是的精神充分表现;极音至味似的文字夸饰,彻底被否决了。就是到了文风已趋靡丽的六朝,陆机《文赋》还在说:"或清虚以婉约,每除烦而去滥,窥大羹之遗味,同朱弦之清汜,虽一唱而三叹,固既雅而不艳。"又说:"要辞达而理举,故无取乎冗长。"这完全引伸《乐记》的主张,虽然陆机自己的文章未必做到。他的弟弟云给他的信也说:"文实无贵乎为多","文章实自不当多"。挚虞《文章流别论》则说:"古时之赋,以情义为主,以事类为佐。今之赋以事形为本,以义正为助。情义为主,则言省而文有例矣。事形为本,则言当而辞无常矣。文之繁省,辞之险易,盖由于此。夫假象过大,则与类相远。逸辞过壮,则与事相违。辩言过理,则与义相失。丽靡过美,则与情相悖。此四过者,所以背大体而害政教。"所谓近类、切事、得义、合情都做到了,便不背大体;而要做到这一步,还须以简明切当入手。不过挚虞却说得更深一点,指出了文风与政治的关系。刘勰《文心雕龙·风骨篇》云:"诗总六义,风冠其首,斯乃化感之本源,志气之符契也。是以怊怅述情,必始乎风,沉吟铺辞,莫先于骨。故辞之待骨,如体之树骸,情之含风,犹形之包气。结言端直,则文骨成焉。意气骏爽,则文风清焉。……故练于骨者,析辞必精;深乎风者,述情必显。"风相当于内容,骨相当于形式;风骨相关,有如内容形式的互济;风深,所以内容必求清楚明白,骨练,所以形式必求简洁了当。事实上,有效之文无不从此下手,文章可收的一切成果,也都由简当中来,尤其是文章的力量。正同遗音余味是留给人民自家去悬想,去寻味,然后礼乐的功能更加持久。所以文章一道亦必先能简明,而后才会含蓄丰富的力量。"含蓄"原和"隐晦艰涩"是两桩事情,它乃表现作用之延绵,而非表现作用之阻滞,从来没有未能畅达而先能含蓄,也从来没有还未发生作用而便想延长作用的。

若舍文言诗,则崇简也一向是有力的主张。钟嵘《诗品》序:"至乎吟咏情性,亦何贵于用事。'思君如流水',既是即目;'高台多悲风',亦唯所见;'清晨登陇首',羌无故实;'明月照积雪',讵出经史。观古今胜语,多非补假,皆由直寻。"此处所谓"直寻";就是不凭任由主观的议论或说明,直接找到一桩事物,而从它触发情感。这在诗之三义上,乃"兴"而非"比""赋",抑即所谓触物起情的"兴"。结果,在内容与形式两方面,都不能不首先做到简明与确当,否则所起之情易趋模棱,甚且不知不觉走入诗人原来所不希望走入的领域中去。尚用的、施教的"三百篇",照孔子的见解,其第一目的即在"兴",《论语·阳货》早就说明:"小子何莫学夫诗?诗可以兴,可以观,可以群,可以怨……"所以,夷考中国文学尚用的起源与其后来从此主源分出的支流,则知"简"与"含蓄"实属一个一贯的要求。近人王国维《人间词话》更痛快地说:"近体诗体制,以五七言绝句为最尊,律诗次之,排律最下。盖此体于寄兴言情两无所当,殆有韵之骈体文耳。词中小令如绝句,长调如律诗,若长调之'百字令''沁园春'等,则近排律矣。"同时他更反对为文用代字,他指摘宋沈伯时《乐府指迷》的话:"说桃不可直说破'桃',须用'红雨''刘郎'等字;说柳不可直说破'柳',须用'章台''霸岸'等字。"他以为"果以是为文,则古今类书具在,又安用词为耶。"而近人黄侃以为文饰适所以求简的意思,说是"文有饰词,可以传难言之意;文有饰词,可以省不急之文;文有饰词,可以摹难传之状;文有饰词,可以得言外之情。古文有饰,拟议形容,所以求简,非以求繁",则是指的多少得当,与丰约之适宜的剪裁,使人不致误删必要的修辞,所以这也是尚简的一个重要的补充。扬雄《法言》云:"诗人之赋丽以则,辞人之赋丽以淫。"《文心雕龙·物色篇》则明言"三百篇"修辞的简当,而感觉后代的繁冗:"'皎日''彗星',一言穷理;'参差''沃若',两字穷形;并以少总多,情貌无遗矣。虽复思经千载,将何易夺?及'离骚'代兴,触类而长,物貌难尽,故重沓舒状,于是嵯峨之类聚,葳蕤之群积矣。及长卿之徒,诡势环声。模山范水,字必鱼贯,所谓诗人丽则而约言,辞人丽淫而繁句也。"由这种主张转看到中国的绘画,可发觉其中有一个主要的训条,乃是画家应为诗人而不为辞人。我们试先记住这一训条,再来比较中国绘画的发展与中国文学的发展,那末中国绘画尚简的意义,与其所披的外衣，就不难认识了。

中国绘画也同样地走过中国文学所走的那表面上像似渐离致用的途径，而这条途径的开始，在画的方面略迟于文学。当白居易感叹着"文章合为时而著，歌诗合为事而作"的时候，中国绘画表面上脱离实用还不很久，所以等到中国文人把文风弄得淫靡了，中国画家却正在开创一个壮约的风格。因此，我们很容易为了中国的文与画的发展，在时间上参差不齐，而忽视文与画双方精神上的契合。这一误会，首须解除，然后才可以从文学去体察艺术。

中国文人虽始终一贯地阐扬"先王"的礼教，但是对于自己的文艺工作，却持有意的与无意的两种不同态度。凡在"致用"或"载道"的立场下，他是比较有意地忠于礼教，等到换上了所谓"言志"的口号时，他便不很觉察到自己所深藏的礼教观念，虽然他的意境始终不曾越出"先王"所与的范围。然而，正因为这许久不变的忠诚产生了许久不变的意境，所以中国绘画发展史上所曾一度或数度昭示的题旨与笔墨之繁复，都不足以否定文人画家立意的崇简。中国画学发达之后而公然崇尚实用的时期，是在汉代，凡关于礼制、教化、纪功、颂德、表行、祛邪、奉祀、借镜等事，都用得着绘画，题旨虽多，而最后的命意却无非为了礼教。从当时许多的画上，可以看出画家教导如何做人，如何为了维持政治而树立的行为的标准，所以，画者的意境始终不曾背离上述那些荦荦大端，尤其是它们的中心——礼教。到了唐代由于技术的进步，构图力的发展，遂产生了吴道玄所特别擅长的地狱变相图，这图是画在寺观的壁上，"凡三百余堵，变相人物，奇踪异状，无有同者"。他的形象可谓至繁，然而还是紧紧抓住一个劝世警俗的简明的意旨。又如王宰的《临江双树图》，据朱景玄《唐朝名画录》所记，画着"一松一柏，古藤萦绕，上盘于空，下着于水，千枝万叶，交相曲屈，分布不杂，或枯，或荣，或蔓，或亚，或直，或倚，叶叠千重，枝分四面，达士所珍，凡目难辨"。这总算极繁复之能事，然而观者却不可只看表面。他须想象画者必先有像画家所谓"夫子"的"忠恕"之道，往来胸次，使他的精神"卓然而立"，然后方能赋予双树以位于天地之间的"正义"。画者如果只一味着意于根干枝叶的如何盘绕交错，而遗其根本的主要的"忠""贞"诸品格，那末，他也许就不会单单选定这个画题了。这在后代也是一样，文人画树，或画较为扩大的自然对象，都先存一个树或自然对他所能兴喻的品德。松柏使人感觉到"忠贞"，杨柳使人感觉到"温柔"，推而至于兰竹"清逸"，桃李"活泼"，梅菊"傲岸"；而画家也必首先以最最简练单纯的感应，从这些树木的对象中分别捉取这类品格。这点简单的先在的感应，中国文人十分重视：因为他倘若预先不存任何一个简明的主观状态,准备把它投进某一对象中去,那末他所画的树只是自然的复制,而没有人的意味参入其中了。换言之,他便没有意境了。综合观之,中国文人画家立意(并非表现)必简,然后其意才易于表出,而且也只有如此成立的意境才能使用繁复的形象。

我们既从立意与题旨的关系上,看出尚简和其作用,现在再进一步检讨立意与笔墨的关系,是否也是如此。张彦远《历代名画记·论顾陆张吴用笔》:"顾(恺之)陆(探微)之神不可见其盼际,所谓笔迹周密也。张(僧繇)吴(道玄)之妙笔才一二,像已应焉。离披点画,时见缺落,此虽笔不周而意周也。"这四家的作风,今日只顾吴还可见到,如伦敦不列颠博物院藏的顾氏《女史箴》卷子摹本,故宫旧藏的无款而题作吴氏《送子天王图》卷子。《女史箴》线条细,用力匀,笔与笔间和每笔本身,都是连绵不断,不作轻重缓急之势,中国画学术语所谓"春蚕吐丝"或"铁线描"正足指出它的细密均匀。《送子天王图》的线条粗细兼备,用力或轻或重,每笔两端轻细,中间粗重,每线势有徐疾,力有多少,且时见断绝,而笔与笔相接之处,复多空隙,即所谓"莼菜条"。换言之,两图确如张氏所云,一个笔意周密,一个笔不周而意周。但是吴氏的缺落或省略,在一般技术上讲,并非退步,而是进步,因为人与自然交涉,其经验的累积使他在领悟自然所蕴蓄的力量时,必然由弱而强。原始人和儿童领悟力弱,表现自然的技术也弱,在内容与形式上都不免缺落,这全是无意的。文明人和成年人领悟力较强,表现自然的技术也较强,然而为了他主观构意的决定而产生了选择与修改的作用,结果使他在内容与形式上表出有意的缺落,抑即有意的省略。吴氏的作风,不属于第一度的原始人的,而属于第二度的文明人的。他已发展到很高阶段的理想主义,不甘再受对象的完全支配了。尤其是,他们着意的笔墨的轻重急缓,未必是客观对待中所原有的形态,全由于作者领悟力提高,始会产生。反之,顾氏停匀的作风适足证明他主观作用和支配笔墨的力量之较弱于吴氏。日本人金原省吾在他的《唐宋之绘画》(傅抱石先生译,商务印书馆出版)上,依照用笔的方法把中国绘画分成三个时期:(一)顾氏"无变化"的线条,(二)吴氏"多样速度的"线条,(三)马远夏珪梁楷等因压擦而起变化的线条(按即劈斧皴),意谓线有时间与空间的两个方面,时间方面指线的速度,空间方面指线的面积,由六朝而唐而宋,线的发展的特征,是由时间的速度而转入空间的面积。我以为金原省吾所说,还可加以补充。他似乎把一个线条所可同时具有的几个属性拆开来,而分布在几家的作品上,使这些属性互相隔离,各自独立,而不相谋合。其实除了擦之外,压的动作、铁线描、莼菜条与劈斧皴都包含着。铁线描的压力均匀,始终一律,不分轻重;莼菜条的压力多在线的中部。劈斧皴的压力则在线的一端。此外,像顾氏的铁线描,在马夏诸氏的作品中,也并非没有(夏氏真迹印本:有有正书局《中国名画集·夏珪山水卷》四段,杨妹子题曰"远山书雁""渔笛清幽""烟堤晚泊"等,清高士奇《江村消夏录》著录,及古物陈列所藏夏珪《溪山清远图》长卷,亦有印本,都可参看)。他们勾勒树干、屋宇、人物,都时常用它。我在此处征引张彦远、金原省吾诸人的话,是想指出作为笔墨中主要技巧的线条,乃由简而繁地发展着,到了劈斧皴则累积了线在时与空两方面可能的变化,而加以融会,表出总的复杂的作用。不过,我们更须明白这种发展虽然一部分由于画者观察对象比前精微,一部分也因为那以线条为主要技巧的绘画,在用笔用墨的方面,和书法有了密切而又长久的关系,因为文人大都了解书学,而书和画一样,也有其意境,并且这意境也凭笔墨表出。画家择定劈斧皴或披麻皴来支配画面主要的线条时,他早已确立那某种皴法所特易表出的意境(例如劈斧偏近奇险,披麻偏近雄浑)。他在构图的过程中,好像全副精神透进了这一意境的深处,他所有的力量都集中在这深处的一个焦点上,杂念歧路固然对他不生影响,就是那作为线条发展到很高程度的劈斧皴,也不会在被运用的时候,分化他的这种追求简明境界的精力。所以,我们可以了解中国文人画立意简明,是他成功的第一条件,至于形象与笔墨尽可以非常繁复,但是它们只要能够共同集中在意境的某一焦点上,便不会发生与意境冲突的现象了。如果有冲突的话,其责任还由意境本身来担负;因为画者的胸臆必定不够简明,在自己与自然相互的错综的关系下,还不能理出一个统一而又完整的主观形态。所以中国文人画的尚简,始终是立意的一个必要条件,而内容繁复,未必就是不简。至于一般以倪云林式的"枯木竹石"之被重视,便认为中国画崇简的例证,不免皮相之见了。

二、雅

　　文人既能简练他的精神而给人以准确的,不致引入歧途的印象,于是跟着就产生意境的某些因素,其中最应首先提到"雅"。我们时常听到文人以"雅""俗"判断一件作品的高下,这一字之臧否,便肯定了一个作家的地位。不过我们大多只知道"雅""俗"是对立的两个观念,而不能明白地指出在文章或画面的具体表现中,何者为"雅"?何者为"俗"?于是"雅"几乎成了应酬场中一个盲目的、阿谀的口头语;而在无需恭维旁人的人看来,"雅"是既无用处,又无意义。然而为了切实了解中国绘画意境的另一形态,我们正应究诘此无意义中的意义。

就处世的态度而言,儒者或文人向少参加实践的劳作,其生活是偏于静止的。他在助行政治的时候,是处于治者与治人者的中间,故必具有不犯上不凌下的风格。易言之,他须与世谐和,从容不迫,很悠闲地行使他的任务。用儒家口吻说:是要"不忤物",要"文其质",需从荀卿所谓"伪"上出发。盖荀卿本就说得十分明白:"人之性恶,其善者伪也,故圣人化性而起伪,伪起而生礼义,礼义生而制法度,然而礼义法度者,是圣人之所生也,故圣人之所以同于众而不异于众者,性也,所以异而过于众者,伪也。"这一种人为的工夫,儒家简称曰"雅"。《周礼·春官·大师》云:"教六诗:曰风,曰赋,曰比,曰兴,曰雅,曰颂。"《诗·大序》根据此说:"诗有六义:一曰风,二曰赋,三曰比,四曰兴,五曰雅,六曰颂。"《诗·关雎》序:"诗有六义焉:一曰风,上以风化下,下以风刺上,主文而谲谏,言之者无罪,闻之者足诫,故曰风。"郑玄《周礼》注:"……雅,正也,言今之正者,以为后世法。""风""雅"在此是指说话的目的、内容、方法。目的在于"劝导",内容当然是一片"正经",方法必定"婉转"而不致使人不爱听。劝导原是质朴的行为,容易碰钉子,故需加以文饰,弄得光滑一点,自然减少摩擦。《唐书·杜黄裳传》所云:"性雅淡,未始忤物",即此之谓。可见为了求"正",才不走"直"路,在此"风"和"雅"是密切联系着的。然而它们虽流为后世文人自处上下之间的法则,但是其最初的意义,是关于说话、遣辞、抑即文章之事,所以,它们渐被混成一物,特指文章了。《文选》序:"风雅之道,粲然可观",就是一个显明的例子。文人离不了文章,而文章里既有风雅,文人也可以有风雅,也可以当得起风雅,于是中国恭维文人的顶漂亮的字面,要算"风雅"了。风雅自从文章转变为做人的标准之后,再原于使用的经济,缩成一个"雅"字。我们说某人"风雅",某人"雅",其义相同,但不说人"风",因为从头起,"风"就偏近形式(方法),"雅"偏近内容,而某人如何如何地会做人,当然是以他的内容为较有决定性的。中国文人几乎无不希望同时做到"雅人",因此又有"雅兴""雅会""雅怀""雅人深致"一类的理想生活,而中国的文人画家也当然不能例外,他的意境中,也必需有"雅"的一格。要是再回想到"雅"为正的意义,那末我们还可以说:"雅"的文或"雅"的画才是常态,应当取法,并且属于正宗,其它的文或画都是异端,只当得一个俗字。这意思就是孟子所说:"恶郑声,恐其乱雅乐也。"

画家固然因为同时是文人,不得不"雅",但是他在画家中所持"雅"的理论,还是源出诗论与文论,而归向儒学的核心——中庸。诗中的"雅"方才已说过了。

关于文中的"雅",《文心雕龙·体性篇》所论甚明:为文"各师成心,其异如面",若总其归涂,"则数穷八体:一曰典雅,二曰远奥,三曰精约,四曰显附,五曰繁缛,六曰壮丽,七曰新奇,八曰轻靡"。而"典雅者,镕式经诰,方轨儒门者也"。同篇又曰:"雅与奇反,奥与显殊,繁与约舛,壮与轻乖。"其意乃将"雅"、奥、约、壮,和奇、显、繁、轻相对立,而隐然以前四者为好的体性。他对"雅"的解释,完全是宗法儒家正统的意思,也等于说:正统的就是正,就是"雅",所以应当取法。中国论文之所以重视师法,讲求出处、胎息、渊源,尤当专宗儒门,也可以说是为了尊重"雅"的条件。那和"雅"或"正"对立的"奇",事实上不因雅而失其自身的存在。社会时刻在发展,新的事物禁不住要跟着发展而出现,中国论文家便名之曰"奇";而"奇"既为"雅"的反面,照中国论文的一般主张,实应排斥,最低程度,也须把它降服。所以《文心雕龙·定势篇》既认人情决定文的体性,体性复演成文势,遂又承袭儒门成见,专尚势之正者。"文反正为乏,辞反正为奇……夫通衢夷坦,而多行捷径者,趋近故也。正文明白,而常务反言者,适俗故也。……旧练之才,则执正以驭奇,新学之说,则逐奇而失正。""奇",可以让它存在,但必用"正"来驾驭它,束缚它,使它归顺,亦只有尊重传统的老手,才能这样做。初学者没有给传统法式捆住,多少爱好新鲜,便不免"失正"了。譬如中国绘画的题材跟着中国社会的发展逐渐扩充,今日汽车、洋房、西服、摩登女子之可入画,原无异于牛车、茅舍、僧衣、宫装在过去之可入画,甚而有些还成为独立的部门。不过,今日一般冬烘的批评家却攻击中国画上的汽车、洋房等等,认为"恶俗",太不"雅观"了,这无非是传统的"雅"的观念在作祟,而这样的看画,还够不上懂得"执正以驭奇"!

于此,有一个问题发生:在中国画史上,"雅"与"俗"的关系是相对的呢?还是绝对的?又在什么时候才确定"雅"与"俗"的分别?我以为这一问题的焦点,在题材的处理,而不在题材的本身。题材随着时代走,每一时代有它自己新生的题材,某一时代的画家应用这一时代的新题材,并不算是恶俗。中国文人最初也是这末想的。谢赫的六法中,"应物象形"那一条所表示的,就是以物为本位,以象物之形为目的,凡物皆可象,物的本身无所谓不雅。张彦远则反对时代不分,以现代的事物纳入古代的画题,或以古入今,他这种主张无异间接承认以前未有而现在新有的东西,要用时尽可一用。唐时如果有了汽车、洋房,而以之入画,他也许不会斥为不雅。他的《历代名画记》叙师资传授南北时代,有云:"若论衣服本性,土风人物,年代各异,南北有殊,观画之宜,在乎详审。只如吴道子画仲由,便戴木剑,阎令公画昭君,已著帏帽,殊不知木剑创于晋代,帏帽兴于国朝,举此凡例,亦画之一病也……胡服靴衫,岂可施于古象,衣冠组绶,不宜长用于今人。"他甚且主张严分地域,所以又说:"芒屩非塞北所宜,牛车非岭南所有,详辨古今之物,商较土风之宜,指事绘形,可验时代。甚或生长南朝,不见北朝人物,习熟塞北,不识江南山川,游处江东,不知京洛之盛,此则非绘画之病也。"由此可见中国文人对于题材最初原无雅俗之别,但求用得时地之宜,而雅俗一事,仍关题材之处理,抑即作风的问题。现在所听到的向着中国画上的汽车洋房大呼恶俗,并非真正的,本来的中国文人的观念。又因作风是由画派来代表,所以,我们目前所讨论的问题,彻底看来,就是:哪一画派"雅"?哪一画派不"雅"?而"雅"与不"雅",又是何时何人所立?

由客观的方面讲,中国绘画的主要的形式——线条,自身具有结构与装饰两种机能,并且综合二者,而发展为皴。我们通常以为画石画山,须用皴法;实际上,就是树木、屋宇、舟车、人物等的线条,也都需与画面的皴法的线条相调和,它们的线条都须配合得上皴的线条。易言之,它们都给这一皴法所统摄住了。画面的物体的修饰,都须以统一了各物体的线条以后的皴法,为其表现的途径,所以皴也是具有结构与装饰的两种机能。皴法虽说名目繁多,却可分作两个主要的阵营:披麻皴与劈斧皴。披麻看去虽然好像只有线条,但它的功效就在如何使多线挨近,或互为重叠以成面。因此披麻是以线始而以面终。至于劈斧乍见,一若仅以笔锋砍纸成面,实则不独每一个面须以作线之法为之,使有主要的路向,即各面仍须彼此相关,构成一贯的倾向,所以还是不失一条一条的线的作用。因此劈斧是以面始而以线终。在线的方面说,皴主使全图的大局,所以它的机能是偏近结构的。在面的方面说,它助长全图的气势,所以它的机能是偏近装饰的。又不论其过程是由线而面,或由面而线,而其为主导的,毕竟还是线,而不是面。因为中国文人立意既尚简明,落笔也不能不追踪一个比较是简当的途径,而在简当上讲,线比面更加是适宜的形式。所以他作线时固须心中有线,作面时亦须心中有线,一切皆以线为主导。因此中国画不论在上述任何一个阵营里,分析到最后的每一线条,都参加立意与赋彩(华彩,即装饰)的工作。更从生理的感应上讲,中国绘画的线条对于观者,具有固定的作用。和一般建筑相若,中国画的直线使人兴起向上,横线使人安息、缓和,断线使人不宁、企望,弧线使人舒适、逸乐;西洋建筑的哥德式(Goethic)、古典派、巴罗克(Baroque)、罗可可(Rococo),也就是分别应用这四种线条,以达到那些各不相同的境界。

再考披麻皴与劈斧皴，亦有类此的作用。两者虽各兼有直、横、弧、断诸趋向，然而披麻以弧线平行为主要动作，故又偏近横向，劈斧以断线耸立为主要动作，故又偏近直向。披麻容易唤起宁静的感觉，劈斧容易唤起急躁的感觉。于是，同一自然的题材，以披麻处理它，和以劈斧处理它，所于观者的感应便完全不同了。而前面已经说过，儒者以宁静为生活的基调，对于趋向宁静的披麻皴，当然比较地欢喜，认为既正且"雅"，而以披麻皴为主的南宗画派也当然易受文人的欢迎。中国山水画的两种主要皴法，到宋代才发展深透。唐代的皴法偏重结构，以立意为主。宋代的发展始兼事装饰，增其华彩。换言之，唐代以画线或勾勒摄取物象的轮廓，宋代始兼顾压、擦，而完成皴法中线面互济的动作。在宋代，皴法虽已区别出动与静的意境，但是以皴法指明宗派（南宗，北宗），如南宗用披麻，北宗用劈斧之说，则始于明代；而公然诋毁北宗，以为不够"雅"，非文人之事，亦始于明代。在明以前，则未之见，披麻皴是宋董源的一大成就，董其昌虽远溯南宗的祖师为唐代的王维，然而王氏之法实以刻为主，压、擦都还不足，线复多于面，不能作为皴法成熟期中足以树立宗派的人物（日本博文堂影本《江干雪霁卷》及故宫《雪溪图》均可参证）。所以若认董源为南宗之祖，似乎比较合理，只不过宋代以及后世都无作此论者，只有米芾《画史》涉及董氏画风，曾称为"江南体"："颖川公库顾恺之《维摩百补》是唐杜牧之摹寄颖守本者，置在斋龛，不携去，精彩照人，前后士大夫家所传无一似，盖京西工拙。其屏风上山水林木奇石，陂岸皴如董源，乃知人称江南，盖自顾以来皆一样，隋唐及南唐至巨然不移。至今池州谢氏亦作此体，余得隋画《金陵图》于毕相孙，亦同此体。"又称："董源平淡天真，唐无此品，在毕宏上，近世神品，格高无与比也。"宋沈括《梦溪笔谈》亦谓"董源善画，尤工秋岚远景，多写江南真山，不为奇峭之笔"。今案日本博文堂版《南宗衣钵》所影印董氏山水图（上有董其昌横题"董源画天下第一"），则溪桥渔浦，洲渚掩映，确是一片江南景色，而行笔平淡率易，颇与米氏之言相合。其它如古物陈列所影印董其昌摹古"小中现大"册页，亦有董源《秋山图》，长松崇岭，笔势沉静，而不作奇险，也可窥见所谓南宗之为十足的儒家本色。所以自元明以来，山水画模仿董源者独多，而公然以董氏以外皆不可学者，则元黄公望实为首倡。他曾说过："作山水者必以董为师法，如吟诗之学杜也。"至于北宗的祖源，据董其昌所说，是出于唐代李思训的青绿法，然而李氏之法似尚未能尽量运用线面合作的皴法，且其主要的效力是依赖色彩，所以也不足以代表一个成熟的画派。直到南宋马远、夏珪的劈斧，才综合线面之能，自成家法。我们既已明白两宗至宋始可得两分，不妨再看董其昌如何站在儒家立场，对之有所轩轾。他在《容台集》上先分宗派："禅家有南北二宗，唐时始分，画之南北二宗，亦唐时分也，但其人非南北耳。"南北二宗说，明莫是龙也主张过。他随又撇开他所举出的北宋一派，相承的人物，如李思训、赵幹、伯驹、伯骕，以至马、夏等，而单独称颂王维以降的作家，名之曰"文人画"。"文人画自王右丞始，其后董源、巨然、李成、范宽为嫡子，李龙眠（公麟）、王晋卿（诜）、米南宫（芾）及虎儿（友仁），皆从董、巨得来，直至元四大家黄子久（公望）、王叔明（蒙）、倪元镇（瓒）、吴仲圭（镇），皆其正传，吾朝文（徵明）沈（周）则又远接衣钵。"临了则轻轻带上一句："若马、夏及李唐、刘松年又是大李将军（思训）之派，非吾曹所当学也。"

劈斧皴行笔急遽，其效力全赖一笔和一笔间有粗豪的，尖锐的冲突，从而表出激烈的情绪，它因此有伤"中和之气"，其为文人所轻，自属当然。不过，像董其昌这样公然反对的人，在宋代还没有；但是宋代却已产生许多反响，而为理解"雅"的意义所不可缺少的参考。例如米芾《画史》云："李公麟病右手三年，余始画，以李尝师吴生（道子），终不能去其气，余乃取顾高古，不使一笔入吴生。"又邓椿《画继》云："吴（道子）笔豪放，不限长壁大轴，出奇无穷，伯时窃自裁损，只于澄心（堂）纸上运奇布巧，未见其大手笔，非不能也，盖实矫之，恐其或近众工之事。"吴道子缺落，顾恺之周密，缺落者纵放，周密者敛约。敛约是合于文人的脾味，抑即儒学所要造成的品德，纵放与儒学抵触，且亦非文人所能胜任。中国人论画虽口口声声称颂吴道子的伟大，但是传吴氏作风的实不甚多，在当时只有卢楞伽、杨庭光、张藏、翟琰等，他们的作品不传，宋代学吴以李公麟为最著，然而他所画的《五马图》（故宫博物院藏有影本），《维摩图》（日本大塚巧艺社影本）等已经失去吴氏饱满的精神，所谓吴氏的纵横的气概，只是具体而微了。这正是邓氏所说"痛自裁损"的结果（可取《五马图》与《送子天王图》比较）。此后学者更少，而吴生习气也就等于纵横习气的代名词，成了"雅"的对立物，使文人望而却步。虽其技巧中还没有包含劈斧的因素，然而吴氏的真精神却与董其昌所诋毁的北宗，同属敛约的敌人。所以我觉得米氏的评语和邓氏的解说实上接儒家宁静淡泊的正统思想，下开董其昌的抑北尊南的风尚。换言之，凡是不事敛约的作风，纵使它本身有的是法度（凡已成宗派的艺术，自身无不具备完密的规矩准绳），儒者都要鄙为卑俗，给它加上"匠气""霸悍气""粗犷气"等一类的形容，而相戒勿学。这种门户之见，深深浸渍在松江派里（董氏实其巨擘，清初四王一意师仿，他们所作虽常自命学董源，其实只是学的董其昌），遂把清代画学拘禁在一个十分狭窄的监狱中了。

总之,"雅"为文饰的工作,其流弊乃在损坏画者的精力,养成衰颓疲困的风格;中国明以后的画学也就在这"雅"的声浪的逐渐高扬中,葬埋了自己。不过文人尽力收敛一个艺术家应有的活泼的奔放的精神,好像落发为僧,自然感觉寂寥凄凉,不能不设法替自己寻找慰藉,于是又必然地走上"古拙"的一条路了。

三、古　　拙

中国文人把"古拙"解为像古人一般的生拙,觉得古人的生拙纯是藏才敛气的一种表现,这和学习还未成就时的生拙是截然二事。他先提出两个字面"生"和"熟",随又推演为两种过程:生而后熟,和熟而后生。他以为:凡初学画的人,未能驾驭笔墨,以捉取物象,从而写出胸臆。这是一种生拙。等到他经过生而进入熟的阶段,又恐怕自己太熟了,太容易逞才使气,流为霸悍、火气、不雅,于是这熟对他束缚之苦,复又不亚于未熟以前笔墨给他的磨难,他又想突破这熟的藩篱了。因此,他才向往"古人"的生拙,而要再进一步,踏入熟而后生的路了。这又是一种生拙。文人作画多和现实隔离,而皈依传统的信念,他崇拜"古人"的生拙,再加上儒家敛约的精神,他所谓生熟的观念,实无异于一种主观的游戏,不论是生是熟,事实上已与如何表现现实毫无关系,或生或熟,其区别纯在笔墨的运用而已,与立意反不相干。若单从这主观游戏的过程上讲,则这"熟而后生"的"生"不仅如前所言,与"生而后熟"的"生"不同,抑且是熟的后果,熟的更高发展,而非熟的对立物。有人问王原祁以王翚与查士标优劣如何?王原祁回答:"石谷(翚字)太熟,梅壑(士标字)太生。"这便是指摘石谷尚未做到熟后之生,梅壑则连生而后熟都还未能。中国文人画家之路应当是先由生而熟,再由熟而生,而后者的"生"简直是有意识的行为,绝非初学画时的"生",且必须学而后得的。

然而,所谓"古人"的生拙,实际上是由于条件限制而成的无意识行为,与原始人初作画时的生拙无甚区别,然而中国文人却要有意识地去仿效。格罗塞(Grosse)在《艺术的起源》(*Die Anfange der Kunst*)上曾谓:原始艺术"描写的材料是很贫乏的,对于配景法,就是在最好的作品中也不完备。但是无论如何,在他们粗制的图形中,可以得到对于生命的真实的成功,这往往是许多高级民族的慎重推敲的造像中见不到的。原始造型艺术的主要特征,就是在这种对生命的真实和粗率合于一体。"(蔡慕晖氏译本,商务出版,第一九七页)原始人对于媒介使用或技巧锻炼,很少下工夫,但是因此而演成的粗率,却被那集中全力来对付现实时的一番诚挚所补偿了。"古人"的生拙假使是可贵的话,其价值也就在这种的诚挚。但是中国文人因日渐撇开现实的物象,只尚笔墨的缘故,所以也必然地只从"古人"技巧的贫弱上着眼,而忽视了"古人"的表现的真诚。他虽欲求拙,而适得其反:因为命意首先不能质朴,徒务形式的笨拙,便非拙之所以为拙了。事实上,艺术的表现无不以立意为先,意拙而能诚挚是原始人或"古人"无意而成的专有物。在文化发展中,如果有意去追求这过去的专有物,不仅是倒行逆施,抑且没有可能。今人倘真能永远停滞在儿童般的幼稚单纯中,而不向前发展,那末也许还有暗合"古人"的拙处。但儒家学陶镕的"雅"既与"伪"比邻,则距离童稚当不知几千万里,倘既能"雅"了,却更想回到此种单纯意识的"拙"中去,委实是种矛盾的行为吧。

旧日文人不愿意给人看出自家着力的地方,于是对于古人在努力表现与表现力间的矛盾中所形成的"拙",遂不免误解,视作有意的收敛,而抬高其位置。东坡说过:"诗至杜工部,书至颜鲁公,画至吴道子,天下能事毕而衰生焉。故吾于诗而得曹(植)刘(公幹)也,书而得钟(繇)索(靖)也,画而得顾(恺之)陆(探微)也,谓能事未尽毕,噫!此未易道也。"他从儒家的含蓄出发来肯定生拙,否定熟练。明王夫之《姜斋诗话》有一段,则连东坡也被否定了:"太白胸中浩渺之致,汉人皆有之,特以微言点出,包举自宏。太白乐府歌行则倾囊而出耳。如射者引弓极满,或即发矢,或审度久之,能忍不能忍,其力之大小可知已。要至于太白止矣,一失而为白乐天,本无浩渺之才,如决池水,旋踵而涸,再失而为苏子瞻,菱花败叶,随流而漾,胸次局促,乱节狂兴,所必然也。"所谓有意识的敛约,先必经过思考,然后所含的力量始能似小而实大,速度始能似缓而实急。王夫之虽然论诗,仍通画学。至于中国画论中尚拙的代表,要算董其昌,他曾说:"诗文书画少而工,老而淡,淡胜工,不工亦何能淡。"然而他的作品所能表现的"拙",也只不过是笔墨间的故为生硬与笨重,然而正因他集中全力在笔墨,他的意境就不免空洞,甚且流于杂凑零碎,连一个完整的印象都没有,罔论"古人"那种诚挚的表现。这从他的《秋兴八景册》(文明书局有影印本,狱雪楼孔氏旧藏)中可以证明。大体言之,他的模古名迹,常胜过他的创作,这便是由于单从笔墨上追求"古人"的原故。其次,王原祁也是很显然地走这一条路线,观前文所引他的批评王翚与查士标的话,可见他是自命为熟而后生的了。然而,王原祁比董其昌更加脱不了笔墨的桎梏,试着他的作品的丘壑,几乎没有超出过近树、远山,和中间一道溪水的二段法的布置,千篇一律,使人望而生厌。但是他的笔法却愈到老年愈形生硬粗疏,这就是"生"与"拙"之谓了。他每自夸,笔端有"金刚杵",实际上,如照王氏的用法,这个工具至多只能产生一些无所代表的符号。所以,尚拙这条路实在是走不通的,走上了也不会有什么成绩的,虽然文人老爱谈论它。

　　文人关于巧拙,还有很多的话。宋黄庭坚论书云:"凡书要拙多于巧,近世少年作字,如新妇妆梳,百种点缀,终无烈妇态也。"(《山谷老人刀笔》)但是黄氏本人的书法,间架偏颇,行笔颤抖,也还不免故作姿态,巧多于拙。此外,东坡则说:"笔势峥嵘,文采绚烂,渐老渐熟,乃造平淡,实非平淡,绚烂之极也。"这已与黄说起点不同,正是忽视了烈妇态了,而以老年的自然的疏放来达到生拙。换言之,黄氏近于有意的拙,苏氏近于无意的拙。明代顾凝远说:"何取生且拙?生则无莽气,故文,所谓文人之笔也。拙则无作气,故雅,所谓雅人深致也。"(《画引》)此更就苏说发挥其平淡的一面,终乃回到儒家一脉相承的温文尔雅,去尽刚强的气质了。文人画家不问走"拙"或走前面所述的"雅"的一条路,都易于削弱自己的表现的意志与能力,这未免是桩可惜的事情。

　　关于"拙"的问题,还有一点,好像是中国文人画家应提出,而却没有能够提出,更没有亲自做到——那就是:"拙"乃创作的一个条件。本来艺术媒介与艺术意境之间的矛盾,是永远存在的,唯其如此,才能使画家有所致力,从消减矛盾中求发展,因不仅"古人"或原始人才为这种矛盾所困。哥德说过,"大师都在限制中表现自己",便是这个意思。这也犹之意境与物象的悬殊是永久存在的,万一这种悬殊真地消灭,绘画也就不存在了。所以时刻不忘创新的大作家,假使有一天真地完全能够指挥笔墨,使其尽如己意,真地做到中国人所谓"心手了无间然",那时他也许反会感觉到,矛盾的发展的终止足以消灭他创作的热情与锐气,而嫌恶自己是"太熟"一点了。这样的嫌恶,是为了"英雄无用武之地",绝非如中国文人画家生怕英雄的武力太多,而特意造成表现过程中因心手矛盾而有的生拙,以减低自己表现的力量。中国文人画家只见生拙可导向淡雅,而不知道它同时更能刺激与鼓励创作,是创作所必具的径途;没有它,物我之间的距离可能缩短至于零了,创作也成为无需要了。文人论"拙"固多,以上面所引黄氏之语,较为可取,盖所谓"烈妇态"还多少带点不甘妥协的意思,要保留自家与环境的几分参差,是以我用物的作风,是创新而非一味学古。中国文人画家过去只怕染上作家气(如上面顾氏语),而不知道能"作"然后才有真的艺术,不"作"反容易把自己贬为一位符号的传示人罢了。

　　从另一方面看,文人这种有意去学无意的生拙,更帮同发展艺术上好古或复古的精神。本来,尚"简"尚"雅",以至于尚"拙",实无一不与"思古之幽情"同一步趋。不过,"古人"之"拙"则是文人所最为倾倒的境界,而考其程序,则求"拙"在前,好古在后,所以先谈尚"拙",现在再接着谈尚"古"。

中国自"文人画"成为独立艺术,模古风气之盛,实为一可惊的事件。画面上题着"仿某人""学某人"的字样,实是太常见了,同时画论中也绝少批驳或怀疑前代的文人画家。唐代画体逐渐完备,宋代画法逐渐完备,自后文人的意境及其内容只一味承袭前人,很少变化。所以元明以来,文人只能就唐宋的体法加以修补,而始终没有跳出它们的范围。元四家(黄、王、倪、吴)不过是董源的遗响(倪瓒虽说学荆浩,董的迹象还很显明)。明四家(文、沈、仇、唐)虽比元四家稍多彼此间的差异(唐寅纯属马夏一派),然而模"古"的精神更加高涨。清代山水画家大都可以说是董其昌的"吾家北苑法"的继人,愈加表现不出什么本人的特色了。艺术家是否应以表现个人精神为任务之一,本文暂不讨论,但是中国文化好古的精神在绘画方面造成浓厚而又坚牢的模拟的作风,终使无数张的图画,望去几如出一人之手,好像一种格式,一种符号。不过,这种模拟纯属传统文化的成果,而非本文所说的从求拙而来的好古。后者是在前者中间滋长,而两者固不能不加区别。我们可以说在绘画的体法大备以后的文人,无不思"古",好"古",但是不能说文人好"古"都是为了追求古人的"拙"处。赵孟𫖯有一段话,原该在谈尚"拙"的那一节里引用,不过为了表出两者区别,特意留到现在。明张丑《清河书画舫》载赵语:"作画贵有古意,若无古意,虽工无益。今人但知用笔纤细,傅色浓艳,便自谓能手。殊不知古意既亏,百病横生,岂可观也。吾所作画,似乎简率,然识者知其近古,故以为佳。此可为知者道,不可为不知者说也。"此处所谓"古人"的"简",不外乎上文尚"简"的意思,至于"古人"的"率"则原是不经意时的产物。古人想要把全副精力都用出来,才好冲破工具技术所予他的限制,可是他的技能发展未足,遂使看去好像"率"的地方,却正是他全神贯注的地方,如敦煌画所作舞蹈图便是一例。杜修依《中国神秘主义与近代绘画》(Georges Duthuit, "Chinese Mysticism and Modern Painting", 1936)选载一幅,笔墨近于幼稚,可是无一处不像含着饱满的力量。所以在古人,"简"是有意的,"率"是无意的。赵氏却以为都出无意,而欲有意地去仿效。这类求近于古,乃起于一种盲目的尚"古",因为在今日看来,"作画贵有古意"是一句十分武断的话,几乎无法理解。另一方面,他在古人中发觉了"生拙",遂又认"生拙"为绘画的天经地义,必须效法,于是成立他的:"古就是好—古的是简率—简率就是好"的推论。于此,他又变为有目的的尚"古"了。赵氏以传统的尚"古"为理论起点,结果走到求"拙"的路上。前面所引苏东坡、王夫之等的尚"拙"的话,则是出发于求"拙",而归结到尚"古"。一个由"拙"而"古",一个由"古"而"拙",却不可不加区别;但是由"古"而"拙",毕竟又不如由"拙"而"古",因为后者多少还可以包含若干成分的"烈妇态"。然而,在中国文人画中,却是越到后来越见前者势力之增强,此乃有心艺术之士所应熟虑的。

中国文人画家之尚"古拙"者,纵使没有赵氏那种的论调,却时常会说出这类的话来:"古画雅得很,所以就好。""画应当雅,古画雅,古画就好。"黄庭坚《山谷老人刀笔》论书也作传统的武断:"张古人书于壁间,观之入神,则下笔时随人意。学字既成,且养于心中,无俗气,然后作以示人为楷式。"他主张不古便俗,俗便非文人。又如《文心雕龙·通变篇》:"夫青生于蓝,绛生于蒨,虽喻本色,不能复化。……故练青濯绛,必归蓝蒨;矫讹翻浅,还宗轻诰。"这更一口断定今人逃不出古人的藩篱,今人无论怎样革新,终不能掉回头去探本穷源。在此,起点虽要通变,而终于专到复古的路上。因此,我们可以说,文人一切制作中,某种体法一经成立,它便有莫大权威,后人都得崇奉它。文章书法俱须如此,不仅限于绘画。"简""雅"诸种意境,既已限制文人的创造,复又添上这座"崇古"的高墙,于是在这墙内产生了另一意境。

四、偶　然

在限制之中谋创造,有一可能的出路,那就是忘了自己,忘了一切,偶然地或不知不觉地完成一张画。张彦远《历代名画记》曰:"夫运思挥毫,自以为画,则愈失于画矣。运思挥毫,意不在于画,故得于画矣。不滞于手,不凝于心,不知然而然,虽弯弧挺刃,植柱构梁,则界笔直尺,岂得入于其间矣。"张氏除说画应混然而成,还提出一个反证:连最须度量与最须着力的工作如植柱构梁与弯弧挺刃,也都不可流露一丝矜持的神情——这是很早提到"偶然"的一番话。黄庭坚亦以同一意见,更加微妙地说:"余初未尝识画,然参禅而知无功之功,学道而知至道不烦……"又加以比喻说:"如虫蚀木,偶尔成文。吾观古人绘事妙处,类多如此,所以轮扁斫车,不能以教其子。近世崔白笔墨,几到古人不用心处,世入雷同赏之,但恐白未肯耳。"则更劝大家不可辜负名手所学古人不用心的,抑即"偶然"妙造的地方。(近来也有人说,这与"适然"的意思相同。)黄氏在论书方面,则谓:"幼安弟喜作草,求法于老夫,老夫之书,本无法也,但观世间万缘如蚊蚋聚散。未尝一事横于胸中,故不择笔墨,遇纸则书,纸尽则已,亦不计较工拙与人之品藻讥弹。譬如木人,舞中节拍,人叹其工,舞罢则又萧然矣。"这是说:每写一张字,法度是有的,但连写字的人自己都不知其所以然,如此方算到达最高的境界。在他挥毫的时候,所有笔墨都像不曾通过他的神经,不曾引起他的思索,便已落到纸上;就如木人头戏在台上摇摇摆摆,什么姿态都表现出来,而木人本身一点也不知道,然而妙处即在这"不知道"上。那对于绘画主张"淡"的董其昌对于书也是黄氏的继响,他曾说:"米(芾)云'以势为佳',余病其欠淡。淡乃天骨带来,非学可及。"他将前人的话说得更神秘些,认为"偶然"是不可学的。他所谓"势"乃过分着意,即刻画,费力,不"雅",必"淡"方能无意为功。他嫌米书太露经营的痕迹,太不"偶然"。

　　"意不在于画"或"不用心"是在无意之中表出意境。不过,照上文所论,意境原来立在"中位"以"参天地"而后成立的,毕竟属于有意的行为;而文人最后一着,却要无意地去做这有意的工作。这虽好像矛盾,事实上却有可能。凡一位画家自然交感的次数太多了,对于在这交感倾向应如何选择材料,以及决定用何种形式或手段来处理这种材料等等的问题,也经过极多次的考虑,因而把他自己(我)与现实或自然(物)之间的壁垒,逐渐拆除。等到最后拆除净尽,入于物我无碍的境界,便可以"不用心","意不在于画",而还能完成一幅画。而在这幅画上,依就有意境和表达意境所凭借的许多美的形式,只不过画家自己却一丝没有觉得费力罢了。这种"偶然"的境地,是工夫火候俱已到家之后的收获,并且也只有画家本人在自己的心中感觉得到,非旁人所能妄测。

　　在中国旧日文人的绘画的意境的诸形态中,由"简"而"雅"而"古"而"拙"可以视作一贯的发度,到了"偶然"则是这发展的最高峰,是作者在一己的意识中的一个最后的觉察。他等到真能觉察得出这偶然的境界,他才算是一位融合天、人、物、我,在宇宙间游行无碍的艺术大师。至于中国绘画之所以走着末一条发展的路线,则都原于中国长期封建制的决定,而由儒者或文人的从中主干啊!

笔法论

——中国画的线与均衡

去年曾为"学灯"作《论距离、歪曲、线条》一文,谈到艺术家与自然交涉之表现,既须与自然有相当距离,又须歪曲自然,以达主观的均衡,而基本凭借,便是线条,当时限于篇幅,未及说明中国画学如何使用线条,达此目的,以及使用时受到何种限制,今补写之,以就教于留心此道的人。

画家的笔锋触着纸面,压住成点,划过成线。点与线各占画面的一部分,故有空间性。作点作线无论迟速,运转腕指,必需时间,所以也有时间性。不过有些人以为压笔一次,即成一点,作点之笔其本身运动最为简短单纯,只有线才须拖笔过纸,因此特别识得点的空间性与线的时间性,然而,事实并非如此。细察大家之作,点时笔锋不仅下压,便算了事,仍须有过,抑即小作旋转,成一小的圈线,而同时笔锋下压亦未间断。于是下压的面参合在旋转的线中,乃有一点。换言之,由于时空相互作用,画家才能够把点落下。反之,作线也不仅是过,须在过时兼施压力。必如此,点线始于"长""广"之外,更能"厚"了。只有"长""广",画是平面的,兼有"厚"了,画才是立体的。近见英人布雷女士在她的《艺术与理解》一书中,说中国画因为导源于书法,所以只有长广,没有厚,可谓谬极。果如布氏之言,则适足证明中国画的笔法不能通于书的笔法,抑且否定同源之说了。笔锋既刻刻转动,横有前后左右,纵有高下轻重,故作点之法初无异于作线之法,只不过作点时笔锋所走的曲线比较小。固然,我们也时常看见笔触纸面,一压即了,毫无移转,或拖而过纸,毫不下压者,但都成轻薄体,不足以言画了。至于由线点扩时为片面的时候,拖与压两种运动依然存在,依然相互合作。所以,绘画之难,亦在如何聚精会神,既便笔锋灵活,更使每一运转——压与拖及两者之参合——能于快慢强弱间各得其宜;尤须不忘线实为每笔的基本,点中有它,面中也有它,散布在整个画面上的线实代表画家的精神或意识的倾向,点与面都不过是它的附加物,因它而后成。中国历代都讲求笔踪,线条更居笔踪的主位,只见面而不见线，就几乎不能算作画。唐张彦远《历代名画记》有云："古人画云，未为臻妙，若能沾湿绢素，点缀轻粉，纵口吹之，谓之吹云。此得天理，虽曰妙解，不见笔踪，故不谓之画。如山水家有泼墨，亦不谓之画，不堪仿效。"这里所谓泼墨，是点面胜过线条的画法，所以张氏之语，可作画贵笔踪的最明确的代表。清乾隆画院里意大利人郎世宁所作，纯为不重线条的西洋画，一时盛行其法，焦秉贞等深受影响，致力阴、阳、凹、凸，灭绝笔踪，邹一桂很不谓然，在《小山画谱》中说："西洋人善用勾股法，故其绘画于阴阳远近，不差锱黍，所画人物屋树，皆有日影，其所用颜色，与中华绝异，布影由阔而狭，以三角量之，画宫室于墙壁，令人几欲走进。学者能参用一二，亦著体法，但笔法全无，虽工亦匠，故不入画品。"邹氏后张氏约千年，主张无二。中国画始终须从线条运用中，见出笔法，而画品高下，一部分系于笔法有无了。

细察山水画法，知其更有以线包蕴点面的皴，它实贯通线、点、面三者，而仍由线主之。所谓南北两宗用不同皴法，南宗以披麻为主，北宗以劈斧为主。日人论此，每妄加制别（如金原省吾），以披麻为线，劈斧为面，而认雨点皴为两者的中介。殊不知披麻看去虽似只有线条，但它的成功与效验，就在如何使数线邻近，或数线互为重叠以成面，是则以线始，以面终了。又如劈斧，乍见若以笔锋砍纸成面，实则不仅每面正如上文所说的点一样，须以作线之法为之，并且各面相关，构成一贯倾向，又俨然是一条一条的线的作用，是则以面始，以线终了。至于雨点，乃布列点子，使聚合为面，每作一点，亦须如前说，有作线之意，数点之用，亦无异劈斧之各面相关，而收得线条的功效。所以，皴法仅有线、面、点不同的形象，线仍是它们的一个共同基础。

线是画面的一个主人，直受心灵指挥，若能控制如意，便可卓然成家。郭若虚说过："画有三病，皆系用笔。所谓三者，一曰版，二曰刻，三曰结。版者，腕弱笔痴，全亏取与，物状平褊，不能圜浑也。刻者，运笔中疑，心手相戾，勾画之际，妄生圭角也。结者，欲行不行，当散不散，似物凝碍，不能流畅也。未穷三病，徒举一隅，画者鲜克留心，观者当烦拭眦。"事实上，这三病只是一病（运笔中疑）的三个现象，而运笔中疑，便是由于还未领悟画面主人（线）的根本作用。就作法言，线条的运动要浸渗在点面之中，就立意言，它更须构成一个倾向，而植根（导源）于心灵的深处。作画原须心手呼应，若不能为线的延绵，线的连串，即不如搁笔。画家须假想未落笔前，好像已有一条线索，贯串全作的一切部分，支撑了整个画面，他只循着这条路线，节节向前，一气呵成。这样成就的作品，笔迹未必真地相连,但笔意却是相属。张彦远《论顾陆张吴用笔》有云:"昔张芝学崔瑗杜度草书之法,因为而变之,以成今草书之体势,一笔而成,气脉通连,隔行不断。唯王子敬明其深旨,故行首之字,往往继其前行,世上谓之一笔画。其后陆探微亦作一笔画,连绵不断,故知书画用笔同法。"这一笔画是偏重立意之连属的,但也在真的一笔画。宋米芾《画史》云:"曹仁熙画水古今无及,四幅图内,中心一笔长丈余,自此分去,高邮有水壁院。"又《暇日记》云:"十州胜因院有曹仁熙画水,有一笔长一丈八,无接续处,曹庆中年八十时作。"又元汤垕《画鉴》云:"常州太平寺佛殿后壁,有徐友画水,名清济贯河,中有一笔,寻其端末,长四十丈,观者奇之。友之妙岂在是哉?笔法既老,波浪起伏,得其水势,相对活动,愈出愈奇。"可知不仅笔墨可以连续,即笔迹亦可延绵不辍。其难就在始终要提起精神,贯彻心、手、笔,取一致的动向,于是作线愈长,用神愈专,而支线愈多,与主线的关系亦愈繁,用神亦愈苦;必能不稍懈怠,乃有成功。

以上试从笔迹寻笔意,然而画者则必迹意俱胜,始能以迹达意,因意命迹。中国通常善拈出"笔""墨"二事,或分论,或合论,更演绎地讨论"用笔""用墨""笔法""墨法"等等。其实此中只有囫囵一物的两方面,即"画"之"笔法"与"笔意",而要明白这一点,还须先说比较有分析性的"笔"与"墨"。"笔"除与"墨"成对待之外,更可以概括"笔"与"墨"。易言之,历来常说某人很有笔法,就是指他懂得如何用笔,如何用墨,抑即他的画里有笔有墨。张彦远《历代名画记》说:"夫象物必在于形似,形似须全其骨气,骨气形似皆本于立意,而归乎用笔,故工画者多善书。"张氏指出"用笔"为画家第一难关,正因为笔是传达意境的唯一工具,意境纵好,没有传达忠实的笔,仍属枉然。然笔过纸上,必藉墨痕始有表现,笔的作用更赖于墨,所以提到用笔就必须说到用墨。固然初期绘画大都先钩物形,然后赋彩,便算毕事,但在中国,直到以墨来负起赋彩的任务时,绘画才有一个较高的发展,正如托名五代荆浩的《笔法记》所说:"夫随类赋彩,自古有能,如水晕墨章,兴吾唐代,故张璪员外树石,气韵俱盛,笔墨积微,真思卓然,不贵五彩,旷古绝今,未之有也。"于是笔濡墨行纸上,既写物象,复抒物趣。盖画原贵得意,每一笔过,寄寓深遥,所以宋宗炳《画叙》曰:"竖画三寸,实当千仞之高,横墨数尺,实体百里之迥。"所以意足与否,并不在色之多、寡、浓、淡、繁、简,也就是所谓"意足不求颜色似"了。张彦远说得很明白:"夫阴阳陶蒸,万象错布,玄化亡言,神工独运。草木敷荣,不待丹碌之采;云雪飘扬,不待铅粉而白。山不待空青而翠,凤不待五色而绰。是故运墨而五色具,谓之得意。意在五色,则物象乖矣。"因此,通过"笔"

的"墨"是可以有彩的,可以代替颜色的。笔中有墨,墨中有彩,实属一贯法则。可见由笔而墨,而彩,其出发点仍是"笔",是首先以"笔"概括了"笔""墨"二事,而并非在"笔""墨"对待下,提出"笔"来。

然而,我们仍须懂得这对待的意义,因为与用笔关系很大。《笔法记》云:"项容山人树石顽涩,棱角无蹤,用墨独得玄门,用笔全无其骨;然于放逸,不失真元气象,元大创巧媚。吴道子笔胜于象,骨气自高,树不言图,亦恨无墨。"此段或有脱落,所以明董其昌《容台集》重加说明:"荆浩云:'吴道子画山水,有笔而无墨,项容有墨而无笔',盖有笔无墨者,见落笔蹊径,而少自然,有墨无笔者,去斧凿痕,而多变态。"又明顾凝远《画引》曰:"以枯涩为基,而点染蒙昧,则无笔而无墨。以堆砌为基,而洗发不出,则无墨而无笔。先理筋骨,而积渐敷腴,运腕深厚,而意在轻松,则有墨而有笔,此其大略也。"明莫是龙《画说》又曰:"古人云:'有笔有墨。'笔墨二字,人多不晓,画岂无笔墨哉?但有轮廓而无笔法,即谓之无笔,有笔法而无轻、重、向、背、明、晦,即谓之无墨。古人云:'石分三面',此语是笔,亦是墨,可参之。"盖笔墨二事始终相对,而又始终相济,要笔中有墨,墨中有笔。犹之骨肉相依,肉的中心,以骨支撑,骨的四周,以肉粘贴;所以,墨留纸上,须见笔踪。笔乃指挥人体动作的骨,人志寓于动作,画意存乎笔踪,人不可无骨,画不可无笔;所以,笔过之处,亦须墨润,墨是使人体动作灵活化的肉,人意因动作灵活而益显,画意赖墨润笔始更畅,人不可无肉,画不可无墨。画首贵立意,犹之人首贵立志,所以画中有笔无墨,仍不失为削瘦一流,亦犹之乎志高而才华不足,尚成一格。笔在此终于取得第一表现机会,纵然无墨,还能达出一些意境,只不过不及笔墨相济时那般透澈或通畅耳。因知荆、董二氏的话,很中肯要,至于莫氏就嫌肤浅,而且很机械地曲解了"笔""墨"。他为求易解,拘泥迹象,反觉说得太呆板了。我们确见过许多画,轮廓清楚,笔法都有轻、重、向、背、明、晦,而未必就说得上有笔有墨。

若综合以上两段意思,可知无论"笔""墨"合作,或者"笔"先于"墨"而创造,最后都离不了立意,都皈依均衡,表现出画家主观所歪曲化了的或修改了的自然。在此,他碰到两个难题:(一)须批判地接受自然,须使自然歪曲化了(见去年一文)。(二)须笔下足以写出这歪曲了的自然,建立起物我间的距离(亦详去年一文)。这两难题合为创作过程,使他的精神由内而外,再由外而内,更由内而外,抑即先没心于物,再借物表心,更以心理物。中国画学对于物、心二者重视之孰多孰少,使成比例,以达均衡。物造形似,心主意趣,以心使物,故意在笔先,为不易之则。东坡诗云:"论画以形似,见与儿童邻",其重立意可以概见。于是意趣所关,常不惜破坏形似,前所详论的"歪曲",便是表现意趣之唯一途径。但如此无条件的写意论,也并未完全支配了中国画学。若就事实而系统地讲,则画家以歪曲取均衡,必见"画意""画法""画材"三者展放在他前,等他摆布。也就是说,他须确立"意境""笔墨""形似"三者间的关系。中国画学所已确立的约略有三者:(一)意境抹煞形似,使笔墨隶属意境,如东坡所云。(二)形似灭却意境,使笔墨隶属形似。(三)意境通过形似而表现,以增加意境的真实,使笔墨效忠于意形二者之参合(二三例子详后)。我们也可以说:(一)是写意的笔墨,(二)是写实的笔墨,(三)是融化心物,综合主观客观于更高精神境界的笔墨。所以,上面所说,"笔"或"笔""墨",实可笔墨主观化、客观化,或使笔墨成为主观化了的客观。那末,究竟哪一种用笔的态度,算是得到合理的均衡呢?又形似所占势力的小大,既决定歪曲的强弱,也决定物心距离的远近。那末,究竟弱的歪曲与近的距离,抑或强的歪曲与远的距离,抑或强的歪曲与远的距离,才是合理的均衡呢?要解决这些问题,还须先把第二、第三的笔墨说明。第一类的写意笔墨已详上节,兹再论第二类的写实笔墨。人,尤其是原始人,与自然交涉,对自然的反应,比后来真挚得多,幻想不易起来,所以心有感于物而表现,其作风先是写实的。格罗塞在他的《艺术的起源》上说:"原始艺术描写的材料是很贫乏的,对于配景法就是在最好的作品中,也不完备。但是无论如何,在他们粗制的图形中,可以得到对于生命的真实的成功,这往往是许多高级民族的慎重推敲的造像中见不到的。原始造型艺术的主要特征,就是在这种对生命的真实和粗率合于一体。"(据蔡慕晖氏中译本)中国绘画先为礼教之附庸,既尚实用,故亦重形似。韩非子云:"客有为齐王画者,齐王问曰:'画孰最难者?'曰:'犬马最难。''孰易者?'曰:'鬼魅最易。夫犬马,人所知也,旦暮罄于前,不可类之,故难。鬼魅无形者,不罄于前,故易之也。'"《后汉书·张衡传》云:"画工恶图犬马,而好作鬼魅,诚以实事难形,而虚伪不穷也。"虽然,山水画自魏晋始渐盛,使绘画渐失实用目的;但写实精神继续存在。隋杨契丹与田僧亮、郑法士同在长安光明寺画塔,郑图东壁北壁,田图西壁南壁,杨画外边四面,称为三绝。杨以簟蔽画处,郑窃观之,曰:"卿画终不可学,何劳障蔽?"又求杨画本,杨引郑至朝堂,指宫阙衣冠车马曰:"此是吾画本也。"郑始叹服。唐张彦远《历代名画记·论六法》曰:"象物必在形似",也是首先肯定写实的必要。宋代仍多写实主张。《东坡志林》云:"蜀中有杜处士,好书画,所宝以百数,有戴嵩牛一轴,尤所爱,锦囊玉轴。一日曝书画,有一牧童见之,拊掌大笑,曰:'此画斗牛也,牛斗力在角,尾搐入两股间,今乃掉尾而斗,谬矣。'处士笑而然之。古语云:'耕当问奴,织当问婢',不可改也。"又宋李廌《画品》记渡水牛出林虎有云:"昔朱梁时道士厉归真……画虎,毛色润明,其视眈眈,有威加百兽之意,尝作棚于山中大木,上下观虎,欲见真态,又或自衣虎皮,跳踯于庭,以思仿其势。"宋邓椿《画继》云:"徽宗建龙德宫成,命待诏图画宫中屏壁,皆极一时之选。上来幸,一无所称,独顾壶中殿前柱廊拱眼斜枝月季花,问画者为谁,实少年新进。上喜赐绯,褒锡甚宠,皆莫测其故。近侍尝请于上;上曰:'月季鲜有能画者,盖四时朝暮,花蕊叶皆不同,此作春时日中者,无丝毫差,故赏之。'"明赵琦美《铁网珊瑚》载王履《华山图序》云:"吾师心,心师目,目师华山。"这许多前人之说,都主形似,东坡所记竟和他那首论画诗相矛盾,至于厉归真的态度,简直与西洋十九世纪以前之写实无甚差别,使人联想到英儒罗斯金的话:"我们伟大的画家为了正确地追求美,不能胆小,怕干任何醉恶的事。……假如一个男人在你的脚下死了,你的任务不是帮助他,而是注视他上下唇的颜色。假如一个女人在你的面前淹没了,你的任务不是救她,而是看她如何转动她的双腕。"所以,我们若必谓国画纯为写意,并非定论。

至于第三类的笔墨,则是这样产生的。前人决非只作第二类的主张,而要兼顾精神与意境。画家首贵立意,意传于形似,但又怕借重形似,反役于形似,终乃抹煞意境,于是讲求笔墨,如何渗和笔墨二事,以为补救。因为纯粹的自然,本身固然也有所谓骨肉,但此骨肉的关系,未必能如笔墨中骨肉关系那样的调和,也未必能产生那种的均衡,而画家的意境却是渴求着调和与均衡——换言之,画家感于自然的调和与均衡仍有未尽,才想以主观的创造,来修补自然的未尽——才来歪曲自然。所以,这歪曲以取均衡的任务,就必然地落在笔墨的身上了。画家为要使他所表现的自然有均衡,所以先要他的笔墨有均衡。他如有志于丹青,就必有心歪曲自然,可是如果没有达到笔墨间的均衡,也不能完成这歪曲的工作。张彦远所说:"象物必在于形似,形似须全其骨气,骨气形似皆本于立意,而归乎用笔。"他所谓笔,就是以笔来调和"笔""墨"之意,在此调和中,主观实源于客观,而又修改了客观,而合理的均衡所需要的歪曲与距离,实无所谓强弱与远近,问题只在笔墨能修改现实而仍为形似所许,能依从物象而仍不蔽精神。

从另一方面看,画家对着自然,必有一普遍感想,总嫌自然太庞杂,太繁复。于是运用自然的资料以构成意境时,既须删改,亦须提炼。能以最少凭借,写出与自然一般丰美的境界,方为杰构。一来固因是提炼之果,难而可贵,二来也由于疏淡之后,笔墨所负更重,须一一都真能表出精神,不使有一废处,是又必待长期练习,心手不乖,始克为之,所以也是难而可贵。东坡曾说:"笔势峥嵘,文采绚烂,渐老渐熟,乃造平淡,实非平淡,绚烂之极也。"是阐明"疏淡"的本质。董其昌《画旨》则云:"诗文书画少而工,老而淡,淡胜工,不工亦何能淡。"又云:"能为摩诘,而后为王洽之泼墨,能为营邱,而后为二米之云山,乃足关画家之口,而供赏音之目。"是指出"疏淡"之难到。不过,疏淡非必为残山剩山。只要从自然中知所选择,不勉为铺张,则虽重山叠嶂,也可不伤疏淡。至如作画既久,技巧纯熟,笔墨纵多,不见着力,不病赘疣,则处处都显得自然,没有造作,这也就是疏淡了。故凭借之少,乃指不浪用笔墨,不多用笔墨,而并非作画必求落笔少也。

画家既克笔墨之难以达意,随又到一境界,抑即前说之"较高精神"。中国亦称此境为"生""拙"。文人不曾埋头苦画,而亦能画,此亦谓"生""拙",如明顾凝远《画引》云:"何取于生且拙,生则无莽气,故文,所谓文人之笔也。拙则无作气,故雅,所谓雅人深致也。"但是,这与此处所说的"生""拙"无关。画家初期之作,多未能驾驭笔墨,以捉取物象,固然也可名为生拙,不过此关渡过之后,却另有一种生拙。国画为辨明这两种的生拙,故有"熟而后生"的口号。此中更分有意识的生拙与无意识的生拙,画家作画很久,对于传达媒介的笔墨会发生两种相反的感觉。他初时会因于媒介的束缚,不能立刻突破藩篱,每以为苦,但等到笔墨纯熟,也会觉得过熟同样地是种束缚,而思有以除之。前一感觉,画者人人有过,后一感觉,则有的不多。或问王原祁以王翚与查士标优劣如何?他回答说:"石谷(翚字)太熟,梅壑(士标字)太生",便是看透太熟之病了。要补救它,遂有"熟而后生"的要求。这"生"乃熟后的果,熟的更高发展,而非熟的反面,其构成的经过是:由生而熟,再由熟而生。

固然艺术之媒介,表面上好像束缚了艺术家的自由;而事实上,艺术之美,却有一部分系于艺术家之能控制媒介。哥德说过:"大师都在限制中表现自己",真是一些也不错的。所以,媒介与意境之间,必永存矛盾,才能使画家有所致力。他必克服这矛盾,抑即从矛盾之中以求发展,以求表现。犹之意境与物象之间的悬殊,如果消灭,也就无需乎绘画的艺术了。再进一步说,一位时时刻刻不忘创新的大作家,倘若有一天真能完全控制着他的表现工具,或者是绝对地能够指挥他的笔墨,也须是中国一句老话:"心手了无间然",到那时候,他也许反会觉得创作的锐气,已给消磨净尽,因而嫌恶自己是太熟了。他深知道,他已充分练熟了自己的腕指的筋肉运动,产生出无往而不如意的笔墨。他正可以如同初学立意时之歪曲自然一般,来歪曲这熟透的笔墨。一位作家倘若走上这条路,他便须减少平常已经做惯了的心对手的监视。但是,另一方面,因为筋肉运动的方式,已有极深的潜伏的基础,使他有意歪曲,而笔墨反倒不听他的指挥,结果使他无法退回到初学的时代,以拙稚的笔墨,来掩蔽他的意境了。换句话说,成功的大作家,偶尔有意地用幼稚代替了熟练,然而这幼稚之中,却仍充分地表出他的心意,和初学者的不能达意的幼稚,乃是绝然两事了。此外,也有一种无意的生拙,是与年龄有关的。作家老大了,他的心对于手的控制,日趋松懈,于是不知不觉地歪曲了自己以前千锤百炼而成的笔墨,结果也足以表出生拙的。近来西洋的野兽派很害怕规律的束缚,以为"艺术家晓得的太多了,反而是桩危险,自矜博学,是一种过失,因为它太容易降伏于人的制度的面前。"我们如果推寻这番话里的意思,也很近于故为生拙耳。

  熟而后能够传达的意境,是朝前走去的,向外发射的。熟而后生的意境,是朝后退的,向内敛聚的。但是只有向前走过的人,才知道退后的路径,也只有曾经振奋过的人,才知道退后的路径,也只有曾经振奋过的人,才有所自约。正如万分之五十、六十、七十或八十,必先有百分之百的假定。这种必先有"过"而后始有"不及"的道理,在中国人的词汇里,有一个极简单的代表,便是文人口中时常喜欢谈的"含蓄""无作家气"等。东坡说过:"诗至杜工部,书至颜鲁公,画至吴道子,天下能事毕而衰生焉。故吾于诗而得曹刘也,书而得钟索也,画而得顾陆也,谓其能事未尽毕也。噫,此未易道也。"又王夫之《姜斋诗话》云:"太白胸中浩渺之致,汉人皆有之,特以微言点出,包举自宏。太白乐府歌行,则倾囊而出耳。如射者引弓极满,或即发矢,或审度久之,能忍不能忍,其力之大小可知已。要至于太白止矣,一失而为白乐天,本无浩渺之才,如决池水,旋踵而涸;再失而为苏子瞻,菱花败叶,随流而漾,胸次局促,乱节狂兴,所必然也。"苏王两氏,虽论书和诗,他们所持的道理,却可通于画学。由此可知,凡是能够以生制熟,因而形成有意识的行为,然后才可显出作者的一种伟力。必能审度而不即发,必能缺略而益见完满,始属斯道的极诣。中国画家所爱说的"用笔不可反为笔用",就是要培养或储蓄立意的实力。等到这种实力愈充,于是表现的时候也愈加不必倾囊而出了。

  根据上说,我试拈出国画的一个最高境界,便是"简远",或笔墨简当,而寓意幽远。但如一味求简,而不得其当,不是流为浅近,便是伤于贫薄,那末,结果依旧犯了偏颇的毛病,而没有进到均衡的冲和的境地。只有"远"方能补救"简"的必然的缺憾,而相与合成那完满的意境。然而,"意"毕竟要"笔"来传达,所以,我们应说"笔简意远",而不是说"意远笔简"。又当意指挥着笔的期间,意的驰骋,一如线的盘、旋、往、复,双方委实分拆不开。线的每一起止,每一转折,每一顿挫,每一聚散,都在象征每一刹那间的心意。总结一句说,意之于线,要能做到纵之虽远,其端在握;必如是,才可以达出上面所说的最高境界。

此外,每作一线,必有一势,抑即一个倾向,而又不仅线是如此。一"点"之落或一"面"之成,其中之有势,亦无异于作线。更就点、线、面三者言之,也都归还到用笔的一个基本工夫。所以从笔法以窥取线条,及与其有关的线面,从而部署画面的均衡,实乃国画理论上的一个核心问题啊!

中国绘画的线条

达·文西的笔记说:"太阳照在墙上,映出一个人影,那绕着这影子的一条线,是世间第一幅画。"①罗杰·佛莱论布西门族的艺术,曾提到一个小孩子的图画的定义:"首先我想,随后我绕着我所想的画了一条线。"②赫伯特·理德举出一件奇怪的事体:"谁都以为原始人和儿童所初步企图表现的物体,是要合于他所看见的那最接近于自然的真实。我们平素所见的物象,是由调子、颜色、明面、暗面所构成,所以最直接的或最浅近的表现方法应该就是复产这四种品质。然而儿童与原始人的初步方法,却从实物抽取而成一个轮廓画,这不能不算奇怪的事了。他们所完成的是一种代表,而不是一种复产。"③上面三段话或是画者自白,或由原始艺术所提示,却都一致说明,线条为图画最初使用的技巧。线条虽非物的属性,非物所本有,然而是人所认为最易捉取物象的一个凭借。线条和其它的凭借——色调、明、暗——不同,并没有它们的客观的基础。然而在艺术史上,这主观性却使线条与人通过物象所表现的意境,互相密切地联系,成为创意的主要巧技之一。假使没有线条,意境的雏型,无从表现于画面,观者也莫由窥见画意的轮廓。但是线条对于创意的贡献,并不如此简单,两者间的关系实为艺术的一大问题,其中有几个不容忽视的要点:(一)作为表出意境轮廓的线条,与逐步完成意境时所施于画面的线条,彼此有何区别?(二)这先后使用的线条如果都负有完成意境的任务,则应共同遵守何种原则?(三)以线创意,一面须利用线条的本质,一面又须遵守某一原则,那末作者受制很严,能否还从线条的运用上,创造个人独特的风格?(四)以上几点倘若都有相当解答,这解答对于绘画艺术的发展,能否产生一些影响?我们倘若须作这个检讨,似乎应以使用线条最多的绘画——中国的绘画——作为对象,因此,我试写《中国绘画的线条》。

---

① Leonardo Da Vinci, "Note Books".
② Roger Fry, "The Art of the Bushmen", Burlington Magazine, 1910.
③ Herbert Reade, "Art and Society", p. 16.

一、创意的线条与皴法

中国早期的画迹,保存得很少,只是史籍上偶有关于如何使用线条的记载,《周礼·考工记》述画绘之事特多,如"画绘之事,杂五色","青与白相次也,赤与黑相次也,玄与黄相次也","山以玄","凡画绘之事,后素功"。这些话对于本文首须讨论的轮廓与后加线,很有说明,其中首应区别的,是"画"与"绘"。依王昭禹注:"画绘之事不过五色而已。模成物体而各有分画,则谓之画,分布五色而会聚之,则谓之绘。所谓青与白相次,赤与黑相次,此之谓绘也,所谓山以章,此之谓画也。"用现代语说,布色属于面或片的工作,分布五色或各式相次,是完成这些面与面或片与片间的关系,至于关系不够清楚抑即界限须待廓清的地方,乃有用线的必要。简言之,"画"属于"线","绘"属于"面"。设接看原书下文"东方谓之青,南方谓之赤,西方谓之白,北方谓之黑,天谓之玄,地谓之黄",则分画的时候,又可使用各色的线条,而专以黑色画线的习惯,似乎有待于钩勒画法兴起之后。因此,这"画"可视为中国画史上最早发现的可考的线条。其次,"山以章"一语,亦指明"画"乃线条之事。《周礼订义》赵氏曰"郑(玄)改'章'作'獐',是山中物,对下'水以龙',此未是。盖章是山之草木,星辰,天之章,草木,地之章。画山虽有形,须画出草木之文而成章。"这一番话,是说只取山形,还嫌不足,须补状草木所给与山面的纹路或肌理,正如以色涂出山形之后,还得加上描写山面起伏的线条。可见"山以章"的"章"纯由"画"或线条担任,与"绘"或面没有关系。① 复次,郑玄注"凡画绘之事,后素功"曰"素,白采也,后布之,为其易渍污也。"这是说,在线面所共用的五色中,素或白色因为本身容易融化,所以须等其它四色都已用过之后,才能加在画面上。同时,郑玄注《论语·八佾》,孔子答子夏问"巧笑倩兮,美目盼兮,素以为绚兮,何谓也?"所说的"绘事后素",则曰:"绘画,文也。凡绘画,先布众色,然后以素分布其间,以成其文,喻美女虽有倩兮美质,仍须礼以成之。"这注也可说明,那作为分清面或片间关系的线条,是用五色之中的白色,并且是最后才加上的。这种情形,正如另一个文化很古的民族——埃及人——的绘画。摩勒特云:"大普林尼氏谓埃及人知绘画黑影之法,早于希腊人

---

① 设更贯串起原文"火以圜,山以章,水以龙"三句,则"圜""龙"既是实物,而非象征。又觉郑玄改"章"作"獐",使画山也用实物点缀,以求前后调整,似乎是较为合理的解释。不过,赵氏注使人更多想到"画"乃线条之事,并且以廓清色、面,作为"章"的解释,兴原文所说"杂四色五色之位以章之"的"章",一并含有使画面明显的意义,也自有见地,不妨保留,以供参考。

六千年。绘画黑影为绘画事物之先声,以之治侧面轮廓,固为尽善,以之治正面轮廓,则所失滋多。故埃及极好之绘画雕刻中,往往似有二左足及二右手。易言之,观其黑影,往往左右不分;因此埃及人不得不于内部加若干笔画,以表示意义。"①埃及人所加的这几笔,虽然不曾像中国人那样地限于白色,然其作用正复相同。

综观上面所引的话,似可推知中国早期的实用画,都是用色的,只因记载简略,无从断定涂色之前,是否须先钩定物形。又因为不先钩形即便涂色的没骨画,始见于梁张僧繇,继见于宋郭若虚《图画见闻志》,并称新体,②遂使我们不能径自混同绘事后素于没骨画法。但就线条的研究说,这时期的图画,是专靠素线,才于混乱之中求得明晰,由平面而发展到立体,表出立意的轮廓,而必待这些素线画出以后,画意始告完成。我们设谓立意的轮廓线和完意的后加线,在当时统由这素线代表了,似乎很有可能。只不过,关于这一层,画史上会有更加清楚的例说,反倒是西洋的艺术理论曾经提到这一个问题,足供参考。例如罗杰·佛莱评意大利佛罗棱萨画派始祖乔托(Giotto),有谓线的本质之一,是"把现实的形式所含最大可能的暗示,凝结成最简单的、最易被人感觉的线条";其另一本质,则是"它能表现姿势,从而写出艺术的个性或人格,有如书法的线条一般"。③中国早期实用画的线条,固然未必发展到能够表出什么个性或人格,不过当时的素线,却已完成了"凝结"的作用。

至于完意所需的逐加线条之特质如何,应从发展较高或脱离实用的国画中,去寻答案。我们若求精微的体验,则可细考那用线最繁的较为晚出的中国山水画。山水画所谓的意,即是作者的意境。照一般习惯,立意须在落笔之前,完意则恰当落笔的全部过程的收束。不过,论者则多作进一步的看法。唐王维《山水论》曰:"凡画山水,意在笔先",便谓真正的立意纯属作者的内心活动,须让它发生并且完成于落笔之前。晋王羲之论书也说:"凡书贵乎沉静,令意在笔前,字居心后,未作之始,结思成矣",其义正同。固然,意决定了笔,而开端的笔更决定了全图的气势,所以也有人认为这开端的笔,比后加线条更为重要,但历代画论对此非难特多。明沈颢《画麈》:"先察君臣呼应之位,或山为君而树辅,或树为君而

---

① 刘怜生译 A. Moret 著《尼罗河与埃及之文明》,页二五六。
② 《图画见闻志》:"徐崇嗣画没骨图,以其无笔墨骨气而名之,但取其浓丽生态以定品。后因示两禁宾客,蔡君谟乃命笔题云:'前世所画,皆以笔墨为上,至崇嗣始用布彩逼真,故赵昌辈效之也。'愚谓崇嗣遇兴,偶有此作,后来所画未必皆废笔墨,且考之六法,用笔为次,至如赵昌,并非全无笔墨,但多用定本临摹,笔气羸弱,惟尚傅彩之功也。"
③ R. Fry, Vision and Design, p. 147.

山佐,然后奏管傅墨,若用朽炭,踌躇更易,神馁气索,愈想愈劣。"清孔衍栻《石村画诀》:"每见画家先用炭取,可改救,然已先自拘滞,如何笔力有雄壮之气?"华翼轮《画说》:"自一尺以至寻丈,总宜一笔鼓铸,枝枝节节为之,索然而无气矣。古法以木炭取摹,或用淡墨先定局段,然后为之,余谓犹有执滞之患,不若用腹稿,将纸打开一看,略一凝思布置,从而为之,变化在心,造化在手。"沈颢诸人以为无论用朽炭定稿或用淡墨钩稿,都足障碍创意,画意自发展以迄完成,须要相当时间,而在此时间内,意更须不住创新,修正自己,以达到最美满的结果,往往完成之意远胜始创之意。因此在这全部时间以内所用的笔墨,亦必时刻变化,以保持它们与意境之密切的联系。易言之,笔墨必随时生发,亦犹意之不住创新。于是,开端用朽炭只不过是在这联系以外的多余的手续,以后的笔墨反受其牵制,失去了生发的机会。朽炭或淡墨钩稿是呆的,停滞的,逐加的线条是活的,进取的。所以,我们似可断定,用朽炭于形还未有之前,要非古代素线的残留,而逐加线条的开始部分,也并不特别显得重要了。

　　说到逐加线条,种类是很多的。它们虽在画面产生不同的形式,但寻其笔迹,都可看出是在分别表现意境的一部分——当然是极小的一部分,同时又在暗示这意的趋向。因此,逐加线条都属于作线表意的行径,而可以放在线的统摄之下。近人论及这些不同的形式,常常把它们分作钩、皴、擦、染的四大类,而宋郭熙《林泉高致》则列举较详:"淡墨重叠,旋旋而取之,谓之斡淡。以锐笔横卧,惹惹而取之,谓之皴擦。以水墨再三而淋之,谓之渲。以冰墨滚同而泽之,谓之刷。以笔头直往而指之,谓之捽。以笔特下而指之,谓之擢。"但是我们细察皴和擢,乃点之变象。由斡至刷,则皴实为主,其表现在画上的是"面",作者落笔时则意在作"线"。所以,按照现代的说法,这若干的传统方法之功用,便在作点,作线,作面,只不过此三者之中,更有主从。我以前写过一篇《笔法论》[①],对此也有说明,现在不妨引用一段:"画家的笔锋触着纸面,压住成点,划过成线。点与线各占画面的一部分,故有空间性。作点作线无论迟速,运转腕指必需时间,所以也有时间性。不过有些人以为压笔一次,即成一点,作点之笔其本身运动最为简短单纯,只有线才须拖笔过纸,因此特别识得点的空间性与线的时间性。然而,事实并非如此。细察大家之作,点时笔锋不仅下压,便算了事,仍须有过,抑即小作旋转,成一极小的圈线,而同时笔锋下压,亦未间断。于是下压的面参合在旋转

---

① 拙著《笔法论》,连载二十八年《时事新报·学灯》第四十八、四十七期。

的线中,乃有一点。换言之,由于时空相互作用,画家才能够把点落下。反之,作线也不仅是过,须在过时兼施压力。必如此,点线始于'长''广'之外,更能'厚'了。只有'长''广',画是平面的,兼有'厚'了,画才是立体的。……至于由线点扩为面片的时候,拖与压两种运动依然存在,依然相互合作。所以,绘画之难,亦在如何聚精会神,既使笔锋灵活,更使每一运转——压与拖及两者之参合——于快慢强弱间各得其宜,尤须不忘线实为每笔的基本,点中有它,面中也有它,散布在整个画面上的线,实代表画家的精神或意识的倾向。点与面都不过是它的附加物,因它而后成。"又:"细察山水画法,知其更有以线包蕴点面的皴,它实贯通线、点、面三者,而仍由线主之。"因此,若论逐加线条,似应特别注意"皴"了。

"说文"谓"皴"乃"皮细起也"。《梁书·武帝纪》则有"执笔触寒,手为皴裂",都指不平之面,抑即画者所不能忽略的自然的立体的形象。于是专写自然的山水画,也就以皴为主要的技巧了。皴的种类很多,但可约别为披麻皴和劈斧皴两个主型,其画简单的形式,略如下图。

这两种皴原非纯粹想象的,乃画者从自然现象感受而成。前者若麻之分散,后者若运斧所过,故各有其名。前者初看好像只有线条,但其功用就在如何使多线[如图(一)1 至 14]挨近或互为交错,以导出面的作用,因此它是以线始,以面终[如图(一)之顶部,1 至 12 线合成面]。后者乍见一若仅以笔锋砍纸成面,其实不独每一个面须用作线之法为之[如图(二)1 至 10 暗示引线],使面与面互为

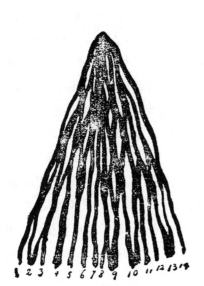

图一　披麻皴

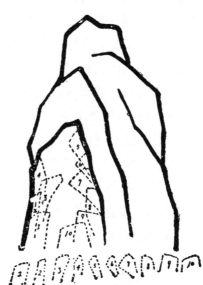

图二　劈斧皴

重叠,以相衔接,使见主要的路向,而免于散乱;并且各面仍须彼此相关,构成一贯的意向;因此,它是以面始,以线终。皴实不仅限于峰峦阜以及一切关于土石的描写,连树木屋宇也有皴的迹象。更从技巧上说,皴既以线为基调,所以不论它所完成的是偏于线(披麻)或偏于面(劈斧),它占有逐加线条中主要的地位,是毫无疑义了。又正因为它处处争取线的表现,而线乃创意的指归,所以它为创意的主导,创意的唯一凭借,这一点也是很显明的。至于某一型的皴,可以导出某一种的意境,则留待皴所遵循的法则说明之后,再行提及,较易了解,兹姑不论。

二、皴法与"一画"

皴的法则,论者多矣,似以"一画"之说较为中肯。但在未谈"一画"之前,应先说明中国绘画之所谓"一笔画"。宋郭若虚云:"戚文秀工画水,笔力调畅。尝观所画《清济灌河图》,旁题云:'有一笔长五丈。'既寻之,果有所谓一笔者,自边际起,通贯于波浪之间,与众毫不失次序,超腾回折,实逾五丈矣。"①宋米芾《画史》:"曹仁熙水古今无及,四幅图内,中心一笔长丈余,自此分去。高邮有水壁院。"又《暇目记》:"楚州胜因院有曹仁熙画水,有一笔长一丈八,无接续处。"又元汤垕《画鉴》:"常州太平寺佛殿后壁,有徐友画山水,名《清济灌河》,中有一笔,寻其端末长四十丈,观者奇之,友之妙,岂在是哉?笔法既老,波浪起伏,得其水势,相对活动,愈出愈奇。兵火间,寺屋尽焚,而此殿巍然独存,岂水能压之耶?"②上面所引的话,都说到一笔画,又都特指每笔的长度,因此,可以说是形而下的看法。但在宋以前,早就有专指命意连绵的形而上的一笔画,它实涵括了许多的线条。如唐张彦远《历代名画记》有云:"昔张芝学崔瑗,杜度草画之法,因而变之,以成今草书之体势,一笔而成,气脉通连,隔行不断,唯王子敬明其深旨,故行首之字,往往继其前行,世上谓之一笔书,其后陆探微亦作一笔画,连绵不断,故知书画用笔同法。"又唐张敬玄论书:"……法成之后,字体各有管束,一字管两字,如此管一行;一行管两行,两行管三行,如此管一纸。凡此皆学者所当知也。"张氏虽然论书,其说实通用画理。可知一笔画乃关乎立意的一个高度的综合,那些逐加线条赖有这一笔画,才得前后贯通,向背相谋,共趋一的。而作者的意境,于此表出。一笔画超越每一线条,每一线条却对它各有其一分的贡献。它可名为

---

① 《图画见闻志》卷四,纪艺下,杂画门。
② 此图名与《图画见闻志》所述相同。

众线所依的一条想象的线,也可视作君临全局的精神力量。在创作过程中,它时刻在贯通了作者的心与手,不使手下须臾背离那已经决定的意向。于此,不妨再提一段反面的话,以见缺少一笔画的作品又是怎样的。明李式玉云:"仆尝执笔学作画,苦不成家,今后搁笔十年矣,安敢妄论此中曲折哉?顾今世不乏名手,而可传者少。使面尺幅,无间疏密,寻丈绢素,实见短长。乃今之画者,观其初作数树焉,意止矣,及徐而见其势之有余也,复缀之以树。继作数峰焉,意止矣,及徐而见其势之有余也,复缀之以峰。再作亭树桥道诸物,意亦止矣,及徐而见其势之有余也,复杂以他物。如是画安得佳?即佳,又安得传乎?"①所以,必须有自发之势,或感受于自然而有不得不画出的意境,那时,一笔画自会活动,来指挥工作,一气呵成;至若无意无势,也就当然没有一笔画的需要与可能了。凡不能作一笔画者,都由于意境还未具,便而落笔,只得舍本逐末,局部求工,看去俱见乌合的皴与线,而寻不出想象的线条。由此可知,创意的皴如有可守的法则,那法则就是一笔画。本文引言所举的第二要点,现在可算说明了。

中国人论画向来尊重这个法则,到了明季释道济的《画语录》更作十分透彻的解释。此书"一画章第一"云:"太古无法,太朴不散,太朴一散,而法立矣。法何立?立于一画。一画者,众有之本,万象之根,见用于神,藏用于人,而世人不知所以。一画之法,乃自我立,立一画之法者,盖以无法生有法,以有法贯众法也。"道济这番话,无异肯定那想象的线条为一个根本法则,他认为绘画分有宇宙的创造和这创造的大法,但画者得自行变法,而又不背本源。所以,他首述法源,次言法所从立,末言法之自由运用。同章又曰:"夫画者,从于心者也,山川之秀错,鸟兽草木之性情,池榭楼台之矩度,未能深入其理,曲尽其态,终未得一画之洪矩也。行远登高,悉起肤寸,此一画尽鸿蒙之外,即亿万万之笔墨,未有不始于此而终于此,惟听入之握取之耳。"画须尽态,而态存于理,故又必先能穷理,一画便是由理至态的手段。若从绘画的整个过程说,则落笔之后,有一画的统摄,搁笔之后,更须经受得起一画的检核,故曰始于此终于此。② 以下各章尚多伸论,如"山川章第八":"且山川之大,广土千里,结云万里,罗峰列嶂,以一管窥之,即飞仙恐不能周旋也,以一画测之,即可参天地之化育也。""皴法章第九":"一画落纸,众画随之,一理才具,众理附之,审一画之来去,达众理之范围。""兼字章第十

---

① 《佩文斋书画谱》录"尺牍"。
② 石涛倘不特别提出"终于此",他的"一画"便易被误解为每一笔画或每一笔触了。

七":"字与画者,其具两端,其功一体。一画者,字画先有之根本也。字画者,一画后天之经权也。能知经权而忘一画之本者,是由子孙而失其宗支也。""资任章第十八":"以一画观之,则受万画之任。"我们把这些话贯串起来,就可明白,一画乃是一种以简御繁的能力(山川章)。一画好像一根线,你如果找到它的任何一端,你就发现它的全体,同时你也寻出它在空间所可占取的地位。抑即有一画为导,画者的精神才不会散乱得越出原来的创意(皴法章)。一画是人从自然所感受的原则,必先有此原则,然后才有书与画的艺术,若不懂如何用它,便是忘本(兼字章)。一画本身既是法则,尤其是宇宙的法则,所以它必然地要产生,以负起宇宙运行的责任(资任章)。

《画语录》的文章,时常以事物互相诠释,含有很多的形式主义的与循环论的意味。但它拈出这一大法,以作批评绘画艺术的一个准则,这确是画论上的一大贡献。我们依此准则,也能进一步知道一件作品如能心手相应,笔下传出明晰而又统一的意境,必定是具有一画,同时也必定是成功的作品。反之,凡心手隔阂,一味堆砌,形象支离,不足以言任何的意境的作品,它固然没有一画,同时也就不能算是一幅好画了。唯有此一准则,能使观者由全至分,复因零及整,以体验意境与技巧或内容与形式之如何配合,从而确定作品的高下,那些侥幸成名的,也自无从逃避此一准则的应用了。我们如有一画的认识,我们实已彻底懂得画法,知道其中的甘苦,庶不致徒能论理,一涉鉴别,便谬误丛生了。[①] 易言之,能解一画,才入质实之途,立论自有根底。

三、线条与概念化

单是观察自然,纪录观察的结果,这还并非艺术。对自然的形象能起感情的激动,从而把这激动提高到情操的完成,[②]选择那宜于——或最有效地——传达这情操的形象,并运用熟练的技巧来表现主观化了的客观,于是才有产生绘画艺术的可能。在传统的国画方面,就有这种经过。我们试用那十足代表传统精神的董其昌的话,来作证明。方才所说情操之源,就是他所主张的"当以天地为师"。有了源头,再去选择,则正如他所谓"每朝起看云气变幻,绝近画中山。山行见奇树,便四面取之。树有左看不入画,而右看入画者,前后亦尔。"至如何选

---

① 中国自晚清以来,很多享盛名的画家,自己并无丘壑,不能独抒机轴,只学得搬运前人的峰峦树石,根本就没有从自然看见了一草一木,从而穷其理,尽其态,以立自己的一画。

② 指诸感情以一个观念为中心,即情绪之理智化。

择,如何主观化,他也有一番话:"看得熟,自然传神。传神者必以形,形与心手相凑而相忘。神之所托,树岂有不入画者,特画收入生绡(亦作绢)中,茂密而不繁,峭秀而不塞,即是一家眷属耳。"董氏这几段话,包括了作画的程序,由取景而构思(组织),落笔,损益,以至成图,中间最主要的,便是"形与心手相凑而相忘",用现代语说,画人平素须锻炼好修改或歪曲自然的工夫,于是每见自然的景物,就能使它所引起的情操同时构成一个明确的概念,来董理或统摄自然的错综复杂的景物(即董氏所谓"繁"与"塞"),把它们配合到这概念所辖的画面的各处。这概念化的工作与作画程序相始终,相调协,并且居于督察的地位。反之,设画者只有满腔感情,没有概念,则这感情与其表现于形式之中的路线,有被切断之虞。但物象(董氏所谓"形")对于概念所指挥的工作(董氏所谓"心""手"),原有限制,所难就在如何克服这个限制,而使彼此合作无间,如同水乳交融一般(董氏所谓相凑而相忘)。这全靠画者不仅感受于物时,能以"知"处"情",而立概念,还须使概念化的作用,由我再及于物,则其物方得入画。画者平日对着自然,这概念化的工作便在进行,伸入自然的形象,四下找寻那些足以完成概念的资料。待他回到画室,握管凝神,又必须先有那行将表现的概念,然后才得选取记忆中(观念中)适用的自然的形象,而加以组织,传之笔下。这概念化的工作,是基于自然,复又不为自然所拘,游离自然,而便于自由运用。所以宋王微《叙画》说:"望秋云,神飞扬,临春风,思浩荡",如此构成的"神""思"便是指这工作中基于自然的那一部分,抑即由物而达于我的方式。宋宗炳《画山水序》说:"于是闲居理气,拂觞鸣琴,披图幽对,坐究四荒,不违天励之丛,独应无人之野,峰岫峣嶷,云林森渺,圣贤映于绝代,万趣融其神思,余复何为哉?畅神而已,神之所畅,孰有先焉?"则是指到整个工作中自由运用的那一部分,抑即由我再及于物的方式。此外,画的表出某一概念时,他内心如何热烈的,如何不能自已的,而又自然而然的情境,也给宗炳说了出来。至于《画山水序》开端所谓"圣人含道应物,贤者澄怀味象",则又分指那发于主观与受自客观的两种概念化的过程,而宗氏认为前者因为自发,所以其地位高于后者,其间有如"圣""贤"的等差。

唐宋绘画比后来较多写实精神,这一趋势,是由于最后来画家要使概念化的工作,逐渐摆脱客观的限制。换句话说,他们想从上文所谓第一种概念化转入第二种概念化,或由宗炳之所谓"贤"升到他所谓"圣"。此中的缘故,本文暂置不论,①不

---

① 参看拙著中国绘画的意境问题,连载三十年《时事新报·学灯》第一四七、一四八、一四九期。

过,对这两种概念化的工作,线条所负的任务是什么？这却有检讨的必要。

某种线条,给与生理的某种反应,以及间接形成某种心理的形态,这一经过是普遍的,没有中外古今之异。垂直线或直线可以使人兴起；水平线可以使人安息；断线,不宁；曲线或弧线,舒适。这些线条所可造成的不同的趋势,表现于西洋四种建筑的形式,①也表现于国画的不同的皴法。凡线原也兼有直、横、曲、断诸趋势,或侧重某一趋势,但因一画所摄,这趋势就必分主从,若就主要的皴法而言,则披麻以平行的弧线为主,劈斧以冲突的断线为主。前者行笔舒缓,连绵层叠,易起宁静淡远之感。后者行笔急遽,互为矛盾,易起兴奋不安之感。因为这两种皴本身具有如此不同的刺激,画者便得分别利用,以表现不同的意境。他若意在敛约中和,可用披麻,若意在放侈偏激,可用劈斧。因为中国文人崇尚儒家的中庸精神,而自宋以后,绘画几全属文人之事,故奔放的作风渐受攻击,目为霸悍,相戒勿学,于是披麻渐占优势,成了正统的技巧。例如宋米芾《画史》自称"不使一笔入吴生",因为吴生(唐吴道玄)运笔豪放,时见缺落,②也就是断线太多,有伤宁静。宋邓椿《画继》也说："吴笔豪放……出奇无穷,伯时(宋李公麟)痛自裁损……恐其或近众工之事。"这更暗示敛约之必要,否则便非画人,而是工匠。到了元代,黄公望谓："作山水者必以董源③为师法,如吟诗之学杜也。"入明,董其昌更公然诋毁："文人画自王右丞始,其后董源、巨然……皆其正传……若马(远)、夏(珪)及李唐、刘松年,又是大李将军(唐李思训)一派,④非吾曹所当学也。"一笔钩销了劈斧皴的地位与价值。从这简单的史实,可知画者组线成皴,其中含有决定某一意境或概念的可能,而画者亦得选用那足以表现这一概念的皴。线条在此的任务,就是要使它自己的主势(不论直、横、弧、断),于千万条皴线中作无数次的重复,并始终受一画的统摄,一贯地衬出了画者的概念。

线条与皴表出知觉与感情,而线皴所循的一画则完成这知觉与感情所趋赴的某一概念与情操。一画的启示是综合的,线皴的启示是局部的,而因为皴中既有一画,所以才使位置最低的线条有所贡献于作用最高的理董情感的概念。如此,似可

---

① Gothic 是垂直线的,Classic 是水平线的,Baroque 是断线的,Rococo 是曲线的,详 Parker: Analysis of Art,第五章,一九二六年版。

② 唐张彦远《历代名画记·论顾陆张吴用笔》："张(僧繇)吴(道玄)妙笔才一二,像已应焉,离披点画,时见缺落,此虽笔不周而意周也。"

③ 披麻皴的创始者。

④ 很多人以为大李将军是劈斧皴的创始者,实误。大李将军多用钩勒,着重色,南宋马、夏诸人始多用劈斧。

说明线条与概念化这一问题的要点。但接着又生另一个问题：画家正因为创意，才须要有概念，同时他又必须受传达概念的某种线皴的限制，那末，这内外双方的条件，还能否使他表出个人的风格？于此，我们进到本文引言所举第三要点。

四、线条的自由运用

线条的机能是有限制的，画者用了线条，须知此种限制，而不过分的依赖线条，尤须懂得用其所长，补其所短。线条善于表现轮廓、体积、大纲，或梗概，至于自然之溶解的形象，雾霭朦胧的价值，便非纯粹的线条所易处理，而须有待于线条的扩大的作用。因此，线的本身实无所谓短长，独患用者不知它的作用，而以它的纯粹的形式，来应付复杂的对象，误于明笔中求混沌，结果就不免失败了。上文虽已说过，线条的扩大作用是皴，但这仅属一个初步的理解。皴还能表现宽、狭、轻、重、厚、薄、浓、淡、疾、徐、枯、润若干的效能，以传模自然的繁复的形貌。这些效能，都由于线的运用的扩大，并且还靠线条作用的伸缩性。画者所以能取得偌多的表现能力，则端赖线落画面时的"笔""墨"。易言之，皴更须有"笔""墨"，始成美备的技巧。若不从"笔""墨"入手，则这些宽狭以至枯润的效能，也都无从获得。纵使有了一画的指导，还是只具概念，没有情感，那时候的作品，有类几何画耳。

照国画的传统，"笔""墨"如其说是互相对待，毋宁说是"笔"更包括了"笔"与"墨"。通常赞美某家有笔，就指他善用笔，亦善用墨。"笔"或"墨"当然不是指一管笔或一锭墨，而是墨汁通过笔毫或笔毫摄取墨汁（对待言之）在画面所留下的，足以表出某一意境之美的形式——美的线条，以及这些线条所造成的主势（以笔包括笔与墨言之）。唐张彦远所论，最为明切："夫象物必在于形似，形似须全其骨气，骨气形似皆本于立意，而归乎用笔，故工此者皆善书。"此是以笔包括笔与墨的。张彦远又曰："草木敷荣，不待丹碌之采；云雪飘扬，不待铅粉而白。山不待空青而翠，凤不待五色而综。是故运墨而五色具，谓之得意。意在五色，则物象乖矣。"则是在不背形似的原则下，讲求墨法。五代荆浩《笔法记》曰："夫随类赋彩，自古有能，如水晕墨章，兴吾唐代，故张璪员外树石，气韵俱盛，笔墨积微，真思卓然，不贵五彩，旷古绝今，未之有也。"则是主张"意足不求颜色似"（借陈兴义《墨梅》诗句），也是着重墨法。又曰："吴道子山水有笔而无墨，项容山水有墨而无笔。"宋韩拙《山水纯全集》为之解释："有笔而无墨者，见落笔蹊径，而少自然。有墨而无笔者，去斧凿痕，而多变态。"又曰："盖用墨太多，则失其真体，损其笔，而且浊，用墨太微，即气怯而弱也，过与不及，皆为病耳。"明董其昌《画旨》则曰:"但有轮廓,而无皴法,即谓之无笔,有皴法而不分轻、重、向、背、明、晦,即谓之无墨。"这些话都是主张二者并重,不可偏废,其中关系,有若骨肉相依。清沈宗骞《芥舟学画编》则说出笔中有墨,墨中有笔的道理:"笔墨二字,得解者鲜,至于墨,尤鲜之鲜者矣。往往见今人以淡墨水填凹处及晦暗之所,便谓之墨,不知此不过以墨代色而已,①非即墨也。且笔不到处,安谓有墨?即墨到处,而墨不能随笔以见其神采,当谓之有笔而无墨也,岂有不见笔,而得谓之墨者哉?"总之笔墨须得互用。墨留纸上,须先笔踪,因为笔可比作那支撑人体动作的骨,人的意志发为动作,画中的意境见于笔踪。所以,画之不可无笔,一若人之不可无骨。同时,笔所过处,亦须墨为润泽,因为墨也可比作那帮助骨使它动得更加灵敏的肉,人的意志由于动作的灵敏而表现更显,画中意境由于墨能润笔而更加畅达。所以,画之不可无墨,一若人之不可无肉。不过,正如一个人倘若肉少,而骨架却没有损失,他还能生活。所以,有笔无墨的画,还不失为清简枯淡的一格,因而"笔"也就独能概括"笔"与"墨"了。

```
                    ┌(程序)—概念—知觉—感觉—     ┌(线条与概念化)
                    │         ⋮               │(创意的线条与皴化)
情操—感情—创意  ┤(法则)——一画—皴     ├线条┤
                    │         ⋮               │(皴法与一画)
                    └(技巧)—笔—笔墨          └(线条的自由运用)
```

(附说明)未经皴法运用的线条,在程序上只能诉诸感觉,待经过皴法的运用后,才启示自然的一部分,而趋于具体化,以唤起较高的认识,抑即诉诸知觉,同时入于技巧的第一步——笔墨。知觉、皴、笔墨同属局部的,尚未窥见整体,所以必使皴隶于一画,而后法则始备,又必使笔墨用于一途,技巧始全。于是在程序与技巧两方面,乃各有那总揽功能的"概念"与"笔"。程序、法则、技巧三者各分步骤,互为调整,以共趋创意,表出画者的情操。这一趋向,表中用"—"标出,其调整的工用则用"⋯"标出。

我们约略说过"笔""墨",便可进一步考究画者如何从笔墨上突破线条对他的限制,以求自由的表现。前文从情操、感情、创意、线条、皴法、一画、概念等问题,一直说到线之自由运用中的笔与墨,其间关系约可表列如上(见附表)。

由此可知程序与法则,乃各家所只守,唯技巧之中,始见个性,而线条所以容纳的自由风格,纯属使用技巧之事了。说更从上而下,则情操的表现,既属技巧,

---

① 如此的以墨代色,还嫌不足,详后。

亦属线条。所以画者因线成皴,复以皴隶于一画,始有法则,于皴中见笔墨,始有技巧。故论技巧,还须多详笔墨之道,必待透解技巧,然后画者之所以特创风格者,也就被把捉住了,因此,请再论笔墨。

笔墨之必须统摄于笔,诚如皴之必须听命于一画,而蹊径的不同的笔墨,更须配合得上类型不同的皴,并且在这个配合之下,还须有线条所筑的基础。所以,线条在本身固然单调、贫瘠,但一经扩大作用,组织成皴,则上承一画之意,旁受笔之督率,与概念的范围,于是转为复杂而又丰富的一种活动了。画者必发展至此,始会一面感到过往每一阶段中法则与技巧对他限制之严,一面却又开始望见当前的园地中,确有他熟谙了的法则与技巧所可抉择与处理的对象。他如果没有过往的锻炼,便遇不见现在的丰美资源,也不知如何使用它。自然之门对于所有的画者,并非一律开放,只有打从"线条"以至"一画"与"笔"中锤炼出来的人,才得步入此门,窥见门内的秘藏,才会觉得眼前一片生机,有左右逢源之乐。于是他每次有了感受,想要创意的时候,他立刻能在程序方面成立概念,在方法与技巧方面,使一画与笔发出号令,而整部工作便开始了。试从线条推溯而上,无一步骤不是帮助他的,他这才认识必待这一切贯串起,方有一己风格之可言。所以,理伯迈说:"自然之概念是首先造成艺术家的条件,自然之复产经过了艺术地概念化,则造成艺术家的风格。"①盖笔统笔墨与一画摄皴,若能互相配合,即是技巧与法则互相匡济,树立起自然之概念,完成作者的风格。正因为那些技巧因人而成,是历代作者经验的累积,是在逐渐的完备之中,所以画者到了能随心运用这些技巧的时候,他便超越了它们,能够在它们之上来指挥它们,而它们才不复是自由创造的障碍了。此犹如文字虽前人所创并逐渐补充,文学作者正不必废除文字,始得自由自诩。能用技巧,不为技巧所用,尤其是能继续创新技巧的,才真地走向自由之路。而这创新之责,也就落在每一个要求自由表现的画者肩上。历代独特的风格,不起于意境,而始于意境之如何表现,以及这表现之如何胜过前人。国画家倘从国画技巧之基础——线条,求一新的运用,殆亦新风格之所始乎!这些话解说了引言所举第三要点。

五、线条研究与今后的中国绘画

今后中外文化关系更加密切,研究任何中国文化形态,都须从这关系上去找

---

① Max Lieherman 致 Seidlitz 函,见 Peter, "Modern German Art"。

答案,本文至此,也就不能不涉及在国画洋画之相互关系上,国画线条将趋向如何的一个发展。目前限于篇幅。只试论国画从洋画所可受到的影响,以及在这影响下国画线条所可发生的作用。

洋画也有悠久的历史,各时代的画风对于画史的发展实含累积的影响。所以特别在外国人(就西洋的立场说)的眼光里,所谓写实主义,后期印象主义,以及最近的超现实主义,都各能唤起一部分的爱好。同时,国画自身在当前大时代中,由于内容日趋丰富,遂要求着足以表现这些内容的新的形式,于是国画家也是迟早可以从西洋各种画风探求国画的新形式。其中最可能的影响,或使国画走向类似写实主义的色彩,后期印象主义胎息于印象主义的色彩,以及超现实主义的一般表现方法;而作为国画传统形式的重心的线条,将如何接受和如何作用于这些外来的新影响,及本文最后所应讨论的。

国画除墨色外,固然也有彩色。但画意倘已被墨色表达得很深透了,便没有再加彩色的必要。尤其自实用入于尚意以后,水墨画渐占重要地位,从墨中求色之论也渐占优势。秦穆公时九方皋善相马,他可颠倒牝而黄与牡而骊,却见天机,"得其精而忘其粗,在其内而忘其外,见其所见,不见其所不见,视其所视,而遗其所不视"[①],因此陈与义遂有《墨梅》诗:"意足不求颜色似,前身相马九方皋。"这都是集中精神于对象的某一部分,而不顾其它的客观上的正确。以前所说由线以至一画,固可概见图画创意所特富的写意的作风,但到了以墨代色,或墨中求色,这作风发挥得更大了。国画线条一面既由一画摄皴,一面复用笔包笔墨,助成表意,举凡墨色与彩色之施于画面者,最后必归线条的节制,受线条的操纵。此线色两者间,乍视虽判若鸿沟,若察两者运用之相同,则墨又可视为中介,以决定色线二者间的关系。因为从国画的法则与技巧上看,创意与线条间不论自上而下,或自下而上,其整部运用,都靠笔能统摄墨色,以及墨色俱受组织了的线条(形式上的皴与意向上的一画)的整理,来助成结构的趋势。更因为结构的脉络或关节,其赖于墨者,实先于色,而且在一大半国画上,色为墨的附加物,是其依存于墨,尤无疑义。而基于线条的概念化的一画,既作用于墨,复作用于色,于是一画对墨与色的作用,还得由线条来负起那最下层的工作,其理亦复至明。所以,色与线不仅相关,着色落墨更都产生线条的功能。即色之浓、淡、明、晦等变化,也与墨无异,被排布在画面时,须帮着墨来暗示线条成皴以后的一画的作

---

① 《列子·说符》。

用,须陪衬得出作者意境的主向。换言之,那先已用于皴法的一画,着色时还须再用一次;而在画者方面,至少应存着色亦如作线的意趣,则色的一画才有可能。这些情形,画者都可体察得出。国画因重意才重线,因重线才在墨色两方面都有线的表现。到了现在,新的内容要求着画者第一步能存新形,而"存形莫善于画"①,莫善于轮廓画,也就是线条画。所以,今后国画的线条将不因刷新内容而失其重要,迨可断言。同时,洋画色彩对于我们的引诱甚至威胁,亦必因为线条仍旧重要,而被同化于色中一画的意趣。将来国画的色彩尽可日趋丰富复杂,但线的作用还会贯彻,画者仍将力避华而不实与有肉无骨的作风,这似乎也可断言的。西洋写实主义的着色与后期印象主义的着色之一个区别,便是前者没有线的蕴蓄,而后者有之,所以,国画苟受洋画着色的影响,其将较易接近后者,殆亦在预料之中罢。

关于从超现实主义的表现方法所能得到的影响,则可先看这一主义的若干代表人物的观念。马尔克说:"我渐渐试看事物的背后,或者说得更好点,看穿事物,发见那潜伏在背后的东西……固然,从物理学的观点说,这也是一个陈旧的故事了。"②又说:"我已能望着一张椅子,而看出它是如何怨恨它自己的站着。这种怨恨实是椅子的使命,这使命所掩埋的,并非椅子的美,而是那落在椅子身上与命运之中的灾难。凡物都有束缚与桎梏的作用。事实上,椅子不曾站着,它只是被束缚住了,否则它将飞去和精神契合。"③克里更变本加厉提出如下的画题:"一株开花的苹果树,它的根,通过它的树液,它的身子,每个年轮切面、花朵、花朵的结构、花朵的性机能、果实、果皮、果的籽。这若干生长过程所构成的一个物体。""一个入睡的人,他的血液的循环,肺部有规律的呼吸,肾脏的精巧的机能,盘踞他头里的与命运诸力所关联的梦境,统一于静止中的若干机能所构成的一个东西。"④然而克里处理这种画题时,却又把它画成不同深浅的渗淡的粉红色与灰色之配置,使观者骤然面着骇人的黄色或饱含毒质的绿色,好像对着恐怖所笼罩的街道,以导入无涯的空虚中。⑤ 由马尔克以至克里的现代超现实主义的洋画,一面既不愿把绘画混同于植物或生理挂图,一面又不能摆脱写实的作

---

① 唐张彦远《历代名画记》。
② Franz Marc, "Aphorism" No. 70 见 P. Thoene, Modern German Art。
③ "Aphorism" No. 97,见前书。
④ Paul Klee 语,见"Modern German Art", pp. 70–71。
⑤ 酌用 Thoene 语。

风,以透入自然的核心,而谋物我之契合,于是,他们的作品,充其量只是一种表格,带上些说明的文字罢了。他们虽然自己以为是分解形体,适入核心的新艺术,事实上则只不过离开绘画,停滞在机械、建筑、经济与统计的一种趋向。① 这完全因为他们与自然交涉时,纯凭理智,而未诉诸感情。他们把理智的收获,用符号或公式记录下来,而不以现实的形象,求表达感情的内容。易言之,他们的创意,不始于情,而始于理,克里也有所谓贯串起创意工作的"一条线的旅行"(going for a walk with a line),与中国的"一画"似乎很相像,并自称先从"点"引成线,作为旅行的开始。继则线条中断,作为小憩。线又折回(改取与原来相反的方向),作为途中的回望。线起波纹,作为一条河拦住去路,不得不乘舟渡过。线作拱形,作为到了一座桥……② 但是这种作风,乃在符号之外,加些文字,有如几何学上课题的证明,与中国之以一画为创意的准则,而无须真地画出一画,显然不同了。克里这类的作品,毕竟是科学,而非艺术,国画对于这超现实主义之撇开形象,徒事科学的游戏,实有戒备的必要。因为使艺术受科学的洗礼,是一件事,使艺术同于科学,而否定自身,却又是一件事。国画者为了避免这不必要的混同而灭绝了艺术,首应保持其传统尊线的态度,认清线是形象的提炼,而不是形象的符号与标记,甚或形象的消灭。他应当明白,以线存形原属艺术创造的基本手段,尊线不是"落伍",而是强调这一手段。佛莱说:"凡真正理解绘画艺术的人,没有一个会注重画题,即绘画所表现的。在一位能够感受图画形式所含的语意(the language of pictorial form)的人看来,一切决定于这画题如何被表现,而不决定于画题是什么。"③这番话是值得深省的。

  国画的无数线条,既在扩为皴法而实以笔墨的时候,能使丰富的感情纳入概念;复在敛皴为一画的时候,保持了这概念的条理与明晰;更受一画的权衡,构通了概念与感情,使其在整个过程上,互相作用,以完成创意。一画的作用自上而下,线条的作用自下而上,故在下者必为重要的基础,负有巨大的任务。东西文化接触日密,国画中具此根本作用的线条,今后将对世界绘画艺术的发展有所贡献。留心艺术的人正可寻找这贡献的内容,而本文推论的当否,也许是一个值得谈谈的问题吧!

三十二年十一月北碚夏坝

---

① 酌用 Thoene 语。
② Herbert Reade, "Art Now", pp. 141-142.
③ R. Fry, "The Artist and Psychoanalysist".

故宫读画记

（一）唐卢鸿《草堂十志》　　长卷、熟纸本、墨笔。写草堂、倒景台、樾馆、枕烟庭、云锦淙、期仙磴、涤烦矶、罩翠庭、洞元室。金碧潭十景，每幅的右手，都有题咏说明每景命名的意义，并且歌颂自然和赞美隐逸的生活。无款，卷后有清乾隆帝，五代杨凝式，宋周必大，清高士奇跋（依题次）。卢鸿字浩然，《新唐书》作颢然，善篆籀，画山水树石，得平远之趣。笔意位置，清气袭人，与王维埒。隐嵩山，玄宗备礼征之，至东都拜谏议大夫，固辞还山，赐隐居服，官营草堂，聚徒至五百人，号其居曰宁极。有《草堂十志图诗》。按卢浩然画见于著录者，有窠石图、松林会真图、草堂图。又《全唐诗卢鸿草堂十志图诗》，与此卷十题全合，盖先画所居嵩山草堂，及四周九景，然后分别题咏。此卷不必作真迹观，乾隆题跋谓出李伯时（宋李公麟字）手，又画身题咏有作柳公权体，柳后于卢，也可证明非卢笔。若就画言，有值得注意者。第一，树法均写小丛林，又作主树。每一丛中，多半自具远近，远树隐于近树后，大都不露全身。如此结构，比后来宾主法之先作主树，再补小树，以成一片段者，似较费力。而尤难者，乃在一图内常使两三丛间，其意若断若连，想见当时的草堂，饶有林木之胜，可一片接着一片地去欣赏。设以晚近流行之宾主法观之，则又觉得此卷之若干丛树，其中亦复自有一丛是主，一丛是宾，抑即一丛可以代替一株，来分出宾主。第二，山石俱无点苔，仅于石际坡畔或水边，偶作凤尾草，石面略缀蒲公英。山石的皴擦，因此就短少了点苔的掩护，笔墨交待，便须十分清楚。同时，也更多起伏萦回之趣。皴法兼用雨点及小劈斧，颇见浅深之次。用笔沉着，而不觉滞浊。第三，远山背后，多作点叶小树数层，前浓后淡，但不写出根枝，很是幽邃。以上所举，可以说是此卷特长之处。至于布局，不免有填塞或生硬的地方，枝头也可参差交错，十足代表尚未发达的山水画风。尤以图中景物常被同等的重视，施以等量的笔墨，更显得是早期的作法。十图之中，以草堂为最稚拙，景物都逼近眼前。与晚近的园林景法不同的，则为期仙磴。丘壑最好，笔墨最熟的，则为枕烟庭。综观全卷，皆是刻意求工，取景都从实处求虚。就结构上说，则金碧潭、云锦淙、涤烦矶三景为一型，倒景台，枕烟庭为一型，而以枕烟庭的意境最为悠远，乃全卷之冠。

（二）宋巨然《秋山问道》　立幅、绢本、墨笔、大披麻、无款。近处坡脚临水，坡上树法俯仰得势。坡后两山耸峙，中有幽谷，小径盘旋而上，凡三折，林木夹径，林中茅舍竹篱，二人席坐论道。再上，则谷口左右两山，合抱而成主峰，峰上岩头小树层叠。主峰之后，不作淡墨远山。谷口两山，亦点缀杂树，与谷中者相映带，枝头齐向主峰朝揖。远近山石，加大圆点，复以破锋就圆点四周作鼠足碎点。树身俱只左右二笔，而笔笔转去，中间略点树节。树叶杂用大小圆点、垂叶、介字、蟹爪等。下段坡石临水处，碎石散布，水草皆向右撇。此图笔笔中锋，钩划皴点，俱极圆厚生动，有扛鼎之力。墨法精微，备浅深之致。全幅取势雄奇，密不慊塞，近不伤浅，凡草叶树头，皆出秋山风意。日本影印中国各画，亦有题为巨然一图，与此位置悉同，但笔疲神散，远不及者。又有正书局各人扇面集有王石谷拟巨然烟浮远岫，丘壑亦类此，但谷口之山，移到扇面的左右两端，想系由直幅改横幅的原故，不过题各不同耳。又故宫尚有巨然秋山图轴，布局与此不同，笔墨整洁，上有董其昌题定为真迹。

（三）宋郭熙《早春》　立幅、绢本、墨笔。树身淡设色，款在左："早春，壬子年郭熙画。"压一印，文不明。下段作崖石临水，石上古松挺立，老干盘纡，针叶细劲，杂以枯木，左右斜出，内有一株，用大浑点向左横出，极得势。崖后露出坡路，左右伸展。中段于崖上起一山，势分左右下落。右面山腰，位置寺宇亭园，亭畔小树尤疏秀。寺边瀑布左出，注入潭中，复又折下，与近水相合。左面山腰，别作一泉，自远来，作数转折，中隔烟雾，沿山腰小路，流入近水。上段主峰叠起虚脚以为云气，峰头小树直立，峰侧枯树左右出。上段左边有山石小树，向右出，或系裁剩。（原因疑系屏幛，裁去一边，因成此幅。）下段近处坡路与中段左面山路，都点缀人物，有挟雨具的，有负行囊的，有系舟岸旁的，其姿势都与上段主峰成呼应。山石皆用云头皴，淡墨层层积出，而不滞浊。近处墨较浓，下段崖石钩边，行笔稍重，线条慊阔，复作颤战，是一病耳。按郭熙为北宋御书院艺学，所画山水，位置幽深，巨幛高壁，多多益壮，云烟变灭，晻霭之间，千态万状，时称独步。此图的境界，确是如此，而笔笔不苟，运思细密，可作真图观。郭熙子思，尝录其父平生论画语，名曰《林泉写致》，计一卷六篇传世。其中《山水训篇》有云："画山水大物也，人之看者，须远而观之，方见得一障山川之形势气象。若士女人物，小小之笔，即掌中几上，一展便见，一览便尽，此皆画之法也。"此图气势，亦宜远观，有溪山无尽之意。确合郭氏画法。又云："画亦有相法，李成子孙昌盛，其山脚地面。皆浑厚阔大，上秀而下丰，合有后之相也。"按郭熙原学李成，而自放胸臆，今观此图远峰下罩，崖树上承，坡路铺展，也很合上秀下丰的意思。又其《画诀篇》列举春景可作画题者，有早春雨景、雨雾早春、早春烟霭等，似乎又以雨雾早春最合此图的题旨。同篇又说："画之志思，须百虑不干，神盘意豁；"而郭思在《山水训》一篇，更补记一段："思平昔见先子作一二图，有一时委下不顾，动经一二十日不向。再三体之，是意不欲。意不欲者，岂非所谓惰气者乎？又每乘得意而作，则万事俱忘，及事汨志挠，外物有一，则亦委而不顾。委而不顾者，岂非所谓昏气乎？凡落笔之日，必明窗净几，焚香左右，精笔妙墨，盥手涤砚，如见大宾；必神闲意定，然后为之，岂非所谓不敢以轻心挑之者乎？已营之，又彻之，已增之，又润之，一之可矣，又再之，再之可矣，又复之。每一图必重复终始，如戒严敌，然后毕。此岂非所谓不敢以慢心忽之者乎？所谓天下之事，不论大小，例须为此，而后有成。先子向思每丁宁委曲，论及于此，岂非教思终身奉之以为进修之道耶？"像此图，也决非如晚近的一挥而就的作法，其经营位置之苦，与夫笔墨层次之多，正同上文所说啊！

（四）元赵孟頫《鹊华秋色》　　短卷、纸本、淡青绿，自题云："公谨父，齐人也。余通守齐州，罢官来归，为公谨说齐之山川，独华不注最知名，见于左氏，而其状又峻峭特立，有足奇者，乃为作此图，其东则鹊山也，命之曰鹊华秋色云。元贞元年十有二月，吴兴赵孟頫制。"隔水董其昌题，卷后杨载、范德机、董其昌、虞集、钱溥等跋。按周密字公谨，宋亡不仕，以选《绝妙好词》著称于后世，并精鉴赏，有《云烟过眼录》，先世济南人，曾祖随高宗南渡，因家湖州。赵氏也是湖州人，而鹊华二山在今济南东北十五里，是周公谨原籍地方的名胜，却又是周氏所未到过，那末将这画卷送给他，倒是很有趣味的事了。此图所写乃是秋景。近处苇汀，叶作介字，水墨数重，再着淡青，后世少用此法，惟于文徵明《拙政园图册》中曾见之（按文本学赵）。汀后岸上，推出一大平原，用披麻皴平画，颇见腕力。水岸相接处，笔墨尤为圆融。平原上点缀村舍，小溪萦绕，主树数株，位于卷右。树身皴纹细密，间作盘旋，细按有三四次者。点叶不雷同，计有小圆点、垂头点、半圈线。后者系作圈之上半而非下半，各圈线彼此互套，如左右排列时，则后作之半圈线的左半，适在先作之半圈线的中央，余可类推。如上下排列时，后作之半圈线的上半，适在先作之半圈线的左下半或右下半，余亦可类推。因此，左右上下，交相连锁，故线虽不多，而望去自然茂密。此法亦复所罕见。树叶罩朱、青、汁绿等色。卷左画柳,树身斜出,皱纹亦略盘旋,柳叶点成,不用空钩、人字、短剔等法,因为如此方与周围更易调和。平原上除上说茅屋外,复有牛羊、人物,作放牧、钓鱼、荡舟、倚门诸状。牛着黄色,人物衣服敷薄粉。远处树木,皆枯枝疏叶,尤觉秀润。平原尽处,画两山,右为华不注,左为鹊山。华不注孤峰拔起,四无延附,若几何画中的两等边三角形,合用解索、荷叶两种皱,只是淡墨,不勾轮廓,以淡花青染数过,加小圆点;这是没骨画法的变体,亦后世所不见。山脚绕以柏林。鹊山位置较远,若半圆形,系小披麻皱,以汁绿染。自题在两山之间。全幅运笔细润,墨色交融,位置疏散,而不零碎,尤以青绿二峰、赭黄色屋顶、粉衣、碧水、黄牛、朱叶、青苇,使远山所罩着的这一大平原,望去如同锦绣一般。后世所传元代山水画法,大都为黄、王、倪、吴四家余绪,独赵氏远宗摩诘,细润古淡,其事既难,学者自少,今观此卷,遂感到一般新颖的意味。董跋谓其"兼右丞北苑二家画法,有唐人之致去其纤,有北宋人之雄去其犷",要非过誉。画者有能粗而不能细,或能细而不能粗,欲求兼擅,当由此卷入手。《古今图书集成·方舆编·山川典》第二十三卷,《华不注山部·会考》有云:"按《水经》,济水又东北(脱一经字)华不注山,单椒秀泽,不连丘陵以自高,虎牙桀立,孤峰特技以刺天,青崖翠发,望同点黛。"又附华不注山图,亦俱与赵氏此卷相合。又同书《华不注山部·艺文》,有元王恽《游华不注山记》云:"自列下登舟汎滟东行,约里余,运肘而北,水渐弥漫,北际黄台,东连叠径,悉为稻畦莲荡,水村渔舍,间错烟际,真画图也。于是绿萍荡桨,白鸟前导,北望长吟,华不注之风烟胜赏,画在吾目前矣。"王赵同代,王氏所赏,殆已由此卷为之写出了。

(五)《元人集锦》 手卷、共八段、俱纸本、小横幅。略记其中二幅如下。(甲)赵孟頫《怪石晴竹》。墨笔、浓墨、画竹不以浅深取胜,而韵致自佳。石仅二三开合,钩勒之外,不多皱擦。右手一竹,当石前而立,略碍石上笔墨,是一小病。但竹石俱连笔简当,而意周密,只一二处似欠饱满。赵氏曾作竹石枯木,自题云:"石如飞白木如籀,写竹还于八法通。若也有人能会此,方知书画本来同。"神州大观有影本,其位置与此仿佛,而神采远胜。(乙)吴仲圭《中山图》。水墨、秃笔。主峰中立,数峰环崎,其后淡墨远山,点叶小树成林,排列在近处山腰石际。皱点都很圆厚,更以浓墨提之。近处有两山交抱,中间补出浓染没骨山,其后复皱出一山。通常俱于近山用皱,远山施淡染,此图独反之,想是不拘成法,虽觉远近倒置,仍具条理,诚不易为。又图中山树之外,绝无其他点缀,而不嫌单调,盖以线条趋向与墨色浅深等事之排比得宜,表出一个一气呵成的律动。若使庸手为之,殆将无一是处。宗白华先生与予同观,誉为一段音乐,信然。

（六）明沈周《庐山高》 纸本、立轴、仿王叔明、淡设色。起处左右两岩,中隔溪水。右岩上,双松挺立,势向右,一夹叶树向左斜出,树身盘藤。松叶罩墨青,松皮染赭,夹叶淡红,垂藤白色,相映有致。左岩上杂树数株,与右岩主树成呼应。稍上两山叠起,中悬瀑布,凡数折,落溪中。溪口瀑前,架一木桥。左崖皱纹横,右崖皱纹直,左崖染墨,右崖染赭,亦形成一素淡的调协。左崖自上而下,凡两处向右出,一在崖顶,一在崖半,将瀑布隔断。两崖之顶合抱,中有水潭,潭中位置乱石,乃是瀑头。瀑布下落,左崖突出,为之掩蔽,后有木桥当前,入溪处更作数叠,故多曲折之妙。右崖后一山,栈道盘旋,左接木桥,右入丛林,其间杂树离披,黄叶点缀,为全图最难状处。潭上乱山高耸,合成主峰,峰之左右边,布置矕头。主峰之右,别作五远峰,均瘦削,皱纹螺旋,各抱巨石,其势欲堕,深得叔明三昧。峰腰空白数团,四周以淡墨渍之,盖写停云。右崖起处,一老人袖手立松下,仅作平视之状。若庸手为之,必使仰观,方见庐山之高也。全图又可分作四段看。下段,老人松阴闲立,其意是静的;其上,瀑流倒挂,栈道萦回,是动的;复上,山腰停云,是静的;最上,奇峰危石,是动的。不论视线由上而下,或由下而上,这动静的间隔交替,完成了画面的节奏或韵律,要非精于六法者,不能为也。赏鉴家向有粗文（徵明）细沈（周）之说,今观此图,盖知沈氏细处经营,实未尝不靠整体的章法。又此图行笔松散,点画多似率意为之,却又紧凑合拍。所谓粗沈,往往秃毫偏锋,用力刻露,有如仲由高冠长剑,初见夫子气象,不及细沈较多蕴藉。又古人有谓"云乃山川之总",斯图峰腰一段云气,是以空处摄住满幅实处,亦大不易也。

（七）清释髡残《藏林秋树》 卷子、生纸本、设色。一般写秋景,多布置疏落,此独状其茂密,而以枯枝、衰草、黄叶,散布画面,于密中见疏,从而点出秋意。通卷景物稠塞,但作数大段落,更使之先后映带,看去遂有条贯,非杂置纷陈者可比。运笔圆厚,笔力深藏,松针及双钩柳,尤见工夫。树身和点叶,多压锋为之,复疾引过,系用泼墨法,而更求凝重。远望主卷,好似把形象、墨法、色调三者,织成一个大图案,却又没有一丝匠气,但觉作者满怀丘壑,都融入此结构中了。如果单从位置浅深等去看此卷,实不足穷其妙也。

关于顾恺之《画云台山记》

中国画学史自南北朝始,渐多关于画理法的文字,如宗炳《画山水序》,王微《叙画》,梁元帝《山水松石格》等,相传都是南朝重要的画论,而谢赫所辑的"六法",尤为后来论画与学习的圭臬。不过在此以前,也还有成篇的画论,如晋王廙对他的侄儿羲之所讲"学书则知积学可以致远,学画可以知师弟子行己之道"那一番话,以及顾恺之的《魏晋胜流画赞》《画云台山记》等。王廙之语比较笼统,不若顾氏的细密切实,纵使后者脱错很多,诚如张彦远所说。新近傅抱石先生写了《晋顾恺之〈画云台山记〉之研究》一文,把这篇难读的画记加了句读,改正错字,补充脱落,并分设解释(均载三十年四月七日及十四日《学灯》),给中国画学史增添重要的资料,使我们"可从南齐谢赫经由晋顾恺之而上溯汉魏"(傅先生原文),可算艺林的快事。现在特就傅先生的研究略事补充浅见,并以就正。

顾氏此记确如傅先生所说,是设计,而不是画后的记录,试看通篇屡用"可""宜""当""当使"这类的字,便足证明。不过他的设计似有一般与特殊的分别:前者乃普通的原则,如"山有面,则背向有影","凡天及水色,尽用空青,竟素上下以映日"(此"日"字傅先生以为"之"的误),"凡画人,坐时可七分"等皆是,即使顾氏画其它的山水,大概也是如此主张。后者只适用于《云台山图》,如"丹崖""绝磵""左阙""右阙""伏流""赤岍""天师""王良""赵昇"(原文作"超昇",此从傅先生说),以及"轩尾翼以眺绝磵"的"凤","匍石饮水"的"白虎",都是专为此图设计;至于后者更可分为局部与全面二种,方才所举都属局部,全面的则有此记最后一段,即"凡三段山,画之虽长,当使画甚促,不尔,不称;鸟兽中时有用之者,可定其仪而用之。下为磵,物景皆倒作;清气带山下,三分倨一以上,使耿然成二重。"盖总说全图结构,"三段山","虽长……甚促"是指横的结构。"下为磵","清气带山……成二重"是指横的结构。(清代吴江迮朗卍川著《三万六千顷湖中画船录》,载王麓台五世孙石泉论画有云:"画之为理犹之天地古今,一横一竖而已,石横则树竖,树横则石竖,枝横则叶竖,云横则峰竖,坡横则山竖,崖横则泉竖,密林之下亘以茅屋,卧石之旁点以立苔,依类而观,大要在是。"固然横竖之外尚有物在,如倾斜的趋势,不过这也还须意中先有横竖而后可作,所以此处亦试用石泉之说。)顾氏对局部既不苟且,对全图更有若干大的开合,此聚零星为整体,同时复确立画面主要的色调与中心的意境,并且指出致此的方法,此则不仅有助学习,实是早期中国画论所罕见关于局部及全图的设计,已由傅先生精心的研究而阐释靡遗。关于色调与意境及致此的方法,本文想略加探讨,兹分说如后。

倘若此记是篇幅完整的话,那末它顶头上的几句话应该多少带点开宗明义的作用,而顾氏于此所注意的,则是阴阳向背的问题。大概由于日出而物体的明暗更显著,所以把日画出乃表现阴阳的必要的方法。又因为这幅画是着色的,于是画日除了给日本身敷色以外(此点乃是假定,因顾氏原文并未说明),还可以用颜色把日衬托出来,故曰:"凡天及水色,尽用空青,竟素上下以映日。"又在记末曰:"下为磵,物景(影)皆倒作",则是借映在磵水中的物影,来发挥日光的作用。以青或它色染素,在顾氏也许是一个惯用的、普遍的方法,而考中国画史,空处涂色在水墨画流行之后已比较少见,在早期或未必如是。例如米芾《画史》则称"阎立本画皆着色,而细银作月色布地,今人收得便谓李将军思训,非也",以及传为五代荆浩所作的《画说》亦有"烘天青,泼地绿"之语。我们现在偶见古代真迹,凡着色浓重的,也多半空处赋彩,如故宫博物院所藏《丹枫鹿呦图》,或古物陈列所所藏《关山行旅图》等。但是他在《云台山图》里,既已应用这一般方法之后,还恐怕单单把日画出,或不足以强调云台山的明暗,于是又说:"可令庆云西而吐于东方清天中。"在此,他似乎要使代表东方的卷首,首先给观者以彩云散布的一个天空的印象,从而山之较为高度的明暗才愈加合理。因为所谓"庆云",原与"景云""卿云"同义,乃中国人理想的"瑞气",《瑞应图》有云:"景云一曰庆云,非气非烟,五色纭缊。"我们对于此记的组织,原不能强绳以令人写作的逻辑,所以它行文的次序有时不妨倒置。这头上几句的意思可试为重说如下:要山有阴阳,可画日,画云,更可强调日色与云色,则作为这幅画的一个主题的山之向背,就更为显著了。我们又可想象,假若一幅横卷,一开头就是由左(西方)而右(东方)的舒卷的彩云罩着上有青天下有清水的阴阳毕露的山,那末我们的感应该是如何兴奋。在魏晋时代,像这样的画面大概可以吐出不少的"仙气",而在今日,就不妨说是"朝气"了。因此,我以为顾氏此图的色调是鲜丽的、绚烂的、热闹的,色素也比较浓重,而在见惯着色淡雅的中国画的人,也许会对它发生很大的惊愕吧!

顾氏此记既首先暗示全图的色调,以后更分别说明各个物体该用何种颜色,而这些说明又皆一贯地主张浓重鲜明。例如"作紫石如坚云者五六枚",使我们不仅见到晚近中国画家画石时所很少用到的"紫"色,更联想到顾氏画云,于轻松缥缈者以外,或许还有劲固凝重的一种,而用紫色来表出它的凝劲。又如"连西向之丹崖"的"丹"色,"宜碙中桃傍生石间"之不得不着以鲜色的"桃","凡画人……衣服彩色殊鲜"之直接指出鲜色,"中段东面,丹砂绝崿及荫"之再用"丹"色,"可于次峰头作一紫石亭立"(原文作"丘",此从傅先生说)之再用"紫"色,"后一段赤岈"之用"赤"色,"作一白虎,匍石饮水"之施粉于众色间的一种衬托,以及"清气带山下,三分倨一以上"之以可表清气的某种颜色(原文未明说,故不臆测)来和"竟素上下以映日"的"空青"相辉映。凡此也都足使人揣想这云台山的色调是如何热闹。顾氏深解着色,又是无锡人,无怪《淮南子》有云:"宋人善画,吴人善冶"了。("冶",装饰也,赋色也。)不仅此也,顾氏对于那和色彩鲜明互为依附的物体的向背阴阳,在此记中除开头的"山有面,则背向有影"一段外,也还有续予置重的地方。向背阴阳形成物象的浓淡,同时浓淡也可表现物体的远近,而在画者的观念中,浓淡更时常概括了向背与远近,于是中国又有用墨如用色,墨具五色,一色中之变化等的说法,都不外乎要使色与墨各有其适宜的浓淡的配合。盖用色如用墨,其所以鲜明,不专靠各个颜色的本质是否鲜明,而更赖数色并置时,能像那含有浓淡与层次的墨一样地互成对比、参差与悬殊。顾氏所要表现的绚烂的色调,也便有赖于浓淡。而他在说明此点时,则未用"阴阳",只用"向背"与"远近"等字面。我方才所谓续有置重的地方,就是指"西去山,别详其远近"与"凡画人,坐时可七分,衣服彩色殊鲜,微此不正(原文无'不',此从傅先生说),盖山高而人远耳"。前一段话的意思是:舍物体分大小及笔墨与设色都有浓淡外,恐怕也别无他法来画出远近,因此我以为此一设计当含有表出浓淡的方法,虽然顾氏未曾明说。后一段话要写出高山上的远人,却又怕人远而不显,特意使其服色鲜明,较易表出。在此,顾氏所用的浓淡似乎违背通常所以分出近远的那一原则,他乃强调远处的山与人之对比、悬殊,而并未减轻之。可见中国画学自有阴阳或浓淡之法,其用意已不必一定是在满足向背或远近的需求,而是为了画者主观的、富于装饰性的改造自然了。若从此点反观上面列举顾氏对于诸物所赋的色彩,也不禁使我们减少其中的固定性,即顾氏的用色似乎保有相当的主观的余地,假使他另作一幅云台山图的话,天与水也许可改用碧色,崖用赭色,石用青色,而虎也不必一定是白色的了,其诸色的配合也许别成一种与此完全不同的调子,不必还是绚烂鲜明了。中国画学决非自然或对象之复制,其所贵者,就在主观地役使自然,而不为自然所役使。东坡所谓"论画以形似,见与儿童邻。作诗必此诗,定知非诗人",并非宋代始有的创见,远在顾氏的时候,恐怕已是如此啊!

我们从色调之可能的自由,进而探求顾氏此图的意境,当不失为一种很自然的研究步骤。我之所谓"意境",也犹色调之借自然对象以作主观的表现,乃画者内心的形态的综合,举凡成功的作品都有此种综合之明确的表现。中国画学批评所用"浑厚""简远""萧森""沉雄""苍古""清新"那类的字面,都指的是这种不同性质的综合。而这些意境非画者凭空臆造,而是自然或现实所本有,不过由画者领悟,融化以后,纵使不曾面着这种对象,还能从自家的笔下很自然地流露。所以意境实为基于客观的主观,须饱览山川,遨游名胜,才能得到。我们倘认顾氏此图是以云台山为对象,固然也不一定就算错误。[云台有二,一在江苏灌云县东北,原名郁林山,又称郁山、苍梧山,云台之名较为晚出;一在四川苍溪县东南,接阆中县界,相传汉末张道陵尝修道于此。若谓顾氏所图为前者,则其名晚出,若谓后者,因有"天师坐其上"(傅先生谓"天师"是指张道陵,此从其说),与"硐可甚相近,相近者,欲令双壁之内,凄怆澄清,神明之居,必有与立焉"等语可资证实;但顾氏生平事略不详,我们不能必其入川,游观天师所居,故傅先生谓此图为写实主义之作风,但非某一名山之复写,其论甚是。]但是若谓顾氏借一名山来抒写胸中的"仙"境,似乎更为确当了。"仙"这种字有飘然轻举与脱却羁绊的意思。顾氏除以明快的色调扶助这仙境的成长,更用不少生动的节目穿插出之。其中可约略分为自然、人与兽三者。关于自然的,如"可令庆云西而吐于东方清天中",于色彩之外兼多动态;如"作紫石如坚云者五六枚,夹冈乘其间而上,使势蜿蟺如龙,因抱峰直顿而上","蜿蟺"是屈曲而行的形状,"直顿"有笔直上去而又急遽的意思,"抱峰"则当含紧紧贴住主峰的姿势。这紧贴虽然好像静的,但其使劲的地方还是动的。如"后一段赤岋,当使释弁如裂电",是说画山旁的一块块的红石,要使它们散布得非常之快,有如惊人的电火之裂开。("释"是分解或消散,倘为"泽"之通用,则言土解,"弁"是疾急而含战惧。)如"清气带山下,三分倨一以上",其富于生动之意,恰如"庆云西而吐于东方清天中"的一段所暗示。关于人的,如"弟子中有二人临下,倒(原文作'到',此从傅先生说)身,大怖,流汗失色",乃以活泼的姿势写紧张的神情。如"又别作王赵趋","趋"是疾行或捷步的意思。关于兽的,如"石上作孤游生凤,当婆娑体仪,羽秀而详,轩尾翼以眺绝硐",以及"作一白虎,匍石饮水",也都是着重动作的。顾氏在自然、人、兽三方面可算尽量表出动态,尤其是相当复杂的动态。后来如"地狱变相""鬼子母揭钵"一类的画题,都以形态动人,已由顾氏开其端。[《两京耆旧传》记吴道玄《地狱相图》云:"寺观之中,吴生图画殿壁,凡三百余堵,变相人物,奇踪异状,无有同者。"又仇十洲摹揭钵图,作"世尊高坐,前有一美人指挥鬼怪,悬绳揭钵,钵系水晶,中覆一儿,掣电飞羽,落焰惊沙,欲取钵中之儿,于是立者,卧者,缘竿而上者,自上而堕者,丹粉淋漓,毫发浮动……"(据连朗著录)]从图中自然等三方面综合的观察,我们可以说,顾氏的意境是以"生动"为第一个基点。

其次,他似乎还企图就这生动的范围中,写出更加明确的神态,因为我们或喜,或怒,或哭,或笑,其为生动则一,而精心的作品,更应再行分出喜的生动,或哭的生动。我觉得顾氏此图的设计,颇为侧重俯眺绝磵时的生动的神态,我们倘若给这神态以明确的属辞,那也许就是一种"惊愕"的神态了。他既以"清气"遮着山腰或山脚,形成绝磵,又"使赫巘隆崇,画险绝之势",此乃从山崖的上下两部着手,来凑成陡险的形势;复于崖上作天师("天师坐其上"),旁有俯视崖下绝磵而"流汗失色"的弟子,又有"轩尾翼以眺绝磵"的凤,于是自然之深与高,和人兽二者的动作方能配合,以强调出一种险恶的空气,此所以"绝磵"二字,全篇不惮数次用之。他或者还以为不够,又补充一些枝叶,例如"磵可甚相近,相近者,欲令双壁之内,凄怆澄清",以及"左阙峰,以(原文作'似',此从傅先生说)岩为根,根下空绝",也都有助于这险恶的空气。因此,我们不妨以此种空气或神态,作为此图的意境的别一个基点。

从上文所揭出的写动态,表出惊骇险恶画阴影,别远近,涂天水,作倒影,用浓色等点看来,中国古代的画风确和一般人所认识的较后的画风十分不同。若以淡素、静冷、温暖为唯一的中国画的本色,毕竟不是正确的见解。易言之,中国古代的画家因为法度未备,故能不为法用,反被逼着资取对象所含的一切,所以比较接近自然,随在易于感受宇宙的生气,遇到飞动艰险的事物,只会加倍努力去观察它,处理它,使用它,而不致回避甚或漠视它,而顾氏此记之非后人假托,也似乎因为通篇表出这种生动,而更加肯定了。

末了,我以为记中还保持一些比较是属于早期的艺术的痕迹,那就是"又别作王、赵趋"一段所暗示,顾氏企图表出王良与赵昇的连绵的或转换的动,即在画了"王良穆然坐,答问,而赵昇神爽精诣,俯眄桃树"之后,接着又画他们二人疾行或捷步的神态,但绘画原是空间的艺术,在后来比较成熟的画法中,这连绵的动作当然要分开二图来表现,或在一卷上分开两段来表现,而顾氏却在一幅画内连接地再度画此二人之新的或后起的动作，中间好像并未隔断，这在原始的艺术中是常常有的，于是更使我们相信此记之为古代的可靠的文字了。

三十年五月十八日于黄桷树

附晋顾恺之《画云台山记》（据《佩文斋书画谱》卷十五论学五上）

　　山有面，则背向有影。可令庆云西而吐于东方清天中。凡天及水色，尽用空青，竟素上下以映日。西去山，别详其远近，发迹东基，转上未半，作紫石如坚云者五六枚，夹冈乘其间而上，使势蜿蟺如龙，因抱峰直顿而上；下作积冈，使望之蓬蓬然凝而上。次复一峰，是石，东邻向者峙峭峰，西连西向之丹崖。下据绝磵，画丹崖临磵上，当使赫巘隆崇，画险绝之势，天师坐其上，合所坐石及荫。宜磵中桃，傍生石间；画天师瘦形而神气远，据磵指桃，回面谓弟子；弟子中有二人临下，倒身，大怖，流汗失色。作王良，穆然坐，答问，而赵昇神爽精诣，俯眄桃树。又别作王、赵趋；一人隐西壁倾岩，余见衣裾；一人全见室中，使轻妙冷然。凡画人，坐时可七分，衣服彩色殊鲜，微此不正，盖山高而人远耳。中段东面，丹砂绝崿及荫，当使嵥巇高骊，孤松植其上，对天师所壁以成磵。磵可甚相近，相近者，欲令双壁之内，凄怆澄清，神明之居，必有与立焉。可于次峰头作一紫石亭立，以象左阙之夹，高骊绝崿，西通云台以表路。路左阙峰，以岩为根，根下空绝，并诸石重势岩相承，以合临东磵。其西，石泉又见，乃因绝际作通冈，伏流潜降，小复东出，下磵为石濑，沦没于渊。所以一东一西而下者，欲使自然为图。云台西北二面，可一图，冈绕之上，为双碣石，象左右阙；石上作孤游生凤，当婆娑体仪，羽秀而详，轩尾翼以眺绝磵。后一段赤岠，当使释弁如裂电，对云台西凤所临壁以成磵，磵下有清流。其侧壁外面，作一白虎，匍石饮水。后为降势而绝。凡三段山，画之虽长，当使画甚促，不尔，不称。鸟兽中时有用之者，可定其仪而用之。下为磵，物景皆倒作；清气带山下，三分倨一以上，使耿然成二重。

唐张彦远《历代名画记》

在日本的中国古画

——从中国历代画迹的命运谈到现存日本的中国古画

胜利之后，我们的艺术界谈到复员的问题，提出不少主张，其中一个，便是希望政府赶紧收回日本在甲午以后从中国夺去的艺术品。也有人更进一步主张把日本所有的中国历代艺术品，不论是在什么时候或用什么方法取去的，都归还我们。这是一个值得讨论的问题，不过，笔者觉得在还没有采取具体的步骤之前，我们首先应该知道，日本到底有些什么中国艺术作品，而本文则只想谈一谈现存日本的中国古画，尤其是唐、宋、元三代的画迹。

一般说来，负责保管这笔遗产的机构，应当从不住的调查和征集来增进这遗产的质量，并且使其与人民公开见面，供大众的观赏。此外，更应在不损坏原物的条件下，让专门的艺术学者有研究的机会。在中国的话，还有一事，也很重要，就是把这些珍品复印、复制（特指雕刻），以及制成影片，分配与各大都市的图书馆、博物馆和各地中等以上学校，庶可普遍增加艺术遗产对于民族文化发展可能的影响，从而强化一般国民对于国家优良传统精神的信心。中国在民元以前，这类工作可以说是做得太少，抑且等于未做。所有历代的宝物，大半属于帝王的私产，剩下来的分散在富豪巨宦的家里，民间简直很难见到。加上每次的政治或军事的变乱，都在摧毁这一个民族的艺术遗产，使文化的持续与发展受到极大的阻滞。

我觉得，为了要唤起中国社会一般人士对于中国古画的兴趣，并且认识那流落在日本的中国古画当中，何者有首先收回的必要，我应当先略述中国历代画迹所遭的命运。试从汉代说起，东汉董卓之乱，山阳西迁，图书缣帛，都给士兵拿去做帷囊，而当时运走的古物，也还装了七十多辆车子，不料中途遇雨，路太难走，竟被丢弃。这一次的损失，当然有汉画在内。魏晋两代御府的收藏，也很丰富。可是同样遭到了寇乱的损失。唐张彦远《历代名画记》说："寇入洛，一时焚烧，晋遭刘曜，多所毁散。"到了南北朝，南齐高帝特嗜古画，把内府所藏，自陆探微以降四十二位画家的作品,分成二十七帙,三百四十八卷。到了梁武帝,又把这笔遗产大加扩充,元帝增添更多。但是侯景之乱,终又烧去不少。乱后残余的部分运到江陵,不幸又被西魏将于谨所陷,所以元帝未降前,迫得把书画典籍一共有二十四万卷,交与高善宝,叫他一齐烧掉,自己更一时情急,竟想纵身火焰,与这些珍品死在一处。还亏得宫嫔牵衣泣劝,才算罢了,只好叹着气说:"萧世诚遂至于此,儒雅之事,今夜穷矣。"所幸于谨来得快,在灰堆里还抓出书画四千多轴。这一批宝藏经陈主的添补,移交给隋炀帝,整理之后,号称八百余卷。特筑二妙台把它们保藏起来。后来炀帝忽然兴致大发,东幸扬州,把这八百多卷随身带去,半路上船又翻了,结果是大半沦亡。所余后来被窦建德取去,武德五年都落到唐高祖手里。高祖能画,特别爱护古画,叫宋遵贵用船西运,不料经过砥柱,又遭厄运,漂没在水里,只剩下十分之二,回到御府。以上所述只限于画在绢上或纸上的作品,至于壁画,唐代最盛,都在寺院里,但是武宗会昌五年(公元845年)毁了四万多佛寺,勒令二十六万僧尼还俗,于是壁画同遭浩劫。虽然宣宗渐次恢复,可是许多前代名手的作品,无法再回旧观了。此后卷轴的损失仍然不少,而私人收藏自也免不了同样厄运。不过,单讲帝王的收藏,大都是一面损失,一面添补,直到清代乾隆帝,他既爱画,更爱题画,但写作都恶劣万分,凡是好的作品,几乎没有一件没有受到他的糟蹋。乾隆九年起敕撰内府收藏书画著录,十九年才完成,一共四十四卷,名曰《石渠宝笈》。这要比唐太宗贞观十三年裴孝源的《贞观公私画史》,宋徽宗宣和二年的《宣和画谱》所载数量,丰富得多了。这一个巨大的收藏,在乾隆以后还继续增添,讲到它的命运,似乎比以前稍好。自一九〇〇年拳乱到一九二四清逊帝宣统出宫,略有所失,数量不多,然而都是极可珍贵的东西。就画而论,有顾恺之《女史箴卷》,不知如何被英人约翰生者于一九〇三年携回本国(一说是价购的),现在还陈列于伦敦大英博物院。《女史箴卷》本身确是一幅古旧而且极好的画。它是否顾氏真笔,本文暂不讨论,不过若就笔者个人所见的古画,其能完全合乎前人所述顾氏的风格者,却也只有这一幅。端方曾有顾氏《洛神图》,后归美国某博物院,便远不及《女史箴卷》了。一九二四年间,则有唐吴道玄《送子天王图卷》等若干名画(详后)流入日本。此事的经过大概是这样的:约在一九二四年以前的两三年里,北平海王村公园开设一家店铺,叫"延光室",专售清室所藏书画的影本或照片。这店是满洲人佟某所办,其人乃溥仪的师傅陈宝琛的门人,在溥仪离宫前,他曾陆续向清室借摄许多珍品,在画的方面,有唐吴道玄的《送子天王图卷》,唐王维《雪溪图》,宋徽宗《临古十七家画卷》,

宋李公麟《五马图卷》，元赵孟頫《鹊华秋色图卷》等。内中前四件均只有照片，后一件则印玻璃版。这赵氏一卷，制版特精，可谓下真迹一等，当时商务、中华、有正诸家所印玻璃版均赶不上，而细察其所用纸张，乃是日本的"鸟子纸"。迨国立北平故宫博物院成立，仅存赵卷、吴卷和李卷，不久便出现于日本影印的《支那名画宝鉴》而附有日本某某收藏的字样了。

然而清室这一大收藏自归国立北平故宫博物院，虽曾经过民国十八年易案的波折，仍能保存到现在，计书画两类一共编了五千五百四十九号（系据民国二十六年首都地方法院所编易案鉴定书）。抗战期间，故宫博物院对于保管方面，尽了极大的努力，使这一笔民族文化结晶的遗产，未受重大损失，而且还在三十二年冬季，选出书画精品一百四十二件，在陪都中央图书馆展览，给予了一般民众及爱好艺术的人很大的精神安慰。说到这里，我想社会各方面无不热烈地希望政府在胜利以后不久的将来，能对这一大批的国宝，进由保管而进一步地加以类如上述的利用。让它对民族国家发生更广更深的意义。

我们回想过去古画的存亡，全听天命，同时看到近十多年来国家对于保护古物的渐多注意，以及瞻望着今后这保护工作必将更加完善，我们不禁怀着更大的期望。不仅这次战争中，日人夺去的中国公私收藏，应尽量追回，即以前流入日本的中国名画和好画，也该彻底加以调查，使之全部归我。而在这艰巨工作尚未着手之前，我们的艺术界有心人士尤应多多贡献意见。笔者现在且就个人所知日本现有的中国古画，约略叙述，聊备参考，同时也希望博雅君子的指教。

日本画家一向崇拜并且学习中国画，亦步亦趋，但大体说来，不是徒具轮廓，细看仍然支离破碎，便是变本加厉，学意笔者成为狂野，学工笔者伤于纤弱。例如十五世纪的雪舟学马（远）、夏（珪）（均南宋山水大家，善用劈斧皴），但是他根本缺乏充沛的精神，来控制线条的运行，从而组成像马、夏那般雄浑的形象。十八世纪的图山应举一味地钦服东渡的沈铨（南蘋），尊之为"舶来画家第一人"，然沈氏的花鸟已嫌细弱，而图山应举所作便更觉浮薄不堪了。日人学习的成绩既欠高明，他们识别的能力自然也就很差。他们所谓专家学者编印的中国画学论著，中国画选一类的书中影印了大量的古画，考其原迹，时常真伪参杂，给读者以极纷乱的印象。所以，我们对于日本人所自诩为"支那名绘"的东西，应该多加甄别。笔者现就个人的意见，单单提出那些好的或真的如后。

（一）唐吴道玄《送子天王图卷》，纸本，日本山本悌二郎藏。明郁逢庆《续书画题跋记》著录："吴道玄《送子天王图》，纸本，水墨，真迹，是氏（存良太史）名画第一,天下名画第一。"此外,还见其它著录,已记不清。吴道玄(约 680—759)不仅是唐代的画家,也是中国画史上的巨人。他有多方面的天才,擅长道释人物、鬼神、鸟兽、山水、豪阁,无不冠绝一时。他深受明皇眷顾,所以声名早著,死后即多伪迹。更因为他的作品一大部分是寺院的壁画,(据《两京耆旧传》云:"寺观之中,吴氏图画墙壁,凡三百余间。")都遭会昌之劫,所以到了宋代,真迹已经极少。当时眼力最好、见识最多的米芾(元章)在他的《画史》上,只举出苏轼、王防、宗室令穰(即赵大年)三家有真吴笔,余如李公麟家"天王"虽佳,细弱无气格,乃其弟子辈作(按即卢陵伽、杨庭光等)。贵侯家所收,率皆此类也。他又说:"周仁熟家'大悲像'亦真,令人得佛,则命为吴,未见真者。唐人以吴集大成,面为格式故多似(原文语意不明,疑有错字),尤难鉴定。余白首止见四轴真笔也。"(按即指周、赵、王、苏四家所藏)宋徽宗《宣和画谱》载内府藏吴画多至九十三件,内中想必也有不少是有问题的。不过以中国土地之广、历史之久,直到今日,硬说真吴笔已经绝迹,也未免臆断。留心艺术的人却不妨就今世之所谓"吴笔"者,考察其风格、笔墨、法度,苟有合于自来关于"吴笔"的记叙,便应减少一般对它的怀疑。因此这《送子天王图卷》的真赝、好坏,也似乎可以据此论断了。

我试先从笔墨入手。宋赵希鹄《洞天清禄集》说:"画忌如印。吴道子作衣纹,或挥霍如莼菜条,正避此耳。由是知李伯时(公麟字)、孙太古(知微字),专作游丝,犹未尽善,李尚时省逸笔,太古则去吴天渊矣。"这就是说吴氏的线条两端较细,中间较粗,好像莼菜叶的形状。为了表出这一形状,他的运笔,因而须有"用力"与"速度"双方的变化,每一线条的中间,用力多,速度减,两端用力少,速度增。如此画去,其状自若莼菜叶。用这样的线条来写的形象,从而表出的意境,是富于生趣的,活泼泼的,而不会刻划板滞,或如赵氏所谓的"印"。关于这一特征,《送子天王图卷》的每一笔,都可证实。其次,史称吴氏运笔也曾经过变化,早年差细(按即"用力"与"速度"均比较平匀),中年以后,方打破停匀,遒劲圆转,如莼菜条。据此,这一画卷倘是吴氏真迹的话,其造作的年代也约略可定了。复次,吴氏的衣纹,也有特征,为了配合这生动的笔墨(抑即这种笔墨必然的产物),衣带多作飘举之势。它们在空间"滑翔"、蜿蜒,而且奏出音节,所以相传又有"吴带当风"之说,以与"曹衣出水"相对峙。[《历代名画记》说过:"北齐曹仲达者,本曹国人,最擅工画梵像,是为曹。谓唐吴道子曰吴。吴之笔,其势圆转,而衣服飘举。曹之笔,其体稠叠,而衣服紧窄。故后辈谓之曰:吴带当风,曹衣出水。"又曹亦指三国时东吴的人物大家曹佛兴(221—280),他的衣纹紧缠身体,大概可比之于意大利的波协里（Sandro Botticelli, 1447—1510，其《春回》[The Return of Spring]一作，尤觉显明），好像风从水里出来似的。]如今参照的《送子天王图卷》的衣纹，也都与上述相合。更次，就吴氏人物的姿态说，复有"个别的"与"集体的"双方之呼应。犹如他的莼菜似的线条之不住在求变动与新颖，他的每一人物的姿态对于每一人群的动向也各有其一部分的贡献。其中有的是顺适群的，有的特意相反，而适足以显化或助成这群的动向的。像这番的苦心，也可以从《送子天王图卷》中约略看出。例如卷首人兽恶斗，含着群中相反的姿势。卷中以后，天王与其侍从向着一个方向，共同缓进，则又暗示群中的调协的态势。如果再展开全卷，作整个的观照，则更发现前段人与兽斗即所以置后段天王一群于安全之境。这前后两个集体的姿势虽是相反，却正因相反，观者的情绪才从紧张而趋于宽和，终乃在天王慈蔼的面相中，找到心灵的寄托，抑即接受了宗教画的启示。这种四面八方伸展而又彼此相为呼应的动作，布满了全卷。若非作者运转线条之能流畅自如，真是无从着手。尤其是作者的精神与其千锤百炼的笔墨两相契合，心手绝对调协使他从自然或人生所感受的一切，都得随心所欲地表现出来。苏轼把吴氏如何取象，描写得极好："道子画人物，如以灯取影，逆来顺往，旁见侧出，横斜平直，各相乘除，得自然之数，不差毫末，出新意于法度之中，寄妙理于豪放之外，所谓游刃余地，运斤成风，古今一人而已。"元汤垕的《画鉴》更形容吴氏画风："吴生画有八面。"这些评语，也都可以从《送子天王图卷》去细味其涵义的。末了，此卷还有一点，也合乎前人关于吴氏的记叙，这便是"吴装"。宋郭若虚《图画见闻志》云："尝观（吴氏）所画墙壁卷轴，落笔雄劲，而傅彩简淡……至今画家有轻拂丹青者，谓之吴装。"汤垕《画鉴》也说："（吴氏）于焦墨痕中略施微染（按此与郭说略异，染亦可用墨，不只限于丹青），自然超出缣素，别出心裁，世谓吴装。"如借现代语来解释，便是用染来协助线，使形象格外"立体化"。（中国画法的线条本身已负有立体化的使命，其不足处，始以染成之。）在这卷中，更是所在皆可示例。

（二）吴道玄《山水图》，二轴绢本，墨笔，大劈斧皴，日本京都高桐院藏。这两图与前卷情形不同，是很早以前（年代待考）就流入日本，而且画身也没有任何印记，所以无从证明曾否藏在中国帝室或私家，并且我们历代著录，未见记载。第一幅是写冬景，可称为寒岩观瀑。起手作双岩对峙，下临深潭，岩状峥嵘，上有枯树，枝干横斜交搭，极权枒之致。右一岩较高大，向左转折而上，形成主峰，上不见顶。峰之左，巨石势尤险急，直落幽壑。壑中寒霭凝重，瀑布右出，才一转即从两岩间下泻,注入潭中。主峰正面,只三数开合,点缀枯树,与双岩之树成呼应。右一岩与主峰接处,作山径,有二人,无冠,向左行,一人指瀑回首,一人面瀑,形态如生。图中瀑流、潭水、山岩、主峰的凸面、山径、行人,用笔均极轻简。枯树、枯叶、岩石的凹面,则用重笔浓墨,那些凹面更以水墨层层积出,树身则用破墨染。图中形象的位置和线条的趋向,使我们的视线集中在山径上的两人。他们不仅自身徜徉山水之间,还好像向着我们指点出,一位天才以如何的机杼,来装点自然。

另一幅是秋景,可称为山雨欲来。左下角岩石临水,岩上作一丛林,双松一直立,一向左盘旋,中间一槐,环转回互,树头作左落势,其后更作两树左欹,树根都聚拢在一起,树身四向分出,枝叶飞舞,有秋林风动意。林后一石山沿左拔起,上不见顶,只作二层叠,山上草木迎风招展。山脚小径盘旋,导入深谷,谷中云气弥漫,上罩远山,双峰高耸,势均直落。谷口一人负葫芦疾趋,作避雨状。沿小径复有泉左流,至山脚折右,落于崖下。观者的视线,循巨崖而上,止于远峰,中间可说掠过了极大的空间,而悉赖这山径和行人来引导,来衔接。我们会想象,假如天气不是这样的骤变,这条路上也许会有更多的行客,他们向那藏在云里或位置在远山之上的某一地方走去。如今路上却只有一人,他既无斗笠,又无雨具,并且已经不及逃避这即来的山雨,观者情绪的紧张,一如画中的这位独往客。更因为作者用锋利、迅速、重力钩砍的笔触——抑即大劈斧皴——来处理那狂风打击着的树林以及远近两处的峰岩,于是这紧张的空气更加浓重了。

以上两幅又好像似对幅,笔墨系出一手,雄健而沉着,飞舞而妥帖,画到爽快之处,如闻砍凿的声音,尤以立意命笔,确已融成一体,入于化境。再就沉着妥帖而言,我觉得似乎可以断定它们是唐代而非宋代的作品。因为日本人对此二图看法也不一致。大塚巧艺社(或系平凡社,已记不清)出版的《唐宋元明名画大观》便把它们列为宋人作品,所以我想特别提出来说一说。按水墨劈斧皴到南宋李唐、马(远)、夏(珪)辈才十分发达,而考其渊源,一般人都推溯到唐代的李思训。(擅山水,与吴道玄同时,二人都曾受明皇召写嘉陵江的风景。朱景玄《唐朝名画录》云:"明皇天宝中忽思蜀道嘉陵江山水,遂假吴生驿驷,令往写貌。及回日,帝问其状,奏曰:臣无粉本,并记在心。后宣令于大同殿图之,嘉陵江三百余里山水,一日而毕。时有李思训将军,山水擅名,帝亦宣于大同殿,图累月方毕。明皇云,李思训数月之功,吴道子一日之迹,皆极其妙也。")但李氏真迹未见过,据后代临摹,大都钩斫而后着重色,若谓其中已含有劈斧皴法,恐怕也只是相当于马夏诸氏钩取物象的轮廓时所用笔法。易言之,李氏似乎还为线所限制,马、夏始压笔成面,所以李氏的皴法,毕竟与马、夏的皴法不同。同时,马、夏的皴法却又与此二图的皴法相同,于是日本就有人认为此二图是宋人的作品。现在我却感觉此二图既非马、夏所作,亦未用李氏画法,而是较近于吴氏的风格,此中约有几层理由。关于夏珪真迹,我曾见过前清程听彝氏所藏后归上海英人柯斯太福(Stanford Cox)而终于不知下落的墨笔山水卷(清高士奇《江村消夏录》著录共十二景,每景有宋宁宗恭圣皇后的妹妹杨妹子所题景名;程氏所藏则仅《远山书雁》《鱼笛清幽》《烟堤晚泊》等四景[其余一景已记不得],有正书局曾收入《中国名画集》),以及《溪山清远》卷子。(北平古物陈列所藏本,曾数度陈列于文华殿,后来并有影本。笔墨胜于故宫所藏夏氏《长江万里》。)但是都不及此二图的浑厚古朴。这"厚"与"薄"的区分,原是测量中国画迹时代的利器,单就浑厚一点说,元不及宋,宋不及唐。所以此二图可以断其时代远在马、夏之前。其次,锋利的笔墨,实为吴氏的作品一个特征,而在画法的方面,李思训的钩斫的"线"实又不若此二图大劈斧皴的"面"之更多表出锋利的笔墨。所以,此二图也似乎比较接近吴氏的画风。再以《送子天王图卷》中一怪兽所坐的石头,与此二图的山石相比较,笔法亦复相近,都是以极高的速度,写出峥嵘的形象。此外,还有上述吴氏一日写成嘉陵山水的故事,也颇可联系说明吴氏山水应较近于此二图的水墨速写,而不像李氏的钩线填色的逐步的表现。末了,我还要引用吴氏的另一故事(据《唐朝名画录》)来指出像此二图的苍浑的意境和痛快淋漓的画法,是颇合吴氏的风格。这故事是这样的:"开元中(约公元720年),驾幸东洛,吴往与裴旻将军,张旭长史相遇,各陈其能。时将军裴旻厚以金帛,召敕道子于东都天宫寺,为其所观将施绘事。道子封还金帛,一无所受。谓旻曰:'闻裴将军久矣,为舞剑一曲,足以当惠。观其状气,可助挥毫。'旻因墨缞为道子舞剑。舞毕,奋笔,俄顷而成,有若神助,尤为冠绝。道子亦亲为设色(按吴氏每喜请人设色)。其画在寺之西庑。又张旭长史亦书一壁,都邑士庶皆云,一日之中,获睹三绝。"

(三)北宋董源《寒林重汀图》,绢本,墨笔,大披麻皴,上有明董其昌横题"魏府收藏董源画天下第一"。曾见著录。(记不很清楚,大约是《大观录》和《江村消夏录》。)有正书局《中国名画集》影印,后又出现于日本所印《南宗衣钵》而为日人某氏(亦记不清)所藏。(按《中国名画集》未印过二人藏品,《南宗衣钵》也未印过中国人藏品。)起手披麻横写汀岸,点缀芦苇,一溪中隔。其上作一大坡,位置寒林村舍,不作人物。坡外横江,过岸重汀回复,草木层层掩映,上不见天。枝干劲挺,坡岸迤逦,点画凝重,气象幽深。行笔处处圆厚,尤以横皴多一笔写去,不稍间断,更见腕力。上段重汀,约占全幅小半,而不嫌板塞单调,尤非凡手所能。通幅湿笔,不像后人,欲求寒劲,便用枯墨焦墨。讲到布局,不故为曲奥,也不喜做作,只二三开合,是以能以少胜多,以正驭奇,极有自然之趣。米芾《画史》曾谓董源画"平淡天真多,唐无此品,在毕宏上,近世神品,格高无与比也……不装巧趣,皆得天真……枝干劲挺,咸有生意……溪桥渔浦,洲渚掩映,一片江南也"。如果把这段话,移来描写这幅画,确很适当。又汤垕《画鉴》:"董源山水有二种。一样水墨峦头,疏林远树,平淡幽深,山石作披麻皴。一样着色者,皴纹少,用色浓古,人物多用红青衣,而亦用粉素。二种皆佳作也。"所谓前一样者,也与此图相合。再细按上段重汀上草木的点出,又正如董其昌《画禅宗随笔》所记董氏画法:"只远望之似树,其实凭点缀以成形者。余谓此即米氏落伽之原委(指米芾、米友仁父子的大小浑点),盖小树最要淋漓约略,简于枝柯,而繁于形影,欲如文君之眉,与黛色相参合,则是高手。"并且董氏画中另有两条说:"北苑画杂树,只露根,而点叶高下肥瘦,取其成形,此即米画之祖,最为高雅,不在斤斤细巧。"又"北苑树作劲挺之状,特曲处简耳。"也都合乎此图的树法。那坡上数株主树,寻其曲处,行笔极简,意尤疏散,不像后人节节着力,遂成痉挛。清初张大风论画(见《玉几山房画外录》,卷上)把董源的面目,曾做一整个描写:"昔人谓北苑画多草草点缀,略无行次,而远看烟村篱落,雪风沙树,灿然分明。此行条理于粗服乱头之中,他人为之,茫无措手,画之妙理,尽于此矣。善棋者落落布子,声东击西,渐渐收拾,遂使段段皆赢,此奕家之善用松,疏疏布置,渐次逐层点染,遂能潇洒深秀。"这番话又不啻在揣测此图当时落笔的整个经程了。再如恽向题自画册:"北苑用笔,无笔不大,无笔不高,无笔不远。"这"大""高""远"等条件,像此图的苍浑深厚,真是俱备了。

按董源真迹之少,仅亚于吴道玄。我所见号称董作的,还有故宫博物院所藏《龙宿郊民》《洞天山堂》等图,以及日本影印的《群峰雪霁图卷》(斋藤悦藏氏藏)、《南宗衣钵》《支那名画宝鉴》都收入的《溪山行旅图轴》(亦日本某氏藏)等,然而均不及此图。《龙宿郊民》重色简皴,虽就画体而言,当属汤垕所说的第二样,不过笔墨疲弱,应是摹本。《洞天山堂》所用披麻、树法,都很繁细,虽是一幅好的旧画,但未必出于高手。《群峰雪霁》结构深密,运笔虽还浑朴,但不免板滞,卷中涂改补添之迹,不一而足(尤以寺前谷中流泉为甚),枯树分枝更排比刻板,毫无生气,不过也只是一幅旧画。《溪山行旅》原系董氏名作,即所谓半幅董源者,屡见著录。(董其昌《容台集》云："予家有董源溪山行旅,沈石田曾仿之。")沈氏所作,我未之见,但记得恽南田山水花卉册中曾有临董源半幅(横开),乃此图的上段,位置均同,又见南田《墨戏册》,另有一临本(直开),则取此图大意,树木、树舍、栈道等都被略去,故知日本影印的这半幅董画,必有来历。若就画的本身说,其笔墨也算古朴,尤以山石用大披麻皴,不再点缀小树或苔草,非凡手敢为。只是右角主树仍不免刻画经意,故视《寒林重汀》终有逊色。总之,就个人所见,其暗合前人所叙董氏的画风的,实惟有《寒林重汀》了,所以我假定它是董氏真迹。

（四）宋李公麟五马图卷,纸本,墨笔,写明皇御厩五马,分五段,每段一圉人牵马,左上角题记马名及进入年月和马的年龄,计有"玉花骢""照夜白"等(已记不全),后有黄庭坚题。此卷曾见著录。明郁逢庆《续书画题跋记》有《李龙眠五马图卷,黄太史笺题》,明汪珂玉《珊瑚网》有"李伯时画五马图卷,黄太史笺题。先大父怀荆公游云间,得赵文敏临本。"当即指此。按李公麟字伯时,归老龙眠山,因号龙眠山人,宋邓椿《画继》云：士大夫以谓鞍马愈于韩幹,佛像追吴道玄,山水似李思训,人物似韩滉,非过论也。尤好画马,飞龙状志,喷玉图形,五花散身,万里汗血,觉陈闳之非贵,视韩幹以未奇。故坡诗云："龙眠胸中有千驷,不唯画肉兼画骨。"山谷亦云："伯时作马,如孙太古湖滩水石",谓其笔力俊壮也。如此卷圉人面相各不相同,马或徐行,或迴立,都不作腾骧之状,而筋骨开张,用笔细劲,稳妥生动,取像简略,而能逼真,绝少不合解剖的地方。凡此均很合邓氏的评论,同时也不禁使人联想到杜甫《观曹将军画马图》所谓"顾视清高气深稳"。杜甫《丹青引》又说："弟子韩幹早入室,亦能画马穷殊相。幹惟画肉不画骨,忍使骅骝气凋丧。"乃指画马应从骨相取神,不必专在肌肉上着力。此卷便正如所说,也可见如此的画法之所以胜过韩幹,抑且支撑了邓椿的评语。又宋赵希鹄《洞天清禄集》云："伯时惟作水墨,不设色。其画殆无笔迹,凡有笔重浊者,皆伪作。"所谓"不设色"容或会有例外,"殆无笔迹"也不是说李画有墨无笔,而是强调他笔墨的简约得当,神貌俱全,且不耐层叠为之,流于"重浊"。今观此卷人马,运笔均只一次,不再增改,神貌俱全,确与赵语相同,益见其合于伯时画体。

又按伯时画取法唐人(见前引邓语),以白描造诣最深,多得吴道玄遗法,特吴装还在线条之外,附带渲染,李氏则欲并此废之。只凭线之轻、重、疾、徐、宽、狭来捉取立体的形象,以简胜繁,因而崇古派的画论,给他"宋画第一"的称誉,黄庭坚则更称他为"古之人"。不论中外,凡复古的文艺大都有一种约敛的风尚,而敛约又都趋向于限制奔放的才情。如果某一古人的作品是神形俱足的话,模仿这位古人的作品,便要打上相当的折扣。所以,设把《送子天王》与《五马》比较,不难发现后者笔意是平稳的、约制的,而前者则是驰逞的、迸发的。此所以米氏《画史》又有一段:"李公麟病右手三年余,始作画,以李尝师吴生,终不能去其气。……又李笔神采不高。"米氏乃中国文人画中崇古论者的标准代表,这段话言外既不满吴生的放浪,更不满吴生的模仿者——伯时。而我引这话,倒不想对吴、李画风,下一判断,而是希望指出李学吴而不及吴,同时更说明《五马》之不及《送子天王》,结果也似乎可以从《五马》来证实前人关于伯时画风的论断了。

日本人称为伯时作品的,还有《维摩像》(黑田长成藏),《罗汉像》(东京美术学校藏),《潇湘卧游图卷》(藏者记不清)。这些画几时流入日本,尚未及考,但都还在《五马卷》之前;而就画的体法说,也都不及《五马》之为伯时真笔。《维摩像》也是白描,衣纹转折较多,笔墨亦较刻露,不若《五马》来得圆浑;写维摩坐榻后面的云,钩法也嫌纤弱。《罗汉像》是对幅,很古旧,色彩剥落的痕迹很清楚,如果《洞天清禄集》所说李氏从不设色的话,绝无例外,那末这两幅的体法,先就不合了。若再看配景,树法非常生硬,想见作者只擅人物,以伯时多面的天才,更不致如此。不过,这两幅人物画法,不似《维摩像》刻露。《潇湘卧游》是幅好画,钩皴以外,烘染衬托很多,或非一味师古的伯时所乐为(因为烘托是比较晚后的技巧,画道入于"薄"才须多用)。

(五) 其它

此外日本人所认为是中国名画的,还多得很。就个人所见影本,则有唐李真《不空金刚像》(教王护国寺藏),唐王维《江山雪霁图卷》(小川为次郎藏),王维《瀑布图》(智积寺藏),五代石恪《二祖调心图》(帝室所藏),五代贯休《十六罗汉图》(浅野长勋藏),宋徽宗《夏景山水》(久远寺藏),《秋景山水》,《冬景山水》(金地院藏),宋马远《雨中山水》(岩崎小弥太藏),宋梁楷《六祖截竹图》,《六祖破经卷图》(酒井忠克藏),宋牧溪(按郎释法常)山水、鸟兽、人物等(大德寺等藏),元颜运《虾蟆铁拐像》(知恩寺藏),元黄公望山水横幅(藏者忘记)等(明清两代暂略)。《不空金刚像》乃唐贞元二十年(公元804年)日本僧人弘法大师由中国带回去的。李真画名不著,此画绢本剥落太多,只约略可辨高眉、炯目、隆鼻、凸颧,颇含印度人的面相。按不空金刚乃中国密教第二祖,印度锡兰岛人,开元六年,天宝八年,两度来中国,助译梵本经典,很受玄宗、肃宗、代宗的优遇,大历九年(公元774年)圆寂于长安大广寺。此像的左右飞白体分书汉名"不空金刚"及梵号(从略),笔墨浑厚。王维《江山雪霁图卷》丘壑极好,但笔墨碎弱,远不及曾藏清室的《雪溪图》。《瀑布图》则位置笔墨都无是处,画笔尤乏古意,简直可以说是大大地污辱了这位诗中有画画中有诗的王维。《二祖调心图》与《十六罗汉》都以怪诞骇俗,看了只是使人发疯动气,不过后者笔墨差胜。宋徽宗的花鸟山水则都是好画,内中山水三幅,都是自运之作,所以与前文所述延光室照相、有正书局影印的《宣和临古十七家》笔墨不同。六祖二图生动异常,笔只一过,而钩、斫、皴、擦悉备,非意在笔先者不办,可称"神品"。牧溪诸作平平,《画史会要》曾说他"粗恶无古法,诚非雅玩"。今观其《山水横图》则更可信,我们对于前人所尚的"古法",不必轻与同意,但却须认清,这"古法"仍特别强调笔墨、法度,以及谨严的精神,而牧溪却正是缺少它们。颜辉两图也像《二祖调心》,看了使人感觉不适,何况更加上一般恶浊的气味(面相、衣纹等尤甚)。至于黄公望《山水横幅》则可算最难得的好画。黄公望,字子久,又号大痴道人,一峰老人,是所谓元代四大山水家之一。另外三大家是倪瓒(云林)、王蒙(叔明)、吴镇(仲圭)。他上承北宋董(源)巨(然),下开明清娄东一派(明董其昌、清三王[时敏号烟客,鉴号元照,原祁号麓台]),是后来仿古山水画家的一个大偶像。但是他的真迹极少,笔者所见称为黄氏的画迹和影本,不下十数种,当以此本为真而且精。右手作坡石,石上松树屹立,中部及左手溪流映带,上有幽壑,壑中点缀树木,再上山势转折,中间石台层耸,最上主峰峻拔。现在习见的三王所模仿的黄氏山水,其树石皴法,均与此图相似,而麓台的很少变化的布局,尤可想见是师法此图层叠迥复的境界的,不过他始终没有学得好,然而设以三王之作,与此细较,立见高下。此园景似碎而气势凝聚,意似荒率而笔墨自具法度。三王所作则顾此失彼,罕能兼备。恽格(南田)《瓯香馆画跋》说:"子久神情于散落处作生活,其笔意于不经意处作腾理",亦即所谓"熟而后生",此图颇足当之。再此图笔墨看去好像平淡,如果捉笔仿效,却又到不了,才知其简当自如,皆从千锤百炼中来。方薰(兰士)《山静居论画》评黄作,是使"智者息心,力者丧气,非巧思力索所能造"。设本此语,来看这横幅山水,更可信其为黄氏入化之笔了。款在右上角。

以上所述,仅不过是笔者十数年来所见的残影,未免挂一漏万。由于手边参考的图书著录、记叙等等,太不完全,有些地方只凭记忆,或者与原物不无出入,均有待他日之改订。我们为着要使我们民族文化的宝藏,今后得由努力搜集、保存、整理、使用,而至发扬光大,所以我们现在十分希望全国人士通力合作,把这些真而且精的中国古画,尤其是日本反有而中国独无的,尽先收归国有,来填补中国画史的缺页,来便利艺术界的研究,来加强一般民众对于中国艺术和中国文化的优良传统的认识。又因为日本人过去惯有的一种侵略的手段,用于中国古文物正和其用于中国土地或经济各方面的,并无二致,而中国在文化与艺术上所受的损失,真是不可胜计。目前我们不仅有权要求日本返还战争中劫去的部分,还有权要求日本返还平时巧取豪夺的部分,作为赔偿这次战争期间中国公私所藏文物的一部分损失。即令类如本文所举的名绘,有为日本私人所藏的,也可责令日本政府备价收回,交还中国。这是中国艺术的瑰宝,这是中国文化和民族精神的领土之一部分,侵略国家应当负责归还的。

利奥那多·达·文西的《最后晚餐》(附译后记)
Antonina Vallentin 著

　　什么时候利奥那多受命画他的《最后晚餐》，我们找不到一个可靠的记载。米兰公爵罗多维可觉得圣马利亚古寺太"朴素"了，在一四九二年拆去中部和唱歌室，重行建造，加上一个大圆屋顶。这屋顶的窗把阳光引进，落在寺的前壁，罗多维可就命利奥那多给它装饰。他毫不踌躇选定了题材，因为在一个寺院的斋堂里，还有比"最后晚餐"再要适宜的题材吗？他只须在沿墙放着的那张长桌旁，横排十二门徒的画像，和周围的建筑取得调和就够了。这问题一点也不困难——直等到利奥那多要努力完成个性的表出和形式的综合，要密结许多的反应，构成一个真切明确的整体。

　　这工作的开始，是寻觅人类的若干典型，寻觅适于代表一个特殊的感情紧张的人物。"利奥那多准备要画任何一个人物的时候，"吉拉尔地写道，"他首先考量那人物的品和质，无论他应该是华贵或应该是寒微，放荡或拘谨，烦恼或愉快，善意或恶意，他既已把捉了人物的品质，他就到那一流人物聚集的地方去，尽力观察他们的面部、他们的态度、他们的习惯和他们的动作。他一经发觉似乎适合他目的的材料，他就用铅笔记入他时刻放在怀中的小册子里。我的父亲对于这些事情很有兴趣，关于利奥那多在米兰这张名作上特别所用的方法，向我说了真有几千遍。"

　　但是利奥那多不以偶尔的或临时的素描为满意，他把模特儿携入他的画室里。这种工作穿凿入微，很需时力，而壁画的方法是要在画面上迅速地配好若干大的开合，所以双方不相谋合，于是他只能尽量把他的初步画稿画好，他不仅要细心研究头部。就是手、长桌下可以看见的脚、袖口和外衣，也不苟且。

　　这时候他开始用一根红粉笔，完成许多非常精致的素描。他避免画笔的急剧的颤抖，利用粉笔的温婉的运转，及其涂出的轻微的暗面，他有很多美好的画稿就属于这一时期。此中有年纪极轻的男性的头，微微地低着，两眼阔而有光，嘴唇软而多情。一股股弯曲的头发轻轻落在丰满的两颊上,有成年人的典型,额部方整厚重,鼻子长而微弯,下唇伸出,下巴凸出,颈项像牛似的;有识见通达的老年人,萎垂的鼻子,没有牙齿的嘴,朝上翻起的下巴。他特意不给这老人的下巴画胡须,为的是更能表出他的特性,他等到全像画完,才添下遒劲的或虬曲的短须。

他以同样的不变的力量和专心来工作。这伟大的事业垄断了他的思想,不仅在他素描或绘画的时候是如此,就是在他入睡之前,他也须想了许久他日间所做的工作,他睁着的眼睛透入围绕着他的逐渐暗去的朦胧。他只占一个小小的房间,说是大的房间反而妨碍专心。后来他竭力推荐这暗中冥想的习惯,"因为我已从一己的经验中发觉,于黑暗中躺在床上,凭着想象去把一向注意的形状的轮廓,一个一个加以回溯,这并不是很少益处的事"。

第二天一清早,他的思想又移到画面上,在他清醒的幻想中,他所要构成的人物依次地过去,在早晨,在可贵的清早的那几点钟里,他真像做梦,"那时候精神清爽而安定,身体准备去干新鲜的工作"。有时候他一清早就被迫从床上跳起,太阳刚才升起,他室内还罩着朦胧的光——只有在黎明或黄昏始可遇到的不刺眼的稍纵即逝的光——这是他特别爱好的,跟着他就埋头工作,以便捉取那在他梦里掠过他的面前的幻影。周围的世界消灭了,好像他独自搁浅在他作壁画的那个台架上,如同在荒岛上一般。过了好几个钟头,才有他的一个弟子很畏缩地去提醒他吃饭的时候已经到了,利奥那多总是挥手叫他立刻走开。在这座斋堂里,金光弥漫,新鲜的色彩敷上一层瓷釉。接着光耀会慢慢转为暗淡,但等灰色的阴影从四角散出,使壁上的轮廓都模糊了。于是利奥那多才放下他的画笔,好像一个忽然醒过来的人,徐步回家,可是他的思想还系在远方。

在这样不顾一切的工作之后,他有时候又会好多天不到寺里来。他如果来的话,也不过是叉着手望望他的作品,时常站在那里好几个钟头,默然不动;只有他光亮的眼睛在工作,它们好像给冷的火焰所点燃,当他走去,又好像很苦痛地锁起眉头,又好像和他创作里的人物谈话许久之后,独自在沉思,这时候,他多半不曾伸手去拿过一次笔。

有时候,他离开片刻,独自在画室里计划着,或是研究着人体的比例,他又会忽然跳起来,冲到街上去,不曾注意酷暑的太阳高照在天空,空气给热所震动。他两眼一无所见,就赶到寺里,跳上台架,抓住笔,画了几下,这里亮一点,那里稍微暗一点——随又立刻回去,带着一个做完一天工作的人的安静而满足的笑容。

利奥那多平素是默然的,现在却能和人来往,而且爱说话。他此刻喜欢听到他四围那些人的批评。"因为,"他说,"一个画家绝不应该不听取旁人的意见,我们都知道一个人纵然不是画家,也会熟识别人的相貌……我们看到人们能够批判大自然的制作,我们应该更加毫不怀疑地承认他们也可以批判我们的错误……那末,你该耐心听取旁人的意见,把它多想想,并且仔细考量反对你的批评者在批评你的时候究竟对不对。倘若你发觉他是对的,快把你的错误改了;倘若你发觉他是错的,那末你就当做没有听见什么似地干下去。"他就是这样地耐心去听那些有理解能力的观众所不得不说的话,而忽略了其它的话。

利奥那多的工作进行了许久,这寺的住持,维森叟·邦德罗,向公爵诉苦,说是那墙上的两个主角,耶稣和犹大,还没有画上去。罗多维可告诫他的画师,但是利奥那多却有一个早就预备好了的回答。

"和尚们对于一个艺术家的工作懂得什么?他们能够画吗?"他问道,"真的,我有很久没有到寺里去了,"他接着说,"然而,我不曾度过一天,而没有花了两个钟头在这桩工作上。"

"这又如何可能,假使你不上那边去?"罗多维可问。

"殿下只知道犹大还没有画上去,而不明白我不能够找到适合于这样无耻的一个性格的全部的面貌。我已有一年之久,不断地在每天的早晨和傍晚,上罪犯的窝里去,在那里住着人类的废物,可是我还不曾找到我所要找的。假若我继续地找还是找不到,那末我也许就不得不用住持的头了。他的头大概很合这个用处。我只为了要顾到他的感情,一向在踌躇,不敢这样做。"

这一个回答使罗多维可突然大笑。它是太好了,所以不能不就照那样去进行;后来传说还告诉我们,这住持竟不知不觉地做了犹大的模特儿。不过,事实上,利奥那多终于找到他的模特儿,那是一张骨骼显露、眉目分明的面孔,他给这面孔描成一个侧面的像,把胡须去掉,但是他仍旧缺少基督的头。据说他也找过,但是找不着,他向他的同行伯那狄诺·塞那里表示他的失望。塞那里回答说,利奥那多弄错了,不该把一个无以复加的超人的美,先给与了门徒腓力和哲母斯,因此他现在没事可做,除非空下基督的面像,不把它画完——于是建议对基督这一人物,只指出他是在那里,借以澄明在超人面前,人是无能罢了。这个建议利奥那多接受了。

然而利奥那多的性情不喜欢以一半的解答为满足,或者规避任何困难,无论它是怎样大。他找寻基督的面貌愈久,他愈是决心要发现神圣的人性的最高峰。

于是忽然之间,他为了第一次的成功,高兴得跳起来。他在记事册里,记下他已经找着他能够用作基督的一双手了——加里心米地方巴尔马族中阿力桑都罗的一双手。同一本的记事册中还有这末一句看不大懂的话:"基督,年纪很轻的伯爵——那位摩泰罗的红衣主教。"末了,他到底找到了基督的面貌。

现在,这壁画向着成功,很快地进展。由移开台架之时起,那座画过的墙好像开始启示了一桩奇迹。但是利奥那多在墙上所画的向外推展的部分,首先给予观者一个印象,以为这一部分乃是天主教徒所住的真实世界的一个延长或增加。横在画面上的长桌就是和尚们吃饭所用的长桌,桌上所盖绣着蓝色花纹的布,是从和尚们装盛葛布的箱柜里的那一块布模仿来的,而且还表现着一块干净布方才展开时的挺劲的折纹。进最后晚餐的房间因配景的关系,向远处渐渐地缩小,这样也接连起斋堂的朴素建筑,而向更远的空间推进。穿过远处墙上的三扇窗口,眼睛能够漫游于辽阔的天空和起伏的山水,其中还有一道明亮的溪水,盘旋地流过,有几座宁静的小山在碧晴的远处耸立起来。

然而抓住观者的注意的,乃是画上正中的窗口。伟大也就从这里进来。就在穿过这个窗口面流入的光亮之前,利奥那多安放下基督的肖像,好像光就是这幅肖像画的镜框。这一设计表示非常的技巧上的精能,其目的在这一人物和其余的隔离开来,在从许多头颅和手臂的混乱中,替这人物划出一个明净的空间,再把这人物投入一个光圈里,使他不再像是属于这一个世界的。

基督的面部几乎是没有表情。头微向一边倾斜,很重的上下的眼皮合起来,把眼睛露出一半,那眼睛注意到很远的地方,而碰不到一个人向他的短短的一瞥。他双唇紧闭,一若他方才说过的苦味的真话——"你们中间有一个要出卖我"——还压在他的两个嘴角上,一双手臂沉沉地放在桌子上,右手从手颈起向上弯着,手掌心无意地展开,表示保护与祝福。左手朝外转,向桌面落下,是带着牺牲的降服的动作:是一个接受了自己可怕命运的人的手,是一个手,它把"命运现在是不能挽回了"这层意思,说得比真的言语还要有力。

但是方才嘴里所说的那句话依旧对于所有在场者的感情发生作用,而且门徒们一点也没有看出基督左手所表示的默然的降服。他左手边的邻人,大哲姆斯,"骇得开着口",像似那些还没有完全明了的人在那里重念一遍基督的话,他那宽阔的胸膛和伸出的双臂,又像不知不觉地拒绝理解基督的话,向着主供献了一个盾牌。

门徒托马斯,带着敏锐的面容、尖尖的鼻子和善于思索的神情,正在树起他的食指,他是永久的怀疑者,那句大公无私的话不能使他摆脱他的责任。但是另有一门徒,他不想,只是感觉着,这便是门徒腓力,他已经跳起来,向前俯着身体,他的双臂交叉在胸前,他的眼睛饱含泪水,他的发出悲叹的嘴,他的手抽筋似地压在他的胸口,这一切要力辩他的坦白无罪。这一群的门徒像一个巨浪,冲向基督的镇静和屹然不动。

在另一边,浪头平落于三个人物的巧妙的混织中。好像给忧伤所压倒似的,是基督所最爱的那个门徒(译者按即约翰)的低下的头。他两手紧握,一若他已失去了一切。他不再发问,不再抗议,一阵无法挑除的悲哀夺去他的心神。挨近这没有抵抗的苦恼者,是一个有动作的人——彼得强壮坚决的额头几乎碰着约翰的没生气的殉道者的脸。他在激动之下,使劲地把左手搭在约翰的肩上,好像要摇他的身子,使他从忧愁中醒来,并且他的右手已不觉地握了一把刀,在他骤然起身的时候。

十五世纪的画家们把犹大隔离,当他是一个害了时疫的人放在桌子另一边,好像大家都已经知道他的奸计了。利奥那多却大胆地把他放在基督所最爱的门徒的紧隔壁。在这一点上,利奥那多是胜过他的同辈的一位心理学家。他知道奸邪是忠信的近邻,其所以能够取得偌大的信任,只不过由于埋藏在忠信的里面,它在那里,大家去看,而谁也没有看到它。

利奥那多从自己酸苦的经验中知道这一层,并且他有自己独特的方法,使奸人在一群人中被认识出来。他把基督放在光明里,他把犹大放在阴暗里。救世主的脸给嵌在光亮之框中,犹大却抵挡不住彼得的真率,不能自止地向后倒退,这也可以说是坏心肠向自己反冲,却又几乎看不出来,然而毕竟这种畏缩把他抛出了光明之源。他那狠毒得像兀鹰的侧面,加上他那诡计百出的一瞥,是壁上唯一的黑暗的侧面像,它凸出得如此分明,所以即使他的手没有紧握一个钱袋(译者按这袋里应是出卖老师的所获),观者也很能证明这就是他的肖像了。

一个忽然掀起的动作先在画的右方向基督冲去,复在画的左方平伏了。不过数学家和建筑家的利奥那多又使它奋起在画的更左端。本来,这动作到了腓力全肖像前,可算达到它的最高峰,于是,利奥那多让它下落,好像撞到墙头这动作就粉碎了。在右方,这波浪是顺着马太向右伸出的手臂而上升(在观者则是向左)。他是一个必须说话必须讨论问题的人,当他跳起身子他用手臂扫着空气,因为他一定要做一点事,于是他向其余的人请求:"你们能让那桩事情发生吗?"他喊道,同时转望着西门·彼得。像他这样的急躁的暴发,经验较多的塞丢斯也未尝没有,不过给自己约制住了。他们两人在震动中从彼得接受唯一的答案,也就是彼得伸出的左右手以及尖削伶俐的手指所写的答案,他的手指坚持他一点也不明白方才是怎么一回事。

利奥那多使深有感动的一群人,如此地共同趋赴一个愿以不知自满的老人的面前(译者按即西门·彼得),实具有心理学上的微妙。这种妙处在画面结构的完整上,碰到了它的对手。因为全面的动作也是趋赴西门立像的垂直线,以及那像的生硬的侧影。尖尖的鼻头,下垂的嘴唇。但是西门·彼得所须要遇到的,还不止是他邻人们的迫切的请求。门徒巴梭罗缪从长桌的另一端向他俯身,也是受了激动,以着火的眼睛,放稳在桌上的双手向他请求。从心理学上说,这些请求或发问联合了长桌的两端。从结构上说,它们更是把侧面像和侧面像相对仗,把垂直线和垂直线相对仗了。

既已如此地调和了全图的动作,利奥那多再以高度的熟练,将画面左端的紧张发扬到顶点,然后使它渐渐宽弛。在巴梭罗缪发热的头旁,他安放小哲姆斯恬然无情的侧面像。挟着巴梭罗缪多了刺激从座上的惊起,他安放了小哲姆斯在彼得肩上的轻轻的一触。接着他又在年长的安德鲁的画像中,设下一个构图的与心理学上的停顿,使安德鲁眉毛向上翻,好像要发问,使他额上印着很深的皱纹,加上他嘴角下垂,向外展开的手掌宣告他的无罪。

圣玛利亚寺里的《最后晚餐》像是对于利奥那多同时代的画家们的一个启示。在这幅画里,有一个初次的大胆的企图,要一面使每一个人物忠于他的合乎情理的涵义,一面对于一个共同的感情给予十二次不同心理学的反应。在画里没有一个不生关系的脚色,没有一个仅仅旁观的人,没有一个像以前所有的"最后晚餐"里面只是当作装饰用的人物。利奥那多实已使用十三出亲切的个人的戏剧,来组织他的巨制,把这十三出戏熔接成为一个统一体了。这个画题是人人熟习,人人所能理解的,然而他又是另一个世界,一个比较英勇的世界上的一桩事件,每日的生活并没有和它相同的地方。固然,这一个房间是大家见惯的斋堂,桌子和桌布是天主教的僧侣们日常所用的,那些杯盘也许就是他们自己的碗碟柜里的东西。这些人物很像每天可以碰到的,然而画中的人物是超人的肖像,穿着没有时间性的衣服,不与任何一个时代相关连,是日常微琐生活的外的一桩事件之中的英勇的脚色。他们是习见的,却又离得很远,正如画中的每一件东西是习见的,却又属于超凡的范围中。十三个人决不能坐在那样狭窄的桌上,利奥那多是知道的,正如许多观者所知道;但是为了完成一种效力,现实是可以一齐牺牲的。

由于这幅《最后晚餐》,新时代踏进了艺术。半神半人和英雄代替了脆弱的人,并且一个较为宽大的眼力代替了日常世界的视觉。这幅《最后晚餐》犹如泉源的喷出。每一个人都从它汲水,有意或无意地喝他的水。结构、类型、姿势、衣服,都从它取材,从它模仿,而加以夸张、浪费,作为毕生的事业。它是留给后代的产业,新美的一个标准,未来的艺术家们的一个入门。这件完成了的作品所造成的深澈的印象,传播各处,并且发生一个持续了好几世纪的影响。

译 后 记

一九三九年伦敦哥朗克斯公司出版了狄克斯氏英译本的意大利作家梵伦丁所著《利奥那多达文西评传》,又名《极境之惨淡的追求》(Leonardo da Vinci: The Tragic Pursuit of Perfection, by Antonina Vallentin, translated by E. W. Dickes, Gollancz Ltd.),其中第四章"你们之中有一个要出卖我了"(耶稣和门徒最后晚餐时语),叙述这位大艺术家如何完成他的杰作《最后晚餐》,同时讲到纪念碑式的作品的许多基本条件。虽然达文西的时代已经过去,而梵伦丁的立场似乎偏近纯美(?)的欣赏,但是对于抗战文艺的具体方法却提供很好的参考,爱于择译之后,写下一些感想,不过,说不上什么系统。

抗战文艺的一个积极使命,就是要给中国历史上这桩空前事件建立纪念碑,它不仅借此强调现在的大无畏精神,还对这事件的发展产生这精神的累积作用。这种文艺作品可以取材于前后方的每个角落,而在人物表现上则不必一味发挥个人与英雄,而忽略那作为抗战基本力量的大众。五百年前的达文西虽以耶稣的镇静与命定式的安详为全图主旨,然而,诚如梵伦丁所见,如果没有写出十二门徒彼此间以及与他们老师间在情感上的错综关系,达文西也断难如此有效地表现这一主旨。固然,一个主人翁之命定的启示,在今日已成绝对无用的工作,甚而有人要说是完全近于汉奸式的无抵抗了,但是达文西所用的同时着重大多数人的感应的这一方法,还是值得我们效法的。在个人、群众、个人与群众,彼此之间的四种着重以外,还有群众彼此间与群众中的某一个人之交感。达文西就采用这第五种的角度,我们当前所有的大无畏精神绝非产自我们之中某一分子,而是我们大家所共同造成,因此,通过人物以表出这种精神时,这第五方法似乎比较最合理。

《最后晚餐》有非常简洁清晰的(clear cut)描写,这也值得特别注意。本来,人物的复杂性是布尔乔亚社会的产物，大家都想在生命中谋取苟安的与一己有利的地位。高尔基曾感叹地说："只有这种'复杂'才可以解释为什么在万亿的人们中，我们只看见极少的大人物，轮廓分明的人，给一个独特高远的热情所支配着的人——大人物。"高尔基这话当然不是希望文艺作品的结构应该单纯，而是提示在一个新时代里，源于卑下志趣的复杂心理绝不再能构成描写之主要的对象。所以，他又说："我们的青年剧作家处于一个幸福的地位。他们有一位以前从未有过的英雄在他的面前。这英雄是简率、坦白而又伟大，并且他之伟大，是因为他比过去的吉诃德和浮士德更加不妥协，更加革命的。"达文西似乎也很理解这一点，所以《最后晚餐》上的人物虽说不是个个都有伟大的品格，但是每个人的品格都被他提炼到最单纯的程度，而又十分清楚明白地表现出来。就像做得顶好的菜一样，每个都不失本来的滋味，纵使味道不同，浓淡不一。倘若撇开品格高下与时代道德的问题不论，那末达文西的手法就是高尔基对于苏俄青年作家所鼓励的了。在目前一致对外的立场下，文艺家尤应深深体会这一点。他可以描写像犹大一般的汉奸，可以衬出像耶稣那样为了主义而牺牲的英雄，可以穿插其他门徒的依附正义，但是他必须学习如何使每一个人物都把心肝肺腑掘出来，放在观众面前。世上没有复杂的"心性"，只有复杂的"掩饰"，贪财盗名的人伎俩虽高，内在还不只些"财""名"在作怪。作者贵能舍末求本，直指根源。可是，现在我们常常看见一副抗战的绘画，用了无数的情感模棱的，翻板姿态的，不生作用的脚色，来捧出一位"英雄"。殊不知各个人物所应担任的职务若不曾充分使用，如达文西之所为，结果满纸只是行尸走肉，而所谓"英雄"也不是一个活人了。因为，在《最后晚餐》里，耶稣与门徒全靠彼此间的明显的神情动作之交织，而后才有生气。抗战文艺倘是特地描写极度紧张的场面，而只一味地使用这种随意凑合的办法，结果会使人发生战时文艺的无用的谬见的。

梵伦丁所谓"半神半人"与"超凡"等等，如果今日仍可理解，而不把它们当作宗教上的名词，那末，我以为，应该是指不落空幻的想象。作者既已采用简练明快的作风，于是表现典型人物时所用的想象，也应当同样地切实，不堕玄虚。所谓"神"，乃作者理想的"人"，"凡"乃一般的现实，"半神半人"则系依据于现实的理想，而非背离现实的幻梦。照梵伦丁所说，达文西先有了奸邪与纯正的概念，才到市上去找可以配合这些概念的人物；于此，达文西的最大困难，不是如何描写他的角色，而是怎样才会觉察角色与预定概念之相吻合。艺术家有否修养，这种觉察能力便是一个测验了。换言之，百分之五十的"神"与百分之五十的"人"

相遇而相融,成为一个混合体,这才真是艰难的工作。神近乎内容,人近乎形式,而两者又绝非对立,而是相谋,神应为趋向神的人,人应为趋向人的神,正如内容为向内容推移的形式,形式为向形式推移的内容;必得如此,才产生一个综合体,而非一个尚未融化的复合物。现在,画与题,或画与附加的口号标语成为截然两事之作品,委实太多了,两方面似乎可以随便拆开,甚且随便移置,以甲题放到乙画上,或以乙题放到甲画上,也都觉得没有什么。我们希望抗战文艺作品,化学地混合了内容与形式;这固然是一层困难,却须努力克服的。再举一个例子说。神可以相当于社会主义的写实主义之社会主义的部分,人,写实主义的部分。至于梵伦丁所说的"超凡"乃是纯美的一个名词,在此不加讨论了。

  梵伦丁这篇精细的读画记,是从三个方面去观察《最后晚餐》。一是立意:利奥那多首须确立全图的主旨——一位牺牲者的泰然。二是结构,即通过门徒与耶稣之交织感情,以表出这一主旨。三是取势,即以人物之呼应,连系,构成律动,使画面有一倾向,使观者循此倾向而走到正如达文西所要置重的方面去。达文西在这三个方面的工作,等量地重视,而与以整个的最后的消化。这消化手续完成,钜制也完成了。倘若读者不嫌陈腐,让我引一段刘勰的话作注脚;夫情致异区,文致殊术,莫不因情立体,即体成势也(《文心雕龙·定势篇》)。这就是说,作家必先有充分感情投入题材中,才会有精神与兴趣给这题材筹划、布置,跟着才能结成体式。这体式如和题材相配合,而互为发扬,然后成势。这和我方才所假定的一样,主旨与结构必合作始见倾向,不仅倾向须植基于前二者,即此二者本身亦互相作用,主旨苟无结构,结构苟无主旨,皆不成为主旨与结构也。不过,我们不要忘记,简明的作风(风格)尤须贯彻梵伦丁所举的三个方面啊!

  译后杂感大致如前。我以为文化遗产与论述文化遗产的文字,就在炮火声中,都还值得处理、认识。这种态度不是爱古,更不是思古、复古,而是为了要知道,其中有否是当前的需要? 至于青年作家热烈地从事抗战文艺的工作,本是极好的现象,无人应该去讥笑他们有时不可避免的幼稚。不过,倘若有人希望他们之中有少数分子于满足目前的亟需外,还能兼事情思与技巧的更高训练,这样的希望也并非过奢吧!

  末了,我特作一个简表,说明《最后晚餐》上角色的配置,及其不同情绪、姿势所成的律动和倾向,以使读者参考。

  巴梭罗缪——发热似地惊起

  小哲姆斯——恬然无情的

安 德 鲁——自告无罪的
犹　　　大——奸邪的
彼　　　得——抵抗的
约　　　翰——无抵抗的
耶　　　稣——命定的泰然
托 马 斯——忠勇的
大哲姆斯——怀疑的
腓　　　力——感觉的
马　　　太——急躁的
塞 丢 斯——抑制急躁的
西门彼得——漠然地坐着

中国画论研究

目　录

论中国绘画的意境……………………………………………… 122
漫谈"气韵、生动"与"骨法、用笔"……………………………… 138
论国画线条和"一笔画""一画"………………………………… 152
中国山水画艺术………………………………………………… 162
中国画竹艺术…………………………………………………… 174
中国画马艺术…………………………………………………… 194
文人画艺术风格初探…………………………………………… 204
董其昌论………………………………………………………… 235
读顾恺之《画云台山记》……………………………………… 255
《苦瓜和尚画语录》札记……………………………………… 261
试论画中有诗…………………………………………………… 269
艺术形式美的一些问题………………………………………… 307
再论艺术形式美………………………………………………… 318
附录：西方唯美主义的艺术批评……………………………… 328

论中国绘画的意境

小 引

意境是中国绘画艺术的实践与理论以及中国文艺创作与批评方面一个重要的美学范畴,属于审美意识或美感的领域,是客观存在的审美对象对艺术家、文学家的思想、感情所唤起的能动反映。当一定的事物形象激发一定的艺术想象以进行艺术创作时,这便意味着艺术意境的产生及其体现的过程,或者说内容指导形式,形式为内容服务的过程。在我国文艺理论发展史上,意境作为概念很早就存在,而有关"意境"的论说,则出现较晚。例如东汉王充在《论衡·超奇篇》中提到内容与形式时先说:"有根株于下,有荣叶于上;有实核于内,有皮壳于外。"接着就突出内容的主导作用:"文墨辞说,士之荣叶皮壳也。实诚在胸臆,文墨著竹帛,外内表理,自相副称,意奋而笔纵,故文见而实露也。"这里"实诚"与"意奋"是指起决定性作用的思想意境。也就是说,在内容与形式的统一中,内容先于形式而又指挥形式。因此,"人之有文也,犹禽之有毛也。毛有五色,皆生于体;苟有文无实,是则五色之禽毛妄生也。"既肯定内容或思想意境是形式或表现技巧的服务对象,也批判"有文无实"的形式主义观点。西晋陆机说:"恒患意不称物,文不逮意"[①],指出立意、构思为文章的首要任务,也就是"谋篇之始";所谓"辞程才以效伎,意司契而为匠",则阐明作家之所以能使众辞俱凑妙处,都是由于他本于意而有所取舍(据李善注)。从这里,演绎出"意匠"这个复合词,概括了意境与意境的表达,亦即意与法或审美意识与审美意识活动(美感表现)的全过程了。后来杜甫《丹青引》描写曹霸画马时的情景,是"意匠惨淡经营中",那幅作品的艺术效果,是"斯须九重真龙出,一洗万古凡马空",重点或关键俱在于意匠,即意与法或画意与画笔上。南北朝时,刘勰关于"情"和"采"的论说,进一步明确文章中

---

① 陆机《文赋·小引》。

意与笔的关系，以及笔是从属于意的："昔诗人什篇，为情而造文，辞人赋颂，为文而造情。……为情者要约而写真，为文者淫丽而烦滥。"而"繁采寡情、味之必厌"①，也批判了舍情求采的作品是缺少真味的。到了唐代，由于佛教的思想影响，开始有"境"或"境界"之语，例如"非言说妄想境界"，"入佛境界"，"尽佛境界"等。而道世所编纂的佛教经论中各类故实一书《法苑珠林·摄会篇》，更有"意境界"。唐代文论继续强调意的主导作用，但这并不等于说受佛学思想影响，也丝毫不带佛门的玄秘色彩。例如王昌龄的《诗格》举出诗有三境，"一曰物境"，"二曰情境"，"三曰意境"，后者"张之于意而思之于心，则得其真矣"。又如尊儒排佛的韩愈主张必须在思想感情非表达出来不可时方才落笔："大凡物不得其平则鸣，草木之无声，风挠之鸣，水之无声，风荡之鸣，其跃也或激之，其趋也或梗之，其沸也或炙之。金石之声，或击之鸣。人之于言也亦然，有不得已者而后言。"②倘若没有真实的情思，而勉强握笔，那必然是无病呻吟。也就在唐代，绘画理论中开始强调审美意识的主导作用，例如"挥纤毫之笔，则万类由心"③以及"意存笔先，画尽意在"④。这里的"心"和"意"，都是指美感而言，并且肯定它先于美感的表现而存在。到了宋代，关于诗中有画，画中有诗的那场讨论，其主题就是关于通过艺术形象来表达情思，或者说，描绘形象以抒发意境；其中情思、意境是根本，凡属成功的诗、画创作都应如此。可见关于美感以现实为基础这一重要美学原则，前人也已见到，而且在王充以后一千三百多年，还有同样的观点。例如清代全祖望认为"即景即物，会心不远，脱口而出，或成名句，则非言门户者所能尽也"⑤。意思是诗境本宽，非狭隘的宗派所能垄断，问题在于接触现实，丰富主观世界，充实美感。具体说来，意境的根源是自然、现实，意境的组成因素是生活中的景物和情感，离不开物对心的刺激和心对物的感受，因此情、景交融，情、景结合，而有意境。就诗而言，王夫之所论极是："夫景以情合，情以景生，初不相离，唯意所造。截分两橛，则情不足兴，而景非其景。"⑥这里的"景"是指诗人的情中之景，它本于心所融会的物。回溯苏轼所谓"诗中有画"和"画中有诗"，也是强调诗寓情于景、画借景写情，要皆以意、情为主。当时山水画家郭熙的《林泉高致》

---

① 刘勰《文心雕龙·情采》。
② 韩愈《送孟东野序》。
③ 朱景玄《唐朝名画录·序》。
④ 张彦远《历代名画记·论顾陆张吴用笔》。
⑤ 全祖望《宋诗纪事序》，《鲒埼亭外集》卷二十六。
⑥ 王夫之《姜斋诗话》。橛，短木桩，一小段木。

也有类似观点,如"诗是无形画,画是有形诗,……境界已熟,心手已应,方能纵横中度,左右逢源"。倘若不能从自然获取真实的情思,锻炼表达的技艺,心手相应又从何说起?可见创作的动力还在境界。总之,意境从现实中来,这条唯物主义审美原则毕竟是最根本的,因此袁枚的论说很可取,强调诗境和广泛的现实生活分不开,而境界的真实、亲切,又非书本的间接经验所可比拟:"诗境最宽。有学士大夫读书万卷,穷老尽气,而不能得其阃奥者。有妇人女子,材氓学浅,偶有一二句,虽李、杜二家必为低首者。此诗之所以为大也。""我辈所以不如古人者,为其胸中书太多。"①也就是诗的美感源于生活实践。至于清代原济(石涛)所谓的"尊受",则强调画家须从现实中丰富美的感受:"夫受,画者必尊而守之,强而用之。"②要求山水画家坚持以自然美来丰富艺术美,尤其是以美感为动力,来进行艺术构思,而关键则在意境的建立。近人王国维就前人所论,加以总结和提高。"沧浪(宋,严羽)所谓兴趣,阮亭(清,王士祯)所谓神韵,犹不过道其面目,不若鄙人拈出境界二字为探其本也。""境非独谓景物也。喜怒哀乐亦人心中之境界。故能写真景物真感情者,谓之有境界,否则谓之无境界。""言气质,言神韵,不如言境界。有境界,本也,气质、神韵,末也。有境界,而二者随之矣。"③王氏接着分论造境与写境以及有我之境与无我之境等,今天我们讲艺术创作的意境时,也还会碰到这类问题。

上面简单介绍我国文艺批评史上关于"意"和"意境"的若干重要论说,对于探讨我国画论中的意境,可能有些帮助。

中国画论发展史有一条主要线索,那就是从尚形逐渐过渡到尚意,进而主张意与形的统一,其中包含着创立意境、表达意境和表达的方式方法、意与法的关系这末几个方面或课题。在每一绘画作品中,这几方面有机地联系着,而意境则贯彻于创作的始终。本文想依次作些初步探讨。

形 与 意

我们在中国画论史上首先遇到的,是关于"形"或"形似"的问题,而不是在"形"背后发号施令的"意"。例如《韩非子》:"客有为齐王画者,齐王问曰:'画孰最难者?'曰:'犬马最难。''孰易者?'曰:'鬼魅最易。夫犬马,人所知也,旦暮罄

---

① 袁枚《随园诗话》。
② 《苦瓜和尚画语录·尊受章第四》。
③ 王国维《人间词话》。

于前,不可类之,故难。鬼魅无形者,不罄于前,故易之也。'"这是着重如实描绘具体的事物形状,而描绘对象的内在本质,尚未引起注意。西汉刘安指出:"画西施之面,美而不可悦,规孟贲之目,大而不可畏,君形者亡焉。"①画人不能只顾外表,而失其内心、精神或主宰"形"的"君"。换言之,刘安开始强调传对象之神。但到了东汉,刻划外貌,只求形似的观点仍然存在,例如《后汉书·张衡传》:"画工恶图犬马,而好作鬼魅,诚以实事难形,而虚伪不穷也。"然而刘安的尚神说,又见于晋代。东晋顾恺之主张画人应"以形写"对象之"神"。到了南朝,齐代谢赫关于人物画的六法,首列"一曰气韵,生动是也",须把人物画得生气活泼,这也是刘安"君形"说的继续,在形、神的关系中以"神"为主。但是,画家为了捕捉对象的神或意,而首先没有凭自己的"意"或思想头脑,去接触对象,认识对象,也就谈不上如何以意使笔,那末画来还会有形而无神。这条创作经验或迟或早要被反映在画论中,于是这"意"或"神"也就由对象、客体转到画家、主体上来,而意境之说便表现为绘画创作中主观与客观的统一了。这个转变或发展,是画论史上一大突破;其首创之功应归南朝时宋代宗炳。他所谓山水画家"含道应物",是说接触自然时应取得一个完整的主观境界,所谓"山水以形媚道"②则指山水画家有此境界才会发觉某些自然形象更能引起美感。换而言之,画家掌握了审美的主动权,于是作品中以形写神的"神",就不仅仅是客体的本质,而转变为主、客体统一的意境,是"意"主宰着"形"了。南朝陈时,姚最强调"立万象于胸怀"③,也主张要先立"意",并且这句话曾再度出现在唐代李嗣真《续画品录》。④ 可见"意""神"的重要地位在我国画论史上已被确立起来。到了唐代,白居易在当时的画风影响下,认为画须形、意兼顾,但似乎更加重意。他说:"画无常工,以似为工,画无常师,以真为师,故其措一意,状一物,往往运思,中与神会。"运思先于象形、达意,即以意为主。这和他的诗论相一致:"篇无定句,句无定字,系于意,不系于文。"再看他的《画竹歌》:"植物之中竹难写,古今虽画无似者;萧郎(萧悦)下笔独逼真,丹青以来第一人",最后归结为"不从根生从意生"。他还认为这"意"是"由天和来",亦即"得天之和",然后"得于心,传于手,亦不自知其然而然也"。⑤ 可

---

① 《淮南子·说山训》。
② 宗炳《画山水序》。
③ 姚最《续画品录》。
④ 一般认为李嗣真剽窃姚最之语。
⑤ 韩愈《画记》。

以说是画论中偶然风格的滥觞①。这重"意"的倾向,到唐末张彦远更加以发展,他高举立意的旗帜:"意存笔先,画尽意在,所以全神气也。"也就是意境指挥笔墨,作品才能体现作者的审美意识,并成为真正的艺术作品。但是另一方面,当时讲求形似的风尚也并未消亡,工于形似的作品依然得到赞美,例如朱景玄《唐朝名画录》便是从形似来评价韦偃的:"韦偃常以越笔点簇鞍马、人物、山水、云烟,千变万态,或腾,或倚,或龁,或饮,或惊,或止,或走,或起,或翘,或跂。其小者或头一点,或尾一抹,山以墨幹,水以手擦,曲尽其妙,宛然如真。"这番话反映了主形论的审美批评。到了宋代,爱好绘画的徽宗赵佶(1101—1125年在位)继续加以提倡,画院的画家竞尚写实,以迎合皇帝的胃口,邓椿特记叙一幅讲求形似的院体画:"画一殿廊,金碧熀耀,朱门半开,一宫女露半身于户外,以箕贮果皮作弃鄙状,如鸭脚、荔枝、胡桃、榧栗、榛荛之属一一可辨。"足见尚形似尚技法之风,北宋末年也还存在。但是另一方面,北宋仁宗、英宗、神宗、哲宗的时代(约1023—1100年),继唐大诗人白居易之后,文人、士大夫崇尚画中的情思、意趣,主意派的审美观在中国画论史上逐渐占优势,画中意境被提到首位。欧阳修说:"萧条澹泊,此难画之意,画者得之,览者未必识也。故飞走迟速,意浅之物易见,而闲和严静,趣远之心难形。若乃高下向背,远近重复,此画工之艺耳。"对于类似殿廊、朱门、果皮、鸭脚一一可辨的作品,可谓当头一棒,尽管欧阳修还来不及看到此画便逝世了。苏轼跟着提出有名诗句"论画以形似,见与儿童邻",作为审美原则,要求画家写出自己的心意。所以又说:"优孟学孙叔敖抵掌谈笑,至使人谓死者复生,此岂能举体皆似邪?亦得其意思而已。使画者悟此理,则人人可谓顾(恺之)陆(探微)。"②还是强调意的主导。这个原则,影响及于北宋末的艺术批评,哪怕是奉形似论者徽宗皇帝之命而编的《宣和画谱》,也不得不肯定一位借景抒情的山水画大家李成,称其"所画山林薮泽,平远险易,萦带曲折,飞流危栈,断桥绝涧,山石风雨晦明,烟云雪雾之状,一皆吐其胸中,而写之笔下"③。李成笔下的种种自然景象,不是为了形似,而是吐其不得不吐的胸中之"意"。到了南宋,陈与义更主张"意足不求颜色似",既然贵在意境,那末墨笔写意尽可取代工笔重色了。入元以后,倪瓒宣称:"仆之所谓画者,不过逸笔草草,不求形似,聊以自娱耳";吴镇则肯定了"士大夫词翰之余,适一时之兴"的墨戏画;黄公望主张

---

① 参见本书《文人画艺术风格初探》一文。
② 苏轼《书陈怀立传神》。
③ 《宣和画谱》卷十一。

"画不过意思而已"。明李式玉说:"今之画者,观其初作数树焉,意止矣,及徐而见其势之有余也,复缀之以树。继作数峰焉数,意止矣,及徐而见其势之有余也,复缀之以峰,再作亭榭桥道诸物,意亦止矣,及徐而见其势之有余也,复杂以他物。如是画,安得佳?即佳,又安得传?"①这段话生动地描绘出画家胸中无意便尔落笔的一番窘困:笔行纸上,毫无思想统摄,画画停停,支支节节而为之,结果只是零星散乱,既无景可言,更说不上借景抒情了。明末清初,原济(石涛)提出画家须"立一画之法","一画之法,乃自我立",并归结为"画者从于心者也"。②指出画家须在意境创立上下功夫,尤其是画中必须呈现有我之境,其中也就包括着画家自己的审美感受。当然,另一方面画中也还有无我之境,关于这一点,想留待《文人画艺术风格初探》中再谈了。

尚意·创意

在中国画史上,尚意与创意,也并非永远居于主导地位,它曾不断地和形似、师古、摹古等倾向展开斗争,而它的战斗纲领大致如下:以生活实践为基础,以文化修养为辅助,以笔墨技法为手段;以"读万卷书,行万里路"为创意的条件,以"以形写神"和"形神兼备"为创作的途径和目的。

关于创意,古代画论所讲大致不外乎有新意、有生意、有生气。在苏轼反对形似的一诗中,所谓"诗画本一体,天工与清新",是指艺术贵在"清新"而又自然,毫无造作痕迹,这样才能突破前人藩篱,有自家面目。苏轼的《净因院画记》主张绘画须"合于天造,厌(满足)于人意",这"意"不仅属于观者一方,它也和画家的独创、画中有我的精神分不开,而后一点则是根本的。历代名家无有不是在"意"上破旧立新,这也可证明苏轼论点的正确。明代大批评家詹景凤也看到"清新"有关画中的生命,而生命之有无,即画中意境之有无,所以他说:"盖画在笔与意致兼得,若但得其迹,与意致未通竟,犹人以纸作牡丹芍药,虽宛然形似,然以示小儿,则以为花,以示大人,则置之而不肯簪,良以生意不存,则死魂耳。"③至于祝允明所论,和詹氏略同:"绘事不难于写形而难于得意,得其意而点出之,则万物之理,挽于尺素间矣,不甚难哉!或曰:'草木无情,岂有意耶?'不知天地间物

---

① 《佩文斋书画谱》第十六卷。
② 大涤堂版《画谱》作"画者法之表也",这里的法,指"一画之法"。
③ 詹景凤《东图玄览编》卷四。

物皆有一种生意。"①意思是绘画能"创意"便是有"生意";物皆有生意,画家须求物之理,状物如得生意。总之,永远创新,使生命常在,实为意境的标志,赵翼曾以此评诗:"满眼生机转化钧,天工人妙日争新,预支三百年新意,到了千年又觉陈。"②我们也不妨用来论画了。在这里想特别提一下古代画家创意时的主观能动精神,这种精神须经过不断实践,逐渐培养起来。画家面对自然或事物的形象时,并非消极地、被动地接受,须抱着自己的审美原则,积极地、主动地深入对象,丰富自己的审美感受,活跃审美想象,其方式变化多端,不拘一格。就山水画言,早期的山水画家在自然形象面前一般地显得被动多于主动,形似重于神似,状物高于达意,也就是并不强调突出画中之"我"。③ 这原是正常现象,因为山水画家从客观形象塑造艺术形象并借以抒写情思,须要一个较长的锻炼过程,其中大都首先注意和讲求艺术造形的技法,而源于客观的主观想象力,即通过艺术造形表现画家意境的本领,只能在反复的实践中培养出来。因此,如果说中国山水画史上,唐宋尚法,元尚意,明尚趣,那也不是完全没有道理的。同时,值得注意的是:开始追求意、趣的,却不是山水画,而是出于北宋士大夫笔下、意重于形的竹和梅这两个画科。同时还须看到尚意的倾向或审美原则的嬗变之迹,参差不齐,不能来个"一刀切"。倘若要求形似,那末画竹用绿(青)比较接近竹的本色,但是在意重于形的审美要求下,则写竹须首先表达作者的感应与情思,于是就不必坚持本色,墨和朱都可代替绿(青)了。苏轼提出论形似不如重意境,他本人既工书又善画,而且兴到落笔,因此很自然地找到了虽然简单却能寓意的题材以及用笔与书道最为接近的画科——那就是画竹,并从墨竹画到朱竹。明代莫是龙说:"朱竹起自东坡,试院时兴至无墨,遂用朱笔,意所独造,便成物理。盖五彩同施,竹本非墨,今墨可代青(绿),则朱亦可代青矣。"④讲的正是这个道理,即以意为先。至于墨竹的理论,《宣和画谱·墨竹叙论》所言较详:"绘事之求形似,舍丹、青、朱、黄、铅粉则失之,是岂知画之贵乎有笔,不在夫丹、青、朱、黄、铅粉之工也。故有以淡墨挥扫,整整斜斜,不专于形似,而独得于象外者,往往不出于画家,而多出于词人墨卿之所作。盖胸中所得,固已吞云梦之八九,而文章翰墨形容所不逮,故一寄于毫楮。"至于善画墨梅的,则有宋释仲仁,黄庭坚曾描写仲仁墨梅所

---

① 李佐贤《书画鉴影》,祝允明《题画花果》。
② 赵翼《瓯北集》卷二十八。
③ 但在理论上,北宋山水画家郭熙《林泉高致》也讲到画中须有诗的境界。
④ 《莫廷韩集》。

与的美感享受,犹如"嫩寒清晓,行孤山篱落间,但欠香耳"①。可以说墨竹和墨梅是文人、士大夫最早创立的两个画科;至于士人尚意的审美原则,集中体现于山水画科,则是宋末、元初之事。总之,文人画竹、画梅、画山水,是为了表达意境,不斤斤于对象的复制,他们赋予线条、墨、色诸媒介的任务,不是再现自然之形,而是造形(艺术形象)写心,以形写神,力求从物质对象中解放出来,取得抒发意境的审美效果。

但是中国画在创意的同时并不忽视现实,也不排斥对事物的观察,这和主观片面、纯出臆造者不可相提并论。至于观察的方法也可多种多样。近年来时常被提到的原济(石涛)的那句话"搜尽奇峰打草稿",原是同"行万里路"的要求分不开的。但是,也有胸藏"万里"的"奇峰",或把这些丰富的表象储于记忆之中,一旦面对现实、自然及其种种诱发,便引起创造性的想象活动。②唐代画家以至书家都曾有过这样的实践经验,并被张彦远记载下来:"开元中,将军裴旻善舞剑,(吴)道玄观旻舞剑,见出没神怪,既毕,挥毫益进。时又有公孙大娘,亦善舞剑器,张旭见之,因为草书,杜甫歌行述其事。"张彦远接着加上两句按语:"是知书画之艺皆须意气而成,亦非懦夫所能作也。"③用今天的话说:从活泼的、精力饱满的生活现实吸取创作动力,来充实精神世界或意境,落笔自然气势磅礴,没有丝毫疲塌、脆弱,像懦夫一般,但是,也不妨下一转语:画家本人如果不是意蕴④深厚,剑器之舞并不一定对他发生作用。与此同时,正因为画家内蕴自足,记忆表象丰富,不是胸无所有的懦夫,即使是外界的偶然现象也足以触发他的艺术想象,实现画中创意的目的。宋代山水画家郭熙曾"令圬者不用泥掌,止以手抢泥于壁,或凹或凸,俱所不问,干则以墨随其形迹,晕成峰峦林壑,加以楼阁人物之属,宛然天成,谓之影壁"⑤。宋代另一画家郭忠恕"侨寓安陆,郡守求其画,莫能得,因以縑属所馆之寺僧,时俟其饮酣请之。乃令浓为墨汁,悉以泼渍其上(縑上),亟携就涧水涤之,徐以笔随其浓淡为山水之形势。"⑥此外还有这末一段故事。"政和(宋徽宗年号)丙申岁(1116),先君为真州教官……仪真学中建大乐

---

① 释仲仁《华光梅谱》。
② 参看本书《试论画中有诗》第三部分。
③ 张彦远《历代名画记》。剑器:健舞曲(与软曲相对)的曲名(段安节《乐府杂录》);杜甫"此诗指武舞言,或以剑器为刀剑,误也。"(张尔公《正字通》)
④ 借用歌德语。
⑤ 邓椿《画继》。
⑥ 王得臣《麈史》。

库屋,积新瓦于地。一夕霜后,皆成花纹,极其奇巧者,折枝桃李、牡丹、海棠、寒芦、水藻,种种可观,如善画者所作。詹度安时为太守,讽学中画绘,以瑞为言,欲谀于朝,先君不从,乃已。"① 这三段记载,都是讲主观从客观接受暗示的另一方式。画家虽处于被动,却能领会出幽邃、嶙峋、清远、重(chóng)深等种种境界,而且感到它们很美,要传之笔下。他于是一面利用墙上凹凸、绢上墨渍,一面选择并组织记忆表象,进行结构,终于在双方互济之下,完成了造景抒情的艺术使命。可以说,这中间包括由被动接受转为主动表现的过程,因此不失为创意的一种途径。如果把这三段话同张彦远所记合而观之,那末化被动为主动确实须要功夫、气力,而郭熙和郭忠恕都能做到,因此也都不是张彦远所谓的懦夫了。其实,这种借物兴怀,刺激艺术想象的方法也非我国画史所独有,西方文艺复兴时期达·芬奇就曾试验过。② 上面提到画竹可以朱、墨代绿,这里又说画山水可以无中生有,虚中见实,这些无非是论证了绘画艺术中创意先于一切,首须建立美感,进行艺术想象,从而运用种种技法。尤其是:必须以意使法,法为意用,而不可颠倒过来。这"法"在我国画学中被归结为"笔·墨"。总的来说,笔墨之道,在于意与法的辩证统一,六朝时南齐谢赫提出"六法"的头两法:"一曰气韵,生动是也"、"二曰骨法,用笔是也",③ 以及唐代张彦远所谓"意存笔先,画尽(落笔完了)意在",都是我国绘画艺术中最为本质的、扼要的、完整的美学纲领,不失为我国绘画创作道路上的一盏明灯。我们从审美角度看绘画创作的全过程,首须懂得意境的决定性、意为主导这一基本原则。但另一方面,倘若忽略以至毋视画家表达意境所必不可少的造形技法,不善于通过作品的艺术形式美来欣赏作品的艺术美,进而生动地领会作者的情思、作品的意境,那末我们的审美享受将会停留在表面,不可能和画家血肉相连,呼吸相共了。换句话说,意境固然是艺术的根本,而如何表达意境则关系到艺术的效果,其中包括艺术技巧、艺术形式,及其内在规律。正因为尚意必然尚法,"法"在我国绘画理论著作中占了很大篇幅,并且是我国绘画美学的组成部分。下面试作一些探讨。

意 与 法

张彦远总结出"意存笔先,画尽意在",使"笔"的涵义愈加丰富,它包括笔的

---

① 张邦基《墨庄漫录》。
② 参看本书《文人画艺术风格初探》。
③ 参看本书《漫谈"气韵、生动"与"骨法、用笔"》。

运用以及运用的目的在于达意。因此他又说:"象物必在于形似,形似须全其骨气,骨法形似皆本于立意,而归乎用笔。"从而阐明"笔"在意与法的辩证关系中,或以意使法,法为意用的原则下,所产生的巨大作用。关于这一点,后代论者更有所发挥:用笔主要是意味着笔法与墨法的互济,须做到笔中有墨,墨见笔踪;笔墨统一,而笔为主导;基本上通过笔下的线条而表现,等等。中国绘画固然首先是用线条而不用面或块、体,来表现事物的形象,但由于这线条本身含有笔法和墨法,以及二者的辩证统一,所以线条的运用十分灵活,可以兼有面、块的效果。至于用线条勾取对象轮廓以后,再赋彩、设色时,则更讲求墨、色交融,也就是在笔的统摄下,笔法、墨法、色法合而为一。因此可以说,以意使法的"法",包含立意、用笔、用墨、用色,并归结为三个环节:(一)在一定的情思、意境的要求下,从自然对象、自然美中抽取或摄取形象;(二)运用笔法以及墨法、色法,加以概括,产生艺术形象和艺术美;(三)使画家的意境寓于艺术形象中,而表现为艺术美。南朝宋时,宗炳说得好:"旨微于言象之外者,可心取于书策之内,况乎身所盘桓,目所绸缪,以形写形,以色貌色也。"①他两次使用"形""色"二字,前面的"形""色"属于第一环节中的自然美,是客观的,后面的"形""色"属于第二、第三环节中的艺术美,是以主观为主导的主观与客观的统一,而它之所以能够实现,有赖于贯彻了以意使法这条基本法则。

  在我国画史上,凡能卓然成家,无不善于以意使法,先立意境,然后以意运法,使法就意,而不为法用。刘勰《文心雕龙·声律第三十三》:"夫音律所始,本于人声者也。……先王因之,以制乐歌。故知器写人声,声非效(效亦作学)器者也。"唐代官书《毛诗正义》:"乐本效人,非人效乐。"这些都是讲音乐诗文中意与法的主从关系,倘若弄到人声学器,丢掉尚意的前提,那就不合"先王"之道了。然而,在刘勰之前,以意使法这一原则已见于画学,并由宗炳拈出,不过措辞稍嫌艰涩:"圣人含道应物,贤者澄怀味象。至于山水,质有趋灵,是以轩辕、尧、孔、广成、大隗、许由、孤竹之流,必有崆峒、具茨、藐姑、箕首、大蒙之游焉,又称仁智之乐焉。"②宗炳生活在南朝,接受了当时道家所主张的人与自然契合的审美准则,

---

  ① 宗炳《画山水序》。
  ② 宗炳《画山水序》。广成:广成子,古仙人名,隐于崆峒山,《庄子·在宥》引他的话:"无劳尔形,无摇尔精……乃可长生。"大隗:姓,据《姓苑》,出于古帝大隗氏。崆峒:山名,在今甘肃省平凉县西,属六盘山。具茨:山名,《庄子·徐无鬼》:"黄帝将见大隗于具茨之山。"藐姑:山名,《庄子·逍遥游》:"藐姑(射)之山,汾水之阳。"箕首:箕山,在今河南登封县,传许由曾隐于箕山之首。大蒙:指西方边远地区,《尔雅·释地》:"西至日所入为大蒙。"

以及道家向往的仙山胜境,认为圣、贤之分在于圣者首先具有求仙得道的主观意愿,而深入自然,在与自然对应之中感到了物我契合,而贤者缺乏这种主观能动精神,所入不深,只见自然的一些表面现象;对山水画来说,则须由贤而圣,亦即首须由外而内,透过山水对象的外壳,以探寻对象的秘奥;因此"圣人含道"标志着创作过程的开端或出发点。可见我国山水画在六朝的萌芽阶段,理论上已明确了由外而内、复由内而外的创作道路,这"内"是指艺术家为了抒发意境,能主动地用物、用形、用法(用笔),争取做艺坛的圣者;他并不满足于为物、为形、为法(笔)所用,仅仅当个贤者。这种论点直到唐代,还为批评家张彦远所赞赏:"宗炳、王微皆拟迹巢由,放情林壑,与琴酒而俱适,纵烟霞而独往,各有《画序》,意远迹高,不知画者难可与论,因著于篇,以俟知者。"①立意之后、不为法用、不为笔使的道理,宋代苏轼论书时,更加以阐发:"笔墨之迹,托于有形,有形则有弊,苟不至无(弊),而自乐一时,聊寓其心,忘忧晚岁,则犹贤于博弈也。虽然假外物而有守于内者,圣贤之高致也,惟颜子得之。"画家之事,与此无异:形似、笔墨的后面须有意在,如果徒求形似、笔墨,将无意可表,是有物无我,是蔽于天而不知人,故谓之无"内";若能托于形似、笔墨以写自家意境,则人天参合,方是有"内",而且能"守于内",从而做到以意使法,而不为法使了。

总而言之,以客观丰富主观,更以此主观为主导,统一主观与客观,谋求景情的合一,这可以说是中国画论、特别是文人画论的美学核心,形成了意境以及意、法关系的根本法则。

这番道理,看来也许平常,但是如果我们把它和西方画论相比,便会感到它是相当可贵的。西方绘画和画论不是没有提倡过"尚意"的精神,但"论画以形似"却长期保持优势。例如意大利文艺复兴时期森尼诺·森尼尼说:"我们作画,必须同时具有想象和技巧,才能发现并把握那隐藏在自然事物之中因而难见的东西,它们是凭手头才能的人们所不曾见到的。"②达·芬奇写道:"画家应学习全部自然,把所看到的一切加以理解,将每类事物的最为精彩部分,用作画材。由于使用这种方法,画家的头脑象似一面镜子,真实地反映每个对象,因而可称第二自然。"③又说:"蹩脚的艺术家,总是让作品走在他的理智的前面;谁的理智

---

① 张彦远《历代名画记》卷六"王微"条。王微的《叙画》,本文暂略。"篇",指《历代名画记》。
② 《C·森尼尼的艺术篇》,赫里罕姆英译本,1899年伦敦版,第4页。
③ 芬奇《绘画论》,里戈德英译本,1802年,伦敦版,第206页。

高出(君临)作品,谁就取得完美的艺术。"①他们所强调的是落笔之前,须充分运用理智,对自然作科学的考察,而无须乎上诉到感情、内心;所谓想象,也只是用于如何选材、造形、构图,同画家的情思、意境设未挂上钩来,所以绘画的最终目的是为了状物,与写心无涉。在十九世纪末的印象派画家中,马奈说:"一张画的主角是光。"雷诺阿说:"我的一生就是花在把颜色放到油画布上,并以此自娱。"他们的兴趣在于怎样反映对象的光和色。到了后期印象派,对光、色的钻研仍在继续,此外又加了一些东西。塞尚说:"正确理解自然,就是透过自然的表现来观察自然。自然表现为无数点状的颜色,依照和谐的规律把它们安排停妥。"②又说:"我们也许都遵守传统来作画,但我们必须看到真实的色彩。为此,我们应忘记前人所已做过的,而直接观察自然,所画的一切都从自然中来;……那末我们将发觉色彩的新涵义。"③因此绘画艺术都是在和自然的色彩打交道。塞尚对自然事物的形状很感兴趣。"自然的每一事物,是依照立方体、锥体和圆柱体的许多线条(按:即轮廓)模铸出来的。倘若你懂得怎样描绘这些简单的形状,你就能画任何事物了。"④他无异乎将绘画几何图形化了。再如凡·高这位后期印象派重要代表,也是毕恭毕敬地对待自然,丝毫不能走样,可是渐渐感到苦恼了。他说:"我并不认为自己从未大胆地背离自然。……但是每当我失去准确的造形,我就怕得要死。"⑤其实,"怕"也大可不必,因为这一"损失"正说明自然的复制少了,画家的感受、心理反应或者说画中之"我"多了,从中国绘画尚意的美学观点看,正是好事而非坏事。经过上面的一番对比,也许有人会觉得西方如此对待自然,似乎使绘画离开艺术而接近物理学,这种看法可能太偏了,但也不是完全没有道理吧!

意 境 与 想 象

现在且回到艺术想象方面来。这个术语原非我国画论所固有,但是关于想象和想象力,则我国古典文艺理论都已涉及。早在晋代,顾恺之所谓"迁想妙得",讲得啰唆些,就是画家认识某一人物的内在精神、品性、气质而加以描绘时,

---

① 芬奇《笔记》,E·麦克迪所编英译本,1906年。
② 引自D·H·派克《艺术的分析》,耶鲁大学出版社,1926年,第70页。
③ 引自J·戈登《现代法国画家》,波德来黑德公司,伦敦,1926年。
④ 同上。
⑤ 同上。

须运用自己的想象力。"迁想"指想象活动移向对方,"妙得"指想象的效果、收获。顾恺之给谢鲲画像的那段故事,可以作为这四个字的注释。谢鲲在晋明帝前表白自己:德才品性都有不足,不能做大官,为群僚表率,但喜欢流连山水,欣赏一丘一壑之美,这一点,旁人却赶不上他。顾恺之抓住对象爱好自然这一精神本质,特意用自然景物作背景,因此"为谢鲲象在石岩里,云:'此子宜置丘壑中'"①。顾恺之借助"石岩""丘壑"以衬托出谢鲲的个性特征,这样的艺术处理是和他的想象力分不开的,而且画中的自然景物也无须模仿现实,尽可以出于想象或"虚构"。我国画史上也还有类似的例子。元代赵孟頫给书家鲜于枢(字伯机)的园林写照,有一段题识:"鲜于伯机自号委顺庵,求仆作图,仆遂为图之。或者乃谓本无此境,图安从生;仆意不然,是直欲写伯机胸中丘壑耳,尚安事境哉?子昂。"②所谓"委顺"是顺适自然,不事造作的意思,这种精神境界,被反映在鲜于伯机的行、楷中,因此他名其居曰"委顺庵"。赵孟頫并未依照这个庵的原来外景来构图,而是改变现实,虚拟位置,写出一种气氛,来烘托庵主人的襟怀。这和西方一般风景写生有所不同,并不着眼于现实的光、色、明、暗,而是想象或虚拟与人物的精神面貌相互映发的山山水水,在情景的统一中塑造艺术形象,以唤起审美享受。再如明代画家陈洪绶作屈原像③,乃是作者深入体会司马迁关于主人公"行吟泽畔,颜色憔悴,形容枯槁"④这段形象刻划,通过想象,以创立意境,并在笔墨中表现了情、景的交融,至于人物面貌和泽畔景物,也纯出虚拟;这里,也还是艺术想象起作用。明代艺术批评家李日华说:山水画"有三次第:一曰身之所容……二曰目之所瞩……三曰意之所游"⑤。这第三次第指的是意(情)之所之,或想象力的动向,画中缺它不得,否则便是有景无情的作品,也难乎其为画了。李日华还从创作实践来补充因情造景这条表达意境的法则,认为存于笔先之"意"和画完搁笔之后所达之"意"并非绝对同一,其间存在差异,而这差异正意味着艺术想象所产生的新意、新物。"大都画法以布置意象为第一,然亦止是大概耳。及其运笔后,云泉树石,屋舍人物,逐一因其自然而为之,所谓笔到意生,如渔父入桃源,渐逢佳境,初意不至是也。"⑥这条经验说明落笔之后,想象将随

---

① 《晋书·顾恺之传》。
② 张丑《真迹日录》初集。
③ 现存木刻本。
④ 《史记·屈原列传》。
⑤ 李日华《紫桃轩杂缀》。
⑥ 李日华《竹嬾画滕·与张甥伯始图扇题》。

机生发，同时更证实指导想象的意境本身也在不断更新，并非一成不变；也就是说画家活泼泼的生命贯穿着意境—想象—笔墨—形象的全过程。

艺术想象既然可以随机生发，那末想象后面的情思就更能自由地抒发，在造形方面不为一定景物所局限，而进入愈加广阔的空间。这样就形成了中国绘画表达意境的特殊方式，即画家的意境可于象外"写"之，观者亦可于象外"得"之。在我国，这一方式倒也不限于绘画，诗文称无言之境，音乐叫弦外之音，而画中则曰"象外之象"。依照常识，既是象外，便是无象了；就艺术想象而言，却又不尽然，因为所谓"无象"，是指对于虚、空的利用，行家叫做"以白当黑"，空白处大有文章可做。这个道理，老子早就指出："三十辐共一毂，当其无，有车之用。埏埴以为器（搏击陶泥作器皿），当其无，有器之用。凿户牖以为室，当其无，有室之用。"①强调"有"和"无"的辩证统一，相反相成，也就是"虚"与"实"互为作用。庄子补充说："得其环中，以应无穷。"②环正是因为环中之"虚"，而能运转自如。随后，这无之为用就见于诗论中了。唐代司空图(837—908)分析"雄浑"的风格时，有一段描写："荒荒油云，寥寥长风。超以象外，得其环中。"③象外的"无象"，犹如环中的"无物"，皆能起着虚中生实，寓实于虚的妙用。南宋严羽则谓诗的"妙处"就象"空中之音……镜中之象，言有尽而意无穷。"④不仅从空或无迹中求诗味，而且寻味于无穷无尽的虚中。这种"无迹"和"无尽"也都莫可形状，和司空图的象外之"无"、环中之"空"意思相同。明王夫之说："墨气所射，四表无穷，无字处皆其意也。"⑤清刘熙载说："不系一辞，正欲使人自得。"⑥则都强调"空""无""虚"是耐人探索的境界。近人王国维评论姜白石词格调虽高而未在意境上下功夫："故觉无言外之味，弦外之响，终不能与于天下第一流之作者也。"⑦以上所引，都是以虚论诗，但在画论中讲得却比较具体了。例如明李日华提出"意之所游"在于："目力虽穷，而情脉不断处是也。"并进而论说"意之所忽"："有意所忽处，如写一石一树，必草草点染取态处。写长景必有意到笔不到，为神气所吞

---

① 《老子道德经》第十一章。
② 《庄子·齐物论》。
③ 《二十四诗品·雄浑》。
④ 严羽《沧浪诗话·诗辨》。
⑤ 《姜斋诗话》。
⑥ 《艺概·诗概》。
⑦ 《人间词话》。

处。是非有心于忽,盖不得不忽也。"①画面的神气正在这"所忽处""未到处",因为虚中带实,尽管草草疏落,反而愈加有画,经得起看。清笪重光讲得相当透彻:"位置相戾,有画处多属赘疣;虚实相生,无画者皆成妙境。"②如果本无意境可言,缺乏存于笔先之意,那末只能是胡乱拼凑一些景物,来填塞画面,无想象,无生发,结果便是一张死画。假若首先立意于有、无统一之境,而下笔时虚、实相生,虚处引人揣摩、悬想、寻味,其感染之力,并不亚于实处,甚或过之了。就山水画史说,由写实渐趋尚意,乃是发展过程,至于尚意而又善于用虚,则大致可以说始于南宋的马远、夏珪③他们特别在"无"处下功夫,以引向深遥,大大地扩展空间艺术的表现效果,气势生动,境界空灵,为前所未有。试以由北宋汴京流亡南宋临安的李唐,和马、夏相比,似乎还未得虚、空之妙,他的《采薇图》和《万壑松风图》,尤其是后者,不免给人以迫塞之感。元代倪瓒(云林)和清初弘仁(渐江)其风格虽与马、夏迥异,但也能意有所忽,笔有未尽,一片空蒙,深得象外之趣,而且是沉酣雄厚,不带丝毫浮薄。这里,不禁又想起司空图论"雄浑"时所说的"返虚入浑",画中亦有之,那就是,"虚"非但不跟"实"一刀两断,反而回到"实"中去了。

由此观之,以意使法的问题,实际上就是艺术想象的运用问题。而在运用中,想象一方面为意境所统摄,一方面控制着笔墨,不断调节意与法之间的主从关系,从而使有与无、实与虚、象与象外、形与神趋于辩证的统一。但是,有、实、象、形这一方,毕竟是审美意识的物质基础,不容忽视。唐皎然强调"境、象非一"④,意在正确对待神、形的区别,肯定二者各有其用;绘画也应如此,不以神废形,立意和达意,诚然关系绘画艺术的生命,但离开形象塑造,这生命又何从体现?哪怕是画面空白,也还可作为无形之形而起作用。元代刘因所见比较可取:"夫画,形似可以力求,而意思与天者,必至于形似之极,而后可以心会焉。非形似之外,又有所谓意思与天也,亦下学而上达也。"⑤情思、意境者,画之始也,犹如天者,物之始也。意境可托诸形似,而形似之至,以至无形,仍可会心于象外。因此,虽然虚空而无形迹,仍不失为意境之所寄了。

---

① 《竹嬾画媵》。
② 笪重光《画筌》。
③ 例如马远的《踏歌图轴》和夏珪的《溪山清远图卷》。
④ 皎然《诗议》。
⑤ 刘因《静修先生集》。

总而言之,意境及其作用,是中国画论的主题,从它派生许多课题,都很值得研究。例如:

创意和达意——画中有诗和艺术想象;

意和法的辩证关系——"六法"之第一法、第二法:"气韵,生动是也"、"骨法,用笔是也";

意和法的统一——深入的、具体的分析,则有文人画艺术诸风格;

意、法统一中的"法"——线条及其运用"一笔画"和"一画"说;

意、法统一之见于各个画科——中国山水画艺术、中国画竹艺术、中国画马艺术等。对于这类课题如能研究出一些名堂来,同时也有助于深入探讨绘画意境的理论。双方工作将是并行不悖的啊!

漫谈"气韵、生动"与"骨法、用笔"

一

在中国古代,绘画又称"六法",首先见于六朝南齐人物画家谢赫的《古画品录》,作为准则,衡量二十七个画家①,并分为五品。最近钱锺书先生把"六法"的原文重新标点,改正了唐张彦远《历代名画记》引用"六法"时所作句读以及后世相沿的错误②。本文照钱先生的标点,并就第一、第二两法的涵义、相互关系及其在中国画论上的重要性等,谈谈自己的粗浅体会。

既然六法最早是关于人物画的,那末不妨先看看古代人物品评的标准。南朝宋刘义庆《世说新语·任诞》:"阮浑长成,风气韵度似父(阮籍)",这里指的是人物的精神面貌、思想境界,或风神、气韵。再看当时的人物画理论,则有顾恺之所强调的"悟对之通神""以形写神""传神之趋"③,以及"传神写照,正在阿堵中"④,都是要求钻研并写出人物的内心世界。而谢赫则把晋代人物画家的经验加以总结,首先标出"一、气韵,生动是也",视为"六法"之本,而《古画品录》中与"气韵"连用或相仿佛之语,还有"风范气韵"(第一品的张墨、荀勗)、"神韵气力"(第三品的顾骏之)。这一切正说明肖像画首须把握并表达对象的精神,不仅仅满足于外貌相似,也就是神似重于形似。南朝陈姚最《续画品录》依照《古画品录》,在评论谢赫的作品时,认为他"写貌人物……意在切似……至于气韵精灵,未穷生动之致,笔路纤弱,不副壮雅之怀"。姚最批判了一味追求形似而忽略神似,并指出这偏差是由于笔下的表达力不足。语虽简短,涵义丰富,似乎有四点

---

① 主要是人物画家,只有刘绍祖、丁光兼画鼠,顾恺之、宗炳兼画山水。
② 钱锺书《管锥编》第四册,第1353页:"六法者何?一、气韵,生动是也;二、骨法,用笔是也;三、应物,象形是也;四、随类,赋彩是也;五、经营,位置是也;六、传移,模写是也。"
③ 顾恺之《魏晋胜流画赞》。
④ 《晋书·顾恺之传》。

值得注意。（一）指出人的精神或内心世界，具有活泼的生命，是变化多端的，比谢赫进一步解释了"气韵,生动是也"的实质和重要性。（二）比谢赫深入一层，涉及第一法和第二法的关系。人物的风神、韵度有其基本特征，它集中表现为容貌或骨相的一定法则，称为骨法。气韵为内在的，骨法为外在的，二者具有同一性。如何捉取其人的骨相法则，以刻画他的容貌，进而揭示他的风神、韵度，乃是人物画创作的全部过程。（三）气韵和骨法的同一性相当重要，无异乎神和形的同一性，假如毋视气韵，单看骨法，不仅会丢了神似，仅得形似，而且易失用笔的目的、方向，架空形式。（四）骨法一方面反映气韵，一方面决定用笔，乃人物画的关键，所以顾恺之在《论画》短文中八次提到和骨相、骨法有关的话（详下文），也决非偶然了。

到了唐代，张彦远《历代名画记》引用谢赫六法之说，并结合顾恺之论点："画人最难，次山水，次狗马；其台阁一定器耳，差易为也"①，而加以补充："人物有生气之可状，须神韵而后全，若气韵不周，空陈形似，笔力未遒，空善赋彩，谓非妙也。"还说："至于台阁、树石、车舆、器物，无生动之可拟，无气韵之可侔，直要位置向背而已。"张彦远除复述姚最的解释外，首次分别提到"气韵"和"生动"，将二者作为同义语或对应语，这一点可作钱先生标点第一法的佐证。至于所谓"树石"，当属庭院点缀，而非大自然的景物，只须画来位置得宜，合乎第五法"经营,位置是也"，并不是山水画的重要组成部分。

晚唐、五代间，山水画开始成为独立画科，宋、元以来更不断发展，"六法"的第一法、第二法逐渐进入山水画论，并通过长期创作实践而获得研讨、阐发，丰富了中国美学史的内容。由顾恺之的"通神""传神"，而谢赫的"气韵""风范""神韵"，而姚最的"精灵"，都还限于对象或人物本身，但山水画所说的"气韵"，则发展为画家对大自然生动形象的感受以及从而形成的画家本人的情思、意境，于是山水画之以气韵为先，就意味着画中须有"我"在。人物画论的第一法、第二法，要求体会出他人的内心（如"悟对通神"），山水画论的此二法，则须写出画家自己对自然的感应。或者说：前者写物，后者借物写心；这一转变或发展，便是以抒发自我来代替反映客观，突出了艺术必须有所创造的要求，标志着中国美学发展史上的一次飞跃。而在山水画中，气韵、骨法之同一以及如何指导用笔，取得内容、形式的统一，五代以来论者日多，也大大增添中国美学的特色。

---

① 原文见顾恺之《论画》（《津逮秘书》本），与张氏所引字面略有出入。

为了叙述方便,下文先气韵,后骨法,末了结合二者,分别谈些体会。

二

五代山水画家荆浩,"博通经史,善属文,五季多故,隐于太行之洪谷,……尝画山水树石以自娱"①。传为他所写的《笔法记》(一名《画山水录》),将"六法"分析、整理,提出"六要"——"气、韵、思、景、笔、墨";先分论一要之"气"和二要之"韵",后合为"气韵",并以画松为例,加以阐明。我们对"气韵"已比较熟悉,就先介绍荆浩对"气韵"的观点。"原夫木之生也。为受其性,松之生也,枉而不曲";松有自直、势高、低枝倒挂、未坠于地等形象,它们既决定于松之本性,也象征"君子之德风"。如果"有画如飞龙蟠虬,狂生枝叶者,非松之气韵也"。这里,松之本性或一种自然属性所具的风神、韵度,被联系到儒家所谓正直不阿的道德观念,而画松之有无气韵,则决定于画家之能否通过状物之性("枉而不曲")以抒发其对"君子之德风"的倾慕心情。这样来理解气韵,既要求以艺术形象来统一再现客观和表达主观,而且突出艺术作品中物、我关系的我的地位,也就是强调艺术所具的创造性或艺术之诗的本质了。其次,荆浩在分论"气"和"韵"时,先说:"画者画也,度物象而取其真,物之华取其华,物之实取其实。"并名之曰"图真"。接着说:"似者得其形,遗其气,真者气质俱盛。"意思是:画家面向自然(山水),切莫被表面现象牵着走,贵能见出并把握其本质的东西,而加以描绘(如松之"枉而不曲"),否则便是得"飞龙蟠虬、狂生枝叶"之"形",而遗"枉而不曲"之"气"了。接着,荆浩又指出:"气者,心随笔运,取象不惑;韵者,隐迹立形,备遗不俗。"试为解释如下。画家如有度物取真的认识力或审美水平,它便随着笔墨的运使而指导着创作全程,这个贯彻始终的"心"力或精神力量,称之为"气"。画家有此力量,也就知道如何捉取本质,而不为现象所惑了。通过如此途径而取得的艺术效果,就叫做"韵",即有"风韵",有"韵致"的意思,而韵致的表现,时常是隐约的,暗示的,并非和盘托出,故曰"隐迹立形"。但"韵"并不脱离本质的"气",倘若单单为了形而遗(失)气,那也就无韵可言;"气"是不可缺少的,故曰"备遗"。然而习俗大都舍气而片面地求韵,故曰"备遗不俗"了。荆浩所谓"气",侧重山水画艺术的动力的获取,所谓"韵",侧重山水画艺术的效果的表达。他虽分论二要,却未割裂彼此的关系,唯其如此,才能综论山水画中的生命之源和动人韵致,这样就

---

① 刘道醇《五代名画补遗》。

不仅符合谢赫以来"气韵,生动是也"的意义,而且深入下去,引出了三要之"思"。这"思"继承顾恺之的"迁想妙得",论说艺术想象和形象思维乃体现一要之"气"和二要之"韵"的不可缺少的途径,倘若无"思"或想象,不仅"气""韵"成为空洞的概念,以后的三要——"景""笔""墨"也失去前提,全都落空了。可见荆浩整理"六法",汇为"六要",于一、二、三要中提出艺术创作中生命、韵致、想象诸问题,理论上是有一定贡献的。

北宋末,画家韩拙《山水纯全集》五卷、十篇①,对气韵也有论说,但未给予显著地位,这是有客观原因的。当时徽宗赵佶提倡写实画风,创立图画院(又称画学),"一时所尚,专以形似,苟有自得,不免放逸,则谓不合法度,或无师承,故所作止众工之事,不能高也"②。只求形似、法度的院画体影响了韩拙,他首先把自己的作品,通过驸马王诜(晋卿)向赵佶推荐,后来被授予翰林书艺局祗候,累次升迁,最后得了个忠训郎③。同样是画山水,荆浩为了"自适",而趋于写意,韩拙为了仕宦,而逢迎写实,因此这部《山水纯全集》以大量篇幅叙述状物的技法,理论较少,但也有所突破。他援引《笔法记》的"六要",认为"凡用笔先求气韵,次采体要(即讲求布局、形势),然后精思",用今天的话说,是从艺术动力讲到艺术构思。同时,强调落笔之际,应"守实去华",因为"实为质干也,华为华藻也,质干本乎天然,华藻出乎人事,实为本也,华为末也"。这不同于荆浩的"图真",或"物之实取其实,物之华取其华",显然是反对囿于自然的被动反映,实为以前画论所未道。

在"气韵"中突出"韵",这一点促进画论的发展,进而讲求"象外""余音""韵味"。这里不妨先看看诗中的神韵说。唐司空图(837—908)《诗品》,反复阐说写诗须有神韵,须表达超然象外、可望而不可即的境界(《诗品·超诣》:"远引若至,临之已非");望之若浅而近,即之又深又远(《诗品·冲淡》:"遇之匪深,即之愈希");好像形象之外还有什么不可捉摸的东西,意味着"虚空"的作用,犹如环的功能和它所环绕的那块空隙分不开(《诗品·雄浑》:"超以象外,得其环中")。这"象外"之说,乃本于《老子》第十一章:"三十辐共一毂,当其无,有车之用。"也就是"虚""实"互用,车轮才能开动。接着《诗品·含蓄》提出了"不著一字,尽得风流",这当然不是要废除文字,而是避免直说、实说,以至唠叨,应力求精练、隐约、

---

① 据邓实所编《美术丛书》四集、十辑所印的明代抄本。
② 邓椿《画继·论近》。
③ 张怀(邦美)所写《山水纯全集·后序》。

含蓄、空灵。没有"虚""空""无限",便没有"神韵",没有"余味",所以苏轼说:"言有尽而意无穷,天下之至言也。"姜夔说:"语贵含蓄,句中有余味,篇中有余意,善之善者也。"黄庭坚则主张"书、画以韵为主"。以上诸说预示后来画论中从虚处生发、笔不到而意到等论点。象内象外并非隔绝,前者通过后者的暗示或诱引,而愈加充实。北宋范温《潜溪诗眼》更提到:"有余意之谓韵";"凡事既尽其美,必有其韵,韵苟不胜,亦亡其美";"一长有余(有专长,不必全端出来),亦足以为美";"不足而有韵"等等,指出"巧丽者发之于平淡,奇伟者行之于简易";"行于平夷,不自矜炫,而韵自胜",①这就说得愈加详细了。

　　以上所论"韵"的若干特征,也可以从绘画史上寻得例证。就山水画说,宋代开始到明、清,不断出现一些画家,于简淡中追求韵致,虽然背离当时风尚,却发扬了六朝以来的"气韵,生动是也"这一法则。在理论方面,有"不似"和"形似"之争,实质上是尚韵与否的问题。例如苏轼的"论画以形似,见与儿童邻",是站在象外、余味一边的;晁以道的"画写物外形,要物形不改,诗传画外意,贵有画中态",则又回到象上,以形似为先。明代文人画家董其昌则认为可"以苏诗论元画,以晁诗论宋画"②,指出了从宋到元的山水画,乃是由状物而抒情、由象内而象外的转变过程,而"韵"也得到不断的发展。明末清初的石涛(1641—1718)则拈出"不似之似似之"③,要追求象外之韵,而不拘于原物之形,故曰"不似之似";做到这一步,才能近似物的本质,故曰"似之"。石涛的这六个字,既解释了"神似",也含着"韵致"的意思。

　　关于第一法"气韵,生动是也",暂时谈到这里,当然很不全面。下面转入第二法"骨法,用笔是也"。

三

　　气韵、风神由骨法来体现,内在作用于外在;外在更通过用笔而形象化、具体化。"骨法"一语,毕竟难懂,但可从文论中得些启发。刘勰《文心雕龙·风骨》:"怊怅述情,必始乎风;沈吟铺辞,莫先于骨。""练于骨者,析辞必精;深乎风者,述情必显。"意思是,内心的感受和蕴蓄,须通过洗练的形式表达出来。接着又说:"瘠义肥辞,繁杂失统,则无骨之征也。"如果内容已很贫乏,形式又复浮夸零乱,

---

① 钱锺书《管锥编》第四册,第1361—1363页。
② 董其昌《画眼》。
③ 《大涤子题画诗跋》卷一,《题〈青莲草阁图〉》。

便是无"骨",也就是抓不到本质,只好讲求外饰。法国启蒙作家伏尔泰(1694—1778)有句话:"形容词是名物词的大敌。"①他不一定是主张废除形容词,乃强调质先于文。可见实与华,质与文,神与形,有本末、主次之分,内在的、本质的是骨,而不是肉。

其次,书学也重视"骨"的功用。唐张怀瓘《评书药石论》:"若筋骨不任其脂肉者……在书为墨猪。"唐孙虔礼(过庭)《书谱·序》:"假令众妙攸归,务存骨气,骨气存矣,而遒润加之……如其骨力偏多,遒丽盖少,则若枯槎架险,巨石当路,虽妍媚云阙,而体质存焉。若遒丽居优,骨气将劣,譬夫芳林落蕊,空照灼而无依,兰沼飘萍,徒青翠而奚托?""骨气""体质"为主,"妍媚""润""丽"为副,骨多了些,虽有损漂亮,但根本未失;一味漂亮,骨力削弱,终必危害根本。尚质、尚骨以保持精神实质,乃书道一条原则,历来评论家对元代赵孟頫的字都有微辞,就是因为柔媚有余,骨气不足。

至于画论尚"骨",也有不少例子,先举一个:董其昌评论宋张择端《清明上河图》:"追摹汴京景物,有西方美人之思。"对主题是肯定的。但又指出:"笔法纤细,亦近昭道(李昭道,唐代画家),惜骨力乏耳。"②此图如今还在,如从其用笔上对照董说,也确是如此。不过,画论所谓的"骨",开始于人物画,这就联想到古代相人的术语——"骨法"。《史记·淮阴侯列传》:"蒯通知天下权在韩信,欲为奇策而感动之,以相人说韩信曰:'仆尝受相人之术。'韩信曰:'先生相人何如?'对曰:'贵贱在于骨法,忧喜在于容色,成败在于决断。'"东汉王符《潜夫论·相列第二十七》:"是故人身体形貌,皆有象类,骨法角肉,各有分部,以著性命之期,显贵贱之表。……骨法为禄相表,气色为吉凶候。……然其大要,骨法为主,气色为候。"③相术有浓厚的先验论色彩,以宿命解释社会地位、生活状况,认为"命"寓于人的固定的"骨法"或骨相法则中,先容颜气色而存在。相术中的骨法,对于画人艺术中的骨法,不能说是毫无联系,因为都涉及对人物的观察或认识。顾恺之《论画》,在评价七幅作品时都提到"骨",也绝非偶然:"《周本记》……有骨法";"《伏羲·神农》……有奇骨";"《汉本记》……有天骨";"《孙武》……骨趣甚奇";"《醉客》……骨成,而制衣服幔之";"《列士》……有骨";"《三马》……隽骨"④——

---

① 叔本华《论风格》引。
② 董其昌《画眼》。
③ 据《四部丛刊》本。角,额骨。
④ 张彦远《历代名画记》引。

只有第七幅不是人物画。画人而这样重视骨,在东晋已成为法则,未必是顾恺之个人的观点,因此南齐谢赫的"六法"就举出"二、骨法,用笔是也"。到了唐代,沙门彦悰《后画录》评隋孙尚子:"师模顾(恺之)陆(探微),骨气有余。"评唐朝散大夫王定:"骨气不足,遒媚有余。"也还是十分重视骨法这一条的。

综上所述,文章尚风骨,书法尚骨力,相人重骨法,画人要讲骨法、用笔——这一系列论点贯串着以本质为先、以内容为主的精神。就人物画说,写出人物的生命、气韵,是创作的目的。气韵所由体现的骨相、骨法,是创作的对象。骨相的刻画有待于用笔,则属于创作的艺术手法。可以说,"六法"的第一法和第二法概括了绘画艺术中内容与形式及其关系,奠定画论的基础。接着想对用笔如何为气韵、骨法服务,试作一些分析。

从东方画系看,笔的基本任务是画线以勾取物象轮廓,而在理论上,则首先须明确线条或轮廓的本质。我国最早关于线条的文献也许是《论语·八佾》:"子曰:绘事后素。"就是以白色的线条,后加于若干颜色涂成的面,使它们之间的界限分明,取得一定的艺术效果①。线条或轮廓乃是描写物象时所凭的媒介,它和面、块有所不同,面、块为物所本有,并被直接反映在画中,线或轮廓则非物所本有,是经过观察事物以及构思和想象,而被加于对象,同时线在画面的运行,既与想象分不开,更受想象的指导。可以说,"绘事后素"四字在一定程度上有助于理解线或轮廓的本质及其发展。在西方,约后于孔子一个世纪,希腊亚里斯多德(公元前384—前322)《诗学》第六章有类似的说法:"用最鲜艳的颜色随便涂抹而成的画,反不如在白色底子上勾出来的素描肖像那样的可爱。"②孔子指彩色底子上画白线,亚氏指白色底子上勾轮廓,但比孔子深入,看到了线比面、块具有更多的造形力量。这种涂色不如勾线的造形论,到了文艺复兴时代也还可找到,例如意大利涅罗尼曾认为:"彩色是一切崇高艺术的敌人。它是一切准确和完整形象的敌人,因为通过颜色所见的形,只好像诸色并列(或译众色杂陈)罢了。"③也就是说,单凭颜色涂成面、块,不能满足造形的要求。十九世纪法国浪漫派画家德拉克洛瓦(1799—1863)认为:"绘画中最关重要的是轮廓,其他甚至可以忽略。假如轮廓存在的话,是可以产生坚实而又完美的作品的。"④现代英国艺术

---

① 据郑玄注:"凡绘事先布众色,然后以素分布其间,以成其文。"
② 罗念生译本,第22页。
③ 《管锥编》第三册,第1121页引。
④ 《日记》1824年4月7日。

批评家贝尔(1881—1964)则理解得比较全面:"只有从属于形(或译对造象有帮助)的时候,颜色才发生意义。"①上举西方诸说,都偏于消极,单讲颜色表现力有局限,却未说明造形所不可缺少的基本的东西,究竟是什么?这一空白,终于被英国诗人、画家布莱克(1757—1827)填补了,他在自己的《画展目录·前言》中反复阐说线条是艺术家凭他的想象而加于物的,并具有高度艺术概括作用②。假如把布氏此说对照亚氏喜爱素描的论点,不难看出西方论画的一次飞跃:线条的功能和艺术想象被有机地结合起来了。回顾我国画论,却早在唐代,或者说先于布氏一千多年,已经从用笔的法则看到了这种结合的必要,而且兼有西方以色为次要的观点,强调水墨的、而非设色的笔法了。张彦远的论说最为典型:"意存笔先,画尽意在。""今人之画……具有彩色,则失其笔法。"意思是:笔法为了造意、达意,"意"指认识事物、创立意境、丰富想象,它们形成于落笔之前。张说对于对象的本质和现象(气韵和骨法)已有领会。而且落笔之际,"意"更不断地指导用笔,画线造形,表现骨法,写出生意、气韵,这样就不会"失其笔法"。至于设色,乃是余事。可见用笔、笔法这一高度艺术概括力,不仅和画家的认识、想象分不开,而且为后者所决定。活跃想象,也就增强了创作动力,指导着笔法的运用。唐代大画家吴道玄要求将军裴旻为他舞剑,便是一个生动的例子,因为"观其壮气,可助挥毫","奋笔俄顷而成,若有神助"。③"神助"的意思,不是有什么鬼神来给画家帮忙,它指画家面对舞剑,愈加感到自己画线造形也是一种生命的运动,他想象到此,用笔更为奔放,艺术形象也就更为生动了。事实上,除舞剑的运动外,一般舞蹈也都有助于画家以线造形时所需的想象或思想动力。试读汉赋中以蛇身的运动姿态来比喻舞蹈的一些片断:"蜲蛇姌袅,云转飘曶。""蜿转鼓侧,蜲蛇丹庭,或迟或速,乍止乍旋。"④便不难领会其流动不息的线条运行,对画家来说,同样地"可助挥毫"。下面谈到吴道玄的"疏体"和"笔势"时,还可补充说明。

四

从气韵、骨法来考察用笔造形,乃国画理论关于内容和形式的基本法则,而

---

① 贝尔《论艺术》第 236 页。
② 见本书《试论画中有诗》。
③ 朱景玄《唐朝名画录》。
④ 《管锥编》第三册,第 1028—1029 页引。

用笔则含有对立统一规律,强与弱、迅与缓、重与轻、放与敛、动与静、疏与密、奇与正等等,相反相成,从而产生节奏感、音乐感。就是这样,在艺术造形中,线条凭它的活力,赋予形象以生命。而画家认识对象的本质(气韵,生动是也)之后,正是通过以笔作线这一基本途径,取得了形象的感染力量(骨法,用笔是也),他的创作也就生意盎然了。限于篇幅,只谈谈用笔的几个问题:笔势、笔法、密体和疏体,以及文人画用笔特征等。

画家造形达意,是具有一贯性的,须始终保持着内容决定形式这一原则。所谓"笔势",是指笔在运行中持续地反映意思、结构和笔法三者间的连锁或条贯。如果从用笔来说,"意存笔先,画尽意在"这句名言便是要求用笔得势,能一气呵成,使作品成为一个生命整体。正因为"存"于"笔先"的"意",指挥笔势从而统摄笔法,落笔时思如潮涌,笔为我用,停笔时方能"画尽意在",使意境寓于作品,作品有了生命。郭若虚说得好:"夫内自足然后神闲意定,神闲意定,则思不竭,而笔不困也。"[①]翻过来说,内不足,意就不能持续,于是笔势既失,笔法也无从统摄,而沦为死的形式了。因此,一方面用笔有生气,能为造形达意服务;另方面用笔有笔势,能统摄笔法,为造形达意服务——二者是分不开的。此外,关于上述的一贯性,张彦远《历代名画记》也有所论述。晋顾恺之的运笔,"紧劲联绵……风趋电疾",好像"一笔而成"。南朝宋陆探微"亦作一笔画,连绵不断"。与陆同时的宗炳,也擅此法。这里可以想见,顾、陆、宗等的作品中存在意思连绵的用笔或笔势,而他们的"一笔画"却给笔势作了相当形象的阐明。

其次是关于笔法。在组织线条以勾取物象时,线条和线条之间的关系可疏、可密。上述顾、陆二家,皆"笔迹周密""气脉通连""密于盼际",被称为"密体"[②]。存世的顾画摹本《女史箴图卷》《洛神赋图卷》《列女传图卷》,都给人以这样的感觉。但是随着画史的发展,画家观察事物、把握形象的能力在发展,特别是表达意境的艺术水平也在提高,从拘于物象转为改造物象、借物写心,进而要求想象的增强和用笔的变化,那紧密连绵的密体已不足以表达内心世界,势必有所突破。张彦远提到:六朝梁时,张僧繇的线条变连绵为间断,增添了"点(顿)、曳、斫、拂"诸法,通过后者之间的参差、呼应、对比、矛盾等,使笔法更加生动有力,显得"钩戟利剑,森森然"了。唐吴道玄继承张僧繇笔法,更进而"离披其点画","时

---

① 郭若虚《图画见闻志》。
② 张彦远《历代名画记》。

见缺落","笔虽不周而意周",因此成为"疏体"的开创者。这一发展不仅是用笔的较大变化,它更意味着画家在把握气韵和表现骨相、骨法上精神解放,想象活跃,画胆大了,画笔也就更加自由、更加洒脱了。这犹如书体由隶、楷而行、草,其纵逸多姿,生意盎然,也是前所未有的。

但是对某一画家来说,疏密二体也并非互相排斥,有此无彼,可兼而有之,时疏时密。下面想单就疏体谈点体会。疏落、草草,较少造作,天真可爱,因此寥寥数笔的画稿有时胜于惨淡经营的创作。"古人画稿,谓之粉本,前辈多宝蓄之,盖其草草不经意处,有自然之妙;宣和(北宋徽宗年号)、绍兴(南宋高宗年号)所藏之粉本,多有神妙者。"①也就是这个道理。西方也不例外,例如达·芬奇存世的壁画、油画,寥寥无几,但是他有大量素描、画稿被保存下来,以英国温莎古堡图书馆所藏最丰富,题材多样,有人体、动物、植物、机械、工程、武器等等,可以更加亲切体会画家的真挚感情、艺术构思和美的艺术形式。此外,疏体的运笔比较迅疾,在高速中求生发,情思意境的流露也更直接、更集中、更真实,外形简单而内蕴精纯。因此,在观赏西洋古典绘画时,倘若不从光、色的准确而从线的感染力出发,便会觉得一幅饱满而又细腻的成品,反倒不如原来的草稿、素描,结构疏略,却笔笔都有分量,线条充满生命,形象生动,意境也就更为突出了。

接着想谈谈我国画史上疏体的发展。限于篇幅,遗漏过多,留待日后补充。就人物画说,开创疏体的吴道玄没有真迹流传下来,但南宋马远、梁楷,明代郭诩、吴伟,以至清代任颐等,其写意的人物画大都"点画离披"、"笔不周而意周",完全不同于顾氏三卷的凝重周密。至于南陈(洪绶)北崔(子忠),用笔敛多于放,似乎可称密体,任颐虽学陈而纵逸过之,恐非一家眷属。至于山水、花鸟、竹木等科,疏体的表现较为显著。在山水画中,北宋许道宁也许可算较早的代表。当时许文懿赠诗有这末两句:"李成谢世范宽死,唯有长安许道宁。"可以想见他在李、范之外,自成一家之体。李笔清劲,范笔浑深,而许则"老年唯以笔墨简快为己任,故峰峦峭拔,林木劲硬"②。试看他的《渔父图卷》③中一段:峭壁峻岩,长皴直落,合为山涧数重;涧水萦回,碎石错落,都以横皴扫出;下面坡岸江水,始趋平静。行笔疏放,线条迅疾而爽朗,绝无凝滞,物象草草,而气势浑成。此外,杨吉老(张文潜甥)画竹"挥洒奋迅,初不经意,森然已成,惬可人意,其法有未具,而生

---

① 邓椿《画继》。
② 同上。
③ 郑振铎《中国历史参考图谱》有影本。

意超然矣"①。刘泾字巨济,"米元章(芾)之书画友也,善作林石槎竹,笔墨狂逸,体制拔俗"②。更有元章之子友仁,"所作山水,点滴烟云,草草而成,而不失其天真。每自题其画曰'墨戏'。"③以上诸家"内自足"而用笔纵逸,一片天真。元代王蒙景虽繁而用笔奔放,赵孟𫖯笔笔谨细,似可分别代表疏、密二体。明末清初,石涛一部分山水画下笔势如破竹,而缺落处愈加有画,和文、沈、仇、唐以及董其昌等迥然不同,亦属疏体的杰出典型。

五

唐代有些诗人兼善绘事,为文人画的滥觞,宋、元以后逐渐发展。文人画以借景抒情为创作目的,其用笔日趋写意,发扬疏体,崇尚简练,进而讲求生拙平淡等意趣,形成画史一大特色,下面也谈点体会。

简略原不限于画体,它也存在生活、现实和一般文艺之中。公元前七世纪希腊赫西俄德的教谕诗就曾说:"半数多于整数。半数比整数大。"强调以少胜多、以小敌大。相当于赫西俄德时代的《老子》第二十二章:"少则得,多则惑。"连同上面所引第十一章的几句,则更进一步点出了简略以至"虚空"的作用。至于《乐记·乐论》主张"大乐必易,大礼必简";王充《论衡·增艺》批评"誉人不增其美,则闻者不快其意,毁人不益其恶,则听者不惬于心",也是崇尚简当的。陆机《文赋》则为了"一唱而三叹",要求"除烦而去滥"。梁时刘勰《文心雕龙·物色》:"物色虽繁,而析辞尚简。"唐代张怀瓘《六体书论》:"草书贵在简。"上述礼、乐、诗、书之尚简,和画中简笔其理相通。西方论画曾主张疏简属于画家的自由,例如德罗克洛瓦称之为"绘事特权"④,认为大师伦勃朗(1606—1669)便行使了这特权,容许"不必画完,不必画满",实际上也是看到"虚"的作用,耐人寻味的,常在空白处。

"简"和"虚",作为审美观点,与"不全""不足""有余"分不开,而且滋生了"生""拙""淡"等,虽然后面三字今天也许比较难以理解或接受,不妨试举一些例说。

先看书论。黄庭坚认为:"凡书要拙多于巧,近世少年作字,如新妇妆梳,百

---

① 邓椿《画继》。
② 同上。
③ 同上。
④ 英译文为 pictorial license,见德氏《日记》1850 年 10 月 16 日。

种点缀,终无烈妇态也。"①这当然不是表扬"烈妇",乃"守实去华""质胜于文"的意思。董其昌论自己的书法:"赵(孟频)书因熟得俗态,吾书因生得秀色;赵书无弗(不)作意,吾书往往率意。"②我们先把赵的字和同时代的鲜于枢(伯机)的字比较,不难看出前者熟而后者生。再将赵书与董书并观,则前者笔笔用心,后者有不用心处。从欣赏角度看,前者犹如全身本领都使出来,了无含蓄,后者却不等于没有功夫,而是留起一些,反倒有点余味。熟和生,着意和无意,矜持和率易,是自有界限的。

回到画中的生拙,董其昌也是一个很好的代表。他的画,如同他的书,善于从"拙"中求"秀",他给陈继儒所作《婉娈草堂图》以及《心上愁心诗意图卷》③,都属此类。清松泉老人《墨缘汇观》卷三说:前图"用墨深沉,树石奇异,浑然天成,秀色欲滴。其山岩、云气、林木、茅居,无不精妙,乃文敏之变笔。"所谓"变笔",即初视好像生硬、荒率,多不到之处,细看则见出笔墨极有根柢,只是有意识地不刻意求工,但客观上毕竟掩盖不住,还是露出功力、本领,于是"生"中见"秀"的境地,必熟极方能达到,须有"熟外求生"的"生",乃足以言"秀"。明顾凝远讲得比较清楚。他先概括地讲"画求熟外生";接着分别论说"生"和"拙":"生则无莽气……拙则无作气。"意思是过于求工反伤婉约;随后指出工与拙的关系:"工不如拙,然既工矣,不可复拙;惟不欲求工,而自出新意,则虽拙亦工,虽工亦拙也。"④从这段话可以悟出:生拙既可出于无意,即"熟而后生",例如清代一度享有盛名的王翚(石谷),一生求工、求熟,晚年精力不济,笔墨渐趋生拙,反有余味可寻。生拙也可有意为之,即"熟外生",或少露点儿,董其昌二图是也。明陈衎认为:"元逸人黄大痴(公望、子久)教人画法最忌曰甜,甜者秾郁而软熟之谓也。"⑤董其昌认为"士人所画,当以草隶奇字之法为之,树如屈铁,山如画沙,绝去甜俗蹊径"⑥。陈、董是从反对"甜"来说明"生拙"之可贵的。

这"熟外生",好像不经意、不用心、出于偶然,所以又含有"淡"或"平淡"的味道。黄庭坚《题李汉举〈墨竹〉》:"如虫蚀木,偶尔成文;吾观古人绘事妙处类多如

---

① 《山谷老人刀笔》。
② 《容台集》。
③ 二图解放前有影本。
④ 顾凝远《画引》。
⑤ 陈衎《槎上老舌》,《佩文斋书画谱》引。
⑥ 董其昌《画旨》。

此。所以轮扁斫车,不能以教其子。"①董其昌称赞元高彦敬山水"游刃有余,运斤成风"②。李、高二画家,可比古代造轮、解牛的老手,掌握必然规律而获得自由了。董其昌还指出:虽是"以淡胜工",但"不工亦何能淡"③,盖"实非平淡,(乃)绚烂之极也"④。可以说,功力精纯,臻于化境,斧凿痕、纵横习气一扫而光,结果归于淡或平淡,如果只会夸矜斗炫,不能深藏若虚,就说不上淡了。

从创作看,外露易于内蕴。欧阳修说得好:"飞走迟速,意浅之物易见,而闲和严静,趣远之心难形。"⑤这趣远之心,常以疏淡出之,并和意法周密、刻意经营格格不入。董其昌曾说,沈周(石田)摹写古代名迹,"或出其上,独倪迂(云林)一种淡墨,自谓难学"⑥,也正是这个道理。从欣赏说,外露的比内蕴的容易赢得赞扬。例如博物馆的陈列室中,张择端《清明上河图》四周围满观众,旁边一幅《墨竹图》,观众走过便了,因为后者外露的东西太少了,或者说味儿太淡了。德罗克洛瓦认为:"提香(意大利画家,约1488—1576)似乎是专供老年人欣赏的。我承认当我一心崇拜米开朗基罗(意大利画家、雕刻家,1475—1564)的时候,我就很难欣赏提香。其实提香之长,就在于他的简率和他的决不造作。"⑦一个是罄其所有,一个却藏起不少,无须用光完事。德罗克洛瓦是懂得淡和疏体画的审美观点的吧!法国评论家圣·佩韦(1804—1869)写道:"感染不等于劲头;某些作家臂力大于才力,有的只是一股劲。劲也并非完全不值得赞美,但它必须是隐蔽的,而非裸露的。……美好的作品并不使你狂醉,而是让你迷恋。"这也道出含蓄之可贵,乃西方的主淡论。

但是国画所论的若不经意、偶然、自然等,又不同于现代西方绘画流派中某些不可知论观点,这也须要辨明。例如法国印象派画家雷诺阿(1841—1919)曾宣称:"在今天的世界里,人们要求解释每一事物。假如他们也能解释某一幅画的话,那末这幅画就不成其为艺术了。我能否告诉你们我所认识是艺术的两大特征吗? 一、必须是无法形容;二、必须是不可模仿。"⑧法国后期印象主义画家

---

① 黄庭坚《山谷题跋》卷之三。
② 董其昌《画眼》。
③ 董其昌《画禅室随笔》。
④ 引苏轼语。
⑤ 欧阳修《试笔》。
⑥ 董其昌《画眼》,这里是指云林用笔疏淡。
⑦ 德拉克洛瓦《日记》1851年10月4日。提香,内蕴;米开朗基罗,外露。
⑧ 约翰·尼华尔德《印象主义史》引(1946年版)。按创造性的模仿不应否定,雷说是片面的。

乔治·路阿(1871—1958)则更进一步认为:"对艺术进行解释,毋宁说是愚蠢之事。"如此等等,不外乎宣传从创作到欣赏的主观主义、虚无主义,这和文人画崇尚简淡、率易以及象外之美等,并无共同之处。因为后者通过笔法的运用,仍旧使骨相、骨法具体化,从而表现气韵,统一造形和抒情,赋予作品以生命,完成了创作目的。

论国画线条和"一笔画""一画"

我们在阐说中国绘画艺术的运笔、达意和运笔技法上所含的画家个人特征时,都涉及作为媒介的线条的问题。线条这一艺术媒介和艺术形式,关系着一般绘画作品的审美感受,而对中国绘画来说,这一艺术形式的运用对造形、抒情具有重大意义,并且产生特别显著的审美效果,因此可以作为研究专题。本文试行探讨以下几个方面:绘画线条的起源;中国绘画线条的本质和功能;国画线条的美感与理性认识;国画线条与文人画艺术风格等;其中涉及"一笔画"和"一画"的概念及其分析。

一

关于绘画艺术中线条的起源,不妨先援引一些西方论说,作为参考。意大利文艺复兴时期的达·芬奇曾说:"太阳照在墙上,映出一个人影,环绕着这个影子的那条线,是世间的第一幅画。"[①]现代英国艺术理论家R·弗莱提到儿童给图画所下的定义:"首先我想,随后我环绕着我所想的,画了一条线。"[②]现代英国文艺批评家H·里德有这样一段话:"人们大都认为原始人和儿童最初企图表现事物形象时,要求符合他们目所能见的、最为接近对象的真实形态。因为人们平时所见的物象,是由颜色、色调、明面、暗面组成的,所以最直接的或浅易的表现方法,应该是复制以上四种形态。其实不然。儿童和原始人在这方面的初步方法,却是对实物进行抽象和概括,从而产生一张实物的轮廓画,这未免有点奇怪了。他们所完成的,是一种表象而非复制。"[③]上面三段话有一定的启发性,指出了绘画艺术最初使用的媒介是线条,绘画最基本的技法是以线条勾取形象的轮廓;尤其是颜色、色调、明面、暗面都是物体本身处于一定时间条件下所呈现的形态,它们

---

① 芬奇《笔记》,麦克兑英译本,1906。
② 《南非沙漠区游牧部落的艺术》一文,收入《想象和构思》,《企鹅丛书》本第85页,1937。
③ 里德《艺术与社会》1936年版。

诉诸人的视觉而被直接反映在绘画中,但线条却和它们不一样,它并非物体所本有的,不是客观存在的,乃是发源于儿童画家、原始民族画家对自然、现实的感受、领会、抽象和想象,而被加于客观事物。因此线条的作用具有主观性和能动性,它包括对自然形象的摄取和画家思想情感的注入,可以说是造形艺术或艺术美中使主观和客观趋于统一的重要凭借。

但是以上三说还有些片面,现存的原始艺术作品则告诉我们,线条和颜色是绘画造形的两大媒介,旧石器时代的洞壑壁画,或用颜色涂摹形象,或以线条勾其轮廓。新石器时代,例如我国仰韶文化的彩陶,则于器的表里用红、紫、黑三色画动物(犬、羊、蛙等)形或几何形花纹,这些形象都是通过线条这一媒介而表现的。这类壁画和彩陶具有某一氏族的图腾崇拜的意义,其中物象属于客观,图腾崇拜表现主观,而作为客观存在的物象却反映了作者思想意愿。器上的几何图纹,乃是作为客观的物形而经过主观抽象,予以简化或符号化了,但这些形象都凭线条的媒介来完成。值得注意的是,作者为了使线条能担负起上述的双重任务——描写物象和表达思想、或者说原始艺术中的借物写心,大大发展了艺术的抽象与概括的能力。可以说,从彩陶表里的图象、图纹我们发现中国绘画遗产中最早的线条,也窥见了线条的造形和表意的功能。在我国,绘画上的线条运用,可溯源于彩陶文化,这一点是相当明确的。

其次,还可以从我国古代有关记载,考察奴隶社会时期绘画艺术中线条的运用。《周礼·考工记》有下面几段话:"画缋(绘)之事杂五色。""青与白相次也,赤与黑相次也,玄与黄相次也。""山以章。""凡画缋之事,后素功。"《论语·八佾》则有:"子夏问曰:'巧笑倩兮,美目盼兮'①素以为绚兮,何谓也?子曰:'绘事后素'。"其中最重要的是"画"与"绘"和"绘事后素",后代的注释很多,比较清楚的有:"画绘之事不过五色②而已。模成物体而各有分画,则谓之画,分布五色而会聚,则谓之绘。"(王昭禹)"素,白采也,后布之,为其易渍污也。"(郑玄)"绘画,文也。凡绘画,先布众色,然后以素分布其间,以成其文,喻美女虽有倩兮美质,仍须以礼成之。"(郑玄)而"文"的涵义,可参考《礼·乐记》:"五色成文而不乱",《易·系辞》:"物相杂故曰文"。总的意思是,先用五种颜色,涂成若干的面,因为面和面之间不免交错,所以再用白色线条界画清楚,把面和面之间的界限加以修

---

① 《毛诗·卫风·硕人》。
② "玄"即"黑"。

整,显得更有纹理,到了这时候也就获得"后素功"了。又因为白色较易融化,须等五色绘好并且干了,才可加上。换句话说,"缋"(绘)指涂颜色,"画"指画线条。这些古代记载虽没有使用"线""线条"一词,却提供了关于绘画中线条起源的宝贵资料。

二

"画"和"缋"(绘)的区别,有助于探讨国画线条的本质和功能。两者从不同途径表现美感,从而创造艺术美。"缋"产生的面,被动地反映客观现象;"画"产生的线条,则主动地综合主观和客观,体现了上文反复论说的意和笔的主从关系。这里不妨重复一下:线条、轮廓线,在现实的物体上是找不到的。对国画来说,线条乃画家凭以抽取、概括自然形象、融入情思意境,从而创造艺术美的基本手段。国画的线条一方面是媒介,另一方面又是艺术形象的主要组成部分,使思想感情和线条属性(详下)与运用双方契合,凝成了画家(特别是文人画家)的艺术风格。似乎可以说,今天通用的"绘画",如果作为复合名词的话,那末对国画及其特征而论,其重点应放在"画"(线条)上,而不在"绘"(一片片的色彩)上吧!法国浪漫主义画家德拉克洛瓦曾经写道:"在自然本身,原无轮廓和笔触。"[①]他这话接触到绘画线条的本质,但是可惜没有再深入下去,揭示出绘画线条所担负的沟通意、笔,融合情、景,统一主观、客观的重大功能。关于线条的深刻涵义与本质,西方的美学和画论经过不断探索而逐渐明确,在我国也不是很早就被看出,须迟到清代的石涛,方始在他的《苦瓜和尚画语录·一画章第一》中予以深刻的阐明,把我国的绘画线条理论的发展,推向高峰。

我们先看看西方关于线条美的若干有代表性的论点。古代希腊的柏拉图认为直线和圈线是最美的形式:"我说的形式美,指的不是多数人所了解的关于动物或绘画的美,而是直线和圆以及用尺、规和矩画出的直线和圆所形成的平面形和立体形……这些形状的美不像别的事物是相对的,而是按照它们的本质就永远是绝对美的。"[②]这是公元前三世纪的文献,涉及单纯形式所产生的美感。大约过了两千年,英国油画家、版画家和美术理论家 W·贺加斯在所著的《美的分析》(1753)中,结合自己的创作实践,把线条美的概念加以发展,认为"蛇"形线是

[①] 《日记》,1857 年 1 月 13 日。
[②] 柏拉图《斐利布斯篇》,朱光潜译《柏拉图文艺对话集》第 298 页,人民文学出版社,1980。

最美的。"一切直线只是在长度上有所不同,因而最少装饰性。曲线,由于互相之间弯曲程度和长度都不相同,因此具有装饰性。直线与曲线结合起来,形成复杂的线条,这就使单纯的曲线更加多样化,因此有更大的装饰性。波状线,作为一种美的线条,变化更多,由两种弯曲的、相对照的线条组成,因此更加美,更加吸引人。……最后,蛇形线是一种弯曲的并朝着不同的方向盘绕的线条,引导眼睛去追逐其无限多样的变化,能使眼睛得到满足。……因此……倘若不假借于我们的想象,或者不借助于形体,蛇形线的全部多样性是不能在纸上用各种不同的线条来表示的。……(我们可以)称之为富于魔力的线条,并把它设想为一根随着圆锥形的富于变化的优美形体而盘绕着的美丽的金属线。"①贺加斯所深深赞许的蛇形线,一方面使线条处理的对象由平面转为立体,另一方面把线条的运用紧密联系画家的想象与艺术构思,从而赋予线条美以生命。他的看法有点儿接近中国画论所说的笔中有意,但还有一段距离,因为尚未完全摆脱几何图形,没有看到线条抒情达意的功能。因此鲍桑葵说,贺氏只接触到"一些比较低级的和抽象的表现形式,如果从意义的深度来衡量,那末这一形式是容易被那种暗示着生命和性格的表现形式所压倒的,因为即使是最高几何图形的美,也不可能构成美的人体。"②鲍桑葵的批评不为无因,然而他倘若懂得中国书学和画学的线条美,那末他也许会感到自己所见还是有欠深广了。但是,继贺加斯之后,大约过了半个世纪,席勒也谈到线条美,他看得就比较深刻了。他的《论美书简》中有一封给克尔纳的信(1793年2月23日写于耶拿),先画出以下两种线条:

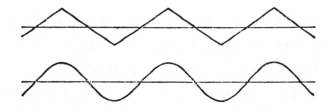

接着解释:"这两种线条的区别在于,第一种陡然地改变趋向,第二种在不知不觉中改变趋向;就审美感受而言,由于它们具有两种不同的属性,它们的效果也不相同。人们的向上或向下的跳跃运动,须凭凌驾于自然的、人为的强制的力量,才能完成,而无论向上或向下,其运动的趋向都是被规定了的。但也有一种

---

① 杨成寅译,载浙江美术学院《美术译丛》1980年第1期,第68—69页。
② 鲍桑葵《美学史》第九章《现代审美哲学》,1934年版,第208页。

运动,它的趋向从一开始就不受什么规定,这种运动对我们来说,是出于自愿的运动。我们从图中的波状线条体会到这种运动。因此,下边这条线以其自身的自由,区别于上边那条线。"①这里,席勒通过波状线条来阐说他的"审美的游戏"的观点,因为这种不受规定或限制的线的自由运动,正是象征他所谓"超越任何目的束缚而飞翔于美的崇高的自由王国"的"自由活动"。②但是与此同时,席勒却把线条的运用联系到人的主观意愿,接触到绘画中那种传情达意的线条的本质,尽管他所向往的"自由王国"反映了康德以"自由的游戏"作为艺术起源的唯心主义观点。

至于我国绘画线条的理论,由于紧密结合立意和运笔这一基本法则,所以从唐代所论的"一笔画"到清代石涛提出的"一画"说,"线条"的概念已远远超越了艺术媒介的范围,一方面体现意境的发展和艺术构思的绵延,另一方面连贯起艺术构思和运笔造形,汇成一种动力以及动力所含的趋向。所谓"线条"意味着"形而上"的"道"或表现途径,自始至终缀合意、笔,董理心、物,统一主观与客观,从而概括出艺术形象。简言之,国画线条具有创造艺术美的巨大功能。而石涛的"一画"说,正是高度丰富了"绘事后素"中白色线条界划若干色面、以成其文的这一基本法则,并把《考工记》中所谓的"画"发展为以意命笔、总揽无数线条的绘画艺术总原则。这样看来,"一画"似乎近于西方艺术理论中所谓"倾向线"③,其实不尽然。下面试分述"一笔画"和"一画"的意义。

三

先谈谈书和画的笔法。唐张彦远说:"昔张芝学崔瑗、杜度草书之法,因而变之,以成今草书之体势,一笔而成,气脉通连,隔行不断,唯王子敬(献之)明其深旨,故行首之字往往继其前行,世上谓之一笔书;其后陆探微亦作一笔画,连绵不断;故知书画用笔同法。"④唐张怀瓘更加以扩充:"一笔而成,偶有不连,而血脉不断,及其连者,气候通其隔行。"⑤唐张敬玄说得愈加浅显易懂:"……法成之后,字体各有管束:一字管两字,两字管三字,如此管一行;一行管两行,两行管

---

① 据张玉能译俄文本《席勒文集》第 6 卷,第 105 页,1957 年莫斯科版。
② 蒋孔阳译英文本席勒《审美教育书简》第 27 封,见《西方文论选》上卷第 486 页。
③ tendentious line。
④ 《历代名画记·论顾陆张吴用笔》。
⑤ 张怀瓘《十体书断·草书》。

三行,如此管一纸。凡此皆学者所当知也。"①换言之,书学的笔法有条总纲:必须具备巨大的精神力量,始终指挥运笔,充实作品的体势丰姿。国画的笔法同样有条总纲。陆探微作画,并非只须一笔便能完成,而是说他的用笔,分而观之,可以有千百万线条和笔触,合而观之,它们却又彼此呼应,向背相谋,互有补充,气脉通连,共同塑造情景结合的艺术形象。"一笔画"君临于众笔、众线之上,统摄形象思维与笔墨运行的全程,保证了"意存笔先,画尽意在"这一艺术美创造的根本法则。上文曾引明李式玉关于画家胸无成竹、支支节节而为之的那段描写,可以说是从反面证明"一笔画"对每位画家来说,都应具备,倒不限于陆探微一人而已。

石涛看到了这个根本大法的重要性,在他的《画语录·一画章第一》中首先加以阐明:"太古无法,太朴不散,太朴一散,而法立矣。法于何立?立于一画。一画者,众有之本,万象之根,见用于神,藏用于人。……一画之法,乃自我立,立一画之法者,盖以无法生有法,以有法贯众法也。"用现代语说,绘画创作可比宇宙、天地、自然的创造,也具有根本法则,画家遵循它,运用它,犹如禀承宇宙大法,化为己用,画家如能善用此法,则又像似法自我立,因而自豪了。石涛为了进一步说明这番道理,援引《老子》:"道生'一','一'生二,二生三,三生万物"和"万物得'一'以生"的观点,以"一"为绘画之本,把绘画的根本称为"一画",并把《老子》:"天下万物生于有,有生于无",融入画论之中,提出了:"以无法生有法,以有法贯众法。"《一画章》开头这几句,首述画法根源,次言法所从立,末谓法之广泛运用。石涛还进而把"一画"的掌握作为画家必须具有的理性认识,以指导他的创作,因此又很有感慨地说:"夫画者法之表也。山川人物之秀错,鸟兽草木之性情,池榭楼台之矩度,(而)未能深入其理,曲尽其态,终未得一法之洪规也。"他希望画家能从复杂纷纭的事物形象中获取审美感受,并进行审美判断,终于在作品中完成审美表现,使画家的认识和实践不相背离——做到这一步,也就体现"一画之洪规"或创作的根本要求了。接着,石涛又说:"行远登高,悉起肤寸,此一画收尽鸿蒙之外,即亿万万笔墨,未有不始于此而终于此,唯听人之握取之耳。"画家懂得"一画"的深刻涵义,自能始终连贯观物、造形与达意、抒情,从而总揽起亿万笔墨,殊途同归,刚刚下笔,便受"一画"的指引,故曰"始于此",搁笔之下,更经得起"一画"的检验,故曰"终于此"。石涛如此重视"一画"的至理,所以书中其他

---

① 王世贞《王氏法书苑》。

章里再有发挥。例如《皴章第九》:"一画落纸,众画随之,一理才具,众法附之,审一画之来去,达众理之范围。""受一画之理,而应诸万方。"画家能注意一画的来踪去迹,才会对于绘画创作的根本法则——以笔达意、以形写神,看得也像宇宙创造的大法那样重要,而牢牢掌握。这样就愈加懂得"一画"乃绘画艺术普遍应用的原则,不是什么具体的一笔、一划了,从而"众画随之"之为普遍原理的个别应用,也就一清二楚了。又如《山川章第八》:"且山川之大,广土千里,结云万重,以一管窥之,即飞仙恐不能周旋也,以一画测之,即可参天地之化育也。"意思是"一画"能使画家面向自然,入而能出,去粗存精,终于在作品中以小见大,寄寓深遥,因此愈加懂得绘画非小事,实与天地周旋,功参造化了。总之,石涛的《画语录》并不是玄而又玄的画论①,应该作为我国绘画美学史上一部经典著作,深入研究。这里,仅仅就书中的"一画"说对研究国画线条的本质以及线条运用等有何帮助,作些初步探索罢了。

四

最后,想谈两个问题:国画的艺术风格与"一画"指导下的线条运用,有否关系?片面追求线条、笔墨,而失"一画之洪规",是否还能表现艺术风格?也就是对本书《文人画艺术风格》一文作些扩充。

抒发意境的过程,同笔下线条的盘旋、往复、曲折、顿挫以及疏荡、绵密、聚散、交错的过程是相适应的。线条的每一运动和动向,都紧扣着每刹那间心境的活动。画家须要打通心、手、笔、线四个环节,因而如何以笔作线也就不是一个小问题,更不是纯属技巧的问题。宋郭若虚认为:"画有三病,皆系用笔。所谓三者,一曰版,二曰刻,三曰结。版者,腕弱笔痴,全亏取与,物状平褊,不能圜混也。刻者,运笔中疑,心手相戾,勾画之际,妄生圭角也。结者,欲行不行,当散不散,似物凝碍,不能流畅也。"如果用"一画"说来衡量,便觉得郭氏所论还不够全面,止于笔法本身,而没有充分地从"手"上溯到"心",因而看不到三病的根源在于不以意使笔而反为笔用。其次,这三病是必然影响到线条的形状的,因为版、刻、结都有损于线条美,尤其是未能通过线条的运用而产生美感,以反映画家自己的审美感受。再次,由于画家本人的审美感受体现在他的独特的艺术风格中,所以有

---

① 例如余绍宋《书画书录解题》对石涛《画语录》的评论便是如此。其实早在石涛之前,已有人将老庄思想渗入画理,或以禅论画,苏轼、黄庭坚、董迪、董其昌等都在这方面有所探索,问题在于能否深入,触及根本,而言之成理,有说服力。

助于构成美感的线条运用,也就成为艺术风格的标志之一。简言之,作为艺术形式美的线条美,在具体领会与欣赏艺术风格时是所不可缺少的。因此,对线条的感觉和线条的感染力,就很值得研究了。法国新印象派画家西涅克(1863—1935)在所著《从德拉克洛瓦到新印象主义》中说:"表现宁静之感,一般使用平卧线;表现欢乐,宜用上升线;表现忧郁,宜用下降线。介于三者之间的线,将产生其他无限变化的感觉。"①关于线条的感觉如何影响审美享受,西方早有论说,原不始于西涅克,但值得参考的是他进一步结合色彩来考察线条:"色彩如果同线条相联系,其表现力和变化也不会低于线条:暖色和高度强烈的色调可与上升线条相结合,冷色和阴沉的色调应主要用于下降线条的结构:宁静平卧的线条将增强其感觉,如果配合着暖色与冷色、明朗的调子与严峻的调子之间一定程度的平衡。画家倘能使色彩和线条从属于自己的感情以及感情的表达,那末他将担负起一位真正诗人、真正创造者的工作了。"②西涅克的意思是:线条以及线条与色彩相互作用,可以反映画家的情思、意境,创造艺术美,因为画中的线条本身首先唤起美感。

  但是中国绘画和画论却和西方不同,认为线条美的产生,由于首先是和墨、而不是和色相结合,通过墨法——墨的浓、淡、干、湿、枯、润种种变化,而表现出线条的美。倘若经过笔—线—墨的运用,已足以造形、达意,则又何用设色,陈简斋所谓"意足不求颜色似",也正是运用线条时所最须记省的。因此,一幅画的审美欣赏与审美判断,既不能离开造形、达意的基本凭借——笔墨,也不能从笔墨中抽去基本凭借——线条所含的多样的形式美。艺术形式美是艺术美创造的有机组成部分,在这条原则下,国画的线条和墨法共同肩负着重大的任务。如果再往深处看,我们不妨说,国画线条是寓有画家的感情的;这一点和西涅克的看法相同,但西氏以线与色而我们以线与墨来唤起感情。下面试就线条的不同运用,来分析本书所举文人画的种种艺术风格,从而阐说线条乃画家感情的反映,感情与个性又相应地为艺术风格的标志。限于篇幅,暂以山水画为例,花鸟画、人物画的线条,将另文论之。

  山水画以线条勾取对象的轮廓,而进一步的描绘,则主要须用皴法。皴是在线条的基础上发展出来的,它的种类较多,但有两个主型——披麻皴和劈斧皴。

---

① 据 J·戈登英译文。
② 同上。

披麻皴由若干相当平行的线条所组成,它们运动舒缓,延绵层叠,疏密相间,予人以宁静、谐和、淡运之感。劈斧皴由粗壮的短线或断线所组成,它们运动迅疾、其砍、斫、削、刮,往往锋利逼人,唤起激越、兴奋、不息之感。因此在文人山水画中,劈斧皴比较少用,披麻皴占主要地位。我们探讨文人画家艺术风格时,不妨对他们运用线条时的笔法和墨法,作些具体分析,[①]这里只略谈一般的情况。

首先,在创作过程中,无数的线条陆续从笔端落于纸上,形成线条的运动。这运动分别体现为:运动的趋向或动势;运动的迟速或功率;运动的力量或动力。其次,线条的动势、动率和动力三者并非各自孤立,而是相互关联,共同促成线条的造形、达意的功能,创造出一定的艺术风格。复次,从线条运动的趋向看,有的在来去自如、浑然无迹之中,体现趋向逐渐地缓慢地转变着,从而线条的动率也比较舒缓,线条的力量持续而弗坠。这类情况,大都见于文人画的平淡趣远的风格中。但是线条运动的趋向也有转变急遽,先后相反,相应地线条的动率或者迅疾,或者更替频仍,线条的动力似断而实连。文人画的纵恣与奇崛的风格,往往具有这种类况。此外,从线条的动力看,其力内蕴,可见于古雅一格;其力外露,则近乎奇崛一格;其力似乎不足而实有未尽,常带含蓄,耐人寻味,多半属于生拙一格;其力一发而不可收,奔腾弗息,而又始终饱满不衰,则为纵恣一格的特征。至于落笔之际,线条的动力、动势、动率三者皆若不经意,却又相互配合得恰到好处,则偶然一格有之,而在文人画艺术风格中,如能达到这一情境,要算是最为难能可贵的了。

最后,除了分析文人画的线条艺术,还应广泛研究:对于国画线条运用的丰富传统,今后的国画创作将如何批判地继承和发展?前人所总结的"一笔画"和"一画"的理论,今后能否以及如何产生新的作用?封建士大夫的阶级意识、艺术境界被批判掉了,他们传留下来的笔墨技法是否尚有可取之处?在新的时代里,于意一笔一线一墨一色几个环节中,倘若把"意"换上了新内容,那末后面几个环节是否能随时代而有所更新?

总之,在漫长的中国绘画史上,国画线条作为艺术形式美以及国画线条对艺术美的创作所起的重大作用,都曾十分显著地表现了我们民族的绘画特色和审美意识的特征。今天看来,和国画线条密切关联的"一笔画"和"一画"的艺术理论和审美原则,仍然能在新时代的中国画学中产生一定的积极影响。它将继续

---

① 参看本书《文人画艺术风格初探》。

维护意、笔统一的创作方法,防止脱离现实、玩弄笔墨、抛弃内容、追求线条的形式美,而坠入唯美主义、形式主义的泥坑。尤其是,为了实现我国今后民族绘画的磅礴气概和巨大手笔,石涛的"一画"说是不可以轻易抛掉的。以上几个方面,不失为我国绘画美学的重要课题,值得作进一步的研究啊!

中国山水画艺术
——兼谈自然美和艺术美

一

画家感觉到山川之美，加以描绘，产生了山水画。对他的创作来说，必先有自然美的客观存在，其次，当他体会和表现自然美时，一定的社会历史时代和一定的阶级意识，都对他起着作用。本文从以上两点出发，试论我国古代山水画对自然美的处理，表现了哪些特征，以及这些特征对我国山水画的发展史曾产生什么影响。

就从东晋顾恺之谈起。他是著名的人物画家，但也画山水，对自然美很有感受。他在桓温幕时，到过江陵、荆州等地，又曾去会稽，回来之后，"人问山川之美，顾云：'千岩竞秀，万壑争流，草木蒙茏其上，若云兴霞蔚'。"①不过四句话，却生动地概括了一个地区的自然美的丰富形象。他画过《雪霁望五老峰》《云台山图》等，还写了一篇《画云台山记》，可惜"自古相传脱错，未得妙本勘校"②，今天不能全部理解。但文中不少地方讲到如何构图，如何生动地捉取对象的特征，例如"西去山，别详其远近，发迹东基，转上未半，作紫石如坚云者五六枚"；"画丹崖临磵上，当使赫巘隆崇，画险绝之势"等语，能从形势、远近以及细部来观察自然，并对色彩的丰富和山石的险峻等，有审美的感受。③

南朝刘宋，出现专画山水的宗炳和王微，他们都写下山水画论。这些文献使我们了解画家的主观世界与客观的自然美之间的关系，以及在这种关系下，我国山水画如何形成了专科。

《南史·宗炳传》说他"妙善琴书图画，精于言理，每游山水，往辄忘归。……

---

① 《世说新语·言语》。
② 张彦远《历代名画记》注。
③ 参看本书《读顾恺之〈画云台山记〉》。

凡所游履,皆图之于室,谓之抚琴动操,欲令众山皆响。"我们可以联系他对自然美和山水画的热爱,来看他的《画山水序》中一些论点。"圣人含道应物,贤者澄怀味象。至于山水,质有趋灵。……圣人以神法道而贤者通,山水以形媚道而仁者乐。……画象布色,构兹云岭。……身所盘桓,目所绸缪,以形写形,以色貌色也。……披图幽对,坐究四荒,余复何为哉?畅神而已;神之所畅,孰有先焉?"这段话主要的意思是,山水画家从一定的主观或思想感情出发,去接触自然,探索与这主观相契合的自然美,而加以描绘;他可以通过这种借物写心的途径,以实现画中物我为一的境界,从而达到"畅神"的目的;最能畅神的,就是山水画创作。我们不难看出,"万物与我为一"的道家思想,形成宗炳的创作动力,使他很强调在选择和反映自然美时的主观能动作用。文中两次用"形"字、"色"字,前面的"形""色"是被他主观融会了的东西,后面的"形""色"才是自然所本有。换而言之,宗炳所谓"貌",并非机械地描绘客观景物,而是主观能动地反映它,其中必然会有个"我"或画家的思想感情。换而言之,山水画之所贵就在于画家能从外在自然之"有",来写出画家内在之"灵";因此将"含道应物"(用自己的审美标准来观照自然)和"澄怀味象"(并无这个标准而在大自然中寻味美的形象),加以比较,便可看出"圣""贤"或高、下之分。道理很清楚:"圣人"先有审美的要求和审美的标准,而后在山水画中得到实现或满足,因此他是有"神"可"畅"的;至于"贤者",笔墨落纸还待寻找美在哪里,所以他是无"神"可"畅"的。宗炳这篇文章,由于摆出了神—自然美—审美—命笔—艺术美—畅神这样一个处理自然美的全过程,可以说是我国最早的、体系比较完整的山水的画论。

至于王微,《宋书·王微传》说他"少好学,无不通览,能书画,兼解音律……答何偃书云:'吾性知画绘……兼山水之爱,一往迹求,皆仿象也。'"他的《叙画》一文,提出作"画之情",主张山水画家须对自然美发生感情,内心有所激动,也就是:"望秋云,神飞扬,临春风,思浩荡。"正是这种飞扬浩荡的神思,推动了他的创作。刘勰《文心雕龙·神思第二十六》所谓"登山则情满于山,观海则意溢于海",虽然论文,却可给王微的"画之情"作注脚。实际上,用今天的话说,就是把自己的感情移入审美的对象。

宗、王二人的"神""情"之说,都具有一定的社会历史的和阶级的根源。近年来探讨六朝山水诗形成问题所得的结论,也适用于早期的主"神"、主"情"的山水画论。这里想补充一点。宗、王的"神""情",是由自然美本身和画家对它的认识、感受融合而成,它一经建立,便对创作起着主导作用。或者说,他们在状景抒情、借物写心的山水画创作中,情、心始终指挥着创作。这样的主观与客观相统一,促进了我国山水画科的创立,并推动它的发展。而且中国山水画在它的发展中,除了与山水诗相互辉映,更受书法的审美观点与艺术技巧的影响,出现过诗、书、画兼擅的艺术家,并赋予山水画论以崇尚抒情和讲求笔墨相结合,或意、法统一的最大特点。此外,音乐的修养,也有助于扩充山水画家的审美感受,关于这一方面,从宗炳和王微的传略中已见端倪,至于唐代王维则更为突出了。诗、书、音乐和山水画的有机联系,实为我国美学史研究的一大课题,是值得深入探讨的。①

到了唐代,山水画的创作和理论继续反映这种联系,而讲得比前愈加清楚。诗人而兼画家的王维"信佛理,以水木琴书自娱",晚年得宋之问在辋口的蓝田别业,辋川绕于舍下,有华子冈、竹里馆、辛夷坞等胜景。他和"道友裴迪浮舟往来,弹琴赋诗,啸咏终日"。②朱景玄《唐朝名画录》说王维曾在京都千福寺壁画《辋川图》,"山谷郁盘,云水飞动,意出尘外,怪生笔端"。这些记载说明王维首先有对自然美的充分感受,而后从事艺术美的创造的山水画。后人假托王维所作的《山水论》③,细述如何描绘不同时间、空间的自然美,以及如何构图,才符合自然景物的结构的客观规律。其开头两句"凡画山水,意在笔先",却很重要。这话原本于唐代张彦远《历代名画记·论画六法》:"夫象物必在于形似,形似须全其骨气,骨气形似皆本于立意,而归乎用笔。"同书《论顾陆张吴用笔》:"意存笔先,画尽意在,所以全神气也。"我们如从"象物"与"形似"出发,不难理解"立意"是决定"象物"与"形似"的。对山水画家来说,这个"意"并非脱离客观世界或超越自然美的主观世界,而是本于一定的审美标准来处理自然美时,所必须从属的情思、意境。画家必先立此"意",才能摄取、运用和改造自然的形象,从而借景抒情。他为了创立意境,须通过自然美,尤其是接触自然美。朱景玄关于王维《辋川图》的评语的重要之点就在于,图中的那些山、谷、云、水的种种形象最后都是为了传达这位诗人、画家的"出尘"之"意"的。也就是说,王维不仅歌颂辋川之美,还写出辋川的自然美,以显耀他所最最珍视的远离"尘俗"的思想境界。王维这种意境,今天应予批判,但他的《辋川图》却是符合意存笔先,以意命笔这一创作法则的。张彦远的那两段话和伪托王维的《山水论》的头两句,可以说是我国山水画

---

① 本书《论中国绘画意境》初步涉及这个课题,但还很肤浅,也许存在错误。
② 《历代名画记》,《旧唐书·王维传》。
③ 詹景凤《画苑补益》作荆浩《山水赋》。

家创作实践中一条重要的经验总结。

继王维之后,更有张璪,他把山水画发展推进一步。《唐朝名画录》说:"张璪员外,衣冠文学,时之名流,画松石山水……惟松树特出古今。"他所著的《绘境》一书,虽已失传,画史上却留下他的两句名言:"外师造化,中得心源。"张璪继承宗、王的山水画论传统,主张山水画家学习钻研自然美,掌握其规律,是为了丰富内心世界,从而把自然美升华为艺术美,以表达自己的情思意境。唐人符载的《观张员外画松石序》更加以补充:张璪的山水画乃是"物在灵府,不在耳目,故得于心,应于手。孤姿绝状,触毫而出,气交冲漠,与神为徒。"所谓"在灵府"的物,意味着"得于心"的"物",也就是被融化于内心世界的自然美。这样的"物"虽源于客观,却不完全等同于自然美本身,它正如后来董其昌所谓"内营"的"丘壑",①而呈现到画面上来。所以从创作的过程看,只有这样的"物",才是"应于"画家之"手"的。但张璪并不排斥客观的"物"或自然美;相反地,他让自然美频仍地刺激感官,以丰富"心源",提供了主观融会的对象。与此同时,张氏之言还说明了单有造形而无抒情,或单有意境而无形象思维与笔墨技法,对艺术创作来说,都是不可想象的。由宗、王的"神""情",到张璪的"心源",再归结为张彦远的两段话,便形成了古代山水画创作的传统理论。一面强调"立意",一面重视接物。特别是彦远之言,明确了绘画中意与笔、思想性和艺术性、内容与形式以及艺术美与自然美之间的辩证关系、主从关系。由于以"意"命"笔",借"笔"达"意",所以既可防止被动地描写自然的自然主义,也可杜绝片面强调笔墨的形式主义。这确实是一个基本原则,体现在一切向前发展的艺术之中,而且不限中国,西洋也不例外。意大利文艺复兴时期杰出艺术家达·芬奇就曾说过:"一个画家如果让笔墨的活动走在思想的活动的前面,那末他必然是一个很不高明的画家。"②可见芬奇也是强调尊意原则的。

接下去谈谈宋代的山水画家如何应用这个原则,处理自然美。例如范宽先学李成,后来觉悟到:"前人之法未尝不近取诸物,吾于其师于人者,未若师诸物也,吾与其师于物者,未若师诸心。"他于是"舍其旧习,卜居于终南太华岩隈林麓之间,而览其云烟惨淡、风月阴霁难状之景,默与神遇,一寄于笔端之间。"③范宽

---

① 董其昌《画禅室随笔》:"……气韵……亦有学得处。读万卷书,行万里路,胸中脱去尘浊,自然丘壑内营,立成鄞鄂,随手而出,为山水传神。"
② 麦克兑所编英译本芬奇《笔记》,1960年伦敦版。
③ 《宣和画谱》"范宽"条。

的创作道路是经过一番曲折的。由学习旁人的作品转为师法自然美,由艰苦钻研一定地区的自然美,进而在所师的"物"中找到了"心"所资取的"物",终于做到借物写心,而形诸笔墨。也就是说,他最后走上从尊"意"发端的这条道路,获得创作的根本原则了。所谓"默与神会",是指由心、物契合以到达物为心用。可是当他学习李成或者说不在"心"的主导下去师造化的时候,就未必能够"默与神会"亦即无"神"可"会"了。又如元代倪瓒画了大量的山水画,而其意境则集中表现在他给陈以中画竹的那段题词中:"以中每爱余画竹,余之竹聊以写胸中逸气耳,岂复较其似与非,叶之繁与疏,枝之斜与直哉?或涂抹久之,他人视以为麻为芦,仆亦不能强辩为竹,真没奈览者何。但不知以中视为何物耳?"①我们当然反对把竹画成麻、芦,但倪瓒所谓的"逸气",却值得分析。它并非什么玄秘的东西,而是画竹时的一种精神状态,体现画竹艺术中的"意""情""神""思"。这"逸气"包含着对一定的自然美(竹的美)的喜爱,自己的审美感受与对象交融,构成了竹、我为一的境界:他描绘这一境界,便是画竹了;他是为写出此境,才去画竹的。设若无此"逸气",便会成了为画竹而画竹,非为人而画竹——这样的作品将不成其为艺术作品,而只是植物挂图了。至于倪瓒的山水画,也是写此逸气的艺术作品,而非自然美的复制。

不过,从宗炳到倪瓒这些例子还说明一点:他们所尊之"意",都表现了封建士大夫的思想感情,不外乎"脱离尘俗""冥合自然""逍遥自得"的一套。在和自然的关系上,他们含有道家和佛家的"物我为一"的审美观点,此外,他们又都过着"隐士"生活。但倪瓒的情况,又和宗、王有些不同。他本是一个大地主,红巾军起义,他几次逃避到太湖之滨,但同官吏仍然很有来往。他的《素衣诗·自序》说:"素衣内自省也。督输官租,羁縶忧愤,思弃田庐,敛裳宵遁焉。"这当然不是真心话,但他所谓"逸气",则意味着由于抑郁忧愤而回避现实,以求冥合于自然。然而,历史在发展,时代在变革,今天的中国山水画家对自然美的艺术处理或主观的能动反映,再也不会囿于道、释遁世的思想窠臼。今天我国的山水画家则以自己新的"意"和审美观点来看待自然美,因此对他来说,继承我国古代艺术的尚意和以意使笔的创作原则,是一回事,而批判古代士大夫所尚之"意"的阶级内容,另是一回事,这种区别应该说是相当重要的。

---

① 《四部丛刊》本《倪云林先生诗集·附录》。

二

下面想谈谈,尚意的原则曾给我国山水画带来哪些影响,并给这一画科形成哪些民族特征。综合言之,大致有以下一些:(一)一笔画、(二)水墨画、(三)皴法、(四)丘壑内营的构图法、(五)手卷形式、(六)题画等。它们都和这条总的原则有关系,前三点体现了笔法、墨法、线条方面的特点,后三点则和画家的想象以及画中有诗的要求分不开。① 由于这些特点,我国的山水画的面貌就和西洋风景写生画有所不同。西洋这一画科的创立,是在资本主义经济发展阶段,当时资产阶级为了开发自然资源,加强殖民掠夺,大力提倡自然科学及其应用,从而强调感觉经验,影响及于风景画家。他们主张通过视觉,钻研自然的形象,讲求形似,提倡写实风格,以致自然美几乎成为艺术美的同义词,作品中也就很少见到画家的意境情思。十九世纪末、二十世纪初,后期印象派受到一点东方(日本)影响,如果说其风景画中也有"我"在,那末此"我"兼有自然科学家或物理学家的身份,和中国所谓的画中有诗似乎还有一段去离。这派的领袖保罗·塞尚就曾宣称:"'诗',人们或者可以放在头脑里,但永远不该企图把诗送入画中,如果人们不愿堕落到文学里去的话。"② 在我们看来,画中表达了作者的意境或诗情,始可称为艺术,画中有诗乃高度的艺术美;③倘若以此衡量塞氏之言,那末它竟像似出于一位科学家,而非艺术家之口了。至于西方的水彩画和油画的风景写生,其笔触和刀法(油画),也讲求变化多端,和我国山水画的皴法以及郭熙所谓的"斡淡""渲""刷""捽""擢"④相比较,作用相同,都是为了丰富形象,使它生动活泼。然而水墨山水这种画体以及上面所举(四)、(五)、(六)三特征,在西洋风景画中都不存在,实为中国绘画的特色。本文试就(一)、(二)、(四)三者谈点个人体会。⑤

所谓一笔画,不是说只凭一笔,就能画尽一件作品的全部形象。它意味着画家以情思、意境为主导,来运笔、用墨,沟通了笔法和墨法,使亦笔亦墨的无数线条,先后落在缣素上,却都为意境所统摄,因而它们连绵相属,气势一贯。笪重光

---

① 关于后三点,参看本书《试论画中有诗》。
② 瓦尔特·赫斯《欧洲现代画派画论选》,宗白华译,第17页,人民美术出版社,1980年。
③ 参看本书《试论画中有诗》。
④ 见郭氏《林泉高致》。
⑤ (五)、(六),参看本书《试论画中有诗》。

《画筌》说:"得势则随意经营,一隅皆是,失势则尽心收拾,满幅都非",乃是强调意一笔一势三个环节的紧密连锁,从而拈出"一笔画"的本质与功能。因此,画家(不仅山水画家)能否以他的笔墨始终为自己的情思、意境服务,就取决于他有否掌握这个始终连贯意一笔一势的一笔画了。我国的书法以最高的艺术形式,表达思想意境,并先于绘画,建立一笔书的理论。张彦远《历代名画记·论顾陆张吴用笔》就王子敬(献之)的一笔书和陆探微的一笔画,加以对比,并归结到"意存笔先,画(书)尽意在"这两句名言。由此可见,一笔画的理论是尚意的产物,这一点吕凤子《中国画法研究》和本书《论国画线条和"一笔画""一画"》都曾涉及,是值得深入研究的。

在我国山水、人物、花鸟画中水墨一体的出现,后于设色。当山水画开始成为专科的时候,它的表现技法正如宗炳《画山水序》所说的"画象布色,构兹云岭",是先以笔墨勾取物象轮廓而后设色的。传为顾恺之的《女史箴图》《洛神赋图》中的山水部分,以及后于宗炳一百多年的隋代展子虔的《游春图》,其技法也都是如此。到了盛唐,开始有了水墨山水画,并发展为独立一体,与当时的青绿山水和后来的浅绛山水,曾形成鼎足之势。《历代名画记》说,吴道子曾学草书于张旭,于李思训工笔重色的密体之外,别创笔势纵恣的,"离披点画、时见缺落"的疏体。又说:"吴生每画,落笔便去,多使(翟)琰与张藏布色。"唐末、五代荆浩《笔法记》则评吴氏"有笔而无墨"。从这些资料可以推测,吴氏一体,以运斤如风的墨笔,很快地勾出物象轮廓,而形神已备,无须再行布色,即使设色,也不妨让他人去干。此所以吴道子和李思训都画过嘉陵江三百里的山水景物,吴氏一日而就,李氏累月方毕,而唐明皇同加赞美,[①]这也说明水墨的山水画体在盛唐时已取得它的地位了。

但水墨山水画体的完全建立,还有待于"破墨"和"泼墨"的出现。《历代名画记》"王维"一条说:"余(张彦远)曾见(王维)破墨山水,笔迹劲爽。"同书"张璪"一条说:"余家多璪画,曾令画八幅山水障,在长安平原里,破墨未了,值朱泚乱,京城骚扰,璪亦登时逃去,家人见画在帧,仓忙揫落,此帧最见张用思处。"关于"破墨",自来解释很多,但大致说来,它是强调墨的光彩,反对死墨,要用活墨,在笔的统摄下,做到笔墨互济,以增强艺术形象的神采,更好地反映画家的情思、意

[①] 见朱景玄《唐朝名画录》。《文物》1961年第9期,金维诺《李思训父子》怀疑这段故事,认为在时间上是错误的;但用它来说明疏、密二体,似乎还是可以的。

境。其特征是：一片墨色的浓、淡、干、湿、焦、润，层层分明，复又相互掩映，使墨彩丰富、灵活、生动。其方法是：或先用淡墨，后用浓墨，即以浓破淡，或先湿后干，即以干破湿，或先焦后润，即以润破焦；反之，亦可。这种墨法，发展到近代，更有以水破墨和以墨破水，前者先落墨，再以水破之，后者先用水，再以墨破之。换而言之，破墨乃是以水墨的神彩代替颜色的神彩，因此在广义上，"破墨"法似乎可作为"墨法"的同义词。不过，更重要之点则在于无论墨色之浅深交错，干湿、焦润层见叠出，到了如何复杂的程度，仍然统摄于用笔，而用笔则更本于立意。当时张彦远很欣赏这种精微的墨法，支持这种新创的水墨画体（包括山水画中的水墨体），所以说："草木敷荣，不待丹碌之采；云雪飘扬，不待铅粉而白。山不待空青而翠，凤不待五色而綷。"（当时花鸟画也已有水墨体，故云。）又说："是故运墨而五色具，谓之得意。"最后归结到"立意"。后人假托梁元帝萧绎的《山水松石格》，把"破墨"和"丹青"并列，认为"高墨犹绿，下墨犹赪"。就是说，墨色的艺术效果相当于颜色的艺术效果，墨彩可与色彩争胜，补充了张氏之言。而从张氏所谓的"得意"，我们愈加明确这种墨法所能表达的，乃是作者主观与对象交融而凝成的"意"了。所以他说，家中那八幅张璪破墨山水障是"最见张用思处"了。后来荆浩《笔法记》更有一段论说："张璪员外树石，气韵俱盛，笔墨积微，真思卓然，不贵五彩，旷古绝今，未之有也。"也是指出水墨体和破墨法，都是画家内心世界或情思意境所由表现，而且全在十分精微之处（亦即种种墨色的互破）下功夫。

至于"泼墨"的体法，一般认为是在"破墨"基础上发展起来的，创始于唐末王墨。①《历代名画记》说，王墨早年学郑虔，后师项容，而"风颠酒狂，画松石山水……好醉后以头髻取墨，抵于绢上。"《唐朝名画录》说他"性多疏野，好酒……熏酣之后，即以墨泼，或笑或吟，脚蹙手抹，或挥或扫，或淡或浓，随其形状，为山、为石、为云、为水，应手随意，倏若造化。"《宣和画谱》也称他的泼墨山水"自然天成，倏若造化"②。至于项容，荆浩《笔法记》则认为："有墨而无笔。"大致说来，泼墨有这样一些特征：（一）习于醉后为之，风格豪放、纵恣；（二）泼出之墨所留下的痕迹可唤起画家的想象，使形象思维避免程式化；（三）在运笔取象时，会受到墨痕的形状的暗示，却又不被它所局限。从第三点看，对平时追求墨彩胜于运笔的画家来说，似乎比较容易采用泼墨法，因此不难理解为什么王墨所师的项容，

---

① 《宣和画谱》载，王洽别名王墨；"洽"一作"默"。
② 参看本书《文人画艺术风格初探》中"偶然"一节。

被评为"有墨而无笔"了。不过,泼墨一体也有发展,其笔势豪放而墨如泼出的,也称为"泼墨",但这种泼墨,已不再是先"泼"而后"画"了。

我国的水墨山水画及其破墨与泼墨,略如上述。接着想试行分析水墨一体和崇尚意境之间较为复杂的关系。古代山水画家从借物写心出发,来处理自然美、创造艺术美,其具体情况并不相同。一种情况是:既然要表达意境,就必须使它集中突出,表现的形式、技法也力求洗练、简捷,而为了这种效果,水墨画显然胜于轮廓、填色画。所以它在创立之后,便能同轮廓、填色相抗衡。若从疏、密二体看,则有几点值得注意。(一)疏体既较密体更为直接、敏锐、迅速地表达画家的情思意境,又与水墨之体同为一家眷属,因此它显然不同于精细地勾勒轮廓、复又赋以重彩的密体(如李思训);(二)当然我们并不否认李氏之作是无"意"可表;(三)而较为晚出浅绛山水,则可以说疏体较多于密体。另一种情况是:为了力求突出意境,画家可减弱自然形象及其规律的约制,以增强主观能动的反映,做到借物写心,而不为物障,凡具有道家或佛家由外而内的精神倾向的山水画家,尤其是如此;而自然美所呈现的丰富色彩以及阴、晴、朝、暮、风、霜、雨、雪的无穷变化,则使他感到难以处理,素性回避了事;于是乎以墨代色,以墨取胜,也就是必然之道了。此外,还有一种情况:强调"畅神""得意"的山水画家,他们头脑里没有我们今天所说的自然主义,对自然美本身的形形色色,根本上就不作亦步亦趋的描绘,而尽可权宜处理;更何况他的思想逻辑是:(一)首先必须不为物使,才能物为我用,物我为一,以达到畅神、得意;(二)对先前用惯的、比较忠实于自然现象的着色法,大可来它一个革命,完全改用水墨法。以上所举的三种情况,或多或少地符合我国古代山水画的创作实际,同时也许有助于说明墨笔山水画之兴起,而第三种情况似乎是比较基本的,因为它关系到画家本人思想、感情的表达效能,而后者原是中国山水画创作的关键。此外,与先于一笔画而存在并且与之相通的一笔书,尤其是草书,对贵在达意的水墨画,也有重大的关系和影响,并且很能说明墨笔山水和尚意原则之间的关系。《历代名画记》曾说吴道子"学书于张长史旭、贺(秘书)监知章,学书不成,因工画。"张、贺都特擅草书,而草书最尚气势的雄强,这种气势入于吴氏画中,而形成独特风格,《历代名画记》有一段描述:"意旨(不)乱","笔才一二,像已应焉","笔虽不周而意周",说明吴道子的作品是贯连心、手或意、笔的"一笔画"啊!

总之,水墨山水画不失为我国绘画遗产的一大特色,它使意境、笔墨和线条得到高度统一,十分精练地寓感情于图景,同时十分自然地将审美感受转为审美表现,终于从自然美中创造出艺术美来。

三

接着谈谈上文所举的中国山水画的第四特点——丘壑内营。古代山水画家走的是以心接物、借物写心的道路,当然不会机械地描摹实景。五代、北宋间,山水画艺术已经成熟,画家们师法造化而有所突破,不为自然景物所困惑而融化于胸中,故能以笔墨寄情遣兴,而其中丘壑内营实为关键。这一时期的山水画真迹很少留传下来,因此艺术理论家的有关评价,就成为今天探讨中国山水画美学的重要资料。在这方面,宋郭若虚《图画见闻志》论三家山水,最有参考价值。他写道:"画山水惟营丘李成、长安关同、华原范宽智妙入神,才高出类,三家鼎峙,百代标程。前古虽有传世可见者,如王维、李思训、荆浩之伦,岂能方驾?近代虽有专意力学者……难继后尘。"也就是说,在艺术造诣上,这三家高于王、李、荆。郭若虚还分别指出三家的画中意境、画面结构和艺术风格。"夫气象萧疏,烟林清旷,毫锋颖脱,墨法精微者,营丘之制也。石体坚凝,杂木丰茂,台阁古雅,人物幽闲者,关氏之风也。峰峦浑厚,势壮雄强,抢笔俱匀,人屋皆质者,范氏之作也。"换句话说,三家者都是意境先行,丘壑随之,发于笔端,见诸风格;尤其是画中丘壑,都经过"内营",决非复制自然;其结果乃有李氏的萧疏清旷,关氏的凝重典雅,范氏的雄浑质朴了。由此看来三家的成就,在于克服景多于情或笔不逮意,取得情、景的合一,特别是"丘壑内营"的"内",因为这个"内"统一客观于主观。而王、李、荆之所以不能"方驾"三家,正是由于在这"合一"和"内"的上面,还未到家。总之,"意境"之有无,标志着中国山水画起点的高下,并影响及于画中的结构、墨笔与风格。

其次,在中国山水画中,"意"的寄托和"意"的表现,不仅借助而且改造了自然美的伟大结构及其部分细节——一树一石,而后者逐渐产生中国山水画科的独特题材并形成一个支流,而且名家辈出。这在西方风景画中可说是罕见的,其原因则由于尚意的原则使画家对自然美有更为深刻的感受。例如唐韦鹣(一作"偃")"工山水",善写"老松异石……咫尺千寻,骈柯攒影,烟霞翳薄,风雨飕飗,轮囷尽偃盖之形,宛转极盘龙之状,"而"笔力劲健,风格高举"。[①] 五代杜楷"山

---

① 张彦远《历代名画记》卷十《唐朝下》。

水,多作老木悬崖,回阿远岫,殊多雅思"。① 北宋王士元"好读书,为儒者言,有局量"②,所画"杂木寒林,高丈余,风韵遒举,格致稀古"③。以上几位画家倘若没有崇尚简远、重深或欣赏劲拔的审美观,是不会单单选择这等最能触发情思而加以熔铸的自然小景,并创造各自独特的风格的。像这样地小中见大,为山水画开辟新貌,在当时原属创举,因此引起保守派批评的非难,例如《宣和画谱》就认为王士元是因小失大,"乏深山大谷烟霞之气,议者以此病之"。但是,同时也应指出,崇尚意境诚然是创作的重要原则,不过尚意的批评有时却也会产生副作用,把艺术构思牵强附会到道德说教上去,大大歪曲了画家的审美观。例如邓椿评价李成,便是如此:"所作寒林多在岩穴中……以兴君子之在野也。自馀棐植尽生于平地,亦以兴小人在位,其意微矣。"④一派儒家口吻,这就无甚可取了。接着再看元代的赵孟頫和倪瓒,均擅木石小品,各得深静和淡远之致,但风格不同,赵氏还嫌过于经意,倪氏则"逸笔草草",反多生意。假如我们把倪瓒的《竹木窠石》⑤和郭熙的《窠石平原》⑥相比较,不难发现,在郭氏还不善于木石小品,作此图时也像经营巨幛那样,"盥手涤砚,如见大宾……不敢以轻心挑之"⑦,结果一笔不苟,反伤刻划,而乏意趣;倪氏则不求工整,乃见真情致了。到了明代,艺术批评家李日华对山水画这一支流写下比较恰当的小结,是值得介绍的。"古人林木窠石,本与山水别行。大抵山水高深回环,备有一时气象,而林石则草草逸笔中,见偃仰亏蔽与聚散历落之致而已。李营丘特妙山水,而林石更造微,倪迂源本营丘,故所作萧散简逸,盖林木窠石之派也。"⑧

四

最后,试以董其昌的"丘壑内营"说为中心,给本文作一小结。⑨ "丘壑内营"意味着客观与主观、物与心,外与内的两个矛盾方面,而以后一方面为主导,在创作实践中,须恰当地掌握这一辩证关系。倘若有"内"而无"外",会变成主观臆

---

① 郭若虚《图画见闻志》卷二。
② 刘道醇《圣朝名画评》。
③ 郭若虚《图画见闻志》卷三。
④ 邓椿《画继·论远》。
⑤ 有杨铁崖题,现在台湾。
⑥ 现藏北京故宫博物院。
⑦ 见《林泉高致·山水训》。
⑧ 《紫桃轩杂缀》卷一。
⑨ 参看本书关于艺术形式美的两篇文章。

造,有"外"而无"内",将沦为自然主义。对中国山水画来说,自然美须融化于意境中,并通过丘壑内营,以创造出艺术美来;至于艺术美,则须凭借意境指导下的笔墨(亦即中国山水画的艺术形式美),方能体现在生动、丰富的形象中。这里,最具体、最生动地表现意与笔的主从关系的,就是这个作为艺术形式美的笔墨了,这个紧密结合着情思意境的笔墨了。中国山水画家正是依照这个程序,来运用自然美以塑造艺术美啊!

中国画竹艺术

竹是中国绘画所特有的专科,历史悠久,从创作到理论,表现出我国艺术和美学遗产的一大特色。本文试分三个部分:一、简述画竹的起源和发展,同时介绍一些画竹理论;二、以"成竹"说为中心,探讨画竹的一些理论和美学观;三、余论。

一

东晋王徽之①爱竹,曾寄居人家的空宅,广种竹树,对竹啸咏②,还指着竹说:"何可一日无此君!"他在吴中时,知道某一士大夫家有好竹,便径自去到那里,对竹啸咏,主人把地方洒扫干净,请他坐下,他就坐下,尽兴而去。南北朝时,宋袁粲遇见竹总要逗留一下。北宋诗人苏轼曾写道:"可使食无肉,不可居无竹;无肉令人瘦,无竹令人俗。"这些事例说明中国古代的文人对竹有特别的感情。

关于最早的画竹,传说有三:(一)后汉关羽始画竹;(二)唐王维始画竹,开元间有刻石;(三)五代十国时,蜀李夫人月夜独坐南轩③,轩外竹影婆娑,映在窗纸上,夫人用笔就窗纸摹写竹影,觉得"生意具足",这是墨笔画竹的开始。

但是一般说来,唐代画竹已为独立题材,开始出现专门画竹的名家如萧悦。他工于画竹,一色④而有雅趣;他很珍重自己的艺术,有人求他只画一竿一枝,求

---

① 名书家王羲之子,尝雪夜泛舟访戴逵,到门即返,人问其故,答曰:"乘兴而来,兴尽而去,何必见!"

② "啸"为东晋士大夫的生活艺术之一,他们有感于物而啸,认为可以"离俗"。所谓啸的艺术是:蹙(缩紧)口而吟(《说文》);啸时其气激于舌端,故音清(啸旨);啸时声不假器,用不借物,动唇有曲,发声成音(成公绥《啸赋》)。啸的故事很多,除王徽之外,阮籍也乐酒善啸,声闻数百步,他曾在苏门山遇孙登,和登谈道,登不应,他长啸而退,走到半岭,听见有声发于岩谷,原来又是孙登的啸(《晋书·阮籍传》)。

③ 李夫人善文章和书画,后唐招讨史郭崇韬征蜀,蜀主王衍降,崇韬尽收蜀中宝货,并强占李夫人,夫人悒悒不乐,时常独坐南轩。

④ 可能纯用青色或绿色,不杂它色,故曰"一色"。

了一年还未求到。有一次,他却画了十五竿竹,送给诗人白居易,白感谢他的厚意,也赞叹他的艺术,写了一首《画竹歌》:"植物之中竹难写,古今虽画无似者,萧郎下笔独逼真,丹青以来唯一人。人画竹身肥臃肿,萧画茎瘦节节疏。不根而生从意生,不笋而成由笔成。"这后面两句是以诗的形式拈出画竹艺术中立意、命笔的根本法则,可以说是我国画竹理论的萌芽。唐代还有程修己,于文宗李昂大和中(827—840)在文思殿画竹幛,李昂题诗:"良工远精思,巧极似有神,临窗时乍睹,繁阴合再明。"李昂在诗中很早地提出画竹的形、神问题。① 此外,更有无名画家单画竹根的脱壳,也很逼真。

五代北宋间,画竹一科逐渐发展,有不同的风格。后蜀黄筌常以墨染竹,李宗谔见了他的墨竹图,大加叹赏,作《黄筌墨竹赞》,在序上说:画设色花竹的人,连一芯一叶都须着色,黄筌却不如此,而以墨染,看去好像有些儿寂寞,却写出生意,表现了"清姿瘦节,秋色野兴",于是设色反为多余之事了。南唐较多画竹名家。徐熙有"雀竹图",画一丛小竹,下有两雉,用浓墨粗笔画竹的根、竿、节、叶,略用青绿二色点拂枎比②,而竹梢有"萧然拂云之气"③。丁谦初学萧悦画竹,后来改为对竹写生,当时称第一。他有一幅竹图,描绘竹生崖上,竹叶倒垂,根瘦,节缩,有凋瘁之状,而笔法快利,乃是给病竹写貌。李颇画竹,不在小处求巧,而落笔便有生意,作折竹、风竹、冒雪疏篁等景。解处中画竹,能表现竹的色态美,所作雪竹,带冒寒之意,更于竹间点缀禽鸟,或相聚成群,或独自一个,却都有畏寒之意。后主李煜善书,以战掣的笔势④画竹。北宋诗人黄庭坚题记煜画竹,认为其特征是由根到梢,都用钩勒,名曰"铁钩锁"。唐希雅学煜书法,也用战掣的笔势画竹。

北宋更多画竹名家。阎士安画墨竹,掌握竹在风、烟、雨、雪中不同之势,分

---

① 后两句描写程修己把竹画得繁密而又生动,所以凭窗观画,最初的一刹那竟会觉得窗外真地栽着竹树,那茂盛的枝叶随风摆动,方才合拢,眼前一暗,随即分开,露出天空,眼前一亮。

② 《诗经·周颂·载芟》:"其比如栉。""栉"是理发器具的总称;"栉比"在这里(和"点拂")均作动词,是说依次疏通,即用浓墨画出竹的根、枝、节、叶之后,再用青绿二色给它们作必要的笼罩,使竹的这些组成部分之间表现出更好的有机联系。

③ 因为把竹梢位于画面顶端,而又写出竹梢摇曳生动之势,就像高可拂云了。

④ 《书苑菁华》载唐太宗《笔法诀》云:"为竖(按即丨)必努(须用力),贵战而雄";又云:"磔(按即㇏)须战笔"。同书载"永字八法详说"中"磔势第八"云:"磔者,不徐不疾,战行欲卷,复驻而去之。"大致说来,"战"字通"颤",战的笔势是要求从战颤中求道劲;"掣"原有拖住、牵曳的意思,掣的笔势在于"顺"中带"逆",以增沉着之感。"战"与"掣"结合,则可避免把字写得薄弱流滑、甜软无力。李煜将书中的"战""掣"之法用于画竹,特别是画双钩竹,主要是企图通过画中沉着道劲的笔势,捉取竹的坚挺的形态。

别写成景致,所以形态很多变化。他的墨竹,笔势老劲,时常画在大卷、高壁之上,喜作不尽之景。刘梦松亦善墨竹,画《纡竹图》①,很精致。

北宋时文同尤为杰出,任洋州②太守,在筼筜谷③中筑披云亭,从亭里观赏筼筜,画竹的艺术更进,他原不珍视自己的画竹,后来求者过多,他不耐烦了,把送来的画绢掷在地上,骂道:"吾将以为袜。"他到某一地方,倘见安排笔砚,便避开了,免得人家强他画竹。但是朝中有个小官叫张潜,为人小心翼翼,文同却主动地画纡竹送给他。文同还在一丈多长的绢上画设色偃竹,送给诗人苏轼。他死后,苏轼看见他的纡竹图的摹本,便想见他生前屈而不挠的风节。④ 苏轼和米芾给文同的作品写过不少诗、跋、题记,⑤指出他有四个特征。(一)作为艺术家的文同有四绝:一诗,二楚辞,三草书,四画;特别是构通诗画,互相诱发,"与可所至,诗在口,竹在手"。(二)他在画面上综合表现竹、木、石,特别发展了墨竹一科。(三)他的墨竹的特点是:善画成林竹;善画折枝竹;首创竹叶的处理,以墨深为叶面,墨淡为叶背。(四)更重要的是,他总结了画竹的基本原则:"必先得成竹于胸中",苏轼并用诗的语言解释这个原则:"与可画竹时,见竹不见人","其身与竹化,无穷出清新"。宋郭若虚兼评文同所画的墨竹和古木:"善画墨竹,富潇洒之姿,逼檀栾(竹的美好貌)之秀,疑风可动,不笋而成者也。复爱于素屏高壁状枯槎老枿,风旨简重,识者所多。"米芾还指出:画竹叶"以墨深为面、淡为背,自与可始也"。明李日华则作了具体的描写:"见文湖州一筱出枯松之根,深沉如漆,劲利可畏。"我们从最后四字可见文同笔力和他的艺术风格。元代画竹名家李衎则认为文同的风格"豪雄俊伟"。

文同的外孙张嗣昌得同传授,每画竹必乘醉大呼,然后落笔。他的作品也不可强求,有人强求,他便大骂走开了。文同的弟子程堂喜画凤尾竹,既表现出竹梢重量和竹身的回旋,还把竹叶的正反两面,画得十分清楚。他虽师文同,却没有忘了自然。他到四川峨眉山,看见有菩萨竹,枝上结花,"茸密如袭",便在中峰

---

① 不直、弯曲曰"纡"。竹本直生,但生不得所,曲而不直,则称"纡竹"。《津逮秘书》本《东坡题跋》卷五《跋与可墨竹》:"纡竹生于陵阳(今名待考)守居(指文与可为陵阳守时的居处)之北,盖岐竹也。其一未脱箨(笋壳),为蝎所伤,其一困于嵌岩,是以为此状……"

② 文同,字与可,以画墨竹名,但也画山水、人物,兼善草书。洋州为今陕西南部洋县。

③ 在洋县西北,谷中多筼筜。筼筜中一种高大的竹,《异物志》:"筼筜生水边,长数丈,围一尺五六寸,一节相去六、七尺或一丈。"

④ 见《东坡题跋》卷五《跋与可墨竹》。

⑤ 苏轼"书文与可墨竹五绝一首并叙":"……与可尝云'世无知我者,惟子瞻一见识吾妙处。'"所以文同给"知我者"苏轼所画的竹,都是精品。

乾明寺僧堂的壁上，画其形态，俨然如生。他又在象耳山①见苦竹、紫竹以及风中、雪中的竹，也给它们写真。他在成都笮桥观音院画竹，还题绝句一首："无姓无名逼夜来，院僧根问苦相猜。携灯笑指屏间竹，记得当年手自栽。"此外，赵士安也画墨竹，但好写筻竹②，很是秀润。

  在北宋，还须提到苏轼，因为他在一定程度上丰富了中国的画竹艺术和理论。他在黄州时，画竹赠给章质夫和庄敏公，并附短札，说他本来只打算画墨木③，可是墨木画完，尚有余兴，所以又画竹石一张，一同寄去，竹石是以前未有的画体。④ 米芾路过黄州，两人初次见面，畅饮之下，他便画两竿竹、一株枯树、一块怪石，送给米芾。元丰七年(1084)七月，他偶过郭祥正所居的醉吟庵，一时兴到，便在壁上画竹石。元丰八年四月六日，他路过灵璧⑤，看见刘氏园中有一石状如麋鹿弯颈，从各面看去，形态都好。灵璧产石多半只有一面可观，所以他特别喜爱这石，为了求得这石，便在当地临华阁的壁上画了一幅《丑石风竹图》⑥，那个姓刘的很是高兴，便把这块石送给他了。苏轼虽然兴到画竹，却能运思精细，如《万竿烟雨图》，便有许多竹竿，下端画飞白石⑦，远处作烟霭之景。他曾阐述文同教他的画竹道理：如果"节节而为之，叶叶而累之，岂复有竹乎？"接着就指出"画竹必先得成竹于胸"这一基本原则，并加引申，认为画竹应"执笔熟视，乃见其所欲画者，急起从之，振笔直遂，以追所见，如兔起鹘落，稍纵即逝矣。"苏轼虽善谈画竹理论，但是他实践起来，却有很大距离，感到自己是"内外不一，心手不相应"，因而他又说，"凡有见于中而操之不熟者"，是"不学之过也"。他虽

---

① 在今四川彭山县东北，去峨嵋县不远。
② 屈大均《广东新语》：筻竹多生吴、越，叶细，节疏，宜作篾丝。
③ 用墨笔画树。
④ 事实上苏轼是从文同那里学来的，他给文同艺术所作的小结，可以说明这一点。
⑤ 在安徽北部泗县西北，古代即以产石著名，其石宜于制磬，《禹贡》所谓"泗滨浮磬"；宋赵希鹄《洞天清录》："灵璧石在深山中，掘之乃见，色如漆，间有细白纹如玉，叩之声清越，以利刃刮之，略不动。"
⑥ 怪异曰"丑"，不一定"难看"。
⑦ 用写字的"飞白"法画石。"飞白"法创自东汉末，据唐李约、崔备《壁书飞白萧字记》，张怀瓘《书断》卷上"飞白"条以及宋黄伯思《东观余论·论飞白法》等所说，大致归纳如下。灵帝熹平间(172—176)粉饰宫中的鸿都门，书家蔡邕见工人用粉刷写字，得到启发，创飞白法，其特征是：运笔轻快(并非飘浮)灵活，墨色富于浓淡，所以写出的字气势飞舞；由于这样地写，毫毛(指笔头的主毫和副毫)并不全部触及纸面或壁上，笔划中留了一些空白；"飞白"的"飞"是指飞舞的笔触，"飞白"的"白"是指由这种笔触而相应产生的笔划中的空白；"飞"和"白"是这种书法的组成部分，但两者之间的关系并不固定，写时或飞多于白，或白多于飞；蔡邕以后，许多书体都应用过飞白法，所以有飞白"虽创于八分，实穷于小篆"之说。我国山水画中的石法相当多样化，以飞白法画石虽未必始于苏轼(待考)，但以飞白法画的石和墨竹之间保持着相当统一的笔墨情趣。

自知学力不够,还是兴到即画,有时甚至一笔上去,中间并不分节,米芾问他这是怎么一回事,他回答道:"竹生时何尝逐节生?"而且还自以为可与文同比美。不过,他心里究竟明白赶不上文同,于是兜个圈儿说:"吾竹虽不及(文同),而石过之。"

苏轼的兄弟苏辙虽不能画竹,却能谈出画竹的理论,在他的《墨竹赋》中这样写道:墨竹画家既须"朝与竹乎为游,暮与竹乎为朋,饮食乎竹间,偃息乎竹阴",这样来"观竹之变",更须体会到"竹之所以为竹",特别喜悦竹的"苍然于既寒之后,凛乎无可怜之姿",于是就感到非画不可,也就是"忽乎忘笔之在手,与纸之在前,勃然而兴,而修竹森然"了。

苏轼的密友黄庭坚也不能画竹,但能论画竹。黄与迪给他画了五幅墨竹,他以诗为谢:"吾家墨修竹,心手不自知。"他题李汉举墨竹,作这样的赞美"如虫蚀木,偶尔成文;吾观古人绘事妙处,类多如此"。张耒也论画竹,他的外甥杨古老画竹学文同,但张说他的这位外甥"本不好画竹",乃是"一旦顿悟,便有作者风气,①挥洒奋迅,初不经意,森然已成,愜可人意;其法有未具,而生意超然矣"。

元代画竹名家则有赵孟頫、倪瓒、吴镇、柯九思、李衎、顾安等。倪瓒在给张以中所画的《疏竹图》上题道:"以中每爱余画竹,余之竹聊以写胸中逸气耳,岂复较其似与非,叶之繁与疏,枝之斜与直哉?或涂抹久之,他人视以为麻为芦,仆亦不能强辩为竹,真没奈览者何。但不知以中视为何物耳?"②柯九思强调画竹与书法相通:"写竹干用篆法,枝用草书法,写叶用八分法,或用鲁公撇笔法,木石用折钗股、屋漏痕之遗意。""凡踢枝当用行书为之。"后人评他的画竹:"得其神于运笔之表,求其似于有迹之余。"做到了形神兼备。此外,高克恭也兼画竹,尝谓"子昂(赵孟頫)写竹神而不似,仲宾(李衎)写竹似而不神",意思是自己形、神两得。在以上几家中,李衎似乎值得多介绍一些。

李衎少时见人画竹,便从旁窥其笔法,起初觉得可喜,但看了些时,又觉得那人画得不对头,不想再看了。他看过几十个人画竹,直到遇见了黄澹游,才认为澹游画竹与以前几十个人完全不同,决心向他学习。后又知道澹游是学其父黄华,而黄华则学文同。这时有人提醒他:黄华虽学文同,但常用灯照着竹枝,对影写真,和那些撇开实物的不同,至于澹游则只晓得临摹父亲的画本,有如战国

---

① 指画竹成家。
② 《式古堂书画汇考·画考》卷二十著录。倪瓒别号云林子,隐居不仕,山水竹石均以"幽淡"为宗,明初年已七十余,被召不起。画史推为逸品。

时赵国的赵括只能死读父亲赵奢所著的兵书,所以澹游的画是不必学的。李衎听了,很以为然。他又想起以前苏轼和黄庭坚等都盛赞文同画竹,可与造化争美,于是开始以未见文同的作品为憾事。至元乙酉(1285)他在钱塘,才见到十多幅文同作品,但觉得对自己无甚启发,这时候友人王子庆告诉他这些都非真迹。后来他终于借到一幅文同真迹,原来画着五竿竹子,"浓淡相依,枝叶间错,折旋向背,各具姿态,曲尽生意";接着又获得三幅真迹,就专心学习文同了。久而久之,他对画竹渐多悟解。鲜于枢又向他建议:"以墨写竹,清矣,未若传其本色之为清且真也",便鼓励他于墨竹画法中试加青绿的颜色。他接受意见,但画来觉得不很满意,认为鲜于之见还值得讨论。后来李衎接连看到唐开元间石刻的王维画竹以及五代、北宋的作品,互相比较,觉得惟有南唐李颇画竹,才是形神俱备,技法完美,而北宋文同的风格,则可称"豪雄俊伟"。他于是作出"画竹师李,墨竹师文"的论断。

此后,李衎因为官职调动,到过东南许多地方,对于竹的"族属、支庶、形色、情状、生聚、荣枯、老嫩、优劣"等,作了精细的观察。他又因出使交趾①,更有机会深入竹乡,接触到许多奇异的品种,悉心研究。这使他对于竹的类别、形态的掌握以及用笔、用墨、用色的技法,比前更有提高,成为元代画竹的大家。

他把自己的学习、经验心得等加以整理,写成《竹谱》一书,综合李颇画竹、文同墨竹的成法和自己的心得,提出了命意、位置、落笔、避忌许多问题。此书以《知不足斋丛书》本最为完全,分为四个部分。(一)《画竹谱》,讲画法的五个方面:位置、描墨、承染②、设色、笼套③;(二)《墨竹谱》,讲墨竹法的四个方面:画竿、画节、画枝、画叶;(三)《竹态谱》,强调先须知道竹的种种名目和相应的动态,然后研究下笔之法;(四)《竹品谱》,分为六个子目:全德、异形、异色、神异、似是而非、有名而非,是他考察实物的忠实记录。书中关于画竹之道,坚持文同所谓"画竹必先得成竹于胸中"的原则,同时也强调学习实物的重要,反对"不思胸中成竹从何而来,慕远贪高,逾级躐等,施弛情性,东抹西涂"。

明代墨竹画,首推宋克、王绂、夏昶三家。

宋克兼擅草书,所画多半是细竹,寸岗尺堑,布置稠密,而又带雨含烟,使观者意远。王绂画山水竹石,须兴到落笔,如以金帛强求,他便不应,不合他意的人

---

① 今越南北部。
② 李衎《画竹谱》论承染甚详,可参看。
③ 详李衎《画竹谱》。

登门求画,他更闭门不纳。有一天,他曾在月下听到箫声,引起画兴,写了一幅《竹石图》,第二天带了这幅画去寻昨晚吹箫之人,把画相送。那吹箫的是个商人,向慕王绂之名,当下收了画又送他一张红色地毡,请他再画一幅,好配成一对。王绂笑道:我为了箫声才访问你,原想以箫材①为报,不料你是这样一个庸俗的人;跟着索还那张画,把它撕了。夏昶所画墨竹,偃卧、挺立、浓淡、烟姿、雨色等都合一定的矩度,是一位讲求法则的画家。作品流传国外,当时有这样的歌谣:"夏卿一个竹,西凉一锭金。"

此外,还有屈礿。礿初从夏昶学画墨竹,但昶素不喜欢当众落笔,因此礿从未看到昶是如何挥毫染素的。有一次礿把一幅绢张在墙上,和昶饮酒,希望昶畅饮之后,自会在这绢上画竹。不料昶喝得烂醉便走开了。礿便用泼墨法在绢上画了几竿风雨竹。后来昶见此画,好生诧异自己怎会有这样的作品,礿就骗他说,这是他醉后所作。昶注视许久,说道:当时喝醉,忘了那结束的几笔。于是在画的上端,扫了数笔,补上几片竹叶,顿时觉得"雨骤风旋,竹情备增"了。礿这才悟道:他所画的终究不是他自己的竹,至多不过是夏昶的竹罢了。

清代则以郑燮最为著名。他糅合草、隶、行,作"六分半书",并以之入画。他的作品以奇峭取胜,似乏浑深之致。他题画时,间有同情人民疾苦的话,如"凡吾画兰画竹画石,用以慰天下之劳人,非以供天下之安享人也"。他对画竹理论,例如"成竹"说,则有自己的看法。今天对他的评价很高。

末了,也须提一下朱竹。画史有以下一些资料。(一)传说蜀国关羽画朱竹;(二)传说苏轼在试院兴到画竹,适案头无墨,便以手中朱笔来画,有人问他:世上难道有朱竹吗?他反问那人:"世上难道有墨竹吗?"(三)文同也曾画过朱竹;(四)元代柯九思、倪瓒和明代宋克等也画过朱竹;(五)明戴凯之则说,湖南沅(陵)醴(陵)一带产赤竹、白竹,白竹薄而曲,赤竹厚而直,那末,朱竹原属客观存在,不过戴说也还待今天植物学家的考证;(六)明陈继儒则综合言之:"宋仲温(克)在试院卷尾,以朱笔扫之。管夫人(赵孟頫妻)亦尝画悬崖朱竹一枝,杨廉夫(维桢)题云:网得珊瑚枝,掷向筼筜谷。'"(以上的画竹史资料是根据以下各书:《世说新语》《晋书·王徽之传》《历代名画记》《唐朝名画录》《白氏长庆集》《五代名画补遗》《圣朝名画评》《图画见闻志》《宣和画谱》《画史》《画品》《宋史·文同传》《画继》《东坡题跋》《集注分类东坡先生诗》《山谷集》《栾城集》《式古堂书

---

① 箫有多管、单管,其材都取于细竹;这里指画中之竹或画竹艺术。

画汇考·画考》《续弘简录》《竹谱》《丹青志》《六研斋笔记》《明史·王绂传》《昆山人物传》《妮古录》《画史汇传》《莫廷韩集》《习苦斋画絮》等)。

二

晋王朝自公元317年南渡后,国势更加削弱,统治阶级的士大夫们对这偏安之局感到苦闷,但又没法挽救,于是遁世思想日趋浓厚,或崇尚清谈,生活在概念世界中,或游山玩水,从自然找寻安慰。江左原是我国产竹地区,竹便成为他们的欣赏对象之一。在这方面,除了王徽之和袁粲是两个突出的代表之外,还有山涛、阮籍、嵇康、向秀、刘伶、阮咸、王戎七个名士也经常在竹林里饮酒清谈,称为"竹林七贤"。中国绘画史上出现画竹专科,是与士大夫们的爱竹、对竹啸吟和竹林生活分不开的。因为必待生活中添了爱竹这项新内容,作为生活反映的绘画才会产生画竹专科。于是经过东晋、南朝的宋、梁、陈,到了唐代,画史上逐渐出现画竹的名家。

在画竹艺术发展过程中,唐代多系着色,五代始用墨染,北宋开始流行墨竹,影响及于元、明、清,于是墨竹形成了悠久的传统。但无论色竹和墨竹,都是由于画家本人首先爱竹,要求以艺术来表现这心爱的事物。画家这种不能自已、必待画竹而后快意的心情,在中国艺术史上是相当突出的。他们必须兴到方始落笔,轻易不为人画竹,人亦不能强他们画竹。唐之萧悦、宋之文同和张嗣昌、明之王绂的那些故事,都说明这一点。张嗣昌醉后落笔,倒也不是故为颠狂,而是以酒助兴;文同愿为知己苏轼画竹;苏轼每次画竹,都有个"兴"字在推动他。他们为什么要爱竹?为什么要画竹?画竹的"兴"从何而来?竹又"美"在哪里?关于这一系列的问题,王徽之和竹林七贤的行径提供了解答的线索。

我们知道作为自然的客观存在和现象的竹,其本身原无士大夫们所谓的竹"美",竹之所以会被他们感到"美",乃是由于他们对竹的看法,乃是决定于他们从竹所联想到的他们自己生活中的美学理想,因而这"美"就含有一定的阶级性。在中国古代统治阶级内士大夫这个阶层里,个人和社会之间的关系以及由此形成的内心活动,都是相当复杂的。他们对于所谓"出处进退"的问题,一直在大伤脑筋,有以下这些思想情况:想做官而做不到;做了官更想不断升官而升不上;想做做不到,想升升不上,而都故作"高蹈";退而"隐居"却又心里不甘;官已不小,升得也很高,但天天生怕丢掉,却又满口"退隐",来自鸣"清高"等等。可以说,不论"得意"或"失意",他们的内心总有疙瘩,心情一直不很"舒畅"。(失意时当然更不舒畅)但是,另一面也还有这样的情况:虽然做官,但并不骑在人民头上,而是比较接近人民,同情人民的苦痛,想做点对人民有利的事,因此和一些权贵以及最上级的皇帝,发生矛盾,结果或挂冠而去,或继续斗争,遭到处分。此外,也还有讲求民族气节的,以遁世高蹈作为反抗异族统治的表示。这样一些就不应和上面那些混为一谈。不过,在封建社会士大夫阶层的汪洋大海中,这样的人是不多的。

总的说来,在他们的审美观念中,就滋生了所谓"节操""坚贞不屈"之为美,"屈而不辱"、"偃"而犹"起"之为美,"凌云""清拔"之为美等等。当他们与一定的自然对象发生关系时,他们便把这些"美"的观念赋予自然对象,例如面向竹时,就认为竹具有这些"美"。于是他们之中有王徽之、袁粲、竹林七贤等人感觉竹是美的,而大爱其竹,"不可一日无此君";他们之中更有些人不仅爱竹,还要画竹,写竹之"美"以表现自己所谓"美"。不过正如方才所说,这种生活的美和画竹的美,时常由于作者处于不同的历史时期,从个人进退、人民利害或民族存亡的不同角度出发,而有其不同的内容和实质。总而言之,在中国士大夫画家的笔下,竹被人格化了,他们画竹就是为了画人,为了写出自己种种"美"的思想感情,反映自己的审美意识。

但是,另一方面也须指出,当他们面向自然、赋予自然以人格而进行创作时,他们还是注意学习自然的客观形象,而加以掌握;仍旧须要真实地反映客观,通过艺术的反映来表现自己的主观。所以中国画竹史上出现了不少面向自然的画竹名家,对于竹的品种、生活、形态作过深刻的钻研,发现竹的规律,在画中掌握了它,反映了它,元代李衎就是突出的代表。

因此,结合上述两个方面来看,中国士大夫画竹既写出自己的思想感情,也写出竹的生动形象,而就画竹整个过程来说,则和中国古代绘画其它专科一样,存在着意境和表达意境的理论原则,也就是今天我们所说的思想性和艺术性的关系问题。在中国画竹史上,这些原则乃是以下面这类的说法提出来的:"先得成竹于胸中","见其所欲画者","有见于中"(文同和苏轼语);"朝与竹乎为游,暮与竹乎为朋","观竹之变……竹之所以为竹","忽乎忘笔之在手,与纸之在前,勃然而兴,而修竹森然"(苏辙语);"心手不自知","如虫蚀木,偶尔成文"(黄庭坚语)等等。下面就古人这些说法,试作初步分析。

我国悠久的绘画历史积累了丰富的创作经验和理论,其中最基本的理论,可以说是唐代张彦远在《历代名画记》中所说"意存笔先,画尽意在"这八个大字。

"意"就是画家的意境,"意"的"存"在,就是画家的意境的创立,"笔"就是执笔作画的创作实践过程,"意存笔先"是说画家执笔作画之前,已经创立自己的意境,"画尽意在"是说一幅完成的画面充分表现画家的意境。这八个字概括了艺术创作的全程,由思想内容的建立而艺术形式的运用而思想内容的体现;用今天的话来说,就是思想性决定艺术性,艺术性为思想性服务。至于"意"之必须"存"于"笔"先,也正如我们今天把思想性看做是第一性的,只不过历史时代的不同,张彦远所看到的"意"和今天我们所提出的思想性,有着不同的阶级内容,有着质的区别。

由于"意"或"意境"是中国文学和艺术理论以及美学理论的重要课题,近几年来关于这方面的文章逐渐多了,[①]其中时常谈到见景生情,情、景结合,以及从自然美到艺术美等,对于研究画竹理论,很有启发。这里想谈点自己的看法。首先,必须肯定景是客观存在的,是自然本有的现象,但画家所以会见景而生情,则须经过几个步骤:他和自然接触,有所感而生情,或者说得更确切些,有所感而联系到或触动了自己的"情";画家则在此接触中,比一般人更易于或善于发现"好景",认为这景可以使他联系到他意识中某种值得写出或必须写出而后快的"情"。其次,在画家看来,这"情"也必须是"美"的,然后他才会从自然现象中发现与这"情"相互映发的"好景",而乐于描画下来。先有自然美,然后才会有艺术美。再次,仍须重复一句,这情又必然以一定社会历史时期的一定阶级、阶层的意识作为它的内容。谈到这里,也不妨再归结到上文那句话:中国画家的画竹,是为了画人,因而以竹之景写人之情。也许有人要问,像苏轼咏文同画竹的两句诗:"见竹不见人,其身与竹化",又似乎是在画竹,而非画人了。其实,东坡的意思是在着重描写文同以情摄景、使景合情,非常成功,于是觉得自己见景而不见情,见竹而不见人,但并非否定以景写情这个根本要求,并非真地见景而不见情。

下面想谈谈画竹艺术中与意境有关的几个问题。

(一) 学习自然

中国古代画竹,诚然都从爱竹出发,先有观竹之兴,再有画竹之兴,并没有不爱观竹而只画竹的艺术家。早在唐代,已有人在画竹根的脱壳笋,这说明画家是怎样钻研对象,连竹的这一细节都不轻轻放过。白居易赞美"萧郎下笔独逼真",

---

① 例如蒲震元《写川欲浪,图石疑云——浅探意境兼评几种流行的说法》,《文艺研究》1980年,5;潘世秀《略论意境说的美学意义》,《文艺理论研究》1981,3;袁行霈《论意境》,《文学评论》1980年,4;本书《论中国绘画的意境》以及其他。

李昂称许程修已能使观者感到"繁阴合再明",所有这些艺术效果,都和观察自然、学习自然分不开。再如丁谦对竹写生,文同筑亭观赏篔筜,程堂和赵士安给某一地方的某一种竹写真,李衎考察吴越、交趾的各色各样的竹,也都是先学会了描写自然形象,然后才谈得上表现自己的意境。至于黄筌、李颇、解处中、阎士安等或得竹的一般生意,或写竹的临风、冒雨、出没烟雨种种活泼的意态,也都不是背离现实,闭门臆造所能做到的。可见面向自然,深入钻研,乃是古代画竹名家创立意境的必要途径,是下笔以前的不可缺少的重要环节。倘若以为士大夫画竹纯凭主观,不学而能,那就不符合我国古代画竹的历史真实了。

(二)写生、记忆、默写与"成竹"

由于士大夫并不以描写竹的形象为画竹的目的,他们画竹是为了画人,所以他们就在这一定程度的写生基础上,争取熟悉并掌握对象在某些时间、空间条件下的一般生活规律。他们有了这项本领之后,便不一定要求面对实物的形状,亦步亦趋地进行创作,而是根据记忆中的、一般规律下的竹的种种形象(亦称记忆表象),进行艺术构思、艺术想象,有机地联系到他们的思想感情,融化在自己的意境中,从而做到文同、苏轼所谓的"先有成竹于胸"了。[①] 郭若虚《图画见闻志》所载文同赋竹诗句:"虚心异众草,劲节逾凡木",可以说是道出了文同画竹的思想、意境。又如阎士安能得竹在风烟雨雪之势的这个"势",便意味着竹在不同气候或不同季节的条件下的形象规律,而阎士安笔下之所以能传"势",则更决定于他落笔之前和落笔之际,时刻不忘这有机联系,并遵循形象规律,创造出抒发作者意境情思的艺术形象。换言之,所谓"成竹"一方面意味着客观形象的规律的掌握,另一方面也体现了主观世界的内容,使得画家见到了他"所欲画者";而客观形象的规律的掌握又必须通过熟练的技法,使得画家能够在"见其所欲画者"的当儿,"急起从之,振笔直遂,以追其所见"了。所以每当兴到落笔,"成竹"便奔赴腕下,指挥笔墨,使它不断服从"成竹"的控制。在这过程中,笔墨的运行是一贯的,一气呵成的,苏轼所以反对"节节而为之,叶叶而累之",也就是这个意思。倘要掌握节与节、叶与叶之间的关系,体现节、叶的生意,避免孤立地处理节与节和叶与叶,那末,没有"成竹"贯彻在笔墨运行的始终,是不可能做到的。我想苏轼的话含有以上这些意思,他并不是不要求画家去描写每一个节和每一片叶,因

[①] 参看本书《试论画中有诗》一文中《表象—记忆—想象—创造性想象》。我国每种竹谱所列从枝、节、叶到一竿竹、成林竹等的各式形象,都反映了竹的一般规律;其它画谱(山水、花鸟等)亦然。

为任何一幅竹图的画面都由节和叶来组成（当然还有竿和枝），问题在于这些组成部分被画家放在怎样的有机联系中。

更广而言之，画家倘若同时也是诗人，也是书家，那末"成竹"既可使他画竹，也可使他咏竹，使他题竹，文同、苏辙都是如此，而苏轼所称文同四绝之中的草书一绝，其创作过程中也有类如"成竹"的"成书"存于胸中。再进一步看，画家既可因爱竹而画竹，也可因爱石而画石，苏轼送给米芾的《枯树竹石图》、在灵璧所作的《丑石风竹图》以及他自认为前所未有的"竹石"这一画体，都使我们更为广泛地懂得中国画家如何处理自己和自然的关系，来进行创作。而画石也须先有"成石"，同样可以理解了。

如此看来，"成竹"的问题乃是画竹艺术中的意境的问题；而有了"成竹"，从而"急起从之，振笔直遂"，则是表达意境的问题。中间经过：以一定的感情去爱竹、友竹、观竹；从观竹和写生来发现并掌握竹的规律；本此规律，来造形、抒情；使景与情相结合，景为情服务。可见成竹存在胸中，亦即意境被创立；画竹就是写成竹，达意境。景与情的这一结合始终贯彻在画竹过程中，成竹、意境支配着画竹艺术。

最后，在这问题上还可补充一点。中国画竹名家诚然有对景生情的，但也有以情合景的，更有通过记忆、掌握对象规律、运用想象以塑造形象，来抒写感情的。在成熟的画竹艺术中，第三种情况似乎比较普遍，而且符合创作实际，但是也并不排斥第一、第二两种情况。

(三) 文、苏、黄等人的画竹理论的评价

自从文同提出"胸中成竹"，苏氏兄弟加以引申，黄庭坚予以补充，就开始形成一套画竹理论，指导画竹实践。这套理论突出了这样几个论点："成竹"，"勃然而兴"（包括"振笔直遂""兔起鹘落"），"心手不自知"（包括"如虫蚀木，偶尔成文"），始于"学而后能"、止于"臻于化境"。后来的士大夫画竹虽都不免受这套理论的影响，但他们之中对于景和情的结合关系不是人人都能掌握得好，有的士大夫可能对立景与情，舍景取情，于是这孤立的情就无从形成意境，实际上胸中并没有成竹，因而造成主观片面发展的偏向，正如李衎所说的"不思胸中成竹从何而来，慕远贪高，逾级躐等，施弛情性，东抹西涂"了。对此偏向，文、苏的理论本身似乎不能负责。

这里，试结合三个例子来谈谈。(1) 杨吉甫"画法不讲"，而张耒却誉为"生意超然"，说明杨的创作和张的批评都没有体会文、苏理论的精神实质。(2) 便是苏轼本人也还不能在自己的画竹实践中完全应用自己的画竹理论。他的画竹在功力上原不及文同,这一点他自己也知道,有时画得不耐烦了,索性来它一个一笔直上,不分竹节,却还要给自己强辩:"竹生时何尝逐节生";他有时更自命画石胜于画竹。所有这些,不外乎想掩盖自己的"不学之过"。可见随意抹涂的文人习气,早在北宋已经萌芽。李浴《中国美术史》说苏轼含有"发泄意气的思想"[①],这一看法不为无因。可见"成竹"的理论必须结合观察、写生等实际来应用,否则就会把"振笔直遂"混同于"东抹西涂"了。(3)倪瓒自称画竹写"胸中逸气",而不求形似,中国绘画史家常以此作为"东抹西涂"的一个突出例子。不过,从现存的他的画竹真迹来看,倒也没有一幅不求形似、信手抹涂的作品。我们不必执着他画竹这段题词,来否定他的创作实际,正如我们不必以苏轼的不分竹节的几幅画竹,来否定他的画竹理论。

末了,关于黄庭坚评李汉举画竹所提出的"臻于化境"之说,我觉得可以这样来理解。在景、情结合和景为情用的前提下,客观丰富了主观。但是等到两者之间真地统一无间,那末从现实生活中所形成的主观——以一定的感情去爱竹、观竹——仍然在这统一中居于主导地位,而表现主观时、处理客观形象时所须要的技法,则在这统一中居于从属地位。既然主观和客观保持着这样的关系,于是在画家的意识和感觉中出现了一个"心手不自知"、"如虫蚀木,偶尔成文"的境界。不过这种境界仍然先须经过钻研对象、讲求表现技法、争取景情结合等的勤修苦练,并非一蹴即至。凡是有一定成就的画家都有此体会,而张末以"无法"来取"生意"的看法,与黄庭坚的"化境"之理应该有所区别。试看元代吴镇自题画竹的一首绝句:"始由笔墨成,渐次忘笔墨,心手两相忘,融化同造物",就可以懂得这是他在创作上"臻于化境"时的一段自白,而文、苏理论的实践也正是导向这末一种境界的。所以,倘若认为黄氏"化境"之说完全无视客观钻研、抛弃技法锻炼、片面强调主观的唯心主义,那就值得商榷了。

(四)"生意"与"无尽"

上面说过,我国古代画家画竹所取的"意境"或与景相结合的"情",大都是郁结的,不很舒畅的,然而我们还应看到另一方面:他们也曾为了自己所缺乏的是生意而去爱竹的生意,要画竹的生意来补充自己的精神食粮。对这一方面,我们

---

① 李浴《中国美术史》,第250页。此外,德国诗人歌德学画,对技法的勤修苦练,很不耐烦,他比较感兴趣的是观察对象,提取突出的形象,获得关于对象的完整的认识和感受。但他拿起笔来,时常不能画完,来个不终而罢,陷入苦恼。这种情况也很像苏轼,病在有情无景,还不能情景结合。

也不妨加以考察。当他们画纤竹或雪竹的时候,他们也还是欣赏竹处于逆境或严寒之中为了自己的生命所作的挣扎。文同不轻易为人画竹,但主动地画纤竹送给胆小怕事的官员们,也未尝不是希望他们见景生情,旷达一些,把日子过得舒畅些,这里,并没有忘记了个人"生命的自由"。丁谦写病竹,而笔法快利;他也不是为快利而快利,因为这样的笔法或表现形式,适应着一种苦中挣扎的思想——带着病还得活下去,竹犹如此,更何况人。至于程修己的"繁阴明合"、徐熙的"萧然拂云"、李夫人的"窗上竹影"等等,更是说明画家对竹的生命、生意的审美感受了。这里,关于徐熙的画境,我觉得杜甫在严郑公宅同咏竹一诗①也可相互映发,诗中欣赏"出墙"的"新梢",感觉到"雨洗娟娟静,风吹细细香"之后,更希望"但令无剪伐,会见拂云长",说明了诗人和画家都曾为了歌颂生意而创作。至于李宗谔在《黄筌墨竹赞》中也表示他所欣赏的是"生意",是生命的表现,因而不嫌墨竹的单调寂寞,相反地,认为用墨比用色更能写出"清姿瘦节,秋色野兴"。他从"清""瘦""秋色"之中体会不灭的生意,这正如刘秀向王霸所说的"疾风知劲草"②。我们还可联想到十九世纪英国诗人雪莱在"西风颂"③中辩证发展的观点:人应该像西风那般强烈、激进,扫落树叶正是为了明春新叶的生长,在思想行动上来个推陈出新。画家所以要写"清姿瘦节,秋色野兴",倒不是欣赏竹的摇落凋残,而是歌颂竹在秋天虽"瘦"而"清"的劲挺的丰神,就像劲草因疾风以自见,思想从推陈而出新。画家为了歌颂生意、生命,既可描绘盛夏之竹,也可描绘深秋之竹以及冒雪之竹。李宗谔这样的看法,不是中国古代个别鉴赏家的什么癖好,而是诗人、画家、鉴赏家关于画中"生意"的共同的审美观啊!

其次,古代画竹家在处理生意这样一个课题时,也曾采用不同的途径。例如

---

① 《严郑公宅同咏竹得香字》:"绿竹半含箨,新梢才出墙。色侵书帙晚,阴过酒樽凉;雨洗娟娟静,风吹细细香。但令无剪伐,会见拂云长。"

② 《后汉书·王霸传》:"光武(光武帝刘秀)谓王霸曰:'颍川从我者皆逝,而子独留努力,疾风知劲草。'"

③ 这段的原文:
"Be thou, Spirit Fierce,
My Spirit! Be thou me, impetuous One!
Drive my dead thoughts over the universe,
Like withered leaves, to quicken a new birth;"

郭沫若的译文:
"严烈的精灵哟,请你化成我的精灵!
请你化成我,你个猛烈者哟!
请你把我沉闷的思想像败叶一般,
吹越乎宇宙之外促起一番新生。"

李颇不在小处求巧,而落笔便有生意,也就是用抓西瓜、丢芝麻的办法来画出竹的生命和人对于生命的感觉。又如阎士安专找大卷高壁,在足够宽裕的画面上作不尽之景,来唤起观众的生意无尽的感觉。至于李煜和唐希雅所以援用书法中战掣之笔来画双钩竹,也未尝不是为了增强双钩之中线条的律动来传达生命的节奏。解处中则画畏寒的禽雀,聚散于竹林之中,来衬托竹不畏寒,生意盎然。徐熙和夏昶虽相隔四个世纪,却都将生动之意集中体现在竹梢上,着重描写竹梢摇曳飘举的姿态,与人以生命的感觉。进一步看,夏昶补了几笔,才完成一幅画竹,使几竿竹树因梢头在"雨聚风旋"之中,虽摇曳而不折,就更能增强生命感觉的真实。这个例子告诉我们,生命之"意"原是"存"于"笔先",如果不补上这几笔,则显然"画"有未"尽",而这"意"也就不存"在"了。我们可以说,张彦远的那八个大字在夏昶这一创作实践中经过检验,而得到了证实。

这里,话又得说回来,虽"画尽"而"意在",但这"意"却暗示着生命的"无尽",古代批评家关于阎士安所得的"生动""无尽"这个说法,实际上可以应用到任何有高度造诣的画竹作品。对观众来说,"无尽"之感有助于对"生意"的想象;对画家来说,则贵能唤起而又控制观众的这种想象。上面所举的那些例子,说明古代画家们在表达生意这个问题上是各具匠心的。

(五) 色竹与墨竹

这个问题,关系着士大夫画竹采取多样的艺术形式来表达自己的意境。

首先,从墨和色的区别来说,色竹包括青绿竹和朱竹,青绿竹针对自然色彩作直接的反映,朱竹则和墨竹相同,并不反映自然所有的色彩,但它又和墨竹不同,乃是以朱代墨。古代画家之所以逐渐地舍色竹而尚墨竹,则是由于他们不斤斤于对象色彩的再现,而更多地着重在景情的结合、意境的表达。从这个要求出发,则或朱或墨,都无不可;苏轼反问那人"难道世上有墨竹吗?"也正是这种看法。但就绘画器材的质量对绘画技法所可产生的效果而论,就深浅浓淡或光度、明度的变化与掌握而论,则墨是有胜于朱的。我们探究"或朱、或墨"的问题时,也应考虑这个客观原因。

其次,我国古代色竹的真迹流传较少,但根据我国绘画传统,则墨笔轮廓和设色相结合、亦即"六法论"中"骨法用笔"和"随类赋彩"相结合,乃是一个基本法则,没骨画——如梁张僧繇的"凹凸花"或北宋徐崇嗣的彩色没骨花——毕竟是很少的。徐熙画竹,先墨后色,仍是传统的画法;黄筌以墨染竹,也是先以墨画轮廓,再以墨染出阴阳,似乎可以说是灵活掌握上述的基本法则,而将"骨法用笔"

和"随类赋'墨'"("墨"指墨彩——墨的光度、明度)相结合,乃是向着不作轮廓的,不用钩勒的墨竹过渡的一种形式。后来这两种的墨竹形式还是并存,不过黄筌一式较少见了。再看鲜于枢建议李衎画色竹那段史料,则可明确以上几点。鲜于枢所谓色竹,系指徐熙式的先墨后色;李衎同意鲜于枢的看法而说"画竹师李(李颇),墨竹师文(文同)"那句话时,他心目中是把徐、李看做一路,将李颇"画竹"和文同"墨竹"作为两个不同类型,可见两者原有区别,而李颇的画竹显然是画色竹,并且是徐熙先墨后色的色竹。这一点,鲜于枢的看法就是很好的证明。他认为徐熙式的先墨后色之所以可贵,在于它的"清"而且"真";也就是说,以墨笔钩勒竹的轮廓,首先写出竹的清(劲),再施色彩,则可增加形象的真(实)。因此,我们似乎可以说,在元代而提出这样的色竹,意味着恢复或强调画竹的较旧的传统,而北宋文、苏等人的墨竹——不钩勒的墨竹,则是从"六法论"的"骨法用笔"这一法出发所作的一个较大的革新。

末了,也不能把墨竹——不钩勒的墨竹,看作单纯是画竹史上一种技法革新,这里面实存在着"振笔直遂""兔起鹘落"地来表现意境的问题。由意境创立、成竹在胸到表达意境、写出成竹,中间是一个很短的过程,因为"短"是有利于"急起从之","以追所见";那末,放弃细笔(细线)钩勒的传统技法,改用宽线条、粗线条来直取对象的面、体,也是完全可以理解的。我想画家倘若没有迫不及待的心情去"追其所见"的话,便不会要求尽量缩短创意和达意之间的过程,也不会创造出这个不用钩勒的墨竹画法了。不过,话还须说回来,画钩勒竹并不意味着胸无成竹。这两种画法并非相互排斥,而是殊途同归,正如工笔和意笔,都是为了表现画家的意境。

(六)李衎的创作道路

北宋画竹虽文、苏并称,但是论到学习钻研,苏不及文,而元代李衎则比文同更有发展。他的《竹谱》自叙由学习开始直到成家的经过,使我们知道一位艺术家怎样在处理古代传统、当前现实、自己创造这些问题之间的关系,走着迂回艰难的道路。他的发展大致可以分为三个阶段。第一阶段是:逢人便学,赶上之后,又觉不满。第二阶段是:专学当时名家,也接触古代真迹,其中对他最有启发的是某人和鲜于的建议。某人提醒他去比较黄氏父子的艺术,丢开纸上谈兵的赵括,改学有作战实践的赵奢,亦即从临摹父亲画本的黄澹游,转到面向自然的黄华。鲜于则劝他兼画色竹,除上面提到的那些道理外,更给他防止了文人墨戏的偏向。换而言之,某人劝他的是师造化,鲜于劝他的是善学古人,而他自己则在古人和造化之间,似乎更多地倾向了古人,所以从钱塘收得文氏真迹后,便奉为至宝,专心学文了。第三阶段是:出门走了许多产竹地区,见到无数品种,"知其名目,识其态度"(见《竹谱》中的《竹态谱》),才恍然大悟,觉得在表现的真实上,黄华、文同以及更早的李颇,都还是很不够的,于是决心以现实的体会来弥补前人的这个缺憾。因而他才开始有了一个取之不尽、用之不竭的创作源泉,他的"成竹"以及可以结合情的景,才能常新而不枯窘,也就是说,不断地体现着唐代张璪的名言至理:"外师造化,中得心源"。

总之,李衍的第一和第二两个阶段意味着迂回曲折、进退失据的过程,第三阶段方始突破模仿因袭的形式主义,走上健康发展的道路。从暗中摸索到豁然开朗,其关键在于学习自然来丰富意境。其实,不仅画竹才是如此,画兰、画梅、画菊以至画山水而能成家,都由于解决了这个关键性的问题。

本文第二部分所提到一系列的问题,环绕着古代画竹实践和画竹理论的一个基本原则,那就是"意存笔先,画尽意在";"外师造化,中得心源";"成竹在胸,追其所见";说法虽然不同,其旨则一:描绘自然,是为了抒写画家自己的意境。

三

最后,还有一些杂感。

我们从画竹与画人的密切关系,愈加明确画家对自然的审美感受,无不反映自己的精神世界之美,倘若他不把自然人格化了,也就难于从自然美中创造出艺术美,表达出意境美了。苏轼深明此理,从而高度评价文同画竹:

> 风梢雨箨,上傲冰雹。
> 霜根雪节,下贯金铁。
> 谁为此君?与可姓文。
> 惟其有之,是以好之。①

前四句写出竹所表现的自然美,并歌颂堪与相比的人格美。后四句点出文君与可正是有此人格美,所以爱上竹的自然美,而终于既画竹又画人了。我想,今天的西画写生似乎也可应用苏氏之说:物中见人,写物更写人吧!黄庭坚进而指

---

① 《戒坛院与可墨竹赞》。

出，对不同的自然美的感受，因人而异，既可兼爱，也可爱此更胜于爱彼：

> 野次小峥嵘，幽篁相依绿。
> 阿童三尺垂，御此老觳觫。
> 石吾甚爱之，勿遣牛砺角。
> 牛砺角尚可，牛斗残我竹。①

这诗写得很有风趣，却揭示诗人（画家）对竹的感情，深于对石的感情。然而，竹和石的对立统一、互相为用，却增进对自然美的感受，既使艺术形象丰富化，更使作品的意境深刻化，而黄庭坚这位艺术批评家也能以诗明之：

> 酒浇胸次不能平，吐出苍竹岁峥嵘。
> 卧龙偃蹇雷不惊，公与此君共忘形。
> 晴窗影落石泓处，松煤浅染饱霜兔。
> 中安三石使屈蟠，亦恐形全便飞去。②

黄斌老由于坎坷、傲世，和高风亮节的苍竹结下深情，而为了更好地写出竹品与人品，特意补上三石，使石之坚贞和竹之风节相得益彰，于是人格之美愈加完整。像这样的得意之作，岂不要羽化而登仙了吗？可以说，这一首诗写得风格诡异，却很能启发审美欣赏。我们由此推想竹石、枯木竹石、古木新篁等一类题材，都发源于画家对自然的审美观和寓情于景的艺术观，而对自然美所作的艺术处理，则包含着相互的映带、衬托、交错、对照等等手法。

在宋人的题画诗中，梅圣俞可称老手，③但是大都铺叙画中景物，苏、黄二家似乎高梅一着，深入画家的创作动机和审美意识了。在苏、黄之后七百多年，板桥郑燮也感受到自然美本身存在着更多的联系与对照，他曾写道："余画大幅竹，好画水，水与竹性相近也。少陵云：'嫩性从来水竹居'；又曰：'映竹水穿沙'，此非明证乎！"他除了竹与石、竹与木，还看到竹与水，而画中表现两者的性之"相

---

① 《豫章黄先生文集》卷三，《题竹石牧牛》。
② 同上卷六，《次韵黄斌老所画横竹》。黄斌老是文同的妻侄，善画竹，黄庭坚还写了《谢斌老送墨竹十二韵》。
③ 本书《中国画马艺术》曾介绍他评价韩幹画马的名句。

近",更有助于多种多样的景、情结合或寓情于景了,例如竹影摇曳而水波荡漾,密竹蔽天而飞瀑中悬,等等。

谈到这里,想在画竹动机和画竹题材上,对"竹之所以为竹"、"纡竹"和"竹节"等,试作一些分析。苏辙《墨竹赋》借文同的口吻讲出一番道理:"……朝与竹乎为游,暮与竹乎为朋……观竹之变也多矣。若夫……悲众木之无赖,虽百围而莫支,犹复苍然于既寒之后,凛乎无可怜之姿,追松柏以自偶,窃仁人之所为,此则竹之所以为竹也。始也,余见而悦之,今也,悦之而不自知也。忽乎忘笔之在手,与纸之在前,勃然而兴,而修竹森然……"在文同看来,竹之所以为竹,在于风霜凌厉,而苍翠俨然。这就使他悦竹、敬竹、友竹,进而画竹,并把对象人格化,于是写竹就无异乎自写真了。尤其是纡竹,屈而不挠,风节凛然,更应入画,这样,画竹又不只是自写真,而更是自我勉励了。也许是由于这种移情作用,文同画竹时便忘记笔在手、纸在前了。文同死后,苏轼获得他所画《纡竹图》的摹本,十分爱惜,便送给祁永,请他刻石,"以想见忘友之风节"[①]。后来,刘梦松也画纡竹,却招来《宣和画谱》一番指责,理由是纡竹乃"物之不幸者",不值一画。[②] 这是完全代表封建专制主义的审美观,以阿谀谄媚,屈于淫威为"美",以不甘屈服为"丑"了。同为纡竹题材,评价却如此不同,更说明封建社会里画竹艺术的审美判断中,美与善是相联系的,而对善的看法,则有在野与在朝之别。因此,以纡竹入画不是一个小问题,它反映了我国画竹、尤其是文人画竹以崇尚风节这末一种美学理想,使画竹艺术发出不畏强暴的正义呼声,这一点毕竟是很可贵的。至于郑燮的画竹动机,依照上面的史料,虽然没有提到纡竹之说,但是其旨则一也。

既然讲到风节,我又想谈谈竹节。石涛有过一段话:"东坡画竹不作节,此达观之解。其实天下之不可废无如节。"[③]所谓"达观"可能是指东坡看得彻底,见到竹的精神饱满,生命力强,长势之快几乎无法阻挡,那末索性就不画竹节了。石涛为明朝悼僖王后裔,明亡后两次朝见康熙帝,与辅国将军博尔都(问亭)交往甚密,他本人的出处大有问题,竟是"天下之可废无如竹"了。但是他这番话却使我们再度思考,画竹究竟是为了什么。风节是道德问题,竹节是自然现象,两者原不相谋,但从借物写心的创作动机出发,通过想象和象征,将会感到:一方面竹节是竹的躯体的重要组成部分,为了写竹的动态不容忽视竹节;另一方面竹节

---

① 苏轼《跋文与可墨竹、李通叔篆》。
② 《宣和画谱》卷二十,刘梦松条。
③ 《大涤子题画抄》。

乃竹身运动的枢纽,为了描绘竹的动态,进而赞美竹的挺劲峻拔令人可敬的精神,那又必须掌握竹的整个动态,因此画竹而把竹节或竹身运动的枢纽,画得恰当其位,不仅是技巧问题,它关系到从竹的整个动势中见出竹的高贵精神,以达到画竹同时画人的目的啊!

中国画马艺术

我国画马艺术具有悠久历史和丰富遗产。本文试就如何画马、为何画马、画马理论和技法等问题,谈点个人体会,不当之处望读者指教。

在我国,马的形象最早见于甲骨文,一般都状其侧面,发展下去有青铜器上的狩猎图,马的形象被结合在比较复杂的图案中。从著名的四耳猎盂可以看到:有一车系四马,两马足向上,两马足向下;也有一车系两马,一马足向上,一马足向下;御者立车上,或持矛,或张弓,与车旁野兽格斗。这样的结构,意味着画者居中,向左、向右、向上、向下看时所得的马形。汉代画石上的马,开始向着反映现实的造型艺术跨了一步,例如河南登封县少室石阙和山东临淄县文庙的画石,都有《马戏图》。前者马在奔跑,马上一人两臂高举,另二人身体腾空,一人双手攀骑者之手,一人紧握马尾,跟着马跑。后者一马驾车在跑,一人腾空,手握马首鬃毛,车中坐一人,车后一人举足欲登。两图形象生动,而又逼真。甲骨文先书后契,铜器图纹先画后刻,再加镶嵌,画石先画后刻或模印,他们以不同方式取得画的形象,可以说是我国画马艺术的滥觞,而且都出于劳动人民之手。到了汉代开始有专业的动物画家,东晋葛洪托名刘歆所作的《西京杂记》说,陈敞、刘白、龚宽都"工为牛马飞鸟"。唐张彦远《历代名画记》说"古人画马有《八骏图》(相传西周的穆王曾有八匹骏马),或云(晋)史道硕之迹,或云史乘之迹,皆螭颈龙体,矢激电驰,非马之状也。"唐朱景玄《唐朝名画录》称"古之画马有《八骏图》,后立本(阎立本,唐初画家)模写之,多见筋骨,皆擅一时,足为希世之珍。"宋郭若虚《图画见闻志》也提到此图,说是"逸状奇形,实亦龙之类也"。用今天的话说,它歪曲形象,带有神话性,比起汉画石的马,反而缺乏现实主义精神。

至于画马专科,则始于六朝,并逐渐转向写实,讲求形似。画马名家首推南齐毛惠远,见于著录的作品有《白马图》《骑马变势图》,他写过专著《装马谱》,此书宋代还在。北齐有杨子华,"尝画马于壁,夜听啼啮长鸣,如索水草"①。喻其艺术形象极为生动。隋代应推展子虔,宋董逌《广川画跋》说他"作立马有走势,其为卧马则腹有腾骧起跃势"。试看传为展子虔所作的《游春图》②,坡岸逶迤,两人骑马向北,两人骑马向东,马的尺寸虽小,却很能写出其运动趋势,证实了董氏的评语。

唐代画马艺术比隋代更发展,这有其客观原因。唐王朝为了开拓疆土,巩固国防,须重视骑兵力量,加强马政,开辟了岐、豳、宁、泾等牧马区,设太仆寺,专管马的选种、牧放、调养、教练。明皇开元初有马二十四万匹,开元十三年(725)增至四十五万匹。天宝十年(751)据陇右牧使报告,仅这一牧区有马三十二万五千七百匹,偌多的马都是唐王朝的保卫者。明皇"御厩"的马,一部分由西域、大宛进贡,都在"北地置群牧,筋骨行步,久而方全。调习之能,逸异并至。骨力追风,毛彩照地,不可名状。'号木槽马'。"③他尤爱大马,著名的有玉花骢、照夜白等。他还喜欢看马舞,宋张表臣《珊瑚诗话》说,开元中教马舞四百蹄(一百匹马),身披文绣,佩戴珠玉、和鸾(悬铃)、金勒,在巨榻上舞蹈,但见星光灿烂,红里带白。以上一些事例,说明国防和政治上的需要以及帝王的好尚,促进了马政、马艺以及画马一科的发展,而杜甫《高都护骢马行》:"此马临阵久无敌,与人一心成大功",更道出此中关键。唐代宗室如汉王、宁王、江都王、岐王等都善画马,宋左圭辑《百川学海》,所收河东先生《龙城录》记载:宁王在华萼楼壁上画《六马滚尘图》,明皇见了,最爱图中的玉面花骢,认为"无纤细不备,风鬃雾鬣(liè,颈上长毛)信伟如也"。明皇和诸王都强调画马须细节忠实,反映了当时画马艺术的审美观。江都王画马可能成名较早,所以杜甫《韦讽录事宅观曹将军(霸)画马图》开头就说:"国初以来画鞍马,神妙独数江都王。"但造诣较深的,毕竟还是曹霸、陈闳、韩幹、韦偃等专业画家,李思训也兼画马。曹霸取材广泛,有《木槽马》《内厩调马》《老骥》《逸骑》《赢骑》等图。杜甫《丹青引赠曹将军霸》,描写他画御马玉花骢的情况:玉花骢站在庭前,曹霸当场写生,聚精会神,一挥而就,但画中之马却又不在庭前,而登上了御榻,来一个"榻上庭前屹相向",也就是"画"马与真马竞赛,看谁个更多"迥立""生风"的雄姿。也可以说,曹霸是在画明皇爱看的马舞节目,无怪乎"至尊"要"含笑催赐金"了。但是这批舞马的命运却很悲惨,宋张表

---

① 张彦远《历代名画记》。
② 故宫博物院藏。
③ 张彦远《历代名画记》。

臣《珊瑚诗话》卷二:"禄山之乱,散徙四方。……一日享军乐作,而马舞不休",竟以为妖而杀之。"颜大初叹其不遇曰:'引重致远,马之职也,变其性而为倡优,其之谓妖而死也,宜矣。'"从这一点看,杜甫《丹青引》的描写似乎不够全面了。然而,另一方面杜甫《韦讽录事宅观曹将军画马图》关于曹霸画九马艺术的描叙,则值得进一步分析。诗中说到曹霸以前曾画过先帝(玄宗、明皇)的照夜白,如今又在这幅图中画"昔日"太宗的拳毛驴和"近时"代宗赐给郭子仪的狮子花;至于其它七马则没有名称。从创作方法或构思方式说,只有狮子花和其它七马(或其中一部分)可能同《丹青引》所述画玉花骢一样,是对实写生的,其余的则根据平时观察、记忆表象、以至想象(如太宗的拳毛驴不会活到曹霸的时代)。然而曹霸却有本领通过写生、记忆、想象等渠道以及它们的相互作用,来组织画面,使全图突出"九马争神骏"这一主题,塑造了马的典型性格——"顾视清高气深稳"。曹霸就是这样丰富并发展了画马专科。可以说,杜甫不仅是诗人,而且是美学家,所以能够这样生动地描写曹霸画马艺术的很高成就。

当时画马,既然以明皇的御厩诸马为对象,因此很留心刻画御马的特殊修饰,以迎合明皇的爱好,其中比较突出的是"三花"或"三鬃"。郭若虚《图画见闻志》:"唐开元、天宝之间,承平日久,世尚轻肥,三花饰马……三花者剪鬃为三辫。白乐天诗云:'凤笺书五色,马鬃剪三花'。"这"三花""三鬃",今天还可以从《明皇幸蜀》中见到,是画禄山之乱,明皇逃入四川时途中的一段景象。苏轼《书李将军三鬃马图》叙述较详,与此图内容大致相符:画的是"嘉陵山川,帝乘赤骠,起三鬃,与诸王及嫔十数骑,出飞仙岭下。初见平陆,马皆若惊,而帝马见小桥,作徘徊不进状。不知三鬃谓何? 后见岑嘉州(参)诗,有《卫节度赤骠歌》云:'赤髯胡雏金剪刀,平明剪出三鬃高',乃知唐御马多剪治,而三鬃其饰也。"我们细观图中其他的马都无三鬃之饰,可以想见画家为了突出明皇形象,并迎合明皇对马的审美观,不得不抓住这一特殊细节,作忠实的描写。

曹霸的弟子韩幹,是唐代画马名家,关于他的评论比较多。他虽有所师承,但更着重实际观察。宋黄睿(伯思)《东观余论》认为"曹将军画马神过形,韩丞[①]画马形胜神",这前一句继承了杜甫的观点,后一句则和董逌的看法相一致。董逌《广川画跋》说,"韩幹凡作马,必考时、日、面、方位,然后定形、骨、毛色。"韩幹

[①] 韩幹曾任沙苑丞。沙苑在今陕西大荔县,南接朝邑县界,亦名沙海、沙泽、多沙,随风迁徙,不宜耕种。唐置沙苑监,宋置牧龙坊,皆以养马,明为马坊里。

还对明皇说:"陛下内厩之马,皆臣之师也。"他画过内厩的玉花骢,照夜白、三花马,以及《明皇试马图》《宁王调马打球图》《奚官(养马的东胡人)习马图》《圉人(养马的汉人)调马图》《凿马图》《战马图》《马性图》《内厩图》等①,题材很广,都从生活中来。他写过专著《杂色骏骑录》,和毛惠远的《装马谱》一样,宋以后就失传了。苏轼有《韩幹马十四匹》七言古诗,大意是:有二马并排跑,八只马蹄好像聚拢在一处;还有二马也在跑,马颈微弯,颈上长鬃向后扫,和尾相平;更有一匹跑时失足,前膝抵地,后蹄双举,另一马见了闪过一旁,扯着脖子长鸣;一个年老多须的牧人在马上回顾后面跟着的八匹马,它们一边渡河,一边吸着细细的、一股股的水,如闻其声;这八匹马中,前面的已登岸,犹如鹤群飞出丛林,后面的正要涉水,又像鹤群低头啄食;最后一匹可算马中之龙,不嘶也不动,却摇尾生风。从诗人生动而又细致的描写,可以领会这是多么丰富多彩的一幅画面!苏轼还在《韩幹画马赞》中说到画家笔下的水中二马:前者回顾后者,好像以鼻端通话,而后者却不理会,只顾低头饮水。明詹景凤《东图玄览》卷三,载韩幹《十六马图》中有相斗、交抱、洗浴、渡水、饮水种种姿态;牧者三人刚从水中洗马完毕,重新上岸,其中年长的已跨上马背,手中持杖准备赶马前行。前人这些描写和记叙告诉我们,韩幹画马不仅造型丰富,避免雷同,而且能暗示对象的运动及其趋势,使画面生动,做到了寓时间于空间,这是难能可贵的。杜甫《丹青引》中说"弟子韩幹早入室,亦能画马穷殊相",似乎只欣赏形象各别,还未能从差异之中(或者说彼此呼应)见出群马的动中之势,即有一个总的共同趋势。此外,不少批评家还提到韩幹画"涉水马"有独到之处。《唐朝名画录》说韩幹"写渥洼之状,若在水中,移騕褭之形,出于图上,故居神品,宜矣"。②元代汤垕《画鉴》说:曾见幹所画赤身黑鬃马"四蹄破碎,如行水中"。《艺苑掇英》1978年第三期发表传为韩幹所画《神骏图》,那披发童子所骑的马,正踏着水波向支遁跑来,这可以作为朱、汤二氏论说的佐证。米芾《画史》说:"韩幹图于阗所进黄马一轴,马翘举雄杰,今无此马。"最后,不妨看看现存的韩幹的《照夜白》的影本③。那绷紧的缰绳,衬托出马和柱(或自由和束缚)之间的矛盾,而四蹄蹦跳、颈项高昂、鬃毛竖起、张口怒目等等,更增强了腾骧跃起的动势。缰绳在画面上虽是细节,而对照夜白来说,却是

---

① 现在台湾省。
② 《史记·乐书》:"尝得神马渥洼(wā)水中。"渥洼,水名,汉武帝时有神马从水中出。"騕(yǎo)褭(niǎo)",骏马名,金喙赤色。意思是:韩幹善画良马和出水马。
③ 见日本所印《中国名画宝鉴》。

自由的障碍,是斗争对象,韩幹抓住这点,宋代诗人梅尧臣也因为看到了这一点,方能在《观何君宝画》七古中写出:"幹马精神在缰勒"这句内行话。这幅画中之马还体现了另外两对矛盾:一是烈马固须系牢在柱上,但能为主子冲锋陷阵,一往无前,却还靠这烈性;二是马的性子虽烈,毕竟协于天子之尊,愿供驱驰。因此,在画马为了画人这一原则以及形象思维的运用上,韩幹具有很深的造诣,无怪乎张彦远《历代名画记》特别提到"时主好艺,韩君间生,遂命悉图其骏"了。另一方面,唐、宋两代对韩幹的评价却存在分歧。例如杜甫《丹青引》认为:"幹惟画肉不画骨,忍使骅骝气凋丧",也就是有肉无骨,未免损及雄姿。张彦远《历代名画记》卷九则说:"杜甫岂知画者,徒以幹马肥大,遂有画肉之诮。"苏轼《书韩幹〈牧马图〉》更加以补充:"众工舐笔和朱铅,先生曹霸弟子韩。厩马多肉尻(kāo,脊骨末端,在臀部)脽(shuí,臀部)圆,肉中画骨夸尤难",却道出了"肉中见骨"是须要高度的艺术构思和艺术手法的,同时肯定了韩幹的艺术。黄庭坚《豫章黄先生集》卷二《次韵子瞻和子由观韩幹马,因论伯时(李公麟)画天马》:"……曹霸弟子沙苑丞,喜作肥马人笑之。李侯论幹独不尔,妙画骨相遗毛皮。……"则和苏轼同一看法——幹马虽肥,而肉中见骨。我们今天看看《照夜白》影本,也觉得苏、黄是很有艺术欣赏水平的。这个肉、骨或肥、瘦的问题,到了清代张穆讲得更清楚了(见下文)。此外,我们还应从御马本身的肥大,来论证韩幹画马艺术是重客观、重形似的;而且这一客观情况还不自唐代开始,西汉便已如此了。《前汉书·贡禹传》云:元帝时"年岁不登,郡国多困",禹上书言事,其中就提到厩马肥大而深有感慨:"今民大饥而死,死又不葬,为犬猪食。人至相食,而厩马食粟,苦其大肥,气盛怒至,乃日步作之。"颜师古注曰:"日日行步而动作之,以散充溢之气。"因此,可以说韩幹所画御马,匹匹肥大,是有其客观的、历史的根源的。

曹、韩之后,更有韦偃。他的特征是把马画在大自然背景中,以足够的空间来丰富它们的动态。《唐朝名画录》说,他画的马"或腾,或倚,或龁(hé,咬),或饮,或惊,或止,或走,或起,或翘,或跂(qì,踮起脚尖)。其小者或头一点,或尾一抹。"(点、抹,皆笔法)至于背景,则"山以墨幹①,水以手擦,曲尽其妙,宛然如真。"也就是多样造型和多样技法相结合。元汤垕《古今画鉴》云:"韦偃画马,松石更佳,世不多见。其笔法磊落,挥霍振动。……余尝收《红鞯覆背骏马图》,笔力劲健,鬃毛可数,如鲁公(颜真卿)书法。……鲜于伯机(枢)尝赋诗曰:'韦偃画马如

---

① 唐志契《绘事微言》:"幹者,以淡墨重叠六七次加而深厚者也。"

画松'，奇文也，惜不成章而夲。"这更指出了韦偃画马的艺术风格特征，在于善用书法的笔力，虽细密而不失劲健，大大地增强马的雄姿。现存宋李公麟（伯时）《临韦偃〈牧马图〉》长卷①虽为模本，还可看出原作的艺术构思、经营位置。作为背景的御苑，是一个广漠平原，由近及远，坡陀起伏，形成自然的节奏，就在这样的环境中安排了巨大场景：一百多个牧官、牧人牧放上千匹马，展示了奔跑、相逐、腾骧、滚尘、饮水、觅食以至嬉戏种种动态，形象多样却又互相照应；再加上从左而右，人、马或聚或散，疏密相间，结构十分和谐。并且马的数量几乎难以计算，这一点更反映出从数量去求质量——唐代马政的一个重要原则。

五代时以后唐胡瓌画马最著名，据刘道醇《五代名画补遗》、郭若虚《图画见闻志》、牛戬《画评》等书所述，他"善画蕃马"，"或随水草放牧，或在驰逐弋猎，而又胡天惨冽，沙碛平原，能曲尽塞外不毛之景趣"，其"骨格体状，富于精神"，至于"穹庐、部族、帐幕、旗旆、弧弓、鞍鞯"等，"繁富细巧，而用笔清劲"，"凡人衣毛毳（cuì，鸟兽细毛），以狼毫缚笔疏渲之，取其纤健"。总之，胡瓌针对北方大自然的特殊环境、蕃马动态和牧民生活的种种特征，进行创作，和曹霸、韩幹以御马为师迥然不同；他兼顾细节，行笔清劲，也和曹、韩突出主要轮廓，笔墨雄健，风格各异；也可以说，比之唐代，是"笔少壮气"了。现在台湾省的胡瓌《出猎图》和《回猎图》，其艺术特征与上面所说基本符合。至于这二图关于"缺耳""犁鼻"的细节描绘，也正如董逌《广川画跋》卷六《书张戡蕃马》所述："世或讥张戡（北宋画家）作蕃马，皆缺耳犁鼻，谓前人不若是。余及见胡瓌蕃马，其分状取类须异，然耳鼻皆残毁之。余常问虏人，谓鼻不破裂则气盛冲肺，耳不缺则风搏而不闻音声"。胡瓌画马虽然缺少壮气，但细心观察对象，行笔谦细，不使形似有失，这样的创作态度也未可尽非。不过，文人的画论则认为这是画匠的习气，而加以否定。例如苏轼有一段话，也许不是专指胡瓌，却批评了画马只求细节忠实，将有损意气、精神、乃因小失大。"观士人画如阅天下马，取其意气所到。乃若画工往往只取鞭策、皮毛、槽枥、刍秣，无一点俊发，看数尺便倦。"我们今天却不应抱着这样的片面观点，因为细部和整体、纷歧和统一原非相互排斥，倘能做到大、小结合，小中见大，仍然是有助于塑造塞外牧马这一典型环境中的典型形象的。但是，另一方面，五代、北宋以后，我国画马艺术在形象上逐渐从强悍转向温顺，形成画马美学的另一特征。

---

① 故宫博物院藏。

北宋国防松弛,马政不及唐代,苏轼《三马记》(即《题李公麟〈三马图卷〉》)讲到:"元祐初(约1086)西域贡马首高八尺,龙颅而凤膺,虎脊而豹章,出东华门,入天驷监(御厩),振鬣长鸣,万马皆喑,父老纵观,以为未始见也。然而上方恭默思道,八骏在廷,未尝一顾。其后圉人起居不以其时,马有毙者,上亦不问。"风尚所趋,使鞍马一科在宋代无甚发展。徽宗赵佶,提倡画学,曾画过人马一小轴,"学韩幹,笔法精润,颜色鲜明。马尾鬣皆用墨梳染而成,看之毛似可数,而寻之无笔迹可指。"①画家中只有李公麟(伯时)于人物、山水外,兼工画马,史称足以"颉颃曹、韩"。他在舒城(安徽中部偏南)时,爱看千百成群的野马,熟悉马的生活和动作,求其"自得之性";后入都,去内厩观马,一去便是一整天,画过贡马好赤头。黄庭坚《次韵子瞻咏〈好赤头图〉》说:"李侯画骨亦画肉,下笔生马如破竹。"这势如破竹的笔墨,正说明伯时把马看够了,创作的热情一发难收。宋罗大经《鹤林玉露》把这两句诗加以引申,认为"生"字下得极妙,因为画家先有"全马",笔下才"生"出马来,这也确是事实。现存李公麟《五马图卷》的第四匹,也题名"好赤头",形体解剖正确,线条遒劲有力,落笔较重处表现了肌肉的结实,加上身躯、四肢的有机组合,确是写出了"迥立生风"的雄姿。圉人袒胸、露臂、赤脚,右手牵马,左手拿着马刷,缰绳上端收紧,下端盘了两圈,握在掌中,掌外还留了一些——是洗马人劳动结束后的情景,他面部还露出吃力的样子。这马呢,则鬃、尾都梳得整齐,额上的毛发左右分开,腹部到臀部,经过伯时的一番轻淡渲染,显得干干净净——俨然是匹浴后之马。画家通过圉人和马的艺术处理,取得典型塑造的成功,使观者看到一匹洗净之马被牵回厩去的真实情景。画家对"牵"的形象也刻意求工——缰绳收紧,马的鼻孔、双唇都呈敛缩之状,做到了细节的真实。

元代画马,有赵孟𫖯(松雪、子昂)、龚开、任仁发等。赵孟𫖯画马,在当时占有重要地位,自来论者较多,主要有两点。首先是关于他和以前(特指唐代)的差距。詹景凤《东图玄览》卷一曾说:有个古画贩子把唐代无款的画马图"题为松雪,不知画入松雪,便涉精巧,无唐人浑古意致,此最宜辨也"。所谓"精巧"与"浑古"是指画马艺术的不同风格(其实也可包括其它画科),今天看来,这两者是可以并行不悖的。其次,是以人论画。赵孟𫖯出身宋朝皇族而仕元朝,由集贤侍讲学士提升翰林学士承旨,画史常称"赵承旨",但为士林所不满。明徐勃(兴公)曾

---

① 见詹景凤《东图玄录》卷二。

写道:"赵子昂画马,近代题咏多含贬辞。……黄泽(方伯)云:'黑发王孙旧宋人,汴京回首已成尘。伤心忍见胡儿马,何事临池又写真?'无名士云:'塞马肥时苜蓿枯,奚官早已着貂狐。可怜松雪当年笔,不识檀溪写的芦。'余有诗云:'宋室王孙粉墨工,银鞍金勒豲花骢。天闲十二真龙种,空自骄嘶向北风。'"①这种非议反映美、善统一的美学观点:画马是为了画人,是借物兴怀,要讲气节、敦品德。即使是赵孟頫本人,也由于失去这统一而感到惭愧和内心矛盾,曾写下了"重嗟出处寸心违","往事已非那可说,且将忠直报皇元"等诗句,掩盖不了二臣的丑态。不过赵孟頫也留下一些可取的经验。例如他富有钻研、学习的精神,注意观察马的生活,自己还摹仿马的动作。吴升《大观录》曾引明王穉登语:子昂"曾据床学马滚尘状,管夫人(妻管道升,号仲姬)自牖中窥之,政(正)见一滚尘马"。这种写实的风尚,今天也还值得提倡。又为他曾记录观察的结果:"马前足不过眉,后足与肩相对;水墨远观意,着色辨精神;走马看传神,举动看体势。"②也就是说:在运动过程中,马的各个部分都有一定的位置或限制,逾此便会出现某些"逞奇入怪"的形状;在设色方面,如果脱离笔墨,也会损害线条的功能,因为线条是表达马的精神的基本媒介。我们今天画马,还要不要讲究这些呢?恐怕也是值得研究的问题。此外,赵的画马,题材比较广泛,詹景凤没有抹煞这一点,特别提到"子昂风中马",现在台湾省的赵孟頫《调良图》倒可以作詹氏评语的佐证,尽管詹氏所说未必就是此图。我们看图中马鬃竖立,马尾回扫,圉人举袖遮面,衣纹飘举,这四者的动向都是右方,感到人和马精神抖擞,挺立在猛烈的西风里,意态如生。明王世贞《弇州续稿》则生动地记叙他的《双马图》:"吴兴(孟頫吴兴人)画两马,其前马从容细步,与前人顾盼呼侣之意,后人攀鞍欲上不得,后马搔尾顿蹄,欲驰而隐忍,描写殆尽。"可以说,赵氏画马是从生活现实中来。至于龚开和任月山则强调画马是为了画人,是有所寄托的。龚开,字圣予,宋亡不仕,生活穷困,家中连几案都缺,叫儿子龚浚伏于榻上,把纸铺在儿子背上,便画起马来。曾作《瘦马图》,题上七言绝句:"一从云雾降天关,空尽先朝十二闲(闲,马厩。《周礼》:'天子十有二闲,马六种');今日有谁怜骏骨?夕阳沙岸影如山。"据阮元《石渠随笔》卷四论述,龚开这幅画里的瘦马"肋骨尽露,至十五肋骨……马肋贵细而多,凡马十许肋,过此即骏足,惟千里马多至十五肋,因成此象"。③ 当时画家倪

---

① 见《徐兴公勃笔精》。
② 见《涵芬楼秘笈》第四集《赵氏家法笔记》。
③ 这段话是采自龚氏自跋。

瓒(云林)还为此图题诗,有这末四句:"淮阴老人气忠义,短褐雪髯当宋季,国亡身在忆南朝,画思诗情无不至。"龚开还作《高马小儿图》,因此倪瓒上一首诗又说"'高马小儿'传意匠"。明李日华则更点明:"《高马小儿图》亦出意表,盖圣予抱历落忠义之气,父子陷胡,触目皆异类,特作此诙谐之技,以宕胸中耳。"换句话说,龚开既画马之"瘦",又画马之"高"和人之"小",借此表示亡国之痛:马"瘦"固然不堪与敌一战,而有了战马却无战士,又如同"高马"之对"小儿"了。可见画家的艺术构思相当深刻,他并不止于形似,而是因形寄意,抒发爱国主义精神。任仁发,号月山,在元官都水庸田副使,著水利书十卷,曾奉召画《渥洼天马图》。现存的《二骏图》:一马颈高昂、首微俯,行时缰绳拖在地上;一马很瘦,垂颈、低头,缰回搭颈上、背骨隐约可见。有长题一段,以马的肥、瘦对比,讽刺赃官,颂扬清官。月山的立场和圣予显然不同,要在异族统治下好好当差,他讲究水利,正说明这一点,而画马也就反映了他的政治思想。同为"瘦"马,在圣予是老骥伏枥,感慨系之,在月山则比喻清廉,必须损己奉"公",为了效忠元胡,哪怕瘦些,也不在乎。

综观元代画马的创作意图(包括以南宋末代王孙而做元朝大官的赵孟𫖯),都还值得进一步分析。我们如果读一下当时诗人萨天锡《题画马图》七古(诗中未列画家姓名),"入为君王驾鼓车,出为将军靖边野。将军与尔同死生,要令四海无战争,千秋万古歌太平",便不难懂得这是代表画马艺术的官方美学,反映元王朝巩固政权的要求,能够满足这要求的当然不是龚开,而是任仁发,至于歌颂"太平"的,则为赵孟𫖯了。

在明代,山水花鸟画继续发展,鞍马一科几乎无人问津,徐沁《明画录》论叙畜兽一门时就说:"明以后以此(鞍马)入微(精微)者益少"。而唯独开国皇帝朱元璋却在上述的李公麟临韦偃《牧放图卷》后面,题了一段:"朕起布衣,十有九年,方今统一天下。……每思历代创业之君未尝不赖马之成功,然虽有良骑,无智勇之将,又何用也。今天下已定,岂不居安虑危,思得多马牧于郊野,有益于后世子孙",有助于"防边、御患、备虑……"①,大有抢救这一画科,恢复唐代盛况的意思,其政治目的又是何等鲜明!

康熙、乾隆间,对外用兵,战马、良马又成了皇帝所爱的画题。清代画马,先后有张穆和钱沣(字南园);此外有外国名画家、意大利人郎世宁,于康熙五十四

---

① 见阮元《石渠随笔》卷二。

年来中国传天主教,他能作花卉、畜兽,尤工画马,供奉内廷,经历了康、雍、乾三朝,备受"恩宠"。现存《百骏图》长卷[①],以林木、平原、远山为背景,马的动作多样,色彩也很热闹,虽刻意求工,却止于形似,而透视准确,突出阴阳向背,罕见线条轮廓,与赵孟頫所谓"着色辨精神"背道而驰,基本上还是西洋画。至于张穆(号铁桥),自己养了两匹好马,起名"铜龙"和"鸡冠赤",平时观察它们的生活,熟悉了饮食时的状态、喜怒时的表情,认为肥处可以见骨,瘦处可以见肉,关键在于找到筋骨之"力"表现在身体的某些部位。他对前人所论骨、肉问题,是从马"力"出发寻求解答的。他曾评论:"韩幹画马,骨节皆不真(按:不妨说骨为肉所掩)","赵孟頫得马之情"。他还指出:"骏马之驰,仅以蹄尖寸许至地,若不沾尘然。"[②]张穆还提到骑者从马鞍的颤动,可以觉察到马走动时左前足和左后足先起,右前足和右后足后起,并且是交替而起的;为了认识马的整个体形、结构,更须细察骨节的尺寸,加以掌握,不能差错,等等。这些经验对于画马艺术还是有益的[③]。张穆不但画马富于生意,而且"写骏骥以喻人之品性",朱彝尊曾写诗相赠,特别赞美这一点。清中叶以后,钱沣多画奔马,造型相当准确,而且善写鬃、尾离披之状,以增强动势。他兼擅隶书,所以画马很有笔法。

总之,我国画马史上代有名家,他们首重实际观察,从各个方面熟悉马的生活,"得马之性",能精确地描绘对象在动静之中的种种形态;而造诣更高的画家则不以形似为满足,要求写出马的精神,以达到寓情于物,抒发意境的目的——画马是为了画人、画人是为了赞扬崇高的品德,乃我国画马艺术的审美观,这一点是相当重要的。同时,十分讲究笔墨,以洗炼的线条勾取轮廓时,贵能掌握骨肉相依、骨为主体的规律,使马的体魄、英姿尽收笔底。在艺术风格上,尽量避免行笔草草,率意涂抹,破坏体形,貌似生动,而实乖谬。当然古代画马也不能十全十美,但是我们今天如果要使这门艺术表现真正的中国气派,发扬优良传统,那末上述的部分史料和评论,还是能够有所帮助的吧!

---

① 故宫博物院旧藏,现在台湾省。
② 均见屈大均《广东新语》。
③ 同上书。

文人画艺术风格初探

中国历代绘画艺术都具一定的审美意识，而历代有成就的画家在作品中表现他的这种意识时，也有规律可寻。那就是：力求意与法、内容与形式的统一，物与我、景与情的交融；通过笔墨的运用，融合作品的意境与形象；终于产生艺术美。这艺术美包蕴着画家个性和技法特征，并赋予作品以艺术风格，至于和个性紧密联系的情思、意境，则含有一定的社会的、阶级的内容。因此艺术风格可以多种多样；不仅因时、因人而异，同一画家也可有所不同，而从创作和欣赏双方来说，艺术风格都属于审美范畴。我们观看历代佳作，进行审美判断，以获取审美享受，就必须深入每位画家如何掌握意和法的辩证关系，怎样以意使法，如何法为意用，以及每位画家所特有的"法"或笔墨与造形手法上的个性特征，等等，方能具体领会、欣赏每一佳作有血有肉的艺术风格。因为，艺术风格自来就是富于艺术家的个性、个人特色，反映他的精神世界的，所以我们常说"文如其人"，或"诚于中而形于外"。法国自然科学家布封(1707—1788)的一句名言："风格即人"，黑格尔曾引用并加以发挥："法国人有一句名言：风格就是人本身，风格在这里一般指的是个别艺术家在表现方式和笔调曲折等方面完全见出他的人格的一些特点。""风格就是服从所用材料的各种条件的一种表现方式，而且它还要适应一定艺术种类的要求和从主题概念生出的规律。"①这里包括着画家针对一定的主题，从意境出发，运用一定的材料、工具，在以意使法的法则下，进行创作，并表现出个人的艺术特征。如果说得简明浅近一些，那末不妨引用德国画家 M·里伯尔曼(1847—1935)的一段话："首先是对自然有所感受，引起想象，提供了一位艺术家的条件，其次是把这感受、想象艺术形象化，形成了他的艺术风格。"②话虽不多，但在涵义上，和我们所说的意、法关系还是相通的。至于中国历代绘

---

① 黑格尔《美学》，朱光潜译，第 1 卷，第 362 页。
② P·桑涅《现代德国艺术》引，《企鹅丛书》1938，伦敦版。

画佳作,一般观众由于并不从事创作,对画中的笔墨技法、形象结构等缺乏实践经验和了解,不大容易抓住法为意用乃艺术风格的这个关键,结果在审美判断上不免遇到困难。西方唯美派的艺术批评诚然是形式主义的,但是强调欣赏的过程,并且认为它无异乎再创作,①这种看法对探讨国画风格也还有一定参考价值。中国历代绘画创造出丰富多彩的艺术风格,本文想就士大夫或文人的绘画所比较多见的风格,以及画家如何具体地表现它们、鉴赏家如何评价它们等问题,试作初步探讨,同时就不同的风格之间以及若干风格之间的联系等,来分别阐说审美意识既有个性差异,也有共同标准。大致说来,文人画的艺术风格有"简""雅""拙""淡""偶然",以及"纵恣""奇崛"等,但是在分别论说之前,有几点似应明确。

首先,我国历代绘画的风格都各自具有强烈的作者个性特征,而且贵在创新,突破藩篱窠臼,故能传诸后代,有较久的生命。《易·系辞》说:"变则通,通则久。"《文心雕龙·通变第二十九》说:"文辞气力,通变则久","变则可(堪)久,通则不乏"。"通变"见于文章的内涵,也关系文章的风格,而画学也不例外。石涛的《苦瓜和尚画语录》强调:"古之须眉不能生在我之面目,古之肺腑不能安入我之腹肠,我自发我之肺腑,揭我之须眉,纵有时触着某家,是某家就我也,非我故为某家也。"②正是指出画家的意境新,风格就不得不新。其次,风格和意境、意境的表达、表达的技法分不开,同时又反映意与法之间的主从关系。若反其道而行之,即为法而法,而非以意使法,那就只能是玩弄技法,流为形式主义,也就无风格可言。《文心雕龙·声律第三十三》:"器写人声,声非学器",虽然论文,却也可向画中为法而法之徒敲响警钟。相应地,郭熙也提醒画家们:"一种使笔,不可反为笔使,一种用墨,不可反为墨用。笔与墨,人之浅近事,二物且不知所以操纵,又焉得成绝妙也。"③画家不能本于意境来运用笔墨,反而为笔墨所驱使,这样的笔墨实际上切断了它和画家的情思、意境之间的紧密联系,表现不出画家的个性特征,因而也就无助于风格的建立。第三,"风格即人"的"人",就当时的论人标准来说,未必都是指正面的,未必都具有高尚的品德,画史上就有过不少例子。赵孟頫为宋宗室,宋亡仕元,董其昌纵子行凶,迫害农民,但他们的画仍各有风格。书法史上则有蔡京,结交童贯,做了四回宰相,称为"六贼之首",而书法不

---

① 参看本书《西方唯美派的艺术批评》。
② 《变化章第三》。
③ 郭熙《林泉高致》。

恶。这里涉及审美标准中善、美一致与否的问题,值得进一步研究。推而广之,历代文人画的精神面貌和情思、意境,如用我们今天的标准来衡量,也无非是封建地主阶级的一套,和赵、董比较,有时候不过是程度之差,十步、百步之别。①如果因此而否定他们的艺术风格,进而否定他们的作品,那末中国绘画史势将留下许多空白,而某些各不相同的艺术风格也就不值得去介绍和评价了。元好问曾有一首论诗绝句:

> 心画心声总失真,
> 文章宁复见为人,
> 高情千古《闲居赋》,
> 争信安仁拜路尘。

意思是晋潘岳(安仁)作《闲居赋》以鸣清高,但却向权贵贾谧百般谄媚,时常等待贾谧出门,望尘下拜。我们回转来看看文人士大夫的一些绘画艺术风格,也都带着"清高绝俗""一尘不染"的味儿,而他们之中也不乏潘岳之流,今天看来都应严加批判,但是艺术风格却不因此而废,文人的画风也还是可以纳入审美范畴而进行研究的啊!

简

文人画的尚简风格,比较突出,但它并非孤立的现象,而主要是反映儒家和道家的思想,并受文论的影响。儒家把礼和乐当作辅助政教的艺术。《论语·八佾》:"礼,与其奢也,宁俭。"礼必须简单易行,方能产生更大的政治作用。我国最早的美学著作《礼记·乐记·乐论篇》主张:"大乐必易,大礼必简。"据孙希旦所撰集解:"乐之大者必易,一唱三叹而有遗音,而不在乎幻渺之音也。礼之大者必简,玄酒腥鱼而有余味,而不在乎仪物之繁也。"力求简易,正是为了发挥审美教育的政治效果。老子《道德经》第二十二章更指出:"少则得,多则惑",宣扬:"以圣人抱一为天下式",说明了少取或可多得、贪多反而受惑的处世原则。同时,简约的概念也进入生活实践,并反映在文论中。东汉王充《论衡·艺增》②反对经

---

① 真的不想做官,或对农民有好感的,为数也许不多。
② "艺"指《六经》,"增"指夸张。

学的夸张,指出"世俗所患"在于"言事增其实","辞出溢其真",也就是文章风格须简要朴素。晋陆机《文赋》:"夸目者尚奢,惬心者贵当",力主去浮艳而归贴切:"要辞达而理举,故无取乎冗长",说清道理,何须洋洋万言。陆云《与兄平原书》①也强调"文实无贵乎多","文章实自不当多"。梁时刘勰《文心雕龙·物色第四十六》称赞《诗》三百篇"以少总多,情貌无遗"。南宋姜夔更发挥《乐记·乐论篇》的所谓"余味":"若句中无余字,篇中无长语,善之善者也。"②他补充以上诸说,认为文章长些倒也无妨,贵在有味可寻。总之,我国古代关于礼、乐、诗、文的尚简观点,旨在善于观察、识别、抽取对象的东西并概括出来。影响所及,绘画的表现形式和风格,也讲求要而不繁、切中肯綮,树立了减削迹象以增强意境表达的审美准则。也就是说,风格素朴简约,而作品自多生意。至于思想理论上对文人画尚简风格产生很大影响的,也许可以回溯到唐代南宋禅学所谓"诵经三千部,曹溪一句亡","自得曹溪法,诸经更不看"。③绘画虽然不能像禅宗那样不立文字因而废除形象,但是要求笔墨尽量从简,方能突出意境,寄寓深遥。

就山水画而论,画家为了摄取自然的精英,集中表现自己的感受,须以洗练的方式,单刀直入,虽笔墨寥寥,却能一以当十,这样才更有助于借物写心、以景抒情。但这风格并非一蹴而就,因为中国山水画史表明,画家首先要求"应目",对自然有所感受,而"会心"或画中见我的程度则由浅入深,逐渐趋于成熟。④ 试观北宋董源、巨然、范宽之作,以及现存的荆浩、关同、李成的山水摹本,或咫尺重(chóng)深而笔墨谨密,或实处求工而形势迫塞,并不要求以少胜多,集中表现画家的感受、情思,意境。前文提到的南宋马远,始将结构简化为"一角",所谓"一角"虽略含贬义,但简约的风格终于形成,为山水画开创新貌。但是简中而能见我,则还有待于元人。如果说,从文人为尚意观点出发,认为简约更能体现物我为一的审美原则,因而给元代山水画风以较高地位,那末也还是持之有故、言之成理。另一方面,倘若我们回溯北宋时关于山水画家的评价,更可看出尚简之风,在南宋到元之前的一段时期里已经萌芽。郭若虚《图画见闻志》说,山水画家许道宁"老年唯以笔画简快为己任,故峰峦峭拔,林木劲硬,别成一家体"。故张

---

① 陆机曾官平原内史,又称陆平原。
② 《白石道人诗说》。
③ 参见钱锺书《旧文四篇》第11页,上海古籍出版社,1979。曹溪水,源出广东曲江(韶州),南方禅宗六祖慧能(638—713)居此,柳宗元有《曹溪第六祖赐谥碑文》。
④ "应目会心",见宗炳《画山水序》。

文懿(士逊)赠诗云：

> 李成谢世范宽死，
> 惟有长安许道宁。

郭氏将"简""快"并列，这一点值得注意。讲到画家的真迹，李成的早佚，范宽尚有《溪山行旅图》和《雪景寒林图》，许道宁则有《渔父图卷》①，范氏无处不谨密，自然难为许氏之爽朗轻松，其关键就在运笔还未能简而且快。《宣和画谱》卷十八葛守昌条，强调"形似少精，则失之整齐，笔墨太简，则失之阔略，精而造疏，简而意足，唯得笔墨之外者知之"。末了一段留在下文"淡"的部分中再谈；但《画谱》拈出的"疏""简""意足"，却耐人深思，因为点明了一条创作规律：去粗存精，凭借虽少，却更有效地表现画家的精神感受，这样非但无损于意境的抒发，反而使它更集中、更突出了。宋代科学家兼艺术批评家沈括则从反面赞评文艺的简约风格："意景纵全，一读便尽，更无可讽味；此类最易为人激赏。"②用今天的话说，这种激赏含有一定的唯形似论或自然主义因素。入元以后，倪瓒师法董源，兼学荆浩、关同，但笔墨渐趋简率，他自称："仆之所谓画者，不过逸笔草草，不求形似，聊以自娱耳。"③又说："余之竹聊以写胸中之逸气耳，岂复较其似与非，叶之繁与疏，枝之斜与直哉。"④我们当然不能忽视他以逸笔所写的逸气，是具有阶级内容的。倪瓒原为无锡的大地主，生活奢侈糜烂，由于元代农民战争以及元朝官吏的征索，他家道中落，终于破产，不得不"屏虑释累，黄冠野服，浮游湖山间"⑤。我们应从这方面来理解他所谓"逸气"和"逸笔"的精神实质，并在画中以逸笔反映出来。但是，如果就笔墨的繁、简论，不妨把倪瓒和他所师法的荆浩⑥相比较。现在传为荆浩的《匡庐图》巨幅⑦，"千岩万壑"，确是花了无数笔墨，而倪画大都是疏林坡石，远水遥岭，着笔不多，每于栏枯涩中见丰润，似疏荡而实遒劲，还是相当耐看，文人评画，称之为"使人意远"。这种艺术风格，乃从千锤百炼

---

① 本书《试论画中有诗》一文涉及此卷。可参阅。《雪景寒林》非真迹。
② 《梦溪笔谈》卷十四。
③ 倪瓒《清秘阁全集》卷九，《跋〈为以中〉画竹》。
④ 同上书，卷十，《答张藻仲书》。
⑤ 《清秘阁全集》卷十一，拙逸老人周南老《元处士云林先生墓志铭》。
⑥ 倪瓒曾自题所作《狮子林图》："余此图浑得荆、关遗意，非王蒙辈所能梦见也。"
⑦ 在台湾省。

中来,非率尔操觚者所能做到,倘若没有创作经验,不解笔墨甘苦,就很容易把疏淡①等同于枯死,从而全盘否定倪瓒的风格了。此外倪瓒对后代山水画发展也有贡献,而受其影响并有所创新的,则为原济(石涛)。倪瓒用笔从拗涩中求骨,故沉着而不浮,于动转处见筋,故灵活而不滑,所谓元四家中,黄公望、王蒙、吴镇在这方面都不及他。而石涛的风格虽以郁勃、纵恣②为一大特色,却是筑基于倪瓒的这种沉着而又空灵之上的。石涛有段题画,可当佐证:"倪高士画为浪沙溪石,随转随注,出乎自然,而一段空灵清润之气,冷冷逼人,后世徒摹其枯索寒俭处,此画之所以无远神也。"③与此同时,在书法上石涛也脱胎于倪瓒,这当然比他画中学倪的迹象,容易识别一些。我们知道,中国古代的大画家每不愿明说自己的溯源,石涛也不例外。

我们对倪瓒之"简"讲了不少,但首先提倡这种风格的,却不是倪瓒,而是元代画坛领袖赵孟頫,只不过他的作品更多地表现为秀润之中而能密、厚、深、远④。赵孟頫向往于古代的素朴风格,称之为"古意",提出了"古"和"简"的统一。他于大德五年三月十日自跋画卷:"作画贵有古意,若无古意,虽工无益。今人但知用笔纤细,傅色浓艳,便自为(谓)能手,殊不知古意既亏,百病横生,岂可观也?吾所作画,似乎简率,然识者知其近古,故以为佳。……"⑤指出纤细、浓艳和简率、素朴风格不同,而以后者为贵,因为琐碎支离,不足以取象、造象,五彩缤纷,未必真能传神,倘若逸笔草草而能达意的话,那末又何须一丝不苟,细入毫发呢?上文所引陈与义诗句"意足不求颜色似",也正是说的同一个道理。这里的关键在于画法与书法的相通。文人画家几乎同时都是书家,他为了求简,把全部功力首先放在线条(而非其它的艺术媒介)运用上,而书法正是以线条表现形体和生命的艺术。因此,他便把书中的笔法吸入画中。而赵孟頫更是兼擅书画的重要代表,他曾题所画《秀石疏林图卷》:

石如飞白木如籀,
写竹还应八法通;

---

① 参看本文论"淡"的部分。
② 参看本文论"纵恣"的部分。
③ 《大涤子题画诗跋》卷一,《美术丛书》本。
④ 这四字,据虞集《道园学古录》卷四十六《送吴真人序》中评论画之语。
⑤ 张丑《清河书画舫》波字号。

> 若也有人能会此，
> 须知书画本来同。①

这首诗确是很好的自白。此外，明董其昌还有一段记载："赵文敏（孟𫖯）问画道于钱舜举：'何以称士气'，钱曰：'隶体耳，画史能辨之，即可无翼而飞，不尔，便落邪道，愈工愈远。'"②我们不妨把这段话分析一下。篆书包括大篆和小篆，春秋战国间通行于秦国的大篆又称籀书（文），秦灭六国把大篆简化为小篆，也叫秦篆。到了汉、魏，篆书更简化为隶书。隶书包括秦隶、汉隶和分书（八分），因为秦隶接近小篆，汉隶较多波折，分书则波挑披拂，形意翩翩。而东汉时复有飞白体，丝丝露白，如枯笔写成。赵孟𫖯所论画中的笔法，则兼及籀文、飞白和隶体。若就山水画而言，隶体似乎对笔法的影响更大，这一点可从隶体的运笔来领会。它"由单纯、粗细一样的圆的篆笔，变为有转折、有顿挫、粗细轻重不一，又方（主）圆（退居于次）兼施的隶笔，……表现更多样的、更活泼的形式而增加了书法的艺术美"③。对于隶笔的这种"转折""顿挫""粗细轻重不一"，画笔都有所借鉴，从而大大增强山水画造形、达意的效果和艺术形式的感染力。隶书和其他书体一样，是一种精练的艺术形式，以表现形体与生命，所以文人尚简的画风、画笔与隶书的表现形式，一拍即合。这样看来，画笔是否吸取书法（隶法）的用笔，影响着绘画的艺术效果的强弱，而在画家中士大夫又大都工书，所以画笔之有隶体也就犹如作品之有"士气"了。④至于以籀笔画竹木，以飞白画石，则是指前者参用圆笔，可增其浑朴，后者枯笔露白，可状其嶙峋（凹凸不平），结果形象生动，所以说"不翼而飞"了。随着竹木和山水愈来愈成为士大夫绘画的主要题材，简约的风格也不断地受到赞美。例如明代文徵明评文同画竹："与可简易率略，高出尘表，独优于士气。"⑤言外之意是嫌元代李衎、李士行父子画竹拘于形似，未能继承文同写意的、崇简的风格。又如清代王翚学古不化，并且能繁而不能简，工整有余，士气不足，却称许"元人一派简澹荒率，真得象外之趣，无一点尘俗风味，绝非工人所知"⑥。今天看来，王翚无异乎在作自我批评了。

---

① 郁逢庆《书画题跋记》。此图《神州大观》曾有影本。
② 董其昌《容台集》，《佩文斋书画谱》卷十六引。
③ 徐邦达《五体书新论》，《现代书法论文选》第258页，1980年，上海书画出版社。
④ 也可从逸家、隶家、士大夫的同一，来理解钱语，见《启功丛稿·戾家考》，中华书局。
⑤ 孔广铺、孔广陶合编：《岳雪楼书画录》。
⑥ 《故宫周刊》第84期，《王翚题恽格画册》。

由此可见,简约、简率是文人画中较有代表性的、较能体现"士气"的一种风格,而文人画的其他风格则与之有千丝万缕的关系,下文再分别论说。

雅

在封建制度下,文人、士大夫只须不犯上,不忤物,便可不劳而获,过悠闲安逸的生活。这番功夫,荀卿称之为"伪"或"人为":"凡礼义者,是生于圣人之伪","故圣人……所以异而过众者,伪也"。① 然而长期以来不犯上、不忤物被视作一种修养或美德,受到赞扬。例如《唐书·杜黄裳传》:"性雅淡未尝忤物",照此说来,俨然是说"人为"即"雅"了。关于"雅",不妨先看郑玄《〈周礼〉注》:"雅,正也,古今之正者,以为后世法。"雅正、雅淡意味着士大夫的政治态度、处世哲学和人生修养;"雅致""雅兴""雅怀"等等,标志着文人生活的特色;而"雅"更成为儒家审美准则之一,只不过"作伪"的因素却被掩盖以至完全"消失"罢了。再看为政治服务的音乐,则早就规定雅、郑之分,将歌词"典雅纯正"、音乐"中正和平"称为"雅乐",以区别于"淫邪"的郑声。接着,在评论文章风貌时,也以雅为首。刘勰《文心雕龙·体性第二十七》标举八体,首曰"典雅",因为它"方轨儒门";同时指出"(典)雅与(新)奇反",但对于"奇"并不否定;认为"奇正虽反,必兼解以俱通"。但雅与郑则不相通,是互相排斥的,所以《定势第三十》说:"雅、郑而共篇,则总一之势离",并且指出:"旧练之才,则执正以驭奇,新学之锐,则逐奇而失正"了。用今天的话说,雅和郑是敌对的,正和奇则是相对的,而且有主从之分,应以"雅"或"正"为主导以御"奇",只有"旧练之才"方能做到这一步。因此就更须熟悉并掌握雅正的悠久传统,方可谋求新奇,而不至于逐奇失正了。刘勰所说的雅、正统一,成为评论文章风格的主要原则。至于文人画论中所谓的"雅"则涉及雅与俗;雅正与传统;正与奇等的相互关系问题,都属于画家的艺术风格,并反映画家的思想、意境与审美标准。试分别论之。

雅与俗之分,比较突出地表现在绘画题材上。描画现实生活和眼前事物等,首先要求形似,艺术形象同客观事物形象之间几乎没有距离,而作品是否寓有画家的思想感情,则是次要的。这种题材及其描绘方法,对文人画家来说,是不屑为之的,同时艺术批评家也认为俗不可耐,而加以否定。例如宋张择端《清明上河图》描写北宋首都汴河两岸人民生活场景,由于这种写实的风格,作品很有历

---

① 《荀子·性恶》。

史参考价值。但明代张丑认为"所画皆舟车城廓桥梁市廛之景,亦宋之寻常品,无高古气也"①。因为张丑说得明白:他编这部《书画舫》的宗旨,就是要把历代法书名画"传诸雅士,不令海岳庵书画史独行也"②。这里所谓"高古"也就是"高雅"的意思,张择端此图既然不高古,不高雅,势必沦为俗工之事了。文人惯于指摘"俗恶"来反证"雅"的审美标准,不仅张丑如此,宋代朱熹也自诩鉴别高雅,试看他的《题祝生画》:

> 裴侯爱画老成癖,
> 岁晚倦游家四壁。
> 随身只有万叠山,
> 秘不示人私自惜。
> 俗人数看亦不识,
> 我独摩挲三太息。

换而言之,画中之"雅",只有满腹诗书、文化修养极高的人,方能领会,俗人只能是看而不识。除题材外,收藏画迹也分雅、俗,例如作品的数量是单一的,还是成对的,也都有讲究。宋代邓椿说:"大抵收藏古画,往往不对,或断缣片纸,皆可珍惜,而又高人达士(按即雅人)耻于对者,而俗眼逆以不成器目之。"③俗人买画,要配对成双,高人则连断片都不放过。不过还得看内容和笔墨,倘若斤斤于成对或单一,哪怕是在今天,也就够庸俗的了。

  鉴赏、收藏也讲究"雅",这是和创作尚雅紧密配合的。对文人画家来说,则表现为书卷气和笔墨二者的高度统一,而笔墨又须继承一定传统,这也就是文人画风格雅正与传统的问题。我们觉得在这方面,北宋李公麟(字伯时,号龙眠,1043—1106)可称典型代表,倘若从他的学养、画题、笔墨几方面作些分析,是有助于具体理解文人画风格之"雅"或"雅正"的。

  李公麟的生平和画风,《宣和画谱》记叙颇详,张丑《题李公麟〈九歌图〉》作了

---

  ① 张丑《清河书画舫》莺字号。
  ② 《清河书画舫·引言》。海岳庵为宋代著名书画鉴藏家米芾的庵名。他曾著《米氏书史》《米氏画史》;还在满载书画真迹的"行舸"上挂一牌,牌上写"米家书画舫"。张丑的书名仿此。
  ③ 邓椿《画继·论远》。

删节和补充①,现在整理改写如下。他在汴京和外地做了三十多年的官,但职位不高,止于御史检法朝奉郎,是文臣而兼业余画家的身份。他学识渊博,喜欢收藏并临摹古代书画,所作人物画主要学吴道子,书体如晋、宋间人,同时善于识辨钟鼎古器,循名考实,无有差谬。他在汴京时,不游权贵之门,佳时胜日,同二三友好载酒出城去逛名园,坐石临流,悠然终日。富贵人求他的画,他不应酬,至于名流胜士,虽然素昧平生,却乘兴落笔,毫无难色。总之,他是一个风流儒雅的画家。其次,就题材论,他的名作《君臣故实图》《慈孝故实图》歌颂封建制度下的政治秩序和道德标准,称得起绘画中"方轨儒门",属于"典雅"一类:因为所画的故实有沛公礼遇郦食其,张释之谏汉文帝,冯婕妤为汉元帝挡熊,王猛对桓温扪虱谈当世事,唐明皇赦回忤旨的杨贵妃等等,其主题思想都可归结为"雅正",所以元代俞焯题云:"此画或以气节,或以任达,或以智略,或以情致,各极其妙。"明代吴宽题云:"龙眠此画,实与史笔相发明,可谓画家之良史,但非工于艺而已,……后之有天下者,宜有鉴于斯。"俞、吴二评都宣扬"雅正"可维系封建秩序,从而全盘肯定此图。以上足以说明李公麟是先从画题来表现风格之"雅"的。

其次,李公麟更在艺术构思和笔墨运用上完成"雅"的风格,后者包括对传统技法的继承。因此,除题材外,笔墨技法上也可以有"雅"的表现。《宣和画谱》说,李公麟画《陶渊明归去来兮图》,"不在于田园松菊,乃在于临清流处;作《阳关图》,以离别惨恨为人之常情,而设钓者于水滨,忘形块坐,哀乐不关其意"。前一幅画题,如果强调渊明急于归去观赏"故园"中"犹存"的"松菊",未免流为一般的表面现象,公麟则选择了"临清流而赋诗",以描写主人公罢官归来,正是心无一累才能咏吟雅怀,从而点出诗人本色。公麟高人一着,就在于捉取最能表达渊明内心世界的场景。关于后一画题,一般是描写行者和送行者双方形象,以表达依依惜别之情,公麟则想象开阔,添上一位襟怀旷达、悠然自得的钓者,这实质上反映了嵇康《声无哀乐论》的思想,以"率然玄远"②作为画中的最高超境界。《画谱》的这两段话,正是说明公麟运思精微,不同流俗,力求"高雅"。至于公麟的笔墨,历代的评论都认为形似之外,更能古雅。元汤垕说:"李伯时画人物,吴道子后一人而已,犹未免于形似之失,盖其妙处在于笔法、气韵、神彩,形似末也。"③

---

① 张丑《清河书画舫》尾字号。
② 见《晋书·嵇康传》。
③ 汤垕《古今画鉴·杂论》。

明张丑记叙公麟的《九歌图》："不止人物擅场,而布景用笔,尤为古雅。"又说他的《五百应真图》："树石奇怪,人物生动,而中间烟云龙水殿宇器具,精细之极,又复古雅。"①具体说来,这"古雅"大致表现在线条和笔致两方面。中国古代绘画描写人物衣折纹所用的线条,主要可分为：晋代顾恺之的高古游丝描,唐代阎立本的铁线描,唐代吴道子的莼菜条②,前二者运笔精谨,用力均匀,线条的宽度一致,行笔的速度也一致,后者笔势豪放,用力不一,迟速不一,因而线条中部较粗,两端较细。就线条所唤起的感觉言,游丝、铁线敛约而偏于静,莼菜奔放而偏于动。照文人画家、评论家的审美标准,后者笔力刻露,少含蓄,带作家习气,亦称霸气或纵横习气。在文人画论中,米芾首先对吴道子表示异议。他写道："李公麟病右手三年余始画",而感到李公麟"尝师吴生(道子),终不能去其气(习气)",自己因此"取顾(顾恺之)高古(游丝描),不使一笔入吴生"。③ 米芾不仅自己认为吴不足学,还批评学吴的李公麟,而李公麟完全接受批评,关于这一点邓椿曾有记载："吴笔豪放,不限于长壁大轴,出奇无穷,伯时痛自裁损,只于澄心堂纸上运奇布巧,未见其大手笔,非不能也,盖实矫之,恐其或近众工之事。"同时认为米芾所作"古忠贤像,其木强之气亦不容立伯时下矣"④。邓椿把文人画审美标准说得愈加明白了：以含蓄蕴藉之"雅",反对纵横习气之"俗",所谓裁损,就是矫吴之"俗",抑制着豪放的笔势,目的是为了免"俗",为了求"雅",结果纵横习气被"木强之气"取而代之。所谓"木强"并非僵死、呆板,而是如张丑所说："板实中有风韵,沉着内饶恣态。"⑤用现代语说：似呆实活,质朴,却又带味；它所产生的艺术效果,并非一览便得,而须要"疑而得之"⑥,思而得之,这样才耐人寻味。但是,要达到这一步,还须从古代的技法传统中慢慢地走过来,倘若起先没有吴笔的挥霍、豪放,那末"裁损"之后,也许就所余无几了。在这方面,后来的画论总结出"熟而后生"之"生",也就是过熟则"俗","熟而后生"则"雅"。⑦ 我们可以从现存李公麟真迹《六马图》的山水部分,作些印证。图中坡石的运笔,不取流畅而故

---

① 张丑《清河书画舫》尾字号。
② 窦蒙《画录拾遗》：吴道子笔法"早岁精微细润,如春蚕吐丝,中年挥霍如莼菜条。"
③ 米芾《画史》。
④ 邓椿《画继·论远》。
⑤ 张丑《题李公麟〈九歌图〉》,《清河书画舫》尾字号。
⑥ 借用清代恽格(南田)语。
⑦ 详本文关于"拙"的部分。

为粗毛艰涩①,用笔从逆中得势,落墨则于干枯中带润;坡上树木直立,分枝不求参差有致,但由于垂叶细细点出,复又摇曳生恣;石畔枯枝则盖上几个大浑点:从整体来说,这些部分乍看似乎很不协调,细看则彼此仍有呼应。古代山水画,到了李公麟的时代已有高度发展,董源、巨然,特别是巨然,运笔纯熟、线条灵活、流畅,用墨浓、淡、干湿相当和谐,但公麟却有意回避,力图创造出虽雅拙、木强却很质朴的风格特征,好像回到了唐代的壁画中的树石上去。这里不妨参看出土的唐章怀太子李贤墓壁画中"观鸟捕蝉"或懿德太子李重润墓壁画中"纨扇士女"等图的树石,便可悟出公麟之"雅",乃是离开时代步伐,抱着唐代古法不放,而张丑之所以盛赞李画"古雅",也就不难理解了。因此,可以说文人画的雅,意味着与其师今人的精熟,毋宁追古人的生拙。李公麟的古雅风格,固然是从传统中来,不过这个传统是比较古老了些。

再次,文人的画风、画论本身也在发展。李公麟提倡古雅于北宋,入元以后还有赵孟頫和他共鸣,认为"作画贵有古意,若无古意,虽工无益,……吾所作画似乎简率,然识者知其近古,故以为佳"。② 但是到了明代,董其昌便大不以为然,他提出批评:"向见伯时《潇湘图卷》③,最为精绝,及观董北苑所作④,其间山水奇峰笔趣,又复过之,乃知伯时虽名家,所乏苍茫之气平。"⑤董其昌本人的画并不见得苍茫,但他的这段画论却相当精辟,指出了裁损豪放则失去苍茫。然而,我们还须看得远些,作为艺术风格,豪放和苍茫(苍莽)不仅相通,而且与奇崛相对待。这里,我们就进入第三问题:从雅正与奇崛的关系来领会以正御奇的风格,亦即"雅"的更高阶段。正和奇是辩证的,相反相成的,书论中首先拈出这个道理。明代项穆《书法雅言·奇正》说:"奇即连于正之内,正即列于奇之中,正而无奇,虽庄严沈实,恒朴厚而少文,奇而弗正,虽雄爽飞妍,多谲厉而乏雅。"他认为"逸少(王羲之)一出,揖让礼乐,森严有法,神采攸焕,正奇混成也"。也就是以雅正、素朴为基础而兼有豪放、神奇,则正而不板,奇而不野,深合儒家"中和"

---

① "涩"同时也是书法用笔术语,与"滑"相对立,唐韩方明在《授笔要说》中指出:"便则须涩","便"指行笔自在,因此"涩"并非停滞不前,而是留得住、不浮滑,"浮滑则是为俗也"。可见,李公麟用笔艰涩,正是"雅"而不"俗"。
② 其实赵孟頫并不完全是"古"而且"拙",明代鉴赏家詹景凤说得很对:"画一入松雪(赵号松雪斋),便涉精巧,无唐人浑古意致,此最宜辨也。"见詹景凤《东图玄览》卷一。
③ 已佚,日本博文堂曾印行李伯时《潇湘图卷》,乃伪品。
④ 董其昌曾藏董源《潇湘图卷》,现藏北京故宫博物院。
⑤ 张丑《题李公麟〈九歌图〉》所引。

之旨。书法所谓正、奇关系,也体现在文人画中,明末清初的石涛颇具正奇混成的风格。他广泛汲取前代传统笔法的精髓,做到功力深稳,归于雅正,但同时又以倪瓒的涩中见骨之笔为基础,再加锤练和突破,终于解脱出来,化为奇崛以至险峭。他的这一特色,既寓于布局、也见诸笔墨①。换而言之,他在正奇关系上掌握得巧妙恰当,便毫无粗野狂怪等习气了。扬州八家继承这种风格,但有时却走向反面,特别是黄慎(瘿瓢),并未从传统笔法练出真实功夫,而徒慕新奇,就不免因奇失正,喜以怪诞骇俗,结果剑拔弩张,可谓"大雅云亡"了。

此外,近人王国维关于"古雅"的论点②,也很值得研究。他认为美和宏壮乃艺术天才之事,只有第一流的艺术家能为优美,第二流的艺术家能为宏壮,而古雅则属第三流。他显然受了康德的主观唯心主义思想影响,把天才和美、壮看作是先验的、超越现实的。他还本于康德所谓美无关利害之说,指出:"天下之物有决非真正之美术品,而又决非利用品者,又其制作之人决非必为天才,而吾人之视之也,若与天才所制作美无异者,无以名之,名之曰古雅。"③接着,他以清代画家"四王"之一的王翚为例,指出:"苟其人格诚高,学问诚博,虽无艺术上之天才,其制作亦不失为古雅。……今古第三流以下之艺术家,大抵能雅而不能美且壮者,职是故也。……王翚……固无艺术上之天才,但以用力甚深之故,故摹古则优,而自运则劣,岂不以其舍其所长之古雅,而欲以优美宏壮与人争胜也哉?"④王氏的说使我们更能体会"雅"是缺乏豪放、苍茫之气的,李公麟笔下的古雅和他的博学、修养分不开,而董其昌对李画的评语,毕竟是很有见地的。

最后,从其发展来看,"雅"在敛约、裁损、除霸气的过程中,总或多或少削弱了意境和技法的开创,而陶醉于古拙。然而事实也并非如此简单,我们还须看到另一方面,因为生拙、古拙和士大夫或文人画家的一定境遇、情思,颇有一段姻缘,因而又孕育了文人画的另一艺术风格——拙。

拙

文人画家看来,生拙、古拙意味着不逞才、不使气,它贵在敛约,而敛约比较纵恣更合乎儒家"中和"之道。由宋而元,大致如此,明末清初,纵恣方始逐渐和

---

① 参见本文的"纵恣"与"奇崛"部分。
② 王国维《古雅之在美学上之位置》见《海宁王静安先生遗书·静庵文集续编》。
③ 同上书,第23—25页。
④ 同上书,第26页。

生拙并驾齐驱,石涛可作代表,上文已约略提到。但是古代艺术由于实践和经验的不足,其风格生拙是出于无意,因而是真实的,而文人画的生拙则出于有意,亦即荀卿所谓"人为"或"伪",这一点,首须辨明。我们不妨看看原始艺术由于条件限制而形成的稚拙的风格,例如格罗塞所指出:"描写的题材相当单纯,即使最好的作品,其构图、布局,也欠完整。但其艺术形象却成功地反映生命的真实,而文明发达的民族,经过细心推敲的艺术造形,在后一方面反而有所不及。原始艺术的主要特征,就在于生命真实和形式粗率合而为一。"① 原始艺术凭借很少的媒介,运用媒介的技法也还不够成熟,但以全副精力去认识自然、钻研现实,造形达意,这种十分诚挚创作意图,通过简单粗略的图象,却表现了相当生动的稚拙美。我国新石器时代的彩陶上所画人体舞蹈、鱼纹、犬纹、羊纹等,便具有这种风格。降而至于魏晋山水画,也还没有完全克服生拙,所以"群峰之势,若钿饰犀栉,或水不容泛,或人大于山,率皆附以树石,……列植之状,则若伸臂布指"。② 但是这和彩陶图纹一样,都非有意为之。然而文人画的生拙则有所不同,是从敛约之为雅或中和之为美的审美观点出发,故为生拙,力图裁损精力,消除霸气,却毋视了古人的生拙是由于认识现实和反映现实之间差距,乃历史条件所限制。不仅如此,文人画家还脱离内容,把生拙看作纯属笔墨技法,艺术形式之事,而不懂得古画的生拙,乃源于认识和表现之间的矛盾。至于后来所谓"熟而后生"的"生",基本上也还是多就技法形式而言的。

我国画论和书论关系密切,但书论先于画论崇尚生拙的风格。宋黄庭坚说:"凡书要拙多于巧,近世少年作字,如新妇妆梳,百种点缀,终无烈妇态也。"③ 不过他本人的书法却体势尚偏、尚侧,行笔颤抖,不免造作,故为姿态,倒似乎巧多于拙了。苏轼说:"笔势峥嵘,文采绚烂,渐老渐熟,乃造平淡,实非平淡,绚烂之极也。"此语既论文,也可论书,但他的出发点和黄氏不同,不以生拙表示倔强,而是赞美伴随老熟而来的、自然而然的疏放或生拙。可以说,黄说近于有意之拙,苏说近于无意之拙。以上是从艺术形式来论说书法之拙。此外,"拙"还同道德观念相联系,主要是关系到改朝换代中文人士大夫的气节问题。明代书家傅山(青主)主张:"宁拙毋巧,宁丑毋媚,宁支离毋轻滑,宁真率无安排。"他说这是自

---

① 格罗塞(1862—1927)《艺术的起源》,蔡慕晖译本,第 197 页,商务印书馆出版;这里对译文略有修改。
② 张彦远《历代名画记·论画山水树石》。
③ 《山谷文集》。

己学书时,从书家的品德上体会出来的。"弱冠学晋、唐人楷法,皆不能肖。及得松雪①墨迹,爱其圆转流丽,稍临之,则遂乱真矣。已而乃愧之,曰:'是如学正人君子者,每觉其觚棱难近;降与匪人游,不觉其日亲者。'"②傅山的观点比黄庭坚、苏轼更深一层,不以"艺"而以"人"论书法中生拙和巧媚的风格,在审美认识中接触到美、善一致的问题,并冲淡了形式主义色彩。

关于论画尚拙,不妨也从黄庭坚开始。他写道:"余初未赏识画,然参禅而知无功之功,学道而知至道不烦,于是观画悉知其巧、拙、工、俗,造微入妙。然此岂可为单见寡闻者道哉?"③这和他论书一样,主张无意地、自然而然地于"拙"中见出画的奥妙,反映了当时文艺理论上的儒、道思想结合,以天真稚拙为美。明代顾凝远《画引》则愈加鲜明地站在士大夫立场来阐明生拙:"生则无莽气,故文,所谓文人之笔也;拙则无作气,故雅,所谓雅人深致也。"反映了文人画的审美思想以及美和丑的区别:一方面生拙同文雅相一致,另一方面生拙同匠气相对立。他还结合元代绘画,从画家人品来阐明拙以及巧与拙的区别。"元人用笔生,用意拙,有深义焉。善藏其器,惟恐以画名,不免于当世"意思是元代画家不投时好,故为生拙,免得画名大了,要出来做官。他特别提到赵孟頫:"惟松雪翁衮然冠冕,任意辉煌,与唐宋名家争雄,不复有所顾虑耳,然则其仕也未免为绝艺所累。"④顾氏之论也是糅合儒、道,特别是道家以拙保身的处世哲学,正如老子所说:"祸莫大于不知足。咎莫大于欲得。故知足之足,常足矣。"⑤知道满足的这种满足,才是永久的满足。作为画家,也应该有这样的修养。可以说,顾凝远和傅青主分别以因巧而失拙的观点,来评价赵孟頫的绘画和书法,都是主张"拙"乃道德品质在艺术风格上的反映,而且这"拙"是有意为之的。不过顾氏所说,未免笼统一些,须结合元代画史作具体分析。元代画家除了赵孟頫,未必都是不阿权贵,绝意仕途。例如黄公望和倪瓒,其画笔虽兼有生拙的风格,却也未能免"俗"。黄公望和元朝有名的贪官张闾(亦作章闾、张驴)来往,张闾倒台,他被牵连入狱;倪瓒的应酬性诗文,也证明他和元朝的总管、秘监、府判、同知、县尹等各级官吏都有往还。⑥ 由此可知,风格生拙,有时固然可以说明画家的政治立场,但也反

---

① 赵孟頫,宋宗室,入元出仕。
② 全祖望《鲒埼亭集·阳曲傅先生事略》。
③ 《山谷题跋》卷三,《题李公佑画》。"工"指精微,不是指"匠气"。
④ 顾凝远《画引》。
⑤ 《道德经》第四十六章。
⑥ 陈高华编著《元代画家史料》,上海人民美术出版社,1980,第二十九章、三十九章。

映士大夫的传统思想：不及总比过甚是更接近儒家中和之道。此外，顾氏《画引》还有些话值得研究："惟吉人静女仿书童稚，聊自抒其天趣，辄恐人见而称说是非，虽一一未肖，实有名流所不能者——生也，拙也。彼云'生拙'与'入门'更是不同，盖画之元气，苞孕未泄，可称混沌初分，第一粉本也。""既工矣，不可复拙。惟不欲求工，而自出新意，则虽拙亦工、虽工亦拙也。"由拙而工，原是学画、作画的一般规律。入门时的生拙和儿童画一样，都是无意的。入门之后，笔法成熟，舍工而拙或寓拙于工，则是有意的；既不鄙弃儿童画的天真烂漫，又能在生拙中表出自己的新意，有此新意，则虽拙亦工、虽工亦拙，二者趋于统一了。因此，画家必须掌握前人传统技法，进行改造，化为己有，方能于"拙"中见出雅正而新奇，否则画家之拙将等同于儿童画家之拙了。这里不禁联想到法国野兽派代表马蒂斯（1869—1954）的一段话。曾经有人指摘他画得像似五岁的孩子，他回答说："这正是我在努力去做的事，我要夺回非常年青时特有的想象力，对一切事物都感到新鲜。"然而马蒂斯毕竟不是儿童画家，是工而后拙，拙而后新。他和顾氏的论点可以相互辉映。

下面试从若干古代作品中举出生拙风格的具体表现。元代钱选（舜举）的《羲之观鹅图》[①]，坡石用大青绿，轮廓用细线条，石面的凹凸处也用细线条，行笔像似稚弱，而实遒劲、有节奏感，并不使人觉得浮、滑、飘、脱。这显然是学唐人笔法和笔力，而酌加裁损。坡石设色只一遍，不层层渍染，看上去笔、墨、色三者的运用若不经意，似有未尽之处，却又显得一片空灵，引人入胜。如果把此图和宋摹唐人画本《明皇幸蜀图》[②]相对照，不难发现：后者一味求工，线条过于凝重，并兼用墨染和设色来突出明暗，使人感到刻露而少内蕴；前者以拙为工，耐人寻味，倘若也可称为"单线平涂的话"，那末它是以"清""空"取胜的，而顾凝远所谓的"新意"，也许就在此了。其次，可以看看石涛《黄山入胜图册》中的《汤池》和《山溪道上》）。[③] 前图左半幅枯树右倚，树身顽梗，分枝笨拙，树下几叠瀑布，波纹分布均匀，看去颇嫌生硬；右半幅汤池中浴者三人，半身裸露，振臂欢呼，形态极为生动、轻松。观者不难领会左半之生拙衬托出右半之灵活，这样的气氛对比，增加了全图生动之势，可以说是出于作者的"新意"的。后图写一老人（石涛自己）

---

① 见美国加利福尼亚大学艺术史教授J·凯希尔《中国绘画》第102页，1977年，日内瓦司卡拉公司版。
② 在台湾省。
③ 见日本泉屋博古《中国绘画·书》19—1,19—6,昭和五十六年。

站在小山顶上,横杖遥望隔溪那堆乱石,大大小小,配合得相当生硬,行笔也松松散散;老人身后两峰对峙,中间飞瀑直下,笔墨复又非常紧凑;合而观之,则有苍茫无限之感,但是关键却系于那堆乱石的用笔。如此构思和技法运用,确也寓有"新意"。再次,可看弘仁(渐江上人)的山水画,他的那管笔好像总是放不大开,如同初学似的,只是规行矩步、拘谨、僵硬,但却能把大片大块的峰峦崖石组织起来,既参差兀突,又显得嶙峋岩峣,极有气势。比起清初王鉴和清末戴熙,以饱满圆润之笔,把自然结构一律描画得天衣无缝,渐江要高明得多了。可以说渐江之"新"在于笔拙取势。又如扬州八家之一的金农,五十年岁后开始作画,可称中国的亨利·卢梭①。笔行纸上,如婴儿学步,歪歪斜斜,很不稳健,造形生硬,时常疏漏,而多歪曲,却能出新意。例如《荷塘新凉》斗方②,画一年轻人右脚踏着小圆凳,左脚荡空,右臂凭栏,左手持蒲扇(半露),在欣赏一池秋色。人物姿势挺别扭,衣纹的线条很笨拙;荷叶、莲花俱为没骨,以杂色染出,形似多失,屋檐、窗格、栏杆,亦行笔草草。作者非不能画,而是力图打破完美、工整、细润的造形传统,从都不经意、无所着力中,追求美感,反映一定的情思、意境,也就是画上自题的末句:"曾那人同坐,纤手削莲蓬。"作者不忘年少的风流韵事,却以稚拙疏略的笔调写之。一般画家处理这种题材,恐怕都要仔细地刻划,方始惬意,而金农却相反,这也可算他的"新意"了。

　　巧妙、新颖,乍看是和生拙不相侔,但文人画家却力图缀合两者。这是生拙风格的一个特点,所以不嫌唠叨,介绍多了一些。

淡

　　士大夫和他的绘画,标榜着超越自然、不囿于物,然而这是不可能的。事实上,其人其画都表现为一套十分灵活的、适应自然的方式,从而形成画中另一艺术风格——自然而然、毫不着意、平淡、天真,归总起来,就是一个"淡"字。自然而然或"自然",比"淡"好懂一些,不妨就从"自然"开始,至于它的思想根源则是士大夫的几种处世方式。

　　庄周宣扬:"依乎天理……因其自然。"③司马迁《史记·太史公自序》讲到道家时说:"其术以虚无为本,以因循为用,无成势,无常形,故能究万物之情,不为

---

① 亨利·卢梭(1844—1910),法国后印象派画家,学画较迟,亦以稚拙取胜。
② 现在美国,为王季迁先生所藏。
③ 《庄子·养生主》。

物先,不为物后,故能为万物主。"概括地说,就是听其自然。魏王弼对《老子》第二十七章,有这末一般注释:"顺自然而行……顺物之性,因物自然,不设不施。"他注第五十四章时,也标出这个"因"字:"因其根而营其末",就是说认识并针对事物的本性而有所安排。意思都强调适应自然或现实,以立于不败之地。所谓"因"的作用,吕不韦也看到了:"因也者,因敌之险以为己固,因敌之谋以为己事。"①"因者无敌。"②而管仲更直截了当:"因也者,舍己以物为法者也。"以上诸说,不外乎在物、我关系上力求我能应物,以与物游,方才活得下去,归根结蒂就是为"我"。如果联系西方来看,则英国唯物论者培根(1561—1626)也有类似之说:"非服从自然,则不能使令自然。"③也是强调因其固然以取胜。④ 这种顺适自然、"不设不施"的主张,先后见于我国的文论、诗论、书论和画论,逐渐形成绘画中"淡"的艺术风格。而前三者之"淡",有助于理解画中之"淡"。

先看看文论。南朝宋时,范晔(398—445)修《后汉书》,因彭城王刘义康阴谋篡政,连累入狱,他的《狱中与诸甥侄书》曾提到:"常耻作文士,文患其事尽于形,情急于藻,义牵其旨,韵移其意,虽时有能者,大较多不免此累,政(正)可类工巧图绘,竟无得也。"⑤著文须在形、藻、旨、意上力求天真自然,以免华而不实,如同专尚工巧的绘画。梁刘勰继范氏之后,也强调素朴自然的文风:"云霞雕色,有逾画工之妙;草木贲华,无待锦匠之奇;夫岂外饰,盖自然耳。"⑥"……若远山之浮烟霭,娈女之靓容华。然烟霞天成,不劳于妆点;容华格定,无待于裁熔。"⑦总之,文章须本乎自然,即使是华彩奇丽也都从自然本质中来,不像出于画工巧匠之手。在诗的方面,唐司空图《二十四诗品》中列"自然"为第十品,称之为"俱道适往,着手成春"。这里,我们如果回到《论语·子罕》:"可与共学,未可与适道";《庄子·天运》:"道可载而与之俱也。"便知道上述文论、诗论之所本。孔子和庄子的政治立场不同,但都讲求适应自然的生活方式或处世哲学。后来朱熹则加以综合,说得愈加清楚了:"既与通俱而再适往,自然无所勉强,如画工之笔,极自

---

① 《吕氏春秋》"决胜"篇。
② 同上书,"贵因"篇。
③ 《新工具》第一卷,第129条。
④ 参看钱锺书《管锥编》第一册,第311—312页。
⑤ 《宋书·列传第二十九》。
⑥ 《文心雕龙·原道第一》。
⑦ 同上书《隐秀第四十》的缺页,这一部分为明代补抄,虽属伪作,也还值得参考。

然之妙,而着手成春矣。"①到了清代,叶燮也还坚持这个标准:"盖天地有自然之文章,随我之所能而发宣之,必有克肖其自然者,为至文立极。"②从以上诸说,我们不难明白,文和诗一样,都须力求自然,造作不得。至于书论,则先于画论而崇尚平淡自然。

传为蒙恬③的《笔经》,曾讲到秦李斯论用笔之法:"先急回,后疾下,如鹰望鹏逝,信之自然,不得重改。"是说行笔须迅速而不及造作,方得自然生动之致。唐孙过庭《书谱》:"心不厌精,手不忌(后改"忘")熟,若运用尽于精熟,规矩闲于胸襟,自然容与徘徊,意先笔后,潇洒流落,翰逸神飞。"则强调思精技熟,心手相应,下笔飞动自然。颜真卿曾问书学于怀素,"素曰:'吾观夏云多奇峰,辄常师之,其痛快处如飞鸟出林,惊蛇入草;又遇折壁之路,一一自然。'真卿曰:'何如屋漏痕?'素起握公手曰:'得之矣!'"④所谓"折壁之路"和"屋漏痕",形象地描写行笔自然的状态,虽属平淡,却有真趣。苏轼更加以发挥,认为"书初无意于佳,乃佳;草书虽是积学乃成,然要是出于欲速;古人云:'匆匆不及草书',此语非是。若'匆匆不及'乃是平时亦有意于学,此弊之极。"⑤写草书要如此迅速,几乎无暇着意、笔笔留心,方显得活泼、天真、自然,而迅速的前提,还是平时功力。宋李之义也说:"事忙不及草书,此特一时之语耳;正(书)不暇则行(书),行不暇则草(书),盖理之常也。"他还加以引证:"《法帖》二王(王羲之、王献之)部中,多苦哀问疾、家私往还之书,方其作时,亦可谓迫矣,胡不正而反草,何邪?此其据也。"⑥总之,功夫到家,掌握法度,行笔自然,而无造作,形成了书法的"平淡"风格。

至于绘画,文人主张状物须得其天(天然、本性),画来才生动活泼,而无造作。试以唐代画水名家为例,苏轼赞美孙位,董逌认为孙位不及孙白,我们不妨把两人的论点,加以比较。苏轼说:"古人画水,多作平远细皱,其善者不过能为波头起伏,人至以手扪之,谓为洼隆,以为至妙矣。然其品性特与印板水纸争工拙于毫厘间耳。……处士孙位始出新意,画奔湍巨浪与山石曲折,随物赋形,尽

---

① 朱熹《论语集注》。
② 叶燮《原诗》卷二《内篇下》。
③ 秦始皇的大将,相传造兔毫竹管的笔。
④ 陆羽《怀素别传》。
⑤ 《东坡题跋》。
⑥ 李之仪《姑溪集》。

水之变,号称神逸。"①赞扬这位画家能假于外物,从水和石的矛盾中写水的动态。董逌则认为"唐人孙位画水,必杂山石为惊涛怒浪,盖失水之本性,而求假于物,以发其湍瀑,是不足于水也。……近世孙白始创意……不假山石为激跃,而自成迅流,不借滩濑为湍溅,而自为冲波,使夫萦迂回直,随流荡漾,自然长文细路,有序不乱,此真水也。"②这是主张内自足而不假外物,始能写出水的形态。其实,苏、董二说各有偏执;水既可平流,也可激跃,须看有无山石暗礁。不比较而言,似乎董逌的审美观更近于道家"不设不施"的"淡"。以上是讲勾取自然形象,可以平淡出之。此外,人物画中也有平淡自然的风格。苏轼在这方面所见,却又和董逌论画水相同,讲求"内自足"了。他说:"传神与相一道,欲得其人之天,法当于众中阴察其举止。今乃使人具衣冠坐,注视一物,彼敛容自持,岂复见其天乎?"③这个"天",是指对象的内心世界或"神"的自然流露,不容摆布巧饰,而损其真,以致无"神"可"传"。关于人物画的设色,文人的观点也倾向素淡,反对浓丽。苏轼《跋〈北齐校书图〉》:"画有六法,赋彩拂澹其一也,工尤难之。此画本出国乎,止用墨笔,盖唐人所谓粉本,而近岁画师乃赋彩,使六君子者皆涓然作何郎敷粉,画故不为鲁直所取。"④所谓"工尤难之",是说一般画工不善淡设色;至于面部也敷粉,那就使六位学士都成了何晏,丰仪甚美,却还嫌不足,而终于粉不离手了。上文提到的南宋诗人陈与义的名句"意足不求颜色似",可谓苏论的遗响。其实在两宋之前,已有人主张设色须素朴、平淡,例如唐张彦远提出墨可胜色的论点:"草木敷荣,不待丹碌之采;云雪飘扬,不待铅粉而白。山不待空青而翠,凤不待五色而𬘡。是故运墨而五色具,谓之得意。意在五色,则物象乖矣。"⑤这里,使我们回想到"得意"和"意足"这个大前提或审美根本准则,它支配而又统摄简、雅、生、淡一系列的文人画艺术风格;文人画家为了创造这些风格,大都无须设色而纯以墨笔便可达成借物写心的共同目的。这一点十分重要,标志着中国绘画所独具、世界其他绘画所罕见的风格特征。

下面试以五代、北宋间的董源和巨然为代表,对山水画科的平淡风格,作些

---

① 《东坡集》。
② 董逌《广川画跋》卷二,《书孙白画水图》。现存南宋马远《画水》十二段,近于孙白一格,可参看孙邦达编《中国绘画史图录》(上)第230—232页。
③ 《传神记》。
④ 按黄庭坚(鲁直)曾题宋兆吉所藏唐阎之本《校书图》:"观此图叹赏弥月,……此笔墨之妙,必待精鉴,乃出示之",并无贬词,可见苏和黄所见,不是一图,而阎图摹本,乃摹者自己加上重色。
⑤ 《历代名画记·论画体工用拓写》。

探索。董源的山水画,"水墨类王维,着色如李思训"①,从而风格上有平淡和雄浑之别。关于后者,《宣和画谱》说"下笔雄伟,有崭绝峥嵘之势,重峦绝壁,使人观而壮之"。题为董作的《洞天山堂》《龙宿郊民》②,看上去都近于这一风格。关于前者,北宋米芾《画史》首先指出:"董源平淡天真多,唐无此品,在毕宏③上,近世神品,格高无与比也。峰峦出没,云雾显晦,不装巧趣,皆得天真;岚色郁苍,枝干劲挺,咸有生意;溪桥渔浦,洲诸掩映,一片江南也。"首先,根据文人画审美观点,"凶险"和"平淡"是对立的,而董源的平淡胜于毕宏的凶险。其次,所谓"一片江南"的气氛,存世董作《潇湘图》《夏山图》④,以及《寒林重订图》⑤,都有所体现。同书又说:"余家董源雾景横披,全幅山骨隐显,林梢出没,意趣高古。""董源山顶不工;绝涧危径,幽壑荒回,率多真意。"此外,还合论董源和巨然:"巨然师董源,……岚色清润,布景得天真多。巨然少年时多矾头⑥,老年平淡趣高。"明董其昌也指出巨然的基本风格是"平日淡墨轻烟"⑦。此外,北宋沈括则说董源"尤工秋岚远景,多写江南真山,不为奇峭之笔"⑧。对于以上几段话,我们可从概括(抽象)的和具体的两方面来领会"平淡""天真"的山水画风格。"有生意""多真""多真意""趣高""格高"等,是概括言之。"岚色郁苍""岚气清润""峰峦出没""林梢出没""山骨隐显""云雾显晦"以及"一片江南"等,则提供具体、生动的艺术形象。同时,也还可从正面和反面来领会"平淡":从"有生意"到"格高",都属正面;而"装巧趣""笔势凶险""奇峭之笔""多矾头""山顶不工",则反衬"平淡"之可贵。其中第一、第二、第三为概括言之,第四、五、六指具体形象。如果把这些特点综合起来,便不难看出"平淡""天真"不在自然景物或自然美本身,而决定于画家对自然美的感受和艺术处理,画中的峻岭奇峰也可具有"平淡"风格,后者并不限于"溪桥、渔浦、洲诸",即使是"一片江南"之景,也会由于"装巧趣""奇峭之笔""笔势凶险",而失"平淡"。尤其是"平淡"和"天真"相提并论,乃是关键:如果山

---

① 郭若虚《图画见闻志》。
② 又名《龙袖骄民》,二图均在台湾省。
③ 毕宏为唐天宝中御史,以树石擅名,"树木改步变古,自宏始"(《历代名画记》)。杜甫诗云:"天下几人画古松,毕宏已老韦偃少。"米芾记叙:"苏舜钦子美家中有毕宏一幅山水,奇古,题数行云:'笔势凶险'是也。"(《画史》)
④ 分别藏北京故宫博物院、上海博物馆。
⑤ 在日本。
⑥ 山顶小石。
⑦ 董其昌《容台集》,《题宋释巨然〈山寺图〉》。
⑧ 沈括《梦溪笔谈》。

水画家通过丘壑、结构以创造艺术形象时,善于掌握大自然中物与物、部分与部分之间的微妙关系,因而写出了"出没""显晦""掩映"种种动态,却又处处"不装巧趣",那才真是表现了"生意""真意",由此可见必须有"天真"之"趣",方可称为"趣高""格高"或风格高了。此外,米芾的这些论断,并非臆造,而是赞美山水画发展所带来的一种新风格。五代、北宋间山水画名家辈出,郭若虚认为主要是李成、关同、范宽"鼎峙百代,标程前古",李成"气象萧疏,烟林清旷",关同"石体坚凝,杂木丰茂",范宽"峰峦浑厚,势状雄强"。关于关、范,还有其他论说,如关同"上突巍峰,下瞰穷谷,卓尔峭拔者能一笔而成,其疏擢(zhuó,耸起)之状,突如涌出"①;范宽"落笔雄伟老硬,真得山骨"②。这三人中,以李成的风格较多"淡"的因素,与董源相通,而加以发展,并为元代一部分山水画开辟道路。与此同时,米芾本人的山水画和他的画论或审美观,则对后来"平淡"风格的形成也起了很大作用。上文提到他为了克服纵横习气,"不使一笔入吴生",此外他还自称"山水古今相师,少有出尘格,因信笔为之,多以烟云掩映,树木不求工细。……无一笔关同、李成俗气。"③这里,值得注意的是:李成在三家中虽较平淡,但米芾仍觉得其"淡墨如梦雾中,石如云动,多巧,少真意"④。按照文人的审美标准,"巧"原含贬义,与"淡"相对立,并且近乎"俗"气,而邓椿觉得李成不能脱"俗",则和米芾的看法相同。总之,董源和米芾都对文人画的平淡风格产生影响,尤其是米芾,从实践到理论,力图消除着意、刻画、巧饰、斧凿痕、纵横习气等等,所以平淡、简、雅,他兼而有之,尽管元明以来文人画家并非个个采用他的技法。

入元以后,山水画中"淡"的风格大为发扬,和简、雅、拙等交织而增强文人画的审美观,影响及于明、清。这里,试以倪瓒、黄公望、吴镇为例,分析平淡风格的表现。倪瓒多"画林木平远竹石,殊无市朝尘埃气"⑤。这是他的一般面貌。他"初以董源为师,及乎晚年,愈益精诣,一变古法,以天真幽淡为宗,……若不从北苑(董源)筑基,不容易到耳"⑥,则点出他的平淡,源于董源,是从董氏笔法提炼出来。明董其昌认为:"云林山水无纵横习气,《内景经》云:'淡然无味,天人粮殆

---

① 刘道醇《五代名画补遗》。
② 夏文彦《图绘宝鉴》。
③ 引自邓椿《画继》对米芾山水画的记叙。
④ 米芾《画史》。
⑤ 夏文彦《图绘宝鉴》。
⑥ 金赉《画史会要》。

于此发窍'。此图是已。"①乃借道家语描述倪画风格。倪瓒传世作品较多,可印证以上诸人对他的评论。至于笔墨苍劲而寓平淡之趣,则他的《春山图》或可代表。② 淡而有力,淡而能厚,合起来方始苍劲见出功力,尤其是山间空勾白云,最为难能。此图的风格,不仅淡、简、雅混为一体,而且还有生拙之趣,在元人山水画中最为突出。我们看了此图,觉得明王世贞评倪之语比较恰当:"元镇极简雅,似嫩而苍,宋人易摹,元人难摹,元人犹可学,元镇不可学也。"③接着谈谈黄公望(大痴道人)。他的艺术风格大致是:"设色浅绛者为多,青绿、水墨者少;虽师董源,实出于蓝。"④"水墨者皴纹极少,笔意尤为简远。"⑤此外,黄氏的大小浑点,则脱胎米氏父子。总之,黄氏比董源之"淡"愈加"淡"了。试看他的传世名作《富春大岭图》⑥,特别是"大岭"部分,用笔简率,若不经意,而又无皴染,但线条回旋,节奏自然,既抒发作者的感情,也勾出主峰的体貌气势。图下隔水有清代鉴赏家李佐贤题:"此图声希味淡,无迹可寻,《诗品》所谓'羚羊挂角''香象渡河'者,其斯之谓欤。"⑦"声希味淡",本于《道德经》第四十章:"大音希声"⑧,这里比喻大痴此图清虚幽淡的风格。佛家有"香象之力,持所未胜"。宋沙门道原《传灯录》谓听佛说法,领味有深有浅,"譬如兔、马、象三兽渡河,兔渡而浮,马渡及半,象彻底截流"。这里以"香象渡河"比拟大痴此图虽若平淡无迹,却寄寓深遥,其妙处亦如"羚羊挂角"。这样的评论很中肯綮。至于吴镇(仲圭)也有悠淡的一格,例如《渔父图卷》⑨,布置疏落,洗尽铅华,也大可一观。到了明代,倪元璐(鸿宝)、邵弥(瓜畴)、张风(大风)以及上面提到的弘仁(渐江)等,也大都以平淡见长。明代画论,关于这一风格的评价,有不少警句。例如恽向(道生)说:"至平至淡,至无意,而实有所不能不尽者。"⑩意思是平淡、无意,乃表达方式,并不等于无须把意

---

① 董其昌《题倪瓒〈双松图〉》,见明汪珂玉《珊瑚网》,道家的书《黄庭内景经》讲养生之理,认为得道的人生活淡泊。

② 现在台湾省。清安岐《墨缘汇观录》卷四著录,有倪瓒自题七律,其首联为"狂风二月独凭栏,苍海微茫烟雾间"。

③ 王世贞《艺苑卮言》。

④ 夏文彦《图绘宝鉴》。

⑤ 张丑《清河书画舫》绿字号。

⑥ 藏北京故宫博物院。

⑦ 李佐贤著《书画鉴影》,于画迹的内容和笔墨技法,所记甚详。"羚羊挂角",见宋严羽《沧浪诗话》,李氏误为唐司空图《诗品》。

⑧ 参看蒋孔阳《评老子"大音希声"和庄周"至乐无乐"的音乐美学思想》,见《中国古代美学艺术论文集》,上海古籍出版社,1981。

⑨ 商务印书馆曾有影印本。

⑩ 《宝迂斋书画录》引。

境充分体现出来；这样就批判了对平淡采取虚无主义观点。李日华（君实）认为："凡状物者"须"得其性"。"性者自然之天，技艺之熟，照极而自呈，不容措意者也。"①他虽未拈出"淡"字，却说明这一风格要求画家在情思和表现上都能任其自然，既不失物的本性，又熟练地、毫不经意地见之于形象，结果呈现出浑然天成的艺术风格。董其昌更结合诗、文、书法来论画中之"淡"："诗文书画，少而工，老而淡，淡胜工，不工亦可能淡。"②继承了苏轼的一段文论："凡文字，少小时须令气象峥嵘，彩色绚烂，渐老渐熟，乃造平淡；实非平淡，绚烂之极也。"③苏、董所说，更清除一些误解：平淡可毫不费力，一蹴而就；平淡竟如无本之木、无源之水。此外，董氏还就文人画的发展经过，突出米芾之"淡"和倪瓒之"淡"，认为"元之能手虽多，然禀宋法，稍加萧散耳"，而黄、吴、王（蒙）三家尚不免"纵横习气，独云林古淡天然，米痴（米芾）后一人而已"④。意思是在"淡"的风格发展中，倪瓒乃由宋而明的一位关键人物，这一看法是很值得进一步研究的。

综合上述，淡和简、雅、拙之间的关系，还有待深入探讨。假如就无意为工这一点而言，则淡跟拙比较相近，并导致文人山水画的另一艺术风格——偶然。

在结束本节之前，不妨提一下西方的风格论也有类似"自然""平淡"之说。罗马诗人、批评家贺拉斯（公元前65—公元8）的《诗艺》认为诗人应讲"此时此地应说的话"⑤方显得自然而无造作。贺氏的《诗艺》篇幅很长，全用韵文写，不事雕琢，流畅自然，因此意大利艺术批评家J·J·斯凯里杰（1540—1609）则把贺氏这篇长诗称为"若无艺术的艺术"或"至艺无艺"⑥。现代美国文学批评史家W·K·温姆色特（1907—1975）则赞许贺拉斯懂得一条道理："疏略无意却优美动人，不想方设法，而能使人领悟。"温氏并主张："偶然凑合，本来就是诗的一种结构……诗很少被用来发表声明或箴言。"⑦以上诸论点，都是强调诗须平淡，偶尔得之，也不无参考价值。

---

① 李日华《六研斋笔记》。
② 董其昌《容台集》。
③ 苏轼《与赵令畤（德麟）书》。
④ 董其昌《画眼》。
⑤ 杨周翰译，贺拉斯《诗艺》第45节，人民文学出版社，1962。此段英译文为："a place for everything and everything in its place"。
⑥ 此段英译文为："an art written without art"。
⑦ 与C·布鲁克斯（1906—1994）合著《文学批评简史》，1957，纽约版，第91页。

偶　　然

　　文人画有时进入了物我为一、心手相忘之境,似乎毫不经意、偶然得之。这种风格可称为平淡的升华,和平淡一样,也是文人画的审美标准。关于偶然,我国古代美学曾经涉及。西汉刘安写道:"夫宋画吴冶,刻刑镂法,乱修曲出。"①高诱注曰:"宋人之画,吴人之冶,刻镂刑法,乱理之文,修饰之功,出于不意也。"意思是春秋战国时期,宋国和吴国的刑法条文,刻在铜器上面,并饰以花纹、图纹和文字双方配合得好,精工之至,却又像出于无意似的。这段话说明我国古代工艺美术已具有"出于不意"的审美效果,同时体现了"偶然"这一审美准则。等到文人艺术风格的发展由雅而淡,由淡而偶然,对这准则更有不少阐说,并且首先见于书论。陶潜的"云无心而出岫"或江总的"云无情而自合"这类偶然生出、偶然凑合的境界,为书家所向往。苏轼自论书:"书初无意于佳,乃佳尔。"《山谷文集》论书云:"老夫之书本无法也,但观世界万缘如蚊蚋聚散,未尝一事横于胸中,故不择笔墨,遇纸则书,纸尽则已,亦不计较工拙与人之品藻讥弹,如木人舞中节拍,人叹其工,舞罢则萧然矣。"这里关键在于"无意"或"未尝一事横于胸中",行笔若无其事,而不离绳墨,合乎节奏,搁笔之后又则有"舞罢萧然"之感,好像不曾写过什么似的。可以说黄氏对"偶然"作了形象的描绘。明代鉴赏家詹景凤评苏轼所书《黄州寒食诗卷》②,也说出同一情况:"英爽高迈,超入神妙,盖以之内观其心,心无其心,外观其笔,笔无其笔,即坡(东坡)亦不知其手之所以至。"③"内观",以及"心无其心","笔无其笔"等等,是指意、笔交融,心、手两忘,一切出于偶然的那种风格。此外,黄庭坚在题李汉举《墨竹图》时,则进而描写画中的偶然风格:"如虫蚀木,偶尔成文;吾观古人绘事妙处多如此,所以轮扁斫车不能以教其子。近世崔白笔墨几到古人不用心处,世人雷同赏之,但恐白未肯耳。"④今天说来,这"不用心处"当然也不限于古人,有较高成就的画家都能达到,因为它乃工而后淡的结果;但观者对这风格,不是人人都能领会,先须懂得笔墨甘苦,方始看出工在何处,工而后淡又在何处。宋代花鸟画家崔白"性疏阔","临素多不用朽,

---

① 《淮南子·修务训》。
② 真迹在日本,国内有影印本多种。
③ 《东图玄览》卷一。
④ 《山谷题跋》卷三。

复能不假直尺界笔","以败荷凫雁得名",①我们从这段记叙不难想象,他唯其能工,而后笔墨才会有"不用心处",可惜观众见不及此,把他当作工笔画家,使他难以接受了。清代石涛更深入一步,把诗的偶然和画的偶然合而论之:"诗中画,性情中来者也,则画不是可拟张拟李而后作诗。画中诗,乃境趣时生者也,则诗不是使生吞生剥而后成画。真识相触,如镜写影,初何究心?今人不免唐突诗画矣。"②"识"指主观,"真"属客观,二者"相触",即前者反映后者;画家须从性情中生境趣,使艺术形象如镜中之影,出于无心,不过偶尔呈现;如果舍天然之妙,而侈谈诗中画、画中诗,便都无是处了。不妨说石涛此语给偶然的风格作了很好注脚。到了清末的戴熙(醇士),其画步伍石谷(王翚),名盛一时,但笔墨呆板,看不出多少性情、境趣,但他论画时却能窥见偶然是难能可贵的风格:"有意于画,笔墨每去寻画。无意于画,画自来寻笔墨。有意盖不如无意之妙也。"③给予了笔墨自来、如出偶然的风格以更高的地位。

这个"偶然""自来",意味着平淡天真,毫无造作,没有斧凿痕,也叫得"天趣"。因此士大夫作画时,还可借助事物的一些偶然现象来激发他的艺术想象和构思,谋求天然之趣。关于这一方面,唐、宋人有几段记载,可供参考。唐段成式曾写道:"范阳山人请于后厅上掘地为池,方丈,深尺余,泥以麻灰,日没水满之。候水不耗,具丹青墨砚,先援笔叩齿良久,乃纵笔毫水上,就视,但见水色浑浑耳。经二日,揭以缣素四幅,食顷,举出观之,古松怪石,人物屋木,无不备也。"④这位山人面对池水,执笔构思之后,便在水面挥毫,看去一片模糊,隔了两天,用绢揭出水面的图纹,竟然是一幅山水画了。"池水不耗"说明水平如镜,便于落笔,但两天来池水被风吹绉,原作的图象经过歪曲,乃见偶然之趣或天趣了。宋邓椿《画继》所记郭熙的影壁,另见本书《论意境》一文,也是以偶然现象触发艺术想象。此外还有类似的故实。"小窑村陈用之善画,迪⑤见其画山水,谓用之曰:'汝画信工,但少天趣',用之深服其言,曰:'常思其不及古人者正在此。'迪曰:'此难耳。汝当先求一败墙、张绢素讫,倚之败墙之上,朝夕观之,观之既久,隔素见败墙之上,高卑曲折,皆成山水之象;心存目想:高者为山,下者为水,坎者为

---

① 郭若虚《图画见闻志》。
② 《大涤子题画诗跋》,《美术丛书》本。
③ 戴熙《习苦斋画絮》卷一。
④ 段成式《酉阳杂俎》,卷六《艺绝》。
⑤ 宋迪,字复古,北宋山水画家,苏轼评他所画"山川草木,妙绝一时"。

谷,缺者为涧,显者为近,晦者为远;神领意造,恍然见其有人禽草木飞动往来之象,了然在目。则随意命笔,默以神会,自然境皆天就,不类人为,是谓活笔。'用之自此画格日进。"①宋迪启发陈用之,凭自然的偶然暗示,来活跃想象,也活跃笔端,遂能突破前人窠臼,在作品中表现意所不及的天趣。西方绘画也有从偶然获取暗示以丰富想象的,和宋迪的建议很相像。达·芬奇《笔记》第2038条:"假如你凝视一堵污渍斑斑或嵌着各种石子的墙,而正想构思一幅风景画,那末你会从墙上发现类似一些互不相同的风景画面,其中点缀着山、河、石、树、平原、广川,以及一群的丘陵。你也会看到各式各样的格斗、许多人物的疾速动作,面部的奇异表情,古怪的服装,还有无数的事物,这时候你就可以把它们变化为若干个别形象,并想象出完美的绘画。"②我们把以上四个例子比较一下,不难发现这偶然或寓于客观,或从客观而影响主观。范阳山人画好之后,把偶然的作用留给吹绉一池死水的风,他的想象并未参与两天之后池中画面的偶然。郭熙就不同了,经过两个阶段:一、抢泥于壁时,已有所想象,并进行形象思维;二、随后因凹凸以勾取形象,则是再度运用想象;就偶然而论,前一阶段似乎多于后一阶段。陈用之和芬奇都借败壁所寓的偶然以带动想象,而这想象则与我国所谓胸中丘壑或西方所谓记忆表象③是不可分的。芬奇的几幅人物画——《蒙娜·丽莎》《圣母与小耶稣》《圣母在岩间》④,都有山水背景,但其艺术风格不相同。前两者比较空灵,富于想象,后者比较拘泥于客观形象,亦步亦趋,画得相当呆板。意大利艺术批评家安东尼娅·梵伦丁关于《蒙娜·丽莎》的背景有一段描写,不妨把它结合芬奇《笔记》第2038条来领会。"悬崖峭壁之间,溪谷连绵,远接天边,一望无尽,展示一个广阔的境界,充满了光与大气,却不见一人,这是艺术史上(按:指西方)脱离故事情节,单独为自身而存在的第一幅山水画。"⑤芬奇所以能突破窠臼,放开画笔,创造自然美的艺术形象,也许跟他所谓面壁构思,得偶然之趣,分不开吧!

---

① 沈括《梦溪笔谈》。《佩文斋书画谱》第五十卷画家传六《宋迪》,也有此一段,系引自江少虞《皇朝事实类苑》,而错字较多。

② E·麦克迪编译的英文本,伦敦达克渥斯公司版1906年,第172—173页,或参看戴勉编译《芬奇论绘画》第44—46页,人民美术出版社,1979。

③ 参看本书《试论画中有诗》中关于表象—记忆—想象—创造性的想象。

④ 第三幅一般认为是摹本。

⑤ 梵伦丁《达·芬奇评传》(副标题《对完善境界的惨淡经营》,狄克斯英译本,伦敦哥朗克兹出版公司,1939。

中西绘画史都曾涉及"偶然",中国文人画论更把"偶然"作为难能可贵的风格。然而西方现代派绘画却不经过艺术想象,直接以事物本身的偶然凑合,当作艺术品了。对美学研究来说,这种风格演变,还是一个值得探讨的问题。不过,还须看到另一方面:文人画中偶然风格的源头是很远很远的,先后经过接触自然、创立意境、钻研自然、掌握自然形象的规律、锤炼艺术造形的种种技法。画家通过这末许多环节,做到意、笔契合,心、手两忘,物我为一,尤其是物为我化,终于有了偶然得之,天成、天就之趣。这些环节,一个扣着一个,相互关联,其中存在着规律性、必然性。因此,文人画的无意为之的"偶然",实际上是以有意为之的"必然"为基础的。正如东坡所谓"无意为佳"的书法,毕竟是来自"有意为佳"的勤修苦练啊!单靠败壁上的偶然现象,而不经过艺术想象、形象思维,不借助熟练的造形技法,是不可能导致创作中的偶然风格的。西方现代主义的造形艺术将偶然状态中的事物当作艺术品,例如自行车前架和前轮被倒竖在一块石头上,或者颜料被洒在画布上,便算雕刻或绘画创作,这在我们看来,等于把败壁本身当作一幅画,和偶然的艺术风格未免风马牛不相及了。

此外,从上述的源头,还可产生另一风格——纵恣、奇崛。

纵恣、奇崛

五代、北宋间,人物、释道人物、鬼神等画科开始出现崇尚奇崛、纵逸的艺术风格,代表画家有前蜀释贯休、北宋石恪、南宋梁楷等。贯休号禅月大师,有诗名,兼善草书,所画罗汉像,"庞眉大目,朵颐隆鼻",形象夸张,而行笔坚劲,自称是"梦中所睹"。[①] 石恪"性不羁,滑稽玩世,故画笔豪放,出入绳检之外,而不失其奇,所以作形相或丑怪奇崛,以示变"[②]。梁楷本是画院待诏,"赐金带,不受,挂于院内……自号梁风(疯)子",行笔"飘逸","信手挥写,颇类作草书法,而神气奕奕,在笔墨之外","谓之减笔"。[③] 传世的石恪《调心图》[④]和梁楷《泼墨仙人》等[⑤],造形奇怪,笔法粗放,留心一二细处,而求迹外之象,善于计白当黑。这种风格,北宋已逐渐萌芽,并影响及于山水画,于平淡、生拙之外,别谋创新,为部分

---

① 黄休复《益州名画录》。
② 李廌《德隅堂画品》。
③ 夏文彦《图绘宝鉴》,厉鹗《南宋院画录补遗》。
④ 在日本。
⑤ 见徐邦达编《中国绘画史图录》(上)第246—253页。

评论家所称许。例如刘道醇从这风格总结出"六长",也就是六条新的审美标准:"所谓六长者,粗卤求笔一也,僻涩求才二也,细巧求力三也,狂怪求理四也,无墨求染五也,平画求长六也。"①乍看似乎与由简而雅而淡的中和、蕴藉,完全背道而驰,其实也不尽然。第二、第五、第六都含有一定的简约、生拙、平淡,第四则仍由是寓雅于奇、正的统一,即怪须怪得有理。依照文人画的观点,无论是雅、淡、拙,或者是奇崛、纵恣,都以"畅神"②、达意为共同目的,不过比较而言,前者求之于敛约,后者出之于放逸,是殊途同归的。以元代和明末为代表的文人画家倪瓒和董其昌,基本上偏于前者,明中叶和明末清初的徐渭和石涛,清乾隆年间部分的扬州画家,偏于后者,而华嵒(新罗山人)的风格则近于刘道醇所谓第三长"细巧求力"。但是,我们也不可书生气太足,以为文人画家好为纵恣、奇崛,是由于读了刘道醇的"六长"之说。

至于能把这一风格解释清楚的,应推石涛。他单刀直入,拈出"快其心"乃放或奇的根本原因,犹如宗炳以"畅其神"为画的主旨。他写道:"人为物蔽,则与尘交,人为物使,则心受劳。劳心于刻画而自毁,蔽尘于笔墨而自拘。此局隘人也,但损无益,终不快其心也。"③指出了绘画创造和审美意识的基本原则,在于钻研自然,认识自然美,将审美感受升华为神思、意境,主动地以意使笔,创造艺术美,这样的作品既非被动地描摹自然,也非玩弄笔墨,于是手随着心大大地解放了,能冲破成规,变化生发,使山水画艺术达到了快心、畅神的目的,从而艺术风格也就不是拘谨的、平庸的,而是纵恣的、奇崛的了。这个过程,实际上也反映在审美意识的活动中。关于这种风格,石涛还作了不少具体描述,例如对立意—运腕—运笔的过程则概乎言之:"腕受变,则陆离谲怪,腕受奇,则神工鬼斧。"④腕禀承意境以指使行笔,乃意、笔之间的中介,如果命意常新,则变化多端,扫尽凡庸,怪怪奇奇,出乎腕下,而笔若天成。又如画树、画石、画山的笔法,则有:"吾写松柏古槐古桧之法,如三五株,其势似英雄起舞,俯仰蹲立,蹁跹排宕,或硬或软,运笔运腕,大都以写石之法写之。……其运笔极重处,却须飞提纸上,消去猛气,所以或浓或淡,虚而灵,空而妙。大山亦如此法。"⑤正由于腕受变,才能意新而笔亦

---

① 刘道醇《圣朝名画评》。
② 这里可归结到文人画远祖宗炳的"畅神"说。
③ 《苦瓜和尚画语录·远尘章第十五》。
④ 《苦瓜和尚画语录·运腕章第六》。
⑤ 同上。

新,所以思如泉涌,笔墨如飞,形象生动,神采焕发,绘画就犹如舞蹈一般了。另一方面,对这样豪放奇纵的笔法,特别拈出"飞提"而不"猛",更是把奇崛的艺术风格,同一味狂野的邪门外道划清界限,不使逾越文人画内蕴、深藏的审美准则。此外,石涛还告诉我们,他表现这一艺术风格时所享受到的物我两忘、快心畅神之乐:

> 吾写此纸时,
> 心入春江水,
> 江花随我开,
> 江水随我起。①

并且肯定了同一风格所赋予的"陆离谲怪"却又无乖真实的艺术形象:

> 变幻神奇懵懂间,
> 不似似之当下拜。②

此外,石涛更写下几条很可宝贵的实践经验:"此道见地透脱,只须放笔直扫,千岩万壑,纵目一览望之,如惊电奔云,屯屯自起"③;意思是创意新颖,画笔自然放得开,生出种种动人艺术形象。但更重要的是,使物而不为物使,方能臻于化境,所以他又补上一段:"山水真趣,须是入野看山时,见他或真或幻,皆是我笔头灵气,不论古今矣。"④必从奇境求奇笔,使笔的"起""止"几乎难辨,方是大家。

对文人画艺术风格的探讨,是我国古代美学的重要课题。本文所述,还不够全面,在名称、涵义和分析上也难免有错误。不过,随着时代的变化,上面所举简、雅、淡、拙、偶然、纵恣、奇崛等等,今天可能依然存在,但被纳入审美意识的新领域,赋予新的阶级内容和新的涵义。今天从事国画创作,未尝不可讲求简、奇、

---

① 《大涤子题画诗跋》,《题春江图》,《美术丛书》本。
② 同上书,《题画山水》。
③ 同上书,末署"癸未二月青莲草阁"。
④ 同上书,末署"阿长,济"。

放,从而更好地为社会主义建设服务。至于雅、淡、拙和偶然,倘若经过一番实践和理论研究,或者也会在新的前提下,逐渐被广大观众所接受。这样看来,美学界和艺术理论界似乎有不少的工作要做啊!

董其昌论

明代山水画家董其昌①在我国绘画史上具有深远影响,但对他的评价自来很不一致,或针对其迷信古人、偏重形式、标榜门户以及家庭出身,几乎全部否定他的艺术和理论,或从"文人画"角度予以吹捧,而无视他的缺点。本文试就董其昌所谓的"文人之画"、"南北二宗"、"真山水"诸说,他对山水画遗产中"工""畅""佻"的评价,他的创作中的"生""秀""真"和技法特征,以及在山水画史上的影响等方面,作具体分析,提出一些看法。董其昌的文人习气和门户之见相当严重,有时故弄玄虚,有时自相矛盾,有时为了争购或出售某家的画迹,所作评价不是真心话,总之情况是很复杂的。

"文人之画"、"南北二宗"、"真山水"

董其昌毕生致力于"士人"的山水画,提出"文人之画自王右丞(维)始",从而树立批评准则。主张落笔须有"士气",不入"画师魔道",要"绝去甜俗蹊径",倘若做到这一点,就如同"解脱绳束"的"透网鳞"了。② 他曾以此衡量古代画家,认为王诜"与苏(轼)、米(芾)、山谷(黄庭坚)辈为友,自然脱去画史习气",因此艺术上高于赵大年③。这里,问题的实质涉及自然和艺术的关系,有必要分析一下董其昌是怎样对待这一关系的。

他说过:画家须"读万卷书,行万里路";"画之道所谓宇宙在乎手者,眼前无非生机";"画家以古人为师,已是上乘,进此当以天地为师"。意思是在艺术遗产和文化修养的基础上,学习自然。他虽然这样说,做起来又是怎样呢?首先,他

---

① 董其昌(1555—1636),字玄宰,号思白、香光居士,华亭(今上海市松江县)人。官至南京礼部尚书,谥文敏。故又习称董思翁、董宗白、董太史、董文敏、董华亭等。
② 董其昌著有《容台集》《容台别集》以及《画禅室随笔》《画旨》《画眼》等,其中有互见的,有他人所写而被误入的。本文引用上列著作时,不再一一注明出处。
③ 王诜是宋英宗的驸马,赵大年是宋宗室。苏轼有《书王定国所藏(王诜画的)烟江叠嶂》七言古诗。米芾时常和王诜交换所藏书画。苏、米等是诗人而兼书家、画家。

不是没有机会接触自然，例如壬辰(1592)、丁酉(1597)、壬戌(1622)三次去北京，辛卯(1591)游福建武夷山，丙申(1596)"持节长沙"，乙巳(1605)"校士湖南"。①可以说，他自己是行过万里路，但一路上却不免提心吊胆，说什么"余之游长沙也，往返五千里，虽江山映发，荡涤尘土，而落日空林，长风骇浪，感行路之艰，犯垂堂之诫者数矣。古有风不出，雨不出，三十年不蓄雨具者，彼何人哉!"可谓心有余悸。其次，他既然面对大好江山，也不至于毫无体会。他于"燕山"道中观察出霜景和烟景不容混淆。他讲得出"吴中山有两支：一自大阳山起祖，尽于天平、金山，皆如兽形，其山石带土；一自穿窿起祖，尽于上方，皆为鱼形，其山土带石"。他描绘弁山②，则从多方面钻研对象，加以综合，收入图中。我们知道赵孟頫和王蒙都画过弁山③，而董氏的《弁山图》却有一段题语："余游弁山，维舟其下，知二公(赵、王)之画各能为此山传神写照。然山川灵气无尽，余于二公笔墨蹊径外，别构一境，未为蛇足也。"也就是说，不为前人的作品所拘束，表现了自家的经验、感受和意境。换而言之，董其昌是在谋求艺术能动地反映自然的。再次，他曾分别注意到古代山水画家所取资的自然，如"董源写江南山，米元晖写南徐山，李唐写中州山，马远、夏圭写钱塘山，赵吴兴(孟頫)写苕雪山(在今浙江吴兴县)，黄子久写海虞山(在今江苏常熟县)"，认为他们"各随所见，不得相混"；而根据上文所述他的游踪，可以说是先见过这些山，后对照画中景物，因此他的论断是客观的；同时也足以说明董其昌并非毫不尊重自然的。

然而，问题却在他于师造化和学古人之间，偏重后者，对他来说，所谓"读万卷书"实际上是"读万幅画"，一味地捧着古代大师们的艺术、章法、笔墨不放，甚至用古人的艺术来核对自然，以某某几家的山水画去套现实的景物，因此更能引起他的兴趣的是"自然如画"，而不是"画如自然"。他认为湘江奇云似郭河阳(熙)雪山，湘江沙脚平展似米家父子。由于去过湘江，便把董源的一个山水画卷定名为《潇湘图》，在卷后写道："余丙申持节长沙，行潇湘适中，兼葭渔网，汀洲丛木，茅庵樵径，晴峦远堤，一一如此图，令人不动步而重作湘江之客。"乙巳又去湖南，再题上一段："今年复以校士湖南，秋日乘风，积雨初霁，因出此图，印以真境，因知古人名不虚传，余为三游湘江矣。"却不先考查做过北苑副史的董源有否亲自到过湘江。但另一方面值得注意的是丙申一跋的结语："昔人乃有以画为假山

---

① 见董其昌所书董源《潇湘图》跋。
② 在浙江省吴兴县。乐史《太平寰宇记》："弁一名卞山，山石莹然如玉。"
③ 王蒙《青弁隐居图》(上海博物馆藏)，上有董其昌题："天下第一王叔明画。"

水而以山水为真画者,何颠倒见也?"这里涉及艺术理论的一个重要课题。用今天的话说,董其昌把能动地反映现实区别于机械地反映现实,给真、假艺术划清界限,指责人们竟把前者称为"假山水",后者称为"真画",指出这样颠倒等于取消了艺术。这里,董其昌的批评和用语本身没有错。他还说过:"以境之奇怪论,则画不如山水,以笔墨之精妙论,则山水决不如画。"这话也无可非议,它揭示了艺术形式的作用和魅力,那些缺少艺术实践,不解笔墨妙处的批评家,是不会懂得这个道理,也说不出这样的话来的。对于单抓主题不管表现手法的艺术批评,董其昌这段可算当头一棒。然而,董其昌的论点还是有局限的。山水画之所以胜过真山水,更在于它作为艺术,把典型概括和创境抒情有机地结合起来,画中有诗、画中有我,反映出作者的意境和情思,赋予作品以生命。师法造化,学习自然,是山水画的生命源泉,山水画家只有在丰富多彩的自然形象的基础上,才能造境生情,推动艺术构思,终于达成物为我用、借物写心的艺术使命或艺术目的。董其昌的山水画和山水画论的症结,就在师古人大大地超过了师造化,他的脑海中充满古人笔墨之美,他所谓的师造化也就容易流为空谈了。

我国山水画之所以发展为一门艺术专科,是和借物写心这个原则分不开的。南朝(宋)宗炳主张从"以形写形,以色貌色"出发,做到"畅神而已",即形似为神似服务。唐张璪提出"外师造化,中得心源",即通过学习自然,来丰富创作思想和情致。这些理论有助于山水画艺术的提高,其关键在于摆正物与心、自然与艺术的关系,使物为心用,状物是为了畅神。至于董其昌却切断物与心、自然与艺术的关系,对他来说,"心源"只有古代名家的章法、笔墨、风格,"畅神"无异乎畅通复古之门。这里不妨引他的一段话:"画平原,师赵大年;重山叠嶂,师江贯道;皴法,用董源麻皮皴及《潇湘图》点子;皴树,用北苑(董源)、子昂(赵孟𫖯)二家法;石,用大李将军(思训)《秋江待渡图》及郭忠恕《雪景》"。从而"集其大成,自出机轴,再四五年。文(徵明)、沈(周)二君不能独步吾吴矣"。这简直是抛开造化。全心全意充当古人俘虏。分析到此,再回过头来看看董其昌所推崇的"真"山水究竟是什么货色呢?它实质上不外乎大搞构图、笔法的程式化,大搞古画的拼凑和翻版罢了。在他看来,艺术和自然是对立的、相互排斥的,结果是枯竭艺术生命,破坏艺术创造,只剩下模仿古人了。

下面试举一例。董其昌曾想象王诜《瀛山图》意,作《烟江叠嶂》图卷,在卷首写道:"于时秋也,辄作秋景,于所谓'春风摇江天漠漠'等语,存而不论矣。"王诜亦有《烟江叠嶂》图卷①，苏轼《书王定国所藏〈烟江叠嶂〉王晋卿作》一诗，有"春风摇江天漠漠，暮云卷雨山娟娟"句，可见此图乃写春天景物，我们对照原图，也是如此。然而董其昌画的这个卷子则作秋景，却偏要沿用王诜这幅春景山水的题名——烟江叠嶂，而又觉得同这两句苏诗对不上号，于是不得不打招呼，来个"存而不论"了。这究竟是为什么呢？恐怕主要还是出于崇古、迷古成癖，好像离开古、哪怕是古人画题，便寸步难行，更不必说章法、笔墨都须与古人一般样了。此所以他对古代某一名家、某一名作也是五体投地。例如黄公望的《富春山居图》竟使他如此赞美："吾师乎！吾师乎！一丘五岳都具是矣！"好像这个手卷竟能写尽祖国河山之美。说到这里，我们不妨给他所谓"真画"和"假山水"下一转语，替他把心里的话说了出来：学古人先于学自然，何颠倒见也？而且学自然不免作家气习，又怎能进入文人画家之行列呢？清陈焯《湘管斋寓意编》卷五，载沈德符题方从义(方壶)《幽溪深树图》，盛赞作者"从长林丰草中描绘野麋情状"，同时提到"尝忆董太史谓余云：'写生非大家所宜留意'，不识太史鉴此卷，亦自悔失言否也？"可见董其昌作为文人画家，是一贯轻视写生的。

然而，也还须指出，崇尚文人之画并不始于董其昌。唐张彦远《历代名画记·论画六法》早就说过："自古善画者，莫匪衣冠贵胄，逸士高人，振妙一时，传芳千祀，非闾阎鄙贱之士所能为也。"宋代苏、黄、米、文(同)论画，也都推崇"士气"，而邓椿《画继·杂说》则谓："其为人也多文，虽有不晓画者寡矣；其为人也无文，虽有晓画者寡矣。"则是从鉴赏角度出发的。《宣和画谱·叙论》认为墨竹"往往不出于画史，而多出于词人墨卿之所作"，则是就画科而言的。这些话反映共同的一点，即封建地主、官僚士大夫长期垄断文化艺术；而到了董其昌却采用新的方式，提出山水画南北二宗说，扬南宗、抑北宗，为文人画大吹大擂，从而树正脉，立门户，以达到独霸画坛的目的。当时有些画家如王时敏、王鉴跟着他走，声势甚壮，说什么"唐宋以后画家正脉，自元季四大家、赵承旨(孟頫)外，吾吴沈、文、唐、仇以及董文敏，虽用笔各殊，皆刻意师古，实同鼻出气。"②"画家之有董、巨，如书家之有钟、王，舍此则皆外道。惟元季四家，正脉相传，近代自文、沈、思翁之后，几成广陵散矣。"③换句话说，这个南宗正脉以董、巨为开山老祖，经历元、明，以董其昌为殿军，而唯其是"广陵散"，便显得更可贵了。王时敏还有段话

---

① 上海博物馆藏。
② 《王奉常书画题跋》卷下，王时敏于明末官太常寺少卿，人称王奉常。
③ 《染香庵题跋》。王鉴号染香庵主。"赝作"见下文。

反映了当时情况:"文敏公游岱(泰山)后,其画为海内争购,残缣断楮,珍等连城。好事家所藏,秘不复出,故寥寥如星凤。近且赝作纷纷,识真者寡,不无鱼目混珠之叹。"①这位南宗正脉殿军的声望,可以想见了。

董氏"二宗"之说是为了标榜门户,便不免牵强附会、自相矛盾,近年来已有不少论著加以驳斥,这里只作一些补充。他从技法观点出发,以青绿重色为北宗,以水墨渲淡为南宗,但画史证明不少画家是二法兼用,界限难分,连他本人也自乱其说。如丁卯六月跋夏圭墨笔山水卷②:"夏圭师李唐更加简率,如塑工所谓减塑者,其意欲尽去模拟蹊径,而若灭若没,寓二米(米芾和米友仁)墨戏于笔端。他人破觚为圆,此则琢圆为觚耳。"董其昌原来把夏圭列入北宗,二米列入南宗,这里却认为笔墨上可以寓北宗于南宗了。又如他称赞过明初吴伟的山水画,但吴是师法李唐的,应该属于"非吾曹所当学"的北宗。再如他自称"吾画无一点李成、范宽俗气",而李、范则被列为南宗正脉。他还认为:"画山水,位置、皴法皆各有门庭,不可相通。唯树则不然,虽李成、董源、范宽、郭熙、赵大年、赵千里、马、夏、李唐……上自荆、关,下逮黄子久、吴仲圭辈,皆可通也。"这里硬把树法和布景、皴法区别开来,对前者可以诸家兼收并蓄,对后二者则毫无通融,但在单论董源、李成树法时却又强调两人的不同:"董北苑树作劲挺之状,特曲处简耳,李营丘(成)则千屈万曲,无复直笔矣。"倒是黄公望的《写山水诀》讲出真话:"董源、李成二家笔法树石各不相似,学者当尽心焉。"由此可见,董其昌用"南北二宗"说来论述、评价山水画的发展和成就,只是造成种种矛盾,难以言之成理的。

"工""畅""佻"

但是,另一方面,董其昌研究山水画中笔墨和风格的演变,则有些精辟见解,对于批判继承山水画艺术遗产,仍有参考价值。

首先介绍他关于笔墨和风格的一些看法。

(1)"每观唐人山水画中,皴法皆如铁线……此秘自余逗漏,无有拈出者。"

(2)"自右丞(王维)始用皴法,用渲运(晕)法,若王右军一变钟体,凤翥鸾翔,似奇反正。"

(3)"唐人画法至宋乃畅,至米家又一变耳。"

---

① 《王奉常书画题跋》卷下,《题董其昌画册》。
② 此卷原有十二段,高士奇《江村消夏录》著录。后来只存四段,以前上海有正书局出版《中国名画集》有影本。

(4)"元之能者虽多,然禀承宋法,稍加萧散耳。"

(5) 赵孟頫"有唐人之致去其纤,有北宋之雄去其犷"①。

(6) 杨文骢(龙友)"有宋人之骨力去其结,有元人之风雅去其佻"。

(7)"元人法当以唐、宋为骨,方能浑厚。"

把这几段话贯串起来,可以看出董其昌在探寻唐、宋、元三代山水画发展的规律,得出一个结论:由工整严谨到流畅自然,复由流畅自然到率易轻佻,或者说始于拘谨而终于放浪。同时还包含这样的意思:善于刻画工细,易失平淡天真;能为平淡天真,更须见出沉雄、骨力;沉雄、骨力如不济以萧散,便有伤韵致;但萧散又不等于放浪于法度之外;而这数百年间的演变中,王维和米氏父子表现最为突出,是关键性的人物。董其昌对唐、宋、元三代的画评,当时也曾引起共鸣,例如陈撰《玉几山房画外录》所载陈洪绶自题《溪山清夏卷》:"今人作家学宋者失之匠,何也?不带唐法也。学元者失之野,何也?不溯宋源也。如以唐之韵远宋之板,以宋之理,行元之格,则大成矣。"可说是董语的翻版。为了进一步明确他的这番意思,我们试从山水画技法的发展举些例说。

中国山水画的铁线皴大都施于山石轮廓和凹凸较显之处,运笔凝练沉着,笔力比较均匀,线的宽度、广度基本相若,无甚差异。现存唐代青绿山水如《明皇幸蜀图》,刻划之迹比较显著,可为董说佐证。所谓王维始用皴法或渲晕法,是指唐代一般的皴法有所发展,沿皴纹略施渲晕,以增强造型效果,系前人所未有,因此张彦远《历代名画记》说王维作"破墨山水","体涉古今",这也可作为董语注脚。现在试补充解释如下。古代水墨山水画脱胎于设色(青绿、金碧)山水画,而在演变中"破墨"实为重要关键。随着观察的深入,单凭线条勾取物象轮廓,已不能满足表达效果的要求,铁线般的皴法便逐渐发展为兼施渲晕的皴法;这种新皴法和墨中水分最有关系,使皴的墨法起了变化,举凡浓淡深浅,干湿焦润,都分出层次,尤其是交织互"破",或浓淡相破,或干湿相破,或以深破浅,或以焦破润;经过了层次与互破,便显得墨彩焕发,灵活鲜丽;而善于掌握墨中水分,乃根本问题。王维的"破墨"法也许可以这样解释。因此五代荆浩《笔法记》说:"水晕墨章,兴吾唐代。"荆浩没有提到王维,但张彦远则识出王维的开创之功,并看出破墨山水虽后于青绿山水,却在技法上既有继承又有发展,亦即扩线为面和追求墨色,所以又补上一句"体涉古今"了。董其昌有关王维的皴法和渲淡的理解,与张、荆的

---

① 赵孟頫《鹊华秋色图卷》的董其昌跋语。

论述相一致,从而评定王维为山水画史上第一个关键性人物,这是具有说服力的。

其次,董其昌以二米为山水画发展的另一关键性人物,这个论点也值得介绍。他把"畅"和"天然浑成"作为前进的标志,以"刻意求工"为发展的障碍,指出唐代之不足在于未"畅",宋代开始求"畅",而到了二米才登峰造极。这里有必要补叙二米以前山水画的概况。试看传为唐代李思训的《江帆楼阁》,笔墨十分工细,但未免缺乏"浑成"之感。画家立意造形,而能心手相应,景情融合,原须长时期的锻炼,不能一蹴而就,由唐到宋便是锻炼的过程。董其昌把它概括为从"唐人之致"到"北宋之雄",并看到北宋之雄又是由于继承唐之"致"而去其"纤",亦即丢掉《江帆楼阁》般的风格。这个论点也相当精辟。我们今天还能体会到,同属深山行旅的题材,北宋范宽的《溪山行旅图》和唐代的"明皇幸蜀图"相比,就显得气象要雄浑得多。因为前者简劲,后者繁缛;后者在自然背景中安排故事细节和贵人们生活,而为了描绘衣冠、骑从、器物种种形象,笔墨不免流为纤细;但前者不以人物故事为主,对浑深雄伟的山川感受较多,能写出作者情思,反映物我交融的境界,这正是体现董氏所谓的"畅"了。此外,董其昌更进一步探索到北宋山水画新风格一经形成,便暴露了有待克服的矛盾,主张"有北宋之雄",但须"去其犷","有宋人之骨力",但须"去其结"。他认识到雄与犷、骨力与结之间的对立。"犷"属于粗豪、霸悍之类的副作用,它们并不等于雄。酣畅之中须有骨力,才不致流为放浪,但过于着力又会滞结不行,走到畅的反面。① 在董其昌看来,能够医治过犹不及之病的,乃是"文人之画",它"平淡天真,自然浑成"②,一面扫除"犷""纤""结",一面保持"雄""致""骨力",冲和蕴藉,而有韵度。至于符合这八个字的精神的,他认为与其说是董源,毋宁说是米家父子,同时也不讳言董、米仍各有不足。这些论点也还是公允的。下面引他的三段话:

(1)"米元章作画,一正画家谬习,观其高自标置,谓无一点吴生(吴道子)习气。"

(2)"余不学米画,恐流为率易。兹一戏仿之,犹不敢失董(源)、巨(然)意。"

---

① 郭若虚《图画见闻志》:"画有三病,皆系用笔。所谓三者,一曰版,二曰刻,三曰结。版者,腕弱笔痴,全亏取与,物状平褊,不能圜混也。刻者,运笔中疑,心手相戾,勾画之际,妄生圭角也。结者,欲行不行,当散不散,似物凝碍,不能流畅也。"董氏实本其说。

② "平淡天真"本米芾语;米氏《画史》:"董源平淡天真多,唐无此品,在毕宏上。……不装巧趣,皆得天真。"

(3) 他在兼学米友仁《潇湘白云图》和董源《潇湘图》时,更有一段话:"衷之以为一家,有北苑之古去其结,有元晖之幻去其佻,是在能者,非余所及也。"①

我们不妨对北苑之"结"和元晖之"幻""佻"再作一些分析。唐代画家大都精心刻画,王维也不例外②,五代、北宋间遗风犹存,董源山水还不能尽去斧凿之痕,偶有结而未畅之笔,例如《夏山图》的某些树身,《潇湘图》丛林后面山麓的皴、点,可见董其昌的话不为无因。至于"幻""佻"的区别,则出自他的精细考察。"幻"并非虚假,是指变化、生动、灵活,毫无造作,乃文人画"天然浑成"的一种表现;但幻而不慎,易流为"佻"。对此,他评元方从义所学米家《云山图》时有进一步说明:"米家山原以韵胜,在有意无意之间;后人渐变为巧媚,金屑虽贵,入眼成翳,可叹也。"③因为媚和佻乃一家眷属,和天然浑成、有意无意格格不入。不仅如此,董氏有时候还能识出:文人画之变幻自然,是有其客观根源的。这一观点给他的画论生色不少。例如他曾谈到米芾,认为"观其纵横泼墨,师友造化,脱去画史廉纤"。意思是大米肯钻研现实,寻其本质和特征,一有所获便行泼墨,故能形象生动,意境酣畅;也正因为他不作机械描绘,不为琐细,才能表现文人画"天然浑成"的风格。这里,我们还想补充一点。作为写意山水画派重要代表的米芾,本来就不和师造化相对立。他曾在广西做官,见了阳朔山水的奇巧,才感到自己以前收购画迹时"见奇巧皆不录",是眼界太狭隘了,并开始认为广西的"平地苍玉崛起,为天下伟观第一"绝非虚语④,因此自己还画过阳朔山⑤。

以上是董其昌对唐、宋山水画的评价,大致可归纳为几点。

(1)"畅"是山水画发展的一个重要标志,唐代之畅始于王维,宋代之畅始于二米。

(2) 小米进入畅的更高阶段,并以"幻"为特征。

(3)"幻"或变化多端,是因为能够师造化。

(4) 在传统的继承和发展中,"畅""幻"可能各有所失,如王维之"刻划",董源之"结",二米之"率易",小米之"佻"。

(5) 文人画风则为唐、宋山水画发展的总方向。

---

① 李佐贤《书画鉴影》卷八,《董其昌〈山居图卷〉》自题。
② 董其昌也说过:"王维之迹,殆如刻画。"
③ 安岐《墨缘汇观录》卷下,《唐宋元宝绘高横册》。翳,眼睛所生疤痕组织。
④ 张丑《清河书画舫》点字号。
⑤ 《襄阳志林》,见毛晋《苏米志林》。

这些论点都还言之有据,值得进一步研究。

至于元代山水画,董其昌认为黄、王、倪、吴四家皆董、巨正传,虽各有变化,但都以"畅""幻"为指归。不过,他在论述时,更多地结合"士气",标举"超逸",以"逸品"为上,赋予倪瓒和高克恭以最高地位,认为代表了元代文人画的顶峰。先引几段原文:

(1) "纵横习气,即黄子久(亦)未能断;幽淡而言,则赵吴兴犹逊迂翁(倪瓒),其胸次自别也。"

(2) "仲醇(陈继儒,董其昌的密友)好懒瓒画,以为在子久、山樵之上,政是识韵人了不可得。"

(3) "迂翁画在胜国时可称逸品,昔人以逸品置神品之上,①历代唯张志和、卢鸿(均唐人)可无愧色。宋人中米襄阳(芾)在蹊径之外,余皆从陶铸中来。元之能者虽多,然禀承宋法,稍加萧散耳。吴、黄、王三家皆有纵横习气,独云林古淡天然,米痴(芾)后一人而已。"②

(4) "诗至少陵,书至鲁公,画至二米,古今之变,天下之能事毕矣。独高彦敬(克恭)兼有众长,出新意于法度之中,寄妙理于豪放之外,所谓游刃有余,运斤成风,古今一人而已。"

(5) "高彦敬尚书(曾官刑部尚书)画在逸品之列,虽学米氏父子,乃远宗吾家北苑,而降为墨戏者。"

(6) "赵吴兴有取妍之态,少逊伯时(宋李公麟)也。""以高彦敬配赵文敏,恐非耦也。"

以上诸语总的意思是:黄公望、王蒙、吴镇尚未完全摆脱作家气,尽管黄氏的《富春山居图》曾得董其昌的极高评价(见上文);赵孟頫力求形式的美好,显得生处不及李公麟,幽淡不及倪瓒,而赵妍倪淡,更决定于他们的不同政治态度(做不做元朝的官);黄、王、吴、赵都还不够超逸,未能得之有意无意间,画来终嫌费力,于是真正能入逸品的就只有倪、高二人了;不过,这二人仍有差别:倘以幽淡超逸论,倪仅次于前代的米芾,至于得米芾之畅并化董源之结的,则仅有高克恭了,他是元代第一流的文人画家。如前所说,董其昌引远祖以自重,便于开宗立

---

① 就画而论,唐朱景玄于神、妙、能三品之上立逸品,宋黄休复列逸、神、妙、能四格,宋徽宗赵佶以神、逸、妙、能为序。董其昌本朱、黄之说。

② 王世贞(1526—1590)《艺苑卮言》:"或谓宋人易摹,元人难摹,元人犹可学,元镇(倪瓒)不可学,余心颇以为然。"王和董论画都尊逸品,可见当时风尚。

派,因而念念不忘"吾家北苑",这里左高右倪,未尝不是因为高善师北苑,倪兼学荆(浩)关(同)吧!再看董其昌画中结构、笔墨,也和高作面貌相似(如故宫博物院所藏高氏的《云横秀岭》《雨山》等图),而没有云林孤冷的味道,这也足以说明问题。

以上是董氏从作品风格评元代山水画;此外,就笔力、气势论,他也不讳言王蒙胜于倪瓒,尽管作为文人画家倪高于王。他题王蒙的《青弁隐居图》,同意倪瓒对王蒙的赞许:"王侯笔力能扛鼎,五百年来无此君。"但又作了补充:"此图神气淋漓,纵横潇洒,实山樵第一得意山水,倪元镇退舍宜矣。"今天我们对比一下王、倪的画,应该承认董其昌这段评语还是实事求是的,并没有因为推崇士人画的超逸,而抹煞他所认为逸气较逊的王蒙。

总之,董其昌评论山水画的准则,可以概括为:欲求"畅""幻"还须警惕"率易"与"佻";元人山水处于二米"畅""幻"高潮之后,因此后代学元人,更应上溯唐、宋未尽之"畅",得其"骨力",以防"率易"与"佻"。董氏的观点可以说是相当辩证的吧!

董其昌搞分宗论,诚然很勉强,但他评论唐宋元以来的文人画风,却触及一些本质性的东西,概括出若干审美标准,特别是"平淡天真""自然浑成",具有参考和研究的价值。但我们也不能忽视另一方面,他自己的积习、癖好以及理论与实践脱节等,往往表现为他所推崇的未必就是他所愿学以至学得成的,他所非难的也未必就是他深恶痛绝或弃而不学的。例如他曾联系米芾评论自己书法的那句话"口能言而笔不随",觉得自己的画也是如此;这例是忠实的自白。

这里附带提一下董其昌关于画史还有若干看法,也都值得参考。

(1)"宋以前大都不作小幅,小幅南宋以后始盛。又僧巨然辈绝少丈余画卷,长卷亦唯院体诸人有之。"[1](按后一点,王希孟《千里江山图卷》便是一例)。

(2)"张择端《清明上河图》皆南宋时追摹汴京景物,有西方美人之思。笔法纤细,亦近李昭道,惜骨力乏耳。"(按此图不止一本。)

(3)"黄子久小楷如此逼古,不减晋、唐行家,而题画名款,草率具体,竟掩其真书,古人深远善藏,不必一一自见。至于此画之老以取力,此书之嫩以取态,皆变体也。"[2]

---

[1] 题《唐宋元宝绘高横册·引首》《宋刻丝仙山楼阁》。
[2] 题黄公望《芝兰室图并铭》,真迹在台湾省。

(4)"云林画妙在幽澹天真,妄加一笔不得,是以称逸品。"①

"生""秀""真"及其他

接着我们研究一下董其昌的艺术风格。

他说自己十七岁学书,二十二岁学画,"丁丑三月晦日之夕,燃烛试作山水画,自此日复好之"。他学的都是古代画迹,"若元季四大家多所赏心,顾独师黄子久,凡数年而成",又在"长安好事家借画临仿,宋人真迹,马、夏、李唐最多,元画寥寥也。辛卯(三十七岁)请告还里,乃大搜吾乡(元)四家泼墨之作,久之,谓当溯其源委,以北苑为师"。他还写过小结:"予少学子久山水,中去而为宋人画,今间一仿子久,亦差近之。"总的看来,他曾一度临仿"北宋",但主要学"南宋",以董源为师,以子久传人自居。董和黄形成了他以后作品的基本面貌。

董其昌先学书后学画,并悟出书、画笔法相通。他说:"唐人书皆回腕,宛转藏锋,能留得笔住,不直率流滑。……即画家用笔亦当得此意。"娄东派的王原祁加以引申:"董华亭论画云:'最忌笔滑,不为笔使。'"②我们不妨先看董氏的书法。他曾自许:"吾于书似可直接赵文敏,第少生耳。而子昂之熟又不如吾有秀润之气。惟不能多书,以此让吴兴一筹。"恽格(南田)《瓯香馆集》卷十二先引孙复始(承公)论董书的话:"思翁笔力本弱,资地未高,究以学胜;""其不足在是,其高超亦在是。"接着自己加以补充:"文敏秀绝故弱,秀不掩弱,限于资地。""习气者,即用力之过,不能适补其本分之不足,而转增其气力之有余。而涵养未至,陶铸琢磨之功不足胜之,是以艺成,习亦随之,或至纯任习气而无书者。惟文敏用力之久,如瘠者饮药,令举体充悦光泽而已,不为腾溢,故宁恒见不足,毋使有余。其自许渐老渐熟,乃造平淡,此真千古名言,亦一生甘苦之言,可与知者道也。"董其昌自论书以及恽南田的阐发,道出了"不滑"与"生"可以取"秀","不足"可胜"有余"等艺术风格。

董其昌更从书学谈到画学,认为:"画不可不熟……画须熟外熟。"意思是,不讲求法变,不锤炼笔墨,而信手涂抹,那末就不仅"不熟",而且也说不上心手相应、挥洒自如的"熟外熟"了。但是董其昌把话留了半句,因为等到熟外熟了,以前的刻意求工便为平淡自然所代替,而平淡之极却又呈现出"生""拙"之趣。以

---

① 题倪瓒《叶湖别墅图轴》。
② 邵松年《古缘萃录》卷十,《王麓台仿之人山水卷》自题。

生拙为艺术最高造诣,乃士人画的一条重要原则,这"生"意味着"生而后熟,熟而后生"的第二个"生",但仍从漫长的勤修苦练中来。有时候董其昌讲得更加全面:"诗文书画,少而工,老而淡,淡胜工,不工亦何能淡。"其实,这个道理苏轼早已指出了:"凡文字,少小时须令气象峥嵘,彩色绚烂,渐老渐熟,乃造平淡;实非平淡,绚烂之极也。"①而董其昌的同辈顾凝远在他的《画引》中则又有一些发挥:"……然则何取生且拙?生则无莽气,故文,所谓文人之笔也,拙则无作气,故雅,所谓雅人深致也。""烂熟、圆熟则自有别,若圆熟则又能生也。工不如拙,……惟不欲求工,而自出新意,则虽拙亦工,虽工亦拙也。生与拙,惟元人得之。""元人用笔生,用意拙,有深义焉。"顾氏进了一步,拈出"圆熟"有别于"烂熟",而能自"出新意"。烂熟好像臻于完美,实则已罄其所有,只好停滞下来,难以再进。圆熟则不然,因为蕴蓄丰富,无意于刻画求工或取巧争妍,反能随机生发,在生拙平淡中有变化,有创造,为烂熟所不能为,故有"新意"。像这种寓圆熟、新意于生拙的风格,在董画中倒不难遇到。当时画家有直接评论董其昌的,如王时敏说:"思翁笔无纤尘,墨具五色,别有一种逸韵,则自骨中带来。"②王鉴说董氏"以澹见真,以简入妙,神理意趣溢于笔端,今海内所以折文敏者"也就在此。③ 他们认为董其昌的画于明洁、清华、简澹中见出真趣。我们综合上举董氏自述和苏、恽、顾、二王等有关论说,可以懂得唯其善用力弱、不足以取"生""秀",方能艺成而无习,愈老而愈淡,愈淡而愈新,这是书、画艺术的一条规律,而董其昌的风格可算一个典型。至于"拙""简""逸""澹(淡)""真""雅""韵""妙"等等,是批评家们用来描述这风格的若干术语,倘能领会"生""秀"的关系,对它们的涵义也就通晓了。不过,关于其中的所谓"真",董其昌自己还有所阐发,值得一提。己未(64岁)所作《画禅室写意册》中自题云:"每观古画,便尔拈毫,兴之所至,无论肖似与否,欲使工者嗤其拙,具眼者赏其真。"《昼锦堂图卷》自题云:"宋人有温公(司马光)独乐园图,仇实甫(十洲)有摹本,盖画院界画楼台,小有郭恕先、赵伯驹之意,非余所习。兹以董北苑、黄子久法写昼锦堂,欲以真率当巨丽耳。"④这里的"真"和"真率",是要求不假雕琢,不为狂放,而听其自然或"兴之所至",便能从"生""拙"中见出"秀""润"(下面提到的董其昌的三幅画,在不同程度上表现了这种风

---

① 苏轼《与赵令畤(德麟)书》。
② 《王奉常书画题跋》卷下,《题董宗伯画》。
③ 《染香庵题跋》。
④ 《艺苑掇英》第六期,第 24 页。

格),至于郭、赵,属于"北宗",刻画求工,自非"吾曹所当学",更何况作为"南宗"正脉的董、黄还可以"平淡真率"与之抗衡!在这一方面,董其昌自己认为已取得胜利了。但是我们觉得对画家来说,"真率"的涵义首先在于他面对自然有所感受,形成纯真质朴的情思意境,防止矜持造作,以写出画中之诗、画中之我,而不能局限于董氏所说,多看"南宗"画迹,"熏陶成性",便尔下笔"真率"了。

  正因为钻进迷古、仿古的死胡同,董其昌的创作心情有时也很矛盾,造化与古人打起架来。癸亥(68岁)四月题所画《秋山图》小幅:"画家当以古人为师,尤当以天地为师。……今块坐斗室,无惊心动目之观,安能与古人抗行也。"可以说他做了忠实的自我检查:把自己关在画禅室里,只学古人之作,不学古人之师造化,搬运古人丘壑,大搞程式化,日久天长怎能不感到无聊呢!结果,董氏的直幅山水画基本上不离三段法,即上有主峰,中有溪水,下有坡树。当然,他也曾有学习自然的作品,不过实在太少了,例如庚申(65岁)的《秋兴八景册》里有一幅题云:"八月廿日舟行瓜步江中(在江苏镇江)写此",画面颇有真实感,而不同于其它七幅了。又如庚戌(55岁)春天,他住在"德清吴礼部之来青楼,楼收西湖之胜,画中所得不少";后来"自闽中归,阻雨湖上,日望两峰(南高峰和北高峰),如浓墨画,每有所会,辄为拈笔,成此长卷"。此外,他在谈话中也曾流露并不满足于学古而肖。袁宏道(中郎)《竹林集序》曾说:"往与伯修过董玄宰。伯修曰:'近代画苑诸家,如文徵仲、唐伯虎、沈石田辈,颇有古人笔意否?'玄宰曰:'近代高手无一笔不肖古人者,夫无不肖,即无肖也,谓之无画可也。'"这也说明,董其昌虽如上述轻视写生,但并非完全不师造化,只是不够经常。

  董其昌远离自然,陷入古人窠臼,特别是患着"北苑迷"。他长期醉心北苑画迹,曾说"余自学画几五十年,尝梦寐求之。"丁酉(43岁)得北苑《潇湘图》,甲子(69岁)见到北苑《夏景山口待渡图》,癸酉(78岁)得北苑作品三幅。张丑《清河书画舫》溜字号说,董源之画,他"前后收得四本,内惟《潇湘图》为最,至以'四源'名其堂云"。于是乎他从落笔到题画、评画,时刻不离"吾家北苑",但他和这位远祖毕竟差距很大,北苑师法造化,培育出平淡天真的境界以及沉酣雄浑的笔墨,这些他都不能赶上,反倒单从笔法出发,抓住祖宗之病在于"结"。董其昌七十九岁时给自己做过评价:"余二十二岁作画,今五十七年矣,大都与文太史(徵明)较,各有短长,文之精工,吾所不如,至于古雅秀润,更进一筹矣。吾画无一点李成、范宽俗气,然世终莫之许也。"他所以自豪的不"俗",也还是指"生""拙"而言,然而解人难得,不免牢骚,幸亏沈颢在《画塵·定格》中给他说话:"董北苑之精神在云间(松江、华亭又称云间,华亭派以董为首领),赵承旨(赵孟頫入元仕翰林学士承旨)之风韵在金阊(吴门派以文为首领)。"意思是董和文所传衣钵不同,有古今高下之分,北苑既比承旨高古,董也就胜过文了。其实明代山水画,在董之前流行着沈的粗放和文的僵硬,因此董的生中有秀便显得新鲜。然而董、文等都只满足于笔墨功夫和若干构图程式,对自然、现实或真山水(即董所谓的"假画")兴趣不大,而董却自夸无李、范的"俗气",实质上偏于玩弄形式。所以今天来说,董其昌的山水画只是在技法上有些可以继承的东西罢了。

"变古"、"凸凹形"、"暗"、"不滑"、"惜墨"与"泼墨"、"骨法"与"没骨"、"飞白"

讲到董其昌的山水画技法,主要是学习古人的笔墨,兼收并蓄,融会改造,从"变古"中求情趣,至于如何钻研自然形象,创造技法,进而状物写心,则不在考虑之列。董其昌曾分析倪瓒的技法:"大都树木似营丘(李成),山石宗关同,皴似北苑,而各有变局。学古人不变,便是篱堵间物;去之转远,乃由绝似耳。"这段话表明董其昌的观点:一切技法都来自古人,贵在学古而能变,变成了"不似之似"方为上乘。对于观察自然来摸索创造表现形式,他是没有兴趣的。下面试举董画技法的若干特征:

首先,董其昌作为书画家,懂得书画的笔法相通,除了从唐代书法悟出画家用笔也须留得住,不要流滑(已见上文),还主张:"士人作画,当以草隶奇字之法为之,树如屈铁,山如画沙,绝去甜俗蹊径,乃为士气。"他根据这"奇"联系绘画的造形须讲求凹凸,写下了一条经验:"下笔须有凹凸之形,此最悬解。吾以此悟高出历代处,虽不能至,庶几效之,得其百一,便足自老,以游丘壑间矣。"这两段话意思相关,因为留得住笔就能掌握它、运用它,懂得了笔法,凭笔法去捉取对象"凹凸之形",使"形"中寓有十分复杂多变的钩、斫、皴等等,而不只是简单平板的轮廓,达到了因"形"寄"趣"的目的;画家到了晚年,倘能打通笔、形、趣,使相互间圆融无碍,其乐就不亚于置身大自然的丘壑间了。实际上董其昌对"悬解"所作的答案是:笔端所造之形,都与自然形象无甚关连,乃是从古人画本、某家山石、某家树木中脱胎变过来,而种种凹凸形所含无穷之趣,就足够画家晚年的陶醉了。

其次,董其昌结合凹凸之形,提出"明""暗"的问题。他说:"画欲暗,不欲明。明者如觚棱钩角是也,暗者如云横雾塞是也。"他所谓"明""暗",和光学无关,"云横雾塞"也不一定要画云雾,乃是避免着意、着力,以致伤于刻露,须得像云雾一般空灵,景似塞而实通,意欲断而犹连,其中自有一番蕴蓄,耐人悬想寻味。也就是说:笔有未尽而意愈远愈深;如果写景状物,求其全备,笔墨不免繁琐壅塞,凹凸形的种种意趣反倒出不来了。因此去"明"求"暗",反映了董其昌以士人气代替作家气的要求。我们知道清初王翚(石谷)也有"明暗"说,不过是指物象本身的向、背、阴、阳以及墨和色的浓淡重轻,必须兼备,犹如"鸟之双翼,不可偏废"。这和董其昌的取"暗"舍"明"以寻味无穷,并无共同之处。两人追求的效果原不同,一在趣味,一在形状,因此"明""暗"的涵义也不同了。

董其昌认为实现"暗"的艺术原则,还须依靠"不滑"的笔法。"不滑"就是提防"板滞",并且和墨法分不开,因此他进而论说墨法中的"惜墨"和"泼墨"。"李成惜墨如金,王洽泼墨沈成画。夫学者每念'惜墨泼墨'四字,于六法、三品思过半矣。""王洽泼墨,李成惜墨,两家合之,乃成画诀。"也就是说,运笔不滑,笔头所摄之墨方能适量地落于缣楮,浓淡干湿才各得其宜,须"惜墨"而不流为枯槁,"泼墨"而不伤于痴肥。由此可见,只有在运笔"不滑"的基础上,"惜墨"与"泼墨"方能相互补充;或者说以笔法统摄墨法,而两者之间,笔法是主导的。这里见出董其昌论画的精微,而他自己的笔墨功夫也做到这一点。我们不妨看看他的画上,墨色鲜丽而有韵,深沉而不浊,便是用焦墨也淋漓欲滴,可算技法上一大特色。因此,清方薰认为:"学香光而不先悟其用墨之法,譬犹水路而乘舆也。"[1]我们还可以补充一句:学其墨法须先学其笔法。

接着分别谈谈董其昌的墨笔山水和设色山水。前者可选丁酉(43岁)的《婉娈草堂图》、己亥(45岁)的《山水卷》、甲寅(59岁)重题的《烟江叠嶂图》,后者可选《仿杨昇没骨山水图》《昼锦堂图卷》。前面三幅的共同点,是"生"中有"秀",似拙弱而实苍润浑穆。《婉娈草堂》系直幅,写赠陈继儒的,乾隆题诗几满,后曾为端方所藏,阔笔中锋,含墨饱满作巨然长披麻,皴中带刷(即郭熙所谓"水墨滚同而泽之"的"刷"),画来十分灵活酣畅;山间云烟似墨层层渍出而复见笔法;虽不设色,但面貌清丽,风采奕奕,可称精品。《山水卷》[2]自书:"在苑西墨禅室画,甲辰上元前三日过戴长明重展题",并有清张照(得天)题:"此与《江上愁心诗意图》(指《烟江叠嶂图》)真成双壁。"卷后明杨文骢跋:"玄宰师全用北苑,而此卷兼用

---

[1] 方薰《山静居论画》。
[2] 解放前出版的《中国画刊》有影本。

李唐,钩斫分明,落墨深静,真得宋人三昧,不仅以元季气韵胜也。"清高士奇跋:"山润如过雨,树叶如初生。"我们观赏这一画卷,一边参考跋语,觉得有几点可以谈谈。因为是横看的,作者打破了直幅的"三段"程式,丘壑聚散而多变化,与笔墨的重轻浓淡相互映发,做到了圆熟(非烂熟)而有节奏,翻出层层意趣,看了前面想象不出后面。跋语所称山润、叶新和落墨深静,使我们领会到春山的景物可从拙弱而又隽秀中得之,这就和恬静分不开,表现文人画风本色,而脱去了画史纵横习气。技法上也正如上文所引董氏之语,"树如屈铁,山如画沙","有草隶奇字之法",沉着中复多恣肆;但又违反自己所说的二宗山石"不相通",寓钩斫于披麻,以增强凹凸美,达到因"形"寄"趣"的目的。作者还企图通过生、秀结合,上追董源的浑穆,因此杨龙友的跋中说他得"宋人三昧"了。甲寅重题的《烟江叠嶂》①卷首自书苏轼题王诜《烟江叠嶂图》七古,张照根据诗的首句"江上愁心千叠山",把此卷定为《江上愁心诗意图》,更因为它和《山水卷》面貌相若,所以张照又在《山水卷》上题道:"此与《江上愁心诗意图》真成双壁也。"我们认为在结构上,此卷胜于《山水卷》,特别是中间云壑一段,崖石崚嶒,丛林层出,云烟相间,愈看愈深。而且,为求凹凸形,于钩、斫、皴、点外还采用郭熙所说"斡、渲、捽、擢"诸法,笔多奇踪,墨尤鲜丽,耐人寻味。

　　董其昌的设色山水,大都继承浅绛法传统,而值得一提的是没骨法。清安岐(仪周)《墨缘汇观录》卷三,评董氏《仿唐代杨昇没骨山水图》:"红绿万状,宛得夕照之妙。……杨昇之作,亦未见闻,自唐、宋、元以来虽有此法,偶遇一图,其中不过稍用其意,必多间工笔,未见全以重色皴、染、渲、晕者。此法诚谓妙绝千古,若非文敏拈出,必至淹灭无传,今得以古反新,思翁之力也。"说明董氏的没骨也是古法,它有点像西洋画,全不落墨,纯用多种彩色,但又不同于西洋画,仍有轮廓、线条、皴,均以色为之。戊午(63岁)三月花朝所作山水册②也有一幅仿杨昇,是写春景,近处坡石先以赭钩轮廓,再用石青、石绿皴而后染;坡上的树用汁绿画根、枝,其中有两株夹叶,一以朱钩圆点,不再渲染,一以石青作介字点,再薄染石青;其余的点叶树有横点和垂头点,分别用朱砂和朱膘,根、枝则先用浓赭,复略施淡赭;远山以石青、石绿相间染出,山顶有几排汁绿横点;山脚和水口以淡赭抹之。自题云:"唐杨昇《峒关蒲雪图》,见之明州(今宁波市南)朱定国少府,以张僧

---

① 上海博物馆藏。
② 徐邦达同志藏。

繇(南朝梁画家)为师,只为没骨山,都不落墨。尝见日本画有无笔者,意亦唐法也。……多种法门,皆李成、董源以前独擅者。"董其昌收藏富、见闻广,这些话当有根据。此外,上述的《昼锦堂图卷》也属没骨一体。这里还须注意:董其昌用彩笔代替墨笔来完成线条、轮廓、钩、勒、皴、擦等,以取凹凸之形,而线条等等的运用,关系到"六法"中"骨法用笔",因此没骨之中仍具有"骨法",而以骨法为没骨的基础,乃是董其昌的设色的另一特征。

最后,董其昌还使书法中的"飞白"和绘画中的"泼墨"结合起来,例如所画一幅山水扇面①便是如此。他先行泼墨而运以飞白的笔法,以增强形象的凹凸、生动,然后施以青、绿,使墨、色交融,给"暗"以取形的技法别开生面。不仅如此,董氏这种结合还有其精微之处。飞白和泼墨给缣楮留出的空白部分,能起以白当黑与黑白互济的作用。飞白法的笔划丝丝露白,其中有黑线也有白线,见出多种多样的黑、白线在流转、延绵和断续之中。泼墨法留下了多墨、少墨以至无墨的面、块,并使浅深、虚实层层映发。这两法都是十分灵活机动的。而寓飞白于泼墨,不仅黑白互济更为完满,也体现了线、面交融中以线条统摄面块的更大效果;尤其是发挥线为主导的作用,更成功地掌握绘画六法中的"骨法用笔",使水墨的铺展和下一步的青绿设色都有依附,避免了支离散漫、杂乱无章等无"骨"之病。所以,董氏这幅画扇是以深湛的笔墨为基础进行赋彩的,就显得凹凸、生动之趣皆以凝重浑穆出之,不狂不佻,这是难能可贵的。

以上试行分析董画的部分技法,其中还是有值得继承的东西。

影响和批判

董其昌对当时和后来都产生很大影响。他标榜师古,崇尚士气,曾吸引了不少画家到他周围,而自己也就成为"南宗"正脉,一代宗师。但这些画家中间,情况也不尽同。有些并不以"南宗"自命而学他的,如八大山人的山水画是从学董其昌开始的,在构思、位置上便比他的花鸟画缺少变化。又如太仓王时敏也是学董其昌而后来长期享盛名的。还有冯景夏,"好画山水,得董宗伯意,疏旷淡隽之致,邈然以运"。② 满洲人黑寿,"高尚不仕,乐与江浙文人游,人称满洲高士,善画山水,学董文敏"。③ 和尚中也有学董画的,如普荷(即担当和尚)于"天启中以

---

① 上海博物馆藏。
② 张庚《国朝画徵录》。
③ 同上。

明经入对大庭,尝执贽于董思白之门"。①其它就不多举了。还有些画家,如吴振(字竹屿)、赵左(字文度),甚至给董画润色(或者说代笔)②,更可想见董氏声价之高。更有一位画家——王时敏的孙子王原祁,则挣得了南宗正脉传人的身份,批评界也就对学董画第二代传人王原祁的画恭而敬之了。先看王原祁是怎样自吹自擂,并吓唬旁人。他在《仿大痴设色,为轮美作》一图上题道:"余所学者大痴也,所传者大痴也。华亭血脉,金针微度,在此而已。因知时流杂派,伪种流传,犯之为终身之疾,不可响迩。"意思是:唯有从黄到董乃是正宗、正脉,而且唯我王原祁传其衣钵,谁不学我,一辈子就完蛋了。再看当时对王原祁的传人又是如何瞎捧。例如陈诗庭画山水,名虽不显,但由于能赶时髦,王文潞送他一诗:"我娄烟翁及湘碧,得其萃者惟茂京,近来画法半榛莽,如君好手得未曾。"③意思是在娄东三王中撇开湘碧(王鉴),剩下王家祖孙,则话分两头,一头是第一代学董的烟翁(王时敏),一头是第二代学董的茂京(王原祁);最后捧出第三代学董的陈诗庭来了。这足以说明董其昌和王原祁在明末清初山水画中的地位,此外董做过南京礼部尚书,王做过工部侍郎兼内庭供奉,也不无关系。下面再看看王原祁的影响。"沈仲圭山水,法王麓台。"④"张栋画笔,私淑麓台,专用干笔,不喜设色。"⑤"华鲲善画,至都中持所业(自己的作品)谒太仓王原祁,赏其潇淡,由是知名。"⑥至于王麓台本人,因为盛名之下求画的太多,便叫外甥李为宪代笔。"麓台染翰禁庭,上(康熙帝)询代笔者,以为宪对,奖赏不置,后之官,公余挥洒,得者珍如片璧。"⑦一个代笔先生竟能以真姓名出现于画坛,这说明王原祁当时的声势,以及它和董其昌南宗正脉的影响是分不开的。这个影响日益增长,到了清代中叶,董的地位(书而兼画)实已冲垮明代诸家,当时方薰就说过:"书画一道,自董思翁开堂说法以来,海内翕然从之,沈、唐、文、祝之流遂塞,至今无有问津者。……书画至此一大转关,要非人力所能挽也。"⑧董其昌高唱"南宗",刮起一股风,一直刮到民国初年,这时候山水画上满是"拟大痴道人""学云林子""仿黄

---

① 张庚《国朝画徵录》。
② 高士奇跋董其昌《山水卷》。
③ 冯金伯《墨香居画识》。
④ 同上。
⑤ 张庚《国朝画徵录·续录》。
⑥ 《无锡县志》。
⑦ 《昆(山)新(阳)合志》。
⑧ 方薰《山静居论画》。

鹤山樵""师梅花庵主",好像元四家地位空前抬高,其实大都是模仿董与太仓二王,并未学得多少元人,而董氏正宗影响的深远,不难想见了。更可笑的是有些文人学士未必懂画,也附和董氏宗派之说。例如钱大昕给冯金伯的《墨香居画识》写序,就跟着说:"唐贤点染山水,乃有南北二宗,元四家出,气韵生动,绝妙古今,明代得四者三昧者,文敏而外,不多见也。"又如沈大成在《学福斋集》中写道:"画如禅,亦有南北二宗,吾乡董文敏为南宗之慧能,得其传者皆一时之秀。"而"一时之秀"当然首推太仓王氏祖孙。

但是事物总是在革新和保守的对立和斗争中向前发展的,中国山水画也不例外。明末清初,有保守的董其昌,更有革新的石涛。石涛主张"借笔墨以写天地万物而陶泳于我","山川与余神遇而迹化",指出"我于古何师而不化之有",反对"知古而不知我",要求"借古以开今"。对于古与今,艺术与自然,石涛掌握了它们的辩证统一关系。他学自然,化古人,写自我,是和董其昌不师造化,专师古人完全对立的,至于宗派、正脉等,他更是丢在一旁。他说过:"余尝见诸名家动辄仿某家、法某家,书与画天生自有一人执掌一人之事。"还说过:"笔枯则秀,笔湿则俗,今云间笔墨多此病。总之,过于文,何尝不湿。"上面说过,松江华亭县又称云间,这两段话是公开点名批判董派画风所导致的湿润甜俗和以董为首的迷古之风了。当时新旧今古之争相当尖锐,曾给正统派、复古派带来恐慌,因此煊赫一时的王原祁不得不亲自站出来,说什么石涛的画"大江以南为第一",言外之意还有大江以北的第一,则又舍我其谁呢?①

此外,我们还须看到,石涛的创作和理论足以戳穿董其昌打起的"文人画"这面幌子。我国的文人画是客观存在,它的历史也有一千多年,对它如何评价,乃艺术史、艺术理论的重要课题,值得深入探讨,这里暂且不谈。但是,如果研究文人画而无视画家对自然的感受和作品的情思意境,割裂游目骋怀与笔情墨趣、写意与造形之间的联系,破坏内容和形式的统一,终于摧毁画中之"诗",如此等等,那末就很难接触文人画的精神实质。而董其昌提出"文人画"后所作的论说,却离开上述的道路越来越远,无异乎一边讲文人画,一边毁文人画,留下了很坏的影响。今天在人民大众中间,凡比较熟悉西方现实主义绘画传统的,很容易把"文人画"这个词理解为脱离现实、玩弄笔墨、消愁解闷的一套主观游戏。文人画

---

① 倒是王原祁的祖父王时敏比较客观一些,他一面吹捧董其昌,一面赞美石涛,参见清蔡鹿宾《国朝画家书》(石刻影印本)卷一,王时敏题石涛画册:"松风水月,未足比其清华,仙露明珠,讵能方其朗润。类莲花之出水,赫焕无方;若桂月以空悬,光明洞澈。西庐老人王时敏书。"

的声誉颇为不妙,对此董其昌是难辞其咎的。然而,真正的文人画又何尝如此呢?从另一方面说,反倒是以石涛为首的革新派,排斥门户、正脉诸谬见,真正着眼于艺术本身,深入现实,"搜尽奇峰打草稿",其目的不是复制自然,而是谋求画中之诗、画中之我,这才大大地发扬了客观存在的文人画,给我国画史作出重大贡献,他自己不失为光辉灿烂的艺术大师。

最后,想重复一下:对董其昌还应一分为二,他对山水画遗产的评论、山水画风格的研究、书画相通的探讨以及他自己的山水画技法等,都还有一定参考价值,在这方面,本文不过是抛砖引玉罢了。

(本文部分资料,由徐邦达、孙祖白二位先生提供,谨致衷心感谢。)

读顾恺之《画云台山记》

一

晋代大画家顾恺之所写《画云台山记》，见于唐张彦远《历代名画记》，张氏注云："自古相传，脱错，未得妙本勘校。"现在根据张氏所记，参考傅抱石、俞剑华、潘天寿三位先生的校正本①，把全文抄录如下：

山有面，则背向有影。可令庆云西而吐于东方清天中。凡天及水色，尽用空青，竟素上下以映日。西去山，别详其远近，发迹东基，转上未半，作紫石如坚云者五六枚，夹冈乘其间而上，使势蜿蟺如龙，因抱峰直顿而上；下作积冈，使望之蓬蓬然凝而上。次复一峰，是石，东邻向者峙峭峰，西连西向之丹崖。下据绝磵，画丹崖临磵上，当使赫巘隆崇，画险绝之势，天师坐其上，合所坐石及荫。宜磵中桃，傍生石间；画天师瘦形而神气远，据磵指桃，回面谓弟子；弟子中有二人临下，倒身，大怖，流汗失色。作王良，穆然坐，答问，而赵昇神爽精诣，俯眄桃树。又别作王、赵趋；一人隐西壁倾岩，余见衣裾；一人全见室中，使轻妙冷然。凡画人，坐时可七分，衣服彩色殊鲜，微此不正，盖山高而人远耳。中段东面，丹砂绝崿及荫，当使嵾峨高骊，孤松植其上，对天师所壁以成磵。磵可甚相近，相近者，欲令双壁之内，凄怆澄清，神明之居，必有与立焉。可于次峰头作一紫石亭立，以象左阙之夹，高骊绝崿，西通云台以表路。路左阙峰，以岩为根，根下空绝，并诸石重势岩相承，以合临东磵。其西，石泉又见，乃因绝际作通冈，伏流潜降，小复东出，下磵为石濑，沦没于渊。所以一东一西而下者，欲使自然为图。云台西北二面，可一

---

① 傅抱石《晋顾恺之〈画云台山记〉之研究》，载《时事新报·学灯》，俞剑华《中国画论汇编》，潘天寿：《顾恺之》，见《中国画家丛书》。

图,冈绕之上,为双碣石,象左右阙;石上作孤游生凤,当婆娑体仪,羽秀而详,轩尾翼以眺绝磵。后一段赤岠,当使释弁如裂电,对云台西凤所临壁以成磵,磵下有清流。其侧壁外面,作一白虎,匐石饮水。后为降势而绝。凡三段山,画之虽长,当使画甚促,不尔,不称。鸟兽中时有用之者,可定其仪而用之。下为磵,物景皆倒作;清气带山下,三分倨一以上,使耿然成二重。

从战国到六朝,有关绘画理论的资料,保存下来的实在不多,例如《佩文斋书画谱》所列名目只有十二篇:(1)周庄周《叙画史》;(2)秦韩非《论画难易》;(3)汉刘安《论画》;(4)后汉张衡《论画》;(5)晋王廙与王羲之《论学画》;(6)晋顾恺之《论画》;(7)晋顾恺之《魏晋胜流画赞》;(8)晋顾恺之《画云台山记》;(9)宋宗炳《画山水序》;(10)宋王微《叙画》;(11)南齐谢赫《画品录·序》;(12)北齐颜之推《论画》。其中(1)至(5),大都只是短短几行;(12)认为能画会招来耻辱,对这门艺术采取否定态度;(6)至(11),对画理和画法作了比较简明而又深刻的阐明。尤以顾恺之的三篇,把创作经验和理论相结合,启发性很强,尽管脱落、错字每篇都有,而《画云台山记》(下简称《画记》)更谈到了艺术构思、全图布局、细节处理等,使我们约略窥见一千六百多年前中国山水人物画的真实面貌和画家的审美观点,因此是我国画论遗产的瑰宝,很有参考价值。傅抱石先生首先给全文加上标点,有些地方改正错字,补充脱落,并分段解释,使这篇中国古代美学论著或多或少可以读得上来。我想在傅先生研究的基础上,再作一些探索,臆测之处或所难免,还请读者指正。

二

这篇《画记》诚如傅先生所说,乃创作前一种设计,而不是作品完成以后的小结。我们读到篇中"可""宜""当""当使""欲使"这类字眼,会感到都是讲这幅图应如何画?怎样画?才能取得最大的艺术效果。此外,文章的首、尾语气都比较突然,说明它已非完帙。

这幅图的创作主题是道教的一段故事:道教祖师爷张道陵(天师)在云台山上考验他的弟子,敢不敢去摘磵中之桃。全图以此为中心场景,但和现存顾氏《洛神赋图卷》摹本相似,画面分为几段,同一人物可出现几次,乃连环图画的滥觞。从整个设计和构思看,似可分为一般和特殊两方面。属于一般的,有"山有面,则背向有影","凡天及水色,尽用空青","凡画人,坐时可七分","下为磵,物景皆倒作"①等，不难想见顾恺之画其他的山水和人物时，也将如此。属于特殊的，那就多了，文中所在皆是，是专对此图而言的。从全面看，《画记》中的构思、设计，主要是关于自然形象、色彩、明暗，事物动态和作品气氛几方面，而以表达气氛，景、情结合，抒发意境，反映美学理想为最终目的。原文并不按照上述几方面，顺序论述，因而显得零乱，我们加以整理，试作综合的评介。

　　这篇故事用云台山作为背景，所以《画记》中较多篇幅是讲山的结构和山中各处的形状。开头一句讲山的"面"、"背"和"影"，这是我国画论中最早涉及事物的阴阳、向背的可贵资料。接着是"可令庆云西而吐于东方清天中"，写出晴空里云、山互相掩映。下面便转入设色，以青色染天和水，来衬托晴空的太阳。但这"云"称为"庆云"，其义与"卿云"通，在封建社会里乃祥瑞的象征，而道教也不例外；它非气非烟，而五色绸缊，可以说作者的设计一开始就反映了道家对自然的审美感受。换句话说，山因日照而有明暗，云因受日光而呈五色，并舒卷于向背分明的山间，加以山顶上的天和山脚下的水，全是青色。作者就这样决定了全图宜用灿烂的、鲜明的色调。我们再往下念，果然图中其它事物也都敷彩艳丽，例如"西去山……转上未半，作紫石如坚云者五六枚"，"画丹崖临绝磵（与"涧"通）"，"凡画人……衣服彩色殊鲜"，"中段东面，丹砂绝崿及荫"，"可于次峰头作一紫石亭立"，"后一段赤岓"，"侧壁外面，作一白虎"等等，其中以丹、朱和紫为主色。这里，有两点值得注意。（一）我国山水画史设色的发展过程大致如下：在水墨之前有浅绛，在浅绛之前有青绿重色，在青绿重色之前则于众色之中突出朱色。（二）顾氏的设计所以着重色彩，是为了写出"仙山"景物灿烂，从而宣扬道家炼丹修持、与道合一、得道成仙等一贯的教义。再往下念，便是设计天师如何在特定的、奇险的自然环境中，亦即于"神明之居"考验门徒。这是《画记》中艺术构思的主要对象，似可以分为自然、人物、鸟兽三方面，作些探索。

　　《画记》对自然景物，比较强调"峰"和"磵"的"险绝之势"，所以有紫石夹冈而上，"蜿蟺如龙"，复又"抱峰直顿而下"，飞向"绝磵"，一起一伏，最后把观者视线引向磵中生于石间的桃树。此外，还有"赫巇"②"绝崿"③"绝磵"，以及"石泉……

---

① "倒影"之法，仅《画记》提到，现存古代画迹中不曾见过。
② 大小两截的山。
③ 崖。

绝际",忽又"通冈",更有"赤岘①……释弁如裂电"②,都是描绘山、石、水等种种绝险形态。尤其是"硐可甚相近,相近者,欲令双壁之内,凄怆澄清,神明之居,必有与立焉"这个设计,是为了突出一点:在云台山上修行得道,是没有平坦之路的。

作者安排了幽邃的"洞天"于险峻的群山中,就开始设计故事的主人公、天师和他的门徒的神情、动态。"天师坐其③上",他"瘦形而神气远",是一位教主的气派,指着那在硐中石间的桃子,"回面谓弟子",去摘桃子。弟子的反应不相同。"有二人,临下,倒身,大怖,流汗失色。"另二人,一为"王良,穆然坐,答问",一为"赵昇,神爽精诣,俯眄④",都很镇静,准备下去摘了,和前二人形成鲜明对照。王、赵二徒大概经得起考验,所以在全图的第二段中再度出现时,要去说服另两位不敢摘桃的同学⑤,其中"一人,隐西壁倾岩,余见衣裾;一人全见室中"。也就是一个藏身岩下,只露衣裾,一个躲在室内,全身可见,但他俩这副胆怯的模样不易描写,须带点滑稽而又寓讥刺,犹如今天漫画中的反面形象,故曰"使轻妙泠然"。

设计到最后部分,作者更借鸟、兽的形象来渲染"神仙"境界,并予全景以象外之味。于碣石上画一凤,亦即神鸟,"婆娑体仪",展开尾翼,"以眺绝硐",它不去求凰,而在那里"孤游",因为绝硐或"神明之居"引起它向往之情。"侧壁外面,作一白虎,匐石饮水。"据《三辅皇图》,白虎和苍龙、朱雀、玄武为"天之四灵",所以它见人不吃却在饮水,这样正可托出"仙山"的气氛。作者认为画到这里,自然、人物、鸟兽都对表现摘桃修道这个共同主题,分别起了作用,那末全部设计也就可以结束了,因此紧跟白虎饮水之后,不妨让自然景物来收场,亦即"后为降势而绝"。

至于篇末所说硐中"景物皆倒作",却是一个重要资料,说明中国古代画法着重写实,不过后来失传了。

三

我们从以上分析,还可想见顾恺之作此《画记》时的一些思想情况。东晋和

---

① 山旁之石。
② 山上的赤色石块,好像突然落在那里,还震颤不停,其迅猛犹如闪电。
③ 如承上句,"其"指丹崖,如接下句("据硐指桃"),"其"指硐。
④ 斜着眼看。
⑤ 原文"王、赵趋",拟作如是解,未必全对。

南北朝是道教相当活跃的时期,南有葛洪和陶弘景,北有寇谦之。葛好神仙导养之法,大搞炼丹术,称为"小葛仙翁"。陶也好道术,明阴阳、五行,隐居而参预政治,人称"山中宰相"。寇先在华山求道,后在嵩山修道,企图整顿道教,在大同建立天师道场,号称"新天师道"。生活于东晋的顾恺之,在当时道教的势力和思想影响下,对道教的故事发生兴趣,是可以想象的。试检历代有关顾画著录,其中就有以道家为题材的,如《列仙图》《青龙起蛰图》《黄初平牧羊图》等。特别是后一图,宋董逌有段记叙:"昔黄初平牧羊,道士见之,将入石室四十余年,其兄索得,问羊'何在?'曰:'东山'。兄往视之,但见白石。平乃往言:'咄咄,羊起',于是白石皆起成羊。"又说:"画羊皆异兽状,如坟墓间蹲羊伏兽。牧者羽服道士。"①苏轼《顾恺之画〈黄初平牧羊图〉赞》:"先生养生如牧羊,放之无何有之乡,止者自止行者行……"我们从这两段题跋中,嗅到浓厚的道家气味,同时也不难理解顾恺之为了描画天师训徒的故事,要进行如此缜密的艺术构思了。

今天看来,这篇《画记》的价值在于对研究画家的美学理想如何通过艺术而表现的问题,提供了宝贵的参考资料。艺术家的审美意识,包括在他的审美观念与审美理想之中。成仙得道之为"美",组成了顾恺之的审美观念、审美理想的部分内容,而经历艰险以登仙境这种幻想,尽管荒诞可笑,也就不妨作为他的画题,并在整个结构和细节处理上进行仔细推敲。画家在理性上肯定的东西(它本身可能十分荒唐),同时正是他在情感上所热爱的东西,对顾恺之来说,这种理性与情感的统一便形成精神力量,推动着他的艺术构思。也就是说,攻下难关、羽化而登仙的这股激情或痴念,成为他在这次创作中审美感受的心理形式,从而决定他的种种造形手法。上文所说如何刻画自然景物、人物反应、动物反应这三个方面,并非各自孤立,而是力图赞扬成仙得道之为"美"这一共同目的。顾恺之突出摘桃的考验;以王良和赵昇为过关者、胜利者的代表,以其他门徒为反面形象;借凤和虎的改变本性,来抒发对"神明之居"的向往心情,禽兽犹如此,何况人乎?他这三大设计相互呼应,殊途同归,产生了巨大的艺术魅力。

另一方面,假如这幅《云台山图》竟能保存到今天,我们也不希望图中的山水

---

① 董逌《广川画跋》卷三,《书牧羊图》。董氏未写明此图出于顾手,张丑《清河书画舫》莺字号,则作"董逌书顾恺之画《牧羊图》"。

部分会是怎样高明。因为它必然跟现存的顾画《女史箴图》和《洛神赋图》的摹本中所见以及张彦远所说一样:"群峰之势,若钿饰犀栉,或水不容泛,或人大于山",树木"列植之状,若伸臂布指"①,当然也就无可师法的了。

---

① 张彦远《历代名画记·论画山水树石》。

《苦瓜和尚画语录》札记

原济(石涛)的《画语录》①，是我国绘画(特别是山水画)理论史上一部极为重要的著作，也是我国美学的瑰宝。它阐明山水画艺术的本质、目的、方法以及自然美和艺术美的关系等问题，体系完整，立论精辟。本文试行分析书中行文比较深邃的几章，探寻作者的若干观点，并谈些个人的体会。

"一　　画"

石涛认为山水画乃借助自然形象以表达内心世界的一门艺术，其最终目的是人，是为了表达人的"自我"，而不是复制自然。书中虽说，"夫画者，形天地万物者也"②，但更着重于"夫画者，从于心者也"③，突出了艺术家本人在这门艺术中的主动地位。我们今天常说山水画家通过自身对自然的体验，进行艺术反映。这样说也含有"画从于心"的意思，不过我们的心和石涛的心反映不同的时代，有不同的阶级内容。在石涛看来，山水画创作过程始于我与物接，经过物由我现，终于物为我化，中间贯彻着一个根本的东西——画家的主观能动反映的力量，也就是今天所说作为创作动力的创造性的想象力。他把这力量及其运用作为画学的中心问题，《一画章第一》就是谈的这个问题④。

石涛本于儒家的"吾道一以贯之"⑤，以及道家的"道生一，一生二，二生三，三生万物"，"万物得一以生"⑥，认为自然现象和艺术创作、自然美和艺术美既都属于"万物"，它们的规律都必然地导源于"一"，以"一"为根本。因此，他说自然

---

① 晚年修改，名为《画谱》，删节较多。
② 《了法章第二》。
③ 《一画章第一》。
④ 下面引文，兼用《画语录》和《画谱》。关于"一画"之说，参看本书《论国画线条和"一笔画"》"一画"》。
⑤ 合用《画语录》《画谱》第一章末句："孔子曰：'吾道一以贯之'，岂虚语哉。"
⑥ 《老子》四十二章和三十九章。

现象的规律本于"一画",山水画的规律本于"一画之法";后者有时也简称"一画"。画家的主观能动力量或创作动力,就表现在他能把握这"一画",始终以"一画之法"来指导创作,通过对自然美的反映,抒发他自己的胸臆与美学理想。从主动性方面来看,画家既立此"一画之法",更灵活地运用此法,其中包含着"了法""用法""化法"。这也就是今天我们所说的艺术家掌握了客观的以及反映客观的规律,由必然进入自由的意思。在石涛看来,"法"和"化"是相反而又相成的,亦即辩证统一的。所以本章有这样几句重要的话:"法于何立,立于一画。一画者,众有之本,万象之根,见用于神,藏用于人。""一画之法,乃自我立。立一画之法者,盖以无法生有法,以有法贯众法也。"

这样看来,"一画"和"一画之法"是用来概括山水画中借物写心、物我为一、心手两忘这末一个创作全部过程,同时生动地描绘出在这过程中山水画家摄取万象、塑造典型、托出自我这样一种高度的艺术本领。

画家既掌握此根本,便可以在作品中凭"一画之洪规",描绘事物,"深入其理,曲尽其态",进而借物写心,故曰:"我有是一画,能贯山川之形神。"①这里,"贯"字很重要,要求山水画家须把自然美升华为艺术美,并借以表现他自己的情思、意境,写出"形"中之"神",亦即我心之所寄了。就自然的景物或形象说,"一画"关系着它的结构以及结构的规律、法则,乃至理之所在,而山水画中的无数笔墨,特别是皴法及其运用,都服从这个法则或至理,所以又说:"一理才具,众理附之"②;"一画落纸,众画随之"③。这里,"一画"是指理与法则,"众画"是指具体的笔墨。而山水画家正是由于掌握"一画之洪规",才能透过自然的混沌,窥见自然的法则、条理,因此又说:"辟混沌者,舍一画而谁耶?"④本章还有一句,则把这道理说得愈加清楚了:"此一画收尽鸿蒙之外,即亿万万笔墨,未有不始于此,而终于此,惟听人之握取之耳。"

本章最后指出,山水画家如能把握并且运用"一画"这个至理大法,将会感到物为我用,法为我化。关于这种境界,石涛更有一段描写:"信手一挥,山川、人物、鸟兽、草木、池榭、楼台,取形用势,写生揣意,运情摹景,显露隐舍,人不见其画之成,画不违其心之用。"也就是画无不从于心了。于是,山水画的本质被体现

---

① 《山川章第八》。
② 《皴法章第九》。
③ 《絪缊章第七》。
④ 同上。

了,山水画的目的也达到了。

用今天的话说,山水画家不仅要使"一画""一画之法"的概念,在他的思想深处扎下根子,使他一方面保证实现山水画艺术的借物写心这一创作目的,另一方面通过自然形象的观察、分析与改造,以及典型概括、寓情于景一系列的艺术实践,既恪守"一画"的"洪规",又发挥"一画"的作用,书中花了大量篇幅阐明后一方面,意在避免脱离自然、现实,侈谈"一画",以致理论失去物质基础,陷入唯心主义的泥坑。石涛的"一画"说克服了这一片面性,确实是难能可贵的。

"了法"、"变化"

石涛认为把握"一画之法"并非没有困难,没有矛盾。矛盾存在于自然现象和画家主观之间,以及传统和创新之间;《了法章第二》《变化章第三》就是为了解决这矛盾,从而握取运用一画之理,保证山水画家在自然面前的主动,以进入山水画艺术的自由王国。

先谈《了法章》。所谓"了法",就是认识并掌握规律、法则,能够灵活运用,而不为法障。石涛根据长期的创作经验,深深懂得不是画家掌握规律,便是规律捆死画家,故曰:"所以有是法不能了者,反为法障之也。"必须去此法障,方能解决矛盾,使法为我用,而"古今法障不了",都是"由一画之理不明。一画明,则障不在目,而画可从心,画从心而障自远矣"。具体说来,"了法"是指"以有法贯众法"时,消除了笔墨运用时和借物写心的种种差距,这些差距都属失败了的"众法",对"一画之法"或"有法"来说,乃是障碍。因此,障的根源不在法本身,而在画家未能贯一画于众法,所以石涛又说:"法无障,障无法,法自画生,障自画退,法障不参……画道彰矣,一画了矣。"了法而后能用法,能用法则法障自去。尤其是"法自画生,障自画退",关键在于"了法":两个"画"字都概括了山水画创作全部过程,说明"法"决非画家凭片面主观所能"了","了"必须通过钻研自然,造形写神、以意使笔的反复实践,那末"有法贯众法"之日,便是"法自画生,障自画退"之时了。作为众法的无数笔墨之所以成功而不失败,都是由于有"一画之法"作指导,从而紧紧抓住景中有情的原则,笔笔传情而无妄下,结果没有背离山水画艺术的本质、目的、方法,那末还会有什么法障了呢?可以说"障自画退"须以"法自画生"为前提,而"一画"的概念总是领先。也就是:在"画从于心"的"心"中,必须有此"一画"啊!

石涛从"古今法障不了","一画之理不明",进而谈到如何继承传统,克服古人法障的问题。他感到在他以前的画家们已研究过自然现象的规律了,立过众法了,并以他们精湛的笔墨体现过众法了,所以"古之人未尝不以法为也",但是如果死守古人之法,亦步亦趋,那末也会生出法障。《变化章第三》就是要求扫除遗产带来的法障。

石涛坚决反对泥古不化,提倡"我于古何师而不化",尤其是"借古以开今",争取在变化、革新的艺术中表现画中之"我"乃是自己,而非古人,也非今之名家。他说:"我之为我,自有我在。"近年来介绍石涛画论的文章大都集中在这一论点,这里就不多说了,但是关于石涛所谓画中"自有我在"和"画从于心",我想谈点体会。"我"或"心",指画家的思想意境,亦即张彦远《历代名画记》所谓存于笔先的"意",里面没有什么唯心论或主观主义。对每一画家来说,这"我""心"在其每一作品中都有独特的表现,正如每一艺术典型,是唯一的而不雷同的。如果说学习古代大师(或当代名家)那也只是学他落笔必用其"心"、必写其"我"。此所以石涛曾在给伯昌先生的一幅画上很有感慨地写道:"师古人之迹,而不师古人之心,宜其不能出一头地也。"[①]这段题词可作《变化章》的补充,而这里所谓的"心"则是古人心中的"一画"之想。

本章还有几句重要的话:"至人无法,非无法也,无法而法,乃为至法";"有法必有化";"一知其法,即功于化";"夫画,天下变通之大法也。"他接着前文所说的有画必有法、有法必有障、有障必须去、去障必化法,进而点明:如果真能化法,则有法犹如无法,而无法便是至法了。石涛不怕重复这些意思,乃是为了阐明创作中法与化、规律与自运、必然与自由的辩证关系。因此,也可以说,"一画之洪规"侧重于作为创作动力的"法",而"变通之大法"侧重于创作实践的"化",两者原非相互排斥,而是在法的前提下趋于统一,以促进创作的。因为对真能创作而非模仿的画家来说,确实是舍法无以言化;舍化无以用法。

"尊受"、"运腕"

《画语录》头三章主要是阐明"一画"的主导作用和"画从于心"的创作原则。《尊受章第四》则论说画家为了画从于心,必先使心有所受,而又尊重其所受。创作过程中各个环节的运用,都受着层层力量的驱使,这些力量更都溯诸创作的本源——"一画之法",从而共同实现"从心"的目的。所以说:"夫一画含万物于中,

---

[①] 《大涤子题画诗跋》卷一《美术丛书》本。

画受墨，墨受腕，腕受心，如天之造生，地之造成，此其所以受也。"因为"一画"这个至理大法，如能藏于心中，便会通过运腕而用于笔墨，那末运腕和笔墨二个环节也都听命于心，于是纸上的种种形象要皆"一画"之所寓了。接着还应懂得石涛所说"受"与"识"的关系："受与识，先受而后识也。识然后受，非受也。"受，指对于含有客观事物的规律的"一画"，有所感受；识，指对这规律的深入理解与领会；先受后识，则是强调必先接物而后知物，这足以说明石涛是坚持唯物主义的认识论的。所以，从反面看，"得其受而不尊，自弃也"。用今天的话说，不尊重客观和对客观的感受，等于自动放弃艺术的认识世界的职责。从正面说，"必尊而守之，强而用之，无间于外，无息于内"。如果山水画家对"一画"的至理大法，既能守，又能用，则有助于借物以兴怀，做到物我交融，内外合一。"无间于外"，是说保持和现实的联系，"无息于内"，是说时刻不忘意境的建立，物、我两面不可偏废。因此，尊受乃尊我所受于"一画之法"者，并且进而化法以为我用，而《变化章》所谓"有法必有化"，实为尊受的最终目的。这样看来，尊受必尊我，尊受必尊我心，尊我心则"一画"存焉。

心受"一画"之后，便直接向运腕产生作用，于是石涛特意写了《运腕章第六》，主要阐明"腕受心"乃贯彻"一画之法"的第一个环节。但是他先从反面说："形势不变，徒知鞟皴之皮毛；画法不变，徒知形势之拘泥；蒙养不齐，徒知山川之结列；山林不备，徒知张本之空虚。"然后回到正面："欲化此四者，必先从运腕入手也。"如果腕所受的以及腕所由运转的，并非心中所存的"一画"之理，而只是一些前人的程式、窠臼，那末就不可能循"一画"所寓的物、我或景、情交融的创作道路，去钻研以至改造瑰丽多姿的大自然，而为己用了。至于"运腕"之道，他提出"虚""正""仄""疾""迟""化""变""奇"等等，乃是描写下笔之际，画从于心、以心运腕所呈现的种种形态。但是，石涛并未抹煞物对心的作用，仍然强调学习自然。关于这一点，《山川章第八》讲得更明白了："山川脱胎于予也，予脱胎于山川也，搜尽奇峰打草稿也。"山水画家贵能立"一画之法"，以形貌山川而写自我，这是一个不可动摇的原则，所以说："山川脱胎于予也"；在这前提下来写自我，毕竟还须通过山川的形貌，所以又说："予脱胎于山川也"；因而"搜尽奇峰打草稿"就不是被动地复制自然，在这"草稿"上面不仅仅是些丘壑位置，画中之"我"已隐约可见了。近几年来，"搜尽奇峰打草稿"是《画语录》中被引用得最多的一句，成为石涛的名言，但是如果撇开物我结合、借物写心这个前提来理解，那就很容易局限于客观世界的"奇峰"，只见自然美，而不知艺术美了。

我们再往下念,到了《远尘章第十五》和《脱俗章第十六》,又遇见争取主动、不为物使的问题,同样地并不否定心对客观事物的感受,但也同样地点明了这感受首须通过主观把握的"一画之法"。他说:"人为物蔽,则与尘交,人为物使,则心受劳",意思是见物而不见我,即使作画,也不过是"劳心于刻划以自毁,蔽尘于笔墨而自拘",片面地追求形似和技法,而"终不快其心也"。石涛指出,"劳心"和"快心"迥然不同:前者是我为物用;后者是物为我用,也就是上面所说的"画从于心"。他更进而强调,对画家来说,"从心"与"快心"究非直觉可致,必须通过理性认识。"夫画贵乎思,思其一,则心有所著而快";"心不劳,则有画矣"。画家如能认真思考,领悟众有、万象的共同根本——"一""一画",以及艺术处理中的"一画之法",那末他的画就进入心腕无间、物我圆融的境界而快然自得了:"受事则无形,治形则无迹,运墨如已成,操笔如无为。"这几句话并非玄谈,乃是描写画家掌握必然,进入自由的创作境界,在创作实践中可以体会得到。结果是画面虽只"尺幅",却能"管天地山川万物",而落笔之际,又似乎不很着意,"心淡若无"了。联系上文来说,凡是不能接物、明理、了法、立法、用法、去障、化法,终于化物以为我用的画家,便是未能远尘,未能脱俗。可见石涛所说的"尘""俗",乃"法障"的同义词,所谓"远尘""脱俗",不应和封建士大夫们的隐逸以自鸣清高混同起来。因此,我们不难看出石涛对山水画家和自然的关系是:在"一画"的指引下,于受物而又化物的过程中力争主动,使物为我用,从而表达自己的意境和审美观。但另一方面,我们也不能忽视,石涛所谓的"我"或"我心",具有一定历史时期的一定阶级内容。

"资 任"

全书最后的《资任章第十八》主要是再论山水画家和自然的关系,并提出"资其所任"的重要论点。作者以很多的篇幅讲"任",只用两句讲"资任",所以就不妨从"任"谈起。

我们先沿用石涛的词汇作些解释。由于"天"或大自然所赋予,山和水各有其禀受和体用;也由于这种天赋,画家在他的作品中反映山和水的这种禀受、体用。凡属天对山、水和画家的赋予,以及物与人对天的禀受,"予"与"受"的关系,"予"与"受"所表现的种种制约——这一切,石涛统称为"任"。天对山和水的结构、形状的种种规定,叫做"天之任山""天之任水",或"山之任""水之任"。山水画家所作的反映,叫做"吾人之任山水",或"人之任山""人之任水"。此外,由于天赋,山和水还在它们的禀受体用上相互关涉,于是又有"山之任水","水之任山",而画家对这种关涉所作的反映,则表现为"吾人之任山水"。因此,同是一个"任"字,却触及几个方面:(一)自然形象及其规律;(二)山与水的形象所表现的相互作用及其规律;(三)艺术作品中所呈现的、亦即改造过了的自然形象及其规律。实际上(一)包括了(二),所以可归结为两个方面:现实、自然或自然美;艺术或艺术美。

"天"对山的规定,千变万化,故曰:"天之任于山也无穷",但可以举出"得体""荐灵""幻变""蒙养""纵衡""潜伏""拱揖""纡徐""环聚""虚灵""纯秀""蹲跳""峻厉""逼汉""浑厚""浅近"等十六个例子,我们可以从中看到山的位置、形状、深浅、形势,以至体态、精神。它们的存在,都决定于客观、自然,山本身则处于被动,所以又说:"此山受天之任而任,非山受任以任之也。"接着,石涛援引《论语·雍也》:"仁者乐山……仁者静……仁者寿",以及朱熹的注释①,点出了山之任虽多,却具有"厚重不迁"的共同之点。因此天之任于山者是"静","静"形成了客观世界中山的主要特征。

关于"天"对水的规定,石涛也举了由"汪洋广泽"到"折旋朝东"等八个例子,认为,"非此素行其任,则又何能周天下之山川,通天下之血脉乎"?他也根据《论语·雍也》:"知者乐水……知者动……知者乐"和朱注②,点出水之任虽多,也有共同点——"周流"无滞。因此天之任于水者主要是"动","动"乃客观世界中水的主要特征。

至于"天"给山和水相互之间所作的规定,则是"非山之任水,不足以见乎周流,非水之任山,不足以见乎环抱"。这种相互依存的"周流"与"环抱"、动和静,形成了客观的山和水(水和山)相互之间的特征。

在石涛看来,山和水尽可以表现为变化万千的具体面貌,而山水画家在认识、领会上却归结到山之"静"和水之"动",以及山与水的动、静相参。他假儒家"仁""智"之说,来描写山与水的形象特征,显然是牵强附会。但强调了山水画家面对一定的自然景物时,须有完整的、本质的认识,这一点很有必要,因为这是一个起步,对山水画艺术中的典型概括、寓情于景来说,是不可缺少的。

石涛从自然形象的规律转到艺术反映自然形象的规律,企图阐明画家将何

---

① 朱熹注:"仁者安于义理,而厚重不迁,有似于山,故乐山。"
② 朱熹注:"知者安于事理,而周流无滞,有似于水,故乐水。"

以任于山水？将怎样确定或赋于画中的山水形象？本章从"吾人之任山水也"一句起，都在探讨这问题。为了把握并表现自然的丰富多彩，画家可以采取"易"和"制"相结合的手法或原则。"非易不能任多，非制不能任广。""易"是加以简化，这样就不怕对象如何多样，"制"是进行剪裁，这样也不怕对象如何广泛；总之，是对自然形象有所抉择、组织、提炼、改造和升华，从而陶铸出山水画艺术的典型形象。

就在这里，作者下一转语："然则此任者，诚蒙养生活之理，以一治万，以万治一；不任于山，不任于水，不任于笔墨，不任于古今，不任于圣人。是任也，是有其资者也。"这才点到本章的章名——资任。"资"是资取或借助的意思。"任"指"一画"这个一以贯之的至理大法所独具的功能，它规定了山水画中自然与艺术、物与我、景与情的关系。"资任"意味着山水画家凭借并且发挥这一功能，进行创作，突破客观的山山水水的局限，摆脱古今名家笔墨的窠臼，而有自己的精神面貌。而且"一画""一画之法"如上所说，必须由我而立，任何艺术大师也不能代劳，故曰"不任于圣人"。石涛这部著作较晚的版本（《画谱》）的本章末一句不是"是任也，是有其资者也"，而是"是任也，是有其实也。总而言之，一画也，无极也，天地之道也"。那末，"资任"是说善用"一画"于山水画创作，也就愈加清楚了。

《资任章》将《画语录》全书要旨仍旧归为"一画""一画之法"，益见作者十分强调而且坚持山水画创作的主动性，坚持山水画是为了写自我而不为了复制自然。最后，不妨引用石涛的题画二则，来补充"一画之洪规"和"一画之法"须由我立的论点。其一：

> 天地氤氲秀结，四时朝暮垂垂；
> 透过鸿蒙之理，堪留百代之奇。

其二：

> "今问南北二宗：我宗耶？宗我耶？一时捧腹曰：'我自用我法。'"[①]

[①] 《大涤子题画诗跋》卷一，《美术丛书》本。

试论画中有诗

小　引

　　本文简单介绍中外文艺批评中有关"画中有诗"这一课题的若干论说,并作些初步分析和探讨,说不上什么研究,而且提供的资料也很不完备。

　　首先,怎样才算画中有诗?这问题就不简单,不妨回顾前人所论诗与画之间的关系。它大致有以下几方面:诗和画的并列或对照;诗、画相通,但各有特征、功能以及界限;诗胜过画或画胜过诗。

　　关于第一方面,有的从作品内容出发,把诗、画相提并论。例如法国古典主义批评家拉宾在《关于亚里斯多德〈诗学〉的随笔》中写道:"诗中的构思,犹如画面的布局。只有像拉菲尔和普森①那样的大画家的画稿本身,可以称得起是巨制,也只有大诗人的诗篇能处理伟大的题材。"也有人从作品所引起的感觉来看诗和画。例如希腊抒情诗人西蒙奈底斯(公元前556?—前468?)所谓:"诗是有声画,犹如画是无声诗",是从听觉出发,加以对照的。罗马诗人、批评家贺拉斯(公元前65—公元8)的《诗艺》第三六五节说:"诗歌就像图画。"(也译"诗如画")他从视觉出发,对比诗和画中的形象。十七世纪法国画家弗列斯诺埃(1611—1668)在《绘画、雕刻的艺术》中认为:"一首诗像似一幅画,那末一幅画就应该力求像似一首诗。……绘画时常被称为无声诗;诗时常被称为能言画。"他和西蒙奈底斯一样,也是从听觉出发的。在我国,宋张舜民认为"诗是无形画,画是有形诗"②,则从视觉出发。

　　关于第二方面,情况比较复杂。宋苏轼站得高一些,在对照诗、画的同时,拈出了两者互通的道理。王维③写过一首五绝:

---

① 普森(1594—1665),法国古典主义绘画的重要代表,继承文艺复兴时期(如拉菲尔)绘画遗产。
② 张舜民《画墁集》卷一。
③ 唐代诗人、画家王维(701—761),字摩诘。

> 蓝田白石山,
> 玉川红叶稀。
> 山路原无雨,
> 空翠湿人衣。

苏轼联系王维这首诗,评论王维的诗和画:"味摩诘之诗,诗中有画,观摩诘之画,画中有诗。"①也就是说,诗诉诸听觉,画诉诸视觉,而王维的诗则从听觉引向视觉,他的画则从视觉引向听觉,因此王维的诗和画,体现了听觉和视觉的互相沟通。

不仅如此,苏轼还从两者的"相通"看到两者的"同一"或"统一"。他在诗中写道:"诗画本一体,天工与清新。"②用今天的话说就是:塑造巧夺天工的艺术形象,使艺术在创新上能与自然比美而又胜过自然——这原是诗和画的共同目的。但同时也须看到诗、画的界限,诗、画各自的特征。在西方,贺拉斯所谓"诗如画",长期以来是文艺理论的名言,直到十八世纪德国启蒙主义者莱辛(1729—1781)才提出:只有那些搞不清诗、画两者界限的诗人们、画家们,才会继续把这话当作金科玉律。他在《拉奥孔——论绘画和诗的界限》第十六章和第二十一章中指出:绘画凭借线条和颜色,描绘那些同时并列于空间的物体,因此绘画不宜于处理事物的运动、变化与情节;诗通过语言和声音,叙述那些持续于时间的动作,所以诗不宜于充分地、逼真地描写静止的物体。因此,绘画(雕刻)作为造型艺术只能描写完成了的人物性格,概括其基本特征,而诗则能描写在形成和发展中的人物性格和事物,反映出它所具有的矛盾。换句话说,画写定型,诗写变化。但莱辛更进一步阐明,诗可以化静为动,例如古代希腊荷马史诗的描写船,不是给船的形状画幅图画,而是详细刻划船如何起锚、航行、泊岸等过程。同时,莱辛也指出,绘画可以选择动作过程中的某一具有生发性的顷刻,加以描写,使观者想象这一顷刻以前有过怎样的动作,以后又将有怎样的动作。

继莱辛之后,另一位德国启蒙者赫尔德(1744—1803)更从观者和读者的欣赏过程来区别画和诗,指出观众所看的画,是一件完成了的完整的作品,因此立

---

① 《东坡题跋·书摩诘〈蓝田烟雨〉》。
② 《东坡题跋·书鄢陵王主簿所画折枝》。

刻就能获取全面的感受,而诗的读者则在阅读过程中心灵不断激动,他的感受是持续的、逐步完成的。莱辛和赫尔德根据相同的艺术分类法,从感觉出发来划分界限:画属于空间艺术,诗属于时间艺术。

此外,还有从艺术感染方式的不同,区别诗和画的。如英国伯克(1729—1797)认为观者感到绘画是对事物作精确描写,得其形似,诗则引起读者和作者在感情上的共鸣①。也就是画以形似取悦于人,诗以共同之情来感人。法国启蒙者狄德罗(1713—1784)也有类似看法:"诗人是富于想象的人、善于感受的人","雕刻家和画家则只表现自然界的事物。"②他还认为:诗和画的差异,就在于前者表现"可能是",后者表现"就是"③。实际上,伯克和狄德罗都未免片面地、静止地看问题了。诗和画原非水火不相犯,它们的界限也并非绝对不能打破,关键在于如何通过想象,运用艺术手法,共同达到"可能是"的效果。这"可能是",正是想象所追求的,而想象更是文学和艺术的共同手段。因此,莱辛关于诗、画或时、空的相互转化的论点,比较符合创作实践的情况。近人还有从绘画和诗所凭借的不同的符号来作区别的,例如基尔伯特和库恩的观点:"绘画和诗运用不同的符号。绘画用位于'空间'的形态和颜色;诗用延绵于时间的声音。绘画的符号全部适应那同时并存于空间的诸部分,即诸物体;诗的符号则适应客观的许多情况,其中存在着时间的运动,体现在许多的行为、情节中。"④这两人实际上沿用莱辛的观点,不过换上了"符号"一词,并未说出什么新的东西。

至于第三方面——诗、画孰胜的问题,西方自来存在分歧,以文艺复兴和启蒙运动两个时期表现得最为显著。意大利艺术家芬奇(1452—1519)认为画胜过诗:"诗人企图用文字再现形状、动作和景致,画家却直接用事物的准确形象来再造事物。""诗人通过耳朵来唤起对事物的理解,画家通过眼睛达到同一目的,而眼睛是更为高贵的器官。""眼睛可以称为灵魂的窗子。""就处理的对象说,诗属于精神哲学,画属于自然哲学;诗描述心灵的活动,绘画研究身体运动对心灵的影响。……假如诗人要和画家在描绘美、恐惧、凶恶或怪异的形象上展开竞赛的话……难道不是画家取得更圆满的效果吗?难道我们没有见过一些绘画酷肖真

---

① 伯克《论崇高和美两种观念的根源》第5章。
② 狄德罗《论绘画》第4章(1765年)。
③ 狄德罗《关于绘画、雕刻、建筑和诗的片断感想》(1781年)。
④ 基尔伯特和库恩《美学史》,美国印第安纳大学出版社1960年第3版。

人真事,以致人和兽都会误以为真吗?"①可以说,芬奇特别尊重视觉,主张耳闻不如目见,因此画的地位高于诗,他甚至说:"如果你把绘画叫做'哑巴诗',画家可以反驳道,诗人的艺术是'瞎子画'。"不仅如此,芬奇还捧出"上帝"来抬高画的身份。"自然创造了我们肉眼可见的无数事物,而绘画便是这无数事物的模仿者。鄙视绘画,等于鄙视一种最最精巧的制作,因为这种制作无论在思想上或感觉上,都十分尊重海洋、平原、植物、动物、花草以及一切事物形态所蕴藏的精华。作为精巧制作的绘画是自然的亲生儿女,是自然的产物,说得更确切些,称得上是自然的孙子,因为一切可见的事物都是自然所创造,而没有这些事物也就没有绘画,所以绘画既是自然的孙子,也是上帝的亲属。"②芬奇如此扬画抑诗,反映了文艺复兴时期新兴资产阶级的人文主义思想:它代表这个阶级的利益,尊重人、尊重自然、承认客观世界、承认知识来源于感觉,从而反对封建压迫和经院哲学的束缚,因此人文主义的艺术家对诉诸视觉的绘画,赞扬备至,也就并非偶然。当时另一位艺术家米开朗基罗(1475—1564)也受人文主义思想影响,主张绘画的崇高主题是人,认为人的脚高于人穿的靴鞋,人的皮肤高于人穿的羊皮袍子,须精心刻画的是人体,而不是衣履。③ 但另一方面,这些新兴阶级的艺术家处在中世纪向近代过渡的时期,他们和宗教神学的世界观没有彻底决裂,因此尽管强调人的感觉和人本身,却丢不开超越感觉的、支配人的"上帝",仍然把基督教故事作为绘画的主要题材,他们的重要作品如芬奇的《最后的晚餐》《圣母玛利亚在岩石间》,米开朗基罗的《最后审判》等,便是佐证。到了启蒙运动时期,赫尔德则以此方所有而彼方所无,来断定画胜于诗。他在《批评之林》中有这末一段话:"语言不能代替色彩,口不能代替一枝画笔。"认为在色彩的描写上,运用自然原料(颜色)的画家战胜了用人为符号(语言)的诗人。至于我国,清代方薰(1736—1799)也有类似的看法:"诗题中不关主意者,一二字点过。画图中具名者,必逐物措置。惟诗有不能状之类,则画能见之。"④也就是说,画描绘实物,引起具体的、鲜明的感觉,所以胜过诗。他和赫尔德都从视觉出发,可以说是芬奇、米开朗基罗的观点的继续者。

但是,十八世纪还有较为折衷的看法,值得介绍。法国批评家杜波斯

---

① 达·芬奇《笔记》,其中包括《绘画论》,麦克代英译本,1906年伦敦版。
② 同上。
③ 但是米开朗基罗认为雕刻更高于绘画,因不属本文范围,从略。
④ 方薰《山静居论画》。

(1670—1741)针对诗和画的不同手法,指出两者互有短长。"诗人掌握时间推移,这是有利条件,可以描写人物的活动和性格,特别是性格上的新陈代谢或以瑜掩瑕等的变化和发展。并且在一段时间里,伴随新的激情而来的新的冲动,继续赋予诗人以深深打动读者的能力。但是,如果就某一瞬间所能造成的印象而论,那末诗和画相比是有逊色的,因为画家所用的符号比诗人所用的更接近自然或对象,看上去更像原物,更富于感染力。此外,画家还有一点胜过诗人,那就是诉诸最主要的感觉——视觉。"①杜波斯从不同手法(符号)所引起的不同感觉和艺术效果,说明诗、画的特点,立论比较公允,可以说是给后来莱辛的论说开辟了道路。

十九世纪初,西方浪漫主义运动兴起,文艺创作的理论课题,向纵深发展,由文艺复兴时期的崇尚感觉,转为对想象的强调。英国散文家、批评家赫兹列特(1778—1830)写道:"诗歌比绘画更有诗意。尽管艺术家或鉴赏家喜欢说画中有诗,但这只表现他对诗缺乏认识,对艺术缺乏热情。画呈现事物自身的形象,诗呈现事物的内涵。画所表现的对象,限于事物自身所有;诗所暗示的对象,则超越事物,并以任何方式与之联系。诗是想象的真正领域。在激发感情的方式或途径上,乃是诗(而不是画)能描写事件的过程,把我们的希望、期待和兴趣引向焦点。"②在诗、画孰胜的论争中,由于强调想象,情感占了上风。实际上又怎能看得如此简单、片面呢?难道画家就无须运用想象吗?这些都还值得研究。

上述每一方面的论点,都存在一些分歧,但综合起来看,却把我们引向文艺理论上的若干问题:画或诗中的意境的建立、形象的塑造、情思的表达;形象思维的运用;想象所起的作用等。所引资料当然不够全面,但在一定程度上,有助于扩大视野,开拓思路,从诗与画的异同和关系中克服某些片面观点,对理解画中有诗以及如何实现画中之诗,还是有参考价值的。

下面结合前人的若干论点,就艺术形象、创造性的想象、画中有诗与形象思维、创造性的想象与形象思维、如何为画中之诗而形象思维、画境或画中诗的创立等重要课题,谈些不成熟的看法。谈得较多的是:"诗"的涵义、想象以及创作实践中形象思维的运用等。

---

① 杜波斯《诗、画评论和随感》。
② 赫兹列特《论英国诗人》第一讲《泛论诗歌》。

艺术形象的功用：造形—达意—抒情

首须明确，艺术形象不是为形象而形象，是通过写形来达意抒情的。写形是手段，达意抒情是目的。

不妨先看写形的问题。在诗方面，西蒙奈底斯为了阐明他的那句话"诗是有声画"，作过一首挽诗，诗中描写达尼抱着婴儿伯修斯，在暴风雨的黑夜里飘零海上，但婴儿却在母亲怀里睡得很甜，给她莫大安慰，使读者如同看到母子相依为命，精神镇定，和狂风暴雨搏斗的真实情景。在西方，随着文艺创作的发展和经验的积累，对艺术形象的理论研究也逐步深入。被称为"美学之父"的德国哲学家鲍姆加登(1714—1762)从认识的功能出发，主张艺术形象首须做到清楚明晰，因为"模糊的形象不能提供充分有力的写照，无从认识事物的特征以及此物与彼物的区别。明晰的形象就不同了，它使具有感性的语言能传达更多的内容。因此，一首诗可以通过形象清晰而臻于完美之境。"①今天看来，鲍姆加登的观点带有片面性，"明晰"并非唯一条件，而"模糊"也未必都不可取，不仅因为事物本身模糊艺术造形就必须模糊，而且前者即使清楚，后者也不妨模糊，总之艺术描写不等于再现原状，而贵在表达情意(下文还将谈到)。

后来冲破鲍姆加登式的片面观点而向前迈了一大步的，可以英国浪漫主义诗人、批评家柯勒律治(1772—1834)为代表。他在批评莎士比亚的论著中认为形象的复合与统一，关系到美学理想的呈现。"譬如莎氏的诗篇《维纳司和阿多尼司》中关于阿多尼司夜间逃亡的那段描写：

瞧啊！在维纳司眼里他是怎样没入苍茫暮色之中，
就像似明星儿掠过夜空。

诗人毫不费力、十分调和地综合了偌多的形象和感情：阿多尼司的美——他逃亡的迅速——维纳司对他的凝视、痴情和绝望——在朦胧之中，理想的人物性格笼罩着一切。"②意思是诗歌的语言形象须相互交织，融为整体，而思想意境即寓于整体中；各个部分的精细刻画并非孤立，都为了烘托出完整的人物形象。

---

① 鲍姆加登《哲学沉思录》，黎曼英译本，第108页。
② 柯勒律治《莎士比亚评论·作为一个诗人》1,213页。

讲到艺术造形的部分与整体的关系,绘画史上也有些资料可以介绍。先就部分说,可引用三国时吴国画家曹弗(不)兴画蝇的故事。吴主孙权命他画一幅屏风,他误落墨点在屏风上,便随手画成一只苍蝇,孙权见了以为是真的,举手弹它。从画面结构来说,这只苍蝇宜作部分看,是孤立的形象。古希腊画史也有些类似故事:一群鸟儿去啄画上的樱桃;画家巴拉西乌司为了哄骗画家泽克西司,把一幅作品中的窗帘画得很逼真,泽克西司竟用手去拉它。这里,单单是苍蝇、樱桃、窗帘的造形,都不足以构成完整的艺术作品,而孙权和泽克西司的反应,也不等于对整幅作品的欣赏或评价。但是另一方面,部分或整体原是相对而言的。从整个人物形象来说,面孔是局部,就整个面容而论,五官是局部,而为了刻画人物的神情或内心世界,画家对每一器官就不当作苍蝇、樱桃、窗帘那样的个别东西,而须作为人物精神面貌的组成部分加以描绘了。法国国王路易十四宫廷画师查理·勒·布朗在他的著作《论激情的表现》中谈到怎样画出"悲哀"之情:"双眉向额心收紧,增加和两颊上部的距离;眼球不很清晰(表示不安);眼白带黄;眼睑下垂,有点发肿;眼的四周呈青黑色;鼻孔朝下;口张着,口角拉开;头部很自然地侧向左肩或右肩;面色铅白;唇色苍白。"[①]由此可见,为了造形、写神,不仅要懂得个别器官的形象对表达全部神情所起的作用,还须掌握个别与个别之间的联系。在我国,古代名画著录中关于形象的描绘,也述及这种关系。限于篇幅,只举五代花鸟画家黄筌的《金盆浴鸽图》。而现存的黄筌作品,只有一幅《珍禽图》[②],分别画了几种鸟和一只大龟、一条小鱼,体裁近于图谱,而不是具有艺术结构和完整形象的作品。但《金盆浴鸽图》则不相同,其部分和整体的关系大致如下:"牡丹下金盆,群鸽相浴。有浴者,有不浴者,有将浴者,有浴罢者,有自上飞下者,其十一鸽各各生动,极体物之美,真神品也。"[③]这"群鸽相浴"的完整形象,是由十一个鸽子各自的生动形象配合、呼应所组成。可以说,艺术形象的功用在于写形生动,而形的生动则出自个别、整体的紧密相关。

然而,艺术形象还有更大的功用,那就是从"形"进到"意""情"中去。拿国画来说,不满足于"形似",而要求"神似",即从外部现象反映具有本质意义的情状、特征,取得形、神兼备的艺术效果。因此东晋画家顾恺之提出了"以形写神"的原

---

① B·罗杰逊《描写激情的绘画艺术》,JHl 第 14 期,1953 年 1 月。
② 故宫博物院藏。
③ 姚际垣《好古堂家藏书画记》。

则。他强调:"四体妍蚩,本无关于妙处,传神写照,正在阿堵中。"①意思是,关键不在于对象的美或丑,而在于通过"这个",或画眼、点睛,表达出人物内心世界或精神意境。南朝、宋代宗炳认为山水画创作是为了"畅神","神之所畅,孰有先焉?"②也就是说,最能发抒感情,使精神舒畅的,莫过于山水画了。其实,这不限于山水画,人物画也是如此。北宋陈郁就谈到写形、传神、写心三者是一贯的:"写照非画物可比。盖写形不难,写心惟难也。……夫写屈原之形而肖矣,倘不能笔其行吟泽畔,怀忠不平之意,亦非灵均。……盖写其形,必传其神,传其神必写其心。"③画家须掌握这三者的一致性,艺术形象方能完成,而且神、心首先都在对象(人物)本身,心似乎更为内在的、本质的,要求画家深刻钻研,加以表现,而"写心惟难"也正难在这里。陈郁所见,似乎比顾恺之又深一层。宋代诗人、画家苏轼说:"求物之妙如系风捕影,能使是物了然于心者,盖千万人而不一遇也,而况能使了然于口与手乎?"④意思是千万人中没有一个彻底领会事物的妙处或最为本质的东西,更何况从口中、笔下传其妙处呢?这里,不禁联想到柯勒律治的一段话:"假如艺术以临摹自然现象为能事,这是多么无聊的竞赛啊?"⑤这对徒求形似、不抓对象本质、进而借物写心的画家,可谓当头一棒。我国画论有个优良传统,那就是一贯批判唯形似论,在宋代已很突出。苏轼认为:

> 论画以形似,
> 见与儿童邻。
> 赋诗必此诗,
> 定知非诗人。⑥

晁以道下一转语:

> 画写物外形,
> 要物形不改;

---

① 顾恺之《魏晋胜流象赞》,唐张彦远《历代名画记》引。妍蚩,美丑。阿堵,晋代俗语"这个"。
② 宗炳《画山水序》。
③ 陈郁《话腴》,《佩文斋书画谱》引。屈原名正则,字灵均。
④ 苏轼《答谢师民书》。
⑤ 柯勒律治《文学生涯·论诗或艺术》。
⑥ 苏轼《书鄢陵王主簿所画折枝》。

> 诗传画外意,
> 贵有画中态。①

用今天的话说,"写物外形",是要求画家不去临摹事物原形,而把头脑中所反映出来的表象,加以选择、提炼,变为艺术形象,来表达自己对事物的感受、情思,赋予作品以灵魂、意境。艺术形象既然不等于事物形象,因此不妨称为"物外形"了。至于诗,虽能描写绘画所不能表现的东西,如事物发展、思想演变的过程,也就是能"传画外意",但是诗也须讲究细节真实、形象生动,如画一般,做到"有画中态"。因此,晁以道可以说比苏轼看得更全面,把握了形和神(意、情)的有机联系;无论是画以形传神或诗寓神于形,这个"形"都是指艺术形象而非事物形象。明代杨慎评论过苏、晁两首诗,认为苏诗是说"画贵神,诗贵韵",但"其言有偏,非至论也",而晁诗一出,"其论始定,盖欲以补坡公之未备也。"②其实,杨的看法也还值得商榷。凡能反映作者情思、意境,具有美好形式(技法)的作品,既可以说是有神,也可以说是有韵,神和韵并非互相排斥,也不是分别隶属于画和诗的。至于绘画,既属造形艺术,表达神、韵,也是理所当然。东坡虽不以"形似"论画,但不等于排斥艺术造形,这一点还须辨明。他曾写道:"有道而无艺,则物虽形于心,不形于手。"③有情思、有意境、胸有丘壑,就是有"道"、有心中之"形",但如果没有描绘丘壑、表达意境的艺术造形手法,仍旧是无艺术可言。可见苏轼主张的是,神(道)和形(艺)、内容和形式的统一。

再次,画中写形既是为了写神,那末这"形"就容许夸大、减削、集中、突出等一系列造形手法,因而艺术形象同事物形象之间必然存在差别。西方画论中一度被斥为资产阶级唯心论的"距离"说,实际上是指这种差别而言的。我国画论则称为"不似之似"。清代画家原济(石涛,1641—1718)写过一首诗:

> 天地浑溶一气,
> 再分风雨四时,
> 明暗高低远近,

---

① 晁以道《景迂生集》。
② 杨慎《升庵诗话》卷十三。
③ 苏轼《书李伯时〈山庄图〉后》。

不似之似似之。①

末一句中前四字"不似之似",指"不似"原物外形的"似",却能揭示原物的本质,而后二字"似之",是说和本质的东西相像了。这里,前一个"之"是介词,后一个"之"是称代词,称代了艺术的真实。正因为不斤斤于事物外形的复制,才能达到事物本质的相似。解释得详细些,便是画家基于表象,通过艺术形象,于塑造艺术典型的同时,寄托自己的情思、意境。可见"不似之似"乃绘画的手段,"似之"才是绘画的目的。"不似之似似之",概括了艺术创作的根本法则。在我国绘画史上,早在石涛之前,画家们已在运用这一法则,并积累了丰富的经验和理论,以提高造形、达意、抒情的水平。这里,想谈谈北宋画家、书家、诗人、艺术批评家米芾(1051—1107)在这方面的造诣。他住在京口(今江苏省镇江市),那里有焦山屹立大江中,与岸上的金山、北固山相对峙,他从自己的别墅海岳庵里可以眺望京口天险。他惯于用笔草草,借助水墨横点,描写江上云山出没、林木掩映的自然景象,抒写出自己从空蒙倏淡的自然结构中所感受的洒脱自如的精神境界,开创了山水画的写意一派。他的儿子米友仁(1074—1153)也善画,继承父亲风格,曾作《海岳庵图》,画虽失传,元代吴海有段记载:"前代画山水,至两米而其法大变,盖意过于形,苏子瞻(苏轼)所谓得其理者。是图山峰隐映,林木惨淡,长江千里之势宛然目中。胸中非有万斛风雨,不能下笔。"②所谓"大变",是指从重形似转为讲神似,从状物转为借物写心,如东坡所谓"得其理",即不悖事物的规律,寓情于理。具体说来,米氏在描绘一片萧瑟的京口秋色时,以艺术形象反映内心的感受和触动。米友仁自己就曾讲出这层道理:"子云(西汉扬雄)以字为心画……画之为说,亦心画也。"③苏轼主张:"文以达吾心,画以适吾意而已"④,这不仅和米友仁是一样意思,而且是继承六朝宗炳的"畅神"说。这个理论原则,统摄着造形、达意、传情。

此外,我国还强调作品气势和画家意境的关系,对艺术形象的塑造很有启发,值得一提。例如石涛说:"古人以八法合六法,而成画法。故余之用笔钩勒,有如行、如楷、如篆、如草、如隶等法。写成悬之中堂,一观上下气势,不出乎古人

---

① 《大涤子题画诗跋》卷一,《题〈青莲草阁图〉》。
② 吴海《闻过庵集》,《题米友仁〈海岳庵图〉》。
③ 朱存理《铁网珊瑚》。扬雄《法言》:"夫言心声也,书心画也。"
④ 《东坡题跋》卷五,《书朱象先画后》。

之相(象)形取意,无论有法无法,亦随乎机动,则情生矣。"①我国书、画相通,都以线条为造形的主要媒介,而书、画的线条又各具特征。形状多样、多变的线条,以及它们在空间(纸上)的运行和相互交织,助成了整幅书、画作品的气势,显现了作者的感情和意向。石涛这段题词则指出了几点:(一)参合书法的线条、笔法于绘画的造"形"中;(二)作为造形目的的"意",通过线条、笔法所组成的气势表达出来;(三)气势含有完整的生命,体现于种种的线条运用和笔法中;(四)必须如此,才能贯串起造形、达意、表情三环节,画出完整的、包含生命的艺术形象。相反地,如果画家未能因物立意,胸无成竹,支离破碎地节节而为之,那末即使是"上下"观看"气势",也是看不出什么来的,更不用说画中意境或画中之诗了。

西方谈艺,也有"不似"之说,但大都针对艺术形象不似事物(自然)形象,而没有透过"不似",见到"形"中之"意",因此止于造形的生动性。例如十七世纪意大利艺术批评家波契尼(1613—1678)认为:"与其说画家凭借事物外形进行塑造,毋宁说他改变(破坏)外形以谋求形象生动的艺术表现。"②现代意大利批评家里奥尼罗·温图里(1856—1941)加以解说:"波契尼的意思是艺术造形的'形'不等于事物原形,为了后者就得打破前者。"③这类看法和我国写形—造势—达意的理论,似乎还有相当距离。

以上试论艺术形象的特征和功用,涉及表象、记忆、想象等心理活动,它们对艺术形象的产生都是不可缺少的,下面试作进一步的探讨。

表象—记忆—想象—创造性的想象

上文所举有关的心理活动,都发源于艺术家的生活实践,目前关于这些活动及其关系所常见的解释,大致如下:客观事物作用于感觉器官,产生知觉,知觉所产生的事物感性形象,称为表象,也叫知觉材料、知觉形象。这种感性形象大量储存在记忆中,称为记忆表象。艺术家对表象和记忆表象有所取舍,加以提炼,产生艺术形象,并进而重新结构,突出本质,塑造完整的典型形象;在这过程中,他的想象起着主导作用。想象并非主观臆测,它发源于生活实践,并作为反映现实与思想感情的一种活力,推动创作,指导着创作全过程,其中包括形象思维。因此,记忆表象一般人都有,经过加工的记忆表象,则为艺术家所专有,是他

---

① 潘正炜《听帆楼书画记》卷四,《大涤子山水花草扇册》第十幅《柴门徙倚》。徙倚,低徊的意思。
② 波契尼有《画廊漫步》(1660)、《威尼斯画派的宝库》(1674)等理论著作。
③ 温图里《艺术批评史》英译本,1964年,第126页。

的想象的产物,所以也叫想象表象。一般说来,想象和记忆表象关系密切,前者从后者生发出来,但是艺术家的想象却不同于一般人的想象,是通过艺术创作来体现的,因此又叫再造想象或创造性的想象。

西方文艺理论很早就注意到想象的问题,但是还没有广泛应用"想象"这个词。在古代希腊语中,"诗"和"制作"是同义词,这一点有助于理解亚里斯多德(公元前384—322)关于诗人和历史家的区别,认为前者描写可能发生的事,后者叙述已经发生的事;诗人善于把不可能的事描写得真有可能[1]。他在《伦理学》和《政治学》中提出,艺术是"创造,而非执行;……目的在于弥补自然之不足";它"永远是'人工的'","永远须和困难打交道"。他指出,艺术的创造,不是"增"或"减",而是"通过异化"来完成。他看到了作为艺术本质的创造性,看到了艺术反映现实时,是质的创造,而非量的增减。他的《诗学》第二十四章和第二十五章里讲到诗的模仿作用,也是强调想象的,试把几种译文都写在下面:(一)"为了获得诗的效果,一桩不可能发生而可能成为可信的事,比一桩可能发生而不能成为可信的事更为可取。"(罗念生译文)(二)"从诗人的要求来看,一种合情合理的不可能,总比不合情理的可能较好。"(朱光潜译文)(三)"诗的作品中,看来像真但不可能发生的事,比看来不像真但可能发生的事更为可取。"(天蓝译文)从上面的译文可以看出一个道理:表现合乎情理的不可能,乃是诗创作的目的,而诗人的想象也就不可缺少了。此外,我们却在亚氏的《心灵论》中看到了"想象"一词。他说:"想象里蕴蓄着感觉。但想象不是感觉。想象是可以随心所欲的……而获得结论(判断)是不由我们作主的,有时正确,有时错误。一切感觉都是真实的,而许多想象是虚假的。……想象的东西在心里牢不可去,这又和感觉很相似。"[2]所谓想象包含感觉但不等于感觉,正意味着想象运用表象而不等于表象,道出了艺术想象的实质。不仅如此,亚氏在《记忆和回忆》中还指出:"显然,记忆和想象属于心灵的同一部分。一切可以想象的东西,本质上都是记忆里的东西。"他更进一步看到了想象和记忆的关系,以及想象是从记忆表象出发的。

罗马时期,朗加纳斯的《论崇高》第十五章继续提到想象。"年轻的朋友啊,你要知道,通过想象,能把话说得更有分量,更堂皇,更生动。有些人把想象称之

---

[1] 亚里斯多德《诗学》第9、24、25章都论及。
[2] 亚里斯多德《心灵论》第3卷第3章。

为'形象制造'。……你还必须懂得,修辞和诗都要用想象,但目的不同,前者为了语言的清楚有力,后者为了引起惊奇,这几乎是迫使听众见到了诗人想象所呈现的一切。"不妨说,朗氏把想象联系到形象制造,给后来的形象思维理论,开辟道路。罗马时期,哲学家、雄辩家西塞罗(公元前106—前43)也谈过想象,认为:"艺术大师斐迪亚斯创作智慧女神的雕像时,并不是模仿一个客观存在的模特儿,却一心想象着某种美好无憾的形象,以它来指挥自己的双手和手中的凿子。……每一可见的形式和形象,都参与到某种理想的完善或卓越之中,艺术家则为此理想而超越了他的视觉经验。"①西氏之言是特指造形艺术的,认为突破某一具体事物以及感觉的限制,想象才能发挥作用。此外,罗马时期还有一位希腊作家、批评家叫斐罗斯屈拉塔斯(170—245),转述公元前三世纪希腊哲学家阿波洛尼阿斯的话:"想象啊!是想象塑造了这些作品。想象和模仿相比,是一位更巧妙的艺术家。模仿仅能塑造已看到的东西,而想象则能塑造还未见到的东西,并把后者作为真实的标准。……想象上升到它自己的理想的高度。"②用今天的话说,艺术家的想象代表他的思想水平和精神境界,关系到创造艺术形象、表现艺术真实的问题。

接着想谈谈西方近代以来关于想象的论说。文艺复兴时期,意大利哲学家、语言学家马佐尼(1548—1598)在《〈神曲〉的辩护》卷一、六十七章中,论述想象运用形象的过程时,注意到想象和理智的区别:"想象是做梦和达到诗的逼真所公用的心理能力",而不是"按照事物本质来形成概念的那种理智的能力"。"想象真正是驾驭诗的故事情节的能力,只有凭这种能力,我们才能进行虚构,把许多虚构的东西组织在一起。从此就必然产生出这样的结论:因为诗依靠想象力,它就要由虚构的和想象的东西来组成。"马佐尼还写道:"理智这种能力是自然的,却不是自由的。所以,适宜于创作的能力,即拉丁人所说的制造形象的能力。"③这里,文艺创作、想象、形象制造被综合起来,而想象的地位相当突出。十七、十八世纪之间,对想象的阐说,更是屡见不鲜。例如意大利哲学家维柯(1668—1744)强调想象和记忆的关系,认为:"儿童们记忆力最强,所以想象也格外生动,因为想象不过是展开的或复合的记忆。这条公理说明世界在它的儿童

---

① 西塞罗《雄辩家》(二)。斐迪亚斯(公元前500?—前432?),希腊著名雕刻家。
② 斐罗斯屈拉塔斯《狄阿那的阿波洛尼阿斯传》第6卷第19章。
③ 朱光潜译文。

时期所造成的诗的意象何以那末生动。"①维柯是从人的童年生活中论证想象、记忆相互结合的。此外,还有从感觉出发,说明记忆表象和再造想象的关系,把热情与判断作为想象的两要素的。例如英国艾迪生(1672—1719)的看法:"在我们的想象里,没有一个形象不是先从视觉进来的。可是我们有本领在接受了这些形象之后,把它们保留、修改,并组合想象里最令人喜爱的各式各样的图象或幻象。"他进而强调:"想象必须是热情的,才能使它从外界所吸收的形象留下模印。"同时指出想象的过程还包括艺术判断:"判断必须敏锐,才能辨别哪些表现的方式最能尽量把这些形象体现得生动,装点得美妙。"②也有再度侧重想象和记忆而突出创新的,如英国约翰逊(1709—1784)写道:"想象在记忆的宝库中进行一番选择之后,作了变化多端的组合,终于取得崭新的产品。"③法国狄德罗对于想象讲得比较多些,也很值得参考。他说:"想象,这是一种特质,没有它,人既不能成为诗人,也不能成为哲学家……想象是人们追忆形象的机能","一个完全失去这个机能的人是一个愚昧的人。"又说:"根据事实进行推理",或者"根据假说进行推理,也叫做想象;按照你所选的不同目标,你就是哲学家或诗人。"接着他又显得有些矛盾,一面劝告"诗人不能完全听任想象力的狂热摆布,想象有它一定的范围",一面又认为"除非诗人有全部的自由,诗篇永远不会出色"。④ 至于绘画艺术中的想象,狄德罗所论似乎更中肯了:"一种才能当它在单独发挥的时候,可以代表一个完整的东西","试看范尔涅的海景图,他凭想象画出来和他对海写生画出来的,两者在气魄和效果方面存在怎样的差别啊!"⑤换句话说,拘泥事物原状,亦步亦趋,反而不易活跃想象,进行形象思维。

　　十九世纪初浪漫主义兴起,诗人们追求理想世界,热情奔放,个性强烈,因此更加强调想象力。甚至在理论上,将天才和想象合而为一,把勤修苦练,视为低能,于是乎凡属天才的诗人、艺术家,无不具有非常的想象力了。英国浪漫主义重要代表柯勒律治写道:"形象本身无论多么美,多么忠实地从自然抄袭过来,多么准确地用词语表达出来,都不能说明诗人的本质。只有下列的情况,才能使形

---

① 维柯《新科学》(1780年)第1部第2部分,《要素》第50条,朱光潜译文。
② 艾迪生和斯梯尔合编刊物《旁观者》1712年6月第411期、第416期,《古典文艺理论译丛》第11册第9—12页。
③ 约翰逊散文集《闲汉》第440页。
④ 狄德罗《论戏剧艺术》(1759年)第10章《关于悲剧和喜剧的布局》,《西方文论选》上卷第357—358页。
⑤ 《西方文论选》上卷第373页。

象成为独创天才的印证,这就是:在热情的主导下,或者由热情唤起的联想,才能对形象加以陶冶,做到了多样趋于统一、持续缩为刹那。"①意思是,事物形象转化为艺术形象,是一种重新组合,其中包含多样艺术形象被概括为完整的典型形象,以及选择连绵运动中的一瞬间,以完成寓动于静、寓时间于空间的造形艺术;而这一创造,须靠艺术家的天才和热情。柯氏还进一步针对"创造的""诗的""艺术的"之间的同一性,把创造的(独创的)天才称为诗的天才,主张"诗的天才,一面维护诗人心中的形象、思想、感情,一面又加以变化"②。照柯氏看来,诗的天才所赋予诗人的想象力,将记忆表象"溶化了,分散了,消耗了,为的是进行再创造"③。因此"诗人心灵上占有首要地位的情境、激情或性格,必须通过形象,方能表现在形体塑造和色彩协调之中"④。总之,浪漫主义的艺术论,以天才、个性为前提,在造形、达意、抒情的过程中突出了创造性的想象。

从以上的许多资料,可约略看到近代西方创作理论的发展,是逐渐以想象或创造性想象为核心的,而在思想体系上,矛盾也比较突出。以表象为起点,肯定客观现实对感官的作用,是唯物主义观点;把艺术家从勤奋中所取得的成果,溯源于先验的、超越的创造性或诗的天才,是主观唯心主义观点。不过,其中也有不少是作家们创作经验的总结,仍有一定的参考价值,今天应从艺术家本人的创作实践中,加以检验。限于篇幅,只就记忆和想象的关系举点例子。文艺复兴时期意大利画家、建筑家伐沙里(1511—1571)曾写道:"艺术家固然可以预先想象创作的内容,但内容的表现、安排以至修正,还须借助于视觉。更应补充一点:画家作素描时,可以美的思想充实其内容,并获得成功,但却无须面对自然景物,单凭记忆便能把它表现出来。"⑤前半段是讲再造想象或艺术形象塑造,应该经得起视觉的检验;后半段则以素描为创作,阐明了记忆表象为再造想象提供资料。可以说伐沙里的经验符合想象—造形的实践,既有感觉一方面,也有记忆一方面,既有现实、客观一方面,也有理想、主观一方面,而基础或根子则为前一方面;或者说,是客观、主观的辩证统一。十九世纪中期法国巴比松画派代表米叶(1814—1875)有时并不对自然作速写,他曾在给美国画家惠尔莱特的信中说:

---

① 柯勒律治《文学生涯》第 15 章,《西方文论选》下卷第 34—35 页。
② 同上书,第 14 章,《西方文论选》下卷第 33 页。
③ 同上。
④ 《西方文论选》下卷第 35 页。
⑤ 伐沙里《卓越的画家、雕刻家、建筑家的生平》,1811 年英译本,第 3 卷第 427—428 页。

"因为我把心里喜爱、舍不得离开的某些自然风景,全部地、完美地纳入记忆之中,所以能够准确而又称心如意地描写出来。"①其实这一经验或理论,也不限于西方。我国元代人物画家王绎(1333—?)往往在人们"叫啸谈话之间,默记情貌,然后落笔",自己总结一条经验:"默记于心,闭目如在目前,下笔如在笔底。"②鲁迅先生讲得更是透彻:"画人物,也是静观默察,烂熟于心,然后凝神结想,一挥而就。"③所谓"凝神结想",也就是想象,它一经活动,记忆表象便被提炼出来,重新组织起来,涌现"目前",奔赴"笔底",于是乎"一挥而就"了。宋代山水画家李成(919—967)储藏了丰富的记忆表象,融会胸中,随时听用。对此,宋代艺术批评家董逌有段生动的记述:"咸熙(李成字)……于山林泉石……积好在心,久则化之,凝念不释……磊落奇蟠于胸中,不得遁而藏也。他日忽见群山横于前者,累累相负而出矣。……漫然放乎外而不可收也。"④画家热爱自然,才钻研自然,关于自然的记忆表象不断丰富起来,自然形象变化的规律也逐渐掌握,终于攻下了变自然形象为艺术形象这道难关。对他来说,如果还须面向自然,那末有时候已不是为了写生,而是为了激发情思,唤起想象,从而组织画面,这时候胸中便有无数丘壑,出于毫端,落在纸上,画兴一发而不可收了。观察—记忆—想象所产生的艺术效果,董逌作了生动的描绘。

作为本节的小结,不妨转到西方,看看德国诗人歌德(1749—1832)是如何结合诗、画来阐明这种创作途径的。"我早年的风景写生和后来的科学研究,使我长期地、精细地观察自然事物,逐渐熟悉它们,连最小的细节,都不遗漏,因此当我作为一个诗人时,需要掌握什么,就能掌握什么,而且不大会犯背离真实的错误。"⑤这样来揭示记忆表象和再造想象之间的紧密相关,在今天似乎还是有参考的价值吧。

画中有诗与形象思维

先小结一下前文:艺术形象的特质和功能,就是写形—达意—表情;艺术形象的产生和运用,包含表象—记忆—想象等心理活动,而想象统摄一切,占有重

---

① 约翰·里瓦尔德《印象主义画史》1946年版第84页。
② 王绎《写像秘诀》。
③ 《鲁迅全集》第6卷第423页。
④ 董逌《广川画跋》。
⑤ 《歌德和艾克曼谈话录》(英译本)1827年1月18日。

要地位;而通过对艺术形象的特质、功能的探讨,可以明确想象和创作的密切关系。下面就从这一关系出发,结合绘画创作,谈谈想象是怎样指挥形象思维,而实现画中之"诗"的。

首先,为了更好地理解苏轼所说的"画中有诗",不妨念一下他的几句诗:

> ……
> 今观此壁画,
> 亦若其诗清。
> ……
> 门前两丛竹,
> 雪节贯霜根。
> 交柯乱叶动无数,
> 一一皆可寻其源。
> 吴生虽妙绝,
> 犹以画工论。
> 摩诘得之于象外,
> 有如仙翮谢樊笼。
> 吾观二子皆神俊,
> 又于维也敛衽无间言。①

大意是说:王维画的两丛竹,由根到竿,由节到枝(柯),由枝到叶,都写出了竹树傲霜冒寒的精神,充满生意,正如他的诗,脱去窠臼,一片清新;王维不像画工那样拘于形似,而是即景抒情,因物见志,旨趣遥深,都在形似之外;画中如此,便是有诗;假如拿他和吴道子相比,吴不免逊色,因此对他愈加钦佩了。苏轼的弟弟苏辙则把画竹所得的象外之美,描写为"苍然于既寒之后,凛乎无可怜之姿"②。兄弟两人都强调,借形达意,以形写神,即画家的形象思维都是为了画中有"意"、有"神"、有"诗"。苏轼在评论燕肃的作品时,还认为"山水以清雄奇富、变态无穷为难",而燕肃都做到了,所以"燕公之笔,浑然天成,灿然日新,已离画工之度数,

---

① 苏轼《凤翔八观》第三首《王维、吴道子画》。
② 苏辙《墨竹赋》。

而得诗人之清丽也"。① 画也得像诗那样,具有灿烂清新的境界,而画工所作,虽也经过形象思维,却一味讲求尺度,等于复制,走不到想象、创新、达意、抒情这条路上来。不仅如此,苏轼更指出,在这条路上诗人和画家是心心相印的。他曾向一位画家提出:

> 烦君纸上影,
> 照我胸中山。

这"胸中山"意味着一定的思想境界,可为画家和诗人所共有,如果体现在画中,便是诗情、画意互相映发,因此要求画工去写诗人的"胸中山",倘若画家没有和诗人类似的感触,要做到这一步还是困难的。至于画中之"诗"或"意",究竟是什么内容,苏轼也有一定看法。他评论好友文同②的画竹:"意有所不适而无所遣之,故一发之于墨竹,是病也。"认为画竹以消愁解闷,难免满纸枯寂心情,这样的画中"诗",他是反对的。苏轼不仅论画,自己也画古木竹石,而境界却和文同不一样。东坡画竹的真迹,今已罕见,不妨看他为所作《竹石》壁画上的题诗:

> 空肠得酒芒角出,
> 肝肺槎牙生竹石,
> 森然欲作不可留,
> 写向君家雪色壁。

前两句透露出画中之"诗"是什么,后两句描写它又是怎样表达出来。南宋周必大曾评论此诗,把先后两句综合起来,认为东坡此作"英气自然,乃可贵重,'五日一石'岂知此邪?"③意思是,挥写竹石,可以发抒英气,倾吐块垒,但不容一笔一笔,慢慢地来,须有高速度的形象思维。这里我想下一转语:东坡之可贵,尤在于严肃、森然的创作心情与英气相适应,这就使我们领会到是什么决定形象思维

---

① 《东坡题跋》。燕肃,字穆之,善画山水,师王维、李成,但不设色。
② 文同(1018—1079),字与可,画竹名家,最工墨竹。他和东坡是中表兄弟。王文诰《苏诗总案》卷五:"作文同诸画跋,语尤契厚。"
③ 周必大《益公题跋》。英气,指胸中块垒;刘义庆《世说新语》云"其人磊落而英多"。"五日一石",见杜甫《戏题王宰画山水歌》:"十日画一山,五日画一石。"意思是东坡之竹,挥毫写意,顷刻而成,不同于王宰工笔以求形似。

的速度,是什么构成形象思维的内容了。联想到庄周所谓"解衣槃礴……是真画者",也正阐明这个道理。画家在形象思维过程中,必须精神高度集中,技法非常熟练,方能心手相应,笔所到处,直抒胸臆,一气呵成,而王宰式的"十日画一山,五日画一石",就不足以语此了。然而,这也只是一方面,另一方面还得看他对生活、现实有没有真实的感受和诚挚的感情,有没有非画不可的迫切要求,这就关系到画中之意、画中之诗,关系到形象思维的内容问题。如果缺少这基本的一面,当然说不上"解衣槃礴",也不可能成为"真画者"了。王安石说:"糟粕所传非粹美,丹青难写是精神",是完全正确的。

此外,我国论及画中"诗"、画中"意"的,还有不少精辟之见。例如西汉刘安(公元前179—前122)批评过"谨毛而失貌"的画风,汉高诱作了注释:"谨悉微毛,留意于小,则失其大貌。"① 不去捕取对象的本质,对事物并未真正认识,也说不上造形达意、寄情于画,纵使细节个个逼真,还是因小失大,画中之"诗"又何从实现?在我国画论史上,"大貌"之说得到了继承和发扬,其中讲得比较清楚的,要推石涛的"体势"之说。我们不妨重温一下前文提到石涛那幅《柴门徙倚》上面的题语,并作一些补充。每幅画都是一笔一笔画出来的,每一笔都经过形象思维;而这无数的笔踪,并不各自为政,而是部分服从整体,无悖于全图运笔的一个总体势。这就必须胸中先有大貌,以统摄笔的无数次的运行,从而助成作品的体势。笔墨和体势的密切契合,贯穿在形象思维的始终。石涛仅用了"相形取意"以及"情生"这六个字,它们却包蕴着形象思维的方法、途径和全程,进而揭示形象思维的最终目的在于画中有"诗"。这样的高度概括、言简意赅,在中外古今的画论中,也许是罕见的!

一句话,画中有诗无诗,关系到作品能否反映画家个人在生活、现实中的感受;进而创立意境,表现风格,也就是作品中有无个性的问题。清代邵梅臣说得好:"诗中须有我,画中亦须有我。"② 这个"我",并不意味主观唯心主义。而且对于"我"的强调,也不限于我国的画论。在西方,随着浪漫主义对个性、想象的强调,画中有"我"之说也逐渐产生。十九世纪中叶,法国巴比松画派结束了带有故事的风景画,开创一个借景抒情、有我有诗的崭新面貌。这派代表米叶(1814—1875)曾评论当时部分画家"要追求真正的艺术,而结果却产生一些冒充艺术的

---

① 《淮南鸿烈解·说林训第十七》。
② 邵梅臣《画耕偶录·论画》。

作品。……因为关键倒不在作品的主题,而在于他们究竟把自己放了多少到画中去。"①这话说得中肯。米叶和柯罗(1796—1875)、卢梭(1812—1867)等基本上都不搞自然的复制,而力图表达画家对自然或生活的感情。柯罗的《春日林中小道》,写出对新春景色的喜悦心情。米叶的《飞鸟》,画的是片田地,牛在田边吃草,田间疏林掩映,一大群鸟从林中飞起,远树三三两两,一望无际,布置疏阔,气氛恬淡,反映了对农村景色的留连,正如作者所说,是一幅有"我"、有"诗"的作品。

十九世纪中叶以后,现实主义逐渐成为欧洲艺术主流,用我们东方人的眼光看,山水画中的诗味似乎比较淡薄了。试读库尔贝(1819—1877)那封《给学生们的公开信》,不难看出画风的转变。他认为绘画"只能表现既真实而又存在的事物","一个时代只能由……活在这个时代的艺术家来再现它",而艺术中的想象则被理解为"对一个存在的事物寻找最完整的表现"②。西方绘画史一般都把库尔贝作为现实主义的开创者,尽管他本人不愿接受这个名称,但这里的一段话,言外之意要紧紧抱住对象或当前事物,倾向于物多于我,或有物无我了。但是,造形、达意、寄情于物的道路也并未完全堵塞,即使是自然主义者的左拉(1840—1902)也曾说过这样的话:"我看一幅画,首先寻找的是画中之人,而不是画中景物。"这"人"便是画家之"我",画中之"诗",画家的内心世界。

此外,西方哲学家也有谈画中之"我"的,对形象思维问题很有启发。例如黑格尔就曾写道:"我们必须承认,像拉菲尔和丢勒这样的大师的素描和铜版画,确实是很重要的作品。事实上,我们从一定的观点出发,可以这样讲:最最耐人寻味的,正是大师们的笔触本身。我们从这些素描中不难发现,大师们以如此熟练的手法,表现出他们的全部心灵,取得了惊人的成就。也正是由于这种熟练,才能无须先作尝试,顷刻之间便十分自然地把大师的思想精髓呈现在画中了。"③换而言之,黑格尔可以称为西方的"以形写神"论者,但比之我国的顾恺之,却迟了一千五百年,而且两人的哲学观也不相同。黑格尔的美学中心课题是:"艺术的内容就是理念,艺术的形式就是诉诸感官的形象。"④也就是说,画家的思想或"心灵"发源于精神性的"绝对理念",而不是客观世界在画家头脑中的反映,画家

---

① S·契尼(1866—?):《现代绘画史讲话》1958年伦敦版,第98页引。
② 《西方文论选》下卷第221页。
③ 黑格尔《美学》,奥斯马特生英译本,1920年伦敦版,第3卷第275页。
④ 黑格尔《美学》,第1卷第83页。

所以要作素描,乃是因为这个"绝对理念"主动地通过画家的"心灵"来显现它自己。这种画中有我论,乃是客观唯心主义的产物,因为在"我"之上,还有个"绝对理念"主宰一切。与此相反,顾恺之则在"实对"的前提下而"以形写神",所谓"实对",就是面对现实的意思,因此他又指出:"以形写神,而空其实对,则荃生之用乖,传神之趋失矣。"①用今天的话说:脱离现实,不去钻研人物,便无从摄取他的生动形象,写其内心世界,而只能是迷失了肖像画的正确方向。由此可见,顾氏主张"以形写神"的"神",丝毫没有类似"绝对理念"的色彩,是具有唯物主义的观点。至于现代以来,主观唯心主义艺术理论在西方很占优势,对于这个"我"更感兴趣,谬种流传,日益严重。例如一本研究德国唯意志论者尼采(1844—1900)的书里,就有这样一段话:"对音乐和其他任何艺术来说,装腔作势和错综复杂,都是无能的标志,因为它们说明艺术家还不会简单明了,毫无遗憾地表现自己。"②这里谴责装腔作势不过是表面文章,实际上是要求艺术家表现他"自己",而这个"自己"正是尼采所鼓吹的追求权力意志、无限扩张自我的那位"超人"。如果也有所谓画中(诗中)之"我",那是和情思、个性、艺术想象、艺术风格等都毫无关系了。

我们今天有必要正确对待画中之诗、画中之我,须从社会主义国家的利益出发,在新时期的总任务下,赋予新的涵义,使画中之诗、画中之我分别反映出各条战线实现四个现代化的伟大创造,以及无数风流人物的雄心壮志,并且画家之"我"和画中人物之"我"也融为一体了。即使不带人物的山水画中,也有"我"在,因为它体现了在新时代前进的步伐下,各族人民包括画家在内,对祖国大好河山所共同具有的热烈感情。

下面试就所引的前人的理论写一小结,并作些补充。

(一)艺术形象问题包含"形""神"的关系:如以形写神、以形畅神、以形生情、神为目的、形为手段等,可概括为形神的辩证统一观。

(二)对事物形象的再创造,有别于对事物形象的复制,前者进入形象思维的领域,涉及"神似"或"不似之似",而"不似之似似之"一语更道出了形象思维的运用和要求,以达到写意、传情的目的。这样,绘画就意味着心画,而心画过程中想象的重大作用便突出来了。与此同时,想象并不等于主观臆造,它须遵循客观

---

① 顾恺之《魏晋胜流象赞》,唐张彦远《历代名画记》引。
② A·M·路多维琪《尼采和艺术》1911年伦敦版,第13页引P·V·林德《现代鉴赏和现代音乐》第54页。

现象的规律,因此"神似"也须"合理",从而"形""神""理"趋于一致,而我国画论也就有了完整的体系,表现主、客观的统一。

画家在想象(也称再造想象)中,从描绘艺术形象到塑造艺术典型,惟其不搞自然复制,才能在改造自然形象的基础上,把意境、情思注入典型形象的各个组成部分中,画面既饶有诗意,也活泼有力,表现了运动的"体势"。似乎可以说,我国画论的六法之所以首列"气韵生动",因为它与"体势"密切相关。

接着想谈谈形象思维对塑造典型的作用。在这方面,我国千百年来的一部画史积累了丰富经验,值得作为专题,深入研究,广泛展开讨论。这里试就写形与写神举个例子,谈谈个人看法。三国时,嵇康(224—263)所作《赠秀才入军十九首》的第十四首中有这末四句:"目送归鸿,手挥五弦,俯仰自得,游心太玄。"以抚琴动操结合归鸟自得,烘托出离世绝俗、同化自然的精神境界。顾恺之认为,画家如果加以描绘,进行艺术处理(形象思维),将会感到:"'手挥五弦'易,'目送归鸿'难。"[①]"手挥"和"目送"是同一个人的两种动作,它们紧密关连,共同反映这个人的物我为一、悠然意远的内心世界。但相对地说,描绘"手挥",侧重动作的形状,描绘"目送",则进入艺术"传神"的领域,比描绘"手挥"难些。这方面顾恺之还有一条经验:"四体妍媸,本无关于妙处,传神写照,正在阿堵中。"[②]因为眼睛是写照传神的关键所在,传说顾画人物,尝数年不点睛,正说明这是一桩难事,迟迟未能下笔。后人对此也有不少论说,而明代画家徐枋的一段话,值得一提。"所谓冠裳衣履,装饰也,所谓树石器物,点缀也。若点睛则一身之生气在焉,此大纲领大关键也。"[③]鲁迅先生讲得更好:"要极省俭的画出一个人的特点,最好是画他的眼睛。……倘若画了全副的头发,即使细得逼真,也毫无意思。"[④]谈到这里,还想补充一点:进行形象思维时,须把"抚琴"和"归鸿"联系起来,全面考虑,并结合"点睛",方能取得预期的艺术效果。具体说来,关于眼的视向,眼和归鸿的距离,以及两者相互保持的角度,甚至鸟的归宿处(比方说树林),这就包括人、禽、树的艺术形象和它们之间的有机配合,再加上整个画面的空白如何利用,更好地衬托主题,如此等等,都须苦心经营,——这正是再造想象与形象思维之事,尤其是指挥形象思维的想象之事。"目送归鸿"处理好了,"手挥五弦"才

---

① 刘义庆《世说新语·巧艺》。
② 同上。阿堵,晋代俗语,意思是"这个"。这里指眼睛、眸子。
③ 徐枋《与杨明远书》。
④ 鲁迅《我怎么做起小说来》,见《南腔北调集》。

得其所,反之亦然。做到了这样,人物内心世界、精神面貌便映发出来,典型形象也塑造成功了。

谈到此处,不妨转入创造性想象和形象思维的关系上去。

创造性的想象与形象思维

文艺创作中的想象,前面已谈了一些,这里想再引前人有关想象和创新的部分论说。文艺复兴时期意大利人文主义者斯卡力杰(1484—1558)写道:"诗人是第二上帝,因为他能创造合乎理想的东西。"芬奇则认为画家也不例外:"画家如果单凭视觉去判断,画得死死板板,一点儿没开动思想,那末他就好比一面镜子,模仿一切对象却对它们一无理解。"因此又说:"画家同自然竞赛,比得上自然",为了做到这一点,必须深刻地认识自然的本质,犹如"能追溯源泉的人,是不会满足于一桶水、一壶水的"。[①] 同一时期,莎士比亚把模仿自然和创新相结合,但又认为自然是超越的、绝对的。这个观点,表现在两个人物的对话中:

> 潘狄塔:……在它们的斑斓的鲜艳中,人工曾经巧夺了天工。
>
> 波力克希尼斯:即使是这样的话,那种改进天工的工具,正也是天工所造成的;因此,你所说的加于天工之上的人工,也就是天工的产物。……这是一种改良天然的艺术……但那种艺术的本身正是出于天然。[②]

照莎氏所说,在艺术、艺术方法之上,还有"艺术",而这"艺术"之上,更有"自然",于是这个"自然"就意味着神或上帝了。这是继承了古希腊客观唯心主义哲学家柏拉图的艺术观:神创造床的理念,木工模仿床的理念,制造一张床,画家模仿这张床,画出一张床,因此绘画艺术是模仿的模仿。[③] 但是我们也须注意,莎氏在这里表示的文艺观,无损于他剧作中的丰富想象和创新。

十八世纪的狂飙突进、启蒙主义以及十九世纪初的浪漫主义都不断地强调想象的创造性。歌德不止一次高度评价大胆的想象,他说在鲁本斯[④]的一幅风景画上,光线来自两个相反方向,违背自然规律,但却显出鲁本斯是"用自由的心

---

① 芬奇《绘画论》,收入《笔记》中。
② 莎士比亚《冬天的故事》(1610)第4幕第3场(朱生豪译,吴兴华校)。
③ 柏拉图《理想国》卷十。
④ 鲁本斯(1577—1640),佛兰德斯画家。

灵去超越自然,使自然符合他的更高目的……他不得不借助于虚构。"歌德还指出:莎士比亚笔下的悲剧人物麦克佩斯夫人先说自己喂过婴儿奶的,后来又说自己没有女儿,这显然是先后矛盾,却能够使剧中人在不同的场合说起话来都极有力量;因此"艺术家对于自然(社会)有着双重关系:他既是自然的主宰,又是自然的奴隶。……因为他必须用人世的材料来加工,才能使人了解……使这些人世的材料服从他的较高意旨,为这意旨服务"。所以,"一般说来……对一件本来是用大胆而自由的气魄创造出来的艺术品,我们也应该尽量用大胆而自由的气魄去看它,欣赏它"。[①] 所谓大胆,就是敢和自然竞赛,和现实比美;艺术家进行想象、虚构以及形象思维,就得有这种精神,但另一方面也不能背离客观规律,须以研究周围、观察事物为起点。英国诗人、画家布莱克(1757—1827)有几行诗值得一读:

> 从一粒沙子看出一个世界,
> 从一朵野花窥见极乐之土,
> 将无限握在掌心,
> 使每一时辰联系着永恒。[②]

他追溯艺术想象(艺术创造)和形象思维的根源,是在客观世界的空间、时间中。以上都是紧密创造与客观世界的关系来看待想象的。至于稍稍后于布莱克的柯勒律治,基本上也是如此。他把"想象力"称为"造成形象和改造形象的能力",而"改造"所以不同于"造成",乃是由于它能"溶化、分解、分散,从而重新创造"。[③] 他在突出创新的同时,还在《论诗或艺术》中进一步阐明:"艺术位于思维和事物之间,将自然的和人的加以融合,它是思想上具有形象的语言。"可见柯氏所谓想象、创新并非无视客观现实。再如黑格尔,也认为:"如果谈到本领,最杰出的艺术本领就是想象",并且指出想象不是幻想,"想象是创造的"。[④] 总之,创造性想象已成为西方文艺理论的重要课题。

---

① 《歌德和艾克曼谈话录》1827 年 4 月 18 日,《西方文论选》上卷第 474—476 页。
② 布莱克《天真之歌》中《天真的预兆》。
③ 柯勒律治《文学生涯》第 13 章。
④ 黑格尔《美学》(朱光潜译)第 1 卷第 348 页。《古典文艺理论译丛》第 11 册第 42 页,译为:"真正的创造就是艺术想象的活动。"

现代以来,流派众多的颓废艺术,使艺术和现实之间距离越来越大,在它们的作品中,源于现实的艺术形象逐渐消失,终于被抽象符号所代替。尽管在理论上还侈谈想象和形象,实际上不过是玩弄主观唯心主义、客观唯心主义或非理性主义等一套把戏罢了。

接着,谈谈我国画论关于创造性想象和形象思维的问题。一般说来,复古与模仿之风始于元代,但主张自谋蹊径、别开生面、有所创新的,还是代有其人。且看石涛的一段题画:"夫茫茫大盖之中,只有一法,得此一法,则无往非法,而必拘拘然名之为我法,吾不知古人之法是何法,而我法又何法耶?总之,意动则情生,情生则力举,力举则发而为制度文章,其实不过本来之一悟,遂能变化无穷,规模不一。"①简单说来,对景生情,寓情于画,景物变化,情境常新,笔墨便有生发,不落窠臼,也就无常法可言。石涛惟其讲求创新,故能触及艺术的根本,这是含有决定性的理论认识,他称之为"一悟",这"一悟"来源于生活、现实,经过反复实践,与"玄之又玄"的东西毫不相干。此外,石涛还讲到书家、画家落笔时的一种精神状态:"作书作画,无论先辈后学,皆以气胜得之者。精神灿烂,出之纸上,意懒则浅薄无神,不成书画。……有真精神,真命脉,一时发现,直透纸背。此皆以大手眼、用大气力,摧锋陷刃不可禁。"接着还有一段自叙:"云逸先生命作山水大幅……十二载之请,今当报命。急取宣纸,胸无留藏,外无拘束,如是安有古今哉?犹之乎以瓶泄水,水泼地面,波致自成……清湘(石涛号清湘老人)乃为大笑。"②当然,这样的境界是以体验生活、丰富记忆表象为前提,落笔时便精神饱满,想象生发,左右逢源,足以独出机杼,画来十分酣畅,连自己也不禁叫好。尤其是,情思旺盛是与精心钻研自然分不开的,石涛所谓的"气胜",贯彻在想象的全过程,而想象的基础,便是他所谓的"搜尽奇峰打草稿",即大大地丰富了记忆表象的储藏。这里不禁联想到荷兰后期印象派画家凡·高(1853—1890)的话:"我对自然写生时,力图做到的第一件事,就是忘记我曾看见过的某幅画。"因为胸无前人画本,才能看到生活、现实,活跃想象,独立构思。在这上面,凡·高十分认真、严肃。他曾写道:"一位劳动者的体形,田里的几道犁沟,一粒沙子,以至海和天空,如此等等,同样是大题材,它是这样地难于处理,而同时又是这样的美,充满着诗意,真值得花上毕生精力来表现啊!"③可见想象万千和真诚恳挚并

---

① 陈撰《玉几山房画外录》卷上,《石涛题自画山水卷》。
② 张大千《大风堂书画录》,癸未年版第66页,《苦瓜山水》。石涛,号苦瓜和尚。
③ 契尼《近代绘画史话》第275页引。

非对立,而这两位画家之或主气性,或尚谨严,也并不矛盾,因为奔放纵恣时常是从深潜缜密中来。关于前者,苏轼打过一个好比喻:"画竹必先得成竹于胸中,执笔熟视,乃见其所欲画者;急起从之,振笔直遂,以追其所见,如兔起鹘落,稍纵即逝矣。"①观物、取象而后"胸有成竹",想象、构思才能"见所欲画",而"兔起鹘落,稍纵即逝",则意味着"高速"过程,生动地概括了察物、立意、造形、写意一整套本领。其中包含着生活、立意、想象、形象思维、典型塑造,一环扣一环,有机地联系着,凡能创意而非仿古的画家,都有这样的体会。他能搞好物和我的关系,不使两者相互排斥,而是相因为用,以发挥创造性想象的功能;如果,偏执一方,顾此失彼,或专尚表现技法,或眼高手低,内容空泛,都无从体现画中之诗。环绕这物我关系,中外画论都曾反复推敲,下面还想介绍一些看法,以结束本节。

意大利文艺复兴初期,画家、诗人、建筑家阿尔伯迪(1404—1472)强调艺术家须观察自然,吸取养料,把"他的精神引向对象以外的一个领域中"。②"逼真实物",为当时的画风,阿氏却有"象外"之求,力图想象、创新,这是难能可贵的,然而对"象外"或创新讲得比较透彻的,也许还要数我国画论。明末清初画家程正揆题《稚公画册》:"以山水为性情,以性情为笔墨,噫,此道远矣!"③真地有感于物,情思自会生发,惟其不囿于物,方能悠然意远。清初画家查士标(1615—1698)说:"昔人云:'丘壑求天地所有,笔墨求天地所无。'野遗此册,丘壑笔墨皆非人间蹊径,乃开辟大文章也。"④胸中丘壑,反映自然而寓有人的思想意境,意境和它的表达,既可因人而异,又可与自然有距离,因此才被称为"开辟"或创新。两人都讲出了艺术创作源于物而胜于物的根本道理,也摆平了想象—形象思维中的物、我关系。至于明代画家郭诩(1456—1528)"遍历名山"之后,提出"岂必谱也,画在是矣"⑤,则更能脱尽窠臼,把生活、现实、意境、想象、形象思维、艺术典型以至物、我为一的创作过程,概括为八个大字,可谓言简意赅了。

为了画中有诗而形象思维:我国和西方的一些经验

关于这个问题,试从寓时间于空间和以线条为主要媒介的两方面,分别

---

① 苏轼《文与可画筼筜谷偃竹记一首》。
② 阿尔伯迪《评论集》(约 1455)。
③ 冯金伯《国朝画识》卷一,引《程清溪集》。程正揆,号青溪道人。
④ 查士标《题野遗山水册·第十幅〈春树万家〉》。见潘正炜《帆影楼书画记》卷五。龚贤(1618—1689),字半千,号野遗,金陵派山水画家。
⑤ 何乔远《名山藏》。

谈谈。

　　寓时于空,前面谈过一些,这里举例说明它是怎样实践的。隋代展子虔"作立马而有走势,其为卧马则腹有腾骧起跃势,若不可掩也。"①观者看了,会感觉到空间上从"立"到"走"、从"卧"到"起"或由静止转为运动这一倾向,意味着时间上将由一点延伸为一段;正由于表现了这末一个动向或趋势,艺术形象便更加生动,耐人寻味,要揣想下一顷刻马将如何动作,于是画面活泼有生气,而诗意也就在其中了。再如北宋画家李公麟(1049—1106)②曾描绘射击,力图暗示一个运动过程,表现了形象思维的深度。黄庭坚写过一段介绍:"凡书画当观韵。往时李伯时为余作李广夺胡儿马,挟儿南驰,取胡儿弓,引满以拟(瞄准)追骑。观箭锋所直(不偏不斜),发之人马皆应弦也。伯时笑曰:'使俗子为之,当作箭中追骑矣。'余因此深悟画格。"③李广为西汉名将,善骑射,和匈奴作战七十多次。李伯时描绘他正在张弓瞄准追骑,箭在弦上而未发出,以一个紧张的动势把观者吸引住了。倘若是个庸手,必然要画箭已命中对象,人仰马翻,那就是用"结尾"代替"过程",不仅在时间的感觉上缩一段为一点,而且堵塞了观者的寻味和想象,弄到意趣索然,画中之诗也就很难说了。李公麟的高明,就在善于运用创造性的想象,引导观者去求之于"象外",犹如文章家的宕笔,以想象出之,读者也以想象得之。从艺术欣赏方面说,顾恺之的那句名言"迁想妙得",正是道出了创造性想象的功用。说得通俗些,就是要让观者想画家之所想,体会创作的奥秘。这"奥秘"二字也许欠妥,那末清代画家恽寿平(1633—1690)则以另一方式说清楚了:"尝谓天下为人,不可使人疑,惟画理当使人疑,又当使人疑而得之。"④这"疑"字下得妙,可以反证李伯时笔下所表现的"发而必中"的感觉,乃是从"引而待发"上"疑而得之"的。换而言之,空间艺术而能产生时间感觉,难道不是因为画者在形象思维中发挥了想象的作用,并引起观者的揣测啊!

　　其次,国画有一独特形式——手卷,它在空间上扩展图景,时间上持续意境的表达,也延长观赏的过程,从而大大丰富了画中之诗。在观赏手卷时,左手把它张开、右手把它卷起,画中景物便从卷首到卷尾陆续不断进入眼帘,艺术形象

---

①　董逌《广川画跋·隋展子虔画马》。
②　李公麟,字伯时,擅画人物、鞍马、山水。故宫博物院藏有他的《临韦偃〈放牧图卷〉》。另有《五马画》。韦偃是唐代画马名家。
③　黄庭坚《山谷题跋》。
④　恽寿平《南田画跋》第一卷《画筏》。恽寿平,号南田。

在更替、变化,情思、意境层层生发,步步深入,见到了画家内心世界的展露既有起伏的波澜,又有突出的浪尖,全卷看完,所获得的是首尾完整的艺术典型。也许有人说,手卷属于横看的图画,西方不是也有吗?实际上,西方有的是较大宽度的横看壁画,而且为建筑物(墙壁)的空间所限,相当于我国通景画屏的形式,而不能像我国手卷那样,爱画多长就多长。因此,可以说手卷是我国特有的寓诗于画的一种艺术体裁。再有,从创作上看,同属手卷,人物故事和山水题材有所不同,艺术处理也不相同。人物画卷可分段描写同一主人公在不同时间、地点的各种活动,例如南唐顾闳中所画《韩熙载夜宴图卷》(故宫博物院藏),韩熙载的形象多次出现,或坐榻上听琵琶演奏,或亲自击鼓伴奏"七么"舞。这若干段落连串起来,写出主人公的生活和精神面貌,在艺术概括上胜过了一幅一事的人物画,可以说是连环画的先驱。至于山水画卷曾有"写实""写意"之分。前者如传为李公麟的《蜀川胜概图卷》(早年有正书局影印本),接连描绘蜀江诸般景色,虽不分段,却每一景色写上它的名称,实质上是地理图卷,不是艺术品。后者则以首尾连贯、富于变化的宏大结构,表现出画家以想象指挥形象思维,改造自然、再现自然,塑造典型,抒发意境,寓诗于画的真本领。例如五代、北宋间董源的《夏山图卷》(上海博物馆藏),上部烟霭笼罩,崇山连绵,中间沙岸逶迤,溪水萦回,近处密树繁阴,微露蹊径,田头、屋畔点缀着耕作、放牧诸景。全卷布置茂密,下笔凝重,浓郁中有苍浑之致,由卷首看到卷尾,贯串着"夏山如滴"之感[①],而艺术形象与情思意境是始终契合的。再如南宋夏圭的《溪山清远图卷》(故宫博物院藏,现在台湾省),掌握了大自然疏、密、夷、险、平淡、突兀之间相互生发的规律,通过想象和形象思维,写入卷中,溶铸为山水的艺术典型。先是丛林一片,寺院深藏,溪桥通往水阁,阁中遥望,江天辽阔,风帆出没,悠然意远;随后高山迎面而起,危崖直插江心,草木离披,洞壑幽黯;接着化险为夷,景物疏朗,归于平淡。一边看一边觉得"清远"之致跃然纸上。由于形象与结构的变化多端,唤起了或张或弛的感觉,赋予画面以节奏感,丝丝扣住观者的心弦。

由此可见,手卷这一体裁促使想象驰骋于较大的空间,有利于持续而又深化作者意境的展露,让造形艺术可以与诗比美。作者更须始终左右着观者的视线,培养观者的情趣,步步引人入胜。为了形象思维的强度,手卷比其他形式要付出更多的精神劳动。

---

① 郭熙《林泉高致》中语。

在西方，狄德罗也谈过寓时于空的问题。"画家的笔只有一个顷刻；他不能同时画两个顷刻，也不能同时画两个动作。只有在有限几种情况之下，你可以回顾正在过去的顷刻或者预示即将来到的顷刻，而既不违反真理，又不破坏欣赏。"①上面所举展子虔、李公麟的例子，可以证明狄氏的论断，此外，也不妨再结合西方作品来谈谈，例如米开朗基罗的《摩西雕像》②。摩西坐着，怒目而视，神情焦急，右手按着一本法典，右腿向后弯，脚跟离地，就要站起身来，面向群众，谴责多神教将导致犹太民族的分裂，同时公布他的法典，宣扬一神教有利于犹太王国的统一。作者的想象力或艺术本领，在于借助"即将起立"之势，增强内心焦急的表现；或者说，通过属于空间的身体运动的趋势，以暗示属于时间的精神、意向的发展，从而深化典型性格的刻划。再如罗丹(1840—1917)对法国雕刻家吕德(1784—1855)的《奈伊将军雕像》的评语，也说明寓时于空的手法："这座雕像的运动不过是两种姿态的变化，从拔剑转到举起武器冲向敌人。这就是(空间)艺术所表现的各种动作的全部秘密。"③总之，米、吕、展、李，不分中外，在以想象指导形象思维时，都紧抓寓时于空的奥秘，取得了诗、画(诗、刻)的合一。

其次，谈谈线条作为绘画艺术的基本媒介以实现画中之诗，特别是线条的具体运用，如何为形象思维服务。亚里斯多德指出："一出悲剧……情节有安排，一定能产生悲剧的效果。就像绘画里的情形一样：用最鲜艳的颜色随便涂抹而成的画，反不如在白色底子上勾出的素描肖像那样可爱。"④他肯定了线或轮廓为造形的基本媒介，绘画主要是钩取轮廓。罗马时期普鲁塔克(46?—120?)却主张"设色胜过素描，给人以更加生动的印象"⑤。他的看法和亚氏相反。近代欧洲对于线条、轮廓和设色，也有论说，例如英国诗人、批评家德莱登(1631—1700)说："写作中的词藻犹如(绘画中的)色彩，是在自然程序中最后才被考虑到的。结构、性情、态度、思想等都先于词藻。……诚然，词藻和耀眼的色彩之为美，是首先呈现并刺激视觉；但是，如果素描、草图既不忠实而又不全整，那末色彩即使

---

① 狄德罗《论绘画》，《西方文论选》上卷第386—387页。
② 基督教《旧约圣经·出埃及记》：犹太人反抗埃及人的压迫，曾离开埃及，摩西为犹太人领袖，犹太教教义和法典的制定者。
③ 《罗丹艺术论》第38页，1978年人民美术出版社版。
④ 亚里斯多德《诗学》(罗念生译)第六章。译者附注："在白色底子上"，或解作"用粉笔在黑色底子上"。
⑤ 温图里《艺术批评史》1964年英译本，第57页；温氏认为这是新时代的预兆。

漂亮,也不过是乱涂罢了。"①又否定了普鲁塔克的观点,又以线条轮廓为根本媒介。十八世纪英国王家美术学院的创始人、当时画坛"重镇"雷诺兹(1723—1792)模仿威尼斯、佛兰德斯、荷兰等画派,强调色彩与光线的效果,几乎无视线条对造形、达意的作用,形成磨尽棱角、柔和圆润的画风,犹如中国画论所批评的"有墨无笔",这又是一次转变。大约四十年后,上面提到过的那位英国诗人、画家布莱克重新提出线条对造形与抒情的作用,认为:"如果画家不能在强有力的或较为精确的轮廓中、在远胜于肉眼所见的光线中,进行想象,那末他也就不成其为画家了。"②他解释道:"自然本身原无轮廓,(画家的)想象开始赋予自然以轮廓。""一位画家如不能通过比肉眼所见更有力、更完美的线条,去想象事物(的形象),那末他根本没有想象过。"换言之,布莱克有机地结合想象活动和线条运用,因而在他看来,"一条伟大而又重要的艺术原则就是:作为物体边界的线条(轮廓)愈明确,愈锋利,愈挺劲,艺术作品也就愈精纯;反之,愈是含糊,愈是疲顿,便愈足证明想象力的贫乏,只能剽窃(不能创造),只能粗制滥造,草草修补了。"③再过半个世纪,雷诺兹奉为圭臬的荷兰画派代表之一鲁本斯的"肉多于骨"的人物画,更遭到法国古典主义画家安格儿(1780—1867)的嘲笑:鲁本斯的作品"给人的感觉是贩卖肉类食品;在他的观念里,首先是新鲜的肉,而从全图的布局看,则简直是家肉铺"。安格尔甚至呼吁:"色彩是乌托邦。线条啊,万岁!"④十九世纪八十年代兴起的后期印象主义作品,较多线、轮廓的表现。二十世纪以来,线条和想象的关系仍是西方艺术理论的课题。德国艺术理论家乌尔夫林提出"线的"一词,其作用在于表现结构或思想,主要是组成轮廓。⑤ 美国艺术史家贝伦森(1865—1959)则认为:"具有活力的线和面,都产生感觉价值以及不可捉摸的生命颤动,引起了敏锐的视觉效果,就像指尖触及肌肉一般。一个有天才的艺术家,能将生命寄于轮廓的每一弯曲、面的每一方时。"⑥单就线说,它可钩取艺术形象,塑造典型,反映情思意境,虽一画(划)之微,在轻重、缓急、顺

---

① 德莱登《古代和现代寓言》(1700)的序言。此书系罗马奥维德、英国乔叟和意大利薄伽丘的作品翻译。
② 契尼《现代绘画史讲话》1958年版,第73页引。
③ 布莱克《画展目录·前言》。
④ 安格尔《论艺术》(伯雄译),浙江美术学院编《国外美术资料》第6期第13页。鲁本斯的人物画,肉多于骨。
⑤ 美国《哲学丛书》本《艺术百科全书》第714页"线的"条。
⑥ 德国S·莱纳黑《阿波罗艺术史》中译本,第247页引。

逆、敛放之间都联系着画家的精神(想象)的活动,也就是各对画中之诗出了一分力。

下面试介绍国画中关于以线条来取形、达意、抒情,完成形神兼备、物我为一、画中有诗的部分理论。必须指出,书法通于画法,这是我国特有的情况,它提供有利条件,使线条的技法不断发展,以增强艺术效果,而贝伦森所谓生命的颤动,在国画中也就表现得更加精微了。国画笔法,一大部分属于线的运用,如同型线的反复、异型线的交织、反复中有差异、交织中有互济,以及粗犷与细致、饱满与脱略、缜密与荒率、丰腴与枯淡等等,各有其用,情况相当复杂,我以前曾写过一篇《笔法论》[1],这里就不重复,只就书法通于画法这一特点,举些例子。苏轼的书论,就可用来论画。他写道:"真书难于飘扬,草书难于严重,大字难于结密而无间,小字难于宽绰而有余。"[2]他看到了各种书体的内在矛盾以及矛盾是不容易克服的。他还暗示各书体的矛盾的主要方面:真书为端正,草书为飞动,大字为疏朗,小字为紧密。如果联系到工笔画、意笔画、大幅画、小幅画,也未尝没有类似的情况。关于矛盾任何一方所用的这些字眼,乍看都很抽象,却分别说明线条的诸般运用,对造形、结构以至意境、气氛,都起一定作用,画家下笔时,对于这方面是比欣赏者更有体会的。

首先,关于直接应用书法于画法的理论,元代画竹名家柯九思(1290—1343)曾说得相当中肯:"干用篆法,枝用草书法,叶用八分法或用鲁公撇笔法,木石用折钗股、屋漏痕之遗意。"[3]随着竹、石不同部分的不同形状,画家笔下的线条相应地起变化,分别吸取不同书体的笔法。

其次,更为重要的一条理论则是"笔"与"墨"的辩证统一,或线与面的有机结合,书学中称为"骨""肉"关系,而这关系画学中也未尝没有。传为东晋卫夫人所著的《笔阵图》说:"善笔力者多骨,不善笔力者多肉,多骨微肉者谓之筋书,多肉微骨者谓之墨猪。多力丰筋者圣,无力无筋者病。"[4]精通书学的唐太宗李世民也说过:"吾临古人之书,殊不学其形势,唯求其骨力,及得其骨力而形势自生耳。"又说:"吾之所为,皆先立意。"[5]书家的意境、情思,凝结于骨、筋或骨力之

---

[1] 见拙著《谈艺录》,1947年商务印书馆出版。
[2] 《东坡集》。
[3] 郁逢庆《书画题跋记》著录柯氏语。
[4] 张彦远《法书要录》。卫夫人名铄,王羲之少时曾从她学书。
[5] 同上书。

中,"骨"实为书家胸次或作品灵魂之所寄。"肉"是华彩,以烘托神思,缺了也不好。但是书家落笔,心手相应,则心为主导,骨肉兼备,则骨力为先,骨之不存,肉将焉附,因此骨力不足,懈笔随之,还不应归咎于功力不足,而是首先因为胸次贫乏,精神疲敝。汉代扬雄(公元前58—公元18)所谓"书者,心学也"①早就一语破的:须从骨力中见出意和情,才算上品。

这个原则表现在绘画理论上,则是笔、墨之间笔为主导,或线、面二者线为根本,而六法论中强调"骨法用笔",也正是说到了根本,它后来继续补充、发展。五代山水画家荆浩认为"吴道子山水有笔而无墨,项容山水有墨而无笔"②,意思并非笔、墨对立,或笔、墨各半,而是犹如书学的骨、肉关系,还是以"骨法用笔"为主。清代沈宗骞则说:"笔不到处,安谓有墨?岂有不见笔,而得谓之墨乎?"③这里试结合前人诸说,作些具体分析:用笔之道,不外乎敛毫为线和铺毫为面,两者并用,便是笔墨相成,或骨肉统一。只不过造形达意固然出于笔的运转,但首先依靠的是以线和线的节奏,来摄取物形的轮廓,至于铺毫渲染以补足物象的阴面、阳面,则须在轮廓的基础上来进行,才不致流为冗浮,或有肉无骨。换言之,笔为主导,或线为根本,意味着以笔摄墨,使面为线用,做到这步,也就摆正笔、墨、骨、肉之间的关系,打通取形为了写神的途径,在形象思维的过程中,扫除障碍,避免枝节横生。宋代罗大经说:"山谷(黄庭坚)诗云:'李侯(李公麟)画骨亦画肉,下笔生马如破竹','生'字下得妙,盖胸中有全马,故由笔端生。"④"生"字就"妙"在有启发,阐明了笔、墨、骨、肉以至形、神之间这条创作道路既然是畅通无阻了,那末马的艺术形象和画马的意境、情思便一齐"生"于笔下了。试观现存的唐韩幹的《照夜白》⑤和李公麟的《好赤头》⑥,我们的认识也许具体一些。两位画家都通过凝重、遒劲而又有节奏感的线条,来钩勒形象,同时有些部分也铺毫渲染,这种以骨摄肉、肉中见骨的笔法特征,看得十分清楚,而杜甫所谓"幹惟画肉不画骨"⑦,似乎值得商榷。至于韩幹的一匹腾骧挣扎,李公麟的一匹"迥立生

---

① 扬雄《法言》。
② 荆浩《笔法记》。
③ 《芥舟学画篇》,沈宗骞,字芥舟。
④ 罗大经《鹤林玉露》。
⑤ 故宫博物院藏,现在台湾省。
⑥ 《五马图》中第三马,黄庭坚题:"秦马好头赤,九岁,四尺六寸。"
⑦ 杜甫《丹青引赠曹将军霸》。

风"①,都反映了画家本人对于骏马的喜爱和感情,都做到了画中有诗,也有我了。

画境、画中诗的创立

艺术史上有关画中意境或画中诗的建立或艺术典型的塑造,大致有三个途径:由客观出发,由主观出发,以及主观与客观相契合,而不同的途径对形象思维的运用也不尽同。试分别举例说明。

北宋范宽从两京(汴京和洛阳)移居终南、太行山中,"对景造意","居山林间,常危坐终日,纵目四顾,以求其趣,虽雪月之际,必徘徊凝览,以发思虑"②;他很有感慨地说:"与其师人,不若师诸造化"③。明代王履畅游华山,画《华山图册》,并在序中总结了创造经验:"吾师心,心师目,目师华山。"范、王都走第一条途径,向自然、客观世界学习,不是自然主义的,而是要求塑造自然环境中的典型形象。然而,仔细一看,两人的成就也有高下。北宋米芾写道:"范宽山水崷崷(yè,山高貌)如恒、岱,远山多正面折落";"范宽势虽雄杰,然深暗如暮夜晦冥。"④元代赵孟𫖯题范宽《烟岚秋晓图》:"所画山皆写秦陇峻拔之势,大图阔幅,山势逼人。"⑤再看现存的一般认为范宽之作《溪山行旅》《雪景寒林》二图⑥,都予人以所谓"深暗""逼人"的感觉。至于王履的《华山图》⑦,在经营位置上力求切合景物原状和细节,没有把对自然的感受表现出来,就画中意境、画中之诗而论,比起范宽的山水作品,很有逊色。由此可见范宽"不取繁饰,写山真骨……有刚古之势"⑧,所谓"真骨""刚古",正是赞美画家塑造了秦陇山水的典型形象。

在典型塑造上,明代李日华的看法值得介绍:"终日处乔松修竹之下,未必能写松与竹。穷山倾崖,乱松之坞,祖干孙枝,纵横交倚,而后松之态毕现矣。荒江之滨,沙砾之地,丛筱生焉,多而不删,孤而不益,偃仰敧直,各任其天,而后竹无

---

① 《迥立阊阖生长风》。阊阖,皇宫的门。
② 刘道醇《圣朝名画评》。
③ 夏文彦《图绘宝鉴》。
④ 米芾《画史》。
⑤ 张丑《清河书画舫》。
⑥ 后图,《人民画报》1978年10月号有影本,一般认为摹本。
⑦ 《艺苑掇英》1978年第1、2期影印此图册数十幅。
⑧ 刘道醇《圣朝名画评》。

遁姿矣。"他接着说:"厩马万匹,作曹将军粉本,自有超然领会处。"① 由于广泛深刻地钻研现实,野生松竹或厩中万马便提供丰富素材,活跃了艺术想象和形象思维;对画家来说,事物见得愈多,便能站得愈高,而事物之"姿"、即本质之美,才逃"遁"不了,古人称此为"超然领会",这里的"超然",并无脱离现实的意思。

以上几段评论,可属于第一途径,都是讲对景造意、由外而内的过程。关于这方面不妨再引歌德的一段话:"我最不喜无中生有的诗作。……世界如此伟大,如此丰富多彩,你永远不愁没有写诗的机会,但诗必须是即兴之作。也就是说,现实必然要为诗的产生提供动力和素材。"② 见物—起兴—下笔,一环扣着一环,但是如果没有创造性的想象指挥形象思维,素材又有何用?可见所谓"动力"是指想象,它虽属于内的,却受外的影响。但反映外界并不就等于能够表现内心世界,那些无意境、无诗、无我的绘画,其病都在割裂形象思维和想象的关系,止于为形象而形象。当然强调内的,绝不应排斥以至无视外的。因此,这第一途径——从客观出发,又可以导致第三途径——主、客观相契合,这一点,下面再谈。

至于由主观出发的途径,在我国画学史上相当普遍,特别是元、明以来。例如还是那位崇尚自然的李日华,也曾主张画家须多读古诗,而把学习自然丢到脑后了。他说:"赵彝斋与皇甫表论墨竹,而尤(归咎于)其胸中无诗",并且觉得"新诗味薄,读之终不能壮人怀抱,于潇洒振拔之韵,无以助发耳"。③ 他也谈画中有诗,但对他来说,"诗"的涵义不是创造、创新,而局限在诗人之"诗",尤其是古人之诗,这条路子是和范宽的"对景造意"、即景生情、寄情于画完全对立,是以读诗代替学习自然,观察现实,以间接经验代替直接经验,也就是脱离现实,自行堵塞艺术想象的源泉,削弱形象思维的能力。持有这种观点的,更把读诗扩大为读书、读古书,而且死捧这个"古"字,成为顽固的复古派了。例如元代赵孟頫(1254—1322)提出"作画贵有古意,若无古意,虽工无益",自称"吾所作画,似乎简率,然识者知其近古"。④ 这种复古主义的艺术批评对后来的画风很有影响。明代沈颢认为北宋画家赵令穰如"得胸中千卷书",下笔当"更奇古",于是得出一

---

① 李日华《六研斋笔记》卷三。唐代曹霸,官左武卫将军。善画明皇的"御马",笔墨沉酣,造形生动。
② 《歌德和艾克曼谈话录》。
③ 《六研斋笔记》卷二。南宋赵孟坚,号彝斋,宋宗室,善画水墨梅、兰、竹、石。
④ 赵孟頫自跋画卷,《清河书画舫》。

个结论:"无书可以无画"①,一口咬定赵令穰就病在胸中太无墨水。而在沈颢之前,黄庭坚对赵也早就不满,规劝他"屏声色裘马,使胸中有数百卷书"。这三家之说,集中代表从主观出发的第二途径。其实,像赵大年这样的贵族画家,即使不近声色,却仍旧呆在京、洛,而不出去看看壮丽的河山,又如何激发情思,丰富想象,立意,造景,写出画中诗来?

讲到第三途径,为了全面理解,其主观的一面还须补充说明。在画家看来,所谓主观部分,可以指来自本人过去生活的大量记忆表象,它们之中一部分属于他人(包括古人)作品的某些形象;也可以指对当前客观事物的感觉和印象;更可以指反映在头脑中的思想、感情、意境和从而形成的想象内容,即"诗",尤其是那体现创造、创新精神的"诗"。国画理论对这条途径作过长期探讨,举例来说,石涛的话比较生动透彻:"山川使余代山川而言也,山川脱胎于余也,搜尽奇峰打草稿也,山川与余神遇而迹化也,所以终归于大涤也。"②我们必须懂得:这草稿中的奇峰,已非客观的奇峰,乃对景造意的产物,它经过想象—形象思维而成为物之我化、客观之主观化了,因此才可以说它脱胎于石涛,并为石涛所特有;并且正因为有"我"在其中,诗和风格、个性也表现出来。至于一味地为客观形象而形象(例如王履),是不可能取得这种艺术造诣的。不妨这样讲:这第三途径是由外而内、因物动情进而由内而外、寄情于物,是以形写神,是现实主义与浪漫主义的统一,克服了主观臆造或役于自然的偏向,使源于现实的想象能指挥形象思维全过程。石涛寥寥数语,却说明了画中意境、画中之诗是如何建立的。倘若把"搜尽奇峰打草稿"这一句,脱离前后文来加以理解,并给石涛戴上现实主义者的桂冠,石涛有"灵",未必首肯吧!

画中之诗饱含着物我为一的创造精神,是生意盎然的,绝非一堆堆僵化、呆板的图形所能代替。早在公元前一世纪,刘安已很精辟地讲了这一重要的艺术理论:"画西施之面,美而不可悦,规(模拟)孟贲之目,大而不可畏,君形者亡矣。"③为什么画中的女像,貌美而不动人,画中的勇士,瞪着大眼却并不可怕?回答是:人物画徒具外形,而没有形的主宰——神、精神、生意,还有什么艺术可言呢!继刘安之后,南齐谢赫提出绘画"六法"时,首列"气韵生动"这一根本之

---

① 沈颢《画麈》。赵令穰,字大年,宋宗室,所画多京、洛(开封、洛阳)一带的平原景色。
② 石涛《苦瓜和尚画语录·山川章第八》。
③ 刘安《淮南鸿烈解·说山训第十六》。孟贲,战国时齐国勇士,能拔活牛的角。高诱注:"生气者人形之君,规画人形,无有生气,故曰'君形者亡'。"

法,并评论卫协的作品:"虽不赅备形似,颇得壮气。"①也是强调艺术形象贵在生意,须刻画出对方的精神实质。谢赫赞许"壮气"和刘安指责"谨毛而失貌"(见前面引文,"貌"即"大貌"),是从正、反两个方面来阐明艺术创造中立意与想象对形象思维的作用。这里不妨回顾前文所引石涛的那段话,可以更好地理解"壮气":有真精神、真命脉,始有大手眼,有气力,才能以气胜之,但所有这些,都是从有感于物开始的。

综合起来,"君形""大貌""壮气""气胜""命脉"诸说,都是讲立意、创境的道理,要求于沟通物我、因形寄意中,以想象统摄形象思维,保证画中意境、画中之诗的建立。

此外,在画中诗的建立和表达上,我国还有"臻于化境"之说。所谓"化",意味着化客观为主观,为写心而状物;其表达方式则贵在形简意赅、以少胜多,具有笔墨熟练、得心应手、水到渠成、如出无意等特征。前文所举黑格尔之于素描,歌德之于即兴诗,爱伦·坡之于短诗、小诗等,也无妨视作西方对"化境"的注脚。但我国的有关论说,似乎更为精辟。例如黄庭坚赞美李汉举所画墨竹:"如虫蚀木,偶然成文。吾观古人绘事妙处,类多如此,所以轮扁斫车,不能以教其子。近世崔白笔墨几到古人不用心处,世人雷同赏之,但恐白未肯耳。"②"偶然成文"和石涛所谓"波致自成"同一意思,是指艺术家对景造形、因形寄意已十分熟练,这种如入化境的表现,是通过生活、立意、想象、形象思维等一系列的环节凝结而成。同时,"化境""偶然"都从勤学苦练中来,是后者的产物。明董其昌说:"诗文书画,少而工,老而淡,淡胜工,不工亦何能淡?"③"淡"不仅从"工"上来,而且是绚烂之极方能素雅。行笔草草,若不经意,而寄托深遥,好像得于偶然,实则所谓偶然仍是基于必然。清代戴熙(1801—1860)有云:"有意于画,笔墨每去寻画。无意于画,画自来寻笔墨。有意盖不如无意之妙耳。"④这样来比喻功力深至方能妙造自如,也未尝不可,但是世上从来没有无意为画的画家或无意为诗的诗人,只不过臻于化境,表面上显得无意似的,实际上仍旧缺少不了钻研现实这个大前提,以及丰富想象,进行形象思维甚至艰苦构思。

---

① 谢赫《古画品录》。卫协,西晋人物画家。
② 《山谷题跋》卷三,《题李汉举墨竹》。《庄子·天道》载,制造车轮的名手,姓"扁"。北宋画家崔白,善写生,双勾填色,而线条劲利如铁丝。雷同赏之,把崔的作品和一般作品等量齐观。
③ 《画禅宝随笔》。
④ 《习苦斋画絮》卷一。

这里附带谈谈我国的"墨戏":落笔时气势豪放,墨如泼出,又称"泼墨",而且不择工具,如米芾的墨戏,连纸筋、蔗滓、莲房都用上了,却另有一种墨趣,但材料则有限制,矾纸(即熟纸)、绢素摈而不用①,因为它们不易吸水、吸墨,笔迹难于渗散,墨趣出不来。又如清代金农(1687—1763)记叙宋代狂僧择仁的墨戏:"尝于酒家以拭盘巾蘸墨画松;昔年曾见(他所画)一轴,缣素风起,若闻水声。"②择仁和米芾略有不同,也有绢画,但两人都是下笔迅速而又精练,形象也许草草,却直抒胸臆,得偶然成文之妙。至于我国书学,也有类似论点。近人刘熙载认为:"观人于书,莫如观其行草。"这是从创作的高速度中见出真性情或书中之"我"。又说:"东坡论传神,谓'具衣冠坐,敛容自持,则不复见其天';《庄子·列御寇》云'醉之以酒而观其则',皆此意也。"③这是从不矜持、不造作或无意、偶然中觉察那不假修饰、内心的最真挚处,也就是所谓"则"和"天",它们正是书家、画家在创作中所应表达的。如果不嫌啰唆,也可看看西方画论中的"偶然"说。十八世纪英国由古典主义转向浪漫主义的画家雷诺兹(1723—1792)曾写道:"一些偶然之事会牵着我们走,但我们与其相信它们有规律、有计划,反不如利用它们,加以改造。……多样化、错综化和想象进行直接对话,并构成任何艺术中美和卓越的境界,对于建筑也不例外。在伦敦和其他若干古老城市里,一条条转弯抹角的街道,都未经事先设计而是偶然如此的,但对一位过客或观光者来说,却不会显得很不顺眼。相反地,假如一座城市按照芮恩爵士的规划兴建起来,例如我们今天亲眼所见那样,其效果反而使人觉得不是那末愉快;整齐、均一很可能使人厌倦,甚至引起微微的憎恶。"④表面看来,雷诺兹似乎不讲实际,而且也太保守,为了"曲径通幽",宁可不要康庄大道。但是他未必真地反对有条有理地市政建设,而只是研究:出乎意外的偶然状态,是否有助于艺术想象的激发,犹如泼墨纸上,从其形迹来想象一幅画图——这作为创作方法,当然不应提倡,但用来比喻画家脱去窠臼而得意外之趣,也许还是有些儿启发性吧!

最后,就以"无意""偶然"的墨戏,来结束全文。意趣触发于偶然,境界创立于顷刻——这种情况在反映现实、表达主观的绘画实践中是会碰到的,而且画家

---

① 赵希鹄《洞天清禄》。
② 《冬心集拾遗》(当归草堂本)。
③ 刘熙载《艺概·书概》。
④ 雷诺兹于1769—1790年间在王家艺术学院所作《艺术演讲录》的第13章。芮恩伯爵(1632—1723),英国建筑家,曾主持伦敦大火后的城市建设。

们也有过这样的经验。而与此同时，也就开始了想象—形象思维的过程，以及画中之"诗"的体现。世间原无纯粹的偶然性，偶然性和必然性彼此联结，相互作用。前者是后者的体现，并为之开辟道路。试以画树为例：树木本身的植根、生干、分枝、布叶所具的"形"和"势"，尽管千变万化，却都含有植物生长、生存的客观规律和必然性。画家如不精心观察、学习、领会自然规律，那末他笔下的树木形、势，就不免简单、单调，老是那末几下子，不能反映出根、干、枝叶的多姿，而后者正表现了客观规律或必然性。因此走第二条路，从主观出发的画象，不过是复制他记忆表象中那些定形化、程形化了的树木罢了；对他来说，凡超出程式、为他所意想不到的树木的丰富的"形"和"势"，便成为偶然的东西了，但正是这些东西提供了探求必然的无可限量的素材。由此可见，通过事物的偶然来认识事物的必然，加以表现，乃是画家长期的、毕生的工作——其中包括了深入生活，创立意境，活跃想象，推动形象思维，创造艺术典型，以抒发情思，赋予作品以生命，终于写出了画中之"诗"、画中之"我"啊！

一言以蔽之，画中求"诗"包括了生活实践—思想认识—创作实践的全过程，并且是绘画创作的目的。

艺术形式美的一些问题

六十年代以来关于艺术形式美的讨论涉及了许多问题，例如：艺术形式美是构成艺术形象时所凭的方式，它不等于艺术形象本身；艺术形式美的构成因素为线条、颜色等；艺术形式美具有比例、平衡、对称、虚实、奇正、节奏、多样统一、不齐之齐等规律，这些规律本身并不含有阶级性；艺术形式美具有相对独立性，但考察某一具体作品的艺术形式美时，也还须联系作品的主题，内容以及作家的审美观点、艺术风格。对于这些问题的看法并不完全一致，本文试行结合我国古代绘画和书法，就上列的部分问题谈点不成熟的意见，以就正于读者。

一

一般说来，卓越的艺术家总有他自己的独特风格，他这风格又与他的审美观点、创作技法有联系。在创作过程中，艺术形式美以创作技法为物质基础，在审美观点、艺术风格的指导和影响下，共同地为内容服务。一位艺术家总是代表着一定的社会阶段、历史时代和一定的阶级的，他的审美观点、美学理想、艺术风格都带着阶级和时代的烙印，从而他的作品中的艺术形式美，也不可能没有这样的烙印。布封说："风格即人"；左拉说："我在绘画上所最后追求的，是人而不是画。"今天我们在探讨艺术形式美时，也会遇到这个"人"的问题。但是布封、左拉对人的看法是超阶级的，我们则应针对我国封建社会各个历史时期，绘画作品（尤其是文人画）的审美观点、艺术风格，以及创作技法等方面，来探讨它所崇尚的艺术形式美。下面试从中国绘画的房屋、人物和山水三个方面，分别加以考察。

我国古代绘画有以房屋（术语称"屋木"）为题材的"界画"专科，它是在技工营造房屋（如帝王宫室）时所用图样、蓝图的基础上发展起来的绘画艺术。蓝图讲求规矩准绳，关于建筑物的形制，各个部分的高、低、广、狭，以及相互比例等，都丝毫不能差错，所以说："宫室有量，台门有制，而山节藻棁……不得以滥……

一点一笔,以求诸绳规。"①作为艺术的界画,也不例外,因此又说:"画之屋木,盖一定之体,必在端谨详备,然后为最;"②"盖一枅一拱,有正有反,有侧二分、正八分者,有出梢、飞梢,有尖头、平头者,若使差之毫厘,便失之千里,岂得称全玩?"③然而,这门艺术在发展过程中,原来的要求逐渐放松,情况就有些不同了,须"游于规矩准绳之内,而不为所窘"④,同时内容也逐渐扩大,加上了人物,主要是宫室的主人——帝王、后妃,以及侍从,着重描绘宫廷生活和宫室周围的自然景物。所以界画的代表作家,如唐尹继昭、五代卫贤、北宋郭忠恕等有《汉宫图》《秦楼吴宫图》《避暑宫殿图》《行宫图》等画题。⑤卫、郭更逐渐越出宫室建筑、宫廷生活的范围,兼画统治阶级中"高人逸士"的别墅风景和悠闲生活,如《溪居图》《雪江高居图》《山居楼观图》《滕王阁王勃挥毫图》等。⑥画家们描写宫廷生活时,其画风端庄严谨,运笔工致细密;而描写别墅生活时,画风偏于纵逸潇洒,并改用意笔,避免刻板,而渐趋疏放。关于这一转变,清笪重光说得很简明:"界画之工,无亏折算;写意之妙,颇擅纵横。"⑦再往后来,南宋院体山水画中的房屋,有的继承严谨风格,如阎次平《四乐图轴》中的台榭,有的继承放逸风格,如夏圭《溪山清远图卷》中的寺宇。⑧元代文人画家山水中的房屋,放逸的风格更大大地发展,如陆广《丹台春晓图》、黄公望《芝兰室图》,⑨所写房屋都行笔简略,草草而成,但仍不失端正。这正如明末龚贤所说:"画屋不宜板,然须端正,若欹斜,使人望之不安。"⑩明末文人画风高涨,情况就不同了,画房屋可以随随便便,东倒西歪,不求形似,例如徐渭的《青藤书屋图》就是如此,还题上两句:"几间东倒西歪屋,一个南腔北调人。"试看宋、元、明三代山水画中房屋的轮廓线条,可以说是由"详备"转为"简略",由"工整"转为"写意",由"齐"转为"不齐之齐";总之,是讲求放逸与不似之似的。至于严谨的一派,当然也还有继人,如明之仇英,清之袁江、袁耀的楼阁山水,但已非文人之所好。如果从画面上屋木、人物生活和周围

---

① 《宣和画谱》卷八,《宫室叙论》。
② 刘道醇《圣朝名画评》。
③ 唐志契《绘事微言》。
④ 《宣和画谱》卷八,《宫室叙论》。
⑤ 同上书,"尹继昭""卫贤""郭忠恕"条。
⑥ 同上书,"卫贤""郭忠恕"条。
⑦ 笪重光《画筌》。
⑧ 二图均在台湾省。
⑨ 同上。
⑩ 龚贤《画诀》。

景物三者之间的协调来看,那末文人画家却能使屋木之"不齐之齐"的、比较单纯的直线条和人与景物之比较复杂交错的曲线条,互相配合,彼此融会,显得十分自然,完全符合艺术形式美的纷歧统一的原则。封建时代的画家们对纯粹的宫室画,贵能"取易之大壮"①。士大夫对位于山水之间的别墅、寺院,须写出清幽之致,描写田庐茅舍,则最尚野逸之趣。这些不同的审美观点分别要求在处理屋木时运用工笔或细笔、直线条或似直而曲的线条、严密的或疏散的线条组织,如此等等,所有这些形成不同的艺术形式和艺术形式美。由此可见,在考察我国画史上屋木一科所表现的艺术形式美时,须溯源于画家的审美观点,而线条和笔法则是从属于这观点的。

我国人物画的艺术形式美突出地表现在人物衣褶、衣纹的处理上。自东晋顾恺之到唐阎立本、吴道子,都各有其画衣褶的笔法。大致说来,顾用游丝描,行笔细劲,衣纹飞舞;阎用铁线描,行笔凝重,衣纹沉着;吴用柳叶描(亦称莼菜描),行笔雄浑圆厚,衣纹飘举。唐时还有韩滉,更用战笔、曲线,衣纹方折。五代张图的《紫微朝会图》则以浓墨粗笔画衣纹,颤动如草书,势极豪放。南宋梁楷则放弃了线条勾取衣纹的传统技法,改用浓、淡相济的泼墨法,通过阔笔所涂出、刷出、皴出的"面",来表现衣纹。② 这些画家处理衣纹时所采取的种种艺术形式,与其说是为了忠实地描绘衣服的不同质料,或要求符合于一个客观的、质料的现象(即因人体动作而形成的以及不同材料制成的衣服的褶纹),毋宁说是为了体现封建士大夫们所崇尚的精微(顾)、严谨(阎)、雄强(吴)、豪放(张)等不同艺术风格,从而带来了与它们各相适应的线、皴、涂、刷等不同技法。所以,画家处理衣纹时所产生的种种艺术形式美,最后也可以归结到画家各自的审美观点和审美爱好。

山水画为我国高度发展的专科,其中艺术形式美的表现就比较复杂多样,这里只谈谈同设色细笔和水墨意笔都有关系的"虚""实"的问题。首先,所谓虚、实和布局的疏、密并不一定成为正比,山峦重叠可予人以疏的感觉,小景一角也可予人以密的感觉。其次,并非设色细笔才是实,水墨意笔一定虚。这两种山水画体在技法运用上,可以各有虚、实。就设色细笔而论,倘轮廓简略而设色浓郁,亦可生虚淡之感;倘轮廓周密而设色素淡,亦可生凝重之感。就水墨意笔而论,皴

---

① 《宣和画谱》卷八,《宫室叙论》。
② 韩滉《文苑图》,见《故宫博物院藏画集》第一册。梁楷《泼墨仙人》,见徐邦达编《中国绘画史图录》第252页。

法缜密,层层渲染,可得实感;轮廓沉着,而且意足,可得虚感。石涛于乙酉(1645)秋八月所作扇面,题曰"粗笔头,大圈子",①可以说是属于虚的。此外,一幅之中还可虚、实互用,在布局方面也可繁简对照、疏密相济;而画面空白,更有助于虚、实的掌握,即所谓"无画处皆成妙境"。② 以上这些情况,归结起来,就是在虚或实的主导下谋求虚实互用、虚中带实、实中见虚,而不是一味偏虚,流为浮薄佻率,或一味偏实,成了迫塞顽木。这里不妨联系到我国的美学术语——"疏体"或"密体",也就是起源于人物画、以后见于其他画科两种不同的艺术风格。张彦远说:"顾(恺之)陆(探微)之神,不可见其盼际,所谓笔迹周密也。张(僧繇)吴(道子)之妙,笔才一二,像已应焉;离披点画,时见缺落,此虽笔不周而意周也。若知画有疏密二体,方可议乎画。"③宋郭若虚论黄筌和徐熙的花鸟画,所谓"黄家富贵",近于密体,"徐熙野逸",近于疏体,认为两家是"各言其志"。④ 风格的不同,要求画家采用不同方式来构成艺术形象,结果表现为不同的艺术形式美。而"言志"一语,更指出艺术形式美是为表现艺术家的情思意境与审美观的。试观董源的《夏山图卷》⑤,画平远之景,而山峦层叠,相互映带,几乎上不见天,中间林麓卵石、坡岸堤滩,溪水萦回,景物极为稠密,但无处不以"虚灵"出之。疏皴散点,浓淡互参,屋宇人畜错落其间,许多景物,乍看密不通风,细察却又透入空蒙,使观者于缥缈恍惚之中感到气象浑深,意境幽远。再看倪瓒:他好作疏林断岸,浅水遥岑,景物萧瑟,但笔意却处处沉着,遂觉虽淡犹浓,似虚而实了。在艺术手法上,董源以虚御实,倪瓒以实御虚。在表现艺术形式美时,董实而能虚,倪虚中有实。如论艺术风格,董较多密体,倪较多疏体。从画家与政治的关系看,董仕南唐,为"后苑副史";倪终身不仕,寄兴丹青,为文人画家的一个典型。若凭这一点来论二人的艺术风格,则董可比"黄家富贵",倪可比"徐熙野逸"。一方面,艺术形式美中的实与虚、艺术风格上的密与疏,最后可以关系到画家本人的出处、进退,以及对自然美的不同的感受和艺术中的不同的情、景结合。另一方面,在反映自然、抒发意境时,更可以相应地改变自然景物的虚、实和二者的关系,而表现为画面上的虚、实和二者的关系,并从中体现艺术的形式美。因此,就

---

① 《神州国光集》第四辑、名画法书扇面之二,有影本。
② 笪重光《画鉴》。
③ 张彦远《历代名画记》卷二,《论顾陆张吴用笔》。
④ 郭若虚《图画见闻志》卷一,《论黄徐体异》。
⑤ 上海博物馆藏。

其本质与功能而论,山水画的艺术形式美不妨说是在一定的思想意识和审美观点的影响下,画家从自然美通向艺术美的一座桥梁。

二

关于艺术形式美的构成因素,有的意见把它归结为物质材料,主要是线条和颜色,并指出它们是物质世界、客观现实本有的东西。但对我国绘画来说,线和色是否同等重要,似乎还可研究。颜色是客观存在着的,线条却不是;客观物象本身有体和面,而没有轮廓线,后者乃画家从对象抽取出来、概括出来的,是基于现实进行想象的产物,尽管画面上的线条本身还是物质的。绘画中线条的运用,关系着画家的抽象、想象以至概括的能力,而线和色孰为更重要的形式因素这一问题,我国的绘画和画论早就解决了。① 我国绘画与含有高度的线条艺术的书法关系密切,因此水墨画尤其是白描画才能成为独立专科。这些情况都足以说明有线而无色,是无损于画的。西方对于线和色的问题则一直有争论。早在古代希腊亚里斯多德就曾说过:"用最鲜艳的颜色随便涂抹而成的画,反不如在白色底子上勾出的素描肖像那样可爱。"② 十八世纪末、十九世纪初,英国诗人兼画家布莱克便是一位比较突出的尊线论者③。法国画家安格尔更在尊线的同时,批评卢本斯只知道用色灿烂,而赞美拉斐尔的敷彩素淡质朴。他们都曾经以线条为艺术形式美的主要因素。

此外,我国画史、画论还进一步阐明线条重于颜色,使我们懂得线帮助加强色的作用以及整个画面的艺术效果。《论语·八佾》:"绘事后素";《考工记》:"凡画缋(绘)之事,后素功。"据郑玄注:"先布众色,然后以素分布其间,以成其文。"也就是说,在描绘物象时,先用众色平涂出它的各个部分(如系众物而又各异其色,则分别以一色涂一物),再用粉色分别勾出它的(或它们的)主要轮廓,使物之众色(每物之色)都被纳入物象的轮廓中,使物象显得愈加分明、突出。众色止被用来表现若干的"面",而"素色"的"线"却把"这些色"的"面"组合起来,从而赋予事物的形象以轮廓,终于取得了整体感以至立体感。在使用上,素色虽后于众色,但因为它被纳入线的形式,而线的本身复具有提纲挈领、勾取轮廓的造形功能,于是我们就不难从此理解线是可以独立使用,而不必依赖色,以捉取、描写事

---

① 参看本书《论国画线条和"一笔画""一画"》。
② 亚里斯多德著、罗念生译:《诗学》第 22 页,人民文学出版社。
③ 参看本书《试论画中有诗》。

物的形象了。下文所举甲骨文的几个象形字,足以说明这一点。等到水墨画成为专科,以墨所画的线条便进一步发展为钩、勒、皴、斫等表现形式,大大增强形象的动态和质感,发挥更大的艺术效果了。水墨画中,构成笔墨情趣的形式因素,基本上是线条。一方面,线条及其运用,和水墨画的艺术形式美分不开。另一方面,笔墨情趣可溯源于画家的思想、感情、意境和审美观点,而意与笔的统一更决定作品的艺术风格。因此,不可能脱离画家的主观,片面地考察国画中作为艺术形式美构成因素的线条,并单看它的物质的一面了。

这里,想结合我国特有艺术——书法,来谈点粗浅看法。书家通过一定的笔法,赋予字的笔划和结体以一定的形式特征,这些物征产生一定的艺术形式美,反映了书家的审美观点、独特面貌与艺术风格。例如他可以采用"方"笔或"圆"笔来处理线条,在笔的使转以及收住(收锋)方面,带来不同的结果。方笔以"折"为使转,在写出每个字的诸划、组织线条、结成字体时,行笔断而复起,其收锋为"外拓"。圆笔以"转"为使转,行笔换而不断,其收锋为"内擫"。出于方笔的线条,状如"折钗股",由此产生的字体使人感到一种形式的严峻美、雄峻美。出于圆笔的线条,状如"屋漏痕",由此产生的字体使人感到一种形式的和厚美、浑穆美。例如汉碑中《张迁》《景君》为方笔,《石门颂》《杨淮表》为圆笔;钟繇、颜真卿、苏轼用外拓,王羲之、虞世南、黄庭坚用内擫;《天发神谶》是折钗股,泰山经石峪《金刚经》是屋漏痕。此外亦有形体似"方",使转仍"圆"的,如《郑文公》《爨龙颜》等。① 我们如果不能识别这些不同的笔法技巧,便难以领会由此产生的不同的线条美、结体美,以及通过它们而表现的形式的严峻美或和厚美。至于这些艺术形式所以当时被认为是美的,则还须追溯到我国封建时代书家们的思想感情和审美意识。②

三

关于艺术形式美的规律,近来的讨论已列举许多,这里不再重复,只想结合我国画学、书学,谈谈"骨"与"势"和二者的关系。

南齐谢赫论画六法时,提出"骨法用笔"。唐张彦远加以说明:"夫象物必在于形似,形似须全其骨气,形似骨气皆本于立意,而归乎用笔,故工画者多善

---

① 参看胡小石《中国书学史绪论》,《书学》第一期,1943年7月。
② 参看本书《论中国绘画的意境》。

书。"①宋韩拙则说:"笔以立其形质。"②他们从立意出发,求形似、全骨气,也就是立形、质,而归结到用笔,至于笔下产生的形式则首先是线,以后逐渐扩而为面。这个道理虽从六朝开始被提出来,然而我国较古的图画——甲骨文中的象形字(金文亦然)早已加以实践了。从下面所举的几个字,不难看出远古的艺术家如何组织线条来表现对象的形、质:

猿③:头,身,手,足,尖嘴,尾;

鹿④:头,身,长颈,短尾,歧角,偶蹄;

豕⑤:口,巨腹,尾,足;

鼠⑥:嘴,细腹,长尾,旁边的食物。

古代这些书家、画家一方面能够观察这些动物,对它们的形状和特征,都各有比较完整的认识,也就是先"立"了个"意";然后他们"本于"此"意",赋予艺术形象,也就是使这形象具备了"形似"和"骨气"。另一方面,形象的赋予,离不开如何用笔画线这个途径,所以又"归乎用笔",因而用笔的目的,最后还在于"立"物象之"形""质"了。这里,基本的道理是,通过线条的运用来表现"骨"。所谓"骨"或"骨气"是指艺术形象方面最为基本和特征的东西,艺术形象倘若无骨,就如动物或人没有骨架,失去结构,便立不住、动不得,也产生不出动态了。而古代画家则是通过笔下的线条,来处理对象的结构、结体以至轮廓、动态的,所以线条之于艺术形象,也就如骨之于动物或人,线条不洗练,组织不严整,便很难突出形象的本质和特征。"骨"这一美学术语,在涵义上既具有生理的比喻,更强调着提取本质、刻划特征,而后者则全靠笔下的线条及其运用了。因此,艺术形式美以线条为构成因素的同时,还须让这个作为结构力量的"骨"来统摄全部的线条的运转。这样看来,"骨"也可以说是先于线条运转时所服从的对称、平衡、多样统一等形式美的规律而存在,并且寓于这些规律之中了。"骨"象征着艺术家的形象思维的主动性,以及概括、造形、达意的总任务,书和画中倘若无

---

① 张彦远《历代名画记》卷二,《论顾陆张吴用笔》。
② 韩拙《山水纯全集》《论用笔墨格法气韵之病》。《说郛》本,"质"作"体"。
③ 叶玉森《铁云藏龟拾遗》六页之九。
④ 罗振玉《殷墟书契前编》卷三,三十一页。
⑤ 罗振玉《殷墟书契后编》卷下,三十九页。
⑥ 罗振玉《殷墟书契前编》卷一,三十六页。

"骨",上述那些形式美和它们的规律也将会成为无本之木,无源之水,或无的放矢了。

甲骨文、金文以后,我国书学继续发展,尚骨的理论得到了愈加深刻的阐明。唐张怀瓘说:"夫马筋多肉少为上,肉多筋少为下,书亦如之。……若筋骨不任其脂肉,在马为驽骀,在人为肉疾,在书为墨猪。"①唐孙过庭虽曾提出尚骨可能造成的偏向,但认为有骨总比无骨好:"假令众妙攸归,务存骨气。骨气存矣,而遒润加之,亦犹枝干扶疏,凌霜雪而弥劲,花叶鲜茂,与云日而相晖。如其骨力偏多,遒丽盖少,则若枯槎架险,巨石当路,虽妍媚云阙,而体质存焉。若遒丽居优,骨气将劣,譬夫芳林落蕊,空照灼而无依,兰沼漂萍,徒青翠而奚托。"②他们都强调筋骨,也就是首先争取体、质,使脂肉、风神有所依附,这样每个字都能首先站得住,从而表现各自的结构力量;这里就首先要求笔力和线条的劲健,而风神韵味都以此为前提。换言之,正是先质后妍的主张,才使"骨"的涵义更加深刻了。

然而,站得住、有力量的本身还非目的,它是运动(生命)的基础,而运动须有动向、节奏、韵律,因此我国书学又讲求由字而行、由行而全幅——由部分到整体都须得"势"了。作为另一美学术语的"势",也是先于艺术形式美诸规律而存在的,并且与"骨"密切相关。

书法之"势"始于每字的结构,如果字中每划,其用笔都得势,结字也就得势。《永字八法》以侧、勒、努、趯、策、掠、啄、磔八个字来说明八种基本笔法时,在每个字后面都加上一个"势"字(如"侧势""勒势"等),并且指出:"备八法之势,能通一切字。"③王羲之提到:"晋太康中,有人于许下破钟繇墓,遂得《笔势论》"④,可见当时书家对"势"的着重;而蔡邕则早于钟繇在他的《九势》中指出:"凡落笔结字,上皆复下,下以承上,使其形势递相映带,无使背势";"势来不可止,势去不可遏。"⑤蔡邕的话更揭示"势"的基本精神在于自然而不造作,所谓"背势",就是违反自然之势,因此,"势"并非书家主观臆测的产物。"势"一方面决定于字体结构本身的条件,须在这条件下从笔势加以表现,另一方面又与书家的生活体会、观察自然不可分,从而谋求字、行以至全幅的势。在草书方面,唐张旭见担夫争道,

---

① 张怀瓘《评书药石论》,《佩文斋书画谱》卷六引。
② 孙过庭《书谱》,据包世臣《艺舟双楫》的《删定吴郡书谱序》。
③ 《永字八法》,《佩文斋书画谱》卷三。
④ 王羲之《题〈笔阵图〉后》,引自《王右军集》。
⑤ 《佩文斋书画谱》卷三,引陈思《书苑菁华》。

又闻鼓吹,遂得笔法;复观公孙大娘舞剑器,而下笔有神。唐怀素喜欢看云随风而变化。宋雷太简说他自己的字不及颜真卿的行书那样自然(也就是得势),但是后来他在雅州,"昼卧郡阁,因闻平羌江暴涨声,想其波涛番番迅駃、掀搕高下、蹶逐奔去之状,无物可寄其情,遽起作书,则心中之想尽出笔下矣。"① 这几位书家都曾借助自然事物的运动和动势,而产生"心中之想",以启发、鼓舞他们的创作热情。可见书家所谓"势",乃导源于"心"对"物"的感受,古代书论所以拈出"心""志""意"等字,乃是为了说明它们和"骨""势"是紧密相关的。因此,讲到书学的根源,扬雄说:"夫言心声也,书心画也。"② 关于志与笔的关系,孙过庭说:"乖合之际,优劣互异,得时不如得器,得器不如得志。"③ 关于心与骨的关系,有李世民所谓:"夫字……以心为筋骨,心若不坚,则字无劲健也。"④ 关于意、骨、势之间的关系,李世民也作了概括:"今吾临古人之书,殊不学其形势,惟在求其骨力,而形势自生耳。吾之所为,皆先作意,是以果能成也。"⑤ 关于意与势的关系,可参考孙过庭所举"五乖"之二:"意违势乖,二也。"⑥ 这几段话充分说明书学中的艺术形式美诸规律并非孤立的,而是可以溯源于书家的生活体会、情思意境,以及审美观的。

　　我国绘画的艺术形式美也是如此。在心师于物,借物写心的前提下,画家由"骨法用笔"进而讲求笔中之"势"。吴道子观裴旻将军舞剑,而"挥毫益进",因为他从旁人舞剑得到启发,落笔才能"意气而成",不同于"懦夫"之作。⑦ 这"意气"是先于艺术形式美诸规律的,也是先于骨、势的,它既能立"骨",也能助"势"。

　　总之,书和画都首须因物立意,次讲骨、势,而又必骨中带势,势中见骨;这样方能通过笔法技巧,掌握并应用艺术形式美的那些规律。所以"意在笔先"成为书、画通则。张彦远说:"意存笔先,画尽意在,所以全神气也;"⑧ 黄庭坚说:"王

---

① 雷太简《江声帖》,见朱长文《墨池篇》。"駃"与"快"同。
② 扬雄《法言》。
③ 孙过庭《书谱》,据包世臣《艺舟双楫·删定吴郡书谱序》。
④ 唐太宗《意》,王世贞《王氏法书苑》引。
⑤ 张彦远《法书要录》引。
⑥ 孙过庭《书谱》,据包世臣《艺舟双楫》《删定吴郡书谱序》。
⑦ 张彦远《历代名画记》卷九,《吴道玄(子)》:"……是知书画之艺,皆须意气而成,亦非懦夫所能作也。"
⑧ 同上书,卷二,《论顾陆张吴用笔》。

氏书法以为如锥画沙,如印印泥,盖有锋藏笔中,意在笔前耳。"① 由于骨、势相须,俱本于立意,所以又产生"一笔书"和"一笔画"。张彦远说:"昔张芝学崔瑗、杜度草书之法,因而变之,以成今草书之体势,一笔而成,气脉通连,隔行不断。唯王子敬明其深旨,故行首之字往往继其前行,世上谓之一笔书。其后陆探微亦作一笔画,连绵不断。故知书画用笔同法。"② 谈到这里,试将上文所说,归纳为如下的一个过程或公式:

$$物\rightleftharpoons 心、志、意、气\cdots(笔)\cdots 骨\cdots 势 \begin{cases} 比例 \\ 平衡 \\ 对称 \\ 虚、实 \\ 疏、密 \\ 奇、正 \\ (其它) \end{cases}$$

在这个过程中,反映客观世界的"心""志""意""气"有其一定的时代精神和阶级内容,并表现一定的审美观点;由"骨"而"势",则在上述的内容、观点指引下,表现一定的艺术风格;所有这些,都成为运用比例……奇正等艺术形式美规律的前提。

我国书、画艺术历史悠久,创作和技法的经验十分丰富,这笔遗产给艺术形式美的研究提供了宝贵资料。歌德曾说:"题材人人看得见,内容只有费过一番力的人可以寻到,而形式对于大多数人是一个秘密。"又说:"形式也要像内容那样被消化掉,呵,它甚于更难消化。"③ 今天看来,"消化"形式并不等于全盘接受,而且由于内容和形式是辩证统一的,也很难想象只能"消化"内容或只能"消化"形式,以及两者有所谓孰难孰易的问题,如果说难,则两者都难。就我国书、画的遗产而论,"消化"内容,须站在无产阶级立场,根据社会主义需要,历史主义地去粗存精,这便是一桩相当艰巨复杂的工作;而"消化"形式,则要求一面结合内容,一面熟悉古代书家、画家的创作和技法经验,钻研书论、画论及其美学,这也同样

---

① 黄庭坚《山谷文集》。
② 张彦远《历代名画记》卷二,《论顾陆张吴用笔》。
③ 歌德《箴言与回忆》,据宗白华先生译文。

是艰巨复杂的工作。然而,近几年来,经过我们的艺术理论工作者的努力,这两"难"正在不断的克服之中,而对艺术形式美的研究也逐步深入,必将取得很大的成果啊!

再论艺术形式美

六十年代我曾就艺术的形式美问题写过文章,谈到我国绘画艺术在因物立意、笔中寓骨、骨中见势的过程中表现形式的美,文中有些看法还待商榷。近年来我们批判地继承中外美学遗产,也时常涉及形式美问题,现在试选择西方文艺批评史上某些有关看法,谈谈个人的粗浅体会。

西方在公元前四世纪已有关于艺术形式的文献。德谟克利特(前460—前370)指出:"那些偶像的穿戴和装饰,看起来很华丽,但是,可惜!它们是没有心的。"①批评了形式和内容的不统一。色诺芬(公元前430—前355)写道:"一个雕像应该通过形式表现心理活动。"②主张形式和内容的统一。柏拉图(公元前427—前347)则提出形式美的问题,认为直线和圆所构成的形体美并不具有事物美的相对性,"而是按照它们的本质就永远是绝对美的"③;"许多个别形体美中见出形体美的形式"④,而这"形式"并不反映客观事物,却依存于所谓的独立存在的绝对的"理式",因此艺术的形式美并不源于客观事物,而是先验的"理式"所决定,充分表现了客观唯心主义的美学观点。他的弟子亚里斯多德,则将形式作为事物组成的原因之一,称为"形式因"。⑤创造因能使材料因和形式因相结合,即今天所谓赋予内容以形式,但创造因和目的因实质上是指万能之神的力量和意图,因此亚里斯多德并未克服老师的客观唯心主义观点。亚氏认为悲剧的模仿对象,是具有一定长度的行动,强调"事之有头、有身、有尾"⑥,后三者属于对象的构成形式,因而形式的关键在量而不在质。他更进而论说事物之美:"一个美的事物……的各部分应有一定的安排……体积也应有一定的大小;因为美

---

① 拙编《西方文论选》上卷,第5页,第10页。
② 同上。
③ 朱光潜译《柏拉图文艺对话录》,第298页。
④ 同上书,第271页。
⑤ 亚里斯多德《后分析篇》,其他"三因"为质(材)料因、动力因(创造因)、目的因,总称"四因说"。
⑥ 亚里斯多德《诗学》,第25页,罗念生译。

要依靠体积与安排,一个非常小的活东西不能美,因为……不可感知……以致模糊不清;一个非常大的活东西,例如一个一千里长的活东西,也不能美,因为不能一览而尽,看不出它的整一性。"① 这是主张形式美决定于视觉对象本身的生动性和完整性,而数量仍然是重要条件。罗马时代的贺拉斯(公元前 65—前 8)认为形式是由内容所决定,例如"有了材料,文字也就毫不勉强地跟随而至"。"到生活中到风俗习惯中去寻找模型,从那里汲取活生生的语言。"② 这种语言乃是诗篇的形式之美,并植根于现实生活中,因此在古代有关形式的理论中,贺拉斯的看法应该说是切合实际的。更值得注意的是公元三世纪,有一位同贺拉斯并称的语法学家和诗人尼奥托勒密,他属于亚里斯多德的逍遥学派,提出了内容、形式、诗人的三重分法③,以诗人和他的创作动机代替了创造因和目的因,从而摆脱了古希腊的形而上学的框框。

　　进入中世纪,形式这个概念基本上成为唯心主义和宗教神学的俘虏。新柏拉图主义创始人普罗提诺(204—270)将柏拉图所谓的最高的理念称为太一或神,提出神秘的流溢说;当理念流入混乱的事物中并赋予整一的形式时,就产生了美。他认为美是艺术所塑造的形式:"假设有两块云石,一块未经雕刻赋予形状,一块已成为神或人的雕像。……后者被艺术给以美的形式,便立刻显得美了。这并非因为它是云石……而恰恰是由于它具有艺术所产生的一种形式。事实上这一形式不是物质材料本身所有,它先已存在作者心灵之中。"④ 他把艺术形式看作是先验的,由主观加于客观事物。中世纪基督教神学的早期代表圣·奥古斯丁(350—430)用新柏拉图主义论证基督教教义,并从僧侣立场批评自己早年具有世俗的美学观,是犯了罪的。"我的眼睛爱上了多种多样的形式美,特别是那些光辉的、悦人的色彩。快让这类的东西不来占有我的灵魂吧!上帝啊,恳求您占有它们吧!因为是您创造它们,并赋予它们以极度的新鲜和健康。"⑤ 这里,形式美仍然是上帝的赐予;然而,另一方面奥古斯丁却描写了世俗的人对于形式美的感受:"光,是众色的王后。在白昼,我到处所见的一切事物,都充满着光。当它以其种种的变化掠过我的眼帘,我就着迷了,即使我忙于别的事情而

---

① 亚里斯多德《诗学》,第 25—26 页。
② 贺拉斯《诗艺》322,杨周翰译。《西方文论选》上卷,第 112 页。
③ 阿特金斯《古代文学批评》第 1 卷,第 170—173 页。
④ 《九章集》第五部分,第八章,第一节,《西方文论选》上卷,第 140 页。
⑤ 《忏悔录》,弗兰西斯·希德英译本 X.34。

没有注视它。因为光如此有力地打动我,假若它骤然离去,我是如何渴望它,如果它去得太久了,我真感到悲哀。"①他在忏悔中却对形式美采取了现实主义观点,并且可以说给文艺复兴或近代西方绘画以光、色为审美主要对象,开辟了道路。中世纪末,最后一位神学家托马斯·阿奎那(1225—1274)继承柏拉图和普罗提诺的传统,主张共相,亦即柏拉图的理式和普罗提诺的太一,先于个别事物,也就是上帝创造出万物和万物的形式;认为由于上帝的万能,"美(才能)存在于万物的多种多样中"②。因此物的形式也具有精神价值。他还作些具体分析,例如"肉体美则在于肢体匀称、仪容清俊"③。他总括地说:"美的条件有三:完整性或全备性;适当的匀称和调和;光辉和色彩。"④对整一、调和、鲜明这三个形式的因素,他特别强调后者,除了"光辉",他还用过"光芒""照耀"等字眼,因为基督教教义以"活的光辉"为上帝的代称,正是这"光辉"放射出人世万物的形式之美。但是这"光辉"显然不同于八百多年前奥古斯丁所谓世俗喜爱的"光、色",后者是自然的产物,和上帝毫不相干。综上所述,中世纪的一千年间,神学或经院哲学认为形式美决定艺术美,而艺术本身则为上帝所创造,于是形式美的根源仍在上帝,而不在物。

十四世纪欧洲文艺复兴运动兴起,在资产阶级人文主义思想指引下,艺术形式美开始脱离宗教神学的桎梏,而为表达人的思想感情的艺术服务了。十三世纪的人文主义先驱者但丁(1265—1321)则以诗人而非神学家的立场,从善为内容、美为形式的创作出发,讲究形式的功用。他说:"作品的形式是双重的,即文章的形式和处理的形式",也就是有属于文体的形式,有属于表现的形式,后者可以"是诗的、虚构的、描写的、散论的、譬喻的"。⑤ 这里,艺术的形式从神学宣传转到创作经验上来。但丁还生动地描写了内容和形式的统一。"形式和素材(内容)契合无间,一片精纯,无懈可击,犹如三支箭从三弦宝弓上同时射出,竟像似一支箭。"⑥又可比作"晶体或玻璃器皿焕发光芒,从其出现以至普照四周,看不到一丝儿的间歇"。⑦ 这两段话是说形、质二者溶合得毫无痕迹,臻于化境了。

---

① 《忏悔录》。
② 《神学概要》。
③ 《神学大全》,《西方文论选》上卷,第150页。
④ 同上书,第149页。
⑤ 《致斯加拉大亲王书》9,《西方文论选》上卷,第160页。
⑥ 《神曲·天堂篇》XXIX,13。散译。
⑦ 同上。

此外,造形艺术的理论也把对形式的感觉,提到日程上来。十四世纪末意大利的申尼诺·申尼尼认为:对艺术家来说,"面向自然作素描,是一扇无往不胜之门,因为能使他获得最为完善的指导和最为卓越的南针。"申尼尼将艺术造形的本领,从上帝手中夺回,交还给艺术家,并作为检验艺术家对形式美的感受能力的一条准则。正在同时,达·芬奇提出绘画科学的两条原理。"第一条原理:绘画科学首先从点开始,其次是线,再次是面,最后是由面规定着的形体。……第二条原理:涉及物体的阴影,物体靠此阴影表现自己。"①芬奇从感受物形转到了表现物形,而后者不外乎点、线、面所组成的体,归根结蒂是主张对形式须有敏锐感觉和审美能力。然而在资产阶级的人文主义运动中,由于思想的活跃和想象力的增强,艺术的形式的作用也随着发展、扩大,艺术家逐渐不能满足于类似芬奇所坚持的形式和客观事物之间的对应,而赋予形式以相对的独立性了。蒙田(1533—1562)曾写道:"谁也不能使我相信:正当的劝告不可能被错用,主题的权利决不为形式的权利所侵犯。"②主张给予形式以较多的自由。莎士比亚(1564—1616)则从艺术想象的角度,提取无名事物的形式,扩大的形式的概括力:

> 诗人的眼睛在神奇的狂放的一转中,便能从天上看到地下,从地下看到天上。想象会把不知名的事物用一种形式呈现出来,诗人的笔再使它们具有如实的形象,空虚的无物也会有了居处和名字。③

换言之,艺术的形式在于人的妙用,是属于人工的。但想象离不开现实基础,因此人工毕竟本于天工,或者说天工不可夺,客观事物原来的形式仍然是根本:

> 不是方法④使自然显得更美好,
> 而是自然本身产生了方法。

---

① 《芬奇论绘画》,第14—15页,人民美术出版社,1979年。
② 《散文集》Ⅲ,13,关于经验。
③ 朱生豪译《仲夏夜之梦》五幕一场。
④ 指表现艺术形式美的手法。

> 修饰自然、改造自然的艺术固然是有的，
> 但这种艺术本身仍旧属于自然。①

可以说莎士比亚关于形式美的观点，是现实主义的。

到了十七世纪，批评家们越来越注意对形式美的欣赏，以及艺术形象和事物（自然）形象之间的区别。一位罗马的修道院院长基安·彼得·别洛尼很有感慨地说："把事物描绘逼近自然，便博得一般群众的好评，因为他们只习惯于看这样的东西，他们欣赏的是鲜艳的色彩而不是变化多端的美的形式，后者他们是不了解的；倘若画家画得很有韵致，他们会感到不够劲，而且相当厌恶，只有以新奇的手法处理流行的题材，才能使他们满意。"②这不仅是指人们的审美能力有差距，而且把形式美作为审美的主要对象了。其实这情况不单单存在于十七世纪的西方，也不限于西方艺术批评，我国宋代就已提到了："萧条澹泊，此难画之意，画者得之，览者未必识也。故飞走迟速，意浅之物易见，而闲和严静，趣远之心难形。若乃高下向背远近重复，此画工之艺耳。"③倘若认为作画、看画有"雅、俗"之分，措辞未免欠当，但审美水平的高下却是客观存在，须经过一番审美教育，人们才会进一步要求艺术的形式美，而不满足于复制自然的美。威尼斯艺术评论家波希尼④曾提出"画中的形状"，以别于自然的原来形状。"画家不凭客观形式来创造艺术的形式美，更确切地说，他以自己的形式来摆脱外表形象的拘束，从而探索形象生动的艺术。"温特利认为"自有绘画形式的定义以来，这也许是最好的一个。"因为："画中形式毋宁说是损坏自然形式，以达到发现一个新形式的目的。……假如马奈和雷诺阿⑤知道这条纲领，他们也许会接受。"⑥波希尼和别洛尼的话触及艺术批评可能存在的一些情况：不懂形式美，无法加以分析；研究作品的艺术性却不谈艺术的形式美；单独议论作品的主题思想——如此等等，都不免片面，是形而上学的。到了十八世纪，艺术形式美继续为评论家所重视。学习过绘画的歌德曾于1772年写过一篇关于哥特式建筑的散文，文中有这末一段："哥特式不仅显现有力和粗犷，它还表现美……因为艺术天才决不死守着模特儿

---

① 《冬天的故事》四幕三场，参照朱生豪译本。
② 《现代画家·雕刻家·建筑家传》，1672年。
③ 欧阳修《试笔》。
④ 著有《画廊巡礼》(1660)、《丰富的威尼斯绘画宝库》(1674)等。
⑤ 都是十九世纪末法国印象派著名画家。
⑥ 温特利《艺术批评史》英译本，第126页。

和种种规则,也无须他人的庇护,而只凭自己。"也就是艺术的形式美不限于反映现实,也可以是艺术家心灵的产物。然而,当形式美的独立性被过分夸大,由相对转向绝对,在理论上便不可避免地成了十九世纪末唯美主义和形式主义的先驱,这种迹象在歌德身上也可发现。他于1788年评论卡尔·莫里兹的一文中就认为:"在各门艺术中,美的呈现同作品可以引起的善或恶,是毫无关系的;美的呈现完全为了它自身、为了美。"推而至于十九世纪的作家也有类似的看法,尽管他们并非唯美主义者。例如雨果写道:"形式永远是主人……对表现来说,思想是手段而非目的。"①瓦莱里则说:"当我的心情最舒畅的时候,我会让内容服从形式——我总喜欢为了后者而牺牲前者。"②雨果是浪漫派作家,瓦莱里是象征派诗人,他们的文艺思想不相同,却都强调艺术形式的重要性。我们今天当然不宜接受这种片面观点,但也不应否认艺术的形式不等于单纯的技巧,它有血有肉,表达艺术家的思想、感情和个性,体现作品的风格。一句话,它富有生命,不是僵死刻板的东西。

至于现代西方文艺批评也还有些是结合内容来谈形式的,不无参考价值,限于篇幅只举几个例子。克罗齐说:"这一事实是永远被承认的;内容因形式而组成,形式由内容来充实;感觉是具有形象的感觉,形象是能被感觉的形象。"③瑞恰兹说:"形式和内涵紧密合作,是构成诗的风格的主要秘奥。"④奥斯邦指出:"形式和内容不可能相互排斥……因为缺了这方,那方就不存在,而且抽象化足以扼杀双方。"⑤他们都强调艺术的魅力在于以真实的、具体的、形象的东西感染人、打动人。因此内容也好、形式也好,都不能架空,玩弄笔墨而无真实感情,是内容的抽象化,主题思想不错而笔下描写不出,是形式的抽象化,因此艺术批评的任务不能止于研究作品表现什么?还须研究如何表现?须作出全面评价。倘若懂得艺术创作的一些具体手法,能够体会艺术家在这基本功上的辛勤劳动及个中甘苦,就能帮助阐明作品的艺术形式对表达作品思想主题所起的作用。换而言之,由于把再创作寓于批评之中,批评才深刻、中肯,有说服力。英国唯美主义者王尔德曾提出"批评家即艺术家"的口号,还以此为题写过一本书。我们倘

---

① 威列克《文艺批评诸概念》,耶鲁大学出版社,1963年,第58页引。
② 《和我有关的话》。
③ 克罗齐《美学》,1948年。
④ 瑞恰兹《实用批评》,1949年。
⑤ 奥斯邦《美学和批评》,1955年。

若不牢牢捺住他的"唯美派"这顶帽子,也许可以同意他对批评界所提的这一要求吧!

上文简单回溯了西方奴隶社会、封建社会和资本主义社会的文艺理论关于形式美的部分看法,大致是徘徊于唯心论和唯物论之间,有的可引为教训,有的足资借鉴,对于我们研究如何掌握批评武器,发挥积极作用,以及提高群众审美能力、欣赏水平,也许不无参考价值吧!

接着想谈谈个人的随想,以就正于读者。

形式有属于事物或材料本身所固有、由本身来表现的,如面、体、光、色、明暗浅深;我们被动地加以感受。形式有非对象所固有而为我们的想象所赋予的,如线条、轮廓线;艺术家主动地从对象抽取而加以表现,东方画系则以此作为重要的形式美。前后二者有抽象和具象之分,对一般的审美感受来说,也就有难易之别。

就感染方式说,同属线条,有具体的和抽象之分的。画中形象的轮廓线,是具体存在的。至于贯串着或组织起画中细节、从而构成全图布局,则有赖于另一种线条,它足以引导或左右观者视线,可称之为抽象的线条,即西方术语所谓"倾向线""假想线"。这种线条对于画家可以说是预为虚拟,亦即"意存笔先"的"意",对于观者则是在他的不知不觉中起了作用。

如就线条的感染作用说,则以我国的书学最为独特,乃中国美学专有课题。除早期的图画字外,书法的线条并不反映什么客观事物形象,却与书家的精神、情致相契合,帮助构成作品的意境,并且主要通过线的笔法来表达。例如折钗股用笔的"使转为折,断而后起,收锋外拓",又称"方笔",有严峻、雄峻之感,如张迁碑、景君碑;屋漏痕用笔的"使转为转,换而不断,收锋内撅",又称"圆笔",有和厚、浑穆之感,如石门颂、杨淮表。①

至于色的形式,有与自然环境相关的,更有和主观精神相通的。前者如古代埃及妇女造象,皮肤多用黄色,这并不为了如实描写对象,也不是主观以黄色为美,而是由于黄赭石这种矿物颜料近在手边,容易弄到。② 这说明使用黄色不一定出于审美要求。后者则纯属艺术审美问题,决定于艺术家的个性或情操;例如安格尔(1780—1867)曾借以衡量绘画中色的形式之美与不美,认为不事夸张、不

---

① 宗白华《论书》,《时事新报·学灯》1938,12,11;六十年代《哲学研究》一文中继续发挥。
② 伊利莎白·华莱士《荷马和古代艺术中的色彩》,威斯康辛1927年版,第49页。

强求辉煌灿烂,才能用色恰到好处。拉菲尔(1483—1520)和提香(1488—1576)做到了,鲁本斯(1577—1640)及其助手凡·戴克(1599—1641)则反之;而从我国文人画的角度看,近乎"雅""俗"之分或"静""躁"之别。

最后,想归纳为三点:

(一)总的看来,在艺术形式美方面,中国绘画和西方绘画存在很大差异。中国绘画的艺术形式美是为了表现"神似"的,这"神"意味着画家对物象本质的认识、审美的感受,从而融成情思意境,这一切都可通过作品的艺术形式美而表现出来。例如晋顾恺之所谓"以形写神"的"神",是指人物的内在本质和精神面貌,宋宗炳所谓"畅神"的"神",则属于画家的感情、意境。倘若撇开作品的艺术形式美,顾、宋所求的"神",都得不到具体的表现。但是"神"的涵义,由顾发展到宗,亦即从客观反映进入主观、客观的统一,实为中国绘画美学的一个飞跃,因为画中之"我"被提到创作日程上来,而且这"我"或"神"是和"峰岫峣嶷,云林森渺"[①]相结合,并没有什么主观主义、唯心主义从中作祟。至于西方绘画的艺术形式美,主要是追求"形似",须符合客观事物的形象和规律,凡能如实地刻划这些物象的艺术形式都是美的,而画家的审美感受、情思、意境不一定是首须考虑的。不过,到了现代,现代主义绘画的艺术形式美,则又可完全毋视对客观事物的反映,似乎是脱离任何内容而独立存在,其实也并非如此,因为玩弄形式的形式主义本身,仍不失为一种思想意识,而现代派绘画的艺术形式美则和这种意识紧密联系。[②] 由此可见,认为艺术形式美有所谓绝对独立性,毕竟是错误的。再进一步看,对艺术形式美的研究,势必接触到一个相当根本的问题:从"神似"来看,艺术形式美不可避免地使艺术作品表现了艺术形象和自然形象之间的距离,而这种距离,在中国绘画艺术上十分显著,但却与西方现代派绘画又不相同,并不含有非理性主义的思想因素。下面试就线条和色彩分别谈谈中国绘画艺术形式美的部分特征。

(二)在中国绘画史上,人物画科最早把线条作为艺术形式美而应用于人物衣褶,并逐渐分为若干类型。明汪砢玉《珊瑚纲》列有"古今描法十八则",其中有一部分,现存的古代人物画迹还可作为佐证。例如"高古游丝描",紧密连绵,如春蚕吐丝,见于晋顾恺之《女史箴图》卷(摹本);"铁线描",见于唐阎立本《历代帝

---

① 见宗炳《画山水序》。
② 参看拙文《现代西方文论漫谈》,《文艺研究》1981年第6期。

王图》卷;"柳叶描",亦称"莼菜条",见于唐吴道子《送子天王图》卷(摹本);"战笔水纹描",见于唐韩滉《文苑图》;"蚂蝗描"一名"兰叶描",见于南宋马和之《豳风图》;"折芦描",见于南宋梁楷《六祖图》,如此等等。到了明末清初,著名人物画家有南陈(陈洪绶,号老莲)、北崔(子忠,号青蚓[引]),前者融合铁线与游丝,后者兼用折芦和战笔水纹。人物衣褶本是随着人体的动、静,而有种种形状,它们是客观存在,然而古来这末许多人物画家为什么创造出如此多样的线条描法或艺术表现形式,并认为它们是"美"的,而加以运用,并且在一生创作中一贯地使用呢?这里面存在着画家的审美意识,表现为取象造形—线条—用笔—韵律—审美趣味诸环节,它们既组成艺术形式美,复体现艺术形式美所代表的画家个性特征,同他的气质、情感相联系,和作品的艺术风格分不开。否则,他为什么画了一辈子的人物画,总是使用某种衣褶描法而不用其它描法呢?也就是说,一定的艺术形式美常伴随着一定的心理因素,而从毫端落在纸上——这是一条普遍规律。因此,可以推想到其他画科,其作品中的另一些艺术形式美,都不可能毫无依傍,独立存在,它们总是在客观事物和作者写物、抒情之间,起着中介作用,绘画创作和绘画欣赏都须通它们。因此,倘若对艺术形式美不感兴趣或无甚理解,便去观看古代或近代的名作,究竟能有什么收获?就实在很难说了。

(三)接着谈谈设色。中国绘画的设色也和西方绘画不同,画中的色彩和客观事物的色彩存在巨大差距和距离,这在西画是比较罕见的。用今天的话说,中国的设色绘画不是彩色照相。中国古代画家也不搞色彩分析,可说是很不"科学的",因为古代中国压根儿没有色彩学这门科学,然而他的设色却又是很"艺术的"。如果从色彩的审美意识说,中国画在用色上不是理性的,而是感情的,他虽然不写实,不求符合客观现象的规律,却在设色中抒发了情思、意境,有助于实现借物写心的创作目的。试以山水画为例,无论是青绿重色、淡设色或浅绛,都和自然景物、真山真水中所见的色彩对不上号,不是现实主义的而是浪漫主义的。举凡众色的相间、一色的变化、浓淡的交错等,以及色与色之间的调和、对比、衬托、映发等,都出于画家的想象,并具有浓厚的装饰性。其次,色也不是孤立的,它和墨相辅而行,色不碍墨,色墨交融,墨给色留地步,色补墨之不足,而且以墨为主更是重要法则,并归结为轮廓和皴法的用墨或笔法。中国绘画之所以能使设色成为艺术形式美,其关键不在色,而在墨、色的主从关系。在中国画史和画论上,设色很早就从属于用笔、用墨,倘若笔墨已能达意,设色几乎是可有可无。唐张彦远《历代名画记·论画体工用拓写》指出:"草木敷荣,不待丹碌之采;云雪飘扬,不待铅粉而白。山不待空青而翠,凤不待五色而綷。是故运墨而五色具,谓之得意。意在五色,则物象乖矣。"而且,这为了达意的笔墨更离不开笔跋(踪),所以即使是设色,它也不能掩了笔踪,正因为轮廓是写形达意的主要凭借,如果脱离笔踪,轮廓又何从表现?因此张彦远又说:"沾湿绢素,点缀轻粉,纵口吹之,谓之吹云。此得天理,虽曰妙解,不见笔跋,故不谓之画。如山水家有泼墨,亦不谓之画,不堪仿效。"可见吹粉的设色法和泼墨的用墨法之所以都不足取,乃是由于没有笔踪而失却其为"画"了[1]。宋韩拙《山水纯全集》还就上说加以补充:"霞不重以丹青,云不施以彩绘,恐失其岚光野色,自然之气也。"意思是墨笔山水原能表现的,就不劳设色,我们试观现存的北宋郭熙《早春图》,纯用水墨,却真地写出深山里冬去春来气象,就是一个很好的例证。推而广之,画梅也不例外,南宋诗人陈与义咏墨梅的名句"意足不求颜色似",道出我国绘画设色的基本原则。清代王原祁(麓台)《雨窗漫笔》有所发挥:"设色即用墨意,所以补笔墨之不足,显笔墨之妙处。今人不能解此,色自为色,笔墨自为笔墨……惟见红绿火气,可憎可厌而已。"重浊、火气、俗气乃设色之大忌,对于色彩的艺术形式美有损无益,对色、墨交融的艺术形式美,更是一大障碍。另一方面,中国绘画也并非完全排斥色彩,而青绿重色更成为一种画体,唐李思训可称典型的代表。他以墨笔勾出轮廓,敷以石青、石绿、朱砂等重色,复用金色界划,元汤厚《画鉴》加以概括:"李思训画着色山水,用金碧晖映,自为一家法。"明沈颢《画麈》则认为"李思训风骨奇峭,挥扫躁硬,为行家建幢。"意思是设色不掩笔意,灿烂中仍具笔情墨趣,试细察现存的李思训《江帆楼阁图》[2]便是如此。对中国绘画来说,色以辅墨,墨中见笔,而笔为主导,乃色彩的艺术形式美的基本法则,这正是说明色彩和线条一样,作为艺术形式美,都不容许脱开笔意闹独立,须从属于笔,从属于那"存于笔先"的"意",任何形式主义因素是无安身之处的。

---

[1] 这也不可一概而论。随着技法的发展,如梁楷的《泼墨仙人》《布袋和尚》,其衣褶都用泼墨,而有笔踪、笔趣,为画中一格了。二图见徐邦达编《中国绘画史图录》(上)第250页,252页。张氏说未免保守。

[2] 传为摹本,现在台湾省。

附录：西方唯美主义的艺术批评[①]

十九世纪下半叶的欧洲，自由资本主义向垄断资本主义过渡，资产阶级知识分子处境日益困难，彷徨苦闷，精神空虚，有的甚至把生命看作是死刑的缓刑期[②]。他们没有出路，只好追求官能享乐，纵情声色，在他们的文学艺术方面出现了颓废主义思潮。七十年代中期，法国的巴那司派[③]公开宣传诗歌不应涉及政治，须脱离社会斗争，强调"为艺术而艺术"，在法、英等国逐渐形成唯美主义的批评流派，其代表人物有戈狄埃、波德莱尔、裴特、王尔德等，活动于十九世纪最后三十年间，在西方批评界产生深远影响。他们毋视艺术的社会教育作用，主张艺术的目的在于丰富艺术的形式美，认为后者是艺术欣赏或审美的唯一对象，推而至于人生的涵义也只是尽量充实所谓死缓期内的刹那的美感享受。但是另一方面，由于他们的批评注意到艺术实践中表现方法和造形美紧密关系，强调艺术的形式美是艺术创作的一个重要环节，并具体分析形式所具有的艺术效能，这些在今天仍有一定参考价值。下面试就四个批评家的重要论点作初步分析和评价，最后结合我们当前的艺术理论研究，对其中较为突出的若干问题，谈点个人的粗浅看法。

戈狄埃(1811—1872)是法国小说家、批评家，首先提出"为艺术而艺术"，这一口号后来成为巴那司派的美学纲领。早在 1832 年他就写道："艺术意味着自由、享乐、放浪——它是灵魂处于逍遥闲逸的状态时开出的花朵。"艺术家"对制作或手法异常关心，因为'诗人'这个词字面上是指制作者；作品总是由于制作精美而存在的。"这种看法不始于戈狄埃，在古代希腊，诗的概念为制作、创作，并被应用于一切艺术。这一概念在西方广泛流行，戈狄埃却片面强调创作的技法，对

[①] 本文涉及艺术形式美，并对中国绘画有关这个问题的探讨，不无参考价值，所以作为附录，收入本书。

[②] 见下文裴特部分。

[③] 亦称高蹈派。

作品内容则不感兴趣。1853年他在《珐琅和雕玉》中赞美以严谨的技巧处理细小题材:"在金或铜的上面镶嵌闪光的珐琅,或在宝石、玛瑙、红玉髓或石华的上面使用刻工的转轮。每件作品都做得像一个珍宝盒的盖子或一颗镂刻图象的印章戒指那样,极精美之能事——会使人联想到画家和雕刻家陈设在自己工作室中的古代勋章。"换句话说,艺术所贵在形式,它从精雕细凿中来,尤其是仅仅诉诸感觉,而没有更多要求。因此,他宣称:"音乐有什么益处?绘画有什么益处?""凡属真正美的东西,都不是为了任何目的的,每件有用的东西都是丑的。""一般说来,事物一有用,便不美了。"他所谓的美,是不涉及道德的、无关实用的美。他还通过小说人物之口描写他的审美活动:"我一直是垂涎欲滴,却不知道究竟渴望的是什么,正像没有睫毛的眼睛盯住太阳望,又像手触火焰,尽管疼得可怕,却忍耐住了。然而美的极致是不可能到达的,对它也不希望有所摄取,更不要为使旁人也感觉到美而想方设法加以复制。"在他看来,美不仅局限于每一个人的感觉范围而又不可言传,甚至有时还须付以痛苦的代价才能获得,竟是苦中寻乐的滋味了。于是美感止于感性阶段,而且必须是细微的、个人的、独特的,有时还伴随痛感以及不可知性,并与道德判断毫无关系。后一点和康德的美与崇高同利害感无关说是一脉相承的。这些特征,反映了十九世纪末欧洲资产阶级知识分子孤独、忧郁等颓废情绪。因此,戈狄埃特别欣赏"为艺术而艺术"的另一代表波德莱尔和他的诗集《恶之花》。

波德莱尔(1821—1867)是法国诗人、批评家,以诗集《恶之花》而得名。这部诗集描写心灵与官能的狂热、变态心理,抒发厌世情绪,甚至歌颂死亡。他长期过着放浪生活,死于酗酒和吸食鸦片。他进一步宣扬为艺术而艺术,戈狄埃所谓的美与苦痛相联系,被发展为美与邪恶不可分,戈狄埃赞美精细的技巧,波德莱尔则大谈艺术的形式美的威力,从而提出一套比较完整的唯美主义艺术观,被称为西方颓废主义的首要代表。他和浪漫派画家德拉克洛瓦(1799—1863)、印象派画家马奈(1832—1883)、讽刺画家杜米埃(1808—1879)往还甚密,熟悉他们的表现形式和技法,这有助于他对艺术形式的功能的探讨,形成唯美主义批评的特征,下面提到的英国的裴特,也是如此。至于给波氏的思想以深刻影响的,除戈狄埃外,还有美国的"纯诗论"者爱伦·坡(1809—1849)。波氏的主要论著有《美学探奇》,包括1845、1846、1849、1851的《沙龙画评》和《浪漫主义艺术》,以及《德拉克洛瓦论》等。

他从画家的气质和感觉出发,考察艺术技巧和艺术的形式美之间的关系。

他常常联系艺术实践、特别是创作技法及其运用,研究审美问题,不大在书本或概念上转来转去,因此他在西方文艺批评史上有"当代(指十九世纪末)第一美学家"之称。那时候,印象派画家德加(1834—1917)曾坚决反对艺术批评家们倾向于发明理论,以掩盖他们对于绘画的实践过程的一无所知,而波德莱尔却无此病,在技法甘苦上是个内行,同时也有理论,只不过他的理论存在不少错误。十九世纪末摄影术已很流行,影响及于艺术,产生了复制自然的倾向,而法国绘画则处于浪漫派向印象派过渡期间,正意味着从主动表现理想转为被动接受印象,以技法的创新逐渐代替表现所想象的境界。因此感觉和感受力被提到首位,描写感觉、印象成为创作的目的,描写技法必须革新乃主要课题。当然这一转变不只是因为摄影术,它和社会现实的丑恶日益暴露以及理想的破灭,更是紧密联系着的。而波德莱尔则在艺术如何对待自然、现实的问题上,提出自己的看法。他宣称"自己的首要任务就是向自然抗议,并以人代替自然"。又说:"一位艺术家应首先把人放在应有的地位,与自然相抗衡。"①因为"是自然指使人们同类相残、相食、相囚禁、相虐害"②。对艺术家来说,就须凭自己的感觉经验,通过作品以揭示自然的丑恶本质,反映出自然的规律。因此"一位健康的艺术家的首要条件,就是相信经验乃安排好了的一个整体",它表现为"生命、现实的模型",体现了"自然的规律"。艺术家不应背离这模型和规律。"假如一篇小说或一个剧本写得很好,那只能因为它没有引诱读者、观众违反自然规律"。但是他所谓的模型、规律却限于生活的暗面,而且形成作品的唯一主题。在波德莱尔看来,只有回避丑恶,不敢描写因而产生"有害"的作品,却不存在敢于描写丑恶而成为"不道德"的作品。于是他得出结论:"经过艺术的表现,可怕的东西成为美的东西;痛苦被赋予韵律和节奏,使心灵充满镇定自若的快感。""艺术的陶醉掩蔽了恐怖的深渊:因为天才能在坟墓旁边演出喜剧。"③因此"道德并不以呆板的口号出现,而是渗透艺术,和艺术混为一体"。"诗人不由自主地也是道德家,这是由于他具有那样充沛、丰满的人性。"换句话说,艺术家描写苦痛、邪恶、败德,不仅是描写美,表现人性,而且阐明了十九世纪末的道德观,倘若还有道德可言的话。不难看出波德莱尔的这些论点,主要是为他的《恶之花》或者说"丑中美"寻找理论根据的。

---

① 《美学探奇》,第168页。
② 拙编《西方文论选》下卷,第229页。
③ 《美学探奇》,第165页。

波德莱尔认为讲论道德不能忽视败德,谈美不能丢开丑,并从而论述十八世纪和十九世纪的欧洲文学。"十八世纪流行着虚伪的道德观,从而产生的美的概念也是虚伪的。当时人们以为在自然中所看到的,是一切善和一切可能善的基础、根源与原型。其实,否定原始罪恶的存在,是一个十分错误的伦理观,而他们却对此视而不见,所以十八世纪是一个普遍盲目的时代。"①意思是启蒙主义文学家宣扬自由、平等、博爱等的正面道德说教,而丢了与美好相对待的丑恶,看法不够全面。另一方面他又认为:"对艺术的狂热感情,适足以腐蚀和毁灭其他一切。……这意味着艺术本身的消亡。人性的完整也就瓦解了。"②这说明他对十九世纪初崇尚热情的浪漫主义也表示不满,因为不写丑恶就无从揭示人性的全貌,也不能完全实现艺术的目的。关于十九世纪三四十年代开始的批判现实主义,则有这样的评语:"如今一切能够分析问题的人们都对'现实主义'一词深为憎恶,觉得它简直是对他们的侮辱,因为这个词已落在庸俗的艺术家手中,变得涵义隐晦、太富于弹性、不够明确,它已经不是什么新的创作方法,仅仅成为对非本质的事物作些细致的描写罢了。"③因为批判现实主义作家尽管揭露现实,但是由于没有颓废派那种忧郁、阴暗的气质,就不懂得美寓于丑的秘奥,对人世的丑恶本质只能是视而不见了。总的看来波德莱尔对十八世纪以来的文学采取否定态度,实际上是给自己的《恶之花》或"丑中美"的美学观再一次进行辩解。

与此同时,他在大西洋彼岸却发现了善于描写"第二"自然、具有恐怖逼人的风格的爱伦·坡,赞美坡具有"特殊天才"和"特殊气质",能"按照自然的正常状态,展示了参差不一的形象",认为文学史上"谁也不曾在刻划人类畸形上取得比坡更为不可思议的成功"。④他很欣赏坡能捉取并利用"每一顷间,事物和思想之间的多种多样的结合"⑤,很钦佩坡的胆量,把畸形与丑怪纳入审美对象,并不因为害怕有损完美而丢了丑怪。波德莱尔肯定爱伦·坡,实际上也还是为了肯定自己的《恶之花》或"丑中美"观点。他还在1859年称颂戈狄埃的一文中写道:"我们的审美本能使我们不得不端详尘世,并抓住它的能见度⑥。"为的是获取创作中物质和精神之间的"对应""符合""一致"。在这以前,他写有一首以《对应》

---

① 《面脂颂》,载《费加罗报》1861年12月3日。
② 《浪漫主义艺术》,第296页。
③ 同上书,第399页。
④ 《论爱伦·坡》。
⑤ 引自爱伦·坡《诗的原理》。
⑥ "能见度"也可译"可见性",原文为拉丁语。

为题的十四行诗(1857),把整个大自然描写成一座神殿,它以树木为支柱,当风吹过这些"象征的丛林"时,发出似乎混乱无章的语言,而诗人由于特殊的禀赋,却能领会其中的意思。作者是从颓废主义者立场出发,探寻并描绘和自己主观相"对应"①、相"一致"的东西,即丑怪、奇特的事物,因为它们特别投合颓废、阴暗的心理;作者最感兴趣的是丑恶的可见性。与此同时,作者还借助客观事物的描写,以象征超越现实之美、即心灵与神明的契合,把唯美主义引向象征主义了。

更值得注意的是,他还曾否定过为艺术而艺术,说它"带有幼稚的空想主义,妄图回避道德问题,……注定不能结出果实。它向人性挑战,更是臭名昭彰。我们根据生命本身的更高的普遍原则,宣判它为异端邪说,并且是有罪的。"②他难道是自相矛盾吗?不是的。因为有时候他也不免心虚,感到描写丑和描写美同样地离不开一定的主题,艺术既然接触主题,那末艺术除为本身以外显然另有目的,不可能仅为艺术本身了,而且他把丑加以美化的时候,也难矢口否定毫无外在目的,于是不能不对"纯艺术"有些微辞,作点表面文章。更何况所谓生命的最高的普遍原则,在颓废主义者的心目中已包括犯罪、丑恶在内,并且要求艺术家把后者作为对象,进行美的创造,因此他绕了一个弯,最后还是回到丑中之美。波德莱尔还仿效爱伦·坡,把这种创造称为"实现另一个类似艺术家(按:即颓废派艺术家)的心灵与气质的自然"③。这个"自然"就是上文提到的那个"第二"自然,它和戈狄埃所谓"忧郁""苦闷"的心情是一脉相承而又加以发展的。下面的一番话就说得很清楚:"美是这样一种东西:既带有热忱,也含着愁思。……一个女人的面容……一个美好迷人的头颅——我指的是女人的头颅——呈现出迷离的梦境,能够满足感官,同时也引起一番惶惑;它或者暗示忧郁、疲倦、厌腻,或者唤醒对生命的热烈向往;于是愿欲和绝望、苦闷、怨恨融合为一了。"④他公然赞扬这种死亡之美,而且表示:"我并不主张'欢悦'不能和'美'结合,但我的确认为'欢悦'乃'美'的装饰品中最庸俗的一种,而'忧郁'似乎是'美'的光彩出众的伴侣。"⑤他的丑中美的观点可谓发挥得淋漓尽致了。但他犹嫌不足,在评价德拉克洛瓦的作品时,再作补充。"我要指出德拉克洛瓦的最为极端的德性——

---

① 源于瑞典哲学家史威顿堡(1688—1772)的"对应说"。他崇信基督教新教,著《神爱与智慧》,宣传神的世界和人世之间相互对应,密切契合。波氏这诗加以发扬。
② 《浪漫主义艺术》,第184页。
③ 《美学探奇》,第111页。
④ 《西方文论选》下卷,第225页。
⑤ 同上。

最突出的品质,那就是他的全部作品具有一种独特的、一贯的忧郁,表现在选材和人物的面容,形成一种风格。"①他还从此得出结论:德拉克洛瓦所以爱好但丁和莎士比亚,正是因为"这两位也是人生苦恼的伟大画手"。然而我们今天却很难从德氏的代表作中发现什么忧郁情绪。例如《希奥岛的屠杀》,尽管战场上有几具尸体,确是一幅歌颂1821年希腊人民反抗土耳其侵略的英勇斗争的历史画。再如《但丁和维吉尔》,则是但丁《神曲》的一幅很生动的插图,描写罗马诗人维吉尔领着意大利文艺复兴运动的先驱者但丁经历地狱时的一段情景——画中他俩站在小船上,驶过苦海的惊涛骇浪,那些被投入苦海而仍然作最后挣扎的"罪犯",个个双手紧抱船舷,跟随他俩一同走向新生。应该说画家十分同情中世纪人民反对教会僧侣的黑暗统治、向往光明的斗争,哪里有什么忧郁苦闷的感情。实际上德氏画中的思想境界全被他歪曲了。

从英勇奋斗中引出忧郁、抑闷的感情——这原是颓废派的主观想象,这里不妨看看波德莱尔对于想象的一些说法。"想象力既是分析,又是综合……尤其是一种敏感",可以"创造一个新世界,产生一种新感觉"。如果接着上文来理解,那就是说颓废的气质赋予艺术家以一种特殊的想象力,使他能敏锐地感觉到或辨别出世界存在丑中之美,而加以描绘,实现了物质、精神的合一,亦即前面提到的"对应""一致",终于从丑恶中创造出美来。他还说自己并不打算排斥想象而呆板地、单纯地模仿自然,因为本来就不应该"把这枯燥无味的、不生不育的职务派给艺术。……明明是装点门面,却偏想掩盖,生怕戳穿,这是毫无道理的。"②一句话,对于唯美主义艺术来说,现实的丑恶已不是修修补补的问题,而是应该敢于想象,化丑为美。正是这种大胆想象使波德莱尔写出《恶之花》,并宣布唯美主义的美学纲领就是丑中美。他的文艺批评的总则就包含在下边一句话中:"诗不可同化于科学和伦理学、道德学,它一经同化,便死亡或衰歇。诗只是它自己。"③他重复了坡的纯诗论。

波德莱尔宣扬为艺术而艺术,给唯美主义增添了丑中之美的美学原则以及象征主义的因素,掀起颓废主义思想的恶浪,影响比较深远,直到当代,因而他在西方还赢得颓废主义理论家的称号。

比波德莱尔略晚一个世代的**裴特**(1839—1894)是唯美主义在英国的重要代

---

① 《西方文论选》下卷,第229页。
② 《面脂颂》。
③ 《西方文论选》下卷,第226页。

表。他进一步宣传感觉、印象产生纯美,纯美才是真实等论点。他出身医师家庭,在牛津大学受过教育,与前拉斐尔派画家往还,和波德莱尔一样,对造形艺术的技法也有丰富的感性认识,因此他在艺术鉴赏和理论分析方面比较具体,较少抽象化、概念化。主要著作有《文艺复兴:艺术和诗的研究》(1873)、《伊壁鸠鲁的信徒马略:他的感觉与思想》(1885)、《鉴赏篇,附风格论》(1889)等。《文艺复兴》评论意大利画家波蒂切利、达·芬奇、米开朗基罗,乔尔乔尼画派,以及德国的艺术史家、古典主义者温克尔曼等,在艺术欣赏方面特别强调刹那间的美感,其《结论》可作为唯美主义的宣言。裴特主张艺术美是脱离社会现实的、孤立的、独特的;艺术评论是对艺术表达方式的探讨;取得卓越成就的艺术都具有一种活力,它形成艺术作品的动力,这活力和动力都开始于感觉、印象的生动丰富,而归结为无关现实的形式之美或纯美。

关于充实刹那的美感享受,裴特有许多描述。"只有在某一顷刻,手和面部的某些形状比较完美,山峰和海面的调子比较可取,某些激情或思想的震撼更加真实动人。""凡属现实的、实在的东西,只有一刹那间的存在,我们刚想抓住它,它已消逝了。"这是说感觉的特征在于它的极端的短暂性。与此同时,感觉、印象更有高度的个别性。"感觉经验被分解为一大群的印象。……在观察者的心灵中,每一对象则呈现出颜色、气味、结构等种种印象,而每一印象都属于彼此孤立的个人的印象,因为每一个人的心灵就像被隔离的囚犯,各自保持个人所憧憬的世界。"因此色、味、结构所唤起的感觉也就会因人而异了。裴特所谓的个别性或独特性,也还值得探讨,不宜匆匆否定。例如清人谢樵题《八大山人画册·水墨萝菔(萝卜)》:"人皆爱其叶,我独爱其根,根好有余味,叶好何足论?"既说明对于根和叶的美感,各人不相同,也论证了美感的个别性。裴特更结合所谓美感的二性,大肆发挥:"个人的各个印象不断消失,经验也在萎缩","正因为运动不息,感觉、印象、形象总在新旧交替,方始会有我们的成毁相因,而人类的生命真实才日趋精纯。"而在每一个人看来,这短暂、个别的感觉、印象,毕竟是最最真实的、最最可贵的东西了。裴特还提到雨果关于人不免死亡的一句话:"人人难逃死刑,不过缓刑期或长或短,未可预卜",并加以引申:"仅此间歇为我们所有,以后我们就不知所在了。有的人没精打采、有的人感情冲动,便度过了这段时间,而最有智慧的人……则在艺术和歌声中度过。因为我们毕竟还有机可趁,那就是延长这一间歇,在有限的时间里尽量增加脉搏的次数。"这番话可作享乐主义者的自白,于是人生唯一的道路就是借艺术来充实刹那的美感享受。裴特还说:"艺术坦率地承认:当无法计量的刹那掠过我们的一生时,艺术却做了一桩事,那就是赋予每一刹那以最高的美,而且这样做不是为了别的、只是为了无数刹那本身。"①在颓废派看来,艺术的目的、功用仅仅为了丰富瞬刻的美感,所以问题就不在于感受什么,而是如何增强这种感受力了。裴特接着论说,艺术批评不可忽视感受力和人的气质的关系"对批评家来说,重要之点并非凭智力以取得一个准确而抽象的定义,而在于他本人须具有某种气质,始能面向美的事物时深受感动。而且他还须永远记住,美存在于多种形式中。"②所谓气质,是指颓废派的阴暗心理、悲观情绪等,须由此出发,把握艺术的形式美。"各门艺术的感性因素原不相同……各门艺术的感性材料带来各个具有独特性质的美,并且不可能为其他任何的形式美所代替——一切真正的审美批评应从这里入手。""一位真正的美学研究者的目的,不是抽象地而是用最为具体的措词来解释美,在讨论美的时候不要凭一般化的准则,却必须最最恰当地揭示出美的这一或那一特殊现象。"③也就是说,艺术批评家有必要通晓各门艺术所特有的表现技巧和手法,要有丰富的感性认识的基础。这种要求可以避免批评的概念化或教条化,今天看来还是可取的。在国画艺术中,这"具有独特性质的美"就表现在线条、轮廓、设色、水墨等的具体运用方式和方法,对不同画派、不同画家则各有变化,各具特色。例如同是画竹而风格各异:李衎(息斋)刻划,柯九思(丹邱)沉酣,顾安(定之)澹逸,这固然由于境界不相同,但也和各人的笔墨技法分不开,即李锐勒锋利,柯阔笔饱墨,顾淡墨轻拂,而观者可以从中各得所好,但是如何具体地感觉艺术的形式之美,对他来说,仍然是必须打通的一关。石涛曾题所画山水:"过此关者知之"④,也正是此意,不过他指的是山水画而非竹石。

裴特接着说:"须观察到对象(按:指艺术形象)本身,这一向被公正地认为是一切批评的目的;在审美批评中,首须清楚明确地认识对象所给予的真正印象",并且发现"这些对象犹如自然的产物,蕴藏着这样巨大的力量。"这力量究竟是什么呢?裴特用一系列问句来回答,并仍旧归结到人的气质上去。他的问句

---

① 以上均见《文艺复兴·结论》。
② 《文艺复兴·序言》。
③ 《文艺复兴·乔尔乔尼画派》,全书第130—131页。
④ 故宫博物院影印本《石涛画册》第七幅题语。该册出版说明提到石涛论画曾有一则:"笔枯则秀,笔湿则俗,今云间笔墨,多有此病。总之,过于文何尝不湿?过此关者知之。"云间或华亭,即今上海市松江县,董其昌为华亭派代表,山水喜用湿笔,石涛对董提出批评。鉴赏家如果懂得干笔、湿笔的不同艺术效果,也可以说是过了一关。

是:"对我来说,这首歌或这幅画,以及生命和书中所呈现的那一迷人的独特个性,究竟是什么?它对我产生什么影响?它给我快乐吗?那又是怎样一种快乐?其程度如何?这种快乐的存在及其影响,更是怎样对我的本性起了修饰润色的作用?"换而言之,艺术作品或美感对象所具的迷人特性,恰巧符合人的本性或气质,从而产生力量;这和波德莱尔所谓物质和精神的"对应"是同一意思。但裴特更进而论说美感教育的效能,"是和我们对于美感、印象的深度和变化,成为正比的。……从事审美的评价,应当识别和分析这种效能,把它从一切附属物中区分开来,并指出这种特殊印象的根源以及在什么条件下人们会感觉到。"然而,裴特并未到此为止,却还往下说:批评或鉴赏"没有必要在形而上学的问题上自找麻烦,例如美的本质是什么?美和真或经验的关系如何?……这些都可从略了,回答或不回答,是毫无兴趣可言的。"①这就显然不对头了。一面谈美育效能,一面却无视美的本质和真、善、美的统一,结果必然丧失美育的现实意义,这才真地把批评引向形而上学,更何况刹那的感觉印象已不仅仅作为审美活动的第一步,而是代替了它的全部,必然把艺术批评局限于艺术的形式一方面了。

　　裴特还论说形式或艺术外形的能动作用:"一切艺术的共同理想就是……外形和内质融合而不可分。"②"如果一幅画只描绘一桩事件的实际细节、一处风景的原来位置、丘壑,在艺术处理上却缺少一种形式、一种精神,那末它就等于什么都没有了;这种艺术形式和方式,应当渗透到主题内容的各个部分:所有的艺术都始终不懈以此为目标,并取得不同程度的成功。"③意思是艺术须改造客观事物形象以创造艺术形象,改造的途径是将高度结合的精神、形式注入艺术形象,凡与内容契合的形式,无不寓有艺术家的心灵,所以成功的艺术作品有了"一种形式",同时也有了"一种精神"。在西方艺术理论中,研究形式作用的并不始于裴特。例如德国启蒙主义者席勒(1759—1805)就曾说过:"一位大师所特有的秘奥,就是以形式来抹去物质的痕迹。"当"物质和形式真正结合并互相渗透"时,这种形式称得起是"活的形式"。④ 就国画说,运用皴法(形式)描写自然美(物质)时,也可以做到形、质交融,"天衣无缝",标志着山水画家高度的技法水平。"劈斧(皴法名称)近于作家,文人出之而峭(雄健超脱),鬼脸(亦作鬼面,皴法名称)

---

① 《文艺复兴·序言》。
② 《鉴赏篇》第37—38页。
③ 《文艺复兴·乔尔乔尼画派》,全书第135页。
④ 《席勒全集》第18卷,第83,100,55页。

易生习气,名手为之而逭"①,"作家习气"便是形、质结合生硬,未臻圆融精纯的境界。至于如何做到这一步,裴特则认为决定于艺术家的想象。他说想象的功能就是"将自然事物的种种印象加以锤炼,凝铸于艺术家所赋予的形式中",以"达到形象和思维二者的完全融合"。② 这里,我们也许会想到黑格尔的那句名言:"想象是创造的","最杰出的艺术本领就是想象"③,而裴特则看到了艺术形式在创造性想象中的功用:改造自然形象,塑造艺术形象,抒发作者的情思。这种形式、精神一致说,实质上同我国晋代大画家顾恺之所说的"以形写神"相类似,而顾氏的"迁想妙得",则可相当于裴特所说:凭想象去锤炼印象,凝为艺术形象。此外,裴特还有一番话,其前半段是:"艺术总是力图不单单依靠理智、智力,以便专心致志于感觉之事,不对主题或题材负责;"④我们如只看这半段,必然指责作者是为感觉而感觉。但他接着又说:"在诗和绘画中,凡属理想的模范(按:指成功的作品)都把全部结构所有的组成要素,融为一体,既不使题材或主题仅仅触及理智,也不使形式单单诉诸耳和目;而是以形式和内质的契合,来打动'善于想象的思维',产生独特的、唯一的效果;必须是依靠这种契合的本领,每一思想、每一感情才能和它的类似物、它的象征一同出现。"⑤这整段话意在突出艺术想象以及象征的作用:它使艺术家有所见便有所感(不是感觉而是感情),思想、形式统一,内质、外形融合,而难以区分,这时候艺术的效果或功用也就不会停留在形象塑造,还要有所寄托,有所象征。讲到想象和象征相联系,我们会想到艺术史上若干例子。宋遗民龚开画"瘦马"表达自己的身世之感,画"高马小儿"暗示"小人乘君子之器,盗思夺之矣",即宋亡之后,蒙古的统治不会久长。⑥元倪瓒给卢山甫画江干六树,黄公望题了七绝一首,后二句是:"居然相对六君子,正直特立无偏颇"⑦,黄公望正是从艺术造形的象征作用,来欣赏倪瓒这幅画的。至于元王冕题所画梅花:"宁可枝头抱香死",则以托出自己虽安居贫困,毕竟不甘落魄的心情。

　　裴特还以这一契合程度的多少来衡量艺术的高低,并认为抒情诗不及音乐。

---

① 笪重光《画筌》。
② 《希腊研究》(1895),第 32 页。
③ 黑格尔《美学》第 1 卷,第 348 页。
④ 《文艺复兴·乔尔乔尼画派》,全书第 138 页。
⑤ 同上。
⑥ 吴师道《吴礼部集》卷十一《〈高马小儿图〉赞》。
⑦ 此图藏上海博物馆。

"我们几乎不可能把抒情诗的内质和它的外形截然分开而无损于内质,从艺术的角度看,至少可以认为抒情诗是诗中最高的和最完整的形式。"①但他又说:"音乐艺术最全面地实现艺术的理想——形式和题材的绝对一致。这一理想实现了无数的完美无憾的瞬间,而从每一刹那的艺术来看,目的和手段、形式和题材、主题和表现都彼此难分,相互依存,相互渗透;因此音乐及其无数完美的刹那构成一种境界,为其他各门艺术所向往。能够作为完美艺术的真正典型或衡量标准的,毕竟是音乐而不是诗。"②裴特反复强调艺术作品的形、质合一,这是无可非议的。但是我们还须看到问题的另一面:他所特别感兴趣的是每刹那间的这种合一,而后者又和追求感官享乐、紧抓瞬刻美感的浓度、强度分不开。裴特认为音乐最能满足这一要求,所以赋予最高地位。

最后,我们更须明确:裴特所谓与形式、外形相对待的内质、实质,究竟是什么?因为这是裴特的唯美主义批评的核心问题。他说过:艺术作品必须具有"诗一般的刺激和趣味";"美加上不可思议的奇妙,可以构成艺术的浪漫的特质。"③那末,所谓"刺激""奇妙""浪漫特质"的根源又在哪里呢?裴特最后毫不讳言,是在"一个避难所"中,"一种避难式的修道院,可以摆脱尘世的粗鄙伧俗。"④因为"它比现实世界稍须好些,如果讲到想象和修饰美化,那里胜过现实世界"⑤。而且在那里,"另有一番新景象,创造出新理想"⑥。尤其是"为了仅仅欣赏而欣赏"⑦。至于导致这种论断的根本原因,可以看《文艺复兴·结论》最末一节里的那段自白:"我们都是有罪的,诚如雨果所说:'我们都被判死刑,不过缓刑期或长或短,未可预卜。'"⑧唯美主义者裴特由于回避现实,生活空虚,精神颓废,终于在绝望中叫嚷开辟纯艺术的新天地了。

总之,裴特的艺术批评可归结为:以纯美充实每一刹那的感官享受,在死缓的、短促的一生中谋求安慰。至于他对形、质关系的看法,则还有一些可取之处,但毕竟是瑕不掩瑜。

---

① 《文艺复兴·乔尔乔尼画派》,全书第 137 页。
② 同上书,第 138—139 页。
③ 《鉴赏篇》,第 246 页。
④ 同上书,第 18 页。
⑤ 同上书,第 219 页。
⑥ 同上书,第 218 页。
⑦ 同上书,第 62 页。
⑧ 《文艺复兴·结论》,全书第 238 页。

在裴特之后的一个世代里,唯美主义批评理论继续发展,并特别增强了形式主义观点,其代表则为英国的**王尔德**。王尔德(1856—1900)是名医之子,写过剧本、小说、理论批评等。他不满资本主义制度,幻想所谓"绝对健康机构所具有的天然状态",认为"把它称作社会主义或共产主义也未尝不可"。[①] 这只不过是空想,实际上他向往充满官能享乐的"美",认为即使在痛苦中也还可追求一种具有更大的"精神价值"的"美"。他自己过着极为放浪的生活,企图实现所谓超越道德的唯美主义理想,终于以败坏社会风化而入狱两年。他的文艺理论著作有《谎言的衰落》《批评家即艺术家》等,收入论文总集《意想集》中[②]。王尔德打着审美修养的旗帜,鼓吹为艺术而艺术、艺术高于一切,其理论的核心则是对立美与真,以美否定真,并从美而不真的观点出发,宣称艺术等于"撒谎",把关心生活与道德的艺术说成是"谎言的衰落",亦即艺术的死亡。于是"撒谎"的艺术,则只剩下形式或形式之美。可以说,王尔德的唯美主义批评愈加突出了颓废色彩和形式主义。

王尔德认为"生活对艺术的模仿,远远多于艺术对生活的模仿",因此世界乃艺术的产物。"一个伟大的艺术家创造一个典型之后,生活便试去模仿这个典型。""自然不是诞生我们的母亲。相反地,自然是我们创造出来的。由于我们的才智,自然才变得如此生意盎然。"王尔德还以特纳[③]的创作作为标准艺术,而以自然、现实与之相比,认为自然给我们观看的东西,竟是"特纳的第二流作品,属于低水平的特纳"。既然艺术远远地高出现实,当然"文学也总是抢在生活的前面。文学不模仿生活,却按照自己的意图来塑造自然"。这主要是因为"在生活中,形式之贫乏是十分惊人的"。"全靠艺术为生活提供了一些美的形式……通过这些形式,生活就可表现它的那种活力。"王尔德还自我吹嘘:"这是一个从来没有人提出的理论,它给艺术史投了一道崭新的光辉。"因此,艺术的关键问题在于艺术的形式。我们今天并不否认艺术形式美的作用,但王尔德的看法则有两点是值得研究的:(一)自然和艺术孰胜?(二)艺术是否以它的形式美来胜过自然?关于前一点,向来存在分歧。北魏郦道元《水经注·渐江》:"若耶溪水……水至清,照众山倒影,窥之如画。"自然山水之所以美,因为它像一幅山水

---

① 《社会主义制度下人的灵魂》(1891)。
② 下文关于以上诸篇的引言,不一一注明出处。
③ 特纳(1775—1851)是英国水彩画家、油画家,主要作品为风景写生(海景较多),强调光线和空气的表现效果。

画,言外之意,是主张艺术胜过自然的。英国文艺批评家赫斯列特(1778—1839)说:"一切都在自然中,艺术家只不过加以发现。""人并不增添自然的宝库或另有创新,而只能从中抽取一个贫弱的、不完整的副本。"这样,艺术却又低于自然了。而明代书画家董其昌(1555—1636)说得似乎中肯一些:"以径之奇怪论,则画不如山水,以笔墨之精妙论,则山水决不如画。"明代画家查士标(1615—1698)题龚贤(半千)山水:"丘壑求天地所有,笔墨求天地所无。"都指出艺术不仅本于自然而有所补益,更应加以改造,有所创新。董、查实际上表达了鉴赏家,尤其创作者的审美要求和标准。至于后一点,回答可以是正面的。唐元稹(779—831)《画松诗》:"纤枝无潇洒,顽干空突兀。……我去渐阳山,深山看真物。"他从反面阐明,倘若艺术作品没有提供美的形式,那就反而求诸自然吧。当然这种看法毕竟片面,因为除形式外,艺术还可在意境上比自然更美。换而言之,关于以上两点,值得进一步研究。

  王尔德对艺术形式的问题还有一些看法。首先,艺术家凭视觉以感受形式之美,所以"事物是因我们的视觉而存在,至于我们能够看见什么以及怎样看见,则完全取决于那些影响我们的种种艺术了。朝着一件事物看,并不等于真地看见那一事物。所谓看见事物,是指看见它的美。一个人并未看见什么,直到他看见了对象之美。"至于美的感觉能力,首先属于艺术家;至于观赏者则"首须拜倒在形式的脚下,这样,艺术的任何微妙才会对你公开"。总之,"形式就是一切。它是生命的奥秘。"本来形式或形式美在艺术创作中有其一定的地位,不容忽视,马克思就曾指出:"人类也是依照美的规律来造形的。"问题在于正确对待,王尔德则片面地予以夸大了。但是,另一方面他认为必须看到物之美才算看到物,这一论点却对审美感受、审美教育的研究有些启发,尽管语气偏激一些。比方说绘画展览会中观众熙来攘往,好不热闹,但是真能认识与形式美密切相关的技法特征、笔墨甘苦从而对作品领会更深的人,为数不会很多,然而他们看到的东西、他们的收获毕竟比一般观众多一些。裴特上面所说审美判断从作品的形式美入手,也正是这个意思。这里不妨联系十七世纪意大利批评家马可·波希尼的一句话:"画家用无形以造形,说得更确切些,他改变了现象的原来的形式结构,从而探索形象生动的艺术。"这句话在西方曾被认为是美的形式、富有画意的形式的一个很好的定义[①]。王尔德还就形式的"奥秘"讲了一个比喻:"人们目前看见

[①] 意大利艺术史家莱奥涅罗·温图利(1885—1961)《艺术批评史》英译本,1964年,第126页。

雾,并非由于雾的存在,而是因为诗人们、画家们已教导人们去领会雾景的神秘与可爱。多少世纪以来,伦敦不是没有雾,……而且我们敢说雾一直是有的,但是倘若我们未见雾之美,我们便是对雾一无所知了。所以,雾并不存在,直到艺术家创造了雾。"意思是须待艺术赋予雾以美的形式,而后雾才值得一看,所以艺术显得高于自然了。其次一点是,既然形式美是决定性的,那末,"真正的艺术家并不是从他的感情到形式,而是从形式到思想和激情"。"他从形式、纯粹从形式获取灵感。""形式成为种种事物的开端。""形式既可诞生激情,也可消弭苦痛。"结果,形式美、艺术风格、艺术家的个性,完全是一码事了,而独独抽掉那指挥形式、风格以及表现个性特征的思想感情与美学原则,于是王尔德的唯美主义最后只能是形式主义了。因此,艺术不得不脱离人民、脱离时代,"除了表现自己之外,不表现任何别的。""一位真正的艺术家丝毫不去理睬群众",也不可能"和人们生活在一起",而且"在任何情况下,艺术都不去复制它所处的时代。"王尔德还指责"历史家们所犯的最大错误,就在于沟通某一时代的艺术家和这时代本身。"而"唯一美的事物……是使我们毫不关心的事物。如果一个事物对我们有用或不可缺少,使我们感到苦痛和快乐,那末它就不属于艺术的正当范围了。因为我们对艺术主题应该漠不关心。""一切艺术都无实用。"①可以说,王尔德的这些看法和戈狄埃一样,也是重复康德的美与利害感无关说。十九世纪末西方资产阶级颓废派作家们回避客观现实,陶醉于个人主观世界,王尔德也不例外,而他的唯美主义艺术批评也就离不开康德的主观唯心主义美学的影响。

　　王尔德将美和真、善拆开,那末美还保持一些什么呢?回答是"装饰""韵""显现"等。他既然主张美是不关心的,艺术是为了创造纯美,那就必然反对模仿自然的美,而追求纯粹装饰性的美。他盛赞阿拉伯式图案艺术,因为后者"蓄意否定美属于自然这一概念,并抛弃普通画家的模仿方法"。王尔德更从装饰谈到韵:"在真正的艺术家手中,韵不仅成为韵律美的物质因素,也是思想、激情的精神因素,……韵能将人的语言转化为诸神的谈话。"他认为艺术只有丢开客观,才能体现心灵、个性,他的话中虽然也有"思想"字样,指的却是和诸神冥合的心灵境界,跟我们所说作品的思想性毫不相干。为此,王尔德更拈出"显现",以区别于"表现"或对客观世界的反映。他说:"美显现一切,正因为它从不表现什么。美是种种象征的象征。"意思是表现的对象在外界事物中,象征的对象在内心世

---

① 《格雷画像·序言》。

界里;前者以主观与客观的统一为范围,后者以(人的)心灵与神明的冥合为范围,决不逾越主观世界;反映、表现乃主观借助于客观,与外在的尚未绝缘,是有待的,而显现、象征则纯属主观独运,完全是内在的、自足的。由此可见,王尔德手中的王牌不外乎:美是主观的,美源于心灵,并象征心灵的最高境界——与神的契合,因而高踞现实之上,睥睨生活之美。和波德莱尔相比,王尔德使唯美主义更加接近十九世纪末的象征主义了。

末了,不妨看看王尔德对文艺批评所提的要求。"只有丰富、增强自己的性格和个性,批评家方能阐明他人(作家)的性格、个性和作品。"因此"批评家不可能做到通常所谓的公正。那种看问题定要看双方的人,往往是一无所见的人。只有拍卖商才必须均等地、无偏地崇拜所有的艺术流派。"按照他的逻辑,美是主观的,进行美的创造的艺术就须体现艺术家主观世界中独特的东西——个性,欣赏或批评则应领会或阐明作家和作品的个性;批评者或欣赏者倘若随波逐流、人云亦云,那末也就说不上是真正的艺术鉴赏或美的判断了。王尔德还进一步认为,个性是每一个人的独特属性,不同的个性都有存在的理由,犹如个人与个人之间地位对等,因此"凡是根据美而创造出来的一切东西,对欣赏者来说,其意义是相等的,是无可轩轾的"。换句话说,美的主观性贯串于作家与作品的个性以及欣赏者与批评者的各自个性中,遂使文艺鉴赏、文艺批评不可避免地有偏执,有癖好,因而批评家也决不会混同于拍卖商。这样,王尔德的唯美主义批评又和当时的法朗士所代表的印象主义批评合流了。

以上几人所涉及的某些问题,对我们当前的美学和艺术理论研究也有关系,值得进一步探讨,这里附带提出,并谈谈自己不成熟的想法,以就正于读者。

(一)"丑中美"似乎还是可以议论的美学课题。我们对于西方批判现实主义大师揭露资本主义社会的丑恶、刻划反面典型形象的作品,是很赞许的,因为它表现了艺术的真实,它所给予的审美感受是真而且美,或真、美的统一。至于"寓美于丑"的《恶之花》,它所反映的是资产阶级颓废生活和精神危机这类东西,其本身也是客观存在的,那末这样的作品中也具有艺术的真实,但是倘若以真、美统一的标准来衡量,能否通过?显然是有问题的。而根本的一点,还是美和现实的关系,人对现实的审美关系。这里,现实包含着真、善、美的统一,也包含着美丑对比、美战胜丑。艺术歌颂的,是那足以克服丑的美,而非以丑为美。

(二)西方文艺批评为了阐明上述关系,采取多种方式。由于多看了几个方面,多作了一些比喻,倒可活跃一下思想,避免僵化,对理解有帮助。至于把艺术说成是撒谎,以艺术中的雾才算真雾,乍听之下确是荒谬已极,然而从这类的话里却可以使人想到也许不曾想过的问题:一幅国画山水为什么和自然真景有那末大的差距?为什么漫画中的人物形象,从体形到五官、四肢以及各部分的位置,被大大地歪曲了呢?一切显得怪怪奇奇,尽管其中并非全是反面人物?为什么舞蹈的种种姿势,在人们日常生活中并不存在?倘若平时也动辄浑身打转、下颚抵地、一脚朝天,日子又如何过呢?为什么雕像可以截去半个身子和双臂,只留脑袋和胸腔,而画像又不可以这样呢?这类的艺术形象跟客观具体形象之间都有极大距离,若从绝对写实的角度看,它们太不忠实于"原形""本样"了,然而和以艺术为"谎言"相比,是否名异而实同呢?我们不妨这样理解:在艺术家眼里,艺术形象是真,自然形象是假;他所生产的是艺术形象,而非自然形象,是美的事物,而非物,是雾的艺术形象,而非必伦敦之雾。这样看来,问题更牵涉到艺术想象和艺术处理了。

(三)讲到艺术处理,它和实现艺术的形式美原是分不开的。然而,倘若只把艺术形象理解为比客观事物形象更集中、更突出、更典型,而忘了艺术形象本身同时还须是美的形象,那末造形艺术的涵义毕竟还不完整。因此唯美主义强调艺术的形式美也就不足为奇,只有当它赋予形式以绝对独立性时,那就沦为形式主义。不过,同样叫做"形式",对于唯美主义和抽象主义来说,涵义并不一样。在前者,形式须联系并反映客观具体事物,在后者,形式可以摆脱任何客观具体事物。不过从西方艺术理论发展史看,抽象主义的形式绝对独立性,在唯美主义中已见端倪。

欧洲文论简史

古希腊罗马至十九世纪末

编写说明

一、本书扼要地叙述欧洲自古代希腊到十九世纪末文艺批评理论的发展简况,可以作为综合性大学、师范大学、师范学院和艺术院校等有关文艺理论课程的教材;也可与《西方文论选》上卷、下卷增订本(上海译文出版社)、《西方古今文论选》(复旦大学出版社)配合使用。此外,对于作家、艺术家、评论家和一般文艺工作者的外为中用、比较研究等方面,也有点滴贡献。

二、本书所分章、节,以时代背景为经,批评家与批评流派为纬。每一时代,结合其政治概况和哲学、美学思潮,列举较有代表性的文学批评理论和主要论点。关于若干问题的提出、继承与发展以及批评流派之间的关系等,分别在有关章、节中试作简明叙述。

三、从十七世纪到十九世纪初的两百多年间,欧洲文论头绪渐多,情况日趋复杂,但主要表现为古典主义向浪漫主义的过渡;而十八世纪的启蒙运动则统一理性与感情,既批判继承古典主义的现实主义因素,更为浪漫主义思潮开辟道路。至于十八世纪八十年代至十九世纪三十年代康德和黑格尔的美学著作,又对启蒙主义和浪漫主义的文论都产生显著影响。因此,本书试把这两百多年的欧洲文论分为第五、第六、第七、第八等章,于古典主义之后、启蒙主义之前,介入康德和黑格尔的文论,并将前浪漫主义包括在启蒙主义时期,接着再介绍浪漫主义。这样的安排,或有助于理解"古典的"与"浪漫的"或"素朴的"与"感伤的"批评概念在欧洲文论中所起的重大作用。

四、不同批评流派之间的区别,有时并非绝对的、水火不相容的,浪漫主义与现实主义便存在这种情况。本书将司汤达和雨果关于浪漫主义的论说列入第八章(浪漫主义),但他们都涉及尊重客观的现实主义,因此第八章和第九章(批判现实主义)不宜一刀斩断,截然分开,本书对此亦有所阐明。此外,其他章、节的若干批评论点先后映带、相互包容之处,也分别酌予指出。

五、哲学思想对文论有所影响,就近代而言,实证主义及其变种——经验批判主义表现最为突出,本书把二者分别作为第九章和第十二章的章名,以标明它们对文论的作用,从而论述它们在若干批评论点中的反映。

六、本书的许多引文,都经过长期搜集,大致有几种情况。(一)从外文书刊转引和翻译,但原著一时未能借到,故沿用书刊所注的章、节、页码。(二)所用引文,尚未抄下出处与章、节、页码,而原书在"文化大革命"中散佚,这一部分只好暂缺。(三)若干引文很能说明问题,但出处没有记下,均改用复述方式。

七、欧洲文论简史这类的书,国内以前还未有过。本书乃初步尝试,因此在发展过程的全面把握、体例的安排、重要理论问题的探讨及承前启后的线索、若干流派和论点的评价以及资料搜集和运用等方面,都存缺点和错误,希望专家和广大读者批评指正。

八、本书德、意、法等文的翻译,得到田德望、林秀清诸同志的协助;高健民同志对图书借阅给予方便;程介未同志校阅全稿,改正许多笔误;人民文学出版社孙绳武、蒋路二同志寄赠大批资料,绿原同志对本书出版特予关怀,谨致以衷心的感谢。

伍蠡甫
1983 年 3 月 17 日

目　次

第一章	古代希腊	350
第二章	罗马时期	369
第三章	中世纪	381
第四章	文艺复兴运动时期人文主义	388
第五章	十七、十八世纪古典主义、反古典主义	409
第六章	十八、十九世纪德国古典美学	421
第七章	十八世纪启蒙运动时期(附：前浪漫主义)	436
第八章	十九世纪(一)　浪漫主义	485
第九章	十九世纪(二)　批判现实主义	519
第十章	十九世纪(三)　实证主义、自然主义	534
第十一章	十九世纪(四)　封建社会主义、空想社会主义	553
第十二章	十九世纪(五)　经验批判主义、唯美主义、印象主义	563
第十三章	十九世纪(六)　非理性主义——唯意志论、象征主义、神秘主义、直觉主义	582
本书主要参考书刊		604

第一章 古代希腊

古代希腊是欧洲文化的摇篮。希腊在其原始社会和氏族社会阶段,已有丰富的神话,它更是希腊文化艺术的源泉。马克思指出,"希腊神话不只是希腊艺术的武库,而且是它的土壤"并且"成为希腊人的幻想的基础"。"希腊艺术的前提是希腊神话,也就是已经通过人民的幻想用一种不自觉的艺术方式加工过的自然和社会形式本身。"① 由于这个前提的决定,希腊奴隶社会阶段大量存在着创作出于神的灵感的文艺观,而且远在柏拉图之前,便已流行。公元前九至前八世纪盲诗人荷马就已说过:是九位文艺女神(总称缪斯)教会人们咏诗、歌唱,并编造谎言,但是诗中有高尚的心灵和充满魅力的语言。② 公元前 700 年左右,诗人赫西俄德描写自己在神圣的赫利孔山下牧羊,缪斯教他如何吟诗,那开章明义的一句话就是:"我们会把许多谎言说得好似真理,然而,如果愿意,也会把真理宣告。"③ 以上寥寥数语,却触及诗创作的起源以及诗人想象和诗的语言等问题,可以代表最早的希腊文艺观或诗论,但它们都是唯心论的。不过,到了公元前五世纪,唯物主义哲学影响开始进入文艺理论,同唯心论相对抗。赫拉克利特(约公元前 540—前 480,或前 530—前 470)宣称:"世界是包括一切的整体,它并不是由任何神或任何人所创造的,它在过去、现在和未来都是按规律燃烧着、熄灭着的永恒的活火。"④ 与此同时,赫拉克利特否认艺术为神的产物,而主张"艺术摹仿自然"。他是欧洲文论史上首次提出尊重自然、现实的摹仿说,树立了唯物论的文艺观,并且早于亚里斯多德的自然摹仿说约有一个半世纪。但是,后于赫氏几十年,更有诗人品达(公元前 522—前 442)标举天才之说,在当时看来,是和

---

① 马克思《政治经济学批判·导言》,《马克思恩格斯选集》第二卷,第 113 页。
② 荷马《奥德赛》第八卷,486—491 行;第十一卷,345—351 行,参考陈洪文译文。见《欧美古典作家论现实主义和浪漫主义(一)》,中国社会科学出版社,1980 年。
③ 赫西俄德《神谱》,陈洪文译。见同上书。
④ 罗森塔尔、尤金合编《简明哲学辞典》,第 661 页引。

摹仿说相对立的:"诗人的才能是天赋;没有天才而强学作诗,喋喋不休,好比乌鸦呱呱地叫,叫不出什么名堂来。"①从此以后,在希腊诗论或文艺观中,灵感、天才同摹仿自然两者并存,而到了柏拉图,作为摹仿的对象则从自然转变为"理念"或神。此外,当时还不存在浪漫主义和现实主义的名词术语,但这两种精神已在文艺理论战线上有所表现了。不仅如此,古代希腊的文论还从一般的阐说提到了美学高度,标志着欧洲美学史的开端,涉及文艺方面美与真、美感与快感、艺术形式美及其规律等,这些也是古代欧洲文论史的重要组成部分。下面介绍几个基本情况。

首先,古代希腊文论和美学的发展到了公元前四至前三世纪的一百数十年,进入高峰,也正是在希腊文学创作、悲剧和喜剧的黄金时代(公元前五至前三世纪)之后,因为理论批评原是创作经验的总结,它的发展往往后于创作,古代希腊也不例外。

其次,古代希腊讨论诗和文艺问题的,大都是哲学家、思想家,他们的政治立场不相同,大致上分别属于奴隶主阶级的贵族派、民主派和中间派,他们的文艺观点基本上和他们的政治观点相一致。就发展过程说,主要有德谟克利特的唯物论、苏格拉底的功利论、柏拉图的客观唯心论、亚里斯多德的唯物论的文艺批评,不过所谓唯物论也并非绝对的,都含有一定的唯心论因素。

再次,就其对后来的影响而论,柏拉图的唯心主义文艺观经过罗马时期普罗提诺的新柏拉图主义而增加了神秘色彩,影响及于中世纪经院哲学唯名论者奥古斯丁与阿奎那的神学的文艺观,并从十八世纪开始先后为康德与黑格尔所继承、发扬,至于十九世纪初欧洲浪漫主义思潮的强调灵感、天才,也可溯源于柏氏。总之,柏拉图对欧洲文论的影响是较为深远的。亚里斯多德的《诗学》直到文艺复兴时期才开始引起意大利批评界的注意,作了详细的注疏和研究。亚氏的摹仿说和罗马时期贺拉斯的寓教于乐说,则为十七世纪古典主义的诗论所继承,而后者在一定程度上乃近代欧洲现实主义理论的先驱。至于近代欧洲关于形象思维的研究,则又可溯源于亚氏关于摹仿和想象的一些看法。

下面分别介绍德谟克利特、苏格拉底、柏拉图和亚里斯多德的重要论点。

德 谟 克 利 特

德谟克利特(Demokritos,约公元前460—前370)是唯物主义哲学家,继留

---

① 杨绛译自法译本品达《奥林匹克颂》。《欧美古典作家论现实主义和浪漫主义(一)》,中国社会科学出版社。

基伯(Leucippus,约公元前500—前440)之后,提出原子说。马克思和恩格斯称他为"经验的自然科学家和希腊人中第一个百科全书式的学者"。他在政治上拥护奴隶主阶级的民主派,认为:"在一种民主制度中受贫穷,也比在专制统治下享受所谓幸福好得多,正如自由胜于奴役。"当然他所说的"自由",是有阶级局限的,并不等于奴隶阶级争取的自由。雅典的群众很喜欢听德谟克利特朗诵自己的作品,还给他建立一座铜像,但是主张恢复贵族奴隶主统治的柏拉图却对他深为不满,传说曾企图焚毁他的全部著作(共五十二部)。现在保留下来的,只有一些书名,如《论诗的美》《论音乐》《节奏与和谐》等,以及旁人引用过零星片段的话,从中也可以大概知道他的文艺观。[①]

德谟克利特从原子说出发,认为原子流的射出产生事物的影像,后者作用于人的感官和心灵,予人以感觉和思想。他根据这种朴素的唯物主义认识论,继赫拉克利特之后,主张艺术摹仿自然说。"在许多重要的事情上,我们是摹仿禽兽,作禽兽的小学生的。从蜘蛛我们学会了织布和缝补;从燕子我们学会了造房子;从天鹅和黄莺等等歌唱的鸟学会了唱歌。"同时,德谟克利特还把摹仿和劳动实践相结合:"如果儿童让自己任意地不论去做什么,而不去劳动,他们就学不会文学,也学不会音乐,也学不会体育……"换句话说,文艺起源于摹仿,并和实践活动分不开。

另一方面,德谟克利特强调文艺创作须凭灵感和热情。"一位诗人以热情并在神圣的灵感之下所作成的一切诗句,当然是美的。"罗马哲学家西塞罗(公元前106—前43)还提到德谟克利特"不承认有某人可以不充满热情而成为大诗人"[②]。因为德氏削弱赫拉克利特摹仿说的唯物论观点,赞美"荷马,赋有神圣的天才,曾作成了惊人的许许多多各色各样的诗"。也就是说,诗人凭天才和灵感来写作,其中神是起着决定性作用的。这里既和柏拉图的灵感论有相通之处,又为天才说的滥觞。

此外,德谟克利特还把诗和文艺的美与美感,同善相结合,同有用相结合。"只有天赋很好的人能够认识并热心追求美的事物。""大的快乐来自对美的作品的瞻仰。"但是"不应该追求一切种类的快乐,应该只追求高尚的快乐"。因此,艺术的本质寓于美和善的统一。不仅如此,伊壁鸠鲁派哲学家裴罗德谟(约公元前

[①] 见《古希腊罗马哲学》第七章《留基伯与德谟克利特》,三联书店,1957年。下面的引文,均见此书。

[②] 西塞罗《神性论》第一卷,第三十八章,第80节。

110—前 40/35)更引用了德谟克利特关于音乐的看法:"相对地说,音乐是一种比较青年的艺术,其原因在于使音乐产生的不是必需,而是奢侈。"①这段话和当时苏格拉底所主张美与善都以功用为标准,意思相同。

最后,德氏还有一论点值得注意:"动物只要求它所必需的东西,反之,人则要求超过这个。"这里不仅显然和上文反对奢侈相矛盾,而且为后来从游戏说或剩余精神说来阐明艺术的本质,开辟了道路。

综合以上几点,我们不难看出作为原子说和唯物主义哲学的代表之一的德谟克利特,在文艺问题上却表现了不少唯心论观点。这也不足为奇,在他之后欧洲的文论家也往往是唯物、唯心论兼而有之,关键在于孰为主导的、基本的一面。因此,对于一家之说作比较全面的分析介绍,是有利于正确的评价的。

苏 格 拉 底

苏格拉底(Sōkratēs,公元前 470—前 399)传说是石匠的儿子,喜欢谈论哲理,但没有写下著作。他主张"美德即知识",而有知识的人以其美德来治理国家。他自称为"爱智者"。他的思想由学生色诺芬(Xenophōn,约公元前 430—前 355)记载在《回忆录》中,他的得意门人柏拉图加以引申和发展。苏格拉底认为世界上的事物并不存在客观规律,都是出于神的安排,而贵族奴隶主的统治则体现了神的意旨,换而言之,他宣扬唯心主义的神学目的论。他的学说引起工商奴隶主的民主派的极端不满,民主派政府终于处他以死刑。至于他的文艺观,主要是从神学目的论引出美、善合一的功用论。

首先,神根据功用的目的创造万物,其中包括人,人之所以不同于动物而有手,有心灵,这也是出于神赐。因此哲学的任务,首须认识人自己和人的心灵,而这种认识和知识,必将导致人的美德。因此,苏格拉底主张美和善相统一,并且都以实际功用为标准。他说:"我们使用的每一件东西,都是从同一角度,也就是从有用的角度来看,而被认为是善的,又是美的。"因此,"粪筐"由于"适合它的目的","也是一件美的东西";相反地,如果"另一个不能,那末,金的盾牌也是丑的了"。一句话:"每一件东西对于它的目的服务得很好,就是善的和美的,服务得不好,则是恶的和丑的。"②苏氏的文艺观和功利、道德以至政治的目的紧密联

---

① 裴罗德谟《论音乐》第四卷,第三十一章。
② 蒋孔阳译:色诺芬《回忆录》第三卷,第八章,《西方文论选》上卷,第 8—9 页。

系,而这目的为神所决定,并体现在贵族奴隶主的统治中。实质上,苏格拉底是主张文艺须宣扬政权神授的思想,这种观点为柏拉图和普罗提诺所继承与发扬,并成为欧洲中世纪文论的核心。但是他强调文艺须更多地描写社会和人,这还是可取的。

其次,苏格拉底在文艺创作实践方面,还给希腊的摹仿说传统有所补充,从而增强作品的功用。苏格拉底有一次到雕刻家克莱陀的工作室里,并对他说:"你把活人的形象吸收到作品里去,使得作品更逼真。""你摹仿活人身体的各部分俯仰、屈伸、紧张、放松这些姿势,使得你所雕刻的形象更真实、更生动。""把各种活动中的情感也描绘出来,引起观众的快感。""把搏斗者威胁的眼色和胜利者的兴高采烈的面容描绘出来。"苏格拉底还总结一句:"每一雕刻家应通过形式表现心理活动。"[①]似乎可以说,苏格拉底是西方第一个人从形式和内容的统一来阐说艺术形象问题的,而所谓形象逼真则由于正确把握人物外形而写出人物内心世界。苏格拉底对艺术形象的看法无疑是正确的,并且经过柏拉图、亚里斯多德和以后的文论阐发,产生深远影响。这个问题乃是文艺创作的重要原则之一,我国西汉刘安(淮南子)提出神为形之"君",东晋顾恺之讲求"以形写神",同苏氏所说意思一样,但苏格拉底比刘安要早一个世纪。

柏　拉　图

柏拉图(Plato,公元前 427—前 347)出身雅典贵族奴隶主阶级,父、母的远祖曾经是雅典的最高统治者——国王或执政。他力图恢复贵族奴隶主政权,积极参加了和奴隶主民主派的斗争,并曾去意大利宣扬他的政治理想,加以实现,都以失败告终。他从苏格拉底学了八年哲学,后来在雅典创立学园,授徒讲学四十一年,成为西方客观唯心主义哲学创始人。他有许多弟子,最著名的是亚里斯多德。柏拉图用对话体写了许多著作,假设某人和老师苏格拉底环绕若干问题,一问一答,老师大发议论,比喻丰富,语言生动,从而说服对方,解决问题,实际上都是柏拉图自己的观点、主张或论断。其中最著名的是《理想国》,描绘他所理想的贵族奴隶主统治的雅典城邦的政治、道德、军事以至文艺等。其他对话也涉及文艺和美学问题,如《伊安篇》,诗和灵感;《斐德若篇》,文章的条件以及灵感与迷狂;《大希庇阿斯篇》,美与善、美与丑;《会饮篇》,真、善、美的统一;《斐利布斯

[①] 朱光潜译:色诺芬《回忆录》第三卷,第十章,《西方文论选》上卷,第 10 页。

篇》,快感、痛感与悲剧、喜剧,等等。①

　　柏拉图肯定一个永恒的、绝对的"精神"或"真理",称之为"理念"或"理式",它超越物质世界而客观地存在着,并决定后者的一切事物,而一切事物乃"理式"的摹仿,"理式"的影子。他就这样建立了客观唯心主义哲学体系,并把它运用于社会、政治方面。实际上,柏拉图所谓的"理念",就是"神"或"上帝"的代称,他宣扬理念就是歌颂神和神的权威,借以鼓吹贵族奴隶主的政权出于神授,贵族奴隶主阶级永远是国家的主人。他宣称理想的国家的道德为智慧、勇敢、节制和正义,国中的人分为三个等级。第一等级是凭智慧以管理国家的哲学家,也称国王;第二等级是凭勇敢来保卫国家的武士,这第一、二等级统治国家;第三等级是从事手工业、商业和农业的"自由民",他们服从统治,其道德准则为节制。以上三种人在各自岗位上的道德实践,共同体现了正义。至于广大的奴隶,则不作为理想国中的人来看待,也就无道德可言了。柏拉图就是从这样的哲学观点和政治观点来讨论文艺,主要涉及诗、诗与灵感、诗的本质和目的、诗人的任务和地位,并环绕美感、痛感,提出对悲剧和喜剧的看法等。下面试作简要的介绍。

　　首先一点是在柏拉图心目中,文艺的地位相当卑下,这是由于他的哲学体系所规定。他从客观唯心主义的"理念"说出发,不得不抛弃赫拉克利特、德谟克利特以来唯物主义的摹仿说传统,主张摹仿的对象不是自然、现实,而是理念、理式,搞出一个理念—现实—文艺的公式,即现实是对理念的摹仿,文艺是对现实的摹仿,文艺同至高无上的理念隔了三层,因而地位低下。他举例来说,画家画床,"在一种意义上虽然也是在制造床,却不是真正在制造床的实体"。因为床的实体,乃是"'床之所以为床'那个理式"②。因此"床有三种。第一种是在自然中本有的,我想无妨说是神制造的,因为没有旁人能制造它;第二种是木匠制造的;第三种是画家制造的。"画家"摹仿神和木匠所制造的","和自然隔着三层"。至于悲剧作家,他"既然也是一个摹仿者,在本质上和国王和真理也隔着三层"。③柏拉图从"理念"的高度出发,依照对"理念"摹仿的次第,规定了艺术家、诗人的地位。

---

　　① 以上均见朱光潜译柏拉图《文艺对话集》,人民文学出版社,1980年。下面的引文,均据朱译。
　　② 《理想国》第十卷,柏拉图《文艺对话集》第69页。柏氏所写《对话》,苏格拉底大都用发问语气,以唤起对方的思考,这里引文改为肯定语气,下同。
　　③ 同上书,第70、71页。"自然"指"真实体"或"理念""理式",柏拉图以理式起点为第一层。"国王",指哲学家,"真理"的代表。以上均照朱注。

其次,柏拉图站在同上的角度,探讨诗的起源和本质,提出了著名的神的灵感说。"神对于诗人们像对于占卜家和预言家一样,夺去他们的平常理智,用他们作代言人,正因为要使听众知道,诗人并非借自己的力量在无知无觉中说出那些珍贵的词句,而是由神凭附着来向人说话。"①"凡是高明的诗人,无论在抒情诗或史诗方面,都不是凭技艺来做成他们的优美的诗歌,而是因为他们得到灵感,有神力凭附着。"②即便是荷马,他的本领也"并不是一种技艺,而是一种灵感。……有一种神力在驱遣。"③这样看来,诗本质上是神的产物,诗人的创作动力是从神所获的灵感,诗人的身份是神的代言者。此外,诗人更由于神的灵感而陷入迷狂。这种迷狂"是由诗神凭附而来的。它凭附到一个温柔贞洁的心灵,感发它,引它到兴高采烈神飞色舞的境界,流露于各种诗歌,颂赞古代英雄的丰功伟绩,垂为后世的教训。若是没有这种诗神的迷狂,无论谁去敲诗歌的门,他和他的作品永远站在诗歌的门外,尽管他自己妄想单凭诗的艺术可以成为一个诗人。他的神智清醒的诗遇到迷狂的诗就黯然无光了。"④柏拉图还从反面来说明:诗人"不得到灵感,不失去平常理智而陷入迷狂,就没有能力创造,就不能做诗或代神说话"⑤。由此可见,灵感说也好,迷狂说也好,都出神赐,实质上是无理性、神秘的,正是它,形成了柏拉图诗论的唯心观点和反动性。

再次,柏拉图从理智对于理念、理式或神的观照,进而谈到诗或文章中真、善、美的统一。他宣称:"照真理说,……天外境界(按即神、理念、理式)存在着真实体,它是无色无形,不可捉摸的,只有理智——灵魂的舵手,真知的权衡——才能观照到它。""在运行的期间,它很明显地,如其本然地,见到正义、美德和真知。"⑥至于文章之中,"有一类文章却是可以给人教益的,而且以给人教益为目标的,其实就是把真善美的东西写到读者的心灵里去,只有这类文章可以达到清晰完美,也才值得写,值得读"⑦。因此,柏氏得出一系列的论断,它们同样适用于文艺批评:"效能就是美的,无效能就是丑的。""有能力的和有用的,就它们实现某一好目的来说,就是美的。""有益的就是美的。""我们认为美和益是一回

---

① 《伊安篇》,朱光潜译柏拉图《文艺对话集》,第9页。
② 《伊安篇》,同上书,第8页。
③ 《伊安篇》,同上书,第7页。
④ 《斐德若篇》,同上书,第118页。
⑤ 《伊安篇》,同上书,第8页。
⑥ 《斐德若篇》,同上书,第122页。
⑦ 《斐德若篇》,同上书,第174页。

事。""所谓有益就是产生好结果的。""产生结果的叫做原因。""美是好(善)的原因。""所以如果美是好(善)的原因,好(善)就是美所产生的。"① 也就是说,他主张美应和有用、有益相一致,并且三者都从属于奴隶主的理想国家的政治。他从这观点来看待诗和诗人,他的逻辑大致如下。美、用、益的统一乃"人性中最好的部分"或"理性的部分",是真理的体现,情感、感伤等则和理性背道而驰,但是专事摹仿的诗人为了迎合群众,往往毋视理性,而追求情感。"他显然就不会费心思来摹仿人性中理性的部分,他的艺术也不求满足这个理性部分了;他会看重容易激动情感的和容易变动的性格,因为它最便于摹仿。"像这样的诗人,"我们要拒绝他进到一个政治修明的国家里来,因为他培养发育人性中低劣部分,摧残理性部分"。柏拉图谴责"摹仿诗人种下恶因,逢迎人心的无理性部分,并创造出一些和真理相隔很远的影像"②。因此,他主张对于诗人应加以监督。"我们监督诗人们,强迫他们在诗里只描写善的东西和美的东西的影像,否则就不准他们在我们的城邦里做诗。同时也要监督其他艺术家们,不准他们在生物图画,建筑物以及任何制作品之中,摹仿罪恶,放荡,卑鄙,和淫秽,如果犯禁,也就不准他们在我们的城邦里行业。"③ 柏拉图再度强调:"除掉颂神的和赞美好人的诗歌以外,不准一切诗歌闯入国境。"④ 到了晚年,他更主张建立对诗歌的检查制度,并以法律加以保障。"真正的立法者,应当说服诗人,如果说服不了,就应当强迫诗人,用他那优美而高贵的语言,去把善良、勇敢而又在各方面都很好的人,表现在他的诗歌的韵律和曲调当中。"必须做到"没有为法律的守护人所批准的诗歌,也不是任何人都敢于唱的……只有经过评判,被认为是神圣的诗,献给神的诗,并且是好人的作品,正确地表达了褒或贬的意思的作品,方才被准许"⑤。总而言之,在柏拉图的理想国中,只有颂神的诗,宣扬人性的理性部分、否定情感、伤感的诗,才是合格的诗,而合格的诗人也必须首先是赞美理想国的统治的好人。

最后,柏拉图提到美学高度,从快感、痛感来批判诗中的悲剧和喜剧,表现了自己是理想城邦的忠诚的保卫者。他指出快感和痛感的区别。"真正的快感来自所谓美的颜色,美的形式,它们之中很有一大部分来自气味和声音。"其特征就

---

① 《大希庇阿斯篇》,朱光潜译柏拉图《文艺对话集》,第195—197页。
② 均见《理想国》第十卷,同上书,第84—85页。
③ 《理想国》第三卷,同上书,第62页。
④ 《理想国》第十卷,同上书,第87页。
⑤ 《法律篇》卷二,卷八,蒋孔阳译,《西方文论选》上卷,第47—48页。

在于"缺乏这类事物时我们并不感觉到缺乏,也不感到什么痛苦。"这种快感"并不和痛感夹杂在一起"①。而"愤怒、恐惧、忧郁、哀伤、恋爱、妒忌、心怀恶意之类情感",则是"心灵所特有的痛感"②。他认为,像这"哀恸的情感","不是人性中最好的部分",因此"让我们服从理性的指导",它是"人性中另外那一部分,使我们回想灾祸,哀不自禁的那个部分,也就是无理性,无用而且怯懦"。③ 然而,在悲剧性和喜剧性的文艺里,痛感却和快感并存,快感也非真正的快感,而是和痛感混合起来。"人们在看悲剧时是又痛哭又欣喜","在哀悼和悲伤里感到那夹杂痛感的快感"。"我们在看喜剧时的心情也是痛感夹杂着快感。"④"在哀悼里,在悲剧和喜剧里,不仅是在剧场里而且在人生中一切悲剧和喜剧里,还有在无数其他场合里,痛感都是和快感混合在一起的。"⑤于是,柏拉图提出,凡和痛感混合在一起的快感,并非真正快感,因为以悲剧中他人的灾祸来满足自己的哀怜癖,从而产生快感,有朝一日自己亲临灾祸,便无法控制,哪里还能忍耐、镇静,应付裕如?自己平时引为羞耻而竭力避免的言行,在喜剧里看到了却不嫌粗鄙,反而产生快感,这也是应该的吗?因此,悲剧性和喜剧性的文艺都无足取了。言外之意,能够提供真正的快感的,不是诗剧,而是上文所说的颜色、气味和声音等美的形式了,或者说形式美的快感远胜于悲剧和喜剧中与痛感夹杂的快感。

柏拉图的文艺观和美学观,对欧洲文艺批评的发展产生深远影响。首先,就哲学对文艺观所起的作用而言,柏氏的"理念""理式"演化为新柏拉图主义者普罗提诺的"太一",使文艺理论更加沾染神性或宗教色彩;中世纪时期由于经院哲学的熏陶,艺术被目为对上帝(亦即理念、太一)的摹仿,完全沦为宗教的附庸;十八世纪启蒙主义时期的康德、歌德和席勒,"理念"的作用更有发展,它足以促进文艺创作的一般与特殊的统一、理性与感性的统一,形成了他们所共同向往的最为理想的艺术境界。其次,从文论本身来看,柏氏继承老师苏格拉底衣钵,强调文艺和有用、有益的关系,发挥文艺的政治教育作用,这种观点贯串在欧洲各个历史时期的文论中,例如罗马时期的贺拉斯、文艺复兴时期的锡德尼,以后一直持续到十九世纪末,即便是唯美主义的"为艺术而艺术",实质上所谓只要艺术、

---

① 《斐利布斯篇》,朱光潜译柏拉图《文艺对话集》,第298页。
② 《斐利布斯篇》,同上书,第293页。
③ 《理想国》第十卷,同上书,第84页。
④ 《斐利布斯篇》,同上书,第294页。
⑤ 《斐利布斯篇》,同上书,第297页。

不要政治的本身,也还是一种政治。至于柏氏所谓诗乃神的产物、诗须诵神的主张,沿着新柏拉图主义和经院派哲学那条道路,长期地在欧洲的诗论中保持一定影响,并于十九世纪末象征主义诗论、神秘主义剧论中起着重大作用。而柏氏所谓神的灵感和迷狂之说,首先是影响罗马时期的朗加纳斯,他认为"心灵常常超越整个空间边缘",去观照"惊心动魄的事物",但是朗加纳斯同时批判了柏拉图的贵族的、保守的立场,而赞美"高深宏大的天才",并且指出"民主是天才的保姆","专制政治……为灵魂的笼子"。① 接着是灵感、迷狂的论点更为十九世纪浪漫主义诗论所继承,英国浪漫派诗人雪莱还移译了柏氏大谈灵感的《伊安篇》,但是神性却被削弱。柏氏主张抑制情感,运用理智,方能把握美感,以观照理念,与神契合,而浪漫派则将灵感化为诗歌创作的条件——天才、热情(情感)、想象(狂想),也就是把灵感的根源从理念或神移到诗人本身,或者说从客观唯心主义转向主观唯心主义了。

亚里斯多德

亚里斯多德(Aristotle,公元前 384—前 322)是古代希腊哲学家、文艺理论家。父亲是马其顿国王的御医,他自己曾任马其顿王子亚历山大(公元前 356—前 323)的教师。他青年时去雅典,受教于柏拉图二十多年,公元前 335 年开始在雅典授徒讲学,称为逍遥派。他由于和马其顿比较亲近,在亚历山大死后,离开雅典,死于优卑亚岛。他的政治观点属于奴隶主中等阶层,反对奴隶主贵族制和土地集中,认为中等的富裕才是幸福,至于奴隶则为"天生下贱"之人,无幸福可言。

亚里斯多德是古代希腊"最为博学的人"②,具有丰富的自然科学和哲学的知识,写下《工具论》《形而上学》《物理学》《伦理学》《政治学》《诗学》《修辞学》《心灵论》等著作。他批判老师柏拉图的"理念"论("理式"论),主张"一般"不可能脱离"个别"而存在,"形式"即寓于事物的本质中。列宁指出:亚里斯多德对柏拉图的"理念"的批判,是"对唯心主义,即一般唯心主义的批判"③。另一方面,他论说事物构成的"四因"说(见下)则仍然肯定神的存在作用,因此列宁又说:"僧

---

① 见朗氏《论崇高》。
② 恩格斯《反杜林论·引论,一·概论》,《马克思恩格斯选集》第三卷,第 59 页。
③ 列宁《哲学笔记》,第 288 页,人民出版社,1956 年。

侣主义扼杀了亚里斯多德学说中活生生的东西,而使其中僵化的东西万古不朽。"①在欧洲文论史上,亚氏是第一个人把当时的科学观点比较广泛地应用于文艺理论领域,而《诗学》更集中表现了他的文艺观。这是一部未经整理的讲稿,曾被埋藏在地窖里,约在公元一世纪被发现,已非完帙。作者继承并发展赫拉克利特以来关于艺术摹仿自然的唯物论传统,批判柏拉图所谓艺术摹仿"理念"的影子的唯心论观点,同时结合希腊文艺创作的历史经验,分别探讨诗的起源、诗和历史、诗的分类,以及悲剧、喜剧等问题,并以较多篇幅分析悲剧的本质、组成部分、方法和目的,提出创造性的想象说,同时为形象思维、典型塑造等理论问题研究打下基础。可以说亚氏的《诗学》是欧洲第一部体系较为完整、具有强大生命力、影响深远的文论著作。下面试从几个方面加以介绍。②

(一)"四因"说

为了理解亚里斯多德的二元论的文艺观,有必要先看看他关于事物的成因的"四因"说。这四因是:质料(材料)因、形式因、动力因(也译创造因)、目的因(也译最后因)。他以房屋建筑为例来说明:房屋的质料有木、石、砖瓦、泥土等;房屋的结构、式样以至用途等则决定于房屋的形式;质料含有被制造的可能性,是被动的,而形式在房屋建造过程中则是能动的;因此形式因高于质料因,成为制造一切的力量或"第一推动者",也就是兼有动力因和目的因(或创造因和最后因)的作用。于是乎先须假定有所谓"创造主"或者"神"的存在,创造因的概念才能成立,而形式因则意味着神赋予事物以形式了。亚氏所谓"形式"因,实质上和他老师的"理念""理式"无甚差异,都是唯心主义的产物。

他从四因说解释文学艺术,作出如下论断:作为创造因的艺术家,乃是摹仿自然或神那样的创造,来创造艺术作品,摹仿自然或神那样的赋予物质、材料以形式,来完成艺术作品的形式。他说:"艺术就是创造能力的一种状况……一切艺术的任务都在于生产。"艺术所生产的东西,其"来源在于创造者,而不在于创造的对象本身。……艺术必然是创造。"③亚氏强调艺术具有创造性,这一点是可贵的,但也必须指出它是发源于神的自身的创造,反映了宗教神秘观点。他晚年在一封信中说:"我越是感到孤独的时候,我就越爱神。"这就不难看出,亚氏的

---

① 列宁《哲学笔记》,第 323 页,人民出版社,1956 年。
② 下面的《诗学》引文,凡未注明译者的,均根据罗念生所译《诗学》,人民文学出版社,1962 年。
③ 《伦理学》第六卷,第 4 节,朱光潜译文。

政治立场对他的文艺理论中唯心主义因素,是具有深刻影响的。

（二）艺术的创造性摹仿和艺术想象

亚里斯多德认为艺术创造乃是对神的创造的摹仿,但他的摹仿说却另有唯物论的一面,指出人的摹仿有其心理基础。"人从孩提的时候就有摹仿的本能,人和禽兽分别之一,就在于人善于摹仿,人对摹仿的作品,总是感到快感。"①更重要的是,在他看来,艺术摹仿的对象是现实,不是柏拉图所谓"理念"的影子,是现实世界的事物及其必然规律或内在本质。例如关于诗体悲剧的摹仿对象,亚氏写道:"诗人在安排情节,用言词把它写出来的时候,应竭力把剧中情景摆在眼前,唯有这样,看得清清楚楚——仿佛置身于发生事件的现场中——才能作出适当的处理,决不至于疏忽其中的矛盾。"②也就是说,认识了对象所含的矛盾,方能摹仿或揭示事物的规律与本质。他还补充:"只有经验的人对于事物只知其然,而艺术家对于事物则知其所以然。"③"与经验相比较,艺术才是真知识;艺术能教人,只凭经验的人不能。"④这更意味着,亚氏已窥见艺术真实和生活真实都导源于感觉经验,从而明确艺术摹仿从属于现实并对现实具有变革和教育的作用。不仅如此,亚氏还列出三种摹仿对象:"过去有的或现在有的事、传说中或人们相信的事、应当有的事"⑤,例如"索福克勒斯……按照人应有的样子来描写,欧里庇底斯则按照人本来的样子来描写",而亚氏自己则强调第三种,认为这种对象即使不可能,仍然为诗人、艺术家所向往,从而阐明了摹仿方式、方法本身即创作的道理。"如果诗人写的是不可能发生的事,他固然犯了错误,但是,如果他这样写,达到了艺术的目的……能使这一部分或另一部分诗更为惊人,那末这个错误是有理由可辩护的。"至于这理由又是什么呢？亚氏回答:"为了获得新的效果,一桩不可能发生而成为可信的事,比一桩可能发生而不能成为可信的事更为可取。"这个被称为《诗学》的名言或警句,是根据希腊原文译出的；同时不妨参看从英文译本转译的,如朱光潜的译文:"从诗人的要求来看,一种合情合理的不可能总比不合情理的可能较好。"此外还有天蓝的译文:"诗的作品中,看来像真但不可能发生的事,比看来不像真但可能发生的事更为可取。"在这里,我们可以看

---

① 《诗学》第四章。
② 同上书,第十七章。
③ 《形而上学》981a,朱光潜《西方美学史》上卷,第74页。
④ 同上书,981b。
⑤ 《诗学》第二十五章。接着几段引文,均在第二十五章。

到亚里斯多德的文艺观的两个方面：（一）"合情合理的不可能"之所以胜于"不合情理的可能"，是因为它符合亚氏的"艺术必然是创造"这个基本原则；（二）同时也由于它决定于神话的虚幻性这个大前提，亦即植根于作为希腊艺术土壤的希腊神话之中。我们联系马克思所说，希腊神话对希腊艺术的巨大作用，对于亚氏讲求艺术创造时给神话留条出路，也就不觉得费解了。

总之，诗或艺术必然是创造，乃亚氏文艺观的中心课题，触及制造、艺术与诗的本质。他在其他著作中也有所论说：艺术属于"创造，而非执行"，"以弥补自然之不足为目的"。① 艺术作品的产生，不是"增"或"减"的过程，而是"通过异化"而产生的过程。② 由此可见，亚氏一方面十分明确地指出，艺术或诗的本质就在于"弥补不足"、引起"异化"、从而有所创造，因此被动的、机械的摹仿不能称为艺术，一方面也突破了希腊关于艺术的狭隘涵义——一切制作及制作的技法。正因为亚氏站得高，所以不止一次提出"想象"这个词，并把它作为艺术的创造性摹仿的同义语，同时还指出想象和判断的区别。"即使没有现实的和可能的感觉，想象依然可以发生，例如梦中见物。"判断所依据的"一切感觉都是真实的，而许多想象则是虚假的"。"想象之权在我们自己，而且随时都可以想象，但是对于判断，我们没有自由：我们不可避免地要在真、假之间有所抉择。"③此外，亚氏还从梦联系到记忆，进而强调想象和记忆是分不开的："记忆和想象属于心灵的同一部分。一切可以想象的东西本质上都是记忆里的东西。"④但是，心灵活动的物质基础，是对现实世界的感觉，因此"想象就是萎退了的感觉"⑤。在欧洲文论史上，亚氏是西方第一个人，于诗、创造性摹仿、艺术想象之间画上等号；这一论点，犹如推崇"合情合理的不可能"，可以说是亚氏的重大贡献。

最后，亚里斯多德对于文艺批评采取中庸态度，并具有一定的群众观点，这和他的奴隶主中间阶层的立场是有些关系的。他认为"任何一门艺术的大师都力图避免过与不及，而居于两者之间。……因此我们常说，不可能从好的艺术品中拿掉什么或增添什么。"⑥至于"对音乐或诗作出较为恰当的评价的，是多数人

---

① 《政治学》1337a。
② 《物理学》190b。
③ 《心灵论》第三卷，第三章。
④ 《记忆和回忆》第一章。
⑤ 《修辞学》第一卷，第十一章。以上三段引文，均见《外国理论家、作家论形象思维》，第8页，中国社会科学出版社，1979年。
⑥ 《伦理学》1106b5。

而不是某一个人"①。

(三) 诗和历史

关于诗或艺术的想象的涵义,亚氏还就诗和历史的区别,加以阐发。"诗人的职责不在于描述已发生的事,而在于描述可能发生的事,即按照可然律或必然律可能发生的事。历史家与诗人的差别不在于一用散文,一用韵文;希罗多德的著作②可以改写为'韵文',但仍然是一种历史。……因此,写诗这种活动,比写历史更富于哲学意味,更受到严肃的对待;因为诗所描述的事带有普遍性,历史则叙述个别的事。"③易言之,诗和历史的差别不在于文体,而是因为分别表现了个别、偶然和普遍、必然的事物;就诗而论,它基于必然,来运用想象,所以诗中的"不可能的可能"实质上仍然不悖客观规律或发展趋向。在亚氏看来,诗人的想象并非主观臆测,须包含着对现实的全面观察和深刻思维,因此亚氏更从生物学的有机整体的概念出发,加以补充。"艺术作品与现实事物的分别,就在于前者把原来零散的因素结合为一体。"④也就是说,诗人、艺术家从整体、全面来把握事物及其发展趋向,使诗的、艺术的想象及其对象通过个别、偶然,揭示一般、必然,从而作品中的"不可能"终于显得是"可能的"了。这里,亚里斯多德综合地考察艺术反映中的必然律——想象——不可能的可能这几个环节,进而预示了现实——想象(形象思维)——典型塑造之间的内在联系。

另一方面,亚氏对诗和历史的看法存在片面性和机械论,这原是希腊史学在希腊文论中的反映。例如《历史》的作者希罗多德就是为了追求个别叙述的生动(当然也由于时代的局限),而未能触及希、波战争的实质,即两个奴隶主国家之间的经济和政治矛盾,没有反映一般的、规律性的东西。列宁曾说,亚里斯多德"在一般与个别的辩证法上……陷入稚气的混乱状态,陷入毫无办法的困窘的混乱状态"⑤。这个批评也可适用于亚氏将诗的普遍和历史的个别对立起来。

此外,除了论说诗、史之别,亚氏更联系天才来探究诗和艺术的想象,但对天才的理解不同于后来浪漫主义,将它和激情、个性相结合,而是侧重在理性和智

---

① 《政治学》1281b7。
② 希罗多德(约公元前 484—前 425),著有《历史》,即《希腊波斯战争史》第九卷。
③ 《诗学》第九章。
④ 《政治学》134a。
⑤ 列宁《哲学笔记》,第 334 页。

慧。"诗的艺术与其说是疯狂人的事业,毋宁说是天才的人的事业;因为前者不正常,后者很灵敏。"所谓"正常"和"灵敏",是指诗人应"竭力用各种语言方式",把事件的"矛盾""传达出来"。① 诗人须头脑清醒,感觉灵敏,进而作出理性判断,而不可沉溺于感情之中。可以说亚氏以诗人的天才与理智取代了柏拉图所谓诗人的"灵感"与"狂迷"。

(四) 悲剧

亚里斯多德曾给悲剧下了一个有名的定义。"悲剧是对一个严肃、完整、有一定长度的行动的摹仿;它的媒介是语言,具有各种悦耳之音,分别在剧的各部分使用;摹仿方式是借人物的动作来表达,而不是采用叙述法;借引起怜悯与恐惧来使这种情感得到陶冶。"②此外,又写道:"整个悲剧艺术的成分必然是六个……(即情节、性格、言词、思想、形象与歌曲)"③。其中情节、性格和思想,乃摹仿的对象,言词和歌曲是摹仿的媒介,形象则为摹仿的手法或方式。此外亚氏更以巨大篇幅,在许多章节中阐明悲剧的理论。为了便于理解,我们可以先谈谈希腊戏剧(悲剧和喜剧)演出的条件和情况。希腊的圆形、露天的剧场,由于缺乏照明设备,只在白天演出。观众包括贵族奴隶主、工商奴隶主以及贫穷公民,即农村小自耕农和城市独立小手工业者,而这种公民占大多数。以雅典城邦为例,在伯里克利统治时期(公元前 443—前 429),他为了扩大民主派的政治影响,实行"文艺金法",就是向雅典的贫穷公民发给"观剧津贴",争取他们支持自己的统治。我们倘若联想《左传》所载,邾这个小国的国君曾说:"苟利于民,孤之利也。……民既利矣,孤必与焉。"那末这话也未尝不可用来解释这位雅典最高统治者为何要大送戏票了。上面这些资料,有助于理解亚氏悲剧理论的重要部分,如情节、行动的长度以及净化的教育作用等。下面试行分析亚氏悲剧理论的几个要点或特征。

1. 悲剧本质和悲剧主角

亚氏认为"诗人在安排情节的时候……不应写好人由顺境转入逆境……不应写坏人由逆境转入顺境……不应写极恶的人由顺境转入逆境",而且"由顺境转入逆境,其原因不在于人物为非作恶,而在于他犯了大错误"。④ 意思是造成

---

① 《诗学》第十七章。
② 同上书,第六章。"陶冶",朱光潜译文作"净化"。
③ 同上。
④ 同上书,第十三章。

悲剧的原因,在人本身的行为,与命运无关。不仅如此,亚氏还排斥神力对悲剧情节的干扰或介入:"……安排情节,……求其合乎必然律或可然律,……布局的'解'显然应该是布局中安排下来的,而不应该像《美狄亚》一剧①那样,借用'机械上的神'的力量"②,把美狄亚接上天去。因此,亚氏对悲剧的本质的理解,是现实主义的、唯物论的。这里我们不禁想到鲁迅先生的话:"神话虽生文章,而诗人则为神话之仇敌,盖当歌颂记叙之际,每不免有所粉饰,失其本来,神话虽托诗歌以光大,以存留,然亦因之而改易,而销歇也。"③这"改易""销歇",正是对剧作中神话因素而言,可以说亚氏也是这个意思。

至于悲剧的主角,亚氏认为"这种人名声显赫,生活幸福,例如俄狄浦斯、提厄斯忒斯以及出身于他们这样的家族的著名人物"④。亚氏是根据希腊悲剧创作的实际情况而言的,如埃斯库罗斯的《阿加门农》,主角阿加门农乃特罗亚战争中希腊联军的最高统帅,迈锡尼王;索福克里斯的《俄狄浦斯王》,主角俄狄浦斯是忒拜国王子,后来当上国王;欧里庇底斯的《特罗亚妇女们》,主角为特罗亚的王后和王妃。我们知道,只要悲剧创作是为统治阶级服务的,剧中主角必然属于本阶级的上层人物,而被统治阶级的人物不可能作为悲剧主角,以唤起统治阶级对他的同情。而且这也不限于古希腊,莎士比亚的四大悲剧同样说明这一点:其主角是丹麦王子、不列颠国王、威尼斯大将、苏格兰大将⑤。到了十七世纪古典主义悲剧也还是如此。然而,今天我们回顾古希腊历史,对于悲剧性、悲剧主角的看法就应该不同于亚里斯多德了。古希腊史上就有奴隶起义而以失败告终,罗马共和国时期也不例外,但是后者亚里斯多德来不及看到了。其中特别是意大利加普亚城斯巴达克率领的奴隶起义⑥,由公元前 73 年持续到公元前 71 年,自己壮烈牺牲。马克思赞美斯巴达克"具有高贵的品格,为古代无产阶级的真正代表"。列宁称他是"两千年前最大一次奴隶起义中一位最杰出的英雄"。如果就境遇而言,这些起义者都从顺境转为逆境,而在行为上都无错误,更非作恶。我们回顾这段历史,有助于理解亚氏对悲剧本质、悲剧主角的看法是有阶级局限性的。

---

① 欧里庇底斯的作品。
② 《诗学》第十五章。此句末段指古代舞台上用一种机械,使神由空而降。
③ 鲁迅《中国小说史略》第二篇,《神话与传说》。
④ 《诗学》第十三章。
⑤ 分别为《哈姆莱特》《李尔王》《奥赛罗》《麦克佩斯》的主角。
⑥ 参看第二章小序。

2. 悲剧艺术的成分——布局和性格

亚氏关于悲剧艺术的成分,首列布局(即情节、结构),理由是悲剧主角由顺境转入逆境,须由他的行动来表现,而行动离不开情节、结构或布局。因此他说:"与其说诗人(即诗体悲剧的作者)是'韵文'的创作者,毋宁说他是情节的创作者。"① 他还说:"悲剧的目的不在于摹仿人的品质,而在于摹仿某个行动;剧中人物的品质是由他们的'性格'决定的,而他们的幸福与不幸,则取决于他们的行动。他们不是为了表现'性格'而行动,而是在行动的时候附带表现'性格'。"② 就性格而言,人各有品质,就行动而言,则只有幸或不幸;既然不幸乃悲剧的主题,所以亚氏更明确地讲:"悲剧中没有行动,则不成为悲剧,但没有'性格',仍然不失为悲剧。"③ 其实亚氏的看法是静止的,片面的,没有理解行动固然可体现性格,但在行动或实践中性格也未尝不会受到影响而发生变化。此外,亚氏着重布局须包括行动的完整性和长度。"悲剧是对于一个完整而具有一定长度的行动的摹仿。所谓完整,指事之有头,有身,有尾。"④ 雅典的剧场时常在同一白天的上午和下午分别演出悲剧和喜剧,外加举行宗教仪式,悲剧演出时间约六至七八小时。以上是从技术性方面来看布局中行动的长度,但亚氏所见还不限于此,他更针对境遇转变所体现的事件发展的客观规律和必然性与或然性,来阐明行动的长度的重要意义,指出了长度关系到悲剧的原因和作品的悲剧效果。"就长度而论,情节(按行动同)只要有条不紊,则越长越美;一般的说,长度的限制只要能容许事件相继出现,按照可然律或必然律能由逆境转入顺境,或由顺境转入逆境,就算适当了。"⑤ 换而言之,长度的多少,须以足够容纳境遇转变过程为前提,而这转变则决定了悲剧性的表达。因此亚氏的着眼点是内容、主题,而非技术。至于除由顺转逆外,亚氏添上了由逆转顺,似乎和以前所说不无矛盾,但是他的悲剧定义里曾提到行动的"严肃",指的正是这一点。⑥

亚氏接着讨论悲剧艺术的次要成分——性格,举出四点:必须善良;必须适

---

① 《诗学》第九章。
② 同上书,第六章。
③ 同上。
④ 《诗学》第七章。这里所说的"长度",据意大利文艺复兴时期卡斯特尔维屈罗·钦提奥(见本书第四章)的解释,认为不超过十二小时;卡氏根据这一传统来论说"三整一律",即剧本在时间、地点和行动上须一致;十七世纪古典主义剧作家遵守此律,十九世纪浪漫主义兴起后,才不受此律限制。
⑤ 《诗学》第七章。
⑥ 参看罗念生译本第26页注⑩,及第124页后记。

合人物的身份,如男、女、奴隶、上层贵族;与传说中的人物相似;前后一致。关于善良,作了补充:"这种善良人物各种人里面都有,甚至有善良的妇女,也有善良的奴隶,虽然妇女比较坏,奴隶非常坏。"①这里充分说明他的阶级偏见。至于悲剧人物的性格必须善良,则和悲剧的净化效果当然是有密切关系的。

3. 悲剧效果——净化

亚氏在悲剧定义的末尾提到,通过人物的动作,"引起怜悯恐惧来使这种情感得到陶冶(净化)",以取得悲剧的效果。关于这样的效果,亚氏解释说:"怜悯是由一个人遭受不应遭受的厄运而引起的,恐惧是由这个这样遭受厄运的人与我们相似而引起的",而"坏人由逆境转入顺境","极恶的人由顺境转入逆境","既不能引起怜悯之情,又不能引起恐惧之情"。② 此外,亚在《政治学》卷八《论音乐教育》中也讲到"净化":"某些人特别容易受某种情绪的影响,他们也可以在不同程度上受到音乐的激动,受到净化,因而心里感到一种轻松舒畅的快乐。因此,具有净化作用的歌曲可以产生一种无害的快乐。"③不难看出,这种情感之所以得到净化,是由于观众受了理性的指导,满足了无害的快感,从而引起道德作用和审美效果,赋予"净化"以积极的教育意义。亚氏的净化说曾唤起西方文论家们的兴趣,大致有以下一些看法:(一)激荡的精神趋于宁静;(二)主要依据则为古希腊医学术语中的"净化",有"宣泄""平衡"等义,即经过医药治疗,清除疾病,恢复健康;(三)亚氏借此比方观看悲剧演出,不为怜悯、恐惧之情所困恼,反而从中解脱出来。但是,另一方面我们也可须注意,亚氏素有亲近马其顿的嫌疑,处于马其顿长期威胁希腊包括雅典在内的紧张局势下,心情抑郁不安,因而特别强调悲剧的净化作用,以保持平静,也就不是偶然的了。

(五) 喜剧

亚氏指出悲剧主角首先须性格善良的同时,认为"喜剧总是摹仿比我们今天的人坏的人"④。又说:"所谓'较差',并非指一般意义的'坏',而是指具有丑的一种形式,即可笑性(或滑稽)。可笑的东西是一种对旁人无伤,不至引起痛感的丑陋或乖讹。"⑤所谓"坏"当然有其时代的、阶级的标准,例如上述亚氏对妇女和

---

① 《诗学》第十五章。
② 同上书,第十三章。
③ 朱光潜译文,见《西方文论选》上卷,第96页。
④ 《诗学》第二章。"坏",朱光潜译为"较差"。
⑤ 同上书,第五章,朱光潜译文,见《西方美学史》上卷,第91页。

奴隶的看法,但他所谓"可笑的"而又"对旁人无伤","不至引起痛感",则成为后来喜剧创作的风格之一,和我国《诗·卫风·淇奥》:"善戏谑兮,不为虐兮"的意思相类似。这是因为亚氏所谓喜剧,指的是希腊较早的滑稽诗体的世态喜剧,而不是后来阿里斯托芬(公元前446—前385)的富于政治讽刺性的喜剧。

(六) 小结

亚里斯多德结合希腊文艺创作实践经验,本于希腊语"诗"为制作的传统概念,并应用一定的科学观点,对文艺问题进行分析、探究,涉及了文艺与现实的关系、文艺对社会的功用,以及文艺的心理基础诸方面,因此理论体系比较完整,具有相当的思想深度。他把摹仿的对象从"理念"的影子中解放出来,使它重新进入现实生活;在摹仿的方式、方法上强调由被动转为主动;对摹仿的目的则主张产生教育作用,从而提出了在现实世界中艺术必然是一种创造活动这个重要论断。至于排斥命运和灵感,侧重天才和理性、理智的统一,则对欧洲现实主义理论传统产生深刻影响。但另一方面,他由于二元论哲学观点的局限,虽批判柏拉图的唯心主义文艺观,却未能和老师彻底划清界限,他对艺术创作的"形式"因的看法实质上是柏拉图的"理念""理式"的继续。而在悲剧、喜剧人物身份上表示了对妇女和奴隶的歧视和鄙弃,则存在着奴隶主阶级的偏见。

总的看来,亚里斯多德对欧洲文论的发展,产生多方面的、深远的影响。(一)排斥命运和灵感,强调天才和理性、理智的统一,预示了浪漫主义与现实主义相互补充的论说。(二)诗描写"合情合理的不可能",初步指出艺术想象的巨大作用,促使罗马时期的文论即开始探索想象、形象思维在艺术创造中的内在联系。(三)应用生物学中有机整体的概念以及主张诗比历史更具有普遍性、必然性,涉及了人物类型的问题,并给后来关于艺术典型塑造的研究,创造条件。(四)悲剧中情节、地点、时间的一致性,经由文艺复兴时期卡斯特尔维屈罗所论的"三整一律"而树立十七世纪古典主义戏剧创作的重要准则。(五)"无害的快感"说,影响及于康德所谓"无关利害"的美感以及十九世纪末唯美主义的"为艺术而艺术"。(六)"净化"说,对于历代有关文艺的道德作用种种理论,起了或多或少的作用。换而言之,亚里斯多德所取得的成就,几乎是欧洲文艺批评史上空前所未有。

第二章 罗马时期

罗马的历史一般分为王政时期(公元前753—前510),共和时期(公元前510—前27)和帝政时期(公元前27—公元476),经历了氏族社会与奴隶社会两个阶段。奴隶主阶级对广大奴隶阶级进行残酷剥削,滥施烙手掌、烙舌、身上烙字种种酷刑,直到钉死在十字架上。农村奴隶一年只有两天假,衣服一年或隔年发一次;磨坊主在奴隶头颈上套一大木枷,防止他们吃面粉。奴隶主还把奴隶当作牲畜来贩卖。奴隶忍无可忍,奴隶起义不断爆发,公元前73—前71年由斯巴达克(斯)领导的一次,规模最大,贫苦的自由民也都参加,加速罗马共和国的灭亡。马克思指出:"斯巴达克是整个古代一个最英俊的人物,一个伟大的将领,具有高贵的品质,是古代无产阶级的真正代表。"① 公元一世纪,罗马历史又有重大事件,使阶级斗争趋于和缓,那就是基督教的诞生。它开始时原是被压迫者——奴隶、贫民、小手工业者、无产者的宗教,教主耶稣基督被称为救世主的化身,其"救世"的方式则为劝说奴隶和劳苦大众回避斗争,在现世里吃苦,忍耐顺从,死后可以"永生"。因此,二世纪末罗马皇帝承认基督教为国教,使它为反动统治服务,从此以后基督教特别是基督教神学,经过中世纪的长期宣扬,对于欧洲的思想文化、哲学、文学以至文论的发展,产生不同程度的影响,或隐或显,或似中断而又继起,直到今天。

罗马的文化基本上是希腊文化的继续,主要通过在埃及的亚历山大地区,接受了后期希腊文化。就哲学而言,唯物论有伊壁鸠鲁(公元前341—前270)派,继承并发扬古希腊德谟克利特的原子说,主张事物运动的原因在事物内部,肯定感觉是认识的来源,强调现世享乐以及快感为人生的最大幸福,但不应损坏国家和社会利益来追求快乐。这派的后一观点,是有利于巩固奴隶制的。唯心论以普罗提诺(204—270)的新柏拉图主义为重要代表,它宣扬宗教神秘,为日趋腐朽

---

① 1861年2月27日致恩格斯函。

的奴隶主阶级服务,并具有深远影响。此外,还有皮浪(公元前365—前275)的怀疑论,逃避对现实的认识与判断,而宣扬不可知论;西塞罗(公元前106—前43)的折衷主义,鼓吹社会"等级和睦",支持奴隶主阶级的统治。以上这些或先或后的哲学流派,在不同程度上是罗马奴隶主政治的反映,并且影响及于罗马时期的文艺理论,而罗马文论本身同时也是罗马文学创作的经验总结。

罗马文学犹如罗马文化,是对希腊传统的继承与摹仿,自身缺乏创造性,大都讲求语言效果,崇尚文雅、精致的风格。因此公元前一世纪至公元二世纪的罗马文论,曾被称为"修辞学的时期";但是,尽管如此,还是产生了若干影响较为深远的文论家。贺拉斯的《诗艺》提倡平易清浅、合情合理,可以说是当时的现实主义的代表,而尊重古代作家更影响及于十七世纪的古典主义。朗加纳斯的《论崇高》强调情感、激情,弥补亚里斯多德诗论的空白。斐罗斯屈拉塔斯虽然名不甚显,但关于想象的探讨,不失为欧洲早期文论的名言。斐、朗二氏的著作给十九世纪浪漫主义理论铺平道路。此外,普罗提诺的《九章集》,宣扬新柏拉图主义唯心论的文艺观,并含有浓厚的神秘色彩,经过中世纪经院哲学的渲染,为十九世纪末象征主义和神秘主义所继承,这一点也是不容忽视的。

贺 拉 斯

贺拉斯(Quintus Horatius Flaccus,公元前65—前8)是罗马诗人,批评家。父为被释放的奴隶。他生活在罗马由共和制向帝制过渡的时期。开国皇帝奥古斯都(公元前63—公元14)的宠臣麦克那斯组织文学集团,贺拉斯经过著名诗人维吉尔(公元前70—前19)介绍,参加这个集团,并写诗颂扬奥古斯都,因此麦克那斯送他一座庄园。贺拉斯深受伊壁鸠鲁的享乐主义和西塞罗的折衷主义的思想影响,写诗为贵族奴隶主的统治说教,主张克服粗俗的习尚,养成文雅的风气,在享乐中不忘节制,更好地服从帝国的利益,从而树立崇高的伦理观念。他曾写韵体长信给皮索和他的两个儿子,回答他们所提出的一些文艺问题,谈了自己对诗和戏剧创作的意图与技巧,诗人、剧作家的条件以及正路与歧路等的看法,称为《诗艺》[①]。它以生动的文笔,介绍写诗的实际经验,为西方文学批评史上一部古典名著,书中有不少词句,被广泛引用,成为西方习见的谚语。黑格尔曾谈到

[①] 用拉丁文写的,有多种英文转译本。下文所引,根据杨周翰从英文的转译本,人民文学出版社,1963年;也可参看《西方文论选》卷上,第98—119页。

贺拉斯的《诗艺》的写法,值得介绍。"在开始比较严肃的诗里会用灵巧的转折,转折到一种比较轻松愉快的情调来结束,以便把处理方式或情境的严肃性冲淡。贺拉斯在他的书信体诗篇里也用这种作风。"①

我们不妨先引他的一个典型诗句②:"莫往深处冒险,莫向高处飞翔,须提防风暴来时,冲击岩石,浪花四溅;要坚守平安与宁静,永远满足于中庸:这一领域,介乎陋室和宫殿之间。"这短短的几行,充分反映了庙堂诗人得了庄园而仍然患得患失的心情。同样地,他还劝过一位朋友:你的未来是不能不与世长辞的,不能不撇下一切的;换而言之,死后什么都完了,活着就要充分享受。可以说,贺拉斯是"精通世故"的诗人;因此他的诗论反复提到"适宜"③乃是诗的最高品质。《诗艺》写得相当零散,试分几个方面加以介绍。

诗的本质:作者认为诗传达神的意旨,从而摹仿生活,指示人生的道路;实质上是由颂神进而宣扬君权神授,歌颂罗马皇帝的。而为了传达神旨,诗人首须保持心灵的纯洁,不受金钱的腐蚀,因此作者用了大段篇幅描写算账或斤斤计较,来进行讽喻,使诗人有所警惕。"诗神把天才,把完美的表达能力,赐给了希腊人……而我们罗马人从小就长期学习算术,学会怎样把一斤分为一百份。④'阿尔努斯的儿子,你回答:从五两减去一两,还剩多少?你现在该会回答了。''还剩三分之一斤。'(按:即四两)'好!你将来会管理自己的产业了。五两加一两,得多少?''半斤。'(按:即六两)当然这种铜臭和贪得的欲望腐蚀了人的心灵,我怎能希望创作出来的诗歌还值得涂上杉脂,保存在光洁的柏木匣里呢?"⑤从理论的渊源看,贺拉斯宣扬诗的神性,是继承了柏拉图的诗论中的神示和颂神的观点,同时他主张诗须摹仿生活,从丰富的生活经验中找寻范本,则又受了亚里斯多德的摹仿自然说的影响。而且,关于诗的摹仿,他更说出一句名言"诗歌就像图画"(也译"诗如此,画亦然")⑥。

诗与教诲:"诗人的愿望应该是给人益处和乐趣,他写的东西应该给人以快感,同时对生活有帮助。在你教育人的时候,话要说得简短,使听的人容易接受,容易牢固地记在心里。一个人的心里记得太多,多余的东西必然溢出。"必须做

---

① 朱光潜译,黑格尔《美学》第一卷,第 372 页。
② 散译。
③ 英译文为 decorum,也译"合式""得体",或"妥贴""工稳"。
④ 罗马人以一斤为十二两,学生要学会怎样用十二进位计算它。
⑤ 《诗艺》第 332 条。
⑥ 同上书,第 365 条。

到"寓教于乐,既劝谕读者,又使他喜爱,才能符合众望。这样的作品才能使索修斯兄弟①有钱可赚,才能使作者扬名海外,留芳千古。"②这里,关键在于"教",也就是说诗教须以颂扬罗马最高统治的功德为内容。"寓教于乐"的理论乃是糅合了柏拉图关于诗须教育公民捍卫国家和亚里斯多德的净化以及轻松舒畅的快感。此外,"寓教于乐"说在文艺复兴、古典主义、启蒙运动等时期的文艺批评理论中都得到发扬,直到消极浪漫主义和颓废流派兴起后,作家的自我抒发、自我陶醉方始取代了它。

判断和写作:"要写作成功,判断力是开端和源泉。……如果一个人懂得他对于他的国家和朋友的责任是什么,懂得怎样去爱父兄、爱宾客,懂得元老和法官的职务是什么,派往战场的将领的作用是什么,那末他一定也懂得怎样把这些人物写得合情合理。"③这条是上述一条的补充,使"教"的内容具体化。他连用几个"懂得",就是要求诗人描绘出合乎奴隶主阶级的政治要求和道德标准的模范人物,否则诗人将会太无理性,简直是疯人了。"人遇上了疯癫的诗人是不敢去沾染的,连忙避开,就像遇到患痒病的人,或者患'富贵病的人'④,或者患'月神病'的人⑤。只有孩子们不懂道理,才冒冒失失去逗他追他。这位癫诗人两眼朝天,口中吐出不三不四的诗句,东游西荡。他像个捕鸟的人,盯住一群八哥儿,不提防跌进了一口井里,尽管他高声喊道:'公民们,救命啊!'但谁也不高兴拉他出来。万一有人高兴去帮他,垂下一根绳子,那末我便会对那多事的人说:'你怎么知道他不是故意落进去,不愿让人帮忙呢?'……我要说:'……让这样的诗人们去享受自我毁灭的权利吧。勉强救人无异于杀人。他自杀已不止一次,你把他救出来,他也不会立即成为正常的人。……谁也不明白他为什么要写诗。也许因为他在祖坟上撒过一泡尿……亵渎了神明。……谁若被他捉住,他一定不放,朗诵他的歪诗,念到你死为止,像条血吸虫,不喝饱血,决不放松你的皮肉。'"⑥这里,贺拉斯赤裸裸地摆出一副御用诗人的面孔,把不愿宣扬奴隶主阶级的道德准则的诗人说成是疯子,极嘲骂之能事,比起柏拉图禁止不肯颂神的诗人进入理想国,贺拉斯的态度可谓恶劣之至了,为西方文学批评史上所罕见。

---

① 罗马著名书商,贺拉斯的作品由他销售。
② 《诗艺》第346条。
③ 同上书,第322条。
④ 例如黄疸病,用药昂贵。
⑤ 古人相信,痴病由月神引起。
⑥ 《诗艺》第476条。

天才与苦学、独创与传统："有人问：写一首好诗，是靠天才呢，还是靠艺术？我的看法是：苦学而没有丰富的天才，有天才而没有训练，都归无用。"①初看起来，似乎是主张天资与学力各占一半，其实不然。"你们若见到什么诗歌，不是下过许多天苦功写的，没有经过多次的修改，没有像一座雕像，被雕刻家的磨光了的指甲修正过十次，那末你们就要批评它。"②可见贺拉斯显然侧重于苦学勤练。他虽说过："或则遵循传统，或则独创。"③但他更重视传统。"用自己独创的办法，处理日常生活的题材，是件难事；你与其别出心裁写些人所不知、人所不曾用过的题材，不如把特罗亚诗篇④改编为戏剧。从公共的产业里，你是可以得到私人的权益的。"⑤贺拉斯这话是有感而发，因为维吉尔就是由于摹仿《奥德赛》，写出歌颂罗马祖先的那部史诗《伊尼德》而享了盛名。他在第274条里就说得更具体："要日日夜夜玩弄希腊的范例。"希腊文论中有主张摹仿自然的，如亚里斯多德，而摹仿古人则始于罗马的贺拉斯，因此西方文论史家称他为古典主义的创始人，而十七世纪的布瓦洛的新古典主义则深受他的影响⑥。

诗的重要品质：这是贺拉斯的《诗艺》反复阐述的一个问题：写诗应力求"恰当"或"稳妥"。作者认为这一点很不容易做到。"三位贤父子，我们大多数诗人所理解的'恰到好处'实际上是假象。我努力想写得简短，但写出来却很晦涩。追求平易，但在筋骨、魄力方面又有欠缺。想要写得宏伟，而结果却变成臃肿。(也有人)要安全，过分怕风险，结果在地上爬行。在一个题目上乱翻花样，就像在树林里画上海豚，在海浪上画条野猪。如果你不懂得(写作的)艺术，那末你想避免某种错误，反而犯了另一种过失。"⑦意思是说，如能写得简短、平易、宏伟、安全(妥当)，而又花样翻新，都会成为好诗，但有时竟会走向反面，这是由于没有掌握写作的艺术。因此他提到几个具体方面，要求诗人去下功夫。

1. 人物的年龄和性格："年岁的增长，给人们带来很多好处；年岁的丧退，也带走了许多好处。所以，我们不要把青年写成个老年人的性格，也不要把儿童写

---

① 《诗艺》第418条。
② 同上书，第294条。
③ 同上书，第127条。
④ 指荷马史诗《伊利亚特》和《奥德赛》。
⑤ 《诗艺》第153条。
⑥ 但也有人把布瓦洛作为古典主义理论的重要代表，而不称他为新古典主义者，本书按照此说。
⑦ 《诗艺》第31条。

成个成年人的性格,我们必须永远坚定不移地把年龄和特点,恰当配合起来。"①他还生动地描绘老年人有哪些特点:"人到了老年,更多的痛苦从四周围袭击他:或则因为他贪得,得来的钱又舍不得用,死死地守着;或则因为他无论做什么事情,左右顾虑,缺乏热情,拖延失望,迟钝无能,贪图长生不死,执拗埋怨,感叹今不如昔,批评并责骂青年。"②关于人物性格的描写,他认为须以古人刻画过的若干性格为范本:"比如你想在舞台上再现阿喀琉斯③……你必须把他写得急躁、暴戾、无情、尖刻,写他拒绝受法律的约束,写他处处要诉诸武力。"④他认为这样描写性格,便是恰到好处。但是由于时代的局限,贺拉斯还不可能从社会历史条件和人物周围环境来考察性格,因此讲的只是人物类型,并非人物典型形象,而十七世纪古典主义也不例外,停留在贺拉斯的水平。

2. 剧中人物的语言:贺拉斯主张语言须因人而异,符合各人的身份,才算"适宜"。"神说话,英雄说话,经验丰富的老年人说话,青年、热情的少年说话,贵族妇女说话,好管闲事的乳媪说话,走四方的货郎说话……其间都大不相同。""如果剧中人物的词句听来和他的遭遇或身份不合,罗马的观众不论贵贱都将大声哄笑。"⑤同时,他还强调诗人"到生活到习惯中去寻找模型,从那里汲取活生生的语言",避免"语言内容贫乏,以致诗作徒然响亮而无意义……不能使观众喜爱,流连忘返"。⑥

3. 情节的处理:他认为须作如下安排,才能"合式",或"恰到好处"。"情节可以在舞台上演出,但也可以通过叙述。但通过听觉来打动人的心灵比较缓慢,不如呈现在观众的眼前……让观众亲眼看看。但不该在舞台上演出的,就不要在舞台上演出,只消让流利的演员在观众面前叙述一遍就够了。例如,不必让美狄亚当着观众屠杀自己的孩子。"⑦这个例子是指希腊悲剧作家欧里庇底斯的《美狄亚》而言,其所以不合"适宜"的原则,因为将会造成有"鼓"而无"乐"的效果,违反诗的要求。

《诗艺》是西方第一部诗人论诗、而非哲学家论诗的著作,虽然在范围、体例

---

① 《诗艺》第178条。
② 同上。
③ 《伊利亚特》中希腊联军的英雄形象。
④ 《诗艺》第127条。
⑤ 同上书,第118条。
⑥ 同上书,第322条。
⑦ 同上书,第188条。

和理论水平等方面,不能和亚里斯多德的《诗学》相比,但很多是经验之谈,而且每以讽喻来帮助说理,在今天还是值得一读,因为它具有平易清浅的现实主义精神,尽管十九世纪以来它在西方文艺批评史上逐渐失去以前的重要地位。

朗 加 纳 斯

朗加纳斯(Longinus)是罗马时代的希腊修辞学家、批评家,他的生存年代以前被认为是公元三世纪或二世纪,近来被认为是一世纪。有种传说,他政治上倾向民主和普选权,他的著作《论崇高》①是用希腊语所写,讨论文章风格,十世纪时才被发现,共存四十四章。作者主张伟大作品的实质在于崇高,崇高有其永恒性和普遍性:"一篇作品只有在能博得一切时代中一切人的喜爱时,才算得真正崇高。"②这一论点,为西方文论史上"古典"或"古典作品"这个概念的产生,开辟道路,十七世纪法国古典主义批评家布瓦洛把《论崇高》译成法文,重版多次,扩大了朗氏的影响。朗氏的《论崇高》和贺拉斯的《诗艺》同为罗马时代文论的重要著作,如果说后者是现实主义的,那末前者则含有浓厚的浪漫主义因素。

朗加纳斯在论说崇高的语言时,指出其"主要来源有五个,而共同依靠的先决条件,是掌握语言的才能"。这五个来源是:"第一而且最最重要是庄严伟大的思想……第二是强烈而激动的情感。这两个崇高的条件主要是依靠天赋的,其余却可以从技法上得到些助力。"第三是"藻饰的技法"(包括思想和语言)。第四是"高雅的措词"。第五是"整个结构的堂皇卓越"。这第五个乃前四个的综合。③ 朗氏认为伟大的思想包含在伟大的心灵中,他进而分析:心灵的伟大取决于它本身具有对观赏、思索的强烈要求,而观赏、思索的对象则是整个世界、整个生命。不仅如此,"即使整个世界,作为人类思想的飞翔领域,还是不够宽广,人的心灵还常常超越过整个空间的边缘。……而富丽、堂皇、美丽的事物……惊心动魄的事物",使"我们立刻体会到人生的真正目标"。④ 作者还认为思想的"飞翔"既为诗人带来对世界的摹仿,更帮助他运用想象,产生(语言)形象。朗氏着重谈了想象:"年轻的朋友啊,你须知道,通过想象,能把话说得更有分量,更堂

---

① 在外文的转译本中还有其他译名,如《关于崇高》《风格的诸印象》《关于伟大的作品》。本书所引,根据:(1)钱学熙从英文转译本,《文艺理论译丛》1958年第2期,人民文学出版社;(2)这个中译本的摘录,由郭斌和据希腊文本校阅,《西方文论选》上卷,第121—131页。
② 《论崇高》第七章。
③ 同上书,第八章。
④ 同上书,第三十五章。

皇,更生动。有些人想把想象称之为'形象制造'。……你还应懂得,修辞和诗都用想象,但目的不同,前者为了语言清楚有力,后者为了引起惊奇,这几乎是迫使听众见到了诗人的想象所呈现的一切。"①这里,想象被联系到形象制造,这和当时希腊哲学家阿波洛尼阿斯所说:想象塑造了公元前的希腊雕刻作品②,同样拈出形象的功用,而且给后来的形象思维理论研究打响第一炮。此外,就在这一章的末尾,朗加纳斯把以前的话作了一个很好的小结,说明"它(思想的崇高)怎样产生于心灵的伟大,摹仿,运用形象等等",并提出"简单的纲领"。

此外,朗加纳斯还由伟大的心灵讲到人才、天才。作者并不相信"民主是天才的好保姆"、"自由能培养才士的大志"这类看法。他指出"人才的败坏"也可以是因为"金钱的贪求和享乐的贪求,促使我们成为它们的奴隶,也可以说,把我们整个身心投入深渊,惟利是图……但求享乐,使人极端无耻,不可救药"③。

最后,我们回到此书的第一章关于崇高以及崇高的语言的效果:"崇高的语言对听众的效果不是说服他,而是使他狂喜。一切使人惊叹的东西,无往而不使仅仅讲得有理、说得悦耳的东西黯然失色。相信不相信,惯常可以自己作主;而崇高却起着横扫千军、不可抗拒的作用;它会操纵一切读者,不论其愿意与否。"换言之,作者特别强调唤起激情,预示了浪漫主义诗歌语言的特征;但是他对于"天才"的理解,却不同于浪漫主义,含有浓厚的道德观念。此外,也须提到朗加纳斯强调永恒性与普遍性,研究结构的整体性以及布局等,则为古典主义批评所继承,除法国古典主义者布瓦洛对他崇敬外,英国古典主义作家德莱登(1631—1700)曾称他是亚里斯多德以后的最大的批评家。

斐罗斯屈拉塔斯

斐罗斯屈拉塔斯(Flavius Philostratus,约170—245)是罗马时代的希腊批评家、剧作家。生平事迹不详,大约曾在雅典求学和任教,后来定居罗马。主要著作有《狄阿那的阿波洛尼阿斯传》《智者传》,以及关于六十多幅绘画的评论等。阿波洛尼阿斯是公元一世纪的希腊哲学家,属于毕达哥拉斯派。毕达哥拉斯(约公元前580—前500)为古希腊数学家、唯心主义哲学家,认为肉体是灵魂的坟墓,宣传灵魂转世说。这一学派在罗马帝国时成为基督教教义和

---

① 《论崇高》第十五章。
② 参见下面斐罗斯屈拉塔斯一章。
③ 见《论崇高》第四十四章。

奴隶主统治的辩护者。斐罗斯屈拉塔斯在《狄阿那的阿波洛尼阿斯传》中提到阿氏对于摹仿与想象在艺术中的作用的一些看法,相当强调主观的力量,反映了毕达哥拉斯唯心论的观点;但是西方文论史一般就把阿氏的文艺观作为斐氏本人的文艺观了。

书中提到摹仿有两种:"一种是绘画,用心和手来描绘万物,另一种则只是用心来创造形象。"接着又指出:"并不是真的有两种,因为称得上绘画的那一种,由于它能够用心和手来描绘万物,所以是更为完备的一种摹仿。至于另一种,则只是它的一部分。因为一个人,即使不是画家,他也能够用心来理会来摹仿,却不能用手来描绘。"①这里所谓心的理会与摹仿,有些近于我国画论所说"意存笔先"的"意"②。书中进而把这"心的理会与摹仿"理解为艺术创作中的"想象"。"想象!是想象塑造了这些作品③。它是比摹仿更为巧妙的一位艺术家。摹仿仅能塑造它所看到过的东西,而想象还能塑造它所没有看到的东西,并把这没有看到过的东西作为现实的标准。摹仿常常由于惊惧而不知所措;想象却什么都难不倒,它无所惊惧地向自己定下的目标前进。"④不妨说斐罗斯屈拉塔斯看到了想象虽然也是一种对现实事物的摹仿,但能"用心来创造"高于事物形象的艺术形象,从而表达高于现实的理想境界。朗加纳斯把想象称为"形象制造",足以产生生动、堂皇的语言,而斐罗斯屈拉塔斯则认为它是"用心来创造形象",赋予想象以能动反映的功能,可以说比朗加纳斯又深入一步,是在"艺术想象""艺术创造""艺术形象"的意义上使用"想象"一词了。

亚里斯多德谈想象,是从心理学角度出发,朗加纳斯谈想象,侧重修辞学;而斐罗斯屈拉塔斯乃是西方第一人将想象作为艺术形象创造的重要手段。朗、斐二氏都给后来关于形象思维的理论探讨作了准备。

普 罗 提 诺

普罗提诺(Plotinus,204—270)是罗马时代唯心主义哲学家,新柏拉图主义创始人。生于埃及,曾随罗马远征军到过波斯,后在罗马讲学二十多年,主要是

---

① 《狄阿那的阿波洛尼阿斯传》第二卷,第二十二章,蒋孔阳译,《西方文论选》上卷,第133页。
② 张彦远《历代名画记》:"意存笔先,画尽意在。"
③ 指希腊雕刻家菲狄亚斯(约公元前五世纪)和伯拉克西特列斯(约公元前375—前330)的作品。
④ 《狄阿那的阿波洛尼阿斯传》第六卷,第十九章,《西方文论选》上卷,第134页;末句采用杨绛译文,《欧美古典作家论现实主义和浪漫主义(一)》,第63页。

融合柏拉图客观唯心主义、基督教神学和东方神秘主义思想。他的著作由学生玻尔菲利(Porphyry)辑成六个部分,每个部分包括九章,因此称为《九章集》。他把柏拉图所谓的最高理念说成是"太一",是"神",将柏拉图的理念论推向宗教神秘的深渊。柏拉图认为:现实世界是对理念世界的摹仿的产物,是理念世界的影子;普罗提诺认为:一切是从至善的、完满的"太一""流溢"出来的——也就是从"太一"流溢出理性世界、宇宙原则,从理性世界、宇宙原则流溢出世界精神、世界灵魂,从世界精神、世界灵魂流溢出个别灵魂,最后才有现象世界或物质;这处于底层的物质乃罪恶之源,因此除物质外,宇宙法则、世界精神和个别灵魂都倾向于、回归于"太一"。就个别灵魂论,其途径则是解脱物质、肉体的束缚,通过直觉、静观、冥想,进入宗教神秘状态,最后达到与"太一"的契合。普罗提诺的新柏拉图主义对基督教教义的宣扬——信仰上帝、归依真宰——产生巨大作用,并给中世纪的神学和经院哲学,提供理论基础。

《九章集》①涉及美、艺术、艺术想象、艺术形式等问题,它们也形成罗马时期的文论,其影响及于中世纪。

普罗提诺认为事物之所以美,不在于事物中部分与部分之间的对称、和谐及其单一性,"美丽的颜色有如阳光,由于它们是单一的,不能从对称中得到的美,因而它们的美会被否定掉。黄金怎么会含美呢?午夜的闪电以及星光(都不含有对称美)又以什么方式成为美的呢?从而种种物体的根本的美,又是什么呢?"他的回答是:"世间事物之所以美,是由于分享了那导源于神的理型。"②因为照他看来,"一件事物如果没有完全按照一种理型来构形……被排除在神和理性之外,它是绝对地丑的了。"与此相反,"当理型被附加到一件事物之上,把它的各个部分组合起来,成为'一'时③",理型便赋予这一事物以"体系和计划的统一性",结果"美就登上了被如此创造出来的统一性的宝座上了"。换而言之,美与物质世界无关,乃是"由于分享了来自神那里的理性,而成为美的了"。④

普罗提诺进而具体地论说雕刻艺术。"这块被艺术按某种理型的美而雕刻

---

① 此书有蒋孔阳从英译本摘译的片断,见《西方文论选》上卷。本书根据这个中译文,并参考朱光潜《西方美学史》上卷和汝信《西方美学史论丛》的有关引文。
② 《西方文论选》,第 137—138 页。
③ "一",英译文为 one。
④ 《西方文论选》,第 138、139 页。

成的石头,它之所以美,并不是因为它是一块石头,而是因为艺术所赋予它的理型。……这一理型并不存在于物质(石头)材料之中,而是存在于能够构思的心灵中,甚至在注入石头材料之前,就已存在于构思的心灵中了。其所以如此,又并不是因为艺术家有眼和手,而是由于他有熟练的技巧(艺术)(想象)。"① 这里,普罗提诺触及艺术形式和艺术想象,并强调艺术构思或艺术想象不属于推理,因为"当艺术家们的灵魂处于踌躇与迟疑不决的时候,推理就占了上风;但是当没有阻碍发生时,他们的熟练的技巧(艺术)(想象)就支配着他们,从而使他们获得作品的成功"②。灵魂所以迟疑不决,乃是由于它和"太一"流出的理性世界疏离隔阂,尚未与"太一"契合,这时候也就说不上艺术熟练,想象活泼,因此不可能为"太一"服务。普罗提诺力图阐明艺术想象也和美一样,是植根于"太一"或"神"的。

普罗提诺还对艺术摹仿有所论说。"我们必须承认,艺术不仅摹写可以看见的世界,而且它还上升到自然所借以建立起来的那些原则;尤有进者,许多艺术品都是有创造性的。因为它们本身具有美的源泉,可以弥补事物的缺陷。"③普罗提诺认为艺术摹仿的最高对象,乃是"太一"溢出理性世界、宇宙法则,而现象世界在体现宇宙法则时有所不足的地方,艺术作品却能加以弥补。普罗提诺的最后意图在于论断美和艺术美的唯一涵义就是回归于"太一",实现他所谓的契合、合一、整一。

综上所述,普罗提诺继承柏拉图关于艺术摹仿事物、事物摹仿理念的论点,但并不强调柏氏所谓艺术和理念隔开三层,从而贬低艺术的地位。他把艺术摹仿的对象提高到宇宙法则本身,肯定艺术本乎宇宙法则以改造现象世界的功能,同时突出在这改造中艺术想象所起的作用。但另一方面,他以回归"太一"为美和艺术作品的最终目的,使艺术从属于神,为中世纪基督教的神学艺术观、为奥古斯丁、阿奎那等的神秘主义文论开辟道路。他关于艺术家凭心灵(亦即原于"太一"所溢出理性世界的心灵)赋予物质以形式,则预示了康德的先验范畴说、艺术创造之内在理想(想象)等论点,以及史勒格尔与歌德、席勒等艺术观的唯心主义因素。至于他的艺术摹仿说:以心灵改造物质为衡量美和艺术的标准,使艺术离不开对神、太一的直觉,离不开与神明的契合,并和任何社会实践完全脱

---

① 《西方文论选》上卷,第140页。"技巧",英译文为"艺术",朱光潜译文为"想象"。
② 同上书,第139页。
③ 同上书,第140—141页。

节——则更为近代、现代西方形形色色的极端唯心主义、神秘主义的文艺观铺平了道路。可以说在西方文论的漫长的历史上和影响巨大的唯心主义阵营中,除了柏拉图外,普罗提诺的作用也是不容低估的。

第三章　中世纪

"中世纪"一词，始见于欧洲文艺复兴时期，意思是指从公元四、五世纪的希腊、罗马古典文化到十五世纪古典文化复兴这末一个时代，大约有一千年。在这一千年里，封建制和基督教教会对欧洲广大人民进行双重压迫和统治；①关于这一千年间的欧洲思想文化，恩格斯曾有分析。他一方面指出："中世纪只知道一种意识形态，即宗教和神学"②；欧洲人处于"基督教中世纪的长期冬眠中"③。但另一方面，恩格斯承认："中世纪的巨大进步——欧洲文化领域的扩大，在那里一个挨着一个形成的富有生命力的大民族，以及十四和十五世纪巨大的技术进步，这一切都没有被人看到。"④

在欧洲中世纪的社会里，思想上占统治地位的，为基督教会的经院哲学，它力图以唯心论哲学给基督教教义作论证。与此同时，经院哲学内部长期存在唯名论和唯实论（实在论）的斗争。唯实论主张共相离开个别而存在，一般概念先于个别事物而存在，实质上乃柏拉图的"理念"论和普罗提诺的新柏拉图主义"太一"说的继续。唯名论强调共相只是事物的名字或符号，个别事物先于一般概念而存在。比较而言，前者从僧侣主义出发，为宗教神学辩护，后者含有唯物主义倾向，对于神干预自然的范围有一定的限制，在当时起过进步作用。因此，列宁认为："中世纪唯名论者同实在论者的斗争，和唯物主义者同唯心主义者的斗争，有相似之处。"⑤这一斗争在欧洲中世纪的文艺理论上也有所反映。一方面，作为唯实论者的圣·奥古斯丁和托马斯·阿奎那，先后宣扬神学的文艺观，坚持文艺脱离现实世界，去为上帝服务，形成了中世纪文论的主流。另一方面，以彼

---

① "中世纪"一词，后来应用较广，从476年西罗马帝国灭亡到1640年英国资产阶级革命，称为欧洲中世纪。
② 《费尔巴哈与德国古典哲学的终结》，《马克思恩格斯选集》第四卷，第231页。
③ 同上，第220页。
④ 同上，第225页。
⑤ 《又一次消灭社会主义》，《列宁全集》第二十卷，第184页。

得·阿伯拉为代表的文艺观则主张接近世俗,反映现实生活和感情,因此受到教会的谴责。不过,也还须注意到奥古斯丁和阿奎那在否定世俗文艺的同时,曾触及文艺的若干问题,例如感官享受、美的形式、和谐、一致,以及虚构、想象和象征等,这些成为文艺复兴以来文艺理论的课题,因此经院哲学的有关论说,今天仍有一定的参考价值。此外,中世纪流行着诗的四种意义,即字面的意义、譬喻的意义、道德的意义和奥秘的意义,[①]这虽然是受经院哲学的影响,但第二种意义涉及寓言性和象征性,已含有形象思维这一理论的萌芽。

欧洲中世纪的宗教和神学,并不能扼杀民间的、世俗的文艺的发展,它们形式多样,内容丰富,语言方面大都不用官方的拉丁语,而用地方语,并不受希腊、罗马传统的束缚,自由地表达了思想和感情。比较突出的有抒情民歌、叙事民歌、寓言(例如攻击封建教会的列那狐)、短篇故事、讽刺小品、谐剧、谐谈以及情书[②]等等,再加上几部英雄史诗以及封建骑士文学(包括抒情诗和传奇),对于近代欧洲文学中浪漫主义思潮、小说体裁和民族文学发展等,产生了深远影响。然而欧洲中世纪的文艺理论水平和民间创作水平相比,则显得十分贫乏,大为逊色了。

圣·奥古斯丁

圣·奥古斯丁(Saint Aurelius Augustinus,350—430)是欧洲中世纪基督教神学的重要代表。曾任北非洲某地区主教,镇压过反对奴役的人民起义。他早年研究希腊哲学和希腊、罗马文艺,曾著《论美与适合》,已失传。他赞同毕达哥拉斯关于美为事物的整一、和谐说,并从希腊的人体雕像论证了美的根源在于物质。后来他接受普罗提诺的新柏拉图主义,认为整一、和谐是上帝创造的,美的根源不在物质而在上帝;同时宣传教会的禁欲主义,提出从自然(物质)转向上帝,从尘世转向天堂,以及由局部事物转向普遍的理念和概念等。他的主要著作有《地之都》和自传体《忏悔录》。前一著作主张以"神之都"反抗"地之都",认为教会统治应取代"罪孽深重"的世俗的国家统治,并断言后者必趋灭亡,而前者永在。他认为"柏拉图经过沉思,宣判了诗人应负虚构的罪责,从而罗马的法律对发给讽刺诗人的许可证,加以限制,同时规定诗人不得进行人身攻击。此外,柏

---

① 参看本书但丁一章。
② 参看本书阿伯拉一章。

拉图不让诗人住在他的理想国,因此罗马法禁止演员登记为罗马公民。"①奥古斯丁对这些措施大加称赞,也就是肯定奴隶主阶级对文艺的控制。他在后一部著作中叙述自己作为世俗人所曾犯下的种种罪过,真心诚意地在上帝面前忏悔,尤其是严厉批评自己早年如何为美的形式所困惑。"我的眼睛曾爱上了多种多样的形式美,特别是那些光辉和悦人的色彩。如今我请求这些东西不要占有我的灵魂;请求上帝占有它们吧,因为上帝创造它们,赋予它们以极度的新鲜和健全。……灵光啊,神采出众的王后啊,充满于一切事物之中,使我在白昼里到处都能看见;灵光便带着它的缤纷的色彩,掠过我的眼前,尽管我忙于别的事情而没有注意到它。因为灵光以偌大威力直入我心,所以假如它骤然被召回,我定会抱着最大的渴望,祈求它再来临;倘若它长期不在我的周围,我就感到沮丧。"②奥古斯丁经过一番忏悔,断言文艺是宗教神学的敌人,并宣布它的罪状。例如悲剧之罪,在于给观众以"个人不幸的种种形象和导致热情的燃料";它"在舞台演出……让大家去看忧郁和悲惨的事故,……舞台上乔装的激情,它所要求的不是解愁,而只是发愁。……倘若扮演没有打动观众,使他落泪……那就对演出批评一通"③。又如他还通过自我批评,反对造型艺术:"真理的势力将真理本身闪耀到我的眼里,但我却……转向一些轮廓、色彩和庞大的体积……,这样就离开了真理,离开了非物质的实体。"④在奥古斯丁看来,真理、至善、至美属于上帝,而文化艺术只诉诸激情,为悲剧主角落泪,结果则必然远离上帝;上帝所造的万物也包括世俗的形式美,但是如果对后者感到惊奇,那也同样地远离上帝,无从体会、领会"非物质的实体"了。

但是另一方面,奥古斯丁在攻击世俗文艺的同时,曾涉及一些艺术理论问题。例如他认为"一件(世俗)艺术品的本身价值在于它所具有的那种特殊的虚构"。"艺术家倘若忠于自己,就必须虚构。""他们不仅关于您(上帝)说着谎话(您确乎是真理),甚至关于这一世界的那些元素您(上帝)的创造物,他们也说着谎话。"⑤奥古斯丁虽从"非物质的实体"出发,谴责艺术为"物质"的"虚构",但却默认了艺术须凭想象和虚构。又如他曾主张,思而得之胜于一读就懂,前者予人

---

① 《地之都》Ⅱ,14,马卡司·铎兹英译本。
② 《忏悔录》Ⅹ,39,法兰西斯·希德英译本。
③ 《忏悔录》Ⅲ,2,《普及丛书》英译本。
④ 《忏悔录》Ⅳ,13,同上书。
⑤ 《忏悔录》Ⅲ,6,同上书。"您"指上帝。

以更多的愉快。他从圣书上的图画①举了两个例子：画齿状的东西，使人联想到那些殉道者犹如用利齿来消除现世的罪过；在圣徒的上端画剪去了毛的羊，说明圣徒必须从现世的重负下解脱出来，方能为上帝服务。这类的话诚然是僧侣的说教，却触及文艺中象征和形象等问题。

阿 伯 拉

彼得·阿伯拉(Peter Abélard，1079—1142)是法国哲学家、神学家，出身伯列当贵族家庭。他在唯名论和唯实论的斗争中，站在唯名论一方，属于经院哲学中的进步流派，但又和唯名论不同，承认一般概念乃人们对于现实所不可缺少的理性认识，因而被称为中世纪的概念论的代表。阿伯拉宣扬理性的作用，给宗教信仰带来一定限制；他的自传《我的患难生涯》以及《是与否》，被教会列为异端邪说，予以焚毁。

阿伯拉年轻时就熟悉古希腊、罗马诗歌，特别是贺拉斯的作品，自己曾写歌谣和爱情诗，传诵一时，其中题名为《我们抛弃教义》的一首，宣扬人生以享乐为目的，主张诗应赞美享乐；另一首《反对恶行》，则谴责罗马教皇以给人赎罪为名，掠取大量"赎金"。但是，阿伯拉对于教皇的权力，则仍予肯定。他在宣讲哲学时，曾和女学生哀绿绮思一见钟情，双方互通情书，并生一子。这部情书集成为中世纪世俗文学的名著。阿伯拉曾借哀绿绮思的笔，描述当时双方恋爱的情景。"在哲理探讨的暇日，——哀绿绮思写道，——你仿佛游戏似地写下许多形式优美的爱情诗，……常常为大家反复吟咏，你的姓名也为众口传诵不衰；甚至没有教养的人也因你的曲调的魅力而将你记忆不忘。因此你最能引起女人因恋爱你而叹息。这些歌曲大多是歌颂我们的爱情的，于是我也就很快地驰名各地，并招致许多妇女的妒羡。还有什么美好的精神品质没有点缀过你的青春呢？"②至于阿伯拉，虽表示忏悔，但同时又认为他俩之爱是"出于自然"的。十八世纪法国启蒙家卢梭鼓吹"返于自然"，曾摹仿这部作品，写成著名的书信体小说《新哀绿绮思》。实际上阿伯拉主张"尘世"的领域需要艺术活动，并以自己的创作感动他所处的时代，因此他用地方语写的歌词，巴黎的学生们也最爱唱。③

---

① 这类的图画属于非世俗的艺术。
② 《我的患难生涯》，第69页，据陈燊从俄文转译，《现代文艺理论译丛》第五辑，第71页，1964年，人民文学出版社。
③ 鲍桑葵《美学史》，1934年，伦敦版，第123页。

阿伯拉公开承认：感情鼓舞着文艺创作的兴趣，这一原则在世俗文艺中得到充分体现，因此就形成了世俗文学的合理性，并且这种文艺可以不必依附教会而独立存在。除了艺术家的感情外，阿伯拉还阐明艺术的两个决定因素：一、艺术家所生活、行动于其中的自然环境；二、艺术家生而有之的"易感性"。关于艺术家的创作过程，阿伯拉则认为：须面对自然，通过视觉的感受，并上升为感情，这样才能描绘周围的世界："由于我们的目光的感受，我们有时说天空是星光灿烂，有时则否；有时说太阳炽烈，有时则说温和；有时说月色比较明亮，有时比较朦胧，甚至黯然无光。"①阿伯拉生活在宗教、神学笼罩下的中世纪，介乎两大神学家奥古斯丁和阿奎那之间，而能提倡世俗文学，与教会的禁欲主义相抗衡，强调艺术与自然的联系，以及艺术中感觉和感情的作用，虽然只保留下片言只语，毕竟是难能可贵的，在中世纪的文论中占有特别重要的地位。

圣·托马斯·阿奎那

圣·托马斯·阿奎那（Saint Thomas Aquinas, 1225—1274）出身意大利贵族，是新柏拉图主义的继承者，经院哲学和实在论的重要代表。他在罗马、巴黎、科隆等地讲学，著有《神学大全》《反异教大全》《神学概念》及短论、辩论、注释等②，其学说称为托马斯主义，十九世纪末被罗马教廷宣布为天主教官方哲学，产生了新托马斯主义，并成为法西斯主义的思想武器之一。

阿奎那从实在论观点出发，强调共相先于个别事物，在柏拉图的"理念"和普罗提诺的"太一"的理论基础上进一步肯定上帝、神旨决定一切，借以巩固基督教教会的统治。他宣扬上帝创造万物，万物依存于上帝、但和上帝仍有区别，因为人们须从上帝的创造物以认识上帝的具体个性或上帝的心灵。

阿奎那认为："鲜明和比例组成美的或好看的事物"，而"神是一切事物的协调和鲜明的原因"，因此"神是美的"。③ 又说：美的基本因素是："第一，完整性和完备性；第二，适当的匀称和调和；第三，光辉和色彩。"他以人为例："肉体的美在于四肢匀称，五官端正，再加鲜明的色泽；精神的美恰巧与令人肃然起敬的善相同，即在于处事对人合理而公正。"美的第三基本因素特别重要，因为可以从它窥

---

① 《我的患难生涯》，第113页。
② 基尔贝英文本《阿奎那哲学著作选集》，1956年，牛津大学出版社，选入以上诸作，中文节译本见《西方文论选》上卷，第149—154页，《西方美学家论美和美感》，第65—68页。
③ 《神学大全》。以下同书引文，不再注明出处。

见上帝的"饱含生命的光辉"。

阿奎那进而论说美和美感。美乃上帝创造万物时所赋予的美的形式,因为"一件事物(自然物或艺术品)的形式放射出光辉,使这事物的完美的秩序所具的全部丰富性,都成为上帝心灵的呈现";美感则为对上帝所造万物的形式因素的认识,因为"最接近于心灵的感觉,即视觉和听觉,也最为美所吸引"。这样,就导致了阿奎那关于美在形式这一论断了。"感觉是一种反应,每种认识能力也都是如此。认识须通过吸收,而所吸收进来的是形式,所以严格地说,美属于形式因的范畴。"也就是说,由于上帝心灵所决定,美在于形式,美感在于对形式的感受。

其次,阿奎那论说美和善,并对美有所补充。"美和善是同样的东西,尽管重点不同。善为一切人所希冀和向往;而美的本质就在于只需知道它和看到它,便可满足希冀或向往。"由于上述最接近于心灵的视觉和听觉,也最能为美所吸引,所以"善是能使欲望要求得到满足的东西,而美的事物一被觉察即能与人以快感"。换言之,善为了满足欲念,有外在目的,美只满足美感、产生快感,而不起欲念,无外在目的。

再次,阿奎那进而解释艺术及其有关问题。第一,"一切自然的东西都由神的艺术所创造,可以称之为上帝的艺术作品。至于艺术家总想赋予他的作品以最好的倾向。所谓最好,不是绝对的,而是有关他所预定的目的。"而且他的倾向或目的,都被包蕴在上帝造物时"理性的灵魂及其活动"中。这里,阿奎那解释道:"上帝范铸了人体,也就赋予它以一种倾向,使之最适于人体的形式和各种活动。"我们试为引申如下:上帝造物本身,就是上帝的艺术,其中含有一定的形式与活动,这又可称为上帝的艺术的倾向,并体现了理性的灵魂及其活动,而上帝范铸人体这一项艺术也不例外。艺术家既然也是上帝范铸的人体之一,他必须遵照上帝的艺术倾向所给人规定的形式和各种活动,把它们表现在自己的艺术中,从而符合上帝造物所启示的"理性的灵魂及其活动"了。因为艺术及其作品最后仍旧属于上帝所造事物之一。第二,阿奎那更从"理性的灵魂及其活动"联系到艺术制作中的"思想"。他说:"艺术乃是创造者(上帝)心里有关制造事物的思想"[①],上帝造物时有这"思想",那末艺术家所出的作品也就有其思想;而且艺术不仅有思想,尤须具有正确的思想,因为"艺术是有关制造物的正确思想"。不过,"对艺术的掌握(亦即思想的掌握——原编者注),则以上帝最为正确"。第

---

① 以下所引,见《反异教大全》,《西方文论选》上卷,第152、151页。

三,阿奎那进而阐说艺术中的思想与形式的关系。"一个艺术家可以通过他的艺术,知道他还没有创造出来的东西。……没有任何东西可以阻止他去想到那些还没有作外在表现的形式。"也就是思想或倾向必然要求那些足以表现自己的形式。阿奎那认为美虽在于形式(见上文),而形式背后的思想则导源于上帝,亦即所谓"理性的灵魂"。最后,阿奎那根据所谓人们的艺术乃上帝的艺术的组成部分,论说人的制造实际上是摹仿而非创造。"艺术作品起源于人的心灵,后者又为上帝的形象和创造物,而上帝的心灵则是自然万物的源泉。因此,艺术的过程必须摹仿自然的过程,艺术的产品必须仿照自然的产品。"[①]人类的艺术摹仿自然、万物,自然、万物源于上帝的心灵,因此艺术最后只能是摹仿上帝心灵。这里应该指出,阿奎那所继承的,乃古代希腊摹仿说中柏拉图的唯心主义观点,而非亚里斯多德的现实主义观点。

阿奎那的这些论说对欧洲文艺思想的唯心主义倾向,产生深远影响。所谓"美属于形式因的范畴"以及美不含欲念,预示康德主张的不夹杂利害关系的纯美形式和十九世纪末的唯美主义。所谓艺术的制作源于上帝的创造,艺术的思想皈依理性的灵魂,乃十九世纪末欧洲文论中直觉主义、神秘主义的先驱。另一方面,他所论说的视觉和听觉的审美作用,则给十八世纪启蒙思想家在空间艺术(绘画、雕刻)和时间艺术(诗、音乐)方面的研究,提供一定的线索。

[①] 《注释,Ⅰ,〈政治学〉第一课》,《西方文论选》上卷,第153—154页。

第四章　文艺复兴运动时期人文主义

　　十四至十六世纪的西欧由中世纪转到近代，又叫"欧洲的文艺复兴"时期。新兴市民即资产阶级开始登上历史舞台，为了社会生产力的解放、资本的原始积累、工商业的发展，进行了一次反封建和教会的革命运动。这个运动在政治上要求建立民族统一的国家，精神文化上重新提倡自然科学和唯物主义哲学，文学艺术方面逐渐形成现实主义的创作道路，运用民族语言，表现民族特征。恩格斯曾就这一时期的政治和文化作了重要的论断："从十五世纪下半叶开始"，"国王的政权依靠市民打垮了封建贵族的权力，建立了巨大的、实质上以民族为基础的君主国，而现代欧洲国家和现代资产阶级社会就在这种君主国里发展起来。""意大利、法国、德国都产生了新的文学，即最初的现代文学。""这是一次人类从来没有经历过的最伟大的、进步的变革，是一个需要巨人而且产生了巨人——在思维能力、热情和性格方面，在多才多艺和学识渊博方面的巨人的时代。"①这个新兴阶级为了建立自己的文化，对抗中世纪的宗教神学，提出并宣扬"人文主义"（也译"人道主义"），旨在发展自然科学和唯物论哲学，强调理性和经验及二者的统一，批判继承古代希腊、罗马文化，做到古为今用。就其思想解放和思想酝酿而言，人文主义运动对十七、十八、十九世纪的欧洲都产生重大影响，而这一时期的文论也不例外。为了便于理解文艺复兴时期的文论，须先看到人文主义的实质及其在文艺创作上的共同主张。

　　人文主义者或新兴资产阶级知识分子提出人权以对抗封建王权和教皇、教会的绝对权威，宣扬人性和人道主义以抵制神性和僧侣主义，实质上是要求资产阶级的自由竞争，进而夺取政治权力。人文主义者更强调对人的尊重，主张个性解放，抨击禁欲主义，实质上有很大的局限性，乃是鼓吹个人主义、利己主义，以追求地位、名誉、利益和物质享受。例如荷兰人文主义者伊拉斯谟（1466—1536）

---

①　恩格斯《自然辩证法·导言》，《马克思恩格斯选集》第三卷，第444—445页。

认为:"的确,如果你把生活中欢乐去掉,那末生活成了什么？它还配得上去生活吗？"①至于广大劳动大众的生活如何,人文主义者却不曾考虑,例如意大利人文主义者、《十日谈》的作者薄伽丘(1313—1375)竟把下层群众说成是"没有知识的贱民"。人文主义者虽然批判教会和宗教神会,但并不反对宗教和上帝。意大利人文主义者佩特拉克(1304—1374)曾说:"我的原则是,关于我们在人间所能希望的光荣,我们在人间的时候去追求它是对的。一个人可以盼望享受到天上的另一种更灿烂的光荣,当我们到达了那里,而不再关怀或愿有地上的光荣时。"②总之,人文主义的精神,充分反映了一个新兴剥削阶级所具有的两面性。这一实质体现在文艺创作中,则有以下一些特征。继承亚里斯多德关于艺术摹仿自然说,将创作比做反映生活的"镜子",但这反映并非被动的而是主动的,须表现作家的理想,揭示现实生活的本质,因此文艺不仅是"第二自然",更须有所创造,并作典型的描绘。文艺体裁和作品内容也相应地多样化、扩大化,包蕴着人物的复杂心理和行动,生动活泼的语言,以及社会环境和大自然的丰富形象,从而表达作者的思想、感情和意愿。也就是要求基于生活真实以表现艺术真实,从而产生文艺的教育作用。以上这些共同点,说明了这一时期的欧洲文艺创作走上了现实主义的道路。剧作家和诗人但丁、莎士比亚,小说家拉伯雷、塞万提斯,艺术家芬奇、丢勒等都作出巨大的贡献,但是与此同时,人文主义的思想局限也被反映在他们的作品中。

　　伴随着创作的繁荣,理论研究和批评也相当发展,大致可分三类。一、专业理论家钻研古代希腊、罗马的文论,特别是亚里斯多德的《诗学》,卡斯特尔维屈罗可为代表,同时也评论新兴的文艺体裁,如悲喜混合剧,瓜里尼可为代表。二、诗人、小说家、剧作家、艺术家或畅谈自己的创作经验,有时上升为理论,例如但丁和芬奇,或在作品中触及若干重要的理论问题,例如塞万提斯、莎士比亚以至塔索;至于锡德尼,则写出了欧洲第一部比较全面的诗论著作。三、哲学家论文学,例如培根。这一时期的文论有以下一些特征。(一)宗教神学因素尚未肃清,但丁不用说了,就连十四世纪早期的人文主义者佩特拉克依然主张"诗和神学可以说是一回事"。"神学实在就是诗,是关于上帝的诗。"③培根也仍然认

---

① 伊拉斯谟《疯狂颂》法文译本,第16页。
② 佩特拉克《秘密》第三部分,作者与奥古斯丁的对话。以上两段引文,均见《人道主义人性论言论选辑》,商务印书馆,1973年。
③ 佩特拉克《给兄弟奎那多的信》。

为"诗是参与神明的";而莎士比亚则含有自然神论观点。(二)虽然摆脱经院派美学,以理性代替信仰,从而研究古典文论,但侧重于考证和诠释,特别是对于亚氏《诗学》,有的趋于保守,为十七世纪古典主义理论的滥觞。(三)结合当前创作来研究古代文论遗产,达到古为今用的目的,不仅打下现实主义的理论基础,而且对后来的浪漫主义也有所预见;这主要表现在继承亚里斯多德的创造性摹仿说和贺拉斯的寓教于乐说,本于现实的可然而进行虚构与想象,以增强文艺的感染力和教育作用,更好地为新兴资产阶级服务。这第三特征标志着文艺复兴时期文论的主要成就,尽管一定程度上存在人文主义思想的局限。

〔意〕但　丁

但丁(Dante Alighieri,1265—1321)出身意大利佛罗伦萨城贵族家庭。他对罗马皇帝的权力仍存幻想,但同时向往意大利能在君主制下成为和平统一的民族国家,并建立意大利民族语言。他曾参加新兴市民阶层的盖尔夫党,被选为佛罗伦萨的行政官,但由于反对罗马教皇干涉佛罗伦萨行政而被终身放逐。他用意大利西北部塔斯康尼地方语写成著名的叙事诗《神曲》(1307—1321),此外还有诗集《新生》和学术著作《飨宴》《王政论》。但丁的作品反映中世纪神学、哲学和科学思想,但同时揭露封建制和教会的腐朽专横,歌颂现世生活和个性解放,而对新兴市民的贪财好利也加以批判。他的创作以推陈出新为主导,但旧的观点还未彻底克服,例如在《神曲》中,是少女而非教会的神父引人走向"天堂"。因此恩格斯称他为"中世纪最后一个诗人,同时又是新时代的最初一个诗人"。他的文论著作有《致斯加拉大亲王书》和《论俗语》,均于十六世纪才被发现。

《致斯加拉大亲王书》[①]是否但丁所写,长期以来意见分歧。书中论及:《神曲》的主题、主角、目的、形式、名称等;中世纪文艺创作的寓言与象征原则;中世纪诗中的字面的、寓言的、哲理的、奥秘的四义说。他写道:《神曲》"这部作品……具有多种意义,……通过文字得到的是一种意义,而从文字表示的事物本身所得到的则是另一种意义"。他称前者为"字面的意义",后者为"譬喻的或神秘的意义"。他认为"虽然神秘意义各有特殊的名称,但总起来都可以叫做寓意"。在这四义中,但丁强调"寓意":"仅从字面意义论,(《神曲》)全部作品的主题是'亡灵的境遇',不需要什么其他说明,……但是如果从寓言意义看,则其主

---

① 见《西方文论选》上卷,第158—162页,但非全译。

题是人：人们凭自由意志去行善或行恶，将得到善报或恶报。"但丁还指出："倘若某些章节的讨论方式是思辨的方式，目的却不在思辨而在实际行动。"但丁主张诗须接触实际生活，并通过寓意以唤起实际效果，至于寓意的"处理的方式或方法包括诗的、虚构的、描写的、散论的、比喻的"。也就是强调感性形象须和思想形象或意象相结合，方能产生感染力，以达到一定的道德目的。倘和罗马诗人贺拉斯的"寓教于乐"相比，但丁的看法比较具体，而且深入，认识到艺术想象的作用。①

《论俗语》篇幅不全②。作者指出意大利各地区流行的土语或俗语，不同于当时僧侣与学者所通用的拉丁语或文言，主张沥去前者的"土俗气"，保留其精华，加以提高和推广，这样不仅有助于意大利民族国家的统一，还可促使意大利文学接近自然和人民。因为俗语胜过拉丁语，就在于它"对一切人都是极为必要的：不只是男人，就是女人和小孩，也需尽力就其所能来掌握它"。所谓俗语"就是小孩在刚一开始分辨语辞时便从他们周围的人学到的习用语言，或者更简短地说，就是我们摹仿自己的保姆不用什么规则就学习到的那种语言"。至于罗马人所谓的文学语言，是从俗语派生的，而且须费很多学习时间。"这两种语言之中俗语是较高贵的，因为它是人类最初使用的……也因为它对我们是自然的，而另一种是人为的。"③接着他对意大利俗语的发展提出看法，认为它将"属于意大利一切城市而不专属于其中任何一个城市"，而"意大利一切城市的方言都以此来计量、权衡和比较"。④但丁把这种俗语称为"光辉的、基本的、宫廷的和法庭的"，并逐一加以解释，而总的意思是：意大利必须有高贵的俗语，犹如意大利的多民族必须统一，成为一个大家庭，有宫廷为全境的共同之家，有家庭之主的国王，有衡量公平尺度的法庭。但丁通过以上的比喻，指出这后面三者的光辉"照亮"了意大利俗语，因此这"俗"也是"光辉"的了。⑤

更为重要的是，但丁结合诗创作提出了诗中"那些最伟大的主题……应该用最伟大的俗语加以处理"。他认为伟大的主题包括三项："安全，爱情和美德"，也就是"武士的英勇，爱情的热烈和意志的方向"；他宣称："有名的作家都是全部以

---

① 但丁在《飨宴》第二篇第一章中也谈到诗的四种意义，参看《欧美古典作家论现实主义和浪漫主义（一）》，第89—91页。
② 《文艺理论译丛》1958年第3期，人民文学出版社，《西方文论选》上卷选载。
③ 《论俗语》第一卷，第一章。
④ 同上书，第十六章。
⑤ 同上书，第十七章。

这些事情为主题,用俗语写下了诗歌。"①他还给诗人以新的定义:"我们大胆地这样说,……把那些用俗语写诗的人叫做诗人。"②而这"有名的作家",但丁指的是十二至十三世纪法国的抒情诗人、行吟诗人。但丁关于诗的民族语言和诗的主题等看法,反映了新的时代要求,他自己更通过《神曲》的创作,赢得了意大利民族文学语言创始者的称号。和他同时代的薄伽丘(1313—1375)就曾赞扬他:"在诗的方面,特别在方言方面,在我看来,他是使方言升华并使它在我们意大利人中得到尊重的第一个人,就像荷马之于希腊,维吉尔之于拉丁。"③

此外,但丁关于艺术、诗的起源,诗的本质、诗中内容和形式的关系以及天才等问题,也有一些看法,值得注意。例如:"艺术取法于自然,好比学生之于教师,所以你可以说艺术是上帝的孙儿。"④我们从这里可以嗅到中世纪神学的气味。又如"诗不是别的,而是写得合乎韵律、讲究修辞的虚构故事"⑤。就"虚构"而言,但丁接触到诗的想象问题。再如:"作品之中,善在于思想,美在于词章雕饰。"⑥这是讲内容和形式的关系;但还有讲得更加生动的:"形和质相溶合,一片精纯,没有裂缝和瑕疵,就像三弦弓上三箭齐发,如同一支箭;又像玻璃器皿或晶体放射光芒,刚一出现便已充满得无隙可寻。"这里却十分形象地阐明内容和形式的有机统一。至于"天才",但丁把它和"知识"相提并论,觉得它并没什么神秘,例如:"最好的思想只能来自天才与知识,所以最好的语言只适合于那些有知识、有天才的人。"⑦

至于但丁从神的创造来理解诗的创造,这一观点诚然是中世纪的。然而他强调诗的四义中寓意或虚构,主张通过想象以处理有用的主题(如民族统一的君主制),并建立意大利民族语言——所有这些都影响十四世纪以来欧洲各民族文学的形成以及浪漫主义和现实主义因素的增强,因此他"同时又是新时代的最初一个诗人"。

---

① 《论俗语》第二卷,第二章。
② 同上书,第四章。
③ 薄伽丘《亚利基里·但丁》。
④ 但丁《神曲·地狱》第十一章,王维克译,作家出版社,1954年,第63页。
⑤ 但丁《论俗语》第二卷,第四章。
⑥ 但丁《飨宴》。
⑦ 但丁《神曲·天堂》第二十九章,第13节,据英译本散译。

〔意〕达·芬奇

达·芬奇(Leonardo da Vinci,1452—1519)是艺术家和自然科学家,意大利人文主义重要代表。他曾设计纺织机、飞机和降落伞,主持水利工程、军事工程的建筑,并结合绘画艺术钻研解剖学、透视学和光学。恩格斯在《自然辩证法·导言》中称他为文艺复兴时期"巨人"之一。绘画作品有《最后晚餐》《蒙娜·丽莎》等和大量素描,善于刻画人物内心世界,富有生活气息,为西方绘画史上的杰出大师。近两百年来陆续发现他所写的许多笔记[①],广泛涉及哲学、艺术、科学、机械工程等方面,其总的精神是强调感觉和知识以及对自然的钻研。他认为追求知识是"一位善良人的天生欲望",而一切知识发源于感觉,所以必须重视感觉的经验,经验导向结论,"经验才是真正的教师"。关于灵魂和肉体,芬奇认为肉体是基本的,因为"灵魂想要住在肉体里,如果没有肉体的各部分,灵魂就不能活动,也不能感觉"。他有一句名言:"眼睛是灵魂的窗子。"他的认识论是唯物的,在艺术理论上,他是一位讲求创造的现实主义者。

芬奇把能创造发明的人以及能给人类充当自然的翻译的人,和只会背诵旁人书本而大肆吹嘘的人相比,指出其不同就如镜子的对象和镜中的映象之不同,前者是实在的东西,后者"只是空幻的",而且"从自然那里得到的好处很少,只是碰巧具有人形",否则的话,这后一种人"就可以列在畜生一类"了。也就是说,唯有在实践中对现实的感觉及其直接经验,才是可贵的,因此根本的途径是面向自然,学习自然。推而至于绘画艺术也不例外:"画家是自然的镜子,临摹旁人的作品的人,是自然的孙子。"这"镜子"说乃是亚里斯多德的摹仿说在文艺复兴文论中的继续和发展,莎士比亚也多次提到,不过芬奇讲得比较详细。"画家的心应该像一面镜子,永远把它所反映事物的色彩摄进来,前者摆着多少事物,就摄取多少形象。"芬奇认为镜照并非机械的动作,因为视觉还须听从思想的指挥,以获得事物的形象。但也不能有什么要什么,例如画家观察田野的事物时,须"细心看完这一件再去看另一件,把比较有价值的事物选择出来,把这些不同的事物捆在一起"。既应研究普遍的自然,更须对见到的东西进行思索。画家有所见,有所思,有所选择,有所组织,结果他才能描画出"每一事物类型的那些优美部分"。

[①] 本文所引为朱光潜译本,《世界文学》1961年8、9月号;《从文艺复兴到十九世纪资产阶级文学家艺术家有关人道主义人性论选辑》的有关笔记,1973年商务印书馆出版;戴勉译本,《芬奇论绘画》,1979年人民美术出版社出版。文中不逐一注明。

由于镜子"真实地反映面前的一切",他的作品就好像"第二自然"了。换而言之,芬奇已摸索到艺术想象、艺术概括和典型塑造这条途径了。

芬奇还区别诉诸视觉的绘画、雕刻和诉诸听觉的诗所给予的不同艺术效果。① 这一课题上承中世纪阿奎那关于视觉和听觉所予的美感问题,下开十八世纪德国莱辛在《拉奥孔》中对空间艺术和时间艺术的讨论。芬奇强调感觉的深变,将眼睛列于首位,得出上面那句名言,认为画家通过它"最完满地、最大量地欣赏自然";把耳朵放在第二位,因为它只不过"就眼见的东西来听一遍",如果诗人一无所见,他又描写什么呢?然而画家画出之后,"令人满意,而且也不那末难懂"。"你如果把绘画叫做'哑巴诗',画家也就可以把诗人的艺术叫做'瞎子画'。"芬奇还认为诗中的形象无论如何不及镜中的形象来得直接、具体、全面,特别是色彩的感觉。"诗人企图用文字再现形状、动作和景致,画家却直接就这些事物的准确形象加以再造。"诗仅得事物之名,诗能显事物之形,"名字随国家而变迁,形象是除死亡之后不会消失原样的"。这里有几点值得谈谈。首先,芬奇观察世界时,主张先有物的本身后有物的名字,是继承了中世纪唯名论哲学的唯物主义精神的。其次,类似"哑巴诗"和"瞎子画"的概念,亦非芬奇的创见,古希腊诗人西蒙奈底斯(公元前 556—前 469)早就说过:"诗是有声画,画是无声诗。"② 再次,芬奇之所以扬画抑诗,是因为他专心致志于自然科学和艺术,而对诗或文学不够注意,或不感兴趣。他虽触及想象的功能和"第二自然"的创造,却看不到这是艺术和文学的共同要求、共同权利,如果说由绘画独占而把诗挤掉,像这样的观点毕竟是片面的,站不住脚的。十九世纪初柯勒律治也论"第二自然",尽管柯氏是诗人,却不限于诗而涉及整个艺术领域,这就比芬奇高明了,尽管柯氏和芬奇相反,是唯心主义者。此外,芬奇对于艺术想象的来源另有自己的看法,也值得介绍。"当你凝视一堵污渍斑斑或嵌着各种石子的墙而想构思一幅风景画时,那末你会发现墙上显出各色各样的风景画面,其中点缀着山、河、树、石、平原、广川,以及一群群的丘陵。……这时候你就可以把它们变化为一些个别形象,从而想象出完美的绘画。"③ 这和我国唐代段成式在《酉阳杂俎》中所记

---

① 芬奇还比较绘画和音乐,绘画和雕刻,本文从略。
② 西蒙奈底斯曾写过一首挽歌,作为"有声画"的例子。先知警告国王说:国王之女达尼如生男孩,他将来会杀害国王,因此,国王把达尼关禁在塔内。但众神之神宙斯来临,使达尼生了男孩,国王得知,将母子装在木箱里,投入海中。挽歌着重描绘出在暴风雨的惊涛骇浪中,达尼却偎着怀中婴儿,感到莫大的安慰。
③ 英译本芬奇《笔记》第 2003 条。

泼墨池上,摄取形象,或宋代画家郭熙令圬者以泥抢壁,就其凹凸以写成山水,都不失为刺激艺术想象的一些途径。①

上举《笔记》的部分论点,说明作者崇尚自然和面对现实,尊重感觉和经验,强调具体地观察种种事物,认真锻炼表达技能,从而提高绘画反映世界的功能,进而丰富想象,谋求创新,反对摹古,如此等等,可以说芬奇对文艺复兴时期以现实主义为主的创作理论,作出了很大贡献。

〔意〕明屠尔诺

明屠尔诺(Antonio Sebastian Minturno,1500—1574)曾任意大利乌金托地区主教,兼事文学批评,属于保守派。他主张以古代希腊、罗马的创作为范例,来衡量当代文学和新型作品。著有《论诗人》(用拉丁语写)、《诗的艺术》(1564,用塔斯康尼语写)以及喜剧理论等文章。他宣称《诗的艺术》②有助于理解荷马、维吉尔等人的作品,特别是阐明古代文学的规则具有不可动摇的真理,而"时代尽管推移,真理永远是真理"。其中主要包括两点:"摹仿自然"和"情节的整一性"。"诗艺要尽一切努力去摹仿自然,它愈接近自然,也就摹仿得愈好。"认为摹仿自然须强调摹仿的对象,而后者乃具有一定情节的题材。因此他说诗须有"一个完整的长短适度的情节,一个各部分都要真正协调一致的情节"。诗虽有许多种类,但不能"放弃用为摹仿对象的题材的整一性。史诗虽然规模较宏大,采用更多的事物,但也没有认为自己被批准了可以违反这个情节整一的规律"。因为这是古代已有的,"试问:在哪一门艺术……一个人能不踏古人的足迹而工作呢?"推而至于文学的体裁,他也是厚古薄今,把中世纪民间流行的传奇体叙事诗的地位,放在古代史诗之下,理由则是后者出于希腊和拉丁的高尚诗人,前者出于野蛮人。明屠尔诺坚持古代史诗的传统规律和写作方式不容改变,而阿里奥斯托(1474—1533)的传奇体叙事诗《罗兰的疯狂》由于背离这个传统,明屠尔诺便加责难。关于笑剧,因为描写"低贱人",愈是要加以否定了。在当时理论批评的古今之争中,他和具有进步倾向的钦提奥曾展开辩论,他的保守观点,对十七世纪古典主义文学批评产生一定影响。

---

① 参看拙文《墨池、影壁、败墙》,《艺术世界》1982年第4期。
② 朱光潜译,《世界文学》1961年8、9月号,《西方文论选》上卷,第188—190页。

〔意〕钦 提 奥

钦提奥(Giraldi Cinthio,1504—1573)是作家和批评家,基本上属于革新派。他针对明屠尔诺批评阿里奥斯托的《罗兰的疯狂》没有遵守传奇体叙事诗的传统规则,发表《论传奇体叙事诗的写作》(1549)①主张谋求创新、反对保守,为当代文学首要任务。他认为具有判断力和熟练技巧的作家,"不应让前人定下来的范围束缚他们的自由","不应该指望拿约束希腊、拉丁诗人的框子来约束我们塔斯康尼诗人"。然而可笑的是,有些人想使传奇体叙事诗的作者恪守亚里斯多德和贺拉斯所定的规则,"丝毫不考虑这两位古人既不懂我们的语言,也不懂我们的写作方式"。钦提奥主张今天写这种诗体,只应遵守在这种诗里"享有权威和盛名的那些诗人所定的范围",也就是肯定了当代传奇体叙事诗的创新精神。在这一点上,他继承了亚里斯多德关于诗、史有别的论点,重申"诗人写事物,并不是按照它们实有的样子,而是按照它们应有的样子去写";尽管采取古时的材料,也应该使它们适应现时的风俗习惯,尤其是"要运用一些不符合古时实况而却符合现时实况的事物"。总之,钦提奥的文学批评的进步性,表现在尊重现实,要求创新,对于古代权威不应迷信,须有所选择,并加以提高;如果描写古代也只是为了满足当代需要。

〔意〕卡斯特尔维屈罗

卡斯特尔维屈罗(Lodovico Castelvetro,1505—1571)是文学批评家。出身上层市民家庭。他宣扬人文主义思想,因为公开赞成普选权,多次遭受教廷迫害,长期流亡国外。他的著作大都散失,仅存1570年发表的意大利文译本亚里斯多德《诗学》,附有大量注释,②广泛讨论文学问题:诗的目的、题材、语言和诗剧的三整一律等,对于继承和发展古代文论有一定贡献,但是有的地方却改动了《诗学》的原义。

他认为"诗原是专为了娱乐和消遣的",但由于诗的对象是"一般没有文化修养的人民大众",所以必须"描写逼真",方能使"读者得到娱乐;如果诗"只提供教益给有文化修养和擅长辩论的人们,这种看法将会证明是错误的"。这是继承

---

① 朱光潜译,《世界文学》1961年8、9月号,《西方文论选》上卷,第184—187页。
② 同上书,人民文学出版社;吴兴华译,《古典文艺理论译丛》1963年第6册,人民文学出版社。

贺拉斯的"寓教于乐"说。他在解释亚里斯多德关于诗、史的区别时,提出"历史家并不凭才能去创造他的题材",至于诗的题材虽近似历史但并不相同,是由"诗人凭才能去找到或想象出来的",而诗人之所以能与人快乐并获得赞美,则是因为他以想象来处理故事,使之愈加逼真,因此诗"在愉快和真实两方面,却并不比历史减色"。可以说,亚里斯多德和斐罗斯屈拉塔斯的创造性摹仿和艺术的想象等论点,隔了一千多年的中世纪,又被提到创作理论中来。卡斯特尔维屈罗得出以下结论:"'诗人'这个名词的本义是'创造者',如果他希望担当这个称号的真正意义,他就应该创造一切,因为从普通材料中都有创造的可能。"因此诗的题材应该是"一般人民大众所能懂的而且懂了就感到快乐的那种事物"。至于语言,他认为历史家用推理的语言,诗人则"运用他的才能,按照诗的格律,创造出语言……而且也从来没有人用韵文进行推理"。尤其是,诗的语言须大众化,如果"诗人说话叫人无法听懂,这就自然要使人生气……感到不快"。此外,卡斯特尔维屈罗还从群众的理解以及当时的舞台条件出发,解释悲剧中情节(行动)、地点、时间须保持各自的整一或一致,也就是说情节应为有机整体,行动应发生在同一地点,事件的时间应当不超过十二小时。但是"地点的整一律",在亚氏的《诗学》中找不到什么根据。

关于文艺批评的准则,卡斯特尔维屈罗则主张根据实际效果,而经验和理性同等重要。有时候在理性方面认为很能产生艺术效果,例如"视觉比听觉更能动人……诗人应把杀人流血等可怕情节搬上舞台,让观众亲眼看见",但是经验却证明这样一来作用不大,甚至会破坏效果,"观众看了(这样的情节)不会哭而会笑,产生的不是悲剧,而是喜剧效果";于是诗人便让信使或其他角色登场口述,把问题解决了。还有些时候,理性与经验同样证明不利于艺术效果,例如"悲剧而没有悲惨的结局"。不过,卡斯特尔维屈罗比较着重经验,并且写道:"所以亚里斯多德就说:在艺术问题上,只有经验能提出最为颠扑不破的证据。……即使理性带来另外的看法,我们也完全不必怀疑。"

卡氏的文艺观强调创造,反对墨守成规,重视感觉,追求快乐,尤其是群众的欣赏,这些论点反映了文艺复兴时期新兴市民的创新精神和民主倾向。他对三整一律的阐说,则予十七世纪古典主义戏剧理论以很大影响。

〔意〕瓜 里 尼

瓜里尼(Battisa Guarini,1538—1612)是剧作家,曾写悲喜混合剧《牧羊人裴多》,打破悲剧人物为社会上层、喜剧人物为普通老百姓这一传统界限,使双方同时登上舞台,但遭到保守的批评家反对,因此发表《悲喜混杂剧体诗的纲领》一文(1601)①进行辩论。他首先以自然界为例:"马和驴不同,却配合产生第三种动物——骡。"其次,以艺术为例:绘画"是诗的堂兄弟,它不就是各种颜色的多种多样的混合……?"诗的同胞兄弟"音乐,不也是全音和半音以及半音和半音以下的音的混合……?"再次,以政治学说为例:"亚里斯多德把寡头政体和大众政体混合在一起,来形成共和政体。"②既然"两个阶层的人在实践中可混合,为什么诗艺在戏拟中就不可以把他们混合在一起呢?"最后,他更从古代医学来论证:悲喜混杂剧把"悲剧和喜剧的两种快感糅合在一起,不至于使观众落入过分的悲剧的忧伤和过分的喜剧的放肆",这样就符合"完全由调节四种液体③来组成的那种人体方面的混合"。这种混杂剧可兼有一切剧体诗的优点而抛弃其缺点,投合各种性情、年龄和兴趣,是单纯的悲剧或喜剧所做不到的。事实也确如瓜里尼所说,当时英国的莎士比亚和西班牙的维伽都已采用这个新型的诗剧,反映了新兴市民阶层的民主要求,莎士比亚自己就曾写道:"国王就跟我一样,也是一个人。"④而十八世纪开始,狄德罗、博马舍、莱辛所主张的"严肃喜剧""严肃戏剧""德国市民剧"等,和瓜里尼的观点是一脉相承的。至于瓜氏以主角的社会地位来划分悲剧和喜剧,则仍未摆脱亚里斯多德的局限。

瓜里尼强调悲剧可以和喜剧、市民可以和贵族混合在一起,打破了长期以来戏剧类型和人物类型的严格界限,大大增强戏剧的效果,这在欧洲文论史上是一个进步。同时,瓜里尼更从艺术效果出发,强调艺术虚构,理由是既为虚构,便不会等同于现实生活,也不致引起道德败坏。他要求文艺批评要把守"虚构"这一关,不能再像中世纪教会那样,将"败俗"的罪名强加于文艺虚构,为此,他宣称"我们所批评的是艺术家,而非道德家"。这种观点也见于文艺复兴时期伟大作家塞万提斯、莎士比亚等的创作经验总结之中,反映了当时文论对想象的看法。

〔意〕塔 索

塔索(Torquato Tasso,1544—1595)是意大利文艺复兴运动后期的诗人和

---

① 朱光潜译,《世界文学》1961 年 8、9 月号。
② 亚里斯多德在《政治学》里仅就各政体进行分类,并没有把共和政体特列为一类。
③ 指血、痰、胆汁、黑胆汁,它们决定人的性情和健康状况。
④ 《亨利五世》四幕一场,朱生豪译本。

批评家。他幼年受过天主教耶稣会的教育;他的父亲叫他学法律,后来同意他改攻哲学和诗学。一度是某公爵的宫廷诗人。当时天主教会抵制宗教改革运动,使他怀疑自己的宗教信念,引起内心矛盾。他在这情况下,写出代表作、史诗《解放了的耶路撒冷》(1575)①,尽管肯定了天主教的反动立场,但诗中关于异教徒的形象刻画,艺术上相当成功。但意大利批评界的保守派仍在赞美大约一百年前阿里奥斯托(1474—1533)的传奇体叙事诗《疯狂的奥兰多》(1516—1532),引起了塔索的不满,因此发表《〈解放了的耶路撒冷〉的辩护》(1585)②,提出自己对艺术真实的看法。他主张诗人应从"逼似真实"以"寻求完美的真实",而传奇体叙事诗在这方面是做得很不够的。他说:"编织故事","既可以根据真实可信的行为","也可以根据虚假的行为","只要他们逼似真实",就很好了。"逼似"乃是"用带有普遍性的事的真实替代个别的事的真实";而这"带有普遍性的事",在塔索看来,"就是思想"③。因此诗的创作"并不损害真实,而是寻求完美的真实";同时,诗和哲学也就具有共同之处,因为"哲学家研究带有普遍性的事的真实……也正属于艺术的范畴"。这里,塔索已涉及典型理论中的"共性"一面。

此外,塔索还写有《论诗的艺术》(1567)和《论英雄史诗》(1595)④,更全面地表述自己关于诗或文学的目的、方法等的论点,不少地方是受亚里斯多德和贺拉斯的影响。例如:"我们……可以毫不含糊地断言,诗就是摹仿。……诗是用韵文来摹仿的艺术。""像贺拉斯在诗中所说:诗人的目的在给人教益,或供人娱乐。""只有跟正直相联系,给人许多教益的娱乐,才是诗人的目的。"塔索虽然强调韵文而局限"诗"的涵义,但并不等于毋视亚里斯多德关于诗须创造、创新的观点。他"着重指出史诗作者的永恒的职责是遵循逼似真实的原则……描写按照必然律可能发生的事","但并不排除……另一职责,即遵循惊奇的原则"。"优秀的诗人的本领在于把这两者和谐地结合起来",这也就是"史诗的新颖",它"并不在于情节应当是虚假的,是闻所未闻的,而在于故事的编排和结局是新颖的"。换而言之,塔索认为糅合"逼真"和"惊奇"便足以产生"新颖"之感;他的看法在一

---

① 史诗以第一次十字军东侵为题材。西欧封建主、大商人和天主教会以维护基督教为名,曾向地中海东部沿岸地区先后发动八次侵略战争,历时两百年,第一次(1096—1099)攻下了圣城耶路撒冷;史诗即以第一次东侵为背景。
② 以下所引,根据吕同六译文,《欧美古典作家论现实主义和浪漫主义(一)》,第126—128页。
③ 所谓"思想",可联系下文的"哲学"来理解。
④ 下面所引,也根据吕同六译文,《欧美古典作家论现实主义和浪漫主义(一)》,第125—126页,128—130页。

定程度上含有现实主义和浪漫主义的双重因素。

〔意〕马 佐 尼

马佐尼(Giagomo Mazzoni,1548—1598)是哲学家、语言学家和批评家。曾在比萨和罗马担任大学讲座,并从事意大利语的研究工作。当时文坛关于但丁的《神曲》不用官方的拉丁语而用塔斯康尼地方语,议论纷纭。马佐尼应意大利一贵族之请,于1572年和1587年先后发表论著,总名《〈神曲〉的辩护》①,除了赞许但丁于《神曲》综合了诗和政治之外,还从素养与欣赏的角度,论说何谓好诗,什么是诗的目的和语言,想象和形象的关系,以及惊奇感等问题。

他认为:如果说只有普通人能懂的诗才是好诗,结论将是用意大利人一般都不懂的希腊语、拉丁语来写诗,无论如何高明,也不配称为诗人,这样,就必须否认荷马和维吉尔是诗人了。倘若这两位还算诗人,而且是最好的诗人,那末就只能说好诗毕竟是好诗,尽管没有文化教养的普通人不懂它。马佐尼接着引用罗马哲学家、历史家西塞罗区别诗人和修辞学家的一段话:"有位诗人在群众集会上朗诵自己的作品,全场的人都溜走了,只剩下柏拉图;这诗人说,'无论如何他还是读下去,因为对他来说,一个柏拉图抵得上所有其余的人'。"马佐尼还加上按语:"一首诗应留给少数知音去赞赏,但是一篇通俗的演讲却须讲究修辞,好让大众都懂得。"换而言之,"雅"的才是"好"的。和卡斯特尔维屈罗主张诗应大众化相比较,马佐尼显然是很保守的。关于诗的目的,马佐尼继承亚里斯多德的摹仿说和贺拉斯的寓教于乐说,并补充了亚氏关于"惊奇是悲剧所需要的"论点②:"诗人和诗的目的都在于把话说得能使人充满着惊奇感;惊奇感的产生是在听众相信他们原来不相信会发生的事情的时候。"而为了造成惊奇,马佐尼强调诗人还须运用想象并产生艺术形象。他把想象解释为"做梦和达到新的逼真所共同使用的心理能力",在文学上则是"适合于创作的能力","即拉丁人所说的制造形象的能力"。想象能够控制并组织诗中的故事情节,以进行种种虚构,从而产生丰富的形象。马佐尼祖述亚里斯多德的创造性摹仿说和斐罗斯屈拉塔斯的想象说,强调在想象指挥下的艺术形象的制造,并接触到艺术想象和艺术真实的关系,他的这些看法,对于研究十九世纪西方文论中有关创作的形象思维问

---

① 朱光潜译,《世界文学》1961年8、9月号。
② 亚里斯多德《诗学》第二十四章。

题,是有一些帮助的。

〔西〕塞 万 提 斯

塞万提斯(Miguel de Cervantes,1547—1616)是小说家、剧作家。所写著名长篇小说《堂·吉诃德》,据他自己宣称,是为了攻击中世纪骑士传奇的荒谬,实际上广泛地反映当时西班牙社会现实,讽刺封建贵族和教会僧侣的腐朽丑恶,同时表达了人文主义的进步思想。小说的序言和第四十七、第四十八等章谈到小说的创作和手法,[①]主要是继承亚里斯多德的创造性摹仿说和贺拉斯的寓教于乐说,认为摹仿、想象、才情和真实必须有机地结合,表现出典型的人物性格,方能感动读者,起教育作用。他的一些论点可以说是西方小说理论的滥觞。

作者在序言里假设,一位和蔼可亲的绅士关于小说问题的看法对作者很有启发。小说家以摹仿自然为任务,因为自然是唯一的范本,摹仿愈像,作品就愈加完美。为了达到这一目的,势必"摧毁骑士传奇在世俗间的信用和权威"。他无须"乞灵于哲学家的格言,《圣经》的教义,诗人的讽喻,辩士的辞锋,以至圣徒的玄秘";他只要做到字眼儿"简明、朴素、雅训、恰当",文章"悦耳和谐",主旨"明白易晓",力戒"芜杂或晦涩",便能使读者"破闷为笑,提高兴味,哪怕蠢笨的东西也不至生厌","于是乎明断的人会叹服你的才情,严肃的人不敢藐视你,聪明人更不禁击节了"。这样,"骑士文学的万恶地盘就完全摧毁了"。

第四十七章讲到一个神甫正要烧毁骑士书,却出来一位主教向他大发议论,既批判骑士书,也涉及"像真"和作家的想象与才情。主教认为小说越是像真的越好,而且越像"容或有之"越是有趣。但也"不能背离读者的理性,必须把不可能的写得仿佛可能,而使读者的惊奇与愉快并存不悖"。这就得注意故事情节的"或然性",而骑士书中却没有"或然性",根据它的描写,"武艺则不可信,爱情是造作的,文雅则一片虚假",总之把人物写得毫无"才情"。主教接着从作品人物的才情,进而谈到小说家本人的才情。小说家有了才情,便能在人物描写中"或则集诸品性而萃于一身,或则散各品性而分诸各体",也就是成功地刻画出单纯的或复杂的人物性格。

第四十八章里,主教把话头转到戏剧创作中的"真实"问题。对于世俗题材,固然不能毫无理由地放进一些奇迹,即便是宗教题材,也不要引用伪经,或把圣

[①] 以下引文基本上根据傅东华译本,人民文学出版社,1959年。

徒的奇迹颠倒弄错,否则都足以违反"真实"。主教强调,对于细节必须忠实。至于"真实"的途径,则须从艺术和结构来获取。作为范例,主教叙说了一部"有艺术有结构"的喜剧可以产生的效果:诙谐会觉得有趣,严肃会觉得有益,情节会觉得惊奇,情理会得到进步,以及见欺诈而知儆戒,学好榜样而更加贤明,憎厌恶德,爱慕美德。最后,主教赞成官方审查,可使一般剧本做到寓教于乐,使"无事多闲的和最最忙碌的,都可以得到无害的消遣"。他还打了一个比方:"弓不能永远弯着不弛,所以脆弱的人心没有一些合法的娱乐,也是要支持不下去的。"

总之,塞万提斯以平易生动的笔调,谈了自己对摹仿、想象、真实等的看法,给当时小说创作的经验和理论作了一次概括:"摹仿(描写)必须体现才情(想象)和历史真实的统一。"他所强调的"才情",在当时文论中是一个新的词儿,但实质上是和亚里斯多德的创造性摹仿和斐罗斯屈拉塔斯的想象一脉相承的。

〔英〕锡 德 尼

锡德尼(Philip Sidney,1554—1586)出身小贵族,是诗人、散文家、批评家和外交家、司令官、宫廷官员,被称为多方面有所发展的人文主义者。他牺牲于英国对西班牙的战役中,相传死前口渴,把饮水让给一位战士,并说:"他比我更需要",表现了英国初期的资产关系下一个军人的英雄气概。锡德尼广泛阅读古代希腊罗马和当代意大利的文学批评著作,对于编剧者、演员斯梯芬·葛森写小册子来诬蔑诗是制造罪恶的学校,深表不满,特发表长文《为诗一辩》(1595)[①],予以痛斥。他笃信基督教教义,认为人生来"堕落",虽有"智力"但意志"不纯",并进而主张提倡诗教,把人民引向善行。他还认为单凭哲学或历史,都无能为力,只有诗将哲学的观念和历史的事例相结合,再加上艺术的快感,才能收到显著效果,完成诗的目的。可以说锡德尼继承柏拉图的诗须颂神并教育公民的观点和贺拉斯的寓教于乐说,但是神被国家、王权所取代。另一方面,关于诗的方法,则强调虚构,这可溯源于亚里斯多德的创造性摹仿说和斐罗斯屈拉塔斯的想象说。

为了宣扬诗教的重要意义,锡德尼强调诗须对善和恶作出正确的评定。他给诗体悲剧以崇高地位,因为悲剧具有威力,足以"揭开最大的创伤,显出被肌肉掩盖的脓疮,使帝王不敢当暴君,暴君不敢不披露自己的暴虐心情";可以说他发展了亚里斯多德的悲剧净化说,使之与道德实践相结合,同时也反映出人文主义

---

① 钱学熙译,《文艺理论译丛》第 3 期,1958 年,人民文学出版社。

者对开明君主仍存幻想。接着他还从亚里斯多德的创造性摹仿说出发,给诗以最高的地位。他说:一切学术都以道德、善行为终的,而在学术领域中诗是原始的,可以称为学术之父;而且其他学术都从属自然,唯独诗于摹仿自然的同时创造了另一自然,后者虽为自然之所无,却能补充自然、胜过自然,从而显得愈加符合道德的标准。"没有一种传授给人类的艺术和技巧,不是以大自然的作品为其主要对象的。没有大自然,它们就不存在;它们如此依靠自然,就像自然的演出中的戏剧演员。"但是"只有诗人不愿受这种依从的束缚,他为自己的创新气魄所鼓舞,制造出比自然产物更好的东西,在完全崭新的、自然所从来未有的形象中,上升到另一自然"。因此诗人能超越自然赐予的狭隘范围,而与自然携手并进,自由自在地游行于自己的才智的"黄道带"①中,结果"诗人无所肯定,也无所欺骗"。如果说"自然的世界是铜的",那末"只有诗人才能给予我们金的世界",所以"希腊人给诗以高出于其他学术的称号"。诗人处于超然的地位,于是仲裁者、君王、凯旋的司令官等徽号,都被加在他的头上,而称为桂冠诗人了。锡德尼认为,道德家凭箴规,历史家凭实例,各有所偏,只能是"半途而废";但诗却兼有二者。道德家认为应做的事,诗人通过"虚构的人物"做到了,并使一般概念和特殊实例相结合,产生"完美的图画"。正因为诗"是一种形象的表现;用比喻来说,就是一种说着话的图画"。历史家必须如实地叙述,"不可能淋漓尽致地描写完美的模范,否则他就要诗人化了"。因此,从描写的生动看,哪怕是最好的历史家,也是在诗人之下的。由此可见,诗人乃道德家和历史家之间的仲裁者。尤其是诗人不仅指明道路,他还画出道路所通往的远方景物,既吸引人们,又使他们有所遵循,因此"我们的诗人是君王"。锡德尼进一步说,作为艺术,诗不在说谎而是表达真知灼见,它排除萎靡,英勇奋发;人们也许会说,柏拉图不该驱逐诗人,而应对他尊重;其实"柏拉图只是预防诗的滥用;因此我们要多种桂树,好为诗人作桂冠,……而桂冠诗人的这种光荣,……凡属凯旋的军事领袖也可以共享"。

　　锡德尼还讲到诗(文学)的方法,主要是通过虚构或想象来创造完美的形象,以感动读者,取得哲学家、道德家、历史家所不能取得的效果。"亚里斯多德论诗时所用的'摹仿'一词,意思是指一种再现、一种仿制,或形象的表现;打个比喻,就是一种能言的图画,更有效地达到教育和怡情悦性的目的。"而为了"有效",锡德尼反复强调"诗所虚构的形象","虚构可以唱出激情的最高音","在诗里本来

---

① zodiac,天空虚带。天球上黄道两边各宽80°的一条带,古称"黄道十二宫"。

只寻求虚构",以及"诗人从来不圈定想象的范围"等等。他的这种看法,如上所述,是和亚里斯多德的创造性摹仿说、斐罗斯屈拉塔斯的想象说一脉相承的。

锡德尼适应新时代的要求,尊重英国的社会现实,因此要求诗能在创新中发挥更多的教育作用,这一点和当时意大利革新派的批评相一致。他认为诗的教育作用有赖于诗的艺术感染力,所以花了较多篇幅,论说虚构或想象,认为诗能创造"第二自然",这是继承达·芬奇的并预示十九世纪初柯勒律治的观点。他把诗的想象归结为形象的生动,并以画喻诗,使我们看到形象思维这一理论的萌芽。至于在诗人、哲学家、道德家、历史家之间划分严格界限,觉得他们毫无沟通之处,这种观点未免片面。此外,他的思想还有迷古的倾向,把古代希腊罗马的戏剧法规奉为圭臬,而未能看到英国新兴市民戏剧的萌芽和生命,这一点又和意大利革新派钦提奥、瓜里尼的观点相对立,并成为十七世纪古典主义批评僵化的先驱了。

〔英〕培　　根

培根(Francis Bacon,1561—1626)是经验主义哲学家和现代实验科学的创始者。他当过掌玺大臣、大法官,代表英国大资产阶级和资产阶级化的贵族的思想。他提倡知识和科学,以归纳逻辑代替演绎逻辑,并宣扬资产阶级文明,但没有完全摆脱宗教神学观点,从而提出"二重真理论",主张感觉和经验、神示和信仰同为真理的根源。主要著作有《学术的促进》(1605)和《新工具》等。

他在《学术的促进》卷二、四十三节中论说诗的问题[①]:主张扩大诗的涵义,凡属虚构历史而能满足心灵的作品,无论是韵文或散文的形式,都可叫做诗,但更重要的是诗的创造乃符合上帝的启示的。因此诗不属于修辞学范围,不应偏重形式技巧。培根对诗的看法,大致可分为以下几方面。

诗与想象、虚构:诗产生于"不为物质法则所局限的想象",可任意地将自然界分开的东西结合起来,把自然界结合的东西割裂开来,因为诗不是别的,而是"虚构的历史"。诗或"虚构的历史"之所以给予人的心灵以一些满足,主要由于诗"伪造"了某些比历史更伟大、更英勇、更公正、更符合上帝启示的行为或事件。

诗胜过历史:历史表现比较普遍的事物,而且不那末错综复杂,诗则赋予

---

① 据刘若端译文,《西方文论选》上卷,第 247—248 页;《欧美古典作家论现实主义和浪漫主义(一)》,第 219—220 页。

"更多的离奇罕见的东西、更多的意外与互不相容的变化"。

诗的神性： 因为诗给予"弘远的气度"，人们认为诗是"参与神明"的。这一点特别表现在"理智使人服从事物的本性"，而诗则使"事物的形象服从人的意愿，逢引人性和人的快乐，从而使人得以向上、提高"，从而与神合一。

对诗的尊重： 因此在野蛮的时代和地区，其他学问会遭到拒绝，"唯有诗可以进门并得到尊重"。

在培根的这些看法中，"上帝启示"和"参与神明"，是受柏拉图和中世纪的影响；诗、虚构、想象与历史的区别，是持续亚里斯多德的论点，并和锡德尼的论说很相似；而诗的形象足以满足人的愿望，则又和锡德尼所谓诗人以其才智驰骋于黄道带中，分别道出了诗的自由创造的目的和方式。总的说来，培根论诗是体现了文艺复兴时期人文主义的创新精神的。

最后，还须指出：培根的文艺思想是以经验主义为基础，强调感觉和理性，认为"感觉是最可靠的，是一切知识的来源"。因此他在论说诗的想象的同时，特别着重想象不同于幻想，仍旧和感觉—知觉—理性分不开。

〔英〕莎 士 比 亚

莎士比亚(William Shakespeare, 1564—1616)是剧作家和诗人，宣扬新兴资产阶级的人文主义思想，反对封建和教会的桎梏，歌颂人的伟大和力量，但也反映了人文主义理想和当时现实的矛盾，而向往开明君主的改良政治。他在剧本和十四行诗集中涉及文艺创作的理论问题，大致可分为以下几方面。

（一）**自然和艺术的关系：** 也就是悬明镜照自然的"镜子"说。它并不始于莎士比亚，达·芬奇就曾认为"画家是自然的镜子"，主要因为自然被看作是高于艺术的，不再像中世纪那样，神高于一切，也高于艺术，而莎士比亚则从剧本的创作和演出，来加以阐发："自有戏剧以来，它的目的始终是反映自然，显示善恶的本来面目，给它的时代看一看它自己的演变发展的模型。"①以上是讲创作。对于演出，则希望演员"应该接受你自己的常识的指导，把动作和言语互相配合起来，特别注意到一点，你不能超过自然的常道，因为任何过分的表现都是和演剧的原意相反的"。"要是表演得过分了或者太懈怠了，虽然可以博外行观众的一笑，明

---

① 《哈姆莱特》，《莎士比亚全集》第九卷，第67页，人民文学出版社，1978年。

眼之士却要因此而皱眉。""可是太平淡了也不对。"①莎士比亚讲到镜照自然时，反对"过"与"不及"，这是和罗马诗人贺拉斯的所谓"合式"，一脉相承的，意思是艺术必须忠于自然。莎士比亚的第一百零三首十四行诗，也讲的这个道理。一位朋友要诗人写诗描写他，诗人婉谢了，理由是：

> "照照镜子吧，看你镜中的面孔
> 多么超越我的怪笨拙的创作，
> 使我的诗失色，叫我无地自容。
> 那可不是罪过吗，努力要增饰，
> 反而把原来无瑕的题材涂毁？
> ……
> 是的，你的镜子，当你向它端详，
> 所反映的远远多于我的诗章。"②

类似的观点，还出现在剧本《安东尼与克莉奥佩屈拉》中：画家们描绘罗马神话中代表爱与美的维纳斯女神时，在艺术处理上超过了自然，但是克莉奥佩屈拉③却更超过这些画像。由此可见芬奇和莎士比亚一先一后，都把自然看作艺术的源泉，认为艺术必须摹仿自然，因为自然比艺术更丰富、更美好，他们的观点都反映了文艺复兴时期人文主义尊重现实的精神。

（二）**艺术的真实**：在莎士比亚看来，忠实的描写只是问题的一个方面，为了增强反映的功能，还须从被动转为能动，创造高于现实的艺术的真实，从而产生真和美的统一，赋予诗或艺术以永恒的生命。他在第五十四首和第一百零一首《十四行诗》中分别写道：

> "哦，'美'看起来要更'美'得多少倍，
> 若再有'真'加给它温馨的装璜！"④
> "真的固定色彩不必用色彩绘；

---

① 《哈姆莱特》，《莎士比亚全集》第九卷，第67页，人民文学出版社，1978年。
② 《莎士比亚全集》第十一卷，第261页。
③ 克莉奥佩屈拉是古代埃及美女的典型。
④ 《莎士比亚全集》第十一卷，第212页，梁宗岱译文。

美也不用翰墨把美的真容画；
用不着搀杂，完美永远是完美。"①

前两行讲的是，美因真以增其美，后三行，真不待修饰而美，不论是绮丽或质朴，都属其美的统一。在这统一中，寓有诗人、艺术家的能动精神，亦即诗人的理想、诗的或艺术的想象。

(三) **艺术的想象**：莎士比亚对此很有兴趣，多次提出他的看法。例如通过剧中人物忒修斯之口，谈到诗或艺术中的想象："疯子、情人和诗人，都是幻想的产儿：疯子眼中所见的鬼，多过于广大地狱所能容纳；情人，同样是那末疯狂，能从埃及人的黑脸上看见海伦②的美貌；诗人的眼睛在神奇的狂放的一转中，便能从天上看到地下，从地下看到天上。想象会把不知名的事物用一种形式呈现出来，诗人的笔再使它们具有如实的形象，空虚的无物也会有了居处和名字。""他们所理会到的，永远不是冷静的理智所能充分了解。"③此外，莎士比亚还从战争的场面以及舞台的布置和演出，来阐说想象的作用："在这几块破板搭成的戏台上……搬演……轰轰烈烈的事迹。""一个'斗鸡场'容得下法兰西的万里江山"，"木头的圆框子里塞得尽那末多战士"，"在这团团一圈的墙壁内包围了两个强大的王国"。④ 以上是指"小中见大"的艺术手法和想象分不开。他还主张："发挥你们的想象力，来弥补我们的贫乏吧——一个人，把他分身为一千个，组成了一支幻想的大军。我们提到马儿，眼前就仿佛真有万马奔腾，卷起了半天尘土。""凭着那想象力……叫多少年代的事迹都挤塞在一个时辰里。"⑤也就是说作家运用想象，还可以"短中见长"，大胆地夸大空间和时间，以取得艺术效果。

(四) **自然神论的色彩**：莎士比亚一方面认为艺术想象来源于对自然的钻研，另一方面却使自然绝对化，而表现自然神论的观点。在他看来，"人工曾经巧夺天工"，"即使是这样的话，那种改造天工的工具，正也是天工所造成的"，"因此……加于天工之上的人工，也就是天工的产物"。⑥ 这话无异乎承认：艺术家进行创作之前，已存在一个自然以及这个自然所造成的艺术和艺术工具，因此艺

---

① 《莎士比亚全集》第十一卷，第259页，梁宗岱译文。
② 海伦是希腊神话中的美人。
③ 《仲夏夜之梦》，《莎士比亚全集》第二卷，第352页。
④ 《亨利五世》，《莎士比亚全集》第五卷，第241—242页。
⑤ 同上。
⑥ 《冬天的故事》，《莎士比亚全集》第四卷，第162页。

术并不反映现实而又高于现实,艺术手段也不是艺术实践过程中的产物,而是相反地,在艺术和艺术手法之上另有一个"艺术",而在这个"艺术"之上更有一个"自然",这后一"自然"实质上也就是超越一切存在的"神"或"上帝"了。《仲夏夜之梦》作于1610年,和九年前的《哈姆莱特》相比,在对自然的认识上出现一大转折,从唯物的变成唯心的,于是艺术不再是镜子反映客观现实的产物,而是出于神的赐予了。莎氏晚年,由于英王詹姆斯一世的专横,贵族势力高涨,加深了资产阶级人文主义理想和现实之间的矛盾,影响及于他的文艺思想,大大减弱盛年时期的现实主义因素,他的晚年剧作大都取材于神话,跟他的这种思想变化,也是不无关系吧!

第五章　十七、十八世纪古典主义、反古典主义

十七世纪的欧洲,封建势力趋向衰亡,诞生于市民阶层的资产阶级日益强大,但矛盾的任何一方还不能完全压倒对方,因此形成过渡性的君主专制,国王仍然和在高涨中的资产阶级力量相抗衡,而以法国的君主专制最为典型。① 法王路易十四②竭力巩固中央集权制,控制国会,撕毁法院记录,宣称"朕即国家",推行极端的君主专制,对内镇压人民,"安定秩序",对外侵略荷兰、西班牙,掠夺大量财富,供宫廷挥霍。但另一方面,资本主义工商业大为发展,并为封建贵族和资产阶级的妥协奠定基础,也使法兰西的民族统一国家得以形成。在理论上,这种政体导源于中世纪的"君权神授"说,不过它如今披上新衣,戴了理性主义的面纱,宣扬忠于理性和忠于王权的相互一致,因此以法国笛卡儿(1596—1650)为代表的理性主义哲学成为法国的官方哲学。笛卡儿出身贵族,政治上拥护封建王室和资产阶级合作。他认为人类先天地具有善于判断而辨别真伪的能力(相当于汉语的"良知"),这种能力属于人的本性或人性的重要组成部分。他有一句名言:"我思故我在";主张单凭理性、思想、观念可得出正确判断,只有理性可靠,理性本身不可能发生错误。笛卡儿对理性的强调,有助于清除中世纪流传下来的宗教迷信,但与此同时却排斥社会实践和感觉经验。尤其是,他承认"君权神授"合乎理性,宣称自己:"服从我的国家的法律和习俗";"遵守最中庸的、最温和的人们所公认的见解"。当时在这样的政治思想和哲学思想的笼罩下,好大喜功的路易十四更以古罗马帝国极盛时期为榜样,不仅使政治、法律机构主要效法罗马,还要求宫廷文化艺术和贵族的审美趣味也继承罗马传统。他特命红衣主教、枢密大臣黎塞留筹备建立法兰西学院,选拔知识界代表为学院院士,从事于法兰

---

① 参看马克思《道德化的批判和批判化的道德》,《马克思恩格斯选集》第一卷,第179页。
② 统治时期为1661—1715年。

西民族语言规范化以及发展法兰西民族文学,亦即法国封建资产阶级的文学等工作。所以马克思说:在法国,君主专制是"作为文明的中心、作为民族统一的奠基者"而出现的。①

在上述的情况下,法国便以宫廷为中心、民族统一为趋向,崇尚理性,尊重古代传统和权威,讲求共性和规则(例如"三整一律"),毋视个性、天才和想象,并以罗马贺拉斯的《诗艺》为批评工作的典范。这样,就形成了古典主义②文学的创作和理论。在古典主义理论著作中,布瓦洛的《诗的艺术》最具有代表性,产生一定影响,但也引起另一部分文论家的反对。因为十七世纪法国的哲学还有以伽桑狄(1592—1655)为代表的唯物主义,和笛卡儿的理性主义相对立,而反映在文论中便形成了反对古典主义的"古今之争",后者——今派以贝洛勒(1628—1703)和圣·艾弗蒙(1610—1703)为代表,他们否定永恒理性和永恒法则对文艺的控制,认为任何杰出的作品不可能永远成为模范,适合新时代的要求;他对于现代悲剧的看法更给古典主义敲起丧钟。圣·艾弗蒙所论较为精辟,因此也须简单介绍。

但古典主义的文论并不局限于法国。英国资产阶级与新贵族联合起来反对君主专制,把国王查理一世推上断头台(1649),由克伦威尔实行军事独裁,克氏死后,1660年开始出现斯图亚特王朝的复辟,直到1688年资产阶级与新贵族又在所谓"光荣革命"中推翻复辟。在这王政复辟期间,古典主义文学占了重要地位,就文论而言,蒲伯为前期代表,约翰生为后期代表,倘若和法国的布瓦洛相比,他们的论点有比较开明的一面,这也是不容忽视的。至于德国的温克尔曼推崇古代希腊的艺术观,也是古典主义批评的重要代表,但温氏生活在十八世纪,所以把他列在下一章里。

〔法〕布 瓦 洛

布瓦洛(Nicolas Boileau-Despraux,1636—1711)出身司法官家庭,曾任王室史官,当选法兰西学院院士。他在笛卡儿的唯理主义的影响下,继承亚里斯多德和贺拉斯的文论传统,特别是后者的《诗艺》,结合当时法国古典主义文学创作的经验,花了五年时间,用韵文写成《诗的艺术》(1674)。全书共四章,第一、第四章

---

① 《马克思恩格斯全集》第十卷,第72页。
② "古典主义"一词通用于法国,其他国家较多用"新古典主义",而以"古典主义"指文艺复兴时期对古代希腊罗马传统的尊重。

主要阐说诗的创作须凭天生的审辨力,亦即理性原则,第二、第三章论诗体和诗剧,如史诗、悲剧、喜剧、牧歌、挽歌、颂诗、十四行诗、讽刺诗、民歌等各自的特质,企图提出所谓普遍的、永恒的创作准则,以适应当时宫廷和贵族的风尚和需要。他主张诗人首须歌颂永恒的、至上的理性,排除感情和想象,尊重传统,以古代希腊、罗马的作品为典范,恪守戏剧写作的三整一律,语言须高雅,风格须严谨,对民间文学传统和民间语言则加以鄙视和否定。此外,还有《诗简》和朗加纳斯《论崇高》的法译本等。布瓦洛的古典主义理论具有比较浓厚的官方色彩,当时即遭到法国寓言作家贝洛勒和圣·艾弗蒙的反对,引起文坛上的今古之争。到了十八世纪启蒙主义和十九世纪浪漫主义运动中,由于对感情、想象以及天才的强调,布瓦洛的影响逐渐消失。但是另一方面,他在《诗的艺术》中强调写作的严肃态度;他翻译朗加纳斯的《论崇高》并写了《读后感》,继承并发挥了古代理论遗产的一定作用;他晚年给贝洛勒的信中,指出当时法国戏剧的成就和学习古代分不开;以上这些,说明布瓦洛还是有一定贡献的。下面简单介绍《诗的艺术》的若干重要论点。

(一)**全书贯串着对理性的宣扬。** 例如:

"首先须爱理性:愿你的一切文章
永远只凭理性获得价值和光芒。"[1]
"我绝对不能欣赏一个背理的神奇,
感动人的绝不是人所不信的东西。"[2]
"大部分人迷惑于一种无理的偏激,
总是想远离常理去寻找他的文思。"[3]

作者的这些话,完全本于笛卡儿所说的"理性"或"良知",因此诗人不可忘记:

"不管写什么主题,崇高还是谐谑,
都要情理和音韵永远互相配合。"[4]

---

[1] 任典译《诗的艺术》第一章,人民文学出版社,1959年。
[2] 同上书,第三章。
[3] 同上书,第一章。
[4] 同上书,第一章。

既然理性指导一切,它必定能保证诗中的构思明晰和描写真实了:

> "有些有才智的人,他们的不明晰的思想,
> 总是被浓厚的乌云层层遮上;
> 纵然是理性的光芒,也不能把它穿透。
> 因此你写作之前先要学构思清楚。
> 全要看你的思想是明朗还是暧昧,
> 你的文词相应地就会清晰或含糊。
> 你心里想得透彻,你的话自然明白,
> 表达思想的词语自然会信手拈来。"①

想得对就写得好,是宣扬理性的决定性,而末后两行则重复贺拉斯《诗艺》第322节:"要写作成功,判断力是开端和源泉。"第38节:"务必选你们力能胜任的题材,……自然会文辞流畅,条理分明。"判断力或理性既然主宰文艺,诗也就和感情、想象无甚关系了。布瓦洛对于想象只字不提,这正是一个主要原因,引起浪漫主义诗论的不满。

(二) **理性与真实、自然**:布瓦洛认为合于理性的,才能不悖常情,而逼真可信,足以形成诗的真实:

> "切莫演出一件事使观众难以置信:
> 有时候真实的事演出来可能并不逼真。
> 我绝对不能欣赏一个背理的神奇,
> 感动人的绝不是人所不信的东西。"②
> "你对各国、各时期还要研究其习俗,
> 往往风土的差异便形成性格特殊。"③

这里,"真实的事"属于个别的真,"逼真"才是普遍的真,符合常理常情的真,后者应为诗剧的对象,也是观众的共同要求。布瓦洛企图区别生活真实和艺术真实。

---

① 《诗的艺术》,第一章。末两行成为法兰西谚语。
② 同上书,第三章。
③ 同上。

此外,他还把艺术真实看作审美对象,从而强调真、美的统一:

"只有真才美,只有真才可爱。"①

与此同时,对布瓦洛来说,"真"和"自然"是同义词,"自然"不等同于客观现实的若干素材、原料,它意味着审美对象的艺术真实。因此:

"情节的进行、发展要受理性的指挥。"
"切不可乱开玩笑,损害着常情常理。"

因为:

"我们永远也不能和自然寸步相离。"
"搬上台的各种人处处要天然状态。"②

另一方面,布瓦洛把理性、常理常情和自然相结合时,还进而探讨人的自然即自然人性以及剧中人物类型的问题。

(三) **自然人性与人物类型**:布瓦洛将风流、吝啬、老实、荒唐等,归属于人性中不同的、但是永恒的类型,它们由先天所决定,发源于"自然":

"你们,作家啊,若想以喜剧成名,
你们唯一钻研的就应该是自然,
谁能善于观察人,并且能鉴识精审,
对种种人情衷曲能一眼洞彻幽深;
谁能知道什么是风流浪子、守财奴,
什么是老实、荒唐,什么是糊涂、嫉妒,
那他就能成功地把他们搬上剧场,
使他们言、动、周旋,给我们妙呈色相。"③

---

① 布瓦洛《诗简》第九章。
② 《诗的艺术》第三章。
③ 同上。

翻过来说，类型之所以不同，决定于人性之不同：

"人性本陆离光怪，表现为各种容颜，
它在每个灵魂里都有不同的特点；
一个轻微的动作就泄漏个中消息，
虽然人人都有眼，却少能识破玄机。"
"阿加门农①应把他写成骄横自私，
写伊尼阿斯②要显出他敬畏神祇，
写每个人都要抱着他的本性不移。"③

但是，各人的本性不变，而年龄却改变各人的性情：

"光阴改变着一切，也改变我们的性情。"
"开场是黄口小儿，终场是白发老翁。"④

布瓦洛主张抓住自然人性的这些表现，作为人物的本质的东西来描写，显然是继承了贺拉斯《诗艺》第 322 条关于到生活中寻找模型，第 178 条重视人物年龄和性格等论点，都是从定型、类型来描写人物，其理论影响及于十八世纪，启蒙小说家的人物塑造一定程度上显得抽象，不够具体，也就是以席勒化代替了莎士比亚化。

（四）尊重久经考验的作家：在布瓦洛看来，古代希腊罗马作家成功地写出人物本性、自然人性，从而产生合乎理性原则、经得起时间考验的作品，因此今天还应向古代学习。赞美古代作家乃是古典主义理论的一个关键。布瓦洛因此在《朗加纳斯〈论崇高〉读后感》中反复论说："实际上只有后代的赞许，才可以确定作品的真正价值。""一个作家的古老对他的价值并不是一个准确的标准，但是人们对他的作品所给的长久不断的赞赏却是一个颠扑不破的证据，证明人们对它们的赞赏是应该的。""大多数人在长久时期里对显有才智的作品是不会看错的。""在现时，人们已不再追问荷马、柏拉图、西塞罗和维吉尔是否伟大；这是一

---

① 特罗亚战争中，希腊联军的统帅。
② 维吉尔的史诗《伊尼德》的主人公。
③ 《诗的艺术》第三章。
④ 同上。

个没有争论的定论,因为这是两千多年以来人们一致承认的。"①这里,布瓦洛也还是尊重群众对于遗产的评价的。

（五）主题和细节：布瓦洛尊重古典作家的同时,并没有忘了当前的创作,关于后者,他认为应注意主题和细节这两个方面:

"好好地认识都市,好好地研究宫廷。"②

对都市是认识,对宫廷须研究,相比之下,宫廷生活似乎是更为重要的主题。至于细节方面,布瓦洛强调取舍以突出主题,反对流为繁琐。他批判只知道在细节上花工夫的作家:

"如遇到一座宫殿,便先写它的正面;
然后又写些平台请你去留连忘返;
这里是一个石阶,那里是一个走廊;
那里又是个阳台,栏杆都发着金光;
他数着天花板上圆的和椭圆的藻井;
'到处都是雕花呀,到处都是绶带形'③。
我跳过了二十页想看看是否结束,
哪知还是在花园,简直无法逃出。
莫学这些作家呵,避免这浮词滥调,
累赘的无用细节你应该一概不要。"④

他还劝告作家,不要死捧材料,非用完不可:

"也有时一个作家掌握的材料太多,
不把材料写尽就绝不把主题放过。"⑤

---

① 朱光潜译文,《西方文论选》上卷,第304—305页。
② 《诗的艺术》第三章。
③ 布瓦洛原注:引自斯居德里描写宫殿的五百句诗。
④ 《诗的艺术》第一章。
⑤ 同上。

（六）体裁与特点：布瓦洛关于文学的若干重要体裁及其特点,也有所论述。例如喜剧或讽刺诗以普通人的败坏行为和不理智的(非理性)的弱点为题材,因此属于低级题材;悲剧以巨大的激情冲突和大人物的不幸与痛苦为题材,因此属于高级题材;田园诗描写大庄园主的和平宁静的生活和感情以及庄园的风景;哀歌描写贵族在爱情上所受的忧郁,如此等等,反映了封建社会的等级偏见。当时莫里哀的部分喜剧深受人民大众欢迎,布瓦洛便认为趣味低级:

"过分做人民之友。"①

总之,布瓦洛关于合理、自然、真实、类型等的论说,表现了古典主义批评所具有的人性论色彩和封建保守倾向。至于主张熟悉某种生活和某国风土习俗,善于观察,鉴识精审,从而描写得真实可信;要求语言精练,排除繁琐细节,以突出主题——则含有现实主义精神。此外,以经得起时间考验作为衡量"古典的"标志,也不宜列为保守观点。所有这些,对于欧洲文论还是有一定贡献的。

〔法〕圣·艾弗蒙

圣·艾弗蒙(Charles de Marquetel Saint-Evremond,1610—1703)是法国批评家。曾服军役,政治上倾向保皇。他是哲学家伽桑狄的弟子,伽氏主张感觉经验为认识的源泉,反对笛卡儿唯理论,在物理学中证明空间和时间的客观存在,在伦理学中批判教会的禁欲主义残余影响,赞同伊壁鸠鲁所谓快乐即幸福本身。艾弗蒙接受伽桑狄的思想,提出尊重现实、追随时代的文艺观,在当时的"古今之争"中站在贝洛勒的今派一边,和布瓦洛的古典主义理论批评相对抗。代表作有《论古代和现代悲剧》(1672)、《论对古代作家的摹仿》(1678)等。

首先,艾弗蒙强调作家应放弃对神的颂扬,而描写人的行动和性格。"古代的男女诸神……使舞台上出现一切伟大而不寻常的事迹",但是"这些事迹对于我们完全只是一种虚构的故事而已。对我们来说,神是不存在的了"。②"我们需要的是伟大而又合乎人情的行动。"同时作家们"在描写人类的性格时,必须小心避免平庸,而在描写伟大事物时小心避免神话化"③。可以说,尊重现实乃衡

---

① 《诗的艺术》第三章。
② 《论古代和现代悲剧》(一)。薛诗绮译,《西方文论选》上卷,第267—272页。
③ 同上书(二)。

量作品的一个准则。

其次,艾弗蒙批评古代悲剧创作缺少对现实的尊重,以致剧本演出,产生危害。"古代悲剧的要素,是引起人们恐惧和怜悯的心理的过火表演","人们只学会畏惧一切危险,对于任何灾祸束手待毙"。接着,艾弗蒙对于亚里斯多德的悲剧净化说——使畏惧与怜悯得到解脱,表示异议,认为亚氏虽然看到"将剧院直接变成了一所恐惧和怜悯的学校,……会给雅典人带来多大危害",于是"建立一个净化的说法以防止危害",其实"这种说法,以前没有人懂得,连亚氏自己怕也从来没有完全理解"。[1]

再次,艾弗蒙严正指出古代悲剧的"这种恐惧曾经大大挫伤人的勇气"[2],进而强调现代悲剧应有所革新。他说:"我们不得不在新悲剧中加进一点儿爱情的成分,以更好地消除那些由于古代悲剧中的迷信和恐惧而引起的阴郁观念。的确,没有一种激情比善良的爱情更能激发我们向往高尚事物和慷慨心情了。"[3]因为悲剧的首要目标,在于"完善地表现人类灵魂的伟大,赞赏一种温情,使我们的心智感到喜悦,我们的勇气得到鼓舞,从而深深地触动我们的灵魂"[4]。总之,艾弗蒙赋予现代悲剧以振奋精神的积极意义,这一点是和古代悲剧理论显然不同的。

最后,艾弗蒙宣扬以描写当前现实的"今"来对抗摹仿前人的"古",并劝说大家用常识代替永恒的理性法则。"我们时代的精神和寓言,与(古代)神怪故事的精神是对立的。我们喜欢干脆的真实;稳健的常识已经比幻想的错觉占优势。"[5]他指出:今天的一些坏诗,就是由于"想适应古诗的样子,服从一些……已被时间推翻了的规则"。他公开宣称:"带有永恒理性的性质的规则毕竟不多","有权利在一切时代牵着人们鼻子走的东西毕竟很少,想永远用一些老规矩来衡量新作品,那是很可笑的。"尽管"荷马的诗永远会是杰作,但不能永远是模范"[6]。

在这场"古今之争"中,"今"派的论点可从艾弗蒙的论著得其大概。在当时,布瓦洛的古典主义理论虽然影响很大,但并不能独霸文坛。

---

[1] 《论古代和现代悲剧》(三)。
[2] 同上书(四)。
[3] 同上书(五)。
[4] 同上书(七)。
[5] 《论对古代作家的摹仿》,朱光潜译,《西方文论选》上卷,第272—273页。
[6] 同上。

〔英〕蒲　伯

蒲伯(Alexander Pope,1688—1744)是英国古典主义高潮时期代表作家。出身商人家庭。他继承并发扬法国布瓦洛的古典主义文论,以诗体写出《批评短论》三卷(1711),主要内容为自然和艺术的关系。认为"自然没有任何偏差,自然是神圣的、永恒的、普遍的光辉。它将生命、力量和美赋予艺术,使艺术获得源泉、鹄的和检验的标准。因此对文艺的批评与判断,首须遵循自然,依照自然的法则。"①他把古代希腊和罗马的作家、作品奉为艺术的最高典范,并在它们和自然之间画上等号,说什么"古代那些准则是被发现的存在物,不是人设计出来的,属于自然本身,体现着自然的方法和条理"②。他赞美罗马诗人维吉尔"发现了自然和荷马原是一家,……对(荷马史诗中的)古代标准作了正确估量",从而提出"摹仿自然就是摹仿古代准则"。③ 在西方文论发展史上,"自然"一词的涵义比较广泛,可指现实、社会以及原始生活等,但蒲伯却有时把它局限于古代希腊、罗马的不可企及的文学典范,想借以助长文学批评的复古倾向。

此外,他继承英国传统的"巧智"说④,并强调巧智和判断的关系:"它俩时常在争吵,其实彼此相助,像夫妻一样。"⑤但是,由于他企图把"自然"或古代典范放在一个超绝的地位,便对"巧智"进行歪曲,使之脱离感觉经验和现实根源,而成为这个"自然"的恩赐之物。他说:"是自然,把时常想到却又从未很好表达的东西,加以整理,使之鲜明突出,这时候才有了真正的巧智。"⑥这里有三点可以注意。(一)"巧智"说乃英国文论中的一个特色,比蒲伯较早的艾狄生可为代表⑦,但其理解有唯心论色彩,而蒲伯则使它接近现实、自然,较多唯物论的观点。(二)蒲伯还强调巧智,既以它来区别英国古典主义和法国古典主义,又使前者放开步伐,对生活了解得更深一些。但是他把话说得不亢不卑:虽然"布瓦洛依靠贺拉斯而正在走运。但我们不列颠人蔑视外来的规则,哪怕被人称为没有文化,也坚持不被征服。我们还同往日一样,热爱'巧智'所予的种种自由,有

---

① 《批评短论》第一卷,第68—73行;散文意译,下同。
② 同上书,第88—89行。
③ 同上书,第35行,第39—40行。
④ 参看下一章的艾狄生部分。
⑤ 《批评短论》第一卷,第82—83行。
⑥ 同上书,第二卷,第97—98行。
⑦ 艾狄生作为英国启蒙主义文论的先驱,放在下一章里。

勇气来向罗马人挑战①。与此同时,我们也还有不多的人,他们力求合理与稳妥,宁可假设少些而懂得多些;敢于肯定那些比较公正的古代目标,从而恢复了巧智的基本法则。"②(三) 西方关于艺术和自然(现实)的关系,长期以来有不同看法,这主要是由于在艺术起源上存在唯物的或唯心的观点,从"巧智"说来看,蒲伯属于前者,因此增强了古典主义中的现实主义因素。

此外,蒲伯还从"那些比较公正的古代目标"出发,讽刺当代那些数典忘祖的文学家:"某些人先有点儿巧智,随后就当了诗人,又转为批评家,终于表现为十足的笨伯;另些人,巧智和批评都说不上,成了非马非驴的大骡子。"③他还指责:"诗人,像画家一样,不善于描写质朴的、赤裸的自然和富于生命的优雅情境,而只是用金玉珍宝填满了作品的每一部分,以虚饰来掩盖自己的艺术的贫乏。"④他对华而不实的文风痛加针砭,在今天却还有现实意义;并且这里所谓"自然"和"情境",则属于当代而非古代了。

〔英〕约 翰 生

约翰生(Samuel Johnson,1709—1784)是英国古典主义后期的代表作家。书商之子。写有《诗人传》《〈莎士比亚戏剧集〉序言》,创办《漫游者》《懒散者》等刊物,并编辑第一部英语词典。曾被誉为文坛"雄狮",受到不很恰当的高度评价。他的文学批评,强调真理,怀疑虚构,主张真实的背后更有道德伦理,而道德教育则和现存秩序不可分;这些看法基本上反映了古典主义的原则。因此,文学"须正确地再现真正存在的和真正进行的行为"⑤。小说家应充当"人类生活方式和风俗习尚的正确的摹仿者"⑥。"虚构倘若合法的话,其目的只为了传达真理。"⑦但约翰生比较重视生活现实,所以能够充实并发展古典主义的类型说。他说:"诗人的任务是细察类型,而非细察个别;注意一般的性质和广泛的现象;他不去计算郁金香的彩色条纹有多少,也不描写丛林中一片片的绿荫并不相

---

① 指罗马的贺拉斯。
② 《批评短论》第三卷,第156—163行。
③ 同上书,第一卷,第35—39行。
④ 同上书,第二卷,第93—96行。
⑤ 《诗人传·蒲伯》。
⑥ 《漫游者》第四章。
⑦ 《诗人传·华勒》。

同。"①约翰生在《〈莎士比亚戏剧集〉序言》②里对类型有更多论述,认为莎氏笔下的人物,一言一行都受普遍性的感情的影响,通常代表某一类型,使读者想象自己在相同情况下的言、行。"莎士比亚的思想来自活的世界,他表现的东西,也不外乎他实际看到的事物。"③因此,莎士比亚的作品中没有英雄人物,只有普通人,他从不考虑人的本性或自然人性究竟是善的还是恶的,而是忠实于普遍的人性。这些人物分别代表天生性格的类型而又各具个人特征,但他们用以吸引各式各样的观众的,则是普遍性的感情、语言和原则。因此,在莎士比亚的戏剧中,"除了一般性、普遍性的正确再现,再没有什么能够长期引起大多数人喜爱的东西了"④。

约翰生所说的类型,还不等于现实主义的典型,而作为类型关键的普遍人性,也是今天值得讨论的问题。不过,与此同时,他能注意到:作家须从生活知识中获取正确无误的摹仿,"真实地描写生活的本来面貌",使作品具有"人人亲眼证实的描写和人人心里同意的见解"⑤,这一观点还是可贵的。因此,他赞美莎士比亚直接描写自然和生活,从不摹仿其他作家,而自己却成为后代作家摹仿的对象;同时,也哀叹莎士比亚以后的作家,却一半摹仿自然、一半坐在书斋里摹仿名作家,于是摹仿也就成为"捉摸不定、毫无规律的东西"了⑥。这话却不免偏激一些,因为借鉴前人和自己创新原是相辅相成的。

此外,约翰生也指出莎士比亚的某些不足之处,例如缺乏道德目的,追求技巧、词藻、双关语,句子有时冗长,雄辩沉闷,不守三一律。这里面除了古典主义偏见外,大都还是符合实际的。

总之,约翰生迫切地感到死捧古典传统是不行的了,这一点足以反证古典主义的衰竭,而他对熟悉生活的强调,则是继承并发扬古典主义理论的现实主义因素。可以说,约翰生关于"自然"的概念,反映了启蒙主义批评理论的现实主义倾向,和英国另一位古典主义文论家蒲伯相比,都是有可取之处的。

---

① 《懒散者》第十章。
② 李赋宁译,《文艺理论译丛》1958 年第 4 期,人民文学出版社。下面简称《序言》。
③ 《序言》。
④ 同上。
⑤ 同上。
⑥ 同上。

第六章　十八、十九世纪德国古典美学

从十八世纪后半期到十九世纪前半期,德国古典美学的著作包含着相当丰富的文学艺术理论和研究,并对欧洲文论的发展产生比较深远的影响。我们单列一章,介绍其中影响特大的康德和黑格尔的文艺论点。读者可以把他们和同时代的歌德与席勒相联系,注意双方的类似之处。此外,从下一章浪漫主义开始直到十九世纪末的唯美主义与非理性主义等批评流派,还可以发现有不少论点是和康德与黑格尔一脉相承的。本书也将分别摘要列出,以供读者进一步研究。

〔德〕康　　德

康德(Immanuel Kant,1724—1804)是德国古典哲学家。父为马鞍匠。全家是基督教虔诚派信徒,这一教派认为在日常生活中表现内心虔诚,比理解信条更加重要。康德在一定程度上同情法国启蒙运动、美国独立和法国革命,但对现存的"合法权利"仍主张服从,"无论它是怎样的"。康德长期担任哥尼斯堡大学教授。七十年代前,主要研究自然科学,著《自然通史和天体论》,提出星云说,恩格斯称它"是从哥白尼以来天文学上最大成就"。七十年代开始从自然科学转到哲学,其研究对象不是现实世界,而是理性世界的认识功能和实践功能。他在法国笛卡儿和德国莱布尼兹的唯理论(特别是笛卡儿的物心二元论)的影响下,把世界分为"现象"世界和"物自体"世界,认为人只能认识现象,而物自体是"灵魂"、是"上帝"[①],不以人的意愿为转移,并且是不可知的。康德提出先天的理性具有十二个先验范畴,如"因果关系""必然性""可能性""实在性""否定性"等,用来整理感性知识。先天的理性和后天的感觉经验不同,由于不受条件的限制而具有普遍性、必然性,因此是可靠的。康德进而把理性分为纯粹理性和实践理性,纯粹理性指人的认识能力,理解力如何运用先天范畴,来认识、理解源于经验的现

---

① 康德有时也称之为"自然",这个"自然"不是指客观现实。

象界;实践理性则以超越经验的整个宇宙为对象,对于物自体建立信仰,从而在行动上满足意志和自由的要求。对此,列宁一针见血地指出:"康德:限制'理性'和巩固信仰。"①也就是企图调和知识和信仰,否认科学对宗教的干涉,给宗教保留地盘。换而言之,纯粹理性在认识现象界时,须受自然律的支配,这是不自由的;实践理性不受任何支配,方能在信仰上承认物自体,这是超越自然、与神冥合,而进入自由的;在前者人还从属于自然,在后者人被引向道德的行动;但两者都决定于独立的先天原则。康德根据以上观点,写出了《纯粹理性批判》和《实践理性批判》,所谓"批判"就是对这两种理性的能力和范围加以检验和鉴定,同时也意味着人虽不能从理论上证明物自体,但还是渴望知道宇宙万物的究竟,那末只好在实践上、在意志与行动中表达出对物自体的信仰,而皈依上帝了。② 由此可见,康德的哲学是二元论,是唯心主义,是不可知论。此外,康德认为人的心灵包括认识、感情和意志三部分,关于认识和意志中的先天理性原则他已在这两著作中加以阐明,那末关于感情部分又将如何呢?因此他写出《判断力批判》(1790),企图沟通现象界和物自体,调和自然的、必然的和道德的、自由的。这第三部著作就是以感情领域的先天原则(或快感与不快感)作为审美判断力所具有的先天原则为主题,并指出感情在认识和实践活动之间起着桥梁作用,进而阐明审美判断足以沟通自然界的必然和精神界的自由。《判断力批判》包括了康德的美学,其中涉及文艺理论的若干重要问题,对欧洲文论产生较大影响。由于康德的文笔相当艰涩,我们只扼要地介绍关于艺术美、天才、想象和诗等方面比较易于把握的论点。

首先,康德对于艺术的看法,时常通过论说自然美和艺术美而表达出来。"自然美是一种美的事物,艺术美则是对这种事物的再现。"③那末,如何再现呢?回答是:"艺术美却是对于一个事物所作美的形象显现或描绘。"④他还进一步指出:"当自然看来像艺术时,是美的;而艺术,也只有我知其是艺术但看起来却又像自然时,才是美的。""美的艺术须被看作自然,尽管人们知道它是艺术。"⑤这里我们不妨打个比方:山水画家对于自然美的欣赏力,胜过一般人;一般人虽不

---

① 《黑格尔〈逻辑学〉一书摘要》,见列宁《哲学笔记》第99页。
② 康德的三部著作是为了分析知识,研究道德、意志,分析审美判断。
③ 《判断力批判》第43节。以下引文分别依据宗白华译本和朱光潜《西方美学史》、蒋孔阳《德国古典美学》中的译文,只注明原书的节数,不一一注明译者。
④ 第48节。
⑤ 第50节。

作画,如果能"行万里路",也就更能领会山水画中之美。但是问题的关键还在于何谓"看做是自然"或"像是自然"？康德回答说：我们在艺术作品上所见到的,是"完全符合着一切法规",并且显得十分自然,犹如上帝造物一般,而且没有"死板固执的地方,……不露出一点人工的痕迹,看不出法则曾在作者的心眼前,左右作者的心灵活动"①。用我国的术语说,便是"用法而不为法用",清代大画家原济(石涛)所谓"至人无法,非无法也,盖有法必有化,……化然后为无法"②。这"化"正是意味着创作自由与必然规律的对立统一。但康德不同于尊重现实、自然的原济,他所谓的"自由"是出发于实践理性对物自体的信仰,也就是艺术实践中,通过艺术美以达到人和上帝的冥合,而进入自由的领域,所以他又说："美,它的判定只以一个单纯形式的合目的性,即一无目的的合目的性为根据的。"③意思是人、神合一本身即艺术,于是艺术也就没有目的可言了。这里,康德把艺术美的概念引到不可知论中去。康德还从另一角度——创作的主动性、能动性来论说艺术的自由,认为艺术不同于手工艺："前者是自由的,后者则可称之为雇用的艺术,其本身不是愉快的,……完全是强制性的。"④这段话反映了剥削的社会里手工艺者的苦痛心情,但另一方面却忽视那些受雇于宫廷、权贵、豪商、巨宦的艺术家,他们须迁就主子的审美水平,和手工艺者同样是没有自由的。

其次,从二元论亦即唯心一元论观点分析天才,认为它具有自由的和理性的两个因素,在一般情况下两者互有侧重。一方面,"天才是一种天赋的才能,它给艺术制定规律,……但它却不是一种依照规律来创造、能依照规律来学习的才能;……天才不能传授,……因而独创性必是它的第一性。""至于科学,规则是先行的,规则决定程序步骤。"⑤因此,"天才是艺术的才能,不是科学的才能"⑥。这里,康德强调了自由的一面,即天才是非理性。但是另一方面,他又认为,对天才来说,还须"先假定理解力和想象力之间的一定关系"⑦,以实现"想象力与符合规律的理解力相协调",从而"给天才引路",⑧于是天才的非理性因素又被否定

---

① 第45节。
② 原济《苦瓜和尚画语录·变化章第三》。
③ 第15节。
④ 第43节。
⑤ 第46节。
⑥ 第49节。
⑦ 同上。
⑧ 第50节。

了。然而二元论不可避免地就是唯心一元论,康德也不例外,所以终于把天才从属于"自然",这个"自然"并不指客观现实,乃物自体所体现的神明、真宰、上帝。因此他说:"由于艺术家天生的创造才能的本身,就是属于自然的,所以我们也可以这样说:天才是一种天生的心灵秉赋(天生才能),通过它,自然把规律赋予艺术。""自然通过天才,只是把规律赋予艺术,而不是赋予科学。"[1]也就是说,在艺术中,规律源于天才,天才属于自然,自然即上帝本身。这里,我们不禁回忆莎士比亚所谓艺术家赖以巧夺天工的人工,其本身仍属天工,正和康德的看法相同,乃客观唯心主义或形而上学的观点。

再次,关于美,康德认为它纯粹是主观的。因为当事物符合我们的主观目的时,我们方才感到满足,获得快感;尤其是这快感是非常精纯的,"一个关于美的判断,只要夹杂着极少的利害感在里面,就会有所偏私而不是纯粹的欣赏判断了"[2]。如果结合康德所说美具有"无目的的合目的性"来领会,那末排除利害,正有助于发挥审美判断力,以沟通必然与自由的桥梁作用,使艺术美超凡而入圣了。

最后,略述康德关于想象力、判断力和诗的部分论点。在康德看来,想象力和判断力相比较,后者的重要性不容忽视。"想象力在没有规律的自由活动中,尽管极其丰富,但除了毫无意义的东西之外,什么都不能产生。可是判断力与此相反,它使想象力与理解力取得和谐。……它剪掉天才的羽翼,使人循规蹈矩,或者受到磨练。但同时,它又指导天才的飞翔,使之保持目的性。"[3]判断力之可贵,就在于能使天才、想象服务于明确的理性概念,符合"无目的的合目的性"——与神明相契合。康德讲到想象的功能和诗的地位时,他的意思才比较容易把握。第一点:想象须和理性结合,方能塑造艺术形象。"想象力能促成形象的显现",但在显现过程中,"想象力力图超越经验的范围,以接近理性概念的形象显现,从而赋予这概念以一种客观现实的外貌"[4]。这个理性概念或物自体所包蕴的上帝创造的奥旨,通过艺术的感性形象,仿佛成为客观现实了。他又说:"想象力作为一种创造性的认识功能,是一股强大的力量,它从现实自然所提供

---

[1] 第46节。
[2] 第2节。
[3] 第50节。
[4] 第49节。

的材料中,创造出仿佛是一种第二自然。"①第一自然虽属现象界,但依存于物自体,第二自然为现象界的艺术形象,这里,想象分担了上述的沟通任务,或参与了桥梁作用,既须遵循理性,皈依真宰,又须接触现实,认识客观。第二点:康德进而论说诗人的想象和诗的地位。"诗人肩负了这样的工作,要把看不见的一些概念(如天堂、地狱、永恒、创世等)翻译成可以用感官去察看的东西。诗人借助想象力,把经验界所发生的事情(如死亡、忌妒以及爱情、荣誉之类的东西)也通过感性而显现,并使它们达到理性的最高度。"②这"最高度"意味着对上帝创造的奥旨的领悟。也就是诗通过想象,塑造第二自然,进而完成诗的神圣使命。第三点:人们应这样来评定诗的地位。"诗给予想象力以自由","使心灵感觉到自己的功能是自由的、自主的、不受自然(指客观世界)的限定的",心灵与神冥合了,于是"开拓人的心胸","使人的心灵生气勃勃"了。诗从宣扬先天理性到抒发心灵自由,都取得最高成就,因此"在一切艺术之中,占首位的是诗"③。

综上所述,康德关于艺术创作对象、艺术创作动力,以及艺术中心灵的自由代替了对现实的反映等,都具有唯心主义和形而上学的观点。至于天才虽不可学,却又和理解力有关系;艺术美虽不含实用目的,但有形式上的合目的性——这些看法更反映了理性和经验的矛盾。如果结合欧洲文艺思想的发展来看,那末康德关于理性制约和想象创造的论说,是徘徊于古典主义和浪漫主义之间,而他的天才论的一部分则对德国狂飙突进运动产生影响;至于"第二自然"之说,则和英国柯勒律治浪漫主义诗论中的"第二性想象"有相通之处;他所说的理性概念的形象显现,可以说对黑格尔的"美是理念的感性显现"这一论断有所预示,并为后来对形象思维的探讨开辟了道路;他所坚持的"不夹杂利害感的美",则给十九世纪末唯美主义、形式主义文艺观提供理论基础。总之,康德的《判断力批判》对欧洲文艺理论的发展是有深远影响的。

〔德〕黑 格 尔

黑格尔(Georg Wilhelm Friedrich Hegel,1770—1831)是德国古典哲学家。父为财政部门官吏。黑格尔在耶拿大学、海得尔堡大学、柏林大学担任哲学教授三十多年,著作有《精神现象学》、《大逻辑》、《哲学全书》(包括《小逻辑》、《自然哲

---

① 第49节。
② 同上。
③ 第53节。

学》、《精神哲学》)、《法哲学》、《历史哲学》和《美学》等。他主张"绝对理念"(也称"绝对精神""心灵""神")乃思维与存在的统一,是最高的"真实",它先于自然界和人类而存在,从它派生出自然的与社会的现象以及人的思维现象。他宣扬客观唯心主义,但在论说"绝对精神"自我发展(或实现自己)的三阶段时,则具有辩证法思想。在逻辑阶段,"绝对精神"作为超越时间、空间、自然、人类和社会的纯粹思维而存在;在自然阶段,它把自身"外在化"(或"异化")为物质或自然界;在精神阶段,它战胜物质,摆脱自然,回复到与自己相适应的精神本身,达到"绝对精神"自我发展的最高阶段,并表现为人类历史中精神与物质的统一。与此同时,黑格尔认为他自己的哲学达到全部哲学发展史的顶峰,进而宣称"绝对精神"也最完备地体现于普鲁士国家里,后者乃历史发展的顶峰;因此黑格尔的哲学当时被公认为普鲁士的官方哲学。黑格尔的这种保守的以至反动的政治观点,还反映在他对待革命的态度:法国资产阶级革命开始时,他对革命表示欢迎,把革命比作"日出",等到雅各宾党专政,群众的革命暴力使他感到恐惧和憎恨,甚至诬蔑人民为"一群无定形的东西",认为人民运动是"自发的、无理性的、野蛮的、恐怖的"。

黑格尔的文艺观和文学批评主要见于他的《美学》[①]。此书的英译本名《美术哲学》,原为讲稿,由黑格尔的学生格斯达·霍梭根据二十年代学生们的听讲笔记,加以整理,陆续发表(1836—1838),其中心课题是论证:"理念"或"绝对精神""永恒神性"如何通过艺术、文学的形象,达到了自身的感性显现。提纲挈领,则有以下几方面:(一)总的原则是"艺术的内容就是理念,艺术的形式就是诉诸感官的形象",因而"美就是理念的感性显现"。[②](二)具体而言,"一切艺术的目的都在于把永恒的神性和绝对真理显现于现实世界的现象和形状,把它们展现于我们的观照,展现于我们的情感和思想"[③]。至于艺术所显现的"理念"或作品内容,又称"意蕴",则具有"一般世界情况",以一定时代的文化生活为背景,而表现为主观和客观的统一。(三)艺术在形象地显现"绝对精神"过程中具有如下的规律:一般被个别化,普遍被特殊化,从而实现内容与形式、理性与感性、主观与客观的统一,达到了寓无限于有限。(四)艺术既然不是自然和社会现实、社会发展的反映,从而艺术美是高于自然的。"我们可以肯定地说,艺术美高于自

---

① 《美学》第一卷、第二卷、第三卷(上册、下册),朱光潜译,商务印书馆,1979年。
② 同上书,第一卷,第142页。
③ 同上书,第三卷,下册,第334页。

然。因为艺术美是由心灵产生和再生的,心灵和它的产品比自然的现象高多少,艺术美也就比自然高多少。"① 从以上几个方面,我们可以理解黑格尔关于艺术、文学的本质、内容、形式和地位的基本观点。此外,全书以最大篇幅详细论说"绝对精神"在艺术中的感性显现的全部历史,先后产生了象征型、古典型和浪漫型三种艺术,并以第三种艺术为艺术的解体或终结。

下面试简述这三种艺术各自的特征,并把重点放在第三种艺术,因为诗和戏剧被包括在内,可以称为黑格尔的文论,是在本书范围之内的。

在象征型艺术中,人类心灵通过符号来象征自己对于"理念"的朦胧认识,这种艺术具有暧昧性、神秘性,以印度、埃及、波斯的建筑——神庙和金字塔等为代表,其特征是形体巨大,风格崇高,但不能使人们从形式明确地把握内容,表现了内容与形式的失调。古典型艺术使精神的内容和物质的形式完全契合,人们于认识感性形象的同时,也就认识它所显现的理念。这种艺术以古代希腊雕刻为代表。由于神通过人而体现,人从其自身领会绝对精神,所以古典型艺术是完美的艺术。不过神性虽寓于人体形象,但在表现一般被个别化、普遍被特殊化的过程中,神的普遍性仍旧保持,因此希腊雕刻以静穆和悦为特征,而不强调动作。在浪漫型艺术中,绝对精神超越人体形状,由物质世界回复到精神世界,也就是回复到绝对精神本身,达到了艺术发展的最高阶段。这种艺术以中世纪开始到十八世纪的绘画、音乐和诗为代表,其特征是富于动作和激情,突出主观性、个人意志,但割裂了精神和物质的统一,而导致艺术的解体。对于上面这些论点,黑格尔曾加以概括:"我们原来从象征型艺术开始,其中主体性(按:指理念或绝对精神)在挣扎着试图把它本身作为内容和形式寻找出来,把自己变成客观的(表现出来)。进一步我们就进入了古典型造型艺术,这种艺术把已认识清楚的实体性因素(按:指理念的真实性)体现于有生命的个体。最后我们终止于浪漫型艺术,这是心灵和内心生活的艺术,其中主体性本已达到了自由和绝对,自己以精神的方式进行活动,满足于它自己,而不再和客观世界及其个别特殊事物结成一体",也就是戏剧诗中的喜剧"把精神和物质的同一割裂开来了","就马上导致一般艺术的解体"②。黑格尔所谓艺术解体,意味着精神活动已上升到宗教和哲学的领域。

---

① 《美学》第一卷,第 4 页。
② 同上书,第三卷,下册,第 334 页。

本书既以文论为主,所以只介绍黑格尔关于浪漫型艺术中诗和戏剧的部分论点：(一)诗的特征；(二)史诗的产生与涵义；(三)史诗如何让位于抒情诗和戏剧体诗；(四)戏剧体诗中的悲剧和喜剧；(五)喜剧导致浪漫型艺术的解体等。依次简述如下。

广义的诗和狭义的诗

黑格尔首先指出广义的"诗"，"适合美的一切类型，贯串到一切类型里去，因为诗所有的因素是创造的想象，而创造的想象对于每一种美的创造都是必要的，不管那美属于哪一类型"①。意思是上述三种艺术型和艺术美，都须具有创造的想象，这一论点可溯源于古代希腊关于技艺、艺术即"制作"的概念和亚里斯多德所谓"不可能的可能胜于可能的不可能"说。由于创造的想象意味着理想化，因此诗须写出理想化的东西。"诗在描绘中所应提炼出来的，永远是有力量的，本质的，显出特征的东西，而这种富于表现性的本质的东西，正是理想化的东西而不只是现在目前的东西；如果把每件事或每个场合中现在目前的东西按其细节一一罗列出来，这就必然是枯燥乏味，令人厌倦，不可容忍的。"②也就是各种艺术作品都从想象中创造作者的理想世界。其次，黑格尔论说了狭义"诗"的特征在于"它使音乐和绘画已经开始使艺术从其中解放出来，感性因素属于心灵和它的观念。……这种感性因素在音乐里还是直接与内心生活合而为一的，而在诗里它却和意识的内容分开了，心灵自己为自己把内容确定成为观念。因为诗所保留的最后的外在物质是声音，而声音在诗里不再(像音乐那样)是声音本身所引起的情感"③，却只引用符号的作用，从而引起观念，并由观念引起情感；也就是诗中的声音离开观念或意义便没有什么价值了。这里可以看出黑格尔很强调诗中的思想和感情的。再次，黑格尔归纳出"诗的观念方式"，论说诗的创作主题与诗人的"自我"是不可分的。"造型艺术通过石头和颜色之类造成可以眼见的感性形状(指雕刻和绘画)，音乐通过受到生气灌注的和声和旋律，这就是按照艺术方式显现一种内容的外表。诗却不然，它只能通过观念本身去表现，……所以诗人的创造力表现于把一个内容在心里塑造成形象，但不外现为实在的外在形状或旋律结构，因此，诗把其它艺术的外在对象转化为内在对象。心灵把这种内

---

① 《美学》第一卷，第114页。
② 同上书，第214页。
③ 同上书，第112页。

在对象外现给观念本身去看,就采取它原来在心灵里始终要采取的那个样式。"①换而言之,诗的内容、媒介和表现方式都是观念性的。接着,黑格尔就针对诗人的内心世界来看诗的主题和诗人的自我。"诗人……须深入体验事物,……不仅要把握心情和自觉观念这一内心世界,而且还要……把广阔世界、人类生活及其纷纭万象吸收到自我里去,对它们起同情共鸣,深入体验,使它们深刻化和明朗化。"这样,才能"以巡视内心世界和外在世界的自由眼光去临高俯视"他的创作主题。② 他还主张诗人的自我必须尽量倾吐出来。"因为最高尚最卓越的东西都不是什么不可言说的东西,认为诗人在作品所表现的之外,还有远较深刻的东西,那是不正确的。作品就足以见出艺术家的最好的方面和真实的方面;他是什么样人就是什么样人,凡是只留在内心里的就还不是他。"③以上是说,诗人如何观察世界以丰富、充实"自我",毫无保留地进行诗的创造与自我表现。这里,黑格尔还作了具体的阐说,主要是联系到想象和美感。"艺术创造"须有"一般的本领"。"如果谈到本领,最杰出的本领是想象。""想象是创造性的。""不要把想象和纯然被动的幻想混为一事。""艺术家不能单凭自己制造的幻想",因为它"总是很靠不住的"。④ 同时,想象又和灵感不可分。"想象的活动和完成作品中技巧的运用,作为艺术家的一种能力单独来看,就是人们通常所说的灵感。"黑格尔摒弃了自来赋予"灵感"概念的抽象性、玄秘性和不可知性,把它最后落实到技巧运用中;不仅如此,他还否认单凭感官刺激和创作意愿便可唤起灵感。"要煽起真正的灵感,面前就应该先有一种明确内容,即想象所抓住的并且要用艺术方式去表现的内容("内容"也译"意蕴")。灵感就是这种活跃地进行构造形象的情况本身。""它(灵感)不是别的,就是完全沉浸在主题里,不到把它表现为完满艺术形象时决不肯罢休的那种情况。"⑤综合上述,可以说黑格尔是把诗的观念方式解释为:诗人的想象和灵感,全是为了体验事物,把广阔世界吸收到自我中去,这样方能临高俯视,大大丰富诗的意蕴或内容。因此,诗的观念方式,即诗的思维方式,其中包括想象和灵感。最后,黑格尔论说这个属于精神最高阶段的诗如何导致艺术的解体;这一点留在下面关于戏剧体诗(喜剧)一节,再

---

① 《美学》第二卷,下册,第 56—57 页。
② 同上书,第三卷,下册,第 53—54 页。
③ 同上书,第一卷,第 369 页。
④ 同上书,第 357 页。
⑤ 同上书,第 363—365 页。

行介绍。

史诗的产生和涵义

首先,"史诗以叙事为职责……使人认识到它是一件与一个民族和一个时代的本身的完整的世界密切相关的意义深远的事迹。所以一种民族精神的全部世界和客观存在,经过由它本身所对象化成为具体形象,即实际发生的事迹,就形成了正式史诗的内容和形式。"①"正式的史诗是第一次以诗的形式表现一个民族的朴素的意识。……这一民族已从浑沌状态中觉醒过来,……已有力量去创造自己的世界,而且感到能自由自在地生活在这种世界里。"②一句话,史诗产生于民族觉醒的时代,反映民族的朴素的意识。

其次,战争中的冲突适宜于史诗的情境。"一般地说,战争情况中的冲突提供最适宜的史诗情境,因为在战争中整个民族被动员起来,在集体情况中经历着一种新鲜的激情和活动,因为这里的动因是全民族作为整体去保卫自己。"《奥德赛》写特罗亚战争的后果,仍与战争有关,《神曲》则是宗教史诗,"其基本冲突仍然导源于战争,即恶魔背叛上帝那场原始战争"③。接着黑格尔在阐说史诗中的民族精神、民族意识的同时,涉及普遍人性,并用它来解释史诗名著的持久吸引力。"如果一部民族史诗要使其他民族和其他时代也长久地感到兴趣,它所描绘的世界就不能专属某一特殊民族,而是要使这特殊民族和它的英雄的品质和事迹能深刻地反映出一般人类的东西。"④这里所谓"反映出一般人类的东西"正是指的普遍人性。

再次,史诗中的民族意识、民族性格集中体现在史诗的英雄人物,对他的评价须有历史观点,不宜用近代道德去衡量。"史诗人物把民族性格中分散在许多人身上的品质光辉地集在自己身上,使自己成为伟大、自由、显出人性美的人物……全民族都集中到他们身上,成为有生气的个别主体,所以他们在主要战役中战斗到底,承受着事变的命运。……阿喀琉斯⑤这位风华正茂的少年体现着全希腊民族的精神,……俄狄修斯⑥一人的还乡反映了希腊全军的返乡。""至于报私仇和残酷也是英雄(史诗)时代所特有的魄力,阿喀琉斯作为一个史诗人物

---

① 《美学》第三卷,下册,第107页。
② 同上书,第109页。
③ 同上书,第126页。
④ 同上书,第124页。
⑤ 荷马史诗《伊利亚特》中希腊联军的主将。
⑥ 荷马史诗《奥德赛》中的主人公。

是不应受苛责的。"①这里黑格尔从历史观点评价民族史诗人物,肯定当时的伦理、道德,但更加强调的是史诗人物"并不突出个人的特殊个性和目的",而是"体现全民族的精神和多方面的整体"。② 这最后一段话是指史诗所概括的一个民族的客观情况,所以又说:"史诗既可写内心生活,又可写人物动作,但是重点在用客观态度描述事迹,从事迹进展中见出全部客观世界情况。"③如果侧重于刻画人物的内心、性格、动机、目的等,那末在黑格尔看来,就标志着史诗让位给抒情诗和戏剧体诗了。

抒情诗

抒情诗以描写个人内心生活、抒发个人感情为主,它"既是个别主体的自我表现,所以……它所特有的内容就是心灵本身,单纯的主体性格,重点不在当前的对象而在发生情感的灵魂"。关于后者,黑格尔列举"一纵即逝的情调、内心的欢呼、闪光似的无忧无虑的谑浪笑傲、怅惘、愁怨和哀叹",以及"由极不同的对象所引起的零星的飘忽的感想"。④ 黑格尔一方面称之为"观点、情感、印象和直觉等等互相差别的杂多状态",同时指出它们具有"唯一的贯串线索"或"共同容器",那就是上述的"自我"所赋予抒情诗的"整一性"。正是这个"整一性",形成了"最完美的抒情"中的"凝聚(集中)于一个具体定性的心情和情境"。也就是把"内在的东西作为内在的东西表现出来"。⑤

戏剧体诗——悲剧和喜剧

黑格尔认为戏剧体诗不像抒情诗那样,止于内心生活的描写,而是把"内心生活发展为意志和行动,行动又必须有结果"⑥。这一观点是和亚里斯多德以情节(行动)为首要因素的悲剧理论一脉相承的。其次,黑格尔强调有行动就是有冲突和矛盾,并把原因归于永恒力量或神性。戏剧的"真正的内容,真正普遍发生作用的动力是一些永恒的、自在自为的(绝对的)伦理力量,是生动的实在界的一些神,总之,它就是神性和真理";但它不像雕刻出来的、"静止的"、"寂然不

---

① 《美学》第三卷,下册,第137—138页。所说"报私仇和残酷",指阿喀琉斯的好友代他出战,被敌将赫克特杀死,阿喀琉斯上阵报仇,杀了赫克特,将其尸体拖在战车后面以泄恨。见《伊利亚特》第二十二章。
② 同上。
③ 同上书,第150页。
④ 同上书,第191、192页。
⑤ 同上书,第211、212页。
⑥ 同上书,第245页。

动"、"泰然自得地停留在福慧中的神",而是"分化为各有具体特殊目的"和"具体特殊动作"的个别人物,他们之间相互形成冲突和矛盾。① 再次,戏剧的任务就是解决矛盾或"消除这些在不同的个别人物身上各自独立化的那些精神力量的片面性"②。黑格尔就从矛盾中起决定作用的不同情况和矛盾解决的不同方式,来区别悲剧和喜剧。起决定作用的如果是"实体性因素",亦即神性、真理的作用,则为悲剧;如果是人物的"主观任意性、愚蠢和乖僻",则为喜剧。③ 而且神性既然在喜剧中失去作用,那末喜剧不仅不能使艺术为理念或绝对精神服务,不能使艺术美形象地显现理念,结果也就导致艺术的解体了(详下)。至于矛盾的消除,在悲剧方面黑格尔称之曰"和解",并有详细论述。在真正的悲剧中,"苦难落到剧中人物身上,只是作为人物自己所作所为的后果,他们是全心全意投入这种动作的,既有辩护的理由,又由于导致冲突而有罪过"。这就形成悲剧所引起的恐怖和同情,但在它们之上,"还有调解的感觉。这是悲剧通过揭示永恒正义而引起的,永恒正义凭它的绝对威力,对那些各执一端的目的和情欲的片面理由采取了断然的处置"④。结果是"个别人物的遭遇的必然性才显现为绝对理性",而"原先为英雄的命运所震撼的心情才真正从伦理的观点达到平静",也就是"在冲突中互图否定对方的那些行动所根据的不同的伦理力量,得到了和解。只有在这种情况下,悲剧的最后结局才不是灾祸和痛苦而是精神安慰"⑤。黑格尔从冲突的发展解释悲剧情节的同时,却又认为必须以冲突的和解来体现那个在矛盾双方之上的绝对理念,表达永恒正义的胜利。这里,完全是站在客观唯心主义立场,为神性的威力说教了。接着介绍黑格尔关于喜剧的特征以及喜剧导致艺术解体的论点。如上所述,一切艺术都是为了在现实世界的现象和形状中显现绝对理念或永恒神性,做到"精神和物质的同一",然而在喜剧的冲突中,起决定作用的却不是理念、神性,而是人物的"主观的任意性、愚蠢、乖僻",这样就割裂心、物的"同一","使绝对真理无法外现于客观世界",因此喜剧背离一切艺术的目的,"导致一般艺术的解体",相应地也就无所谓艺术美了。因此黑格尔写道:"到了喜剧发展的成熟阶段,我们现在也就达到了这门科学(美学)的研究的

---

① 《美学》第三卷,下册,第247页。
② 同上书,第248页。
③ 同上书,第284页。
④ 同上书,第289页。
⑤ 同上书,第310页。

终结。"①

此外,黑格尔在论剧中人物性格的描写时,也有自己的看法。"每个人都是一个整体,本身就是一个世界,每个人都是完整的有生气的人,而不是某种孤立的性格特征的寓言式的抽象品。"②他赞美莎士比亚剧中人物既是形象丰满,"又有一主要方面作为统治方面",批评莫里哀剧中人物只不过是"悭吝""伪善"等的抽象概念。他这一人一世界的说法,已触及典型性格塑造的理论了。还有,黑格尔讲到史诗让位的情况时,提出近代不可能有史诗,因为社会组织周密,有宪法、法律以及司法与行政各部门,这些严格的道德和制度与个人相对立,已"不能作为真正史诗动作(情节)的基础"③,从而认为史诗的解体促成小说的诞生,不妨说小说是"资产阶级的史诗",它"充分表现出丰富多彩的兴趣、心境、性格、生活关系和整个(资产阶级)世界的广阔背景,以及对事件的艺术描绘"。④ 这些论点触及戏剧和小说中典型环境与典型性格塑造的理论问题。

黑格尔的《美学》在西方美学史上产生深远影响,至于文艺理论方面,十九世纪以来有的和黑格尔一脉相承,有的给黑格尔作了补充,有的却向黑格尔的相反方向发展,这些情况说明黑格尔在西方文论史上的重要地位。下面试举黑格尔的若干论点,叙述它们如何被继承与发展,以及与之相类似或相反的一些说法。

人物的性格与一定的历史环境相联系:这一论点为典型性格的研究开辟道路。后来别林斯基认为典型性格应体现时代精神的特征,就是发展了黑格尔的看法。至于车尔尼雪夫斯基主张典型须再现现实世界已经存在的典型,则更进了一步,增强了典型理论的物质基础。

一个人一个世界的人物性格描写说对后来人物典型的研究也是有贡献的。所以恩格斯说:"每个人都是典型,但同时又是一定的单个人,正如老黑格尔所说的,是一个'这个',而且应当是如此。"⑤

艺术美高于自然:这一论点也屡见于后来的文艺观,例如泰纳强调艺术家必须有理想世界,王尔德甚至宣称艺术高于现实、决定现实,不过其着眼点有所

---

① 《美学》第三卷,下册,第334页。
② 同上书,第一卷,第303页。
③ 同上书,第三卷,下册,第117页。
④ 俄文译本《黑格尔全集》第十四卷,第273页。
⑤ 《给敏·考茨基的信》,1885,11,26。

不同。黑格尔排除自然于艺术反映和艺术美之外,自然也就必然低于艺术美;泰纳认为艺术乃"艺术家按照自己的观念改变事物"的结果,王尔德则从为艺术而艺术的观点出发,所以艺术美是高于自然的。

浪漫型艺术导致艺术的解体,因为它"不再和客观世界及其个别特殊事物结成一体":在黑格尔看来,永恒神性对现实的发展、人类的创造失去控制之日,便是艺术解体之时,这诚然是客观唯心主义的观点,但客观上却涉及浪漫主义和现实主义的相互关系或前者对后者依附。此外,以自由眼光巡视内心世界和外在世界:则更自觉地反对截然划分浪漫主义和现实主义。我们现在很强调两者的结合,而黑格尔对此也许早有所见了。

抒情诗须将"内在的东西作为内在的东西表现出来":这是说内在就是内在,无须联系外在,和上一条内在、外在,精神、物质的结合,是相矛盾的。但这"内在的东西"乃浪漫主义特别是耶拿派浪漫主义理论的瑰宝,并传递到象征主义、神秘主义诗人的手中,黑格尔预见了这个"内在的东西"或"永恒神性"对诗人的"启示",将形成十九世纪欧洲诗论发展的一条路线。甚至实证论者泰纳也强调艺术杰作的"内部动力",主张"以大慈大悲的心肠鼓舞教徒们去野蛮民族里宣扬宗教"。

史诗和戏剧必须表现客观的"实体性因素";作品人物的行动必须遵循至高无上的理念或永恒神性:结合上条,可以说各种体裁的诗都须以"内在的东西"为动力,这也预示了象征主义、神秘主义的诗论。这方面的重要代表叶芝[①]在死前不久的一封信中写道:"你可以驳斥黑格尔,但你却不可能否认圣者。"换而言之,客观世界是虚幻的,神的世界则是实在的,而且对后者来说,只是体现于万物之中,却莫可名说,无法解释,于是所谓诗人的内心,只能是皈依上帝了。叶芝的话实际上是接受黑格尔的观点的。

绝对精神、永恒神性显现于现实世界的现象和形状,艺术和作品形象也是这样产生的:这和以上两条是相互补充的,也表现了客观唯心主义的文艺观。随着社会矛盾的激化,回避现实、转向内在的趋势日益加剧,到了叔本华,则以意志代替绝对精神,主张意志外化自身于人及其艺术中,从而滋长作家的宿命论思想,因此弗洛贝尔、戈缔叶等对人生的看法都受叔本华的影响,但实质上和黑格尔所谓一切从属于神、人却毫无办法,也还是分不开的。

---

① 叶芝(1865—1939),爱尔兰象征主义、神秘主义戏剧家、诗人。

作家的内心生活具有整一性,"这整一性分化为观念、情感、印象、直觉",它们又都被纳入"自我"这个"共同容器"中:这个"整一性"意味着"自我"与神性的合一,原是客观唯心主义特别是神秘主义诗论的标志,在十九世纪不断扩大其市场。例如圣·佩韦论古典作家时将天才、个性和神秘性相提并论,可以说是同黑格尔的论点有联系,尽管圣·佩韦基本上是实证论者。

声音在诗里起符号作用,并从而引起观念和情感:这和十九世纪末开始盛行的纯诗论,是显然对立的,后者主张在诗中声音可以离开意义而有价值。黑格尔虽倒置物、心的关系,头脚倒置,使他的美学和文论在整个体系上是观念论的,但不等于在许多个别地方没有可取之处,这里所举,无异乎谴责纯诗论,具有积极的意义,可算典型理论之外的另一例子。

第七章 十八世纪启蒙运动时期(附:前浪漫主义)

欧洲自文艺复兴以后,各国的资本主义发展是不平衡的,资产阶级反封建的斗争及其胜利也或早或迟。从十七世纪末至十八世纪的一百几十年里,英、法的情况便不相同。英国于1688年出现所谓"光荣革命",但随之而来的则是资产阶级和封建王室的妥协。法国资产阶级革命则始于1789年,比英国迟一个多世纪。恩格斯指出:"如果说,法国在上世纪末给全世界做出光荣的榜样,那末我们也不能避而不谈这一事实:英国还比它早一百五十年就已做出了这个榜样。"① 至于德国,由于长期的封建割据,资产阶级取得政权比法国迟得多了。在上述历史阶段,犹如文艺复兴时期的第一次文化运动或人文主义运动,英、法、德、意等国掀起了资产阶级的第二次文化运动,称为启蒙主义运动,其出现有早有迟,持续的时间有长有短,具体任务也不完全相同。英国的启蒙运动开始于"光荣革命"之后,由十七世纪末持续到十八世纪中期,有比较温和与比较激进的两派,前者支持现存制度,采取局部改革,后者向往比较彻底的民主化。法国的启蒙运动则开始于1789年资产阶级革命之前,是为这场革命做舆论准备的,活跃于十八世纪的前七十年里,声势比较浩大。德国的资本主义经济发展迟缓,资产阶级力量薄弱,因此是在极端不利条件下开展启蒙运动的,其任务是首先争取德意志民族统一,其次才是在君主专制下建立德国的民族文化,其道路是比较漫长的。

十八世纪欧洲资本主义的发展,促进了自然科学和唯物论哲学的发展,资产阶级启蒙家宣扬这种先进的文化和思想,以启发、教育群众,扩大影响,为本阶级利益和政治前途服务,比较而言,以法国的启蒙运动最为典型。法国的启蒙家以理性为武器,来检查封建社会的旧制度、旧道德和传统习惯,要求一切须在理性的审判台上辩明自身存在的理由,或放弃自己的存在,因此他们鼓吹"理性的王

---

① 《路易·勃朗在第戎宴会上的演说》,《马克思恩格斯全集》第四卷,第425页。

国"。恩格斯一针见血地指出:"这个理性的王国不过是资产阶级的理想化的王国",而"这个永恒的理性实际上不过是正好在那时发展成为资产者的中等市民的理想化的悟性而已"。① 具体说来,启蒙家们的理性原则有两个主要因素:人性论和自然神论。前者鼓吹自由、平等、博爱出于人的本性,是合乎理性的人道主义,进而提倡人的个性解放;后者又称"理神论",认为上帝创造世界和自然规律之后,不再干涉世界上的事物,而让自然规律来支配一切,实际上是以理性为基础,好避免教会的束缚,因此马克思在《神圣家族》中指出:"自然神论——至少对唯物主义者来说——不过是摆脱宗教的一种简便易行的方法罢了。"②换言之,上举的二论,乃是启蒙者用来反对封建教会的桎梏、宣扬资产阶级所谓"自由"与"解放"的思想武器,它俩广泛存在于启蒙主义的著述中。此外,各国的启蒙家基本上都是哲学家以及作家和理论批评家,他们所依据的哲学,和各国的经济、政治的发展相适应,而表现不同的途径,例如在英国,主要是经验主义;在法国,主要是理性主义;在德国,主要是二元论或唯心的一元论。与此同时,启蒙者的哲学思想反映在十八世纪欧洲文学创作和理论批评中,它们大都是结合若干文艺具体问题而提出种种论点,其情形是相当复杂的。

在十八世纪的文学创作中,古典主义所含的现实主义因素继续在起作用,但批旧、创新是主流,不少作品揭露鞭笞封建专制与宗教迷信,表达资产阶级的启蒙思想,并且接近群众,描写日常生活,以通俗易懂的方式——新体小说和散文(语体)戏剧,描写普通人的性格和理想,使文学为资产阶级的民主服务。法国伏尔泰和狄德罗的小说可算代表作,而做得很出色的则在英国,前有斐尔丁,后有笛福和斯威夫特,被目为十九世纪现实主义小说的先驱之一。此外,英国还有部分作家不满于当时的社会现实,认为僵化的古典主义不能表达文学的作用,他们强调刻画个人的精神生活,歌颂大自然,以抒发感情,并带有厌世情绪,这一流派称为感伤主义,有时也叫"前浪漫主义",但缺乏浪漫主义的积极精神。在德国,莱辛的市民剧创作,成为建立德国民族文学的重要动力;歌德由浪漫主义前驱、狂飙突进转向古典的与浪漫的相结合,形成了德国启蒙文学的特色。

至于启蒙主义时期各主要国家的文学批评概况,试分别简述如下。

在英国,唯物主义哲学家霍布斯和洛克强调感觉、经验为知识的源泉,因此

---

① 恩格斯《社会主义从空想到科学的发展》,《马克思恩格斯选集》第三卷,第 405、407 页。
② 《神圣家族》,《马克思恩格斯全集》第二卷,第 165 页。

经验主义对文论产生相当影响,其代表有艾狄生和斐尔丁。艾狄生从感觉和形象出发,论证了想象和形象思维的作用,斐尔丁则从艺术想象进而阐说艺术虚构与人物类型塑造。此外,在艾狄生之后,更有杨格,他从感受的丰富和感情的深挚来解释独创性写作和天才作品;在斐尔丁之后,还有布莱克,他强调忠实于感情和想象,表现了前浪漫主义的思想,但同时向往永恒的"彼岸",又给后来的神秘主义批评开辟道路。

法国的启蒙运动,在"理性王国"的指引以及伏尔泰、卢梭和狄德罗的领导下广泛展开。伏尔泰的文艺思想比较复杂,有保守一面,也有开明与激进一面,认为民族的文学不断创新,各民族的文学之间的交流,可以共同创造一个"统一的文艺共和国"。卢梭本于"返于自然"的观点,强调诗须感情真挚,形式(语言)自然。狄德罗主编《百科全书》,宣扬唯物论,在文艺理论方面,批判古典主义的清规戒律,发扬诗中原始的、粗犷的气质,预示十九世纪浪漫主义的精神。他还主张戏剧、绘画除了真实的、强烈的感情外,还须使艺术"情境"富于社会意义,这一主张为十九世纪现实主义文论所继承。当时他的声望不及伏尔泰,影响不如卢梭,但是由于站得比较高、论点比较突出,所以到了二十世纪他在批评史上的地位日趋显著。此外,孟德斯鸠(1689—1755)关于地理条件决定民族道德风貌、法律和政体的性质的论点,影响及于十九世纪史达尔夫人和泰纳的文艺观。

德国的启蒙主义文艺理论可以分为前期和后期。十八世纪七十年代之前,它曾受高特舍特(1700—1766)和温克尔曼(1717—1768)的影响。高氏的文论基本上是古典主义的翻版。温氏崇拜并研究古代希腊雕刻,从而探讨艺术史研究的途径,著《古代艺术史》,认为"艺术史的目的在于解释艺术的起源、演变和衰亡,以及人民、时代和艺术家本人的多样风格",并且尽可能地运用现存的古代艺术品作为论证。"至于古希腊人所以取得卓越成就,一部分的原因是希腊的气候,另一部分则是他们的政治形态和政府,以及从而形成的思维方式。"[①]温氏还认为艺术的最高境界,是古代希腊雕刻所表现的"宁静"或"抑制"的精神。温氏虽然是谈艺术,但这种向往古代的心情对于歌德和席勒的文艺观都曾产生影响。到了十八世纪七十年代,"狂飙突进"运动兴起,它是在英国和法国的先进思想影响下反对封建束缚,要求资产阶级自由和个性解放,鼓吹感情至上。当时赫尔德和歌德合写的《德国和风格和艺术》(1773)可称为这一运动的宣言,其基本调子

---

① 引自鲍桑葵《美学史》,1934年,伦敦版,第242—243页。

是浪漫主义的。在上述的回到古代和解放个性这两股思潮影响下，歌德和席勒分别探讨了"古典的"与"浪漫的"、"素朴的"与"伤感的"，触及文艺理论中现实和理想、必然和自由、感性和理性、个别和一般之间的对立统一这个根本问题。但是其主要倾向为折衷主义，这一特征是和康德的二元论哲学对德国启蒙时期文论的影响分不开的。① 因此，一般而论，德国启蒙时期文论含有以下一些特征：具有现实主义因素的古典主义和在萌芽中的浪漫主义不是互相排斥的；文艺研究工作须有完整的理论体系，缜密的组织和推理；文艺批评应和具体的审美欣赏、审美判断相结合。至于歌德和席勒的理论分歧，更值得我们深入研究，因为它关系到十九世纪以来浪漫主义和现实主义在理论上有机联系或辩证统一的重要课题。此外，德国启蒙主义文论家还有一个共同意愿，那就是建立一个文化中心，作为思想基础，产生崭新的德国民族文学，最后实现德意志民族统一的国家。在这方面最为努力的是莱辛，他分析古代文艺，作为德国民族文学创作的借鉴（例如他的《拉奥孔》），提出市民剧创作和它的理论（例如他的《汉堡剧评》）。

在意大利，启蒙思想家维柯对文论也有重要贡献。他补充并发展古典主义者布瓦洛的类型说，为十九世纪现实主义的典型理论研究开辟道路。同时，他扩大想象和诗的涵义，认为想象除以具体、个别代替类与一般外，更包蕴着理想化所不可缺少的集中、夸张等，因此从本性来说，人都可以说是诗人。

总的看来，启蒙运动时期的文论，是介于古典主义和浪漫主义之间、同时作为现实主义的前驱而出现的，其内容相当丰富，而且也很复杂，例如同为理性原则，在十七世纪古典主义文论中主要为封建秩序服务，到了十八世纪启蒙运动的文论中则转向资产阶级的政治，而为它的合情合理来说教了。这个时期的文论值得进一步研究的问题很多，因此它在欧洲文论发展史上占有重要的地位。

〔英〕艾 狄 生

艾狄生（Joseph Addison，1672—1719）是散文家，特擅小品文。他和斯悌尔（Richard Steele，1672—1729）先后出版刊物《闲话者》《旁观者》②，一共发行了五年，用轻松的、讽刺的笔调，抱着劝善的态度，漫谈日常生活、风俗习惯以及某些文学问题。艾狄生站在英国启蒙运动前期温和派一边，批评英国上层社会庸俗、

---

① 参看下一章《德国古典美学中的文艺批评》。
② 部分译文，见《古典文艺理论译丛》第11册，1966年4月，人民文学出版社；《西方文论选》上卷，第565—573页，上海译文出版社。

放荡的生活,宣扬启蒙者崇尚理性和节制的思想。他更反复论说作家的感觉经验、文艺的"巧智"①和想象的重大作用,并涉及形象思维的问题。

就英国而论,"巧智"之说不始于艾狄生,可溯源于唯物主义哲学家培根、霍布斯(1588—1679)和洛克(1632—1704),关于培根,本书前面已提到,这里就只简单介绍霍布斯和洛克的有关论点,以说明艾狄生的文艺观的唯物论的基础。霍布斯说:"天赋的巧智,主要包含想象的敏捷(即一个思想紧接一个思想),和方向的坚定。"认为在思想的承续中,能看出事物的类似之点的人,就"算是有很好想象力"。此外,还必须察及事物间的差异,而"进行分别、辨识和判断",这种人"就算是有很好的判断力"。② 霍布斯进而主张艺术创作须结合想象和判断、类比和分辨,两者不可缺一。洛克继续加以阐明:巧智主要是撮合类似的观念,从而"在想象中形成一些使人感到愉快的图景";想象所常用的方法为隐喻和影射。至于判断力则能分辨那些差别极微的观念,"避免为类似所迷惑",不至于把此事误作彼事。③ 那末艾狄生又是怎样说的呢?他认为:"写出了观念之间的任何类似,还不能称为巧智,除非给予读者以愉快,并引起他的惊异。……一位诗人告诉我们,他夫人的胸部白如雪,这样的类似还够不上巧智;但是当他叹口气补上了一句:它冷如雪,这时候类似便发展为巧智了。"因此,艾狄生认为真正的巧智都是混合物,包含字面的类似和观念的类似。他接着又举一例:"考莱仔细观察到他夫人的眼神虽然冷淡,却仍旧具有魔力,足以吸引自己对她的爱,于是就把她的那双眼睛比作能够取火的凸透镜了。"④艾狄生还主张巧智所要结合的判断力,须具有视觉、触觉的物质基础,从而论证了诗人须在"白如雪"和"冷如冰"、"冷眼"和"热镜"之间⑤有所识别,方能写出这段巧妙的文字,认为这种巧智足以造成读者的惊异。

艾狄生特别重视"惊异"这一艺术效果,他以此为出发点,分析文艺想象,从而描述文艺创作的过程是:感觉—记忆形象—想象—艺术形象。他写道:"我们想象中的形象,没有一个不是首先通过视觉进来的,然而一旦获得这些形象之后,我们就有能力保持它们,修改它们,并把它们复合成最为想象所喜爱的、各种

---

① wit,照朱光潜译法。
② 霍布斯《巨鲸》第八章。
③ 洛克《论人的理解力》第二卷,第十一章。
④ 《旁观者》第六十二,1711年5月11日。考莱(1618—1667),英国诗人,发表过爱情诗《他的夫人》(1647),约翰生的《英国诗人评传》曾评论过他。
⑤ "白如雪""冷眼"属于视觉,"冷如冰""热镜"属于触觉。

各样的图景和幻象……来娱乐自己。"①他在说明这一过程的同时,肯定自然(现实)形象丰富多彩,胜过艺术,予人以乐趣,但诗或艺术在描写自然时,由于增强了想象作用,所以又胜过自然,予人以第二乐趣,不过,有时候自然和艺术作品十分相似,也使人感到喜悦。他举了一个"光学实验"的例子来说明。他曾见到最美的风景画,乃是画在一间暗室的墙上。这暗室位于河流和公园之间,墙上反映出水波在荡漾,色彩强烈而又天然,但见一条船从一端驶入,缓缓地掠过整幅画面,而出现在另一端的则是一片丛林,那绿荫深处以细笔点簇的鹿群,在墙上跳跳蹦蹦。"这一景色之所以新奇,也许是因为它满足了人们的想象,但更为主要的原故还在于它胜过了自然,不仅是色彩与形象,还有事物的运动。"②作者这里通过形、影交融给视觉带来的幻象,以及想象借此构成的艺术形象,来阐明艺术胜于自然。

  艾狄生接着把想象的乐趣分为两种:"一种是由直接呈现在我们眼前的事物所引起,另一种是形象进入眼帘之后,或因心灵本身的作用或因某些外在事物,如雕塑或文字描写,而被保存在记忆之中。"他将后一种"称为想象的第二乐趣"。③他谈到这里,提出想象本身属于艺术家的心灵并为艺术形象的创造者这一论断,认为创造也好、诗也好,从本质上看是对想象的满足,于是他在心灵—想象—创造之间画了等号,并且赞叹:"我们举不出必然的理由来说明,心灵这种活动……竟会带来这末多的乐趣"(指第二乐趣)④。但是与此同时,艾狄生关于艺术想象表现了不可知论的唯心观点:"一个伟大的作家必须天生就有健全的和旺盛的想象力,才能从外界的事物获得生动的观念,把这些观念长期保留,及时地将它们组合成最能打动读者想象的词藻和描写。"⑤此外,他还从艺术欣赏方面谈想象的作用:"一个人如想真能鉴赏一篇描写并能给予恰当的评价,他就得天生有很好的想象力"⑥,又一次重复了先验的唯心论观点。

  总的看来,艾狄生在当时的唯物主义和经验主义思潮影响下,结合英国"巧智"说传统中的"类似"与"判断",来探讨文艺想象问题。他的答案可以一分为二。一方面他强调视觉以及惊人的(即唤起"惊异"的)"类似"所予的快感,看到

---

① 《旁观者》第四一一,1712 年 6 月 21 日。
② 同上,第四一四,1712 年 6 月 25 日。
③ 同上,第四一六。
④ 同上。
⑤ 同上,第四一七,1712 年 6 月 28 日。
⑥ 同上,第四一六。

了想象和"摹仿""类似"是不可分割的;看到了想象所予的快感导源于眼见之物,如此等等。另一方面,当他提到艺术的意境时,则又无视心对物的反映这个根本原则,而架空"心灵",把心灵的想象活动看作天赋的、天生的,于是沦为不可知论。可以说,艾狄生从想象对感觉的依赖开始,归结到想象力的先天赋予,是由唯物转向唯心。由此可见,在启蒙时期即使感觉经验占了上风,也未必能够完全排斥唯心论的、先验论的文艺观。

〔英〕杨　　格

爱德华·杨格(Edward Young,1683—1765)是感伤主义的代表和前浪漫主义诗人。父为基督教的教长和教区长,他自己曾任宫廷牧师(1728)。他和贵族往还较多,对资产阶级文明有一定抵触。曾因妻、女死亡而写诗篇《哀怨》,又名《关于生命、死亡、永生的夜思》(1742—1745),抒发悲痛情绪,向宗教寻找安慰。约翰逊评论此诗"幻想联翩,感伤弥漫"①,也就是向浪漫主义过渡的作品。他的理论著作有《试论独创性的写作》,是 1759 年写给英国感伤主义小说家理查逊(1689—1761)的一封长信②,反对迷信和摹仿古典作品,提倡独创精神,并对创造和天才提出自己的看法,为前浪漫主义理论的重要著作,也是英国启蒙主义早期的一篇相当精辟的文论。它有两种德文译本,对德国狂飙运动有较大影响。

杨格首先批判摹仿对独创性写作的危害,指出创造和成见是对立的。"辉煌的经典著作……使我们产生成见,而且威吓着我们,……看不到自己的能力和判断力,终于丧失对自己的信心。"尤其是失去竞争心,"成为奴才",然而正是这竞争心"唤醒我们向名家挑战的热情"。但另有一种摹仿,杨格并不反对,却加以赞扬,那就是学习而非抄袭,不要"把古典作品的题材塞入自己的写作中",而是将古人成功的途径学到手,须像"荷马一样饮赫里康③之水,……在自然胸前汲取甘露"。换而言之,我们不会同意有什么女神帮助作家,但却可领会古典作家如何主动地给自己开发思想、感情的源泉。这样做,不仅和创造不相矛盾,而且不致因抄袭而"掩盖了自己的天才的亮光"。

接着杨格说明这种和独创性不可分的天才,具有以下一些特点。"不合传统

---

① 约翰逊《诗人传》第三卷,第 395 页。
② 郑敏译、潘家洵校,《西方文论选》上卷选载。袁可嘉译本,"写作"改为"作品",人民文学出版社,1966 年。本文兼引这两译本,有些地方略作调整。
③ 希腊山名,山上有文艺女神的庙宇。

标准的优美";"不曾有过的优越","在学问的权威和法规的藩篱之外,……因为法规正如拐杖,对跛者是有用的帮手,对强者却是一种障碍"。他主张不受传统的约束,但又非和传统切断关系。至于天才,他分为早期的和晚期的,幼稚的和成熟的。"成熟的天才出于自然之手",亦即纯由天赋,是先验的、不学而能的,莎士比亚属于这一类型。对于幼稚的天才"学问就是它的保姆和教师",须待后天培养,和传统不可分割,斯威夫特①属于这一类型。但是杨格并不认为这两个类型绝然对立,即使是第一类型也还须有他所说的那种摹仿,要取古人之长,因此他又说:"莎士比亚熟读两本书,这两本书只有在世界毁灭的日子才会毁灭",那就是"自然和人这两本书",实为天才、独创的"源头"。此外,作者还把天才、独创和时代相联系,认为"我们的时代乃是自然的阶梯上的另一梯级,使我们站得(比前人)更高",有了"向上攀登的志气","超过古典作品的大胆想头"。这里,表明了杨格的历史观点:跟不上时代也就无从独创了。

再次,杨格主张天才、独创不应排斥写作的真实性,悲剧尤须如此。"悲剧……要求真心真意,……悲剧作家之事,是(给予观众以深刻的)感受","恐惧和悲悯便是悲剧赖以为生的两个命脉",而不是依靠"用韵来装饰"。至于史诗也须写出历史的真实,因此他说:"韵在史诗里是一种严重的病态,对悲剧来说则等于死症。"不过,杨格把"用韵"和音乐性区分开来,后者是指"和谐与流畅",而且是"荷马史诗的要素,扼杀了荷马诗歌的音乐性,等于将半个荷马杀死"。

最后,杨格给作家的独创性和天才打了个比喻,它"具有植物的性质:只是自然地生长,而不经过什么造作"。杨格还进一步把创作说成是"无意识的"自然生殖,而且"自然之力如此之大",以致在剧作之中找不到诗人,"观者在闭幕之前也没有想起他来",这样才形成独创性的最高境界。把杨格最后这番话合而观之,倒很像我国"不思而得,有似等闲"②的说法。

总之,杨格所谓的独创性,基本上还是以感受的丰富和感情的深刻来要求作家,哪怕是第一类型的天才作品,其生命也必然从此中来。杨格在猛烈冲击古典主义的僵化,表现了启蒙者的精神面貌。

〔英〕斐尔丁

斐尔丁(Henry Fielding,1707—1754)是小说家。出身破落贵族,当过治安

---

① 斯威夫特(1667—1745),英国启蒙主义前期小说家,有代表作《格列佛游记》。
② 皎然《诗式》中语。

法官。他处在英国启蒙运动后期，属于激进的民主派，晚年相当同情于英国国王、贵族、平民三个等级之外的、被称为"群氓"的第四等级①。他继承法国拉伯雷、西班牙塞万提斯和英国斯威夫特等讽刺小说传统，写有长篇《大伟人江奈生·魏尔德传》《约瑟夫·安得路斯》《汤姆·琼斯》，广泛地描绘当时英国社会各方面，揭露英国资产阶级政治的欺诈和掠夺，上层人物的愚昧和虚伪，谴责等级观念、拜金主义、道德败坏，而向往"完善"的人性，宣扬"善"终将战败"恶"的人道主义精神。斐尔丁的小说理论，散见于他的小说的序言里。

　　斐尔丁认为，小说以"人性为一个广阔的题目，无论如何是写不尽的"②，但作者首须爱憎分明。"大罪恶是我们憎恶的对象，小错误是我们怜悯的对象，而造作则是真正可笑事物的唯一真正来源。"③造作有两个原因：虚荣和虚伪；但虚荣比虚伪"更接近真诚些，因为这种造作不需和人的本性做激烈的斗争，而虚伪则不然"④。只有装腔作势，而违反人的本性，才是小说嘲笑的对象。斐尔丁打了一个比方：肮脏汉子赶大车，这并不可笑，但是如果他从一辆六马轿车上走下来，或夹着帽子从轿子里蹿出来，那就令人捧腹了。⑤ 作者言外之意是，贫或富为永恒人性所决定，只好各安其分，不忘其本。小说家惟有真实地描写人的本性或自然人性，特别是嘲笑虚伪造作，揭去对人性的掩盖，那末这样的小说就完全不同于主观臆造的传奇。他认为自己的作品属于前者，是新型小说，又称为"散文体的滑稽史诗"或"滑稽传奇"⑥。斐尔丁还风趣地说：为了描写"人性"，"以饷饿得发慌的读者"，小说写作好比厨师上菜一般，先上"乡村常见的一些普通的、单纯的人性"，后上"宫廷、城市里种种的造作、罪恶"，或者说"法国式与意大利式的清炒或红烧"⑦。也就是说人性的题材十分广泛，既可取之于贵族、资产阶级的人物，也可出现在斐尔丁所理想的具有纯朴善良人性的人物，即上面所说的"第四等级"或"群氓"。在写作时，小说家只须遵守一条规则："作品须能令人置信"，"把自己限制在合情合理的范围之内"，同时却也"不必害怕，不敢写大多数

---

① 见他在《修道院花园周报》第 47 期，1752，6，13 所发表的文章，杨周翰译，《文艺理论译丛》第一册，1958 年，第 225 页，人民文学出版社。
② 《汤姆·琼斯》第一卷，第一章，杨周翰译，同上书；《西方文论选》上卷，第 512—513 页。
③ 《约瑟夫·安得路斯·序言》，杨周翰译，同上书；《西方文论选》上卷，第 508 页。
④ 同上，第 506 页。
⑤ 同上，第 507 页。
⑥ 同上，第 506 页。
⑦ 《汤姆·琼斯》第一卷，第一章，《西方文论选》上卷，第 513 页。

读者可能从来不知道的人物或事件"。①

接着,斐尔丁论说了人物性格的类型以及作家、天才、想象等问题。"我描写的不是某甲、某乙,而是性格;不是某个个人,而是类型。"关于"类型",他作了如下的解释:读者不要"一听见驿车中律师的声音,便说这是某某人",应该懂得"那位律师不仅现在活着,而且四千年来他一直活着,我希望上帝容忍他再活上四千年"。② 同时,小说家也不要求"十全十美的标准人物",在肯定性格的"善良成分"的同时,也不排除"无意中所犯的缺点"。③ 从理论上看,斐尔丁继承并发展贺拉斯以至布瓦洛的类型说,但也开始接触到典型性格和它的内在矛盾等问题。此外,斐尔丁并不否认小说家可以像诗人一样,"要求放纵自己狂野不羁的想象力",但是主张"尽量少用超自然的事物",否则的话,"恐怕只能写鬼了","不过我劝你还是尽量不写"。④

总之,斐尔丁主张小说的任务是对自然(现实)的加工,而小说家的虚构、想象决定于他对人性的丰富知识和直接经验。他的小说理论对后来英国的现实主义小说的发展起了很大作用,而在当时他却引起不同的反响。例如英国古典主义者约翰生痛斥《汤姆·琼斯》是"怀有恶意的作品",说他对小说的看法足以证明自己乃"胸无点墨的流氓"⑤。歌德则认为德国小说乃斐尔丁的后代⑥。此外,就文笔的生动与情趣而言,斐尔丁的小说论是西方文艺批评中所罕见的。

〔英〕布 莱 克

布莱克(William Blake,1757—1827)是诗人和画家。父为内衣经售商。他十岁时在伦敦的巴尔图画学校学素描,后来受铜版画家巴赛尔雇佣,在伦敦的哥特式威斯明斯特大寺里,对着许多死者的纪念碑画了两年素描,二十一岁时开始以作铜版画为生,给文学名著如但丁《神曲》、弥尔顿《失乐园》等画插图。1809年举行个人画展,展出作品十六件,其中最大一幅是描绘乔叟作品⑦中的朝圣者

---

① 《汤姆·琼斯》第八卷,第一章,《西方文论选》上卷,第518—519页。
② 《约瑟夫·安得路斯》第三卷,第一章,《西方文论选》上卷,第510页。
③ 《汤姆·琼斯》第十卷,第一章,《西方文论选》上卷,第521页。
④ 同上书,第八卷,第一章,《西方文论选》上卷,第513、514页。
⑤ 包司威尔《约翰生传》第二卷,第173—174页。
⑥ 歌德《谈话录》,1824年12月5日。
⑦ 乔叟(1340—1400),英国文艺复兴初期诗人,代表作为《坎特伯雷故事集》,共二十三篇,主要是诗体。

们的人物画。他在《画展目录·前言》里发表关于艺术想象的看法,那是和他的诗作与诗论相通的。在西方文论史上,布莱克和贺拉斯、莱辛等对诗与画的关系都有所论说。布莱克着重于两者的想象,并具有前浪漫主义色彩。不过,他的想象说还含有浓厚的宗教神秘色彩,一定程度上为十九世纪末的象征主义、神秘主义的先驱。他的诗作主要有诗集《天真之歌》与《经验之歌》以及《弥尔顿》《耶路撒冷》等,前二者的合刊本(1794)有个较长的全名《天真之歌和经验之歌,表现了人类灵魂的两个相反状态》。这也有助于说明他的诗是以天人合一的境界为主题,而为了表现这一境界,不论是诗或画都须通想象。

布莱克从人和自然(亦即神明、永恒、无限)之间的关系,来看待诗的想象,主张须通过想象,方能避免给世界以机械的描绘,使人的精神与自然、永恒合而为一,写出素朴、天真的作品。他有一首著名的短诗:

"从一粒沙子看出一个世界,
从一朵野花窥见极乐之土,
将无限握在掌心,
使每个时辰联系着永恒。"①

布莱克描写诗人的想象力能够小中见大、从有限到无限。因为想象本身发源于人与自然的契合,所以"物在我亦在"了。他另有几行诗,也说明这一点:

"土中每一颗粒,
地上每块石头,
每座悬崖和小山,
每道喷泉和溪流,
每株草本植物和树木,
山,丘,地,海,
云,虹和星星,
远远地望去都是人。"②

---

① 《天真的预兆》,见诗集《天真之歌》。
② 见《致 T·巴兹函》,1800 年 10 月 2 日。

换而言之，诗人与自然、神明之间，不仅相互的关系在持续，而且还有相互象征的作用；冥合于上苍，便是布莱克给予想象的最高认识功能。布莱克沿着客观唯心主义的道路愈走愈远，终于将想象等同于自然本身；关于这一点也有两句诗：

"只有真能对日的器官，
才会展露太阳的光辉。"①

诗人实际上就像自然本身那样在想象了。布莱克关于自然的概念是形而上学的，那末诗人凭其想象所表现的"这个世界"也只能是"幻想或想象所构成的连续不断的幻景"罢了。② 因此，布莱克的诗论的基础是宗教的神秘观念。

他同样地论说艺术的想象。他从哥特式的教堂建筑风格中领悟出，充分发挥宗教感情的是"线条"，而非"面"或"体"，因为威斯明斯特大寺广泛应用尖拱门、小尖塔、修长的柱子，以共同造成向上升华、进入天国的神秘幻觉。他说："哥特式的，是充满生命的形式……是活的形式，而活的形式也就是永恒存在本身。"③如上所说，生命或永恒存在乃是属于"彼岸"的；因而线条被布莱克看作艺术家想象天国境界所凭的艺术手段了，于是他引申道："自然本身无轮廓（按：即无线条），想象则有之。"④在西方的画法与画论中，色彩、明暗以及面、体一向占重要地位，强调线条、轮廓乃较晚之事，而布莱克则是第一个人突出了以线表情的功用，尽管他站在宗教的立场。他的《画展目录·前言》有这样几段话："自然本身哪里有轮廓？（画家的）想象开始赋予自然以轮廓。""一位画家如不能通过比肉眼所见更有力、更完美的线条，去想象事物（的形象），那末他根本没有想象过。""艺术如同生命那样，有一条伟大而又重要的原则：边线与轮廓愈明确，愈锐利，愈挺劲，艺术作品就愈完美；反之，愈含糊，愈委顿，就愈足证明想象的贫乏，只能剽窃（不能创造），只能粗制滥造，草草修补。……缺乏这一具有决定性、限制性的形式，也证明艺术的思想贫乏，只能以种种抄袭来伪装自己。"换而言之，布莱克指出想象须先于线条，而后才能借线条表达思想感情，这和我国唐代

---

① 见《为两性而作：天堂的诸门》。
② 《致特勒史尔函》，袁可嘉译，《欧美古典作家论现实主义和浪漫主义（一）》，中国社会科学出版社，1980年，第256页。
③ 引自H·里德《艺术的涵义》，1935年，伦敦版，第162页。
④ 同上。

张彦远首先提出的"意存笔先,画尽意在"①同是一个道理,不过张说要早一千年。十八世纪英国皇家画院的建立者和第一任院长雷诺兹(1723—1792)画肖像画专尚光、色,毋视轮廓,布莱克曾讥讽他是"受雇于撒旦,来贬低艺术的"。我们不妨联想到半世纪后,法国画家安格尔(1780—1867)又讽刺专以光、色炫目的佛兰德斯画家鲁本斯(1577—1640)"给人的感觉是贩卖肉类食品;他首先想到的是新鲜肉,而画面的布局则简直是一家肉铺了"②。这也很像我国书论对于"有肉无骨"的批判。布莱克的《前言》最后把问题归结为:"忠实不同于虚假,它以坚韧的线条及其运动和意向来表现严正与确实。抛弃这种线条,你就抛弃生命本身。"倘若结合我国造型艺术的古典法则——以线取形、因形达意、借意抒情,那末我们会对于布莱克所举的感情—想象—线条在绘画艺术中的紧密关联,感到十分亲切的。

然而,必须同时看到,布莱克强调忠实感情和想象,是对"彼岸"的向往:"这个想象的世界就是永恒的世界;它是我们肉体死亡以后人人必去的圣地。"③当他的评论从画家转回到诗人时,其宗教神秘色彩就更为浓厚了:"另有一种力量足以造就一个诗人:想象,那神圣的幻景。"因此,英国浪漫主义诗人华兹华斯竟被布莱克加上"唤起自然人去反对神人"、"敌视一切真诗或灵感"的罪名,而不成其为诗人了。④

罗马时期斐罗斯屈拉塔斯的想象说,到了布莱克,搀进宗教神秘的因素;而十九世纪末欧洲的神秘主义批评流派也非一蹴而成,布莱克不失为先驱之一。但是另一方面,英国启蒙主义后期的诗论、画论为此强调想象,这也足以说明其文艺观已和浪漫主义相沟通了。而且布莱克的前浪漫主义在想象问题上跟华兹华斯隔得远,跟柯勒律治、史勒格尔则是靠得很紧的。⑤

〔法〕伏 尔 泰

伏尔泰(Voltaire,1694—1778,真名为弗朗索瓦-马利·阿鲁埃[François-Marie Arouet])出身富裕资产阶级官僚家庭。因鼓吹信仰、言论、出版自由,触

---

① 张彦远《历代名画记·论顾陆张吴用笔》。
② 安格尔《论艺术》,伯雄译,浙江美术学院编《国外美术资料》第 6 期,第 13 页,1979 年。
③ 布莱克《末日审判的幻景》,袁可嘉节译,《欧美古典作家论现实主义和浪漫主义》,第 254 页。
④ 布莱克《〈华兹华斯诗〉批注》,袁可嘉节译,同上书,第 255 页。
⑤ 参看浪漫主义一章。

犯君主专制制度,被政府逐出巴黎,并曾两次入狱。写有哲理小说《查第格》《老实人》《天真汉》,影射、讽刺、揭露法国社会生活;理论和历史著作有《哲学通讯》《哲学辞典》《查理十二史》《路易十四的年代》《风俗论》等。文学批评的代表作则有《论史诗》(1733)。在启蒙思想家中间,声望最高,但世界观的矛盾也比较突出。他承认源于客观的感觉经验,但又主张物质的本质是不可知的。谴责天主教教士是恶棍,教皇是两足兽,但又肯定他们依作靠山的上帝;他称颂上帝有大智大慧,无所不能,谁也找不到、而且永远找不到上帝不存在的理由,因此宣称:"即使没有上帝,也必须创造出一个上帝。"伏尔泰被称为自然神论者,但我们还须看到当机械自然观无法解释物质运动时,也会产生自然神论。伏尔泰并且主张"设置一位赏罚分明的上帝",否则无法约束平民,无法维持秩序。他反对贵族和僧侣的特权,但又始终蔑视劳动群众;对于当代的政体,则主张以君主立宪制取代君主专制制。如果把他的这些思想综合起来,就不难看出伏尔泰是代表法国当时的大资产阶级的,这也决定了他的文艺观有相当保守的一面,未能摆脱十七世纪古典主义的桎梏。

他很强调作品须趣味高雅、气派纯正,认为这是成熟的表现,而成熟乃创作的最高造诣。他赞美拉辛和布瓦洛的成熟,而拉辛、布瓦洛又和罗马的贺拉斯、维吉尔很相近,因此就断定罗马文学的地位高于希腊文学。(《路易十四的年代》,1751)他从同一角度来阐明雅正乃审美标准,认为荷马和莎士比亚都不免于野蛮粗犷的气息,只有十七世纪法国古典主义戏剧才算是文明的艺术。他也承认莎士比亚可以雄伟和足够的天才自豪,但没有一点儿优雅之趣,甚至连一条戏剧规律都不懂。(《关于英国的通讯》)因此,拉辛胜过莎士比亚,十七世纪戏剧高于十六世纪戏剧。但这种后来居上的看法,并不代表发展观点,因为"雅正"并不比"粗犷"进步一些,而是反映了伏尔泰对待法国现实发展的态度,归根到底是以妥协代替革命与前进。

但是,伏尔泰的《论史诗》(1733)①却又较多地表现了发展观点和开明主张,纠正了古典主义理论的一些偏向,不失为法国启蒙运动中一篇重要的文论。文章首先揭露批评界的积习,例如评论家、教授、注释家们向诗人发出指示,搞定义,抓法则,其实是"用权威口吻谈论自己所不能做到的事",以致论诗之作可以有一百部,而创作出来的诗只有一首。因此,束缚艺术的那些戒律,多半是无益

---

① 薛诗绮选译,《西方文论选》上卷,第318—326页。

而有害的。其次,和物质世界的一切不相同,诗、艺术全凭想象以创新,犹如政治领域那样地富于变革;同一民族中,出于想象的创作经过了三四个世纪,还要面目一新,因此,我们很难像对待金属、矿物、元素以及动物那样,也给某一文艺体裁以一个毫无谬误的定义。再次,史诗的定义也很难下,但是如果一定要下,那末就不妨是:"一种用诗体写成的关于英雄冒险事迹的叙述。"然而,伏尔泰认为更加重要的是:多多研究在不同民族不同国家里,有没有"所有民族共同接受的关于鉴赏趣味的准则"。他作了正面回答:自从文艺复兴以来,古代希腊、罗马的典范"在某种程度上将所有的欧洲人联合起来……并为各民族创造了一个统一的文艺共和国",各国在这共同领域中"引进了各自的特殊的欣赏趣味",而这些不同趣味又是不同国别的作家所决定的。例如意大利作家一股儿柔和、甜蜜;西班牙作家词藻丰丽,多用隐喻,而风格庄严;英国作家讲究作品的力量须雄浑而又灵活,明喻多于隐喻;法国作家予人以明彻、幽雅、严密之感,相形之下便觉得意大利作家缺少须眉气,英国作家过于凶猛粗犷。各个时代和国家的文学趣味如此不同,史诗也不例外,这就更有必要去加以考察,从中"得到很多的乐趣","得到很大的妙处","得到更深的满足"。为此,必须扫清学究们的偏见,消除民族间的相互轻视,进行广泛的交流和观察,"不是为了嘲笑别人,而是为了从中受益",其结果"将会发展出一种人们长期寻找而失败了的共同的艺术欣赏趣味来"。西方批评界认为他的这种看法可算比较文学的理论先驱。此外,伏尔泰还作了关于想象和形象化的论说。他钦佩莎士比亚和弥尔顿的想象奔放以及个别的美的体现,但对于后者的《失乐园》,则认为奔放之中缺少制约,使人感到"奇特多于自然,想象多于情理,巨貌多于细写,而且整个主题属于观念的、理想的世界,似乎不是为了人的"。他还从形象的丰富、表达的灵活出发,认为"诗如果不能比散文表达得更多、更好和更迅速,那就是拙劣的诗"。他针对形象化和传神的效果,劝大家"不要相信从翻译的诗中可以了解原诗的作者;如果相信的话,那就像把一幅绘画制成了雕版画,却要求看到原作的色彩"。

伏尔泰的文学批评,写得相当生动,从风趣中引人深思,并不板起面孔来说教。例如《哲学词典》中关于何谓美,他是这样回答的:"你去问问蛤蟆什么是美……它会回答:那就是雌蛤蟆";一句话提出了美感的主观性问题。又如在《论巴斯噶》①中叙述了巴斯噶的著名论点"一个人根据规律、法则来判断,就像

---

① 巴斯噶(1623—1662),法国科学家、哲学家、散文家。

一个人看了钟表才知道时间",接着下一转语:"讲到情趣,音乐、诗、绘画无一没有,都以情趣代替了钟表;代替了那些仅仅凭规律来判断而又判断得十分蹩脚的人。"

在法国启蒙家中,较有系统的、态度严肃的文艺批评,应推狄德罗,而非伏尔泰,但伏尔泰的一些警句常常使人感到启蒙思想家的锐气。

〔法〕卢　　梭

卢梭(Jean Jacques Rousseau,1712—1778)是影响比较深远的法国启蒙作家。父为钟表工匠。他长期过着流浪生活,当过学徒、仆人、家庭教师。曾发明音乐简谱法,但法兰西学院拒绝接受,只好靠抄写乐谱为生。他自学自然科学、历史、唯物主义哲学,喜读伏尔泰的《哲学通讯》,给《百科全书》音乐部门写稿,后来编出《音乐辞典》。他的主要著作有《论科学和艺术》、《社会契约论》(旧译《民约论》)、《论人类不平等的起源和基础》,以及书信体爱情小说《新哀绿绮思》、讨论教育的小说《爱弥儿》、自传性的《忏悔录》等。他不满封建专制下的社会不平等和道德败坏,深恶贵族阶级的腐朽反动,提出"天赋人权"与"回到自然"的口号。认为人类处于社会的"自然状态"时,本是平等和自由的,私有财产和私有制观念的出现导致贫富悬殊以及战争、掠夺、犯罪和灾难,摧毁了平等、自由。而科学和艺术的发展更造成虚伪和腐败的风尚。他主张从政治上根本解决问题,因而宣称人民有天赋的权力订立契约,结成国家,派出执政者保卫人民的利益,特别是维护小私有者,以防财产过于集中;如果出现暴君,人民有权用暴力把他推翻。至于教育,应"顺应自然",发挥各人的本性和感情,不受社会偏向、恶习的影响,同时注意思性和思考,以培养有用的个人。对于妇女,则加以歧视。卢梭崇尚民主,反对奴役而诉诸暴力的精神,形成启蒙运动中的激进思潮,对1789年法国资产阶级革命起了推动作用。他侧重感情和个性解放,这种精神体现在十九世纪的浪漫主义文学中,而"回到自然"的口号则产生两种相反的作用,或者冲破藩篱,随着时代向前迈进,如积极浪漫主义者,或者回避现实,倒转历史,缅怀古代,如消极浪漫主义者。

启蒙思想家对科学和艺术一般都采取肯定态度,把它们作为重要宣传工具,但卢梭则另有看法,主要表现在《论科学和艺术》(1749)[①]中,并造成了他和狄德

[①] 何兆武译,商务印书馆,1959年。

罗关系的破裂。这篇论文全称为《科学和艺术的进展是败坏了风俗还是净化了风俗》，是响应法国第戎学院的征文而写的，次年获得了奖金。作者在"回到自然"的主导思想指引下，批判了科学和艺术，这里只介绍有关艺术的论点。卢梭认为艺术使人浪费时间去追求虚饰，习于怠惰和奢侈，以致灵魂被腐蚀，风化解体，趣味低劣。先看古代希腊，正当雅典的一位僭主[①]苦心搜集并编定荷马诗篇的时候，斯巴达则把艺术和艺术家赶出城去。到了罗马时期，人们也承认：自从开始欣赏图画、雕刻、金银器皿以及培养艺术，武德和善战也就消失了。因此，苏格拉底在希腊，老加图[②]在罗马，先后为了实践德行，培植勇武刚毅的品质，都反对过艺术。实际上卢梭在重复柏拉图的观点（例如《伊安篇》）：正由于专事装饰的艺术与德行格格不入，艺术所造成的风俗习尚，诱使人们"不遵循各自的天性，表现真正的自己"，而走向"疑虑、猜忌、恐怖、冷酷、戒惧、仇恨和奸诈"了。可见"有力的身躯，不会从廷臣的华服下面而只能在庄稼人的粗布衣下面发现的"。然而，在艺术塑造之前，人类尽管粗朴，却合乎自然，根性虽有不同，却容易相互了解，因而保持了共同的安全，"我们今天追怀古代的纯朴，宛如对着一幅完全出于自然之手的美丽图景，不能不高兴"。卢梭哀叹道：今天，从童年时代起，人们就接受毫无意义的教育，来打扮自己的精神，损坏自己的判断，学会了讲无用的话，写自己也未必懂得的诗；不会区别错误和真理，却善于诡辩；对高尚、正直、节制、人道、勇敢这许多可爱的词，根本无法理解。公园里的雕像、画廊上的作品，大都以荒谬的神话来颠倒歪曲学生们的心灵、理智，在还未识字之前就获得了恶劣行为的模范。一句话，从古到今，有了艺术，便没有公民了。

卢梭最后向第戎学院提出建议，希望大君主[③]所建立的最高学府，能首先重视道德教化，用贤明的制度约束文人学士，使他们洁身自好，选择激发公民道德的题材，写出有益的著作，以取得社会的尊敬，特别是将道德贡献人类。至于那些不能做到的艺术家，就不得进入学院，可以改行，去当学徒，将来成了伟大的石匠，又有什么不好呢？卢梭呼吁：今天的法国，学者不仅要知识，还要想到伟大的事物；君主不仅要权力，还要做出好事。总之，德行第一。九年以后，卢梭继续谴责悲剧和喜剧都无补于道德风尚，不如拆除剧场，改为全民节日、婚礼舞会中

---

① 指公元前六世纪的毕西斯垂底斯。
② 老加图（公元前234—前149），罗马政治家和作家，曾任监察官，以道德严肃著称。
③ 指法王路易十四。

演些健康节目。① 卢梭如此反对艺术,态度和语气更激动无比,这在西方文论史上是罕见的。另一方面他自己的文艺创作,例如小说和自传,却让情感冲破道德藩篱,占了统治地位,又远非他所谴责的以神话为题材的雕刻、绘画所能及。这种矛盾似乎难以理解,其实不然。因为他所再三致意的道德之美,是指原始社会中质朴而粗犷之为美,真率而不造作之为美,完全属于"清水出芙蓉,天然去雕凿"的境界。这样的艺术,古代有之,如果十八世纪也有,卢梭还是赞成,而且十分向往的。至于诗歌,更应首先做到,这一点和启蒙时期的诗论主张感情真挚、形式自然,还是符合的。

此外,卢梭继意大利启蒙家维柯之后,讨论古代诗中直抒胸臆以及富于隐喻性,从而阐明诗的地位高于散文。②

总之,卢梭本着"回到自然"的观点,论说人的情感和大自然紧密相关,并强调两者在文学中的地位和作用,这对于十九世纪的浪漫主义理论及其发展,是很有影响的。

〔法〕狄 德 罗

狄德罗(Denis Diderot,1713—1784)是哲学家、文学家、批评家,法国启蒙主义运动的杰出代表。父为剪刀商,叫他去学神学,但他改学哲学和文学。基本上他是无神论者。他创办并主编《百科全书》,作为启蒙运动的喉舌,亲自撰写将近一千条专题,其中最著名的为《美之根源及其性质之哲学的研究》(也译《论美》,1750)。他的哲学著作有《哲学沉思录》《关于物质和运动的哲学原理》,他肯定物质的客观存在和物质的永恒运动,宣扬无神论,打击封建教会,曾因此坐过监牢。他的剧本有《私生子》和《一家之主》,哲理小说有《拉摩的侄儿》;文艺理论有《论戏剧体诗》(也译《论戏剧艺术》,是《一家之主》的附录,1758)、《和多华尔关于〈私生子〉的谈话》(1757)、《谈演员》以及《绘画论》(1765)、《天才论》等。狄德罗认为在文艺领域中,戏剧最能发挥教育作用,给资产阶级启蒙运动服务,主张打破古典主义的清规戒律,创建新剧种——市民剧;同时着重分析诗和造型艺术(绘画)中想象的实质与作用,涉及形象思维问题,从而增强文艺的效果;尤其是针对启蒙者的战斗任务,提出诗须具有壮大、野蛮、粗犷的气魄。但与此同时,他的理论

---

① 《与达朗贝论戏剧书》(1758)。
② 《论语言的起源》(1749)。

批评存在浓厚的人性论和片面的观点。

  狄德罗主张市民剧为了产生道德感染作用,首先须诉诸普遍人性。狄德罗天真地呼吁:"诗人哟! 你是敏锐善感的吗? 请扣这一条琴弦吧,你会听见它发出声来,在所有的心灵中颤动。"所谓颤动,意味着"坏人看到自己曾做过的坏事感到愤慨,对自己给旁人造成苦痛感到同情",因此"那个坏人走出了包厢,已比较不那末倾向于作恶了"。而且正由于"人性本善",这一新剧种、市民剧可以实现艺术的"共同目标……帮助法律引导人们爱道德、恨罪恶",结果"人们将得到多大的好处!"① 可以说人性本善的信念,乃是市民剧创作的动力。作者反复地论证:"那末人的本性是好的了? 是的,朋友,而且很好。"理由是自然的本性也是好的,更何况人的本性。"看啊! 水、空气、泥土、火,在自然中的一切都是好的;……秋末的狂飙……把折断的枯枝扫去;……暴雨把海水刷洗得更为洁净;……火山喷出熔岩……把大气荡涤。"那末,人为什么却违反本性而变坏了? 只是由于"那些可恶的规约才能使人堕落了,所以要谴责的绝对不是人类的本性"②。这里,他和卢梭所见还是相同的。

  其次,新剧种须尽量接近自然,大胆触及现实生活,使"全国人民严肃地考虑问题而坐卧不安",使"观众将和地震区的居民一样,看到墙壁摇晃,土地陷裂",③因此它可以叫做"严肃剧种"。他认为戏剧系统大致可分三种,各有主题:愉快的喜剧为可笑的德性缺点;严肃的喜剧为"美德和本分",特别是歌颂市民的美德,讥刺贵族的败德;悲剧为家庭不幸以及"大众的灾难与大人物的不幸"。④ 在题材上,新剧种以市民家庭日常生活代替宫廷贵族生活,剧本语言则废除韵文,改用散文。市民剧后来被称为"正剧",并成为"问题剧"或"近代社会剧"的先驱。至于愉快的喜剧和严肃的喜剧相比,狄德罗认为后者更能取得效果,它俩犹如"排成两条画廊……我们会在哪条画廊驻足较久,感到更有兴趣……有更强烈更愉快的感觉,哪一条便是我们急于再去欣赏的"。狄德罗避免明确的回答,却接着说:"要正派,要正派。"也就是要严肃,才"会比引起我们的轻视和笑声的剧本更亲切更婉转地感动我们"⑤。

---

  ① 陆达成、徐继曾译《论戏剧艺术》第二章《关于严肃喜剧》,《文艺理论译丛》第一期,1958 年,人民文学出版社;《西方文论选》上卷,第 349—350 页。
  ② 《西方文论选》上卷,第 349 页。
  ③ 《论戏剧艺术》第三章《关于一种道德性的戏剧》,《文艺理论译丛》第一期,第 151—152 页。
  ④ 《西方文论选》上卷,第 347 页。
  ⑤ 同上书,第 349 页。

狄德罗进而论说剧体与政体的联系。"悲剧更符合共和政体的精神；喜剧，尤其是愉快的喜剧，比较接近君主政体的性质。"一般说来，"嘲谑必须自上而下才显得轻松"，而"压在底层的人……连呻吟之声也不敢放大"，哪里还说得上嘲谑。① 关于喜剧对缺点的揭发，也有阶级界限，假如"把上层人物的缺点……转移到下层人物身上去"，"戏剧的效果就缩小了"。狄德罗还打个比方：在奴隶民族中，喜剧作家须在语言和态度方面，跟着"堕落"的风尚，"同流合污"，把自己当作"朝廷中插科打诨的小丑一样"，这样做固然是自我诬蔑，却可免受上层的压迫，而"畅所欲言"。② 换而言之，严肃喜剧须沿袭传统喜剧从夹缝里讥刺权贵的那种技术，来给市民们说话。

至于严肃喜剧的成功关键，则不在于剧中情节，而在于人物性格的描写，应把观众的兴趣引向这方面来。市民剧描写人物时，不像悲剧之着重"个性"或喜剧之着重"类型"，而是结合人物的处境加以描写，也就是"人物的性格要根据他们的处境（情境）来决定"③。这种情境，是由人物的"家庭关系、职业关系和友敌关系等等形成的"④。严肃喜剧还须显出人物"性格与处境的对比"，即甲和乙之间的意图"发生冲突"，或者说人物的"不同利害之间的对比"。⑤ 这里，狄德罗的观点是辩证的。因此，他更认为，不应"要求一切性格始终如一"，因为在生活中，人物会变得"离开原有性格"，只不过"被剧本的短暂过程掩盖了"。⑥ 所谓"原有性格"和所谓"人性本善"乃同一事物的两面，表现了狄德罗的静止的、唯心的观点。

狄德罗接着从历史、悲剧、喜剧三方面阐明他对创造和想象的看法。一般说来，剧本须根据历史事实，但在运用史实时悲剧作家"可以凭个人想象，在历史以外加上他认为能提高兴趣的东西"，而在喜剧中则"可以完全出于剧作家的创造"。"他有权创造。……他可以无中生有。""悲剧作家可以部分创造一段令人惊奇的历史……喜剧作家可以创造它的全部。"⑦狄德罗一方面得出结论："做到

---

① 《论戏剧艺术》第十八章《关于风尚》，《西方文论选》上卷，第369—370页。
② 同上，第370页。
③ 《论戏剧艺术》第十三章《关于性格》，《西方文论选》上卷，第363页。
④ 《和多华尔的谈话》第三篇。
⑤ 同注③。
⑥ 同上。
⑦ 《论戏剧艺术》第十章《关于悲剧的布局和喜剧的布局》，《西方文论选》上卷，第352—353页。"惊奇"说可溯源于朗加纳斯的《论崇高》第三十五章关于人们真正欣赏的是"惊心动魄的事物"。

惊奇而不失为逼真"乃是"戏剧诗人的职责"①；另一方面着重讨论了想象在人类创造活动中（包括诗的创作）的重要性："想象，这是一种特质，没有它，人既不能成为诗人，也不能成为哲学家、有思想的人、一个有理性的生物、一个真正的人。"②那末，想象究竟是什么？狄德罗综合了亚里斯多德所说："一切可以想象的东西，本质上都是记忆里的东西"③以及朗加纳斯所说："想象乃形象制造"④，提出自己的看法："想象是人们追忆形象的机能"，"如果一个人完全失去这个机能，他就是一个愚昧的人"。同时狄德罗强调这末一个关键的时刻："停止应用记忆而开始运用想象"，或者说"到达理智的最后一个阶段，亦即休息的阶段"，"获得了某一种显明的形象化的表现"，而"到这时候，他将成为画家或诗人了"。⑤他的意思是仅仅应用记忆，是属于理智的活动，它所提供的形象还只是一些原始素材；从而进一步创造艺术形象，这才是想象活动的开始。狄德罗还认为"诗人富于想象"之外，还应"合乎逻辑……具有了解诸般现象必然联系的经验"。诗人并不完全听凭想象力的"狂热摆布"，在"应用异常的情节来加强惊奇时，不能太过火"，须用"普通的情节去冲淡它"，因为想象活动还是有"范围""规范""规则"的。⑥ 他的想象论似可归结为：以认识事物的普遍规律为前提，对记忆所及的无数个别事物形象进行选择、组织、改造、提高、创新，——这就是想象，从而产生的作品既有艺术形象性，也有逻辑性；既有惊奇的形象，也有通常的、一般的形象。从理论发展看，狄德罗这段论说已具有形象思维和逻辑思维的统一的观点了。

　　狄德罗更从上述的诗意联系到民族风尚的问题，比较突出地表现了启蒙者的战斗意志。"一般说来，一个民族愈文明，愈是彬彬有礼，他们的风尚就愈少诗意；一切在温和化过程中失掉了力量。"⑦他把"风尚"分为"善良"的和"富有诗意"的，而"诗意"的应该具有"壮大的、野蛮的、粗犷的气魄"，即比较是"自然"的，而非"文明"的、"有礼"的。他强调：诗人需要的，是"粗糙的自然"，而非"精雕细凿的自然"；是"雷鸣电闪的黑夜"，而非"晴明静穆的白昼"。他问道："自然在什么场合为艺术提供范本呢？"他举出十二个，都可作为题材，我们这里选了五个：

---

① 《论戏剧艺术》第十章，《西方文论选》上卷，第356页。
② 同上，第357页。
③ 亚里斯多德《记忆和回忆》。
④ 朗加纳斯《论崇高》第十五章。
⑤ 《论戏剧艺术》第十章，《西方文论选》上卷，第357—359页。
⑥ 同上。
⑦ 《论戏剧艺术》第十八章《关于风尚》，《西方文论选》上卷，第370页。

"母亲敞开胸怀,用喂养过儿子的乳头向儿子哀告";"女人死了丈夫,披头散发,用指甲抓破自己的脸皮";"人民可以和领袖交谈,领袖听他们并回答他们的问题";"神祇渴欲一饮人类的血,必待这血流畅了才安定下来";"淫妇毫不害臊地剥光了衣服,看到随便哪个男人走来,就伸开两臂把他抱住"。① 从这里可以窥见狄德罗所谓"诗意"的某些具体内容。狄德罗曾向诗人呼吁:"请打动我,震撼我,撕毁我;请首先使我跳,使我哭,使我震颤,使我气愤。"② 上面五个例子倒有助于理解他这番话的精神——启蒙主义文学首须大胆地正视现实,勇于搅乱平静的灵魂,去和罪恶作斗争,然后才能讲求道德感染的作用。在这里,狄德罗更明白指出,诗人只产生于"大灾难、大忧患以后,困乏的人民开始喘息的时候",因为这时候有着激发想象的"景象"。只有"非常事变激动群众的时候使天才的人出现,否则赋有天才的人就会僵化"③。这正说明狄德罗的有关论点所含的民主性和革命性。此外,他的《天才论》④也有几段值得参考。"精神的浩瀚、想象的活跃、心灵的勤奋就是天才。""力,丰盛,我无以名之的粗糙、紊乱、崇高、激动,正是天才在艺术里的特征;它的感动不是软弱无力,它给予的喜悦令人震惊,它的过失也令人震惊。"更点出天才的力量和所从产生的惊人的艺术效果,来自勤奋的实践,而不是空中掉下来的,并且总是突破常规的。

最后,狄德罗向作家和批评家提出要求。由于最能感动人的是"真理与美德","古代的作者和批评家都从自我教育开始",方能以真、善教育读者。必须是自己"从性格、作风中建立高度的道德品质,使之散发伟大、正直的光彩,以笼罩一切创作"。批评家和作家一样,要像画师那样去研究"情感、风俗、性格、习惯","好好地学习","攻读历史、哲学、伦理学、自然科学和艺术,到了五十五岁时成为善良的人、有学问和高尚趣味的人"。伟大的作家和批评家就是这样形成的。⑤ 狄德罗虽赞美天才,但更强调道德和文化修养,因为后者是启蒙文学必须给予广大群众的。

他的《绘画论》不只是讨论画和艺术,也联系到诗,其主要论点是,画家须先有感情然后才能在作品中动人以表情和形象。在国家、省、市和家里,每个人和

---

① 《西方文论选》上卷,第370—371页。
② 朱光潜《西方美学史》上卷,第274页引。
③ 《西方文论选》上卷,第371—372页。
④ 原为圣·朗拜为《百科全书》所写的条目,经过狄德罗修改;桂裕芳译,《古典文艺理论译丛》第6期,1963年,人民文学出版社。
⑤ 《论戏剧体诗》第二十二章《关于作者和批评家》,《西方文论选》上卷,第375、377、381页。

每个时刻,"都有其相貌,有其表情",尤其是"表情的形象"。共和国的"平等状况",使国民"把自己看作小皇帝","神气是趾高气扬,无情与傲慢";君主国只有"命令与服从",国民的"特性和表情是和蔼、婉转、温和……文雅"。画家须具有关于这种种"性情和不同容貌"的知识,同时还须补充对生活和自然的钻研,更重要的是"画家在画室的门上应大书特书:'室内有一双眼睛,为不幸人洒同情之泪'"。"一切手拿笔杆、画笔或刻刀的正派人的意图",就是"使德行显得更为可贵、恶行更为可憎、怪事更为触目"。为达此目的,艺术家除了有正确的同情心,还须向诗人看齐,因为"诗人是想象力强健的人,能受感动"而后感动旁人。至于一切章法、技巧,都应环绕这一意图而不可分开。① 关于章法或表现,他的看法也比较全面:"章法,在诗中和画中一样,都有赖于判断和情趣、热情和明智、陶醉和冷静等等的恰好的配合,这样的配合在自然中是少见的。"② 也就是说,在艺术中理智可唤起热情、拨动心弦,理和情是可以统一的。他还指出,章法上各种技术"万万不可损及表情","你必须先感动我……然而如果你有余力,你才怡悦我的双目"。③ "美"须建立在"真"和"善"的基础上。此外,他强调"作品必须简单而明了"。"一件作品陈列在各种各样的观众面前,如果它不能为一个普通正常头脑的人所了解,将是一件失败的作品。"④ 可以说,他的画论也和他的文论一样,反映了启蒙者的群众观点和民主倾向,以及尊重现实、情理兼顾的精神。

在法国启蒙运动的代表人物中,伏尔泰标举典雅,狄德罗则宁取粗犷;卢梭主张"返于自然"以发扬人性,而贬低科学、艺术,狄德罗则不因"人性变恶"而废弃文明,相反地要综合利用文化知识、诗、造型艺术,进而变革,以增强教育效果。就当时而论,伏尔泰声望特高,卢梭影响极大,但狄德罗的文论却独具种种优点:正义感、进步性、理智和感情并重、想象和形象的实质及其紧密联系,以及论断中生动而又大胆的语言,如此等等,到了二十世纪才逐渐受到广泛的重视;而他作为批评家的地位也大大提高了。

〔德〕莱　辛

莱辛(1729—1781)是文艺批评家,启蒙运动中比较进步的领袖。他出身牧

---

① 宋国枢译《绘画论》第四章《关于表情方面人人所知和人人所不知的几点》,《文艺理论译丛》第4期,1958年,人民文学出版社;《西方文论选》上卷,第383、385、388页。
② 同上,第389页。
③ 同上,第387页。
④ 《绘画论》第五章《论章法》。

师家庭,主张德国的反封建反教会的斗争首须争取政治统一,进而建立统一的德意志民族文学。他先后发表《关于当代文学的通讯》《拉奥孔》《汉堡剧评》等大量论著,对批判古典主义的影响,谋求德国文学的革新,起了很大作用。

当时德国批评界的古典主义保守倾向占有相当势力,高特舍特(1700—1766)把法国布瓦洛的《诗的艺术》奉为德国民族文学的理论指针,温克尔曼(1717—1768)赞美古希腊雕像以"高尚质朴、宁静庄严"控制"激情"①,这些都引起莱辛的深刻不满。他的《关于当代文学的通讯》(1759—1765)在建立民族戏剧问题上和高特舍特展开论战。认为德国的悲剧作家应在作品中使德国人看到和想到更多的东西,而这些东西正是高特舍特所赞美的"法国古典主义悲剧所无法给予我们的"。因此主张把莎士比亚的杰作"略加改变,翻译给我们德国人",也比介绍法国古典主义作品好得多。因为"宏伟的、恐惧的和忧郁的东西,比温和的、矫揉造作的和谈情说爱的东西能更好地影响我们;而过分的单纯比过分的复杂,只能使我们感到疲乏"②。以上只是《通讯》的局部内容,但也可窥见莱辛的文艺批评强调解放思想,打破陈规,吸取遗产精华,以及尊重感情与个性,给德国反封建的狂飙突进运动作了精神准备。

莱辛在《通讯》结束的次年(1766),发表了巨著《拉奥孔》,副标题为《论绘画和诗的界限》,③全书并未写完,此外还有《提纲》《笔记》。拉奥孔是希腊神话中特罗亚城日神庙的祭司,在特罗亚战争的最后阶段,他把希腊用以攻城的"木马计"透露给特罗亚人,触怒了偏袒希腊一方的海神,海神便命两条大蛇把拉奥孔父子三人缠死。大约在公元前半世纪,古希腊后期罗底斯派雕刻家曾以这父子的垂死挣扎为题材,塑造一座群像,后来长期埋在罗马废址,直到1506年才被发掘,现藏罗马梵蒂冈博物馆。罗马诗人维吉尔(公元前70—前19)在他的史诗《伊尼德》第二卷以三十五行的篇幅描写这段神话故事,其中有这样一段:"拉奥孔……向着天发出可怕的哀号……放声狂叫。"研究古希腊雕刻的温克尔曼认为希腊艺术的特征在于"高尚质朴和宁静庄严",因此拉奥孔"尽管处于任何激情中都保持伟大而平静的心情,……他的面部或整个姿势都没有表现苦痛所带来的任何愤怒"。从而指出这座雕刻在形象塑造上"并未发出像维吉尔诗中拉奥孔的

---

① 见下文:温氏关于拉奥孔雕像的评论。
② 《当代文学通讯》第 17 期,1759,2,16,洪天富译,《西方文论选》上卷,第 418 页。
③ 朱光潜译《拉奥孔》,1979 年,人民文学出版社。

可怕叫声"①。也就是说，拉奥孔在维吉尔诗中是张口的，在这座雕像上是闭口的。莱辛把这两种不同的艺术处理加以比较，既分析诗和造型艺术两种体裁的各自特性，也研究两者的交融或结合。他指出诗在描绘肉眼可见、有血有肉的对象时，诚然不及绘画雕刻那样鲜明丰富，但诗却全面地、广泛地、透彻地描写事物、动作以及情绪等的发展、变化，为绘画雕刻所不及。绘画雕刻作为空间艺术，长于描绘特定瞬间的景物、情景，它们抓住了"动作情节发展顶点前的一顷刻"或"富于包孕的片刻"，对拉奥孔来说，即极端苦痛和死亡之前那一瞬间。② 诗作为时间艺术，善于化静为动，描写在变动发展中的生活，例如荷马写船，不是给船的形状画一图画，而是详细描写船的起锚、航行、靠岸的情景，荷马写天女朱诺的马车，则让我们亲眼见到车的部件如车轮、轮轴、车座、车辕、缰绳等如何一一装配起来。因此，诗或文学的描写对象基本上是动作的持续，而非物体的并列。诗人所要求的"不是静穆而是静穆的反面。因为他所描绘的是动作而不是物体，而动作包含的动机愈多，愈错综复杂，愈相互冲突，也就愈完善"③。莱辛还指出，诗更善于化美为媚："媚就是在动态中的美"，诗人比画家更适宜于描写这种美。"媚落到画家手里，就变成一种装腔作势"，而在诗里媚却保持其本色，即"稍纵即逝而又令人百看不厌的美"④。莱辛举出例子：关于女性颈项的动中之美，画家只好凭最美的曲线和最艳丽的肉红色来表现，而诗人却能用语言描写出"颈项的转动，……筋肉的活跃颤动那种特别的媚态"⑤。莱辛在对比诗与画的艺术效果时，特别赞许诗描写动作所取得的成就，这是强调事物的冲突和发展应作为创作的主要课题，正反映了德国启蒙主义者要求面对现实的发展而进行变革的愿望；而且和温克尔曼的崇尚"宁静"，也是针锋相对的。

在西方，诗、画一致的观点，最早见于希腊诗人西蒙奈底斯（公元前556？—前468？）所谓"画是无声诗，诗为有声画"，接着罗马诗人贺拉斯在《诗艺》中说"诗如此，画亦然"或"诗如画"。十七世纪古典主义把他这话奉为金科玉律，要求诗中有画，在摹仿古代牧歌体、田园体时侧重于风景的描绘，而在造型艺术方面，古代英雄人物的史诗则被用作绘画题材，称之为画中有诗。到了莱辛，在研究诗

---

① 朱光潜译《拉奥孔》，《译后记》，1979年，人民文学出版社。
② 同上书，第223页（《译后记》）。
③ 同上书，第204页。
④ 同上书，第121页。
⑤ 同上书，第122页。

与画的艺术效果时冲破古典主义的藩篱,把重点放在二者的区别而非二者的一致,更特别强调诗以描写动作而胜过绘画雕刻,尤其是不要满足于刻画自然景物,以免心灵趋于平静,丧失奋发的感情,远离行动,影响新兴市民阶层的前进斗争。可以说,莱辛的《拉奥孔》的思想基础是具有历史的进步性的。

莱辛还给汉堡国家剧院写过《汉堡剧评》一百零四篇(1767—1769),目的在于促成德国市民剧的建立,为德国民族文学开路。他同样地强调运动和发展,认为戏剧(语体的)比诗更能表现人物性格和事件情节中的变化与发展,因此戏剧也比诗更有助于德国启蒙运动的开展。他主张戏剧的体裁和形式必须革新,才能建立具有道德作用的市民剧,充当启蒙主义的宣传工具。首先,为了便于反映时代和新的问题,喜剧不应一味地逗人发笑,"在喜剧里也哭一哭,从而……找到一种高尚的娱乐"①。也就是提倡严肃喜剧。而引起怜悯和恐惧的悲剧,则不应只以君王和上层人物作主角,可以"找出一些中产阶级的主角,让他们穿上悲剧角色的高底鞋"②。相应地,悲剧的净化须尽量扩大对道德的影响:悲剧的怜悯"不应仅仅净化过多感到怜悯的人的心灵,也应净化在这方面感到太少的人的心灵";悲剧的恐惧"不应仅仅净化那根本不怕命运的任何打击的人的心灵,也应净化对任何灾难……都会害怕的人"。③ 其次,在戏剧语言方面,反对"辞藻华丽""柔软无力""夸张其词""模糊费解的文章",提倡"最简单、最普通而又平凡的话语和说话方式"。④ 目的当然是为了更好地接近和教育广大观众。最后,关于创作方法,要求反映真实,既注意人物性格和性格典型的描写,又容许想象的发挥,否则就无从表达变革现实的要求。但与此同时,莱辛诗论却比较中和平稳,特别是关于天才、创造和规律、理论的看法:如果认为"天才超越一切规律",那就是"向天才献媚",如果认为"规律把天才压制",那就是"对天才的一点火花也没有感到"。⑤ "能运用正确理论的人,也会创造;想创造就得学理论",二者是分不开的。⑥ 此外,他对一个问题的阐说,大都力求具体而又清楚明确,例如剧作家虽以无限复杂的自然、现实为对象,但却规定了这无限的疆界或领域,即在"美的王

---

① 朱光潜《西方美学史》上卷,第 317 页,1979 年版。原文不在《汉堡剧评》,为了叙述方便,特在这里引用。
② 同上书。
③ 张君川译《汉堡剧评》第七十八篇,《古典文艺理论译丛》第 6 册,第 71 页,1963 年。
④ 同上书,第五十九篇,《西方文论选》上卷,第 430—431 页。
⑤ 杨业治译《汉堡剧评》第九十六篇,《世界文学》1961 年 10 月号。
⑥ 杨业治译《汉堡剧评》第九十六篇。

国"的种种事物中进行选择,重新组合,从而"在感觉所能接受的限度内,真纯地、洗炼地呈现给我们"。"当我们看到一个重大的动人的事件和另一个无关紧要的事件交织在一起……我们要把后者置之度外。"①

莱辛的批评著作反映了德国启蒙者的历史发展观点和变革现状的迫切心情,同时标志着德国文论从古典主义向浪漫主义过渡;因此对当时德国青年一代的思想解放,起了很大作用,给狂飙激进运动开辟了道路。

〔德〕赫 尔 德

赫尔德(Johann Gottfried Herder, 1744—1803)是德国启蒙理论家,狂飙突进运动的重要代表。父为纺织手工业者。他少年时生活艰苦。曾任一个公爵府邸的牧师。他广泛阅读启蒙主义者莱辛、卢梭、狄德罗的著作,但也注意古典主义者温克尔曼的论点,同时还学习自然科学。他的理论工作是多方面的:搜集古代和当代东方大量的民间歌谣,研究它们和各民族文学的关系;考察某些民族的历史发展和环境变化,分别肯定各民族文学的地位,同时批判古典主义以古非今的偏向,主张各民族文学的广泛交流,进而提出世界文学史这一研究方向;以生物学观点并结合神话,论说诗和艺术的本质和作用,并评论某些启蒙主义的文艺观。其总的目的,是为建立德意志民族文学作出贡献,以促进德国启蒙时期资产阶级文化运动的发展。他的主要著作有和歌德联合发表的《关于德意志风格与艺术》(1773)、《关于近代德国文学的断片》(1767—1768)、《批评之林》四卷(1769—1846,第3、4卷死后发表)、《论语言的起源》(1772)、《论鄂西安和古代民族歌谣》(1773)以及自己所选外国民歌《民歌中各族人民的声音》(1779)等,其部分重要论点大致如下。

赫尔德认为古代民族歌谣的特征是粗犷、生动,富于创作的自由,其表达方式活泼、奔放而又具体,抒情意味特别强烈,其语言、音节、旋律进程和舞蹈节奏分不开,无须写在纸上便已体现了一个活生生的世界。② 近代民间歌谣也保持了这些特征,如果拿现代文明社会的、书卷气十足的诗篇和民歌相比,就显得前者是推理的、无力的、造作的了。作者考察原始民族的以及当代欧洲若干民族的民间歌谣,特别是各自的历史时期和社会环境所赋予的特点和独立性,从而肯定

---

① 关惠文译《汉堡剧评》第七十篇,《文艺理论译丛》1958年第4期。
② 《论鄂西安和古代民族歌谣》。商承祖摘译,《西方方论选》上卷,第440—441页,本书改写。鄂西安:也译莪相,传为三世纪克尔特族(Celt)诗人。

不同民族之间相互平等的地位。他既反对欧洲人根据自己的文化水平去评价、论断其他一切民族的文化,也反对从古希腊戏剧出发,来非难莎士比亚的戏剧。他指出:莎士比亚时代的和他以前的英国就是英国,而不是什么希腊,这是一清二楚的,然而却有人要求英国也产生希腊戏剧,"这比要求羊产生狮子还要过分",因为"从历史、传统、习惯、宗教、民族性格、感觉倾向、语言特性来说,英国距离希腊是多么遥远!"①而十七世纪古典主义的崇古倾向则把希腊文化艺术奉为一切时代、一切民族的共同典范,抹煞各民族文学的独创性,实际上充当了"希腊文学的奴隶和殖民地"。②

赫尔德进而研究民歌如何体现人民的心灵。"我们如果没有普通人民,我们也就没有自己的群众、民族、语言和文学,它们将不会活在我们的心中,不会对我们起作用。"然而"我们德国的文学名著,却像天堂里的一只鸟,虽然色彩鲜艳,很美丽,飞得挺高,但鸟脚却从未碰到德意志普通人的土壤"③,也就是说,这些作品和人民的思想感情太隔阂了。赫尔德十分强调:"民族的感情将会造就诗人,在一个民族中,同胞之间的同情将会培育可爱的诗人。""诗人一向是人民的创造者;诗人为人民创造喜悦,教育,工作,宗教,语言。"他把"真正的诗人"比作"人世间的神,双手像捧着水一样捧着人民的心"。④ 也就是说,诗人同民族和人民打成一片。对此,歌德也有同感:"我们全都过着一种基本上是孤陋寡闻的生活!我们很少接触真正的民族文化,一些有才能、有头脑的人物都分散在德国各地……彼此……的交往以及思想上的交流都很少。"⑤至于上述的心灵体现,赫尔德举了一个例子:"荷马的史诗使我懂得诗并非对听觉或记忆……而是对我们的想象产生效果",从而"对我们心灵起影响,这一影响也可称为诗的力或能"。⑥莱辛在他《拉奥孔》中论述诗长于描写时间或前进的运动,赫尔德认为这种看法恰巧忽略了诗的主要特点——诉诸心灵的力、能。那末,这个力、能又是从何而来的呢?赫尔德认为:诗原不摹仿自然,而是"摹仿那创造万物并予命名的上

---

① 《莎士比亚》(1773),收入《关于德意志风格和艺术》。
② 《论鄂西安和古代民族歌谣》。
③ 《赫尔德全集》第二十五卷,第530页,1877—1913年柏林版。
④ 《论诗的艺术在古代和现代对民族道德的作用》,关惠文译自《赫尔德尔——时代读本》,柏林建设出版社,1964年,《欧美古典作家论现实主义和浪漫主义(二)》,第274—275页。
⑤ 朱光潜译《歌德谈话录》,第140页,1978年,人民文学出版社。
⑥ 《批评之林》第一卷。

帝",诗人乃"第二创造者"。① 也就是说,赫尔德在宣扬"诗力"说的同时,使诗的想象脱离了现实和生活实践,而跟上帝挂钩,开始转入唯心主义,从而强调创作的直觉性和无意识性了。他说:"莎士比亚刻画人物的激情而进入它的最深处,但是他本人并未意识到这一激情",认为莎士比亚描写哈姆莱特细入毫发,却是"无意为之"的。② 换而言之,赫尔德给他的诗论添上了不可知论的色彩了。

不仅如此,赫尔德还赋予这第二创造的诗以神秘性。他举这样一个例子:"一个野蛮人看见一株枝繁叶茂的大树,其顶如盖,便被吓住了。再听到华盖沙沙作响!简直是神在颤动!野蛮人连忙伏地礼拜。……在具有感觉的人类的历史中,就是这样毫不费力地把感觉转为抽象思维"③,从而创造出想象的、象征的神话,形成了人类历史上诗的光荣时代。现代人如果要做诗人,他就得回到原始、简单、纯朴中去;然而不幸的是,在今天想象已让位给理智,并从诗中消亡了。因此,赫尔德得出结论:原始时代才有真诗,现代无诗可言。他还这样解释:真诗接触人的天性和情感,真诗在其创作中具有自发性,然而现代机械的发展对这一特点加以扼杀,因此诗的光荣时代很难普遍地传之后代。④ 赫尔德不仅机械地对立诗和科学、想象和理智,而且幻想当代德意志民族诗歌的创作应乞灵于所谓原始的神示,在这一点上赫尔德的复古倒退,也就不亚于他所反对的古典主义或温克尔曼了。但是,赫尔德有时又持相反的论点,例如他曾说:"谈到想象这个词,人们往往用它来说明一个诗人的值得继承的东西。但是,令人恼怒的是,如果想象不是建立在意识和理智的基础上,那末,这个诗人充其量不过是一个癫狂的空想家罢了。"⑤这里却是主张想象须和理智结合,而不能单独活动,以至投入神的怀抱之中。

此外,赫尔德主张自然环境和社会条件对诗的影响,并举出冷、热、温的气候、自然风景、民族和风俗,以及政治(例如雅典民主制)等,可以说是十九世纪后期法国泰纳社会学派的艺术论的雏形。但另一方面,赫尔德又把生物学观点应用于艺术的构成,认为"树从根处生长,艺术的产生和繁荣也不例外,一开始有艺术,艺术的产生也就有了全部存在,犹如一种植物的整体或所有组成部分,都蕴

---

① 《赫尔德全集》第十一卷,第7页。
② 同上书,第八卷,第183—184页。
③ 同上书,第五卷,第53页。
④ 同上书,第一卷,第335页。
⑤ 《人类灵魂的认识和感觉》,关惠文译自《赫尔德尔——时代读本》,柏林建设出版社,1964年,《欧美古典作家论现实主义和浪漫主义(二)》,第270页。

藏于这植物的一颗种子中了"①。这是把从艺术构思至作品产生所经历的千变万化、曲折反复的过程,简单化为"一次完成",不仅自我否定上述的主张,而且未免过于天真、幼稚了。

赫尔德的艺术观存在着一些矛盾,他同莱辛先后处在古典主义向浪漫主义过渡时期,但和莱辛相比,较多地强调主观精神,因此对狂飙突进运动产生较大影响。

〔德〕歌　德

歌德(Johann Wolfgang Goethe,1749—1832)是德国大作家,启蒙时期的重要文艺理论家,关于后一方面西方予以很高评价,例如法国圣·佩韦称他为"最伟大批评家",英国阿诺得说他是"至高无上的批评家"。歌德出身富裕市民家庭。当时德国处于封建割据状况,三百多个小邦各自为政,工商业不发达,资产阶级在经济上和政治上都软弱无力。文学方面继承文艺复兴以来尊崇希腊古典作家的风尚,高特舍特并从法国输入古典主义理论,这些妨碍了创作的发展,除歌德和席勒外,这段时期里德国再没有什么优秀作家。七十至八十年代掀起了狂飙突进运动,揭开德国资产阶级启蒙主义文学的序幕,并为建立德意志民族文学而斗争,同时给十九世纪浪漫主义开辟道路。青年的歌德积极地参加了这个运动,表现出叛逆精神和对当时丑恶现实的憎恶与鄙视。八十年代中期,歌德开始担任人口仅有十万的魏玛公国的枢密顾问,提出过温和的、改良主义的建议,同时这一小朝廷的官位,也使他逐渐产生"庸俗市民"的保守、妥协、迁就的习气。八十年代中期,他去意大利旅游三年,接触文艺复兴时代的艺术,欣赏本国同时代的温克尔曼的《古代希腊艺术》及其关于"庄严静穆"美的论说,文艺思想上开始由浪漫主义转向古典主义。在他一生中,莱辛、赫尔德扩大他的视野,英、法启蒙者的进步思想和法国《百科全书》的巨大业绩使他深受鼓舞,去钻研自然科学,包括生物、物理、地质、天文、气象,著有植物形态学和颜色学等论文,并发现人类颚间骨,从而增强了他的世界观中的唯物主义以及文艺思想中的现实主义因素。但康德二元论哲学对他也有影响,又形成了他的文艺观的许多唯心论点,不过还不及席勒那末严重。至于他对文学与政治的看法,则是和他的庸俗市民习气分不开的。他在狂飙运动中写出反对封建和官僚贵族的《少年维特之烦恼》

---

① 《全集》第三十二卷,第86页。

(1774),曾遭到基督教的旧教和新教的围攻,意大利僧侣要求取缔此书的意大利文译本,英国主教痛斥作者败坏道德,应受上帝惩罚;然而他的反抗精神不久就减弱而终于消亡了。他向往开明君主制,称赞普鲁士王太子是杰出领袖。在拿破仑的法兰西第一帝国攻占并统治普鲁士时,他避不参加德国人民的反抗斗争,也没有写过鼓舞民族解放的诗篇,引起舆论的不满。法国路易十八的波旁王朝复辟,激起了巴黎工人和群众的七月革命,当时他的态度也很冷淡,甚至把这次的革命者叫做"那伙人"。他公开宣称:"任何一种革命都不免要走极端。……开始时一般希望消除一切弊端",但是没有好久"人们已陷入流血恐怖中了"。[①] 他认为文学革命对一般的文学有利,"它会从这种暂时的倾向中获得益处",但是"对一个有才能的作家来说,这是最大的害处",因为使他不能从事"深入研究"和"内心修养"。[②] 在他看来,英国诗人汤姆逊(1700—1748)的《四季》是好诗,而《自由》则是坏诗,并非诗人缺乏才能,而是因为"自由"这个题目没有诗意。他说:"我一般不爱好所谓政治诗。"因为"在最好的情况下,政治诗应该看作一国人民的喉舌,而在多数情况下,它只是某一党派的喉舌。如果写得好,那一国人民或那个党派就会热情地接受它们"。然而"政治诗只应看作当时某种社会情况的产物,这种社会情况随时消逝,政治诗在题材方面的价值也就随着消逝。"[③]同时,他提出对"自由"的看法。"每个人只要知足,就有足够的自由。"从而"市民和贵族都一样自由,只要他遵守上帝给他的出身地位所规定的那个界限"[④]。并且认为"每个人应该先从他自己开始,先获得他自己的幸福,这就会导致社会整体的幸福"[⑤]。歌德的思想有其保守的和平庸的一面,所以他的文艺理论、文艺批评中时常是唯物的和唯心的交织在一起,大致上有这末一个过程:早期属于解放个性、抒发情感的浪漫主义;中间一段时期政治上的保守和对肃穆的古代艺术的喜爱,使他转向古典主义;随后感到德国浪漫主义的脱离现实、消极、反动,更主张增强古典主义理论的现实主义因素,于古典的与浪漫的两者之间赞美前者,因为它从自然、客观、现实出发,是健康的,而非难后者完全从属于主观,是病态的,尽管他在创作实践中基本上是二者兼备的。

[①] 《歌德谈话录》,朱光潜译,1830 年 3 月 14 日,人民文学出版社,1979 年。
[②] 同上。
[③] 《歌德谈话录》,1830,3,14,朱光潜译,人民文学出版社,1979 年。
[④] 同上书,1827,1,18。
[⑤] 同上书,1830,10,20。

下面试就歌德文论的几个重要方面,作简单介绍:艺术与自然,一般与特殊,客观与主观,以及对典型说的预见,古典的与浪漫的;天才、想象、"精灵"①等。

(一)

艺术与自然的关系,在歌德看来,是由对立而趋于统一,但前提在于"自然"有两种涵义:一、指客观现实、社会环境、种种生活内容;二、作为超验理性的同义语。先看后一涵义,那是受了康德哲学影响的。康德主张神、灵魂不朽、意志自由都是客观存在的,并对道德实践有指导作用,但又认为它们是无法实证的。他承认物自体的存在以及物质世界是经验和感性知识的来源,但又假定由于人的知性具有十二先验范畴(因果关系、必然性、可能性、实在性、否定性等),知识才成为可能,而且局限于物的现象,至于物自体的本质,则只有先于经验的、超越经验的、纯属主观的认识力——理性,才能有所认识。实质上,这是神学世界观的反映,肯定了对上帝的直觉。康德调和唯心论和唯物论的企图,反映了资产阶级的妥协性,是同启蒙思想的尊重客观世界及其发展、讲求变革的精神不相容的。然而康德对于意志自由、主观创造、天才和人性的尊重,却又符合启蒙文学的要求,并为十九世纪浪漫主义提供思想基础。歌德受康德影响,有时把"自然"理解为超验理性,从而主张作家的心灵与自然相一致,认为作家表现了自己心灵的最深处,引向"自然"的"奥秘",从而抓住对象的本质。他说:"古代崇高的艺术品,同时也是自然的最崇高的作品。在必然和上帝面前,人们一切随心所欲的、任意的、幻想的东西全都崩溃了。"②他从神学世界观出发,认为上帝的创造本身,乃最高艺术,于是艺术产生的规律从属于上帝创造的规律,同时艺术次于伟大的自然,艺术家犹如第二上帝。使上帝理性化,原是资产阶级启蒙者的共同观点,而歌德在论说自然时则表现得比较突出,这是和康德的影响分不开的,因此就不可避免地导致了他关于艺术脱离现实、艺术不讲求外在效果等看法。他曾认为真正的艺术家必须忽视他所处的社会,正如教师不必考虑儿童的胡思乱想,外科医生不能听从病人的请求,法官管不了涉讼双方的激情。③"我们为艺术作品本身的完美而斗争,他们则考虑外在效果,后者和真正的艺术家毫无关系,就像生下来的是狮或蜂鸟,和自然毫无关系。"④歌德还曾写道:"美术中的美,和它

---

① "精灵",英译文为 d(a)emon。
② 《意大利游记》,1789,9,6。
③ 《论严格的判断》。
④ 《致切尔特函》,1830,1,29。蜂鸟即蜂鸟科的鸟。

所引起的善或恶都无关系,而纯粹是为了美本身。"①由此,他认为:"最好是假设社会是不存在的,或者至少承认艺术家只有一小群的朋友,艺术家只向一个'圣者的社会'讲话。"②歌德因为同意康德所谓不杂利害关系的美,甚至认为"考查艺术家的道德目的,等于毁了他的职务"③。歌德把艺术作为超验理性的体现,主张艺术提取事物本质时反映了至高无上的自然,于是艺术也就完全为这自然所主宰,成了它的奴仆了。

然而,歌德对艺术、自然的统一中的"自然",还有另一看法,它包括大自然和社会,表现了现实主义观点,而且这是基本的一面。他首先强调艺术对自然的忠实,其次要求艺术高于自然,认为这样方能发挥艺术的道德作用。他论天才时曾说:"对天才所提的头一个和末一个要求都是:爱真实。"④关于真实,他是这样理解的:"艺术家首须遵守、研究、摹仿自然,其次应创造出毕肖自然的作品。"⑤这里有一个前提,即作者和欣赏者都应着重感性经验。"凡是没有从艺术中获得感性经验的人,最好不要去和艺术打交道。"⑥"谁若是不会向感官把话说清楚,谁也就不能向心智把话说清楚。"⑦歌德在《诗与真》中讲得也很透彻。"诗对想象力提供形象……但除自然之外,形象又从何处取得呢?""不过本来存在的自然是不能摹仿的",而须在摹仿时"有所选择"⑧,并且"用热爱的心情摹仿自然,同时在这摹仿中跟随自然"⑨。也就是,诗人运用想象,须以自然的形象为基础。照歌德看来,在自然、现实和艺术想象之间,应该是使现实想象化,而非相反。因此他回忆麦克⑩对他说过的那句话:"你的努力,你的不可改变的方向是赋予现实的事物以一种诗的形象;另一些人在寻求把想象加以现实化的那种所谓诗,而这种做法像笨蛋一样。"⑪可见歌德相当重视接触现实,通过感觉进行形象思维,

---

① 对卡尔·菲力普·莫里兹的批评,1788年。
② 《致切尔特函》,1831,6,18。
③ 《诗与真》第三部分第十二卷(1771—1773),林同济译。《西方文论选》上卷,第447页。
④ 《关于艺术格言和感想》,下引简称《感想》。程代熙译为《歌德文艺语录》,《文艺理论研究》1980年创刊号。
⑤ 《〈希腊神庙的门楼〉发刊词》,下引简称《发刊词》。
⑥ 《感想》。
⑦ 《发刊词》。
⑧ 《诗与真》第二部分第七卷(1765—1768),林同济译。《西方文论选》上卷,第445页。
⑨ 《诗与真》第三部分第十二卷(1771—1773),林同济译。《西方文论选》上卷,第448页。
⑩ 麦克(1741—1791),德国作家、批评家。
⑪ 《诗与真》,见《歌德全集》汉堡版第十卷,高中甫译。《欧美古典作家论现实主义和浪漫主义(二)》,第302页。

从而决定表现形式与技法。但歌德也并未忘却艺术还须高于自然，艺术应和自然竞赛而胜过自然。在这问题上他提出两点：一、"较高的意旨"；二、"完整性"。关于前一点，他说艺术家是自然的主宰，这显然是同上文所举他另一方面的看法相违反，他的理由是艺术家能使一些"人世间的材料（按：指来自自然、现实的素材）服从他的较高的意旨，并为之服务"，而这意旨就是艺术既服从自然，又超越自然。① 他在《发刊词》中说得更详细：艺术并不要求在广度和深度上同自然竞赛，而是从自然这个材料宝库中，选择并处理对人来说是"值得愿望的和有味道的那一部分"，从而"拿一种第二自然奉还给自然，那也就是通过一种感觉的、思考过的、按人的方式使自然达到的美"。换句话说，艺术美由于表现了人的意愿而取得了高于自然的地位，因为"艺术家努力创造的，并不是一件自然作品，而是一种完整的艺术品"②。他还提到野蛮人凭一种"单整的情感"，使他们的每件艺术品成为一个显出特征的整体。认为"显出特征的艺术才是真正的艺术"。它"从内在的、单整的、自然的、独立的情感出发"，排除"不相干的东西"，因此是"完整的、有生命的"。③ 这跟他的另一看法，即自然的创造本身乃最高艺术，又是显然对立的。大致说来，歌德先肯定艺术发源于生活中"单整的情感"，艺术才自身具有完整的生命，然后反证单纯自然毕竟有别于和人类社会发生关系的自然，而这关系只有从社会道德的角度来加以认识。因此强调："我们不认识任何世界，除非它对人有关系；我们也不要任何艺术，除非它是这种关系的摹仿"；因为"艺术所最适宜的对象，是同时涉及自然和道德两方面的"。④ 就这样歌德论说了艺术完整性寓于反映自然、抒发情感、宣扬道德的有机结合中，从而艺术生命和道德原则是分不开的，并且和那显出特征的整体也是不可分的。

（二）

歌德在论说艺术作品是一个有生命的、显出特征的整体时，联系到从客观出发与从主观出发、从一般出发与从特殊出发的问题，从而涉及关于艺术典型的理论。他认为"现实生活应该有表现的权利。诗人由日常现实生活触动起来的思想情感都要求表现，而且也应得到表现。……如果作者每天都抓住现实生活，经

---

① 《谈话录》，1827，4，18。
② 《发刊词》。
③ 《论德国建筑》(1772)。
④ 《感想》(1824)。

常以新鲜的心情来处理眼前事物,他也就总可以写出一点好作品,即使偶然不成功,也不会有多大损失。"①他还把自己的作品归功于向他提供素材的许许多多的事与人,"我要做的事,不过是伸手去收割旁人替我传播的庄稼而已"②。他还结合时代来看这问题,指出"一切倒退和衰亡的时代都是主观的……一切前进上升的时代都有一种客观的倾向"③。至于诗人则有两个方面:"对所接触的情境要有生动的情感,对这情感要有表达的本领。"④但是,从现实出发还是基本的一面。至于一般与特殊的问题,歌德谈到了从一般寻找特殊和在特殊中显现一般,而自己则赞成后一途径。"诗人应抓住特殊,如果其中有些健康因素,他就会从这特殊中表现出一般。"⑤也就是说,描写客观的具体的事物时,既须抓住它的特殊性,也不忽视这事物所含的普遍性,须寓共性于个性之中,这样不仅获得"坚实的基础",而且"熔铸成一个优美的、生气灌注的整体"。⑥ 他认为自己的创作是从特殊求一般,这种程序符合诗的本质,同时批评了席勒不从特殊的、具体的出发,而从一般的、主观的、抽象的出发,乃是错误的程序。因此,马克思将后一程序称为"席勒式地把个人变成时代精神的单纯的号筒",把前一程序称为"莎士比亚化"。⑦ 似乎可以说,一个不脱离现实的、有生命的、显出特征的整体,就是歌德对一件成功的艺术作品的要求。

接着想叙述一下,歌德是怎样从客观、特殊、具体出发,来批判古典主义类型说的主观性、一般性、抽象性,给艺术典型理论的探讨开辟了道路。

从欧洲文论发展史看,一般与特殊的统一乃是典型概念的渊源。亚里斯多德指出,诗人和历史家的不同,不在于前者用韵文后者用散文,而在于前者描述可能发生的事,即按照可然律或必然律可能发生的、带有普遍性的事,而后者只叙述已发生的、个别的事,因此写诗比写历史更富于哲学意味。⑧ 亚里斯多德关于诗从特殊显现一般的论点,已揭示典型的初步涵义,但这一看法长期未受应有的重视,罗马的贺拉斯只强调在生活和风俗习惯中寻找类型⑨。十七世纪古典

---

① 《谈话录》,1823,6,19。
② 同上书,1832,2,17。
③ 同上书,1826,1,29。
④ 同上书,1826,6,11。
⑤ 同上书,1825,6,11。
⑥ 同上书,1823,9,18。
⑦ 马克思《致拉萨尔函》,1859,4,19。
⑧ 《诗学》第九章。
⑨ 《诗艺》第三二二。

主义文论家布瓦洛继贺拉斯之后,主张"好好地认识都市,好好地认识宫廷,二者都是同样地经常充满着模型"①。他们所讲还都限于人物类型,看不到特殊、具体的性格给共性所带来的差异。直到近代资产阶级的诗或戏剧通过解放个性、抒发情感,才动摇了类型说,而要求特殊与一般的统一。歌德就是否定类型说的:"类型的概念使我们无动于衷,理想把我们提高到超越我们自己,但是我们不能满足于此;我们要求回到个别的东西进行完满的欣赏,同时不抛弃有意蕴的(按:指有内容的)或是崇高的东西。"②从这段话可得出结论:类型人物只见一般、共性,是抽象的而不是有血有肉、有个性特征的、有自己的理想的人,这理想如果是正面的,也就是作家本人的美学理想。当时温克尔曼认为理想的"庄严宁静"美,实质上还是就类型而言的,因此引起歌德的批评,认为这样就"无须表现情绪",好像"无色的清水",批判了抽象化的、缺少个性特征的艺术。艺术典型的理论须在十九世纪批判现实主义创作实践中逐步趋于完善,但歌德的论点在当时却是对类型说传统的一个突破。

　　歌德从客观、从特殊出发,也导致了他关于古典的与浪漫的、古典诗与浪漫诗、古典主义与浪漫主义的论点。他说:古典诗与浪漫诗的概念是他和席勒提出来的,史勒格尔兄弟加以发挥,目前已传播开来③;至于这两者的性质,他有自己的看法:古典的可称为"健康的",浪漫的可称为"病态的";《尼伯龙根之歌》和荷马史诗是古典的,它们健康而有生命力。最近一些作品则是浪漫的,"并不因为新,而是因为病态、软弱"。古代作品是古典的,"并不因为古老,而是因为强壮、新鲜、愉快、健康"④。歌德在早年还赋予二者以更多属性:古典的方面有纯朴、现实、必然与职责,浪漫的方面有感伤的、理想的、自由与意愿。他还指出:古代诗突出职责与完成职责之间的不协调,近代诗突出意愿与满足意愿之间的不协调,而莎士比亚的剧本则表达了意愿和职责的斗争以及"意愿总是处于劣势"⑤,因此莎士比亚既是近代的、也是古典的。言外之意是,表达必然的古典主义和向往自由的浪漫主义并非对立,结合起来就更为理想了。不过,歌德晚年不满于德国的浪漫派日趋伤感、软弱,病态毕呈,和他所主张的从客观世界出发的、

---

① 《诗的艺术》第三章。
② 《搜藏家和他们的伙伴》第五信。
③ 《谈话录》,1830,3,21。
④ 同上书,1829,4,2。
⑤ 《说不完的莎士比亚》,1813,1816。

健康的、强壮的古典主义文学相比,完全暴露它的消极性、反动性,因此有对浪漫主义的贬辞,但这并不影响他关于两者结合这一基本观点。而且正是基于这个观点,歌德认为席勒区分古代的"素朴诗"与近代的"感伤诗"是没有必要的。席勒的这一理论,下面在席勒一节中还要介绍,这里先了解歌德的看法。他说:他自己也参加素朴诗与感伤诗的讨论,目的在于弄清"是现实更重要、还是理想的处理更重要"。① 照歌德看来,在诗中现实与理想相互为用,犹如古典的与浪漫的(或古典诗与浪漫诗、古典主义与浪漫主义)相互结合;古典的、现实的、素朴的之间有同一性,因而歌德所理解的古典主义也就很接近十九世纪中期开始的现实主义。

(三)

针对上述的类型说,歌德的文艺批评中作出两点贡献:一、反对人物类型,给后来艺术典型的理论作了准备;二、主张区分、反对混同文艺诸类型、文艺诸体裁。前一点,上文讲了。至于区分文艺诸类型,原属古典主义传统理论,但歌德则强调在区分时必须把诗从造型艺术中分离开来,才能更好地阐明诗的本质,以及诗中的寓意、象征、天才、想象,甚至"精灵"等问题。这方面涉及歌德的诗论,试行分别介绍如下。

歌德觉得当时德国文艺界有一个比较普遍的要求,即"酷似自然",他指出:所有的造型艺术正奔向油画的效果,要做到和油画一样,看上去就像真的,而所有的诗都力图接近戏剧,因为戏剧再现了全部眼前事物。② 他写道:"正因为诗诉诸心灵,而不要求'酷似自然',我们应该称诗为天才。"③他认为必须尊重并实现诗的这种独特的创造性,因此还批评过自己在钻研绘画的技法时,竟把诗的技法置诸脑后了。④ 那末,这独特的创造性又是什么呢?这里,须联系到歌德对象征作用的重视。他认为"寓意将一个现象变为一个概念,将这概念变为一个形象,但是在这方式下,概念受形象的限制并完全由它掌握,由它来表现",至于象征的作用就不同了,象征"把现象变为观念,观念变为形象,在这方式下,观念在形象中保持无限活跃与不可捉摸,超越了一切语言所能表

---

① 《近代哲学的影响》。
② 《致席勒函》,1797,12,23。
③ 《感想》。
④ 《致切尔特函》,1831,1,9。

达的范围"。① 歌德指出：寓意、比喻是为一般而寻找特殊,这特殊终于被一般所局限,结果是抽象化、概念化,而象征则在特殊中显出一般,这一般虽属概念性的东西,但内容反而充实,形象丰富,不会使人一览无余。换而言之,寓意导致抽象,象征导致具体。歌德对象征的特质,还作进一步阐明："真正的象征主义以特殊表现比较一般的、普遍的东西,因此不像梦幻或幻影,而是在一瞬间生动地显现了那奥秘莫测的东西"②。他用"奥秘莫测",来形容艺术所应体现的思想深度或深刻的真理。所谓"一瞬间的生动显现",正说明艺术通过感性形象如何迅速地唤起反应,而且无论在内容或形式上,都从客观出发,因此就不同于十九世纪末从主观出发的象征主义了。更加值得注意的是：歌德所以要区别寓意和象征,决定于他区别从主观出发和从客观出发、从一般出发和从特殊出发,而他自己则基本上站在客观的、特殊的一面。在他看来,席勒从一般、抽象出发,只是寓意式的诗人,并未成为真正的诗人,而真正的诗人应在运用象征中发挥具体性、特殊性,歌德就是这样要求自己的,他的那部《浮士德》可为佐证。

接着介绍歌德关于天才、想象以至"精灵"的一些看法。他说："才能当然不是天生的,但须要有适当的身体基础,头胎生的和晚胎生的,生时父母在壮年和在衰年,情况便不一样。而音乐的才能幼小时就露头角。"③对于"胎""年"的说法,我们也可找出一些例外,比如说我国元代山水画家黄公望成就很高,却是父母晚年所生；这位画家号"子久",把姓名与号合连在一起,便是"黄公望子久矣"的意思。此外,歌德还举出天才的特征："天才和创造力很接近。……这种创造力是产生结果的,长久起作用的。……其中蕴藏着一种生育力,一代接着一代地发挥作用,取之不尽,用之不竭。"④关于这种创造力,歌德更从超现实的和现实的两方面来论说。关于前者,它可以是超越尘世的、非人力所能达到的一种力量,乃是来自上界的礼物,接近于精灵,人不自觉地听其操纵、指使,却还以为出于自己的动机。关于后者,它"服从尘世的影响,人能以自己的力量加以控制,不过尽管如此,人也还是有理由感谢上帝"。但这一种创造力却帮助"构成艺术作

---

① 《感想》,"寓意"也可译为"比喻"。
② 《感想》。
③ 《谈话录》,1831,2,14。
④ 同上书,1828,3,11。

品中可以眼见的形体的那一切东西"①。可以说,所谓艺术体现超验理性这一观点,时常把歌德纠缠住了:将艺术才能也看作是超验的、是不可名说的东西;以为宇宙万物的创造都源于超验理性的存在,因而超验理性本身便是创造天才了,因此歌德又说:"艺术规律真地寓于创造天才中,犹如伟大而普遍的自然(按:即超验理性)把有机的规律保持在永恒的行动中。"②歌德到了晚年,则倾向于天才和学力的结合:"事实上我们全都是些集体性人物,……可以看成是我们自己所特有的东西是微乎其微的。……我们全都要从前辈和同辈学习到一些东西。就连最大的天才,如果单凭他所特有的内在自我去对付一切,他也决不会有多大成就。"③

为了进一步理解歌德的天才论,还可以联系他关于想象和精灵的看法。他把想象和知解力区分开来,认为两者各有自己的规律。"知解力对想象的规律,不但不能而且也不应该去窥测。想象如果创造不出对知解力永远是疑问的事物来,它就做不出什么事来了。"④他接着指出诗凭想象,散文凭知解力。而且知解力不仅不能窥测想象的奥秘,同时也"高攀不上自然,人只有把自己提高到最高理性的高度,才可以接触到一切物理和伦理的本原现象所自出的神"⑤。歌德先讲自然,最后捧出神来,这神就是指宇宙间最高的原理,而想象既能跟超验理性的自然打交道,也就不难与神冥合了。也就在这儿,歌德便谈到"精灵"了。他认为"精灵是知解和理性都无法解释的。我的本性中并没有精灵,但是要受制于精灵。"而且"精灵只显现于完全积极的行动中,……音乐家的精灵较多,画家的精灵较少"。⑥ 最后竟说:"精灵在诗里到处都显现,特别是在无意识的状态中,这时一切知解力和理性都失去了作用,因此它超越一切概念而起作用。"⑦歌德力图论证创作既和想象分不开,也和精灵分不开,而想象和精灵又都非知解力所能懂得的。我们倘回溯他所谓天才的不可知性,就不难明白在他的字典里,天才、想象、精灵是三位一体的,其共同特质是不可知性和无意识状态,于是诗创作也就成为无意识的了。上文已经说过,歌德的文艺理论既含有现实主义,但也存在

---

① 《谈话录》,1828,3,11。
② 《全集》,第三十三卷,第 213 页。
③ 《谈话录》,1832,2,17。
④ 同上书,1827,7,5。
⑤ 同上书,1829,2,13。
⑥ 同上书,1831,3,2。
⑦ 同上书,1831,3,8。

唯心论的一面,这也是不应忽视的。

(四)

最后谈谈歌德关于民族文学和世界文学的看法。他重视各民族间的文学交流和相互影响,承认"我们德国的小说和悲剧不是从英国哥尔斯密、斐尔丁和莎士比亚那里来的吗?"①但他也强调各民族本身的文化(文学)传统。他发现德国古代民歌有很好的作品,惋惜它们没有和当代德国作家见面,因此赞扬赫尔德搜集民歌的工作。② 至于民族精神的形成,则伟大作家和作品也是因素之一,例如高乃依之于法兰西民族精神,"他的剧本中所表现的灵魂变成民族的灵魂"③。不过,歌德有时看得更远一些,认为文学乃是人类的共同财富,民族文学的共同发展和交流,那末"民族文学在现代算不了很大的一回事,世界文学的时代已快来临了"。"然而即使到了那个时代,也不排斥一位爱国的诗人。"④不过,歌德认为如果我们看得稍微远大一些,便会承认"并不存在爱国主义艺术和爱国主义科学这种东西,艺术和科学,跟一切伟大而美好的事物一样,都属于整个世界。只有在跟同时代人自由地和全面地交流思想时,在经常向我们所继承的遗产就教的情况下,它们才能得到不断的发展"⑤。但是值得注意的是,歌德对民族、民族的相互关系以及文学的交流等的看法,基本上是从普遍人性论出发的。此外,还可附带提一下,法国史达尔夫人也注意各民族文学的交流,不过她是较多地从地理和宗教角度出发的。⑥

(五)

歌德基本上站在市民阶级折衷主义立场,受康德二元论影响较深,是不彻底的无神论者,未能摆脱启蒙时期的上帝理性化观念,在探讨文艺理论时,感性经验、知解力和超验理性、主观想象时常在打架,造成了文艺与自然的关系这一根本问题上的矛盾论点。一方面把自然理解为现实生活、社会环境,主张艺术反映现实,胜于现实,起道德作用,表现为唯物论的反映论;另一方面又把自然看作超验理性,它是不可知的,主张艺术纯为超验理性的体现,否定任何外在效果,于是又成为唯心论的表现论。在前一方面,从发挥具体性、特殊性来批判类型说,增

---

① 《谈话录》,1824,12,5。
② 同上书,1827,5,3。
③ 同上书,1827,4,1。
④ 同上书,1827,1,31。
⑤ 程代熙译《歌德文艺语录》,《文艺理论研究》1980年创刊号。
⑥ 参看本书浪漫主义一章。

强了古典主义的现实主义因素,为十九世纪批判现实主义及其典型说开辟道路。在后一方面,肯定内在的天才、想象,宣扬非理性,并把诗看作"本身完美"之事,而诗创作显然是无意识的,则导致了现代纯艺术和表现主义的批评。

歌德有些论点,对西方美学和文艺理论发展,产生一定影响。例如他提出的"有生命的、显出特征的整体"这一艺术作品定义,预示了黑格尔的基本观点"美为理念的感性显现"。又如他关于寓意和象征以及通过特殊来扩大象征领域的论说,成为十九世纪柯勒律治等人的浪漫主义诗论的重要课题。他晚年曾感到文艺批评家的责任在于认识自己的错误的危害而加以改正,这也不失为一条宝贵经验,我们正应这样来研究歌德的那些错误的评论。

〔德〕席　　勒

席勒(Johann Christoph Friedrich Schiller,1759—1805)是剧作家、美学家、批评家和史学家。出身军医家庭。毕业于军事学校后当过军医,还学过法学。青年时代为狂飙突进运动的重要人物;在启蒙运动中对于反封建割据、争取民族统一、建立民族文学,具有强烈的感情和愿望。由于德国经济和政治落后,资产阶级软弱无力,古典主义在德国启蒙文学中仍然占重要地位,席勒早年的浪漫主义倾向很快地就和古典主义发生联系;另一方面,他和歌德合作约有十年之久,但比歌德更多地受康德哲学影响,宣扬文艺的最终目的在于完满地实现人性,进入"自由美""纯美"的境界,并认为审美教育可以挽救当时德国的文化危机,进而取得资产阶级的民主、自由。换而言之,他在康德的二元论的影响下,对立了精神界(心灵)的自由和自然界(物质)的必然,从而探讨艺术和自然的关系,并谋求二者的统一。他的这个基本课题本身充满矛盾,但是二元论的实质原是唯心的一元论,在席勒也就无法避免,因此他基本上从抽象概念出发来论说文学、艺术和美学的问题,至于他的文笔比较晦涩,在欧洲文论中可算相当突出的。他的主要著作有与克尔纳《论美书简》七篇、《审美教育书简》二十七篇、《论素朴诗和感伤诗》等。

(一)

《审美教育书简》[①]是 1794 年写给丹麦王子克利斯谦的信,1795 年经修改后发表。主要论点为精神自由先于政治自由;通过审美教育的熏陶,使精神逐渐解

---

① 朱光潜部分译文,见《西方美学史》下卷,第 445—456 页。

放,人格日趋完善;在这前提下才能实现政治自由。实际上以改良主义代替革命,是和德国市民阶级对法国革命中雅各宾党暴力专政的不满和畏惧心情分不开的。他在第二封信里说得很明白:"人们为了在经验界解决那政治问题,就必须假道于美学问题,正是因为通过美,人们才可以走到自由。"他认为"完整人格"和"优美心灵"是精神解放的具体内容,但资本主义社会的阶级对抗使它们完全消失,①唯有文化教养可使感性和理性都得到发展,并趋于统一,这样的话,"人就会兼有最丰满的存在和最高度的独立自由"②。席勒把这种自由活动叫做"游戏冲动",把冲动的对象称为"活的形象",它既不能只是生活,也不能只是形象,乃是兼而有之,从而达到"人格的完整"与"心灵的优美"。因此,"只有当人充分是人的时候,他才游戏;只有当人游戏的时候,他才完全是人"。这便是"最广义的美"③。以上就是席勒的审美的游戏说。席勒进而主张:一件真正的艺术品所表现美的最高理想,寓于"实在与形式的尽量完善的结合与平衡"之中,它所引起的心情,"正是精神的这种高尚,宁静和自由与刚健和灵活相结合的心情",它所产生的效果,则是松弛与紧张的结合与平衡。就诗而论,当它"发展到最完美的境界时,必须一方面像音乐那样对我们有强烈的感动力,另一方面又像雕刻那样把我们摆在平静而爽朗的气氛中"④。值得注意的是,席勒认为在经验界里,美都有所偏,理想的美是不存在的。即使是最卓越的艺术作品也"只能接近纯美的理想"⑤。至于游戏冲动,席勒还打了一个比方:当狮子不感到饿,无须同野兽搏斗因而闲着的时候,它会给剩余的精力"开辟对象",于是雄壮的吼声响彻沙漠,然而"它的旺盛的精力就在这无目的的显示中得到了享受"。席勒进而断言:欣赏超越了物质需要,成为"无所为而为的自由欣赏",成为"美的自由欣赏",并且在人来说,才"显出人道的开始"。⑥ 如果把这里的"无所为而为",联系到下文关于诗和"无意识"的问题,那末使我们可以比较全面地了解席勒对创作和欣赏所持的论点。最后,他提出了"审美的王国",也就是"欢乐的游戏和形象的显现的王国",在那里"人类摆脱关系网的一切束缚,从一切物质和精神的强迫中解放出

---

① 第九信。
② 第十三信。
③ 第十五信。
④ 以上均第二十二信。
⑤ 第十四信。
⑥ 第二十七信。

来",因此得出结论:审美的自由可以作为政治自由的基础。① 这正是上面所说《审美教育书简》的课题——精神自由先于政治自由。

这部书简主要是继续宣扬康德所谓美不涉及欲念、利害之说,至于把审美自由放在政治自由的前头,则更表现了德国启蒙者虽憎恶腐朽的封建社会,却还不敢起来革命,而采取改良主义的共同思想。因此作者所谓的诗,也不可能是战斗的,而只能是强烈感情和平静气氛的统一,宣扬温克尔曼所欣赏的"静穆"境界,是与革命实践背道而驰的。

此外,为了取得审美教育的效果,席勒还谈到诗的语言和形象的问题。他主张:作为诗的媒介的语言,给理解力提供抽象的、一般的概念,但诗本身则要求给想象提供具体形象,因此语言束缚住诗的自由表现。于是"诗人必须凭他的艺术的伟大去克服语言通向一般的倾向"②,也就是说,"有待表现的对象须先经过抽象概念的领域,走一段迂回路,然后才被输送到想象面前,转化为一种观照的对象",做到对形象有所感觉。正因为想象活动都以观照为起点,不从一般、普遍而从特殊、个别出发,诗的创作和欣赏才能摆脱语言的桎梏,进入自由的领域。席勒曾宣称从未见过一首诗,仅仅凭"其思想本身便能成为诗了,而且永远保持这样",因此当克尔纳向他建议写一篇关于人类进步的史诗时,他回答道:"对诗来说,哲学主题是完全可以指责的。"③席勒论述了想象产生形象化的语言,使它为诗的主题思想服务,实质上触及形象思维和逻辑思维以及形式和内容的关系。他并不偏重形式,这一点可以联系下文所述他的诗始于"无意识"说,加以研究。席勒还有一些关于形式的看法,也应如此理解;例如:"一位大师具有特殊的艺术秘密,那就是以形式来抹去材料的痕迹",做到了"材料和形式实际结合,互相渗透";因为形式有机地结合内容、表现内容,它又可称为"活内容"。④

(二)

《论素朴诗与感伤诗》⑤(1795—1796)是关于诗的本质和诗的历史的一部重要论著,大致涉及以下几方面:人和自然(客观世界)接触时,由于感受方式的不同,产生了"素朴的"诗和"感伤的"诗;古代诗基本上是素朴的,近代诗基本上是

---

① 第二十七信。
② 《论美书简》(1793),朱光潜译文。
③ 同上书,1791年11月28日。
④ 《席勒文集》第十八卷,第83页。"材料",英译本为 matter。
⑤ 曹葆华节译,《古典文艺理论译丛》第二册,1961年,人民文学出版社;蒋孔阳节译,《西方文论选》上卷,上海译文出版社,第489—493页。

感伤的，但也有相反情况，而且同一时代、同一诗人、同一作品也还会出现二者的结合；因此不以古代和近代、而以现实的和理想的为准则，分别阐明素朴诗和感伤诗，并以二者的结合作为诗的发展规律，才是符合实际情况的。下面介绍这些论点，有时也联系席勒的其他著作。

首先是人和自然的关系。这里的自然是广义的，包括外在的（社会现实）和内在的（人的本性或者说感性和理性的统一）。特别是在古代，人从他本身就能认识外在自然，人与外在自然协调一致，而内在自然方面，人的感性和理性还没有分裂；古代希腊的诗反映了这种统一以及人的活动的自由，也就是完满地表现了人道。因此席勒说，这时候"诗人就是自然"，古希腊的诗人叫做"素朴的"诗人。近代社会的发展，改变了人和外在自然的关系，从统一的转为对立的，而人的内在自然也失去了感性和理性的统一。与人协调的自然（现实）不复存在，有的只是人所追寻的、物我为一的理想或观念。近代人的活动不再是自由而又完满的，也说不上人道的表现了。因此席勒说近代诗人"追寻自然"，是"感伤的"诗人。

其次，席勒分析这两种类型的诗的各自特征。素朴诗是"素朴地摹仿自然"，诗人接触自然时静观自然的一切，并和宇宙力量发生感情。例如古代希腊，不仅诗人，就是一般的人，对风暴和自然的感情都跟我们不同，他们不知道机械的宇宙观，而把自然看作是生气勃勃的，可以与之一起生活，他们完全客观地对待自然，不掺杂人的意愿。[1] 因此素朴的诗人抱有客观态度，掌握了第一手的自然，正如莎士比亚那样的冷静和漠然，"像上帝（造物主）隐身于宇宙结构的后面，莎士比亚藏在他的作品的幕后。他就是他的作品，他的作品就是他。"[2] 与此同时，素朴的诗人被限制在他所面向的现实中，他的方法是"对现实世界的最完美的摹仿"，他的诗是现实主义的，但却成为有限性的艺术。到了近代，诗人就像怀念逝去的童年一般，采用三个方式来表达感伤的心情，从而产生讽刺诗、哀歌和田园诗[3]。讽刺诗以现实和理想对立为主题，又可分为惩罚性的和逗笑性的，前者如斯威夫特和卢梭，后者如塞万提斯和斐尔丁。不过，报复性的讽刺诗，不在此列，因为它已丧失美的自由而终止其为诗了。哀歌突出理想，并对理想的丧失表示哀悼。田园诗则是感伤诗的最高形式，谋求人与自然的再度契合，至于牧歌中的

---

[1] 《希腊诸神》一诗(1788)的论点。
[2] 《席勒文集》第十七卷，第499—500页。
[3] 英译文为 idyll。

世界还嫌太狭隘,不足以构成理想的象征,弥尔顿的史诗对天国、乐园的描绘可算感伤诗的最佳典范。和素朴诗相比,感伤诗不以自然、现实而以观念世界为对象,是理想主义的、而非现实主义的,并且属于无限性的艺术。此外,席勒还指出:"素朴的诗人须防止实际的自然会导致乏味、庸俗。感伤的诗人要避免感受和表现的夸张。"

再次,席勒并不把素朴的和感伤的看作互相排斥,而是像古典的和浪漫的、现实主义和理想主义那样,并行不悖。他说,这两种感受方式都有片面性和相对性,素朴的诗依靠经验,感伤的诗依靠理性,而经验(感性)和沉思(理性)"各有各的权利和优势",因此他不主张"偏爱两类中的一类而排除另外一类","只有把这两类平等地包括在一起"。席勒接着指出:"但是还有一种更高的概念可以统摄这两种方式。如果说这个更高的概念与人道观念叠合为一,那是不足为奇的。"我们不难看出,席勒是在人道的基础上统一感性与理性、客观与主观、必然与自由;认为诗如果实现这个统一,便能表达人性这一完美的整体了。

(三)

不过值得注意的是,席勒在谴责近代社会分工和商业化破坏人性的完美整体时,唯心论的偏向得到了发展。他在踌躇犹豫之中提出一个希望:"尽管任何工作都会在顷刻之间扰乱人性的完美整体,而忙碌的生活更足以摧毁这整体",但是如果能有"这末一群人,他们虽无事可做,却具有生命的活力和理想,而这理想又不过分",那末他们"在判断纯属人的一切事物时,就能凭着他们的情感和思想,提供判断的准则"[①]。换句话说,作者把所谓发扬人性和实现人的理想,寄托在少数有修养的"杰出者"[②]、也就是"有闲者"身上了。这里,席勒流露出对于群众文艺及其广泛作用的歧视,而终于陷入"无意识"说的泥坑里。首先,他认为人民大众和有修养的"杰出者"在鉴赏趣味上差距很大,因此做一个广受欢迎的诗人是不容易的。尽管那些"精疲力竭的商人"和"生活沉闷而又单调的学者"特别需要文艺娱乐,然而文艺的最高使命在于表现完美人性,只有不为娱乐而专尚沉思的"杰出者"方能领会这种艺术境界。其次,席勒虽主张客观、主观的统一,感性、理性的统一,但有时又侧重主观境界,忽视作家的理智和精心结构,进而宣传"无意识"的创作了。他说过这样一段话:"根据经验,诗人是从无意识开始的。

[①] 《席勒文集》第十七卷,第 560—561 页。
[②] 英译文为 elite。

诗人写诗时,既有一个最初的、完整而又模糊的意境,但也清楚地意识到自己的工作;如果他发现在作品完成时,没有削弱最初的意境,那末他一定会感到自己是幸福的了。倘若这个虽然模糊却很有力量的完整思想不是先于一切技术性的东西而存在的话,诗创作就不可能发生,因此我觉得诗就是要能够把这种无意识转化为一个对象,而予与表现和传达。无论是诗人或非诗人,都同样地为诗的思想意境所感动,但是后者不能把这意境纳入一个对象,并按照必然的要求再度表现出来。另一方面,非诗人和诗人也同样地凭意识和必然以产生作品,但这作品将不从无意识开始,也不以无意识告终,它仅仅是意识的产物。但是,无意识和意识联合起来,便形成具有诗意的艺术家了。"[1]这里,作者是从素朴诗的论点出发,不仅增强它的片面性,而且终于否定感伤诗,否定二者的统一而自相矛盾了。他曾说过"诗人即自然",诗人并非"寻找自然",在这种物我为一的情况下,不存在什么观念或理想,于是诗人和诗创作都属于无意识了。反过来说,如果诗人寻找自然,谋求人与自然的统一,那末他就是感伤的诗人了,因为他有观念,有理想,也就是有意识,他的诗既是"意识的产物",那末他也就成为非诗人了。这里又显然是否定感伤诗是诗了。席勒的文论中,大凡搬运抽象概念、层层深入的地方,有时就不免自相矛盾。诗人和非诗人的说法,无异乎否定自己关于素朴诗与感伤诗的结合论了。

(四)

席勒的批评著作对欧洲文艺理论的发展是很有影响的。他在发扬人性或人道主义的前提下,主张素朴诗与感伤诗的统一,推动了古典的与浪漫的之间关系的研究,并预示欧洲文学发展的规律的探讨。其次,他以表达理想、解放精神的强烈愿望作为近代欧洲文学的特征,提供了十九世纪浪漫主义批评的源泉,并通过史勒格尔兄弟和柯勒律治等而引起广泛的探讨。再次,他较早地探索现实主义创作的精神实质,尽管"现实主义"一词是在评论库尔贝的绘画和弗洛贝尔的小说的时候,方才首先使用。[2]

另一方面,就启蒙运动时期的文论而言,席勒的唯心主义色彩比较浓厚,这和上文所述康德对他的思想影响是分不开的。我们不妨引用席勒自己的话来说明,同时也就作为本节的结束语:"歌德从感觉世界汲取过多的东西,我则取资于

---

[1] 《致歌德函》,1801,3,27。
[2] 参看批判现实主义一章。

心灵。整个看来，歌德的理解方式是过多依靠感官了，他老是用手和手指去抓事物。"①

〔意〕维　柯

维柯(1668—1744)是法学家、历史哲学家、文艺理论家。曾任那不勒斯大学修辞学教授和那不勒斯王室史官。他钻研希腊罗马古典名著，认为"柏拉图描绘出理想的人，而塔西达斯②叙述了真实的人"；在近代作家中，培根和格罗狄厄斯③分别引起他对哲学、历史和法学的兴趣；但他本人则是虔诚的基督教徒。当时那不勒斯乃法学研究的中心，同时受法国笛卡尔理性主义哲学影响较深，维柯由于自己的宗教信仰，虽对理性主义进行批判，但未能彻底，而对天主教教会勾结西班牙、奥地利和法国等外来侵略势力以统治那不勒斯，则采取回避态度。所有这些，形成他的思想的局限。他的主要著作有《君士坦丁法学》④和《新科学》(1725初版，1730增订版)，后者的全称为《关于民族共同性的新科学》⑤，是一部关于古代文化史的理论著作。

维柯认为古代埃及有两大遗产可以继承：(一) 埃及人把他们以前的其他各民族的世界(或历史)分为三个时代，即神的、英雄的和人的时代；(二) 埃及人认为与这三个时代相适应的语言则有三种，即符号语言或神圣语言，象征的、比喻的或英雄的语言，以及人的通信的普通语言。⑥ 维柯接受这种历史分期法，从而探讨一般民族文化的起源和发展，把宗教看作人类历史、文化发展的唯一动力，同时诗也起源于宗教。他提出了诗的想象先于哲学的推理，因此诗先于哲学和史学。他还讨论源于想象的形象思维和源于推理的抽象思维之间的区别。书中关于想象和形象思维的特点的分析，在今天仍有参考价值，尽管作者的历史观是唯心论的。

维柯阐述在上述的第一时代里，原始人"还没有推理力，浑身都是强旺的感觉力和生动的想象力，……把自己感觉到而对之惊奇的那些事物的原因，都想象

---

① 与克尔纳《论美书简》，1790年11月1日。
② 塔西达斯(55—120)，罗马史学家，著有《编年史》《历史》。
③ 格罗狄厄斯(1583—1645)，荷兰国际法学家、政治家。
④ 君士坦丁(280—337)，罗马皇帝，统一帝国全境，承认基督教的合法地位，并使它成为统治帝国的工具。
⑤ 朱光潜选译，《西方文论选》上卷，第534—549页。以下引文分别注明卷、章、节。
⑥ 卷一，第二部分《要素》第28。

为神",例如头顶上的天被想象为比人强大得多的神,雷被想象为神的咆哮。维柯说:"这种形而上学就是原始人的诗。"①认为"惊奇的对象愈大,惊奇的程度也愈大"。"推理力愈弱,想象力也就愈强。""诗的最崇高的劳力,就是对本无感觉的事物赋予感觉和情欲。"②也就是说,诗的起源寓于宗教的起源,而诗的动力则为想象。到了第二时代,在神话故事里人取代了神,而出现了英雄形象,并被赋予类概念,例如荷马史诗中阿喀琉斯和奥底修斯分别代表勇猛和智慧的类概念,已不再是原始人所看到的个别英雄,维柯称之为"想象性的概念或普遍性相(一般)","创造出诗的人物性格",形成了"一种典型或理想的肖像"。③ 维柯的这一论点,发展了贺拉斯和十七世纪古典主义的人物类型说,因为他肯定想象的作用,并触及个别和一般的统一。维柯还认为,在英雄时代里人类社会已划分为贵族和平民,而平民阶级的兴起终于导致英雄主义的解体,于是人类便进入人的时代。在这第三时代里,人学会推理或抽象思维,除诗之外,增加了哲学和散文,但也同时开始"讲求舒适,寻乐,由奢侈变成淫逸、发狂,浪费人类的财产"④。维柯由此得出结论:"因为人类推理力的欠缺,崇高的诗才得产生,崇高到这样的程度,以致后起的各派哲学、诗艺和文学批评,都没有能赶上或超过它,甚至妨碍它的创造了。"⑤维柯写道:"荷马诗里完全没有哲学"⑥,而且哲学"分析细碎,标准苛刻",足以"麻痹心灵"和"想象的功能",使"时代僵滞"⑦。他把想象和推理以及诗和哲学绝对地对立起来,这显然是错误的。

至于他从想象出发探讨诗的语言,进而研究诗中形象思维的特点,今天还有可以借鉴的地方,尽管他将形象思维和逻辑思维完全对立起来,也是错误的。他认为形象思维源于想象,而具有原始性、生动性和个别性、确实性。关于原始性、生动性,他举出生动的例子:"儿童把无生命的事物拿到手里,和它们戏谈,好像它们和活的人一样。"⑧关于个别性、具体性,他说"诗必须深深地沉没到个别的事例里,而哲学则把心从感官那里拖开来⋯⋯飞腾到普遍性相"⑨。"诗的语言

---

① 卷二,《诗的形而上学》第一章。
② 卷一,第二部分《要素》第 25,36,38。
③ 同上,第 49。
④ 同上,第 66。
⑤ 卷二,《诗的形而上学》第一章。
⑥ 卷三,第一部分《寻找真理的荷马》第四章。
⑦ 钱锺书译《致盖·德·安琪奥利函》,《古典文艺理论译丛》第十一册,1966 年,第 21—22 页。
⑧ 《要素》第 38。
⑨ 卷三,第一部分,第五章。

愈掌握住个别,就愈确实,哲学的语言愈上升到一般,就愈接近真理。"① 维柯还具体描述形象思维活动的两个特征。第一,"人在无知中把自己变成衡量一切事物的尺度"。尤其是"人由于不理解事物,就变成一切事物"了。所以"拉丁农民说田地干'渴',我们意大利乡下人说,植物'讲恋爱',葡萄'长得发狂'"。因此形象思维的过程乃是以己度物的隐喻②。这时候,人"凭虚构去创造",正如"塔西达斯所说:'一旦虚构出,就信以为真。'"③ 第二,即上面说过的,将个别事物形成想象性的类概念或普遍性相。他进而论证了:正因为形象思维发源于想象,所以类概念和以己度物进行虚构,便成为它的规律了。

维柯结合民族文化的历史来研究文艺理论,得出这样一些结论:是想象而非推理,产生了诗,而诗的真正创造者是广大人民;形象思维乃诗的语言的特征;形象思维与类概念和虚构不可分。维柯的论点在欧洲文论史上是具有特色的,其中想象性的类概念和以己度物,可以说是对于后来的典型理论和移情说分别作出一定的贡献。

---

① 《要素》第53。
② 卷二,《诗的逻辑》第二章。
③ 卷二,《诗的形而上学》第一章。

第八章 十九世纪（一） 浪漫主义

在1789年法国资产阶级民主革命的影响下，十八世纪末到十九世纪三十年代的欧洲，广泛展开资产阶级民主运动和民族解放运动，而欧洲封建反动势力则进行反扑，其中心为俄国、普鲁士、奥地利封建君主的"神圣同盟"。由于德、英、法等国的资本主义经济发展不平衡，以及上层建筑领域包括有空想社会主义在内的形形色色的唯心主义，资产阶级知识分子的思想意识的表现，不仅互有差异，而且十分复杂。德国的康德、费希特(1762—1814)、黑格尔的唯心主义哲学在欧洲占有重要地位，影响很大。关于康德和黑格尔，前一章已经介绍。至于费希特，虽曾批判康德的"不可知论"，主张人的认识能力是无限的，但是完全毋视实践对认识的作用，将所谓独立的"自我"看作认识的根源，以客观为"非我"，提出"自我创造非我"之说，实际上是主张精神决定物质的。此外，法国的圣·西门、傅立叶和英国的葛德文、欧文等的空想社会主义，则企图以主观愿望和宣传感化来改造人类社会，看不到反抗资本压迫的无产阶级及其革命力量，而只是步启蒙学派的后尘，幻想着"建立理性和永恒正义的王国"。

这一时期的民主斗争和民族解放运动，以及唯心论哲学和空想社会主义思想，反映在欧洲文学上，产生了浪漫主义及其理论。因此，浪漫主义在理论上主要属于资产阶级范畴。浪漫主义作家主要是诗人，其中不少同时也是理论批评家，他们继承和发展文艺复兴时代资产阶级人性论和人道主义传统，对启蒙运动中的自由、平等、博爱则失去信念，对约制个性、日趋僵化而且过时的古典主义尤为反感。他们比文艺复兴时期的人文主义者更进一步，宣扬个性解放、心灵解放，向往理想世界，强调主观和想象的创造性。但与此同时，没落反动的封建阶级的幻想也反映在浪漫主义中，因此浪漫主义有种种不同的表现。或者从资产阶级民主立场，揭发封建和教会的专横，同时也暴露资本主义带来的灾难，并歌颂民主的和民族的斗争，渴望改变现状。或者侧重自我解放，赞美大自然，谋求物我的契合，以寻求精神的慰藉。或者站在没落贵族一边，脱离时代，其中有的美化宗法社会,有的回到中世纪宗教神秘主义,有的更加后退,害怕革命,幻想历史倒转,去拥护封建复辟了。因此浪漫主义诗人一般被分为积极的、消极的和反动的。作为批评家,他们在一定程度上分别受到这一时期哲学思想的各种影响,例如康德的"彼岸世界"、上帝观念;费希特的"自我创造非我"、主观虚构;黑格尔的"绝对精神的感性显现"与对神的赞美;空想社会主义者以空想计划代替现实斗争,如此等等。至于浪漫主义诗论,一般说来有以下特征:抒发感情和个人意愿;鼓吹天才、个性;向往心灵的自由与解放,进而歌颂自然——这些应为创作的主题。而突破客观世界的制约(包括对外在的反应、感受);冲溃古典主义的藩篱;十分自由地把心灵或内在世界加以想象化、美化、夸张化以及形象化——这些被看作是创作的途径和重要手段。可以说:为了表现自我,一方面不能停留在古希腊以来摹仿现实的古老传统,而要求高度发挥想象,使客观统一于主观;另一方面大大丰富诗的语言形象,以增强诗的艺术感染——这乃是浪漫主义诗歌创作与理论的纲领。

  由于历史条件和思想状况不尽相同,德、英、法几国的浪漫主义理论又各有特征。德国在政治和经济上比较落后,神学的观点深入诗学,出现以史勒格尔兄弟为代表的耶拿派浪漫主义。但这种带有神学色彩的诗论也并不限于史氏兄弟,在歌德所谓的"浪漫的"概念中也未能免,例如他于1812年就已宣称:"上帝寓于自然,自然体现上帝。"就德国而论,直到海涅出来才予以无情的打击。英国曾在十七世纪四十年代发生资产阶级革命,但资产阶级和王室的妥协持续较久,思想领域的矛盾斗争相当突出。而法国革命中雅各宾党专政带来的恐怖更威胁着英国浪漫主义诗人的创作理论,并存在较大分歧,既有几乎是耶拿派翻版的柯勒律治的《文学生涯》,又有向往革命空想而仍然撇不开上帝的雪莱的《诗辩》,更有预示着为艺术而艺术或唯美主义的济慈的论诗书简。此外,关于"浪漫的""浪漫主义""浪漫主义者"这类名词的出现及其涵义,各国也有所不同。[①] 在英国,迟至十九世纪三十年代这个名词方始流行,首先见于1827年卡莱尔的笔记中:"格罗西[②]是浪漫的,孟佐尼[③]是浪漫主义者"。在法国,由于启蒙派的唯物主义思想比较根深蒂固,所以浪漫主义理论时常是比较尊重客观现实,含有现实主义因素,例如史达尔夫人、司汤达和雨果都是如此。而且法国在较长的历史时期

[①] 参考威列克《批评的诸概念》,第七章《文学史上浪漫主义概念》,耶鲁大学出版社,1963年。
[②] 格罗西(1791—1853),意大利诗人。
[③] 孟佐尼(1785—1873),意大利诗人、小说家。

里,资产阶级革命和封建王朝复辟相对立,社会矛盾现象既复杂又深刻,就产生了夏多勃里昂的反动浪漫主义理论——《基督教的真谛》和雨果以美丑对偶、对照为中心的积极浪漫主义宣言——《克伦威尔·序言》。

以上所讲只是德、英、法三国浪漫主义理论的简单轮廓,下面再分国介绍。

〔英〕华 兹 华 斯

华兹华斯(William Wordsworth,1770—1850)乃律师之子。早年先后受启蒙主义和感伤主义思想影响,向往于唯情论、返于自然说,以及恬淡平静中的回溯等。他对法国资产阶级革命,先表示同情,雅各宾党专政后,态度转向消极保守。他不满于古典主义传统和桎梏,与柯勒律治共同发表《抒情歌谣集》,并为第二版(1800)和新版(1815)写序言,他的序言一般认为是英国浪漫主义运动的宣言。

他在第二版的《序言》①里,首先讲到诗的题材和语言,说他自己"通常选择微贱的田园生活作题材,因为在这种生活里……心中的热情找到了更好的土壤……情感更单纯……少受一些拘束……说出一种更纯朴的、更有力的语言"。尤其是,由于田园生活接近自然美,他认为自己的"热情与自然的美而永恒的形式,合而为一"了。在诗的题材上,他以农村的质朴对照宫廷的虚伪,在诗的语言上,他以真挚单纯对照矫揉造作,因此这篇《序言》充分表现了浪漫主义对古典主义的冲击。其次,他论说题材、情节和情感之间的关系,认为"日常发生的国家事件,以及城市人口的增加……工作的千篇一律"(也就是英国资本主义的几个侧面),正在促使诗人认识两点:一、"深深觉察到人的心灵仍然具有若干天生的不可毁灭的品质";二、凡是"一切足以影响人的心灵的、伟大和永恒的事物,其本身原有一些天生而不能消灭的力量"。意思是说人性和人性本身的力量足以唤起诗人的情感,这情感决定了这部诗集在题材和情节上能够寓不平凡于平凡之中,或者将平凡写得不平凡。因此他说:"在这些诗里,乃是情感给予动作和情节以重要性,而不是动作和情节给予情感以重要性。"这是强调情感的决定作用,必须先有所感受,而后笔下才写出诗来。再次,关于诗人的条件和职责。认为诗人"比一般人具有更敏锐的感受性……更多的热忱和温情……更能全面观照的灵魂。"只有这样,"诗人(才成为)捍卫人类天性的磐石"。与此同时,诗人的"心灵

---

① 曹葆华译,《古典文艺理论译丛》第一辑,1961年。

能映照出自然界中最美最有趣的东西"。接着,华兹华斯把人类天性和自然之美看作是"普遍的和有力量的真理",从而论证"诗的目的是为了真理"。那就是抒发情感,歌颂自然和人的本性,不同于古典主义从理性出发,宣扬自然人性。此外,他主张诗的语言"接近中下层社会人们的语言","分别适合于(所要表达的)每一思想",做到"合情合理","丢掉了……被劣等诗人愚蠢地滥用的……词句和词藻"。因此反对古典主义一味推崇宫廷和上层社会的语言。而且,他还从诗的语言回到诗的想象:为使读者感到愉快,诗人须根据想象,把中下层人们的语言"稍加改动"。不过他又认为,"从想象或幻想所得来的文字是不能同从现实和真实中产生的文字相比的"。想象的语言不容许超越现实,因为生活中的语言有时候比诗中的语言更加丰富,更加生动。

新版的《序言》关于想象有进一步的发挥。作者论说观察、感受、描写以及沉思、想象、幻想、虚构、判断等在诗创作中所起的作用,但是侧重于想象的创造性,认为它是浪漫主义诗论的核心,并通过想象和幻想的区别,进一步阐明想象的实质和作用。想象和幻想所取得的,在与对象的"相似"这一点上,是不一样的。因为想象在创造诗中的意象(image)时,具有赋予、抽出和修改三种力量;不仅如此,想象力还能"造型和创造","把众多合为单一","把单一化为众多"。他批评柯勒律治所说的幻想力,在于把对象加以"聚集和联合",这未免看得太笼统了。至于幻想所予的"相似",则限于外形、轮廓和特点以及偶然突出的特性,使人感到惊奇、有趣;幻想乃是"激发和诱导我们天性的暂时部分",而且作用短暂,也不稳定。华氏主张想象所予的"相似",应"更多地在于神情和影响",揭示天生的、内在的特性;想象乃是"激发和支持我们天性的永恒部分",影响深远,头脑的任何其他功能都不足以使想象趋于松懈,也不能加以损害或削弱。华兹华斯反复强调想象为创作的基本动力,因为保卫想象力,使之发挥作用,正所以抒发个人感情,从而表现自我及其真挚,达成浪漫主义诗歌的目的。实际上华兹华斯的想象说,出发于永恒人性,以自我为皈依;而柯勒律治则主张诗人通过想象,谋求物与我的统一,主观与客观的统一,从而有所创新、创造,在理解和认识上比较全面。

此外,华氏还有一些意见值得介绍。1798 年他曾结合自己的创作,向读者宣称:"所有的好诗,都是从强烈的感情中自然而然地溢出的。"1800 年给约翰·威尔逊的信中说:诗以人的本性为描写对象,"我们从哪里寻找最好的标准呢?我回答,从内心去找;首先全部裸露自己的心怀,然后去观察天真坦率、生活平凡、永远不懂得虚伪造作的人们"。1824 年 1 月 21 日给萨维基·蓝铎①的信说："诗纯为想象之事",想象"诉诸无限",并"引向永恒,赞美永恒",而后者"使我深受感动"。1810 年在《论哀歌》中说:悼念死者的诗文,须"表达出作者本人确实感到哀痛",一位"真诚的哀悼者",唯其不是冷淡漠然,心灵才真正地在活动。这些话也有助于说明华兹华斯的浪漫主义诗论关于天性、真情对想象的作用。

〔英〕柯 勒 律 治

柯勒律治(Samuel Taylor Coleridge,1772—1834)是诗人兼批评家。牧师之子。青年时期思想激进,曾计划在美洲原始森林组织宗法公社,定名"平等邦";写过《巴士底的陷落》,歌颂法国资产阶级革命;热月党人推翻左翼雅各宾后,他的思想剧变,又写诗为热月党辩护。他在德国学习康德哲学,并对史勒格尔兄弟的著作很感兴趣,思想日趋神秘。在诗创作方面,为了反对古典主义的桎梏,曾和华兹华斯共同发表《抒情歌谣集》。他的批评和理论著作有《文学生涯》(也译《文学自传》,附录中有《论诗或艺术》)、《莎士比亚评论集》、《批评杂文集》、《方法论》等,其中关于诗的论说,和耶拿派浪漫主义很相近,而他那富于神秘色彩的艺术观也和史勒格尔兄弟一样,因此在现代西方批评界中享有极高的声誉。就英国而论,乔治·圣兹伯雷把他的名字和亚里斯多德、朗加纳斯并列,阿瑟·西门斯认为他的《文学生涯》是英国最伟大的批评著作,艾伏·阿姆斯特朗·瑞恰兹称他为现代语义学派的先驱,赫伯特·里德认为他是存在主义和心理分析派的预示者,至于美国的理论批评,则把他和亚里斯多德并列。②

首先,是关于诗的概念。席勒认为诗资取于心灵(而非感觉),精神解放和表达理想乃近代文学的特征。弗利德里希·史勒格尔强调诗中无限与自由的统一,因此诗属于上帝的创造本身的一部分。柯勒律治继席勒和史勒格尔兄弟之后,扩大诗的涵义,主张一切艺术以至人类的活动都可称之为诗,这种看法,可溯源于古代希腊以"一切制作"为"诗"。柯勒律治先从小处看,曾说小孩对花责骂这一现象,其中有诗;他更从大处着眼,认为宗教改革家、基督新教创始人马丁·路德(1483—1546)"虽然不曾写过诗,却把'诗'演出了"。此外,他还提出广义的诗("poesy")和狭义的诗("poetry"),前者泛指全部艺术,后者专指以语言为媒介

---

① 蓝铎(1775—1864),英国讽刺作家,著有《想象的谈话》。
② 参看威列克《近代批评史》第二卷,第 151 页,1961 年版。

的创作。① 可以说,作为批评家,他的思想比较活跃,视域和观察都具有相当的广度和深度,尽管他的世界观是唯心论的。

其次,关于诗的本质和创作方法,在一定程度上具有辩证统一的观点。他主张诗的本质,"可以解释为是介乎某一思想和某一事物之间的……是自然事物和纯属人类事物之间的一致与和谐。诗是思维领域中形象化的语言,它和自然的区别,就在于所有组成部分被统一于某一思想或概念之中。"②因此诗的方法乃"统一的方法,使许多事物在人的思想(心灵)中合而为一"。也就是说,诗本身的性质在于统一主观和客观,并表现在诗作的思想之中,而统一的方法则是使诗作中形象化的语言从属于这一思想,为它服务。这样的内容与形式的统一,形成艺术作品的整体性。他以剧诗为例,其整体性表现在"语言(形式)、热情、性格(内容)之间一而再再而三地相互起作用"③。柯勒律治还进一步阐明,诗作为统一的整体,并非静止的,它表现一定的动向或趋势。"一切记叙文字,甚至所有诗篇……在诉诸我们的领悟时,应呈现出破方为圆的运动,亦即环形的(圈形的运动)。"④他在《方法论》中还说:诗的"基调"应该是"创始""发端",从而取得"进展中的统一"。意思是从运动来体会永恒,并用环、圈来比喻永恒。他曾写道:"圆圈本身是一个美的形象;当我从它联想到永恒的境界时,它更显得崇高了。"⑤

再次,这"进展中的统一"具体表现为诗的想象,亦即浪漫主义诗创作的根本动力。他写道:"显然有两种力量在起作用,它们相互之间是主动和被动的关系;然而,如果没有一种同时既是主动又是被动的中间力量的话,这种关系是不可能的。(用哲学语言来说,我们必须从其全部的深度与限度上把这力量命名为想象。)"⑥这里,想象所具的"中间力量"是指它在创新中所运用的"统一"的力量。为了说明这一点,柯勒律治把想象和幻想区别开来。幻想仅仅限于回忆中的联想,是一种"聚集和联合能力",这不同于华兹华斯之以幻想为外形、轮廓之事,而且是暂时的。想象则为激情所推动的创造,它所具有的统一的力量表现在调和一般与具体、概念与形象、理性与感情、自然与人工、内容与形式,这样才能捕取

---

① 《方法论》第 85 页。
② 《论诗和艺术》,见《文学生涯·附录》。
③ 《莎士比亚评论集》第一卷,第 205 页,1930 年,伦敦版。
④ E·L·格里克斯辑《柯勒律治未发表书信集》,1932 年,伦敦版,第二卷,第 128 页。
⑤ T·M·雷梭尔辑《柯勒律治的残篇》,1925 年,伦敦版。
⑥ 《文学生涯》第七章。

并描绘对象的本质,从而完成一个具有生命的艺术整体,给人以美和快感。① 简言之,想象发源于对生命的热情,表现为现实的理想化、客观的主观化、概念的形象化。在这过程中,理想化与形象化都决定于想象,关于这一点,柯勒律治在论诗才(诗的天才)时有所补充。他惯于把诗人和天才作为同义词,并附以种种条件,如激情、敏感性、意志、良知、判断力、幻想、想象等,而在它们中间,热忱、敏感则和判断、想象紧密关联,方能产生艺术形象。他写道:"想象具有塑造形象的精灵,想象于朦胧隐约之中显得和创造相类似,这种类似我虽不完全承认,然而正是我们对于创造的全部设想。"②他突出了想象对艺术造型的巨大作用:"热情指挥形象化的语言。""形象化的语言最早是热情的产物。"③他还说:"如果诗人不是首先为一种有力的内在力量、一种感情所推动,他将始终是一名蹩脚的不成功的艺坛耕耘者,……他也不可能在艺术上取得重大进展,倘若在前进途中,那模糊隐晦的冲动没有被逐渐地变为明亮的、清晰的、活泼的思想概念的话。"④换言之,既有热情,又有明确而且活泼的思想概念,才能想象出理想的境界,从而唤起、组织并指导形象思维的活动,产生形象化的语言。"诗是诗的天才的特产,是由诗的天才对诗人心中的形象、思想、感情加以支持、同时加以再建而成的。"⑤这一番话阐明想象包含形象——造境的过程,其次序则由外而内,从形式到主题;语言形象须为思想境界服务,而思想境界又是和生命激情分不开的。

《文学生涯》及其附录《论诗或艺术》比较全面地、系统地表述了他自己的理论,我们不妨复述二书的主要论点。(一)诗产生于诗的天才或诗才。诗才以良知为躯体,幻想为衣衫,运动为生命,而以想象为灵魂。想象在意志和理解力的推动下开始活动,而趋于平衡,调和了同一与殊异、一般与具体、概念与形象、个别与类型、新感觉与老传统、理性与感情、自然与人工、内容与形式,只有如此,才能最鲜明地反映自然和人性的本质,终于塑造出有风姿、有意义的整体,这整体则给人以愉快。(二)想象又可分为第一性的和第二性的:前者属于知觉、理解,后者属于自觉、意志;而诗才则紧密地联系着第一性的与第二性的想象的统一,而在这统一体中,内在的意志、感情居于主导地位。(三)诗人、艺术家须把握自

---

① 《文学生涯》第十三章,第十四章。
② 《1804年1月15日函》。
③ 《莎士比亚评论集》第一卷,第206页。
④ 《方法论》。
⑤ 《文学生涯》第十四章。

然的本质,在它和自己的心灵之间起桥梁作用;艺术品是艺术家内在天性与外在世界相调和的产物;当意识印在无意识的物体上时,犹如处于这物体之中,只有天才方能将二者联系起来。因此,艺术家、诗人既须进入自然,又须超离自然,才不致为临摹自然所困惑,而能听命于创作的冲动,映出他心境中全部事物的形象来。柯勒律治论诗,带有哲学意味,正如他自己所说:"谁也不能成一位大诗人,假如同时不是一位渊博的哲学家。"①

总的看来,柯勒律治主张诗须具有调和、统一物我的功能,同时着重诗人在这统一中的自我表现,并进而阐明意志—热情—思想—想象—形象化组成诗创作的全部过程,大致上和史勒格尔的浪漫主义诗论相一致。但是他不囿于耶拿派浪漫主义的宗教神秘观点,提出须在领悟永恒世界的同时推进物我的统一,以体现诗中的永恒创造或自我创造,在一定程度上含有辩证发展的思想,不过他所谓永恒世界的概念是形而上学的。他论说生活热情产生并丰富诗的语言形象,而在热情之上突出了包孕热情与思想的想象的指导作用,避免了为形象而形象的偏向;这对后来关于形象思维的理论研究有一定贡献。至于宣扬广义的"诗",以概括人类的一切创新,对文艺批评来说,有助于扩展视域,开拓思想。但另一方面,柯勒律治关于天才的决定性、意志、激情的至高无上,而毋视社会现实的物质基础,则表现了以"内"拒"外"的唯心主义观点。

〔英〕雪　　莱

雪莱(Percy Bysshe Shelley,1792—1822)出身富裕地主家庭。在小学时反对教师体罚学生,在大学时写过论文《无神论的必然性》(1811)而被开除。他支持在法国资产阶级革命影响下的英国民主派运动,包括葛德文(1756—1836)的政治主张:谴责封建制度,批评资本主义剥削,认为理想的社会是自由生产者的同盟,事实上属于空想社会主义思想范畴。他和诗人雷·亨特(1784—1859)等英国激进民主派往来,并到爱尔兰参加爱尔兰人民反对英国统治的斗争,向往没有剥削、没有种族压迫的大同世界。他爱好自然科学和哲学,崇信柏拉图的客观唯心主义,卢梭的"返于自然"说等。他先后翻译柏拉图的《饮宴篇》(1818)和《伊安篇》(1821),柏拉图所谓有神力凭附的诗的创作的观点,对他产生较大影响。他给自己所作的叙事诗《麦布女王》(1813)、《伊斯兰的起义》(1818)、诗体悲剧

---

① 《文学生涯》第十五章。

《解放了的普罗米修斯》(1819)写序言,谈他对诗创作的一些看法,其主要理论著作则有《诗辩》(1821)。

《伊斯兰的起义·序言》[①]论说诗中自由和正义的原则,以及灵感问题。认为诗人为了"激起人们向往卓越境界的冲动和渴望",应描写生活与环境教育如何形成他的思想,他不必考虑当代的批评,而只需把自己的心灵感受及其所含的愉快和热忱,传达给读者,引起共鸣。至于灵感,是指诗人必须心灵有所感受,方始写出诗来,而创作衰竭之日往往是批评兴盛之时,正是因为批评家不同于诗人,不需要灵感。具体说来,诗中的语言、形象固然都是灵感的体现,但一切好诗却不须反复修改,只在落笔之前有较长时间的酝酿和构思。此外,雪莱还认为:灵感意味着"心灵的创造活动",它的过程"犹如逐渐冷却下来的煤块,却被一种无形的力量像意外的阵风吹了过来,极为短暂地闪闪发光。"而且"创作一开始,灵感便趋衰弱,即使是最伟大的诗篇,也许只是诗人原有思想的微弱影子罢了。"雪莱对灵感的看法含有唯心论和神秘主义的色彩。

《诗辩》[②]是雪莱和皮可克(1785—1866)展开论战的长文。皮可克在他的《诗的四阶段》中认为诗乃原始社会的产物,今天已是讲求功利的时代,诗将趋于没落,最后消亡,雪莱加以驳斥,强调诗仍在发展中,它和社会历史的前进分不开,而当前正进入一个新时代,更需要对诗的起源、目的等问题,作一番新的研究。《诗辩》没有写完,现存的本子是经过亨特修改的。雪莱在文中宣称:"一首诗依照人性的若干不变形态来创造情节,这些形态原存在于创世主的心灵中,而创世主的心灵本身正是一切心灵的形象。"意思是上帝的心灵是至高无上的,赋予其他一切心灵以丰富形象,其中也包括人性的永恒不变诸形态。诗人的心灵反映上帝的心灵,其活动则表现为想象—创造和理智—推理,前者体现了上帝的想象—创造,后者则对现实生活作出安排或规划。因而"在通常的意义下,诗可以界说为'想象的表现';并且自有人类以来就有诗的存在"。雪莱的这种论点,可溯源于柏拉图的诗为理念的摹仿说。于是诗人的任务就在于描写人性诸形态所导致的思想和行为,因此诗的创造再现了上帝的创造,反映了上帝的心灵,并且也像上帝那样在创造中使美和善趋于统一,把人的心灵引向永恒的、极乐的境界。上述这些意思,《诗辩》用两段话来描述。"诗通过另一种较为神圣的方式,

---

[①] 王科一译,上海文艺出版社,1962年。
[②] 伍蠡甫选译,《西方文论选》下卷,上海译文出版社。

产生作用。它让心灵容纳许许多多未被理解的思想组合,从而唤醒心灵,并扩大心灵的领域。诗揭开帷幕,露出世界所隐藏的美,使平常的事物反而像是不平常了;……诗中被人格化了的事物,都带着极乐世界的光辉,人们一度对这些事物静观冥想,便在自己心灵上永远留下含义优美而又高贵的纪念碑,这种含义更扩大自己的影响到同时存在的一切思想和行动中去。""诗以永远新鲜的愉快的思想,重新充实想象,从而扩大想象的范围;这些思想能吸引所有其他的思想,使之趋于同化。"最后,雪莱概括出诗的作用、目的和任务。"一个伟大的民族觉醒起来,要对思想和制度进行一番有益的改革,而诗便是最为可靠的先驱、伙伴和追随者。"我们可以说,雪莱的《诗辩》突出表现了积极浪漫主义的精神。但更加重要的是:诗人的心灵属于上帝的心灵,所以他的一切也和上帝那样的神秘了:"诗人们是祭司,对不可领会的灵魂加以解释;是镜子,反映未来向现在所投射的巨影;是言辞,表现他自己所不理解的事物;是号角,为战斗而歌唱,却感不到所要鼓舞的是什么;是力量,在推动一切,而不为任何东西所推动。"诗人便是在这样的内外合一、充实自足、动静相因、无为而为、莫可言传等等情况下,成为"法律的制定者、文明社会的建立者、人生种种艺术的发明者",以及使"宗教接近于真、美的一位导师"。雪莱不惜使用神秘的语言和十分夸张的笔法,把诗人吹捧成上帝的儿子一般,这种看法和柏拉图的理想国只能容留颂神的诗人,也是一脉相承的。雪莱主张诗人应唤醒民族,作变革的先驱,这诚然是积极浪漫主义的,但同时又将诗人往上帝身上扯,和史勒格尔兄弟相比,也无甚差别,因此又是消极浪漫主义的了。最后,为了增强诗的感染力,《诗辩》主张必须讲求韵律,须结合声音和思想,谋求形式、内容的统一,而且诗的感染强度可以胜过雕刻和绘画。作者还指出:为了保持原诗的这种结合与统一,诗歌的"翻译显得徒劳无功"。

雪莱还反复论说诗是感人的艺术以及如何感人。他在所译的《伊安篇》的序言里写道:所谓"感人"就是"激发人们追求美好卓越的强烈愿望,并把这愿望作为巨大动力。"所写剧本《解放了的普罗米修斯》的序言还有一段话,则指出教人和感人的区别:"我憎恶说教诗;分内不应该说的、多余的、使人厌烦的东西,即使用散文写,也是同样写不好的。"不仅如此,雪莱更主张尽量缩减韵文和有想象的、有音乐感的散文之间的差距,认为从这一要求看,不妨把柏拉图和培根都称为诗人。因为柏拉图主张诗人如不能创造,便无法充当神的代言人,实际上是在强调诗中的想象作用;培根认为韵文和散文同样需要虚构和想象。

雪莱论诗,虽含有浓厚的宗教神秘色彩,但要求诗须创新,跟上时代;诗须有音乐感,以发挥更大作用等,今天都还有现实意义。

〔英〕济　　慈

济慈(John Keats,1795—1821)出身贫苦,当过医生的学徒和助手。他一生穷困,对英国的现实状况十分不满,曾加入以亨特为首的激进民主集团。他的文艺思想基本上是厌恶现实的丑恶,向往自然景物和古代希腊艺术所体现的永恒之美,并以它作为诗中重要主题。他的《蝈蝈与蟋蟀》有这样的诗句,将艺术美等同于自然美,因为二者都是永恒的:

> 世上的诗篇永远不死亡……
> 世上的诗篇永远不停息……

又如他的《希腊古瓮颂》中的名句:

> 当漫长岁月消磨掉了这一代人,
> 你(古瓮)将在不同于我们现在所受的苦难中,
> 仍旧是人类的朋友,并向人类说:

> "美是真,真即是美——这就是
> 你知道和你需要知道的世间一切。"[1]

济慈通过希腊古瓮,歌颂了真而又美的艺术品的永恒生命。我们不妨联想苏轼的《石鼓》的末四句:

> "兴亡百变物自闲,
> 富贵一朝名不朽,
> 细思物理多叹息,
> 人生安得如汝寿。"

---

[1] 主要依据周煦良先生译文。

作些比较研究。当然,无论是希腊古瓮和周朝石鼓,所谓真和美各有其时代的和阶级的内容与涵义。

济慈对于诗的创作或理论也有不少看法,散见于他的《书信集》中①,这些信写得生动细腻,有一定思想深度,可称英国诗论中的一个特色。其中心内容是:诗人处在现实和理想的矛盾中,必须强调"想象所能把握的美,同时就是真"②,以宣扬真、美合一的美学原则,而《古瓮颂》正是体现这个原则。下面介绍书信中有关的重要论点。

首先,真和美将如何把握呢?济慈认为必须反对说教、推理,才能感受真、美并表达于诗中。"我们憎恨的是,诗含有明显的意图","我们不要为某种哲学所吓倒。"③"诗中不要掺杂甚至最为稀薄的群众思想、社会思想,哪怕只写了一行也不行。"④相反地,诗应一切出于自然,"倘若一首诗的写成,不能像树叶发芽那样自然的话,倒不如不写为妙"⑤。至于以诗为思想教育的工具,那就更不容许了,他曾批评雪莱的诗宣传鼓动太多了,必须"抑制着雄心壮志,……用矿砂堵塞思想主题的每一空隙,才能比较地像一位艺术家"⑥。他坚持划清感受和思索的界限,曾公开宣称:"无论如何,我宁要充满感受的生活,而不要充满思索的生活。"⑦而他要感受的,则是上文所说的真、美同一的"美",因为"对一位大诗人来说,在一切的思考中,美占压倒的优势,或者进一步说,美扫除一切的考虑"⑧。换句话说,美只能感而得之,不可思而得之。

其次,诗人如何丰富审美感受呢?他的回答是:凭所谓的"消极能力"⑨。"一个有成就的人,特别是在文学上有成就的人"具有一种特殊的品质——"一种消极能力,也就是能够处于含糊不定、神秘疑问之中,而没有必要带着急躁心情,去追寻事实和道理"。⑩ 济慈认为这种"消极能力"是和诗人的性格分不开的。

---

① 下面所引书信中语,大都见于《西方文论选》下卷,第60—66页。参看袁可嘉选译本,《古典文艺理论译丛》第6辑,1963年,人民文学出版社。
② 致柏莱,1817,11,22。
③ 致华兹华斯,1818,2,13。
④ 1818,4,9函。
⑤ 致泰勒,1818,2,27。
⑥ 致雪莱,1820,8,9。
⑦ 致柏莱,1817,11,22。
⑧ 致乔治·济慈,1817,12,21。
⑨ 原文为 negative capacity,袁可嘉译作"消极的才能"。
⑩ 致乔治·济慈,1817,12,21。

"谈到诗人的性格……它不是它自己——它没有自性——它是一切,它又什么都不是。它没有性格——它欣赏光,也欣赏阴影。"①浪漫主义诗人强调热情和想象,突出自我和个性,而济慈也不例外,但他重视感觉对想象的作用。他之所以主张诗人把心里掏空,使自己没有本性,让思考、哲理在诗人心中无容身之地,正是为了使精神能保持消极被动的状态,方能大开感觉、感受之门,给想象提供大量素材,进而丰富诗的想象,来捉取并表现无关理智或说教的纯美,以达成诗的目的。因此他又说他自己"只确信想象是真实的——想象所把握的美同时就是真"②。于是,美或纯美也就是真与美的统一了。可以说,消极能力和纯美分别意味着诗的手段和目的,形成济慈的诗论的重要内容。这里有两点值得一提:消极能力之说,一定程度上含有虚伪与实用的辩证观点。这和唐代司空图《诗品》中所说的"返虚入浑",可以互相映发,不过司空图比济慈要早一千二百年啊!至于纯美之说则预示十九世纪后期"为艺术而艺术"的唯美主义。

第三,另一方面,济慈也并不坚持被动接受是诗人的唯一途径,认为有时候理性认识也可代替直觉。例如他曾写道:我们的形成,是由于遵循自然的规律,而非慑于自然的威力③。再如他的一些颂歌,形象地描绘艺术家和社会、时代以及永恒之间的冲突,说明他认识到这种冲突是客观规律所决定,倘若诗人对周围世界仅被动地感受,而不求有所理解,是不可能得出上述的结论的。

第四,《书信集》中还谈到诗人笔下的形象必须平淡自然,不可为了奇巧而矫揉造作;主张寓形象之美于含蓄、沉静之中,以避免刻露浮薄;指出诗人须有一定功力,方能做到上述诸点,希望读者欣赏诗的时候,能够对这一点有所领会;认为诗的创作和诗的理论批评,毕竟是有难易之分的,等等。这些论点,今天看来也还是有可取之处。

综观英国几位浪漫主义诗人的诗论,首先有个共同点,都强调诗的想象,其中柯勒律治和雪莱认为它可以引起综合物、我,统一天、人的效用,而诗之伟大也就在此。其次,华兹华斯、柯勒律治和雪莱的世界观,含有不同程度的神学因素,而柏拉图的理念论对雪莱的影响尤为显著。他们把诗人的心灵依附于上帝的心灵,诗人可与上帝并存,既生出诗人的力量,也分享上帝的力量;上帝参与了诗中想象的创造,诗的语言犹如上帝的声音,如此等等。唯有济慈不思上帝,而思古

---

① 致乌德浩斯,1818,10,27。
② 致柏莱,1817,11,22。
③ 济慈的长诗《赫坡里昂》第二篇,第 181 行(意译)。

人。因而在诗和现实与时代的关系上,看法也有所不同,华兹华斯止于宣扬人性的质朴,雪莱要求参与变革,而济慈则逃避到古希腊的"真、美"之中。再次,柯勒律治和雪莱都扩大诗的涵义,要求诗境的开辟与创新,济慈则以"消极力量"说来丰富想象的源泉,引起情境的生发,他们的观点不妨说是异曲同工了。最后,柯勒律治、雪莱和济慈都涉及诗的象征作用,前二人以无限和上帝为象征对象,主张诗歌与宇宙的契合,济慈则认为颂歌中象征性的图画,是为了宣扬艺术对永恒之美的向往。现代西方文学批评大多比较重视柯勒律治和济慈的诗论,因为它们的思想深度是值得研究的。

〔法〕史 达 尔 夫 人

史达尔(Germaine de Staël,原名安尼·路易丝·日尔曼尼·奈凯尔[Anne Louise Germaine Necker],1766—1817)为法国浪漫主义的先驱。父亲是男爵,任高级官员,丈夫是瑞士子爵,驻巴黎公使。她受启蒙思想影响较深,但对封建制仍存幻想。她虽同情法国资产阶级革命,并讽刺拿破仑独裁和波旁王朝复辟,但又谴责资产阶级左翼雅各宾党专政,而向往英国的君主立宪制。她批评夏多勃里昂的反动浪漫主义,但由于接受德国耶拿派浪漫主义的神学观点,又和夏多勃里昂同样地沉溺在浓厚的宗教感情中。在启蒙思想家中,她崇信卢梭的唯情论,但同时又吸取孟德斯鸠所代表的社会学中地理学派观点,认为地理、气候影响民族性格、社会制度以至文化艺术,从而研究欧洲文学发展史以及德国和法国的文学。她继杜·波斯神父①之后,论说北方(德国)文学和南方(法国)文学,并将前者和浪漫主义相联系,进而探讨诗的本质、诗的表现、诗的天才等;她推崇抒情诗、即兴诗,批判古典主义止于理性、箴言和学究气息。她的理论著作,主要有《从文学与社会制度的关系论文学》(简称《论文学》,1800)、《论德国》(1813)等。②

她在《论文学·序言》中说自己的任务是:"考察宗教、风俗和法律对文学的影响,反过来,也考察后者对前者的影响。"全书讨论古希腊罗马到十八世纪欧洲各国文学,法国文学当前应走的道路,德国文学与艺术,哲学与道德,宗教与热情等问题,而书中较为重要的部分是关于北方文学和南方文学,其论点大致如下。西欧有南方和北方,可分别以法国和德国为中心。"南方空气清新,多丛密的树

---

① 让·巴伯蒂斯·杜·波斯(1670—1742),法国批评家、史学家。
② 这两篇著作的一部分,有徐继曾译文,《古典文艺理论译丛》第 2 册,1961 年,人民文学出版社;部分译文见《西方文论选》下卷,第 124—144 页。

林和清澈的溪流",它们"和人的情操混合起来"使人有"较广的生活乐趣,较少的思想强度",在两性往还上无甚拘束,并且"比较地安于奴役,而取偿于气候之美和艺术爱好"。北方"土地贫瘠,气候阴沉多云,人们较易滋长生命的忧郁感和哲学的沉思,对欢乐的关怀不及对痛苦的关怀",但"想象却因而更加丰富"。他们"具有独立意志,不能忍受奴役",女性得到尊重,而盛行于北方的基督教(新教)更有助于人性的培育。至于文学方面,南方诗歌"耽于逸乐,排斥思考","不能与沉思相和谐",南方诗人把南方那些自然形象和情操相结合,而为了求作品的成功,较多地反映"民族和时代的普遍精神"。换而言之,南方文学表现感情和自然环境的一致。北方文学则缺少这种一致,但含有关于心灵解放的丰富想象。他们的"悲剧作家并不满足于人心的各种情感的流露以及产生的自然效果,而要借助于幻觉和幽灵,并溯诸类似他们的阴郁想象的某种迷信成分"。或者说"北方文学富于哲学思想","比较适合于一个自由民族的精神"。在这里,由于基督教是具有"哲学色彩的宗教","把人交给人自己",也就是唤起思索和觉醒,因此对于北方文学起着较大作用。她于是问道:"在读北方作家的作品时,我们不是感觉到这是另外一个大自然、另外一些人与人之间的关系、另外一个世界吗?"接着又说:"他们所写的某些诗歌的完美性,当然体现了作者的天才。"因为"一个戏剧作家,当他生活在一个不太容易轻信一切的民族中间,他的才气就会增长"。然而,"同样的作家如果在意大利,当他们感到同样的热情时,他们就不会写出同样的作品",因为在意大利,"民族和时代的普遍精神比作家的个人性格留下更多的痕迹"。史达尔夫人从宗教感情、独立自由的民族、个性、天才出发,也就是站在浪漫主义一边,比较地喜爱北方文学,她说:"我的一切印象、一切见解使我偏向于北方文学。"①书中论述浪漫主义文学积极向上的风貌时,还涉及浪漫主义的一条重要理论——想象,认为"想象的作品以两种方式对读者起作用:或者提供足以使人喜悦的生动活泼的场面,或者激起内心的种种情感。内心感情源于人性固有的各种关系,其原因是持久的,很少随政治事件而变迁;喜悦则有时甚至产生于反常的关系,其原因是暂时的。"②她所谓固有的人性或持久的原因,特别是指宗教感情,因为她受德国耶拿派浪漫主义影响,认为诗和诗的想象最后是为了神的,这一论点继续出现于她的《论德国》。

---

① 以上均引自《论文学》第一部分,第十一章《论北方文学》。
② 《论文学》第二部分,第五章《论想象的作品》。

《论德国》涉及德国的民族、民族心理、社会情况等,包括她在德国旅游的笔记,全书约有三分之一篇幅关于文学,其中比较重要的是论诗以及论古典诗与浪漫诗。她说:"如果我们要理解什么是诗,我们就必须借助于……那种使我们内心感到神的存在的宗教感情。"也就是,对神的直觉赋予诗人以生命和感情。因此"凡是能有强烈的、富于生命的感情的人,也都具有诗的精神;凡是不去努力寻求这种诗的精神的人,都不能有所表现(写不出诗来)……诗的天才是一种内在的气质……创作一首优美的短歌是一场英雄的神游"。"爱情、国家、信仰,都是一首歌里的神性。一首歌是感情的神化。"这里充分说明唯心论哲学对史达尔夫人的深刻影响,实质上她重复了柏拉图所谓的文艺须凭神力或灵感。此外,她对抒情诗的看法也是唯心的。"为了理解抒情诗的真正伟大,我们必须在思想中浮游到太空境界,倾听天上的和谐,以忘去世上的尘嚣。""抒情诗与万事无关……它给予崇高的刹那以时间的延续,因为人在此刹那间超越了痛苦和快乐。"在她看来,抒情诗被局限为抒发宗教感情的诗了。不仅如此,抒情诗更被赋予"崇高的活力",当然也是出于神的赐予。史达尔夫人正是从宗教神学立场,去批判布瓦洛的古典主义,指责他"只停留于有关理智和智慧的箴言,这替文学带来了一种学究气,很不利于艺术的崇高的活力"①。此外,她还从宗教角度研究诗的发展,把基督教兴起以前的诗作为古人的诗,认为"古典诗就是古人的诗";把基督教兴起以后的诗作为现代的诗,认为"浪漫诗就是或多或少由骑士传统产生的诗"。"在古代,事件本身就是一切;而在现代,性格占据更多的地位。""古人的诗更加纯粹,现代的诗使人流更多的眼泪","而问题并不在于古典诗与浪漫诗之间,而在于对古典诗的模拟和对浪漫诗的灵感之间"。她态度鲜明地再度指责模拟古诗的古典主义,而支持产生于灵感的、抒发宗教感情的浪漫主义。接着,她仍旧以宗教为首要因素,来阐明浪漫诗的优秀。"在现代人中间,古人的文学是一种移植的文学,而浪漫的或骑士风的文学在我们这里则是土生土长的文学,是由我们的宗教和我们的一切社会情况使之生长出来的文学。"而"那些拟古的诗歌……很难受到大众欢迎,因为它与任何具有民族性质的东西都毫无关联"。她批评当代法国诗"是现代诗中最为古典的诗,是唯一不能在广大人民中间普及的诗";它不像意大利的"塔索②的诗,被威尼斯的船夫传诵",英国的"莎士比亚受

---

① 以上均引自《论德国》第二部分,第十章《论诗》。
② 塔索(1544—1595),文艺复兴时期诗人,有代表作叙事诗《耶路撒冷的得救》。

到广大人民和上层阶级同样的欣赏",德国的"歌德……的诗篇被谱成曲,从莱茵河畔直到波罗的海都听到人们在反复歌唱"。最后,史达尔夫人宣称:"浪漫主义文学是唯一还有可能充实完美的文学,因为它生根于我们自己的土壤,是唯一可以生长和不断更新的文学",因为"它表现我们自己的宗教"。①

总的看来,史达尔夫人具有浓厚的宗教神秘观点;但她同时却是最早研究欧洲文学发展的,并企图阐明宗教、民族、自然环境等的作用,同时批判古典主义过时了,支持方兴的浪漫主义,从而提出文学批评的新课题——文学史的研究。这一点是她对西方文论的很大贡献。② 关于新兴的浪漫主义,她也做了不少理论宣传工作,并且概括出浪漫主义的积极向上的精神。其次,她继孟德斯鸠之后,从地理、气候等来区分西欧文学为南方文学和北方文学,这显然是机械唯物论的观点,但在当时曾产生一定影响。德国耶拿派浪漫主义者弗·史勒格尔以其神学观影响史达尔夫人的同时,也采取"南、北区"分说,写过《论北方文学》一书。到了十九世纪中叶,随着孔德实证哲学的兴起,她的地理学派的文艺观不断扩大影响,为社会学派泰纳的文学史观所谓种族、环境、时代三元素,开辟了道路。总之,在西方文论史上,史达尔夫人是一位很有影响的人物。

〔法〕夏 多 勃 里 昂

夏多勃里昂(François-René de Chateaubriand,1768—1848)是十九世纪上半期法国消极浪漫主义代表作家、文论家。出身没落贵族。法国资产阶级革命爆发后,曾参加贵族叛乱队伍;波旁王朝复辟期间,历任贵族院议员、内政大臣、驻柏林和伦敦大使、外交大臣等。重要理论著作有《基督教的真谛》(副标题为《宗教的美》,1802),从美学角度为基督教进行辩护,企图复兴天主教教会权力,以宗教生活冲淡革命运动,实现他的政治目的;特别是宣扬所谓"基督教诗意",把浪漫主义引向消极以至反动的方向去。

《基督教的真谛》分四部分:《教理和教义》《基督教的诗意》《美术和文学》和《信仰》③。作者先在《引言》中疯狂地吹捧"基督教是最富于诗意,最富有人性,最有利于自由、艺术和文学的"。理由是"它(基督教)能促进天才,纯化趣味,发

---

① 均引自《论德国》第二部分,第十一章《论古典诗与浪漫诗》。
② 德国耶拿派浪漫主义理论家弗·史勒格尔在这方面,也作出贡献。
③ 下文引用徐继曾选译本,《古典文艺理论译丛》1961 年第 2 辑和张英伦节译本,《欧美古典作家论现实主义和浪漫主义(二)》。

展善良的情欲,赋予思想以精力,献给作家以高贵的形式,献给美术家以完美的模型"。因此"须召唤想象的全部魅力和心灵的全部兴趣来援救宗教(基督教)"。跟着就断言"除了神秘的事物以外,再没有什么美丽、动人、伟大的东西了"①。他公开赞颂基督教的神秘作用是无所不在的,生和死都逃避不了。"天真不过是无邪的愚昧,它难道不正是神秘事物中最为不可言传的吗?童年之所以如此幸福,正是因为他什么都不知道,老年之所以如此不幸,正是因为他什么都知道;幸而对老年来说,生命的神秘行将结束,而死亡的神秘正在开始。"②也就是神秘的巨大力量笼罩着生存和死亡,如果说儿童对两者一无所知,也许是幸福,那末老年人既深知前者,又即将尝味后者,岂非一大不幸。于是夏多勃里昂给人们指出,唯一出路在于皈依上帝,而世界上的宗教只有基督教才能提供这条生路。"基督教的特征之一,就是始终把人同上帝混合起来,而那些虚假的宗教则把造物主同他的造物分离开来。"基督教《圣经》之可贵,就在于"把我们的来源告诉我们,向我们宣示我们的本性;基督教的神秘是与我们有关的,……提供了人类内心的画图"。作者进而阐说基督教特别有助于诗人描写人的本性、人的性格,关于这一点其他宗教(如多神教)是做不到的,因此诗人须特别歌颂基督教。"这样一种宗教(基督教)应该是有利于性格的描绘的。""诗人们本该在基督教中发现好处(指人与上帝的契合),而不去批评基督教。"这样方能形成"诗歌的最美好的部分、富于戏剧性的部分"。至于在其他宗教,例如"多神教方面,诗人是得不到任何援助的,因为它……不教导人们是什么人,他从何处来,往何处去……他此生的目的,他来世的目的"。③

夏多勃里昂更从人神分离的多神教和人神合一的基督教出发,把诗中人物性格分为自然的和理想的两个类型。"基督教在它诞生之时就(给诗人)提供了理想的精神美或理想的性格美,而多神教(指古代希腊)不能把这样的优点赐给这位希腊诗人(指荷马)。""基督教诗人比荷马要幸福些,他根本用不着把野蛮人,也就是把自然人,放在他的描绘中去,从而玷污了他的描绘。基督教给他提供了完美的英雄形象。"从而诗中人物"才能被表现得比自然状况更完美,表现成越来越接近上帝"了。④ 作者于是得出结论:除了基督教教义的宣传,便无所谓

---

① 《基督教的真谛》第二部分,第一卷第二章《论神秘的性质》。
② 同上。
③ 均为第二部分,第二卷第十章《自然性格》。
④ 第二部分,第二卷第十一章《战士——理想的美的定义》。

诗中人物性格美或理想美了,并且这种宣传的艺术效果也远在其他宗教宣传之上。"多神教所作的绘画……是外在的,是做给人们看的;基督教的绘画……是内在的,是为人类的心灵而创造。……基督教让信徒流出的一滴泪水所包含的妙景,就比(多神教)神话的全部逗人欢喜的谬误中所包含的多。"夏多勃里昂还举出这末一个例子:"圣母哀痛地抱着基督尸体","圣徒照料盲人和孤儿"——这些题材能使"一位作者写出比罗马万神殿所有神祇更为感人的篇章。这也就是诗意!这就是神奇!"①

就思想意识说,十九世纪上半期欧洲浪漫主义的文艺观和古代希腊柏拉图的客观唯心主义与灵感说是有一定的渊源的,因此史勒格尔、柯勒律治、雪莱等的诗论不可能和神学观点划清界限,但都属于认识问题。惟独夏多勃里昂抱着反动的政治意图,把基督教宣传结合到诗歌理论中去,以达到恢复封建、教会统治的目的,给当时的浪漫主义增添了消极的以至反动的色彩,这和其他诸人的以神说诗是不应等量齐观的。

〔法〕司 汤 达

司汤达(Stendhal,1783—1842,真名为亨利·贝尔[Henri Beyle]),出身富裕的律师家庭。他由于中等资产阶级的经济地位所决定,幼年很受法国启蒙运动、资产阶级革命、特别是雅各宾党的思想影响,对法王路易十六被送上断头台感到高兴。他后来又钻研法国启蒙思想家爱尔维修(1715—1771)的唯物主义哲学,爱氏强调从立法和教育来改变社会环境和政治制度,进而影响人的性格和心理,也就是宣扬"意见支配世界"的唯心史观。在爱氏的影响下,司汤达的政治思想又逐渐趋向于资产阶级、贵族和国王三位一体的立宪王国,并在创作中强调人物的性格、心理的刻画。1801年和1806年,他两度供职于拿破仑的军队,并随军前往意大利和俄罗斯,在这段时期里,对拿破仑所谓"我的权力至高无上"的观点,他是极为赞扬的。1814—1821年他侨居意大利,和孟佐尼②、史达尔夫人、拜伦等以及意大利的烧炭党③成员往还。七月革命后他被任为法国驻意大利的特罗雅斯脱和西维塔-维基雅的领事。他对意大利文艺复兴的遗迹发生极大兴趣,

---

① 《基督教的真谛》第二部分,第四卷第十六章《天堂》。
② 孟佐尼主张诗必须描写历史的真实,一切浪漫主义作家都应以此为目的。
③ 十九世纪初意大利资产阶级的秘密革命组织,因成员逃避在烧炭山区而得名,其目的要使意大利(如那不勒斯王国)从法国的奴役下解放出来。

写成《意大利绘画史》(1817)，并在这部著作的卷首题了给拿破仑的献词,当时拿破仑正被囚在圣赫勒拿岛上。

我们把司汤达的生平介绍得稍许多了一些,因为这样有助于理解他在创作和理论批评的一些特征,尤其是后一方面。司汤达的小说名作《红与黑》以复辟时期中小资产阶级向往极端个人主义为主题,并侧重主人公的性格和心理的刻画。这是和爱尔维修的唯心史观以及拿破仑主义对作者的思想感染分不开的。此外,司汤达认为浪漫主义的首要任务不在于抒发感情,发挥想象,而是不能背离当前现实,违反历史真实,这种看法和以孟佐尼为代表的意大利浪漫主义的看法也有一定的联系。

一般认为司汤达是遵循现实主义创作原则的,因为他在《红与黑》中指出:一部优秀的创作犹如一面照路的镜子,从中既可看见天空的蓝色,也可看见路上的泥塘,然而读者不应错怪镜中的泥塘,而应责备护路的人,未能把水排去,以致道途泥泞难行。他的第一部小说《阿尔芒斯》(1827)①的序言中,也有类似的一段话:"丑恶的人在镜中掠过,这难道是镜子的错误吗? 难道不该考察镜子是朝着那些人吗?"显然,他是继承了文艺复兴时期镜子说的现实主义精神的。与此同时,他特别重视作家对现实或客观世界的感觉,并把这感觉表达出来,这方面他受了十七世纪英国经验主义批评家艾狄生的影响。因此,他比较感兴趣的文学体裁,不是诗歌,而是历史剧、现代讽刺喜剧、新的心理小说等。他还主张作品之所以美,乃是因为它给人以愉快。他曾写过一句格言:"如果作家无所感受,他又从何描写?"在小册子《拉辛与莎士比亚》中,他更写道:"不管我们是谁,是国王或是牧羊人,是在宝座上或是在茅棚里,我们都永远有理由去感受,并从愉快中寻求美。"②另一方面,司汤达坚持如实描绘的同时,也并未放弃理想,例如对于女主角的处理,他认为必须使读者看到一位经过他所理想化之后而愈加显得可爱的女性。③ 这里,理想意味着想象或夸张,因此他说:"一件艺术品永远是一个美的谎言罢了。"④有时候,他更作为一位坦率的享乐主义者,根据艺术所予的快感而加以评价。这样就使我们联想到,十九世纪末英国唯美主义者、享乐主义者

---

① 描写复辟时期女孤儿阿尔芒斯和一贵族的爱情故事:由于复辟势力通过了赔偿贵族损失的法案,这贵族继承一笔遗产,成为富有,因而引起阿尔芒斯和他之间的误解与裂痕,最后他认为对方和他结婚是出于利用的目的,一怒而别,前往参加希腊民族解放运动。小说比较缺乏生活的真实。
② 王道乾译,详下。
③ 《司汤达日记集》第二卷,第285—289页。
④ 《司汤达作品选》第三卷,第308页。

王尔德宣称"艺术即谎言",艺术的衰落即"谎言的衰落"等,是和司汤达这种主张一脉相承的。总之,司汤达的文艺思想和理论批评的观点相当复杂,但有一个特色,那就是谈到浪漫主义时常把它和现实主义结合起来。

司汤达写过大量的批评文章,散见于书信、日记和创作的草稿中,它们先后被发现,有的载入英文本《新月刊》《伦敦杂志》《雅典娜神庙》等,但最重要的论著是当资产阶级浪漫主义戏剧和宫廷贵族古典主义戏剧开展争论时,他所发表的小册子《拉辛与莎士比亚》[①]。司汤达认为关于"莎士比亚和拉辛之争论不过是路易十四和大宪章之间的争论罢了"[②],也就是创造的、新的文学和摹仿的、旧的文学之间的斗争。浪漫主义属于前者,"一切时代的伟大作家都曾是浪漫主义者",他反映时代和民族意识,富于创造性,而古典主义者则"不睁开眼睛看,不摹仿自然,而只抄袭死去了的伟大作家"。他进一步指出:"浪漫主义是为人民提供文学作品的艺术……表现人民的习惯和信仰的现实状况……给予人民以最大的愉快。""古典主义恰好相反,它所提供的文学是给人们的祖先以最大的愉快的。""主张今天仍然摹仿索福克勒斯和欧里庇得斯,并且认为这种摹仿不会使十九世纪的法国人打呵欠,这就是古典主义。"因此,摒弃三一律、改用民族题材、以散文写剧本等富于时代气息的主张,都在这一小册中被鲜明地提出来了。但更加值得注意的是,司汤达就作家所表现的不同程度的激情,把拉辛和莎士比亚看作不同程度的浪漫主义者。因为拉辛曾为路易十四宫廷的侯爵们描绘种种激情的图画,可是极端的尊严感是当时的风尚,因此拉辛的描绘不免受到了节制,例如他的剧中人物尽管父子情深,却仍然叫了儿子一声"先生"。然而拉辛仍然不失为浪漫主义者。至于莎士比亚时代就不同了,"百年的内战和几乎连绵不断的骚乱,无数的背叛、阴谋、勇敢的献身,教化了伊丽莎白女王的臣民",扫荡了"虚文伪饰、矫揉造作",使当时观众容易接受莎士比亚所大量描写的"人的心灵的激荡和热情的最细腻的千变万化",因此莎士比亚是一位不受任何节制的浪漫主义者。接着,司汤达提出在法国要作一位浪漫主义者,就必须勇敢,因为"冲破尊严

[①] 1823年、1825年司汤达先后发表两本批评学院古典主义的小册子,合称《拉辛与莎士比亚》。有王道乾中译本,上海译文出版社,1979年,本章引文都根据这译本。1823年的第一部分包括《为了创作出使1823年的观众发生兴趣的悲剧,应该走拉辛的道路呢?还是走莎士比亚的道路呢?》《笑》《浪漫主义》。1825年的第二部分则是驳斥官方代表法兰西学院对浪漫主义的攻击。

[②] 见司汤达《论爱情》。路易十四推行极端君主专制,路易十八公布《大宪章》,表现对大资产阶级的妥协,司汤达从前者联想到封建专制下的古典主义,从后者联想到具有资产阶级民主倾向的浪漫主义。

感的节制"是必须冒险的。"谨小慎微的古典主义者是不敢前进一步的,倘若没有荷马的诗句,或西塞罗①的著作。"不过司汤达同时还指出:对于莎士比亚不应当机械地摹仿,而要效法他的艺术,不应当抄袭他所描写的对象,而要效法他的描绘技法。

关于浪漫主义所谓的天才以及浪漫主义理论的根源,司汤达都有自己的看法。他由于比较侧重客观现实,所以不像一般浪漫主义者论到天才,首先联系独特的个人与个性,而是主张"天才永远存在于人民中间,就像火藏在燧石里一样,只要具备了条件,这种死的石头就能发出火花来。(条件是广阔的世界观念,思想的狂热以及激昂的热情。)"②至于浪漫主义的理论,司汤达认为已萌芽于古典主义者约翰生的《莎士比亚戏剧集·序言》。约翰生写道:"莎士比亚对人类的观察非常深刻,非常仔细,……没有其他英国作家像他这样真实地描绘生活本来面貌。""没有任何一位诗人比莎士比亚更能使笔下的人物互不相同。"约翰生认为与其说莎士比亚是诗人、剧作家,毋宁称他为人物画家或性格的塑造者。因为约翰生强调文艺对生活真实和人物性格的描写,所以司汤达称约翰生为"浪漫主义之父"了。这里有几点值得研究。(一)古典主义虽讲求清规戒律,但并未排斥观察生活、刻画人物性格,因此具有现实主义因素,而西方资产阶级的文论著作一般不用现实主义这个名词,只说古典主义。(二)浪漫主义运动兴起,对古典主义进行批判的乃是那些束缚自由想象的清规戒律,并未否定古典主义的现实主义因素。(三)在西方文艺理论发展史上,一般认为绘画中的现实主义的概念开始于十九世纪五十年代法国画家库尔贝(1819—1877),而文学中的现实主义的概念和理论原则,则不妨说是蕴含在十九世纪三十年代司汤达对浪漫主义的一些看法中,因为后者实质上继承并发扬文艺复兴的镜子说、十七世纪的感觉经验说以及十七世纪古典主义的现实主义因素。(四)至于上文所述意大利孟佐尼的尊重历史真实的浪漫主义,更是直接地影响司汤达。综观以上几点,我们觉得司汤达在谈浪漫主义理论的同时,自己的创作却主要是现实主义的,也就并非偶然了。在他之前,德国史勒格尔、法国史达尔夫人、英国柯勒律治等都曾阐说过浪漫主义,司汤达的论点虽比较晚出,却能抓住时代的要求,不仅是在探讨浪漫主义的同时没有丢掉现实主义,而且消除了双方绝然对峙的看法。是否可以

---

① 罗马哲学家、雄辩家(公元前106—前43),宣扬折衷主义,他的拉丁文体,被古典主义者奉为圭臬。
② 《给路易·格罗赛的信》,1816,9,30。

说,唯其站在现实主义的高度,司汤达方能正确地理解浪漫主义,而使之更好地为社会现实服务。大约三十年后,法国批评家圣·佩韦称赞司汤达的《拉辛与莎士比亚》是"浪漫主义的轻骑兵",这可能是指司汤达没有背上浪漫主义的包袱,跟现实主义相对峙,所以路子较宽,能够轻装前进吧!

〔法〕雨　果

雨果(Victo Marie Hugo,1802—1885)是法国浪漫主义运动的领导者。出身军官家庭。他曾歌颂波旁王朝复辟,后来逐渐转向资产阶级自由主义,反对封建专制,讽刺拿破仑三世,因此被放逐十九年,回国后曾任第三共和国国会议员。他由于受空想社会主义思想的影响,未能认识1871年巴黎公社是无产阶级革命运动,但公社失败后,曾竭力掩护被迫害的公社社员。主要作品有诗篇《惩罚集》《凶年集》,长篇小说《巴黎圣母院》《悲惨世界》《海上劳工》《九三年》,剧本《欧那尼》《克伦威尔》等,揭发封建和天主教会,宣扬资产阶级人道主义,同情下层社会的苦难。作为浪漫主义者,雨果强调诗是感情的表现。早在1819年他就问道:"真正的诗人是怎样的呢?"他回答说:"诗人乃是这样一种人,具有强烈的感情,并运用比一般更有表现力的语言,来传达这种感情。""除了感情外,诗几乎就不存在了。"① 在他看来,诗人这种感情更是和进步理想分不开的。他说:"为艺术而艺术或许美,但为进步而艺术才更美。梦想好,梦想乌托邦才更好。啊!你们要做梦?好吧,梦更好的人吧。你们要做梦?这就是:理想。"② 至于进步理想,他认为必须有明确的目标,即为了自由和人民。他呼吁:"青年人,我们要鼓足勇气,不论现在有人要怎样与我们为难,我们的前途一定美好。如果只从战斗性这一个方面来考察,那末总起来讲,遭到这样多曲解的浪漫主义的真正定义不过是文学上的自由主义而已。"他坚信:"文学创作上的自由原则刚刚迈进了一大步";但"艺术的自由已经得到了承认"。③ 他还说:"在我们这世纪里,艺术的视野已经大大地扩充。过去,诗人说:'公众',今天诗人说:'人民'。"④ 可以说,雨果坚持浪漫主义的诗必须抒发人民的感情,反映人民的进步理想和对自由的向往,而他自己的创作也正是这样的。

---

① 《雨果全集》第十七卷,第130页。
② 《宝剑》,李健吾译文。
③ 《欧那尼·序言》,柳鸣九译文,《古典文艺理论译丛》1961年第2辑。
④ 《盎杰罗·序言》,罗大冈译文。

雨果的理论批评著作，主要有剧本《克伦威尔》的《序言》(1827)和《莎士比亚论》(1863)。《克伦威尔》由于不合当时剧场的要求，未能上演，但是这篇序言则成为法国浪漫主义的宣言。它提出了创作的内容、方法和目的，其主要论点是：艺术创作须扩大范围，要全面地反映自然、现实事物中"崇高文雅"与"丑怪粗野"的对比、对照，指责古典主义只见前者，然而正是后者有助丰富想象，推动创作，促使崭新的浪漫主义文学的发展。至于《莎士比亚论》，则是从上述的文雅、粗野相对照的批评准则出发，赞美莎士比亚的浪漫主义和天才。下面分别介绍这两部文论的主要内容。

雨果在《克伦威尔·序言》①中宣称："诗总是建筑在社会之上"，随着人类发展的三个阶段，诗各有其独特的表现。第一阶段的诗，属于原始时期，"诗人离上帝还很近，因此……他的竖琴只有三根弦：上帝、心灵和创造"，这种"三位一体的思想孕含万象"，其代表作品为歌谣式的《圣经·创世记》。第二阶段则有古代的诗，"由抒发思想过渡到描写事物"——人民、国家、战争等，诗"成为史诗性的，它产生了荷马"。第三阶段开始于"一种精神的宗教②，它取代物质的、表面的偶像崇拜，并潜入古代社会的中心，将它消灭，而在这衰老文化的尸体上，播下了近代文化的种籽"。近代的诗艺，也如同基督教一样，高瞻远瞩，从而感觉到万物并非都顺从人的意志而都是美的，万物都是复合而成的："丑就在美的旁边，畸形靠近着优美，崇高的背后藏着粗俗，善与恶并存，黑暗与光明相共。"近代诗须探讨以下问题："艺术家狭隘而相对的理性是否应该胜过造物主③的无穷而绝对的灵智？是否要人来矫正上帝？"于是，近代诗就"着眼于既可笑又可怕的事件上，……跨出决定性的一大步，……将改变整个精神世界的面貌，……在它的创作中把阴影掺入光明，把粗俗结合崇高而又不使双方相混"。近代诗"把肉体赋予灵魂；把兽性赋予灵智"。于是雨果得出结论："基督教把诗引向真理。"使诗产生新类型，并"在艺术中发展出一种新形式。这种新类型就是'滑稽'，这种新形式就是喜剧"。他接着概括地说：原始的歌谣"靠理想而生活"，古代的史诗"借雄伟而存在"，近代的戏剧"以真实来维持"。而三者各有自己的源泉，那就是《圣经》、荷马、莎士比亚，特别是作为近代诗的最高形式的戏剧应以莎士比亚为顶

---

① 以下所引，均据柳鸣九译文，《世界文学》1961年第3期，人民文学出版社，有时也参照英文译本。
② 作者指基督教。
③ 即上帝。

点,融合了滑稽丑怪和崇高优美、可怕和可笑、悲剧和喜剧。同时,雨果还强调近代和古代的"差别",必须"把近代艺术和古代艺术、把现存形式和死亡形式区分开来,或者用比较含糊但却流行的话来说,把'浪漫主义的'和'古典主义的'文学区分开来"。这里,作者点到题目上来,并就滑稽丑怪在近代诗中的运用和发展,生动地描绘了浪漫主义兴起的情状。

"首先,它①侵入,涨溢,泛滥,像一道激流冲破堤防。它诞生之时,贯穿于垂死的拉丁文学中,……然后,它就散布在那些改造欧洲的新兴民族的想象里,也充满在那些故事作者、历史家和小说家的想象里。"不仅如此,在近代的文学中,滑稽丑怪比崇高优美更占优势。崇高优美不过是表现"灵魂经过基督教道德净化后的真实状态",而"滑稽丑怪则表现人类的兽性,……一切情欲、缺点和罪恶都将归之于它;它将是奢侈、卑贱、贪婪、吝啬、背信、混乱、伪善"。其次,雨果进而论辩美与丑之间的区分和统一。美不过是一种形式,表现在它的最简单的关系中、最严整的对称中、与我们的结构最为亲近的和谐中;因此,美给予我们的是一个完全的、但却和我们一样拘谨的整体。"而我们称为丑的那个东西则相反,它是一个不为我们所了解的庞然的整体的细部,它与万物协调,但与人却不相和谐,因此它经常不断呈现出崭新的、但不完整的面貌。"而在所谓浪漫主义时代里,一切又表现为滑稽丑怪和美之间的紧密的、创造性的结合,在第三代文明中②像民间传说的《美人和野兽》所表现的"艺术的神秘",就决非古代诗所能创造出来的了。最后,雨果还指出艺术领域不同于自然领域,从而肯定浪漫主义的丑怪和崭新。"艺术不能提供原物。艺术中的真实根本不能如有些人所说的那样,是绝对的真实。""一个主张不加考虑地摹仿绝对自然、摹仿艺术视野之外的自然的人",是根本不懂艺术的。因此,他总结出诗人、作家的两大条件:"一个反映镜,就是观察,还有一个蓄存器,这便是热情。"换而言之,尊重客观的现实主义和想象、创新的浪漫主义结合起来,而其根源则在近代新兴民族和近代诗人的思想感情之中。③

总的看来,《克伦威尔·序言》包含两个方面。一个方面是把近代诗或浪漫主义戏剧的诞生,归于基督教对诗人的启发;把丑怪的突出,归于上帝所揭示的美丑并在;这样就架空了作为近代诗的特征的艺术想象,使之脱离现实的土壤而

---

① 指滑稽丑怪。
② 近代诗中。
③ 见下面关于莎士比亚的评论。

成为上帝的恩赐——这种看法反映了雨果的宗教神学世界观。另一方面,雨果又面向客观,正视现实,不去回避,从而提倡描绘丑怪粗野,使浪漫主义能以真实的东西来反抗古典主义所谓崇高优雅的老一套;也就是从现实主义的精神出发,来赞美并鼓舞浪漫主义的战斗力量,最后达到更加全面反映生活的目的。如果我们联系四年以前司汤达的《拉辛与莎士比亚》[①],不难发现雨果和司汤达有类似之处,亦即法国浪漫主义批评理论的特点:用新鲜的和过时的、现实的和教条的作为标准,来区别浪漫主义和古典主义,并且深刻地观察到浪漫主义中含有现实主义,以及两者的结合。

雨果的《莎士比亚论》共三部分,十四卷,主要是结合莎氏剧作以论证浪漫主义的美丑对照、善恶结合、雅俗相共以及创造性想象等原则,与其说是评论一位古代作家,不如说是宣扬自己的理论,其中比较突出的是第二部分第二卷《莎士比亚的天才》[②]。雨果首先拈出"莎士比亚倾其全力于对偶之中。……赢得了'酷似创造'[③]这样的美辞。那末,什么是创造呢?就是善与恶、欢乐与忧伤、男人与妇女、怒吼与歌唱、雄鹰与秃鹫、闪电与光辉、蜜蜂与黄蜂、高山与深谷、爱情与仇恨、勋章的正面与反面、光明与畸形、星辰与俗物、高尚与卑小"等等的"永恒的双面像"。其次,莎士比亚"根本没有保留、没有节制、没有止境、没有空白",因此在他作品中出现了"丰富、有力、繁茂,以及饱满的乳房、泡沫四溢的一杯酒、充沛的叶液、汹涌的岩浆、成簇的萌芽、普赐生命的甘露"等等。再次,针对上述特征,莎士比亚的"每一个字都有形象;每一个字都含对照;每一字都有白昼和黑夜"。莎士比亚与人以"眩晕"。最后,雨果从天才回到创造性的想象,来评价莎士比亚,认为他是具有多种身份的伟人。"谁要是名叫诗人,同时也就必然是历史家与哲学家。荷马包括了希罗多德和达勒斯[④]。莎士比亚也是如此,他是三位一体的人。此外,他还是一个画家,而且是怎样的一个画家呢?""身上有一个反映镜,这就是观察,还有一个蓄存器,这就是热情。"于是就根据"上帝的逻辑"来虚构种种"图案",因此又可以说"莎士比亚首先是一种想象"。"想象就是深度。没有一种精神机能比想象更能自我深入、更能深入对象",因此就深度而论,

---

① 《拉辛与莎士比亚》(1823),《克伦威尔·序言》(1827)。
② 柳鸣九译,《古典文艺理论译丛》第3期,1962年。
③ "创造",指造物主、上帝的创造。
④ 前者是希腊历史家,后者是公元前6世纪希腊第一个唯物主义哲学家,认为万物由水生成,又复归于水。

莎士比亚还可称为"伟大的潜水者",观察深透与想象丰富是分不开的。

总之,雨果认为诗和艺术中的想象、创新,决定于全面地考察现实中无限的对偶、对比、对照,愈是深入生活,怪诞、惊奇愈是正常现象,在这方面莎士比亚创作的天才表现最为突出。

除了上述两部文论著作,雨果还对小说主题应该描写什么,有一个总的看法。这是他考察社会现实、进行创作的经验总结,在欧洲浪漫主义小说理论中,具有重要意义。他的《海上劳工·序言》[①]曾有说明:"宗教、社会和自然"是"人类的三大斗争",同时给人类带来"三大需要",即"信仰""创造"和"生活",这三大需要更使人类"遭到具有神秘意味的迷信的磨难、偏见的磨难和自然力的磨难",于是人类又得和"种种磨难作斗争了"。结果是"三种宿命般的力量压在我们身上:教条的灾难、法律的压迫,自然的冷酷无情"。雨果告诉读者,他之所以写小说,就是为了抗拒这三项宿命力量,例如《巴黎圣母院》"对第一项作了谴责",《悲惨世界》"对第二项作了描述",《海上劳工》"对第三项作了揭示"。最后,雨果认为"和这三种灾难混杂在一起的是内在的灾难——那至高无上的强制力量,即人的心"。由此可见雨果的小说尽管题材多样,情节变化复杂,但最后都是为了刻画这个"内在的灾难"。而且小说家正是由于这"人心"的强制,而感到现实寓有宿命般的力量,在它的支配与控制下,丑怪、粗鄙不得不见于他的笔下了。因此,不妨说《海上劳工·序言》对《克伦威尔·序言》做了很好的补充:浪漫主义的创新与想象并不回避丑怪、粗鄙,但并非为粗丑而粗丑,乃是表达对于现实的宿命般的理解。值得注意的是:不仅雨果的浪漫主义小说理论、而且巴尔扎克的批判现实主义小说理论,都存在这样的理解;因此十九世纪欧洲小说中现实主义和浪漫主义的理论界限,也许可以说是相对的而非绝对的。

史达尔夫人、司汤达、雨果都比较尊重当前现实的发展,不满于陈旧、过时的古典主义,因而他(她)们的浪漫主义并不排斥古典主义所含的现实主义因素,意味着两者的可能结合。对于这一点,法国浪漫主义理论[②]表现得相当突出,并形成它的特色。在这三人中,史达尔夫人除了和雨果一样,宗教感情比较深,却还表现了机械唯物论观点。

[①] 许汝祉译,引自《外国文学教学参考资料》第三册,第316—317页,福建人民出版社,1980年。
[②] 夏多勃里昂不在内。

〔德〕史勒格尔兄弟

（一）

弗利德里希·史勒格尔(Friedrich von Schlegel,1772—1829)出身牧师家庭。曾在耶拿大学任教。受费希特所谓"自我创造非我"的影响较深,并向往中世纪和基督教教义,终于转为客观唯心主义者。他支持奥地利首相梅特尼的政治主张——恢复欧洲封建专制统治,建立俄、普、奥三国君主的"神圣同盟"。1808年加入天主教。他与兄奥古斯特·威廉·史勒格尔(1767—1845)长期从事文学批评工作,主要有以下几方面：从美学和批评的角度研究文学史,这在西方是前所未有的;阐发席勒《素朴的诗和感伤的诗》的论点,使"古典的"和"浪漫的"两概念逐渐传播开来,曾引起歌德的重视[①];特别是以兄弟二人为首编辑刊物《雅典女神》(1798—1800),宣扬饱含客观唯心主义和神秘主义的浪漫主义理论,被称为耶拿派浪漫主义。弗利德里希自己的主要著作,有《文学史讲演》(亦译《关于戏剧艺术和文学》,1809—1811),《论北方文学》(1812),发表于《雅典女神》上的许多《断片》和关于莎士比亚的评论。

弗利德里希在《断片》[②]中提出耶拿派对浪漫主义的诗的一些看法。"浪漫主义的诗是包罗万象的进步的诗。它的使命在于将一切独特的诗的样式重新联合,使诗同哲学和雄辩术相沟通,力求而且应该把诗和散文、天才(独创性)和批评、人为的诗和天然的诗时而掺和时而溶化,从而既使诗成为有生命的、有社会性的,也使生活和社会成为诗的。……只有浪漫主义的诗能够像史诗那样,成为整个周围世界的镜子,成为时代的反映。"并且"浪漫主义的诗还在演变中,其实这变乃是它的本质：永远演变,永远不能完成。没有任何理论可以详尽阐明浪漫主义的诗;它容许一种预感性的批评来描画它的理想"。作者强调："只有它是无限的,正如只有它是自由的一样;因此它的第一条法则是：诗人的为所欲为,使他忍受不了任何约束他的法则。"弗利德里希所谓源于无穷演变的无限性,无限与自由的同一,以及诗人的为所欲为等,赋予耶拿派浪漫主义诗论以客观唯心论种神学色彩,因为无穷演变,使诗成为上帝的自我创造、永恒创造的一部分了。关于这一点,弗利德里希越说越露骨了。"艺术的一切庄严活动,都在隐约之中

---

① 《歌德谈话录》,1830,3,21。
② 方苑摘译,《古典文艺理论译丛》1961年第2辑,引时酌予简化。

摹仿宇宙的无限活动","一件艺术品就是摹仿永恒的自我创造的"。诗的最终目的乃是皈依上帝、没入无限。因此"诗纯粹地是传达上帝的内在的、永恒的语言","艺术乃是上帝在世间的可睹现象"。他还提到美学高度,认为"美只存在于无限的和神圣的之间的联系",所以诗的美就必然体现这一联系。因此,耶拿派所谓"浪漫的"或"浪漫主义",充满了宗教神秘色彩,而弗利德里希甚至宣称:"诗的核心或中心应在神话中和古代宗教神秘剧中去寻找。当您以无限的观念充满您的生活感觉的时候,您便开始理解古代人和一般诗了。"同时深有感慨地说:"近代没有神话了……如今已是我们努力创造神话的时代了。"①

此外,弗利德里希在《文学史讲演》②中还谈到诗的题材与"不关心"的问题。他认为"由于那个不可见的世界或神性以及纯粹的精灵,不能被直接地向我们显现出来,所以自然和人类便成为诗的合法的和直接的主题"。但是"如果无所假托,这种显现就不可能实现,因为总还需要一个物质基础"。于是,在他看来,"诗的题材就是通过世俗事物而隐约地暗示较高的、精神的世界的光辉"。换而言之,浪漫主义的诗写人、写世俗,最后还是为了赞美神,为了皈依上帝,否则世俗题材仍旧是"不合法"的。接着耶拿派浪漫主义转到"不关心"的问题上去,这和康德的影响是分不开的。他在《文学史讲演》中评价古代希腊诗和近代诗,认为前者不考虑道德和人的力量等问题,不搞说教,对人世"不关心",无损于诗的神圣;后者就不及前者了,充满说教,对人世太"关心",其结果为了诗人自己的目的而丢了神的法则。弗利德里希提出,诗人在为颂神而写世俗时,切莫以关心世俗而堵塞皈依上帝的这条康庄大道,丧失诗的神圣本质。

总之,耶拿派浪漫主义诗论的核心,是把写诗作为上帝自身创造的一部分,诗中的创造体现上帝的创造;实质上是宣扬费希特所谓"自我创造非我",因为"非我"仍属"我"的范畴,而这"我"原为上帝心灵的反映,所以翻来覆去并未跳出上帝的掌心。

耶拿派浪漫主义诗论在一定程度上为英国诗人、批评家柯勒律治所接受,并加以阐发,在西方文论史上产生较为深远的影响。此外,耶拿派从批评角度研究文学史是空前的一种尝试,对法国史达尔夫人有所启发,并导致"北方文学"和"南方文学"研究中的宗教神学;但另一方面,史的研究却给欧洲文论提出了新的

---

① 以上引文均见《断片》,最后一句摘自《诗的对话》。
② 《文学史讲演》第十二讲:《诗的合法题材》,伍蠡甫转译,《西方文论选》下卷,第326页。

课题。

(二)

奥古斯特·威廉·史勒格尔也曾任教耶拿大学,并先后主讲《关于美文学和艺术讲座》(在柏林)和《关于戏剧艺术和文学讲座》(在维也纳)。在二十年代开始钻研印度哲学。他写过诗和剧本,但所译莎士比亚的剧本则取得很大成就,至今仍被认为是莎氏戏剧的最好的德文译本。下面简单介绍他的前一讲座①有关文艺批评的部分论点。

首先,他突出艺术或美的"无目的论"。"一座房屋是用来在里面住人的。但是,在这个意义上,一幅画或一首诗又有什么用处呢?一点用处也没有。许多人一向善意对待艺术,但是如果试图从效用方面来推荐它,那就未免方枘圆凿了。这等于把它极度贬低,并把事情完全搞颠倒了。毋宁说,不愿意有用,才是美的艺术的本质。美在某种意义上是效用的对立面:它就是使效用性成为多余的东西。"因此"美的艺术是无目的的"。这和康德所谓"不关心的美"是一脉相承的。其次,这无目的的艺术却含有诗和想象。"在一切美的艺术中,除了机械(技巧)部分外,在这一部分之上还有一个诗的部分;这就是说,在这些艺术中可以看出一种想象力的自由的创造性的活动。"意思是诗为一切艺术所共有。再次,根据上述,提出文艺批评必须是主动的、内在的心灵活动。"美的艺术作用于直接的印象,它必须通过情感来接受、来感知。而情感恰恰是评断的对立面;前者表示一种对于对象的被动关系,后者则表示一种主动关系。"然而,"人的心灵即使在感官感觉方面也不是真正被动的。一种更高级的哲学告诉我们,从没有什么东西是从外部进入心灵内部的;心灵无非是纯粹的活动。"换而言之,奥古斯特将文艺批评归诸于这种纯粹的心灵活动。他把后者又称为"我们的精神生活的全部秘密","它在向外扩张和回到自身两种活动之间不断地震颤",而艺术评断力、鉴赏力刚刚开始,便已"消失在纯粹的感官感觉中,而变成了意识",因此批评或鉴赏意味着"精神由于自由活动而超越了感官感觉,沉思着它本身对于感觉的失神状态"。奥古斯特的这番迂回隐晦的话使文艺批评充满了先验的、神秘的色彩。不仅如此,他还在探讨艺术、艺术史和艺术理论时,力图把理论从艺术作品中排除出去,以保持所谓批评、鉴赏的绝对自由精神。他承认历史研究、艺术史研究

---

① 《关于美文学和艺术讲座——导论》(1801—1802),刘半九选译自汉斯·迈斯尔编《德国文学批评名著》,1956年柏林版,《欧美古典作家论现实主义和浪漫主义(二)》,第357—373页。

十分需要,认为"艺术中所有的一切正由于批评性的思考,才变成了艺术史的对象,从而间接地变成了理论的对象";但接着又说:"只要这两种对象构成了感官世界的一种外在物质,它们便同艺术作品没有关系,但是却同艺术作品的精神大有关系,这种精神我们是只能在我们自身中(指心灵)加以探索的。"言外之意是,艺术作品仅仅是客观事物,艺术作品的精神方始构成审美意识的对象和审美意识的表现,这里面纯属精神的自由活动,并规定了批评、鉴赏的领域。最后,奥古斯特·威廉·史勒格尔强调文艺批评这种心灵自由活动纯属个人之事,并具有个性特征。"我们不仅是作为人,而且是作为个人,被一部艺术作品所感动,……绝对没有什么科学教导我们纯客观地、普遍有效地进行判断,所以……只有去了解这部艺术品的性格,不带成见地去研讨这种性格,尽可能按照谈心的方式把它一同表现出来。因此,没有比掉书袋的方法来评述一部艺术品更其荒谬的了。"

从以上诸点不难看出,奥古斯特将文艺批评归结为无目的的心灵自由活动,突出了耶拿派浪漫主义理论的主观唯心主义和神秘主义的浓厚色彩。他所谓文艺批评乃纯粹的心灵活动,诚然是主观唯心主义的观点,但另一方面赋予了批评的主动性,对后来也产生一定影响,例如圣·佩韦主张"批评有所发明",法朗士提出批评家的"探险活动",王尔德认为"批评本身即艺术"等,在奥古斯特的批评概念中已见萌芽了。至于他对掉书袋的批评方法的指责,在今天还有现实意义。

〔德〕海　涅

海涅(Heinrich Heine,1797—1856)是诗人、散文家和政论家。出身贫苦犹太人家庭。早期诗作未能摆脱消极浪漫主义,但对封建落后的德国仍表示不满。三十年代接触巴尔扎克、乔治·桑等,创作上融会了现实主义,但含有圣·西门空想社会主义倾向。四十年代结识马克思,思想上有较大变化,在长诗《德国——一个冬天的童话》中诅咒旧制度,指出它的必然灭亡,并赞美社会主义理想,但也流露了德国小市民的哀愁。1848年德国资产阶级革命失败后,他又转向消极,甚至乞灵于宗教。晚年虽同情共产主义,但对它缺乏正确理解,曾在书信集《路苔齐亚》(1854)的序言中表示:共产主义比较狭隘的民族主义更富于基督精神,未来的时代属于它了,然而"想到那个时代就使人惊恐欲绝"。海涅的理论批评著作有《论浪漫派》(1833),原名《德国近代文艺史料》,后来和另一著作《论德国的宗教和哲学的历史》合为一书,改名为《论德国》。

《论浪漫派》①内容广泛，并不单论浪漫主义，而是涉及德国文学的许多问题。我们这里主要介绍：作者站在资产阶级民主革命的立场，批判以史勒格尔兄弟为代表的耶拿派浪漫阻碍了德国文学向前发展；对歌德和席勒进行比较研究，分别有所肯定，但关于歌德则提出相当尖锐的批评。在当时而论，海涅可以说是发前人所未发，而且文笔十分锋利，所以他自称此书为"一根劈刺"。

作者首先探寻浪漫主义的传统和特征。"古典艺术只表现有限的事物，它塑造的形象都可以和艺术家的思想完全一致。浪漫主义艺术表现的，或者不如说暗示的，乃是无限的事物，尽是些虚幻的关系，他们仰仗……象征……或譬喻，基督自己就试图以各式各样的譬喻来阐明他的唯灵论的思想。因而中世纪的艺术品里充满了神秘的、谜样的、奇异的和虚夸的成分。"此外，"有些民族的诗歌同样想表现无限的事物，并且产生出一些幻想惊人的东西，……我们在那里找到一些诗篇，认为它们同样是浪漫主义的，并且一向称之为浪漫主义的作品"。中世纪艺术从宗教神秘而一般民族诗歌从幻想来描写无限事物，但都可称为浪漫主义作品，但他特别指出中世纪艺术"费了九牛二虎之力，想用感性的图像，来表现纯粹精神之物，凭空想出荒唐透顶的愚行"，把希腊的两座高山垒在一起，以为就可"借以攀登天庭"。海涅强调像这样的浪漫主义，今天已无继承的必要。

其次，海涅批判回到中世纪的耶拿派浪漫主义及其批评理论，认为史勒格尔兄弟"对于应写的杰作所开出的药方……显得一无办法"。作者以嘲笑的口吻复述："两位史勒格尔先生说：'我们的文艺是老了……我们的感情萎谢了，我们的幻想干枯了：我们必须新生；'那末新生在哪里呢？两位先生却说：'我们必须再去寻堵塞了的中世纪天真质朴的文艺源泉，那儿有返老还童的饮料在向我们涌溢出来。'"接着，海涅就以当时喝过这种饮料的德国浪漫诗人蒂克(1773—1853)为榜样，指出他喝得太多了，无异乎"上巴黎附近的卡伦顿的疯人院中去了"，而两位史勒格尔兄弟也赢得这样的收场："弗利德里希前往维也纳，他在那里天天听弥撒，吃烧嫩鸡；奥古斯特·威廉退隐到婆罗门的塔里去。"②就是这样，海涅给缅怀中世纪而无视当前德国的耶拿派浪漫主义以无情的打击。不过，值得注意的是，他的《论浪漫派》属于前期作品，所以不像他晚年那样跟宗教、神学妥协，因此才能谴责了耶拿派的两位兄弟。

---

① 张玉书译本，人民文学出版社，1979年；张威廉译本，新文艺出版社，1957年，下文兼引两个译本，不一一注出。
② 他在1818年以后专心研究印度的哲学。

再次，《论浪漫派》除了批判史勒格尔兄弟，在关于歌德和席勒的比较研究中，看到并肯定德国文学的发展前途。作者着重区分第一个现实世界和第二个艺术世界，认为"席勒比歌德更靠拢这第一世界"。"席勒为革命的伟大意义而写作，他摧毁了精神上的巴士底监狱，他在参加建筑那座自由之庙，而且是那座非常大的庙，它应当同时容纳一切民族如同一个唯一的兄弟会①。"海涅还补充一句：席勒"完全投身到历史里面去，为人类社会进步而狂热地歌颂世界史"。至于歌德却不一样了，他"更多沉湎于个人对艺术和自然的感情"。而由于是一位泛神论者，歌德容易"教人成为无差别主义者"。但另一方面，在文艺的描写上歌德却有席勒所不及处。"席勒所描写的那些非常著名、非常理想的形象，那些道德和伦理的祭坛画像，是比较歌德让我们在他的作品里所看到的带罪的、小社会的、被玷污的那些生命要容易制作得多。"海涅还从绘画艺术举例来说明。"中驷之材的画家常在麻布上画着真人一样大的圣像，至于要把一个西班牙的扪虱子的乞儿②，一个在呕吐或者在请人拔牙的荷兰农民，一个我们在荷兰的小画片所看到丑陋老妇被画得生动毕肖而且技巧上很成功，那已是一位大画师的事情。"也就是说"伟大的和可怖的事物在艺术上是远较渺小的滑稽的容易描绘"。此外，海涅还指出像歌德这样不放松小处，意味着作品中每个人物都应作为主角来处理。"歌德的最大的技能就在于他所描写的一切无有不是完美的；在这里不是一些部分写得强而其他部分写得弱，不是一部分描写得详尽而其他部分粗浅草率，这里没有掣襟露肘的地方，没有陈腐俗套的敷衍，没有对个别事物的偏爱。他在他的长篇小说和戏剧里面精心处理每一个人物，他们无论在什么地方出现，总像是主角。"作品中人人是主角，也就无所谓配角了。因此，在荷马、莎士比亚以及歌德等"一切大作家的作品里面根本没有配角，每个人物在它的地位上都是主角。这种诗人犹如专制君主，虽然并不承认别人独立的价值，却随着自己高兴而赋予他们最高的权力。"今天看来，海涅这一论断也许会使我们想到这末一个问题：无差别主义虽如作者所说，根子在于泛神论，然而却有助于成功地塑造每一个人物形象。

最后，《论浪漫派》分析了歌德笔下的浮士德及其深刻的涵义。浮士德这个形象从"心灵的不满足性"出发，要以批判的科学战胜信仰，以知识、独立研究、怀

---

① 兄弟会是一种基督教会的名称。
② 西班牙画家牟利罗(1617—1682)曾有此图。

疑、革命战胜信仰，最后获得现实世界上的极乐。浮士德便是这样的一位唯心主义者，他的愿望是当时德国人民所早已感到的，因此浮士德意味着德国人民的本身了。但是，海涅强调一点："德国人民于实现他们在这部文艺作品里面所如此深思远虑地预言的一切之先，于他们通过了心灵而看到心灵潜求占有那物质的权利之先，还得经历相当时间。这就是革命。"也就是，如果联系当时德意志民族的前途，那末浮士德的形象之所以伟大，是因为在它身上既有革命的浪漫主义的、又有革命的现实主义的精神，并且海涅上面所举的表现民族幻想的浪漫主义，也由于这两种精神的结合而得到肯定了。

此外，《论浪漫派》更表示对歌德的不满。"从耶拿到魏玛有一条美丽的林荫大道，树上结着李子，在盛夏口渴的时候吃来是非常甘美的。两位史勒格尔时常走这一条路，在魏玛时常找枢密顾问先生封·歌德谈话。歌德总是一位很大的外交家，静听着两位史勒格尔的话，有时报以微笑，有时留他们吃饭，或在别的地方对他们表示好感。他们也曾去联络过席勒，但席勒是个爽直的汉子，不愿意和他们往还。"然而，歌德后来的态度一变，"当他（歌德）一方面那末粗暴地把两位史勒格尔驱出神庙，却将他们许多热心的子弟拉到他自己身旁，而同时又受到早已厌恶史勒格尔的督政院的群众欢呼时，他就在德国文学上建立起他的独裁政权来"。海涅还进一步指出："这是令人不快的，就是歌德对于每一个独立的奇拔的作家都抱有戒心，而反赞誉一切庸碌浅薄的作家。"像海涅这样的"一根劈刺"的文艺批评，在欧洲文论史诚然是罕见的，因此也无妨附带地介绍一下。

第九章　十九世纪（二）　批判现实主义

十九世纪三十年代至六十年代的欧洲，封建制度被逐渐摧毁，但封建残余势力并未消亡，特别是在俄国，由于资本主义发展缓慢，还保存着封建农奴制。另一方面，随着资本主义工业和商业的迅速成长，在西欧，例如英国和法国，资产阶级的掘墓人——无产阶级的力量壮大起来。英国于1838—1848年间持续了主要由工人参加的宪章运动。法国于1848年有工人发动的二月革命，它推翻路易·菲力浦的波旁王朝，但革命果实为资产阶级篡夺，成立了法兰西第二共和国；同年六月，巴黎工人掀起轰轰烈烈的武装斗争，产生巨大影响，终于摧毁俄罗斯、奥地利、普鲁士的"神圣同盟"。1848—1849年间，革命运动在欧洲广泛展开，资产阶级为了镇压人民，力图与封建残余势力相妥协，而日益暴露自身的反动性。但资本主义经济则在不断地、迅速地发展，形成了五十至六十年代资本主义工商业的高潮和殖民主义的扩张，与此同时强调经验的自然科学也取得了巨大成就。当时英国被称为"世界工场"，法国开始出现金融贵族以及与王室密切合作的工业巨头。关于十九世纪中期的形势，列宁曾予指出："1848年以后……资产阶级民主派的革命性已在消亡（在欧洲），而社会主义无产阶级的革命性尚未成熟……"[①]相应地，在西欧许多国家里，由于无产阶级在政治上还很软弱，而资产阶级思想意识更有所发展，主要表现为回避政治变革，乞援于尊重经验事物、经验现象的自然科学，强调感觉经验，对于丑恶的社会现实，止于单纯的观察，而不去否定它；其目的不外乎麻痹人民的觉悟，缓和现实的矛盾斗争，从而维持资产阶级的统治。而实证主义哲学[②]就是这样产生的。

但是在文艺方面、特别是小说，却有不少作家比较地正视社会现实，在创作方法上不能满足于十九世纪前三十年间浪漫主义的想象与虚构，而谋求深入观

---

① 《纪念赫尔岑》，《列宁选集》第二卷，第417页。
② 详下一章。

察客观世界,在作品中揭露并批判封建专制和资本主义社会,有时对人类前途也有一些想法,这种作品称为现实主义或批判现实主义的小说。例如他们所塑造的正面人物,有人权拥护者(巴尔扎克的《失去的幻想》中的共和党左翼米歇尔·克雷田)、小人物(果戈理的《外套》中的阿卡其耶维奇)、多余人(莱蒙托夫的《当代英雄》中的毕乔林),还有天才艺术家(罗曼·罗兰的《克利斯托夫》中的主人公)等等,这些人物形象反映了一定社会现实中的阶级关系和一定阶级的典型,也表述作者全部或部分的世界观,流露作者头脑中最为本质的东西。尤其是十九世纪中叶以后欧洲批判现实主义小说接连出现卓越的作家,他们留传下来十分可贵的创作经验和理论著作,大大丰富了西方小说理论的遗产。本章限于篇幅,只介绍巴尔扎克的《人间喜剧·前言》和某些作品的序言、弗洛贝尔的《书简》、莫泊桑的《小说论》。

最后,也许有必要补充一些有关"(批判)现实主义"这个名词的知识。大致说来,在十九世纪三十年代以前,欧洲的文艺批评家们不曾使用"现实主义"一词,但他们所说的"古典主义",一定程度上含有现实主义的因素。至于"现实主义"和"批判现实主义"名称的由来,可简述如下。[①] 1826 年有一位法国作家在《法兰西信使》上发表意见:"目前有一种主张,每天都在赢得它的地位,那就是忠实摹仿的对象,不是伟大的艺术作品,而是自然所提供的原来事物。如果把这种学说称为现实主义,将是很恰当的。有许多迹象表明,现实主义乃十九世纪的文学,即当代的文学。"这一说法似乎意在点明现实主义和古典主义的界限。1833 年法国作家加斯塔夫·布朗契也用现实主义一词,其涵义相当于写实主义,特别是指历史小说中关于服装式样和风俗习尚的详细描写。他认为历史小说尊重历史的现实,就不能对下面这些东西感到厌烦:"一扇门上或一座城堡应安置具有什么花纹的盾,一面军旗应有怎样的图案设计,以及一个失恋的骑士脸色应当如何。现实主义的涵义跟'地方色彩'很相似。"1850 年法国小说家桑弗洛里则以现实主义一词来标明那描写当前现实的文学。在造型艺术方面,法国画家库尔贝(1819—1877)和杜米埃(1808—1879)曾合办一个刊物,名为《现实主义》,宣扬现实主义艺术。1855 年库尔贝举行个人画展,1856 年小说家弗洛贝尔(1821—1880)发表名作《包法利夫人》,这时候现实主义一词在巴黎逐渐流行。1857 年

[①] 关于"现实主义"方面,有一部分参考威列克《批评的诸概念》第九章《文学研究中现实主义概念》,耶鲁大学出版社,1963 年。

桑弗洛里出版散文集,名曰《现实主义》;而他的朋友杜朗忒主编一个寿命不长的刊物(1856年7月到1857年5月),也叫《现实主义》。他俩共同主张:艺术应给予现实世界以忠实的再现,应通过仔细观察和精确分析,来研究当代的生活与习惯。此外,在英国也出现有关的评论,例如五十年代中期文学批评家乔治·亨利·路易斯宣称:"现实主义是艺术的基础。"1859年大卫·马逊在他的《英国小说家及其风格》一书中对比萨克雷(1811—1869)和狄更斯(1812—1870),认为前者"属于描写现实的一派",后者"属于描写理想的一派",并且对于"小说家中间一种健康的现实主义的精神正在成长",表示欢迎。以上这些资料或文献,可以帮助我们理解在最早的阶段里有关"现实主义"一词的若干看法。但是,对它作出正确的阐明的,则是恩格斯和高尔基。

1888年4月初恩格斯在《给哈克纳斯的信》中评论巴尔扎克时,称他为现实主义作家,并指出"现实主义的意思是除细节的真实外,还要真实地再现典型环境中的典型人物"[1]。高尔基在《和青年作家谈话》[2]中讲到现实主义"是十九世纪一个主要的、而且最壮阔、最有益的文学流派,后来又传到二十世纪。这个流派的特征是它那锋利的唯理主义和批判精神。这种现实主义的创始者,大半是在智力上超过自己同辈的人,他们在本阶级的粗暴的体力背后,清楚地看到了这个阶级的社会创造力的衰弱。这些人可以叫做资产阶级的'浪子'"。"资产阶级的'浪子'的现实主义,是批判的现实主义:批判的现实主义揭发了社会的恶习,描写了个人在家庭传统、宗教教条和法规压制下的'生活和冒险',却不能给人指出一条出路。"高尔基还在《苏联的文学》[3]中指出"这一派欧洲文学家的著作对于我们有着双重的、无可争辩的价值:第一,在技巧上是典范的文学作品;第二,是说明资产阶级发展和瓦解的过程的文献,是这个阶级的叛逆者所创造的然而又批判地阐明它的生活、传统和行为的文献"。恩格斯和高尔基的有关论点,给我们明确了现实主义、批判现实主义小说理论的贡献,就在于典型人物与典型性格的塑造;表达艺术的真实;描写技法达到前所未有的高度。

〔法〕巴 尔 扎 克

巴尔扎克(Honoré de Balzac,1799—1850)出身资产阶级家庭,当过律师的

---

[1] 《马克思恩格斯选集》第四卷,第462页。
[2] 高尔基《论文学》,人民文学出版社,1978年。
[3] 同上。

书记,经营过出版、印刷事业,并计划开采金矿,都告失败,负债累累。早年曾写神怪、幻想小说,三十年代开始转向社会历史主题。他认为十七、十八世纪的法国小说,例如勒萨日(1667—1747)的《吉尔·布拉斯》只不过堆集事件和观念,并不能反映社会现实,希望自己能成为苏格兰历史小说家司各脱(1771—1832)的晚辈,尊重历史,照世界原样再现世界。但与此同时,巴尔扎克对圣·西门和傅立叶的空想社会主义也有一定的兴趣,这使他敢于设想、敢于实践,导致了他在创作上很高的抱负。他在书房里陈设一座拿破仑雕像,并在座盘上写了一句话:"他的剑所未完成的,我要用笔来完成。"他还曾写道:有四人生涯最为广阔,第一人是拿破仑,第二人是古维埃①,第三人是奥康奈尔②,第四人就是他自己,"将要把整整一个社会装进自己的脑袋里"③。他以毕生精力写出了包括九十多部作品的小说总集《人间喜剧》,后来,恩格斯在《给哈克纳斯的信》(1888 年 4 月)中指出这部总集是当时法国社会特别是巴黎"上流社会"的卓越的现实主义历史,"在深刻理解现实关系上总是极其出色"。1834 年他完成原定计划的一半,先行发表,名为《十九世纪风俗研究》,并授意法国小说家达文(1807—1836)写篇序言,实际上是介绍他自己的观点,1842 年他自己写了《人间喜剧·前言》④,又作了补充,广泛涉及创作原则、创作方法、创作目的、作家理想等根本问题。

首先,巴尔扎克笼统地谈到小说家的全部任务:"我要写的作品必须从三方面着笔:男子、女人和事物,也就是人物和他们的思想的物质表现;总之,就是人与生活。"

其次,巴尔扎克所要描写的人与生活,主要是指当时的法国社会,其中包括重要事件和典型人物,并把他自己放在一个明确地位。他宣称:"法国社会将要作历史家,我只能当它的书记,编制恶习和德行的清单、搜集情欲的主要事实、刻画性格、选择社会上主要事件、结合几个性质相同的性格的特点,(从而)揉成典型人物,这样我也许可以写出许多历史家忘了写的那部历史,就是说风俗史。……完成一部描写十九世纪法国的作品。"他还说:"如果……小说在细节上不是真实的话,它就毫无足取了。"他的这段话,有助于理解恩格斯所指出的现实

---

① 古维埃(1769—1832),法国动物学家、古生物学家。
② 奥康奈尔(1775—1847),爱尔兰民族运动领袖。
③ 引自罗大纲《谨向国内的巴尔扎克研究家们提供一点参考资料》,《文学评论》1981 年第 2 期,第 104 页。
④ 陈占元译,《文艺理论译丛》1967 年第 2 期,人民文学出版社。

主义的特征在于描写典型环境的典型性格,同时使我们懂得为什么恩格斯说从他的作品,"甚至在经济细节上所学到的东西,也要比从当时所有职业的历史学家、经济学家和统计学家那里学到的全部东西还多"。

  第三,巴尔扎克更认为文学、小说毕竟不同于历史,应该把描写世界和表现作家理想结合起来,也就是寓"表现"于"再现"之中。"历史的规律同小说的规律不一样,不是以一个美好的理想为目标。历史所记载的是、或应该是过去发生的事实,而小说却应该描写一个更美满的世界。"他把小说称为"一种庄严的谎言",并指出"谎言"里面依旧要保持细节的真实。① 他虽自比于司各脱,但对司各脱微有不满,因为司各脱"不得不符合一个本质上虚伪的国家②的思想,所写的女子在人性方面是不够真实的"。换言之,巴尔扎克主张作家的理想不能脱离现实,违反生活真实,作品即使赢得"谎言"的称号,也还是有真实之处的。那末,巴尔扎克的理想或"谎言",又是什么呢? 这是特别值得注意的。他写道:"作家所以成为作家,作家(我不怕这样说)能够与政治家分庭抗礼,或者比政治家还要杰出,就是因为他对人类事务作了某种的抉择,因为他对一些原则绝对忠诚。"他接着引了波纳尔③的一段话:"一位作家在道德上和政治上应该抱着固定的见解,他应该把自己看作人类的教师。"于是,巴尔扎克亮出了自己的观点:作家"根据社会全部善恶来忠实描写社会时",会发现"思想是善恶的根源,它只能受到宗教的锻炼、制驭和领导,而唯一可能存在的宗教是基督教"。结果,文艺被引向基督教教义的宣传和感化。他说:"基督教,特别是天主教,我在《乡村医生》里说过,既然是压制人类邪恶的一套完整制度,因此它也是稳定社会秩序的最大因素。"这是什么原故呢? 他举了一个例子:新教不能宽恕失足的女子,而天主教则相反,"在每一个新的环境里,都发现一个新的女子"。不仅如此,他还认为天主教所施的教育,"是民族的最伟大的生存原则,是一切社会里减少恶的数量、增加善的数量的唯一手段"。巴尔扎克所谓"稳定社会秩序"以及"增善""减恶",实际上是主张法国文学为了法兰西民族的生存而宣扬政教合一的,这"政"是君主政体,这"教"当然是天主教了。因此,他断言:"天主教和王权是一对孪生的原则……凡是有良知的作家都应该把我们的国家引导到这两条大道上去。"而巴尔扎克对批判现实主义所持的政治理想、或者说那"谎言"的核心是什么,也就一清二

---

  ① 参看上一章司汤达关于"谎言"的论点以及唯美主义一章王尔德的《谎言的衰朽》。
  ② 指英格兰。
  ③ 波纳尔(1754—1840),法国反动政论家。

楚了。

此外，巴尔扎克还进一步阐明，现实主义所描绘的"社会环境"和"社会要素"。"社会环境是社会加自然。……动物彼此之间……互相角逐……人们也互相角逐……兽性借一道浩瀚的生命之流涌进人性里面。"因此，"说到社会，我不相信有一种漫无止境的进步"。因为含有兽性的人性属于社会环境中的"自然"部分，所以说"热情就是整个人类。没有热情，宗教、历史、小说、艺术都成为无用的了"。于是巴尔扎克承认自己在创作中"搜罗了许多事实，又以热情作为元素，将这些事实如实地摹写出来"。可以说，他描写社会环境时，就是把人类所含的兽性和热情，作为社会的元素。相应地，天主教和王权那对孪生原则，便成为巴尔扎克的现实主义小说的思想主题的顶点，而法兰西社会发展也就到此为止，并非漫无止境。这还意味着他也看到贵族和资产阶级都没有什么前途，而对无产阶级的兴起，正如下文所说，已有所觉察。

总之，巴尔扎克的《〈人间喜剧〉前言》论说了现实主义的创作目的、创作方法，以及对社会环境、典型人物和人性的描写等问题，他的看法一定程度上决定于他的形而上学观点和政治见解。

但是，我们还须看到巴尔扎克世界观的进步一面。他在《论保皇党的处境》(1832)一文中说："政党是一些认为自己的利益受到当前国家制度损害的人们的结合。假如他们的利益符合多数人的社会要求，假如他们的利益与群众所认为是一个更好的政府的概念相一致，那末，政党便有足够的力量去要求改变国家或保卫自己的利益。"尽管巴尔扎克参加了保皇党，但他还是承认任何政党存在的首要条件是群众的支持。又如他在《论工人》(1840)一文中，把资产阶级君主制的保卫者比做"秩序的友人所组成的合唱队"，把资产阶级共和国的捍卫者比做"自由的友人所组成的合唱队"，并且说前者诽谤工人，后者甜言蜜语地赞美工人，在工人问题上进行投机，来和奥尔良党人（复辟派）争夺政权。巴尔扎克在文中还针对工人的饥饿，来支持"里昂叛乱"（指1831年和1834年里昂纺织工人的两次起义）和"巴黎叛乱"（指1832年6月巴黎工人起义反对波旁王朝），认为："工人是贫苦人大军中的真正的下士。"这说明巴尔扎克已看到了工人阶级的力量。再如《论劳动的信》(1848；死后才发表)中，则希望法国以工业化来争取市场，因为这样可以使工人有较多机会用劳动换取面包，解决饥饿问题；这诚然是"资本家养活工人"的错误说法。不过这两段文献却有助于理解恩格斯在《给哈克纳斯的信》中对巴尔扎克的评价："既看到了他心爱的贵族们灭亡的必然性，从而把他们描写成不配有更好命运的人",但是也"在当时唯一能找到未来的真正的人的地方看到了这样的人"。"这是巴尔扎克最大的特点之一。"接着不妨提一下左拉对巴尔扎克小说理论中的政治倾向的看法。"尽管他有保王党的政见和天主教的信条",但是,"假如追究一下,巴尔扎克把民族里生气蓬勃的力量给与哪一个阶级,我们就发现他把这种力量给了那个伟大的缺席者——人民"。① 我们在研究巴尔扎克的创作理论时,有必要看到这一方面。

除了上举这文献外,我们还可以从巴尔扎克的某些小说的序言以及他在报刊上发表的短文中,进一步了解他的文艺思想和若干重要论点。他谈到意志如何君临于技巧和才思之上。"这个人的长处:技巧;另一人的长处:才思;这一个人手抚琴弦,而没有创造出一个引人落泪或发人深思的崇高和声;另一个人因为缺乏乐器,只能写出供自己歌咏的诗篇。"而兼有二者,才是"完美的人",但是即使如此,"还构不成产生出艺术作品的意志"。关于这意志,巴尔扎克写道:它就是"在真正是思想家的诗人或作家身上出现的那种不可解释的、非常的、连科学也难以明确的精神现象"。也就是对于"对象"的"一种透视力"。② 在他看来,只有通过专心致志的"观察"与"透视",才能确立"真正的思想",而思想则是决定性的。倘若我们认为现实主义只重客观描写,巴尔扎克这段话不啻是当头一棒。他强调作品的思想深度和作品的艺术真实不可分割,从而艺术的真实使作品成为不朽。因此"同实在的现实毫无联系的作品以及这类作品的全属虚构的情节,多半成了世界上的死物。至于根据事实、根据观察、根据亲眼看到的生活中的图画,根据从生活得出来结论写的书,都享有永恒的光荣。"同时,他说到描写生活和剪裁生活的问题:"生活往往不是过分充满戏剧性,便是缺少生动性。并不是现实生活中发生的一切都可以描写成文学中的真实,同样,文学中的全部真实也不就等于现实生活的真实。"凡属"真实事实,其中就包含着一些须要加以剔除的东西"。这里,巴尔扎克引用意大利的谚语:"这条尾巴原来是另一只猫身上的。"犹如绘画,模特儿的脚、胸和肩,并不一定只在"一个现实的女人"的身上。③ 巴尔扎克接着指出,寻求真实和选择确切词汇是密切相关的。在小说的写作上,不能"给一个体弱的人安上粗大的肩膀和硕壮的上半身;把一个胸膛羸弱、双手苍白灰暗的人物说成是一个强健的人"。他向读者呼吁:"必须知道一个作者在寻

---

① 左拉《关于巴尔扎克》,钱锺书译,《文艺理论译丛》第 2 期,1957 年,第 105 页。
② 《驴皮记》初版序言,1831 年,方苑译,《古典文艺理论译丛》第 10 期,1965 年,第 113 页。
③ 《古物陈列室》《钢地拉》初版序言,1839 年,程代熙译,同上,第 122 页,第 120 页。

求真实的种种后果时,是如何殚精竭虑,有多少慢慢观察得来的知识埋藏在一些形容词下面,这些形容词表面上像是无关痛痒,其实是用来在一千人中使一个人拍案叫绝的。"①这里的千人之一,并非读者,而是指作品中那具有独特个性的"一定的单个人",在叹服巴尔扎克对他的生动刻画的成功。这就使我们联系到恩格斯的那句名言:"每个人都是典型,但同时又是一定的单个人,正如老黑格尔所说的,是一个'这个',而且应当是如此。"②巴尔扎克所谓的个性,不是脱离共性而存在的,因此我们不妨再看他对典型人物的论说,特别是典型塑造中的艺术虚构问题。"'典型'指的是人物,在这个人物身上包括着所有那些在某种程度跟他相似的人们的最鲜明的性格特征;典型是类的样本。因此,在这种或那种典型和他的许许多多同时代人之间随时随地都可以找出一些共同点。但是如果把他们弄得一模一样,则又会成为对作家的毁灭性的判决,因为他作品中的人物就不会是艺术虚构的产物了。"③肯定了现实主义作家基于现实的想象。综观以上论述,可以说巴尔扎克对于从观察生活而寻求艺术真实、而描写真实、而塑造典型形象、终于在作品中表达作者的思想等,提出了一系列看法,这些都是巴尔扎克关于现实主义的很好的说明。

关于以上这些方面,巴尔扎克还在《侧影》周报(1830年)上发表短文,有所补充。例如:"一个能思想的人,才真是一个力量无边的人。帝王统治人民不过一朝一代而已;艺术家的影响却能绵延至整整几个世纪;他能使事物改观,他决定变革的形式,他左右世界并起着塑造世界的作用。"④这是讲文艺的伟大使命和功用,也表达了他自己的抱负。又如:"一个人习惯于使自己的心灵成为一面明镜,它能烛见整个宇宙,随己所欲反映出各个地域及其风俗,形形色色的人物及其欲念,……什么他都能假设,什么他都体验。他能看到生活中的正反两面,这种高度的敏察力在常人看来却被认为是艺术家所发的谬论。"⑤则是点明假设或上文所说的虚构,须以敏察现实开始,与"架空"或"杜撰"毫无共同之处。再如:"一个伟大的艺术家在社会上应该永远不把自己看成超人一等,并且不要替

---

① 《夏娃的女儿》和《玛西米拉·道尼》初版序言,1839年,陈占元译,《古典文艺理论译丛》第10期,1965年,第131页。
② 《给敏娜·考茨基信》,1885,11,26,《马克思恩格斯选集》第四卷,第453页。
③ 《一桩无头公案》初版序言,程代熙译,《古典文艺理论译丛》第10期,1965年,第137页。
④ 《侧影》,1830,2,25,盛澄华译,《古典文艺理论译丛》第10期,1965年,第94页。
⑤ 《侧影》,1830,3,11,同上,第100页。

自己去辩护,因为……从事艺术就是为艺术本身服务。"①这完全是宣扬艺术的尊严,跟十九世纪末颓废主义的"为艺术而艺术"显然并非一码事。

最后,我们还须看到十九世纪上半叶欧洲某些哲学思潮和巴尔扎克的现实主义理论之间,存在一定的联系。实证主义着重于记录感觉经验,巴尔扎克则强调细节的真实。人本主义的"自然人"观念,和巴尔扎克所说的现实主义作品须描写"社会加自然"、"兽性……涌入……人性",有相通之处。蒲鲁东主义搞"不偏不倚"、折衷于资产者和人民,而巴尔扎克则认为作家的政治理想应该是,既肯定天主教、王权的绝对权威,又强调政党的群众基础,两人的想法是相类似的。

〔法〕弗 洛 贝 尔

弗洛贝尔(也译福楼拜,Gustave Flaubert,1821—1880)是外科医生之子。学过法律。代表作品有长篇小说《包法利夫人》《情感教育》等,揭露资本主义社会丑恶,如小市民的庸俗、大资本家的无耻、小资产者的摇摆等。他强调仔细观察生活,描写真实,并力求形式完美。他不满当时社会现实,但又找不到出路,悲观情绪和为艺术而艺术的观点,时常交织在一起。他的文艺观散见于大量的书简中②,可作为巴尔扎克以后、左拉以前的重要代表,摘要介绍如下。

弗洛贝尔不时谈到艺术的理想,就在于对描绘的对象保持客观、中性或不介入。认为艺术家"不该暴露自己,不该在自己的作品里露面,就像上帝不在自然中露面一样"。因为"人算不了什么,作品才是一切"③。又说:"我不承认自己有权利泄露我对自己所创造的人物的意见。我只知道真实的就是好的。"④为了阐明什么是真实,他有机地连贯感受、思维、描写三个环节——"感受强烈,才能想,人有了观念,笔下决不会写不出东西来。为了想,就必须感受强烈;为了表现,就必须想。"⑤在他看来,最为根本的是写得好、表现得好,所以作品重于作家。弗洛贝尔撇开作家的见解,单论作品的内容,意在说明主观的东西愈少,描写才愈真实。但主观少并不等于一切都照自然、现实;他企图区分现实和真实的界限。

---

① 《侧影》,1830,4,22,盛澄华译,《古典文艺理论译丛》第10期,1965年,第107页。
② 本文所引,一部分照李健吾译文,《文艺理论译丛》第3期,1958年,人民文学出版社,不逐一标明,收信人姓名也从略。
③ 1875年12月20日函。
④ 1876年2月10日函。
⑤ 1876年3月9日函。

他曾说"我好像是倾向于现实的,其实我对现实很厌恶"①。他认为"现实不过是一个跳板",把作家投向艺术的真实,但"我的朋友却深信现实构成全部艺术。我对这样的唯物主义感到愤慨,然而每逢星期一,我总会念到我们的好心的左拉的文章,禁不住一阵阵地生气。"②可以说,他对左拉的自然主义理论采取否定态度。不仅如此,他对现实主义也缺乏好感。他重复道:"一件东西只要真的,也就是好的。……我憎恨众口一致叫做现实主义的东西,尽管有人认为我是现实主义的大祭司之一。"③由此可见,正如法国画家库尔贝一样,这位法国大作家并不愿意接受这一称号。然而尽管如此,弗洛贝尔的小说理论,却抓住了现实主义的关键,即用描写的真实代替机械的反映。关于描绘的真实,他还比方作置身其中而不表态:"当我描写爱玛·包法利服毒时,我口中尝到砒霜味,感到身子中毒,引起两次消化不良,把晚饭全都呕出来。"④这是身临其境了。但他又说"你可以描写酗酒、爱情、女人或荣誉,但有一个条件,你自己并未真地变成醉鬼、情人、丈夫或军人"⑤;也就是作家不必站在所写的人物一边,而保持客观一些,才能描写得真实一些。弗洛贝尔还认为:作家犹如"宇宙中的上帝,既无所不在,又无处可见。作为第二自然(上帝)的艺术,其创造者应遵循相似的过程,使人们从一切微粒和一切外表感觉到或意识到一种暗藏的、无限的中性。"⑥他希望作家具有上帝一般的客观性,在艺术描写中保持中立、超离、漠然、不关心等等,愈是如此,艺术品愈真实。当然,他的这种"客观态度"是有原因的。他对社会现实不满,而又看不到出路,承认自己"对人生缺乏明确和宽阔的视野",看到"一方面宗教或天主教这些字样、另一方面进步、博爱、民主这些字样,都不再能够满足今天的精神需要",而"激进派宣扬的崭新的平等主义",又"被生理学和历史在实验中予以否定了",因此必然地"见不到今天有什么建立新原则的方法"了。⑦ 倘若和前辈巴尔扎克相比,弗洛贝尔显得更苦闷了,因为巴尔扎克还能"在当时唯一能找到未来的真正的人的地方,看到了这样的人"⑧,而弗洛贝尔则从历史唯心主义自

---

① 1856年10月11日函。
② 1876年2月16日函。
③ 同上。
④ 同上。
⑤ 1866年11月(函泰纳)。
⑥ 1852年12月9日。"中性",据英译文 indifference。
⑦ 1875年12月20日。"崭新的平等主义",指共产主义。
⑧ "这样的人",指工人,见上章所引恩格斯《给哈克纳斯的信》。

然科学观点出发,看不到人民大众的力量。于是作品的真实性被架空了,对小说家的主观世界、思想认识、创作动机摒而不论,结果导致作品就是一切的论点,更多地或单纯地从形式技法来看待艺术和艺术真实、艺术美了。

他写道:"没有美的形式,便没有美的内容,反之亦然。观念(思想)仅是因为它的形式而存在。"①言外之意,形式是决定性的。又说:"形式是外衣。不。形式是观念的血、肉,犹如观念是形式的灵魂、生命。"②也就是不从形式入手,难以生动地领会内容。不仅如此,形式之美更可以脱离主题而存在:"我所认为美的、我所想要从事的,是一本对任何事物无关的……一本几乎没有任何主题的书,或者说主题几乎看不见,倘若可能的话。"③这里,他的为艺术而艺术的观点完全亮出来了。后来他更认为作品的力量寓于从形式所构成的整体。"如果一部作品由稀有的元素所组成,作品所包含的部分更是精确地契合无间,呈现为一个和谐的整体,其外形经过琢磨而光彩照人,那末这个作品岂不是具有一种内在的、非凡的力量,就像存在着永恒性的一条原则了吗?"④弗洛贝尔强调形式完整之为美的同时,涉及作家的个人风格,这和上述撇开作家评论作品的看法并无矛盾,因为他并不考虑作家的思想,而纯从写作情趣、语言形式等来评论作家的。他曾计划写一部《法国诗歌中情感的发展史》,虽未着手,但对文学批评提出自己的看法:不要为了"物质前提、社会环境和道德评价",而忽略了形式与风格、个性等更为根本的东西。这里,有必要引他的三段话。(一)"文学批评史犹如自然史,其中没有任何道德观念。问题不在于为这一形式或那一形式进行雄辩,而在于解释一个形式的涵义、这一形式和其他某些形式的关系、形式的生命从何而来。"⑤(二)"人们出色地分析了一部作品所有产生的环境以及完成的经过。至于一种不知不觉的创作兴致呢?这兴致的根源呢?作品的结构和作品的风格呢?批评家们却从来不去分析。"⑥(三)"除了艺术活动的环境和艺术家的生理前提这两个系统,我们已作出一系列的、一大堆的解释之外,对艺术家的个性,我们却没有触及过,然而正是由于后者,才会有人成为这一个人的这件特殊事

---

① 1846 年 9 月 18 日函。
② 1853 年 3 月 27 日函。
③ 1852 年 1 月 16 日函。
④ 1876 年 4 月 3 日函。
⑤ 1853 年 10 月 12 日函。
⑥ 1869 年 2 月 2 日函。

实。"①也就是说，批评家应更多地懂得：有一股无意识的力量促使作家不得不写；在他的笔下，艺术形式都与道德无关，却赋予作品以生命；他写出来的东西，也有他自己在内(如上所说，指语言方面)；总之，批评须以这些写作的特征为对象，而进入艺术创造的生命中去。关于后者，弗洛贝尔曾沿用古代希腊"诗为创造"的理论传统，指出每个艺术品都有其独特的诗学，这作品就是因它而形成、因它而存在的。换句话说，诗和艺术丢开创造性，也就不成其为诗和艺术了，只不过在创新的领域中弗洛贝尔只注意到兴致和形式。在形式方面，弗洛贝尔钻研探索，要求表现精确，他的弟子莫泊桑曾转述老师所谓的"一字说"："我们所要表出的什么，这里只有唯一的字可以表出。说明他的动作的只有唯一的动词，限制他的性质的只有唯一的形容词。我们不能不搜求这唯一的名词、动词及形容词，直到发现了为止。只是发现近于这字的字，也是不能满足的。不能因为困难，便模模糊糊地了事。"②莫泊桑自己还说过："世界上没有两颗相同的沙子，没有两只相同的苍蝇，没有两双相同的手掌，没有两个相同的鼻子。"也正是"一字说"的补充。但是为了能够区别这种种不同现象，弗洛贝尔更着重对事物的观察。他这样写道："一个真正的艺术家不能是坏人；他首先是一个观察者，而观察者的第一特质，就是有一双好眼睛。如果……一种私人利害迷乱了眼睛，事物就看不清楚了，只有一颗严正的心，才能大量产生才情。"③换而言之，作家本于正义，以观察生活，自然思想丰富而又活跃，下笔方有才情。由此可见"一字说"只是手段，而非目的；不过在这里，又和所谓"纯客观"的小说自相矛盾了。

  总的看来，弗洛贝尔在一定程度上受实证论、应用科学以及实验医学的思想影响，虽强调作家精确地观察事物，但有时停留在描写感觉经验与保持细节忠实，从而主张"纯客观"的小说，否则将有损于艺术的真实。他所理解的艺术的真实，足以导致被动的、机械的写实主义。同时，他对社会现实并非没有看法，但是由于只问"是什么"，不问"为什么"，所以开不出药方来，只好为不干预现实进行辩解。实质上弗洛贝尔的小说理论体现了悲观情绪和纯艺术相结合。它不仅含有左拉的自然主义标榜科学与客观的味道，而且预示了波德莱尔等所代表的唯美主义、为艺术而艺术。至于他希望批评界分析各个作家的特色与风格，包括语言技巧，而不局限于作家思想、所受社会历史影响的研究，这在今天也还有现实

---

① 1864 年 10 月函。
② 引自郭绍虞《语言与文学》，《学术月刊》1981 年第 2 期，第 35 页。
③ 《包法利夫人》，李健吾译本，第 388 页。

意义。

〔法〕莫泊桑

莫泊桑(Guy de Maupassant,1850—1893)生于没落贵族家庭,曾参加普法战争。他作为弗洛贝尔的弟子,认为老师的作品有独到之处,并沿着老师的道路继续前进,主张调和美与现实主义,而关键在于艺术的真实;具体说来,现实主义须体现诗意或独创性,并且希望批评家们多多注意这一点。莫泊桑给自己的小说《彼得和约翰》写了一篇后记,又名《小说》(1887)[①],集中表述自己的这些看法,也提到老师的论点。

莫泊桑在文中追叙弗洛贝尔关于独创性的见解。"如果一个作家有他的独创性,首先就应该表现出来;如果没有,就应该去获取",而获取的方法则是"长时期地注意观察你所要表现的事物,以发现别人没有发现过、没有写过的特点"。同时,莫泊桑作了补充,即作家的独创性和作家的气质不可分,并指责批评家"强迫作家改变他的气质,否认作家的独创性,不准作家使用自然赐给他的眼睛和智慧"以进行观察,有所发现。至于读者,则应这样"要求艺术家:根据你自己的气质,用最适于你自己的形式,给我们创造一些美好的东西"。莫泊桑受当时生理学的影响,所以认为独创性所依靠的观察力和才思,决定于作家的气质。他主张:正是气质赋予作家以权利,去"写含有诗意的作品或写现实主义的作品",而这两种作品并非对立,乃是相互影响,每一作家可以有所侧重;然而人们时常向现实主义作家提出绝对要求:"只有真实和全部真实'才能'表现某些永恒和日常的事件的哲理"。莫泊桑进而强调:现实主义作家"对于事实常常有所选择,并加修改",而"不是拘泥于层出不穷的混杂的事实,照样写下来",也"不会将生活的平凡的摄影再现给我们,相反地,他却把比现实本身更完全、更动人、更确切的图景描绘给我们"。只有批判"全部真实"说,才能成为真正的现实主义作家。对于客观事物不作机械的再现,而是有所挑选和加工,方始写出"独创"的、具有"诗意"的小说。这里,莫泊桑继承古代希腊关于诗乃制作、创造的传统观点,并在现实主义小说理论中加以突出,因此是有别于自然主义的。我们不妨再引用他的另一段话。"有个永恒不变的哲学规律教导我们,人除了依靠他的感觉器官所认识的事物以外,他是不可能设想任何其他东西的;所谓理想的概念——例如,一

[①] 柳鸣九译,《文艺理论译丛》1958年第3册,人民文学出版社;引用时略加综合。

切宗教所创造的天堂的概念——的愚蠢,就是我们的这种无能为力的证明。唯一客观的只有存在和生活;而我们作为艺术家,就应该学会了解它们,再现它们。如果我们不能给予正确的同时又是高度艺术的描绘,那就是说,我们没有足够的才能。至于'现实主义''理想主义'这些字眼的争论,我对此是不明白的。"①总之,小说家对于生活,要从正确了解到艺术再现这两方面都有才能。莫泊桑不纠缠于字眼,而讲得如此平易质朴。如果与老师相比,他只说"才能",而老师则说"才情",似乎又逊了一筹。

此外,莫泊桑处于由弗洛贝尔到左拉的发展过程中,对当时所谓的"纯粹分析的小说理论"和"客观的小说理论",认为既可兼收并蓄,也可有所侧重。纯粹分析的小说"表现一个人在精神上最细微的变化和决定其行为的最隐秘的动机,而对事实本身则看作是次要的"。这种小说"把想象的观察交融在一起","其方式犹如写一本心理学的书"。至于客观的小说,则"精确地表现生活中发生过的一切","小心翼翼地避免复杂的解释,也不去议论人物行为的动机,只让人物和事件在读者眼前经过";这种小说里面虽也有心理学,但它是隐藏着的,所以能使读者"获得趣味、色彩、起伏不平的叙述、活跃的生命"。同时,它"把充满人性的人世假象……再现于我们眼前"时,使用"十分巧妙、十分隐蔽、看上去又十分简单的手法,发现不了斧凿痕迹、作品设计、作者意图"。倘若联系孔德的实证论思想,那末似乎可以说莫泊桑所解说的纯粹分析小说理论,是在回答读者所问的"为什么?",而客观小说理论仅仅回答"是什么?"。至于莫泊桑本人则站在孔德一边,比较倾向于客观小说,认为它所含的"真实性……是逼真的",并且承认自己这一倾向是为自己的气质所决定的。

莫泊桑从气质所决定的客观小说的角度出发,要求当时法国的文学批评界也须要客观一些。批评家"应该没有先入之见、预定看法、门户观念,并且不依附任何艺术流派,他应该了解、区别和阐明一切最相反的倾向、最矛盾的气质,而且容许多样的艺术探讨"。"一个名实相符的批评家只能是一个无倾向的、无偏爱的、无私见的分析者。"否则的话,批评家便有权去强迫作家改变气质、取消独创性了。今天看来,气质②对文艺创作的关系的问题,还是值得探讨,不能轻率地

---

① 《〈梅塘之夜〉这本书是怎样写成的?》,胡湛珍译,《古典文艺理论译丛》第8册,1964年,第134—136页。
② 气质指以生理素质为基础的心理特征,它受生活实践、后天条件以及世界观和性格的影响;气质也指高级神经活动的兴奋类型、活泼类型、安静类型、弱类型,以及四者混合类型。

予以否定。至于绝对客观的批评事实上并不存在,只不过是莫泊桑所抱的一种希望,它在防止批评教条化、公式化上,今天还具有现实意义。

最后,不妨看看莫泊桑如何描写得心应手的小说创作吧。那就是他转引路易·布耶①的一句话:"平时坚持不懈地工作,对技巧能深刻认识,有一天在大脑敏悟、充满力量、获得诱导的同时,又碰上一个投合我们的精神倾向的题材,那末就能产生简洁的、少有的,并且是我们所能写出的那样完美的作品。"

---

① 路易·布耶(1822—1869),法国剧作家和诗人。莫泊桑曾说除了弗洛贝尔,布耶对他最有启发。

第十章 十九世纪(三) 实证主义、自然主义

十九世纪三十至六十年代的欧洲的政治形势和思想潮流,导致了哲学方面混淆唯物论和唯心论,打着尊重科学、物质、感觉、经验等等的旗号,实际上宣扬主观主义和唯心论,其主要代表为法国孔德的实证主义以及德国费尔巴哈的人本主义中的形而上学观点。而英国的斯宾塞和穆勒也是实证主义者。孔德(1798—1857)所谓的"实证",意思就是"确实",认为只有人类感觉所经验到的事实或现象,才是"确实"的、"实证"的,这等于说这些事实或现象是由人的主观感觉所构成。至于事物的本质,则超出了感觉经验的范围,是不可能认识的。孔德宣称科学的目的只在于发现自然规律或事实中的恒常关系,而为了达到此目的,须依靠观察和经验以获取实证的知识,因此强调实证科学及其在人类实践的各个领域中的运用。在孔德的词汇中,"实在"、"确实无疑"和"有用",乃"实证"的同义词。孔德认为科学就是描写和记录经验到的事实或现象,因此断言科学只问"是什么",而不问"为什么",最后以主观唯心主义代替了唯物论。孔德还把社会发展分为神学或虚构、形而上学或抽象、科学或实证三个阶段,将第三阶段说成是"固定的、最后的",在这最后的阶段中,不可改变的是工业制度,所要着重的是社会问题,而非政治问题和个人权利,所谓社会问题是通过道德渠道,改变人们的观念和习惯,使个性服从社会性,以促进那确实有益、有用的国家工业生产。这样看来,孔德的实证主义的核心在于肯定资本主义制度的永世长存。从不问"为什么"、只问"是什么"直到改善道德以维护生产,无非是回避现实与矛盾斗争,巩固资产阶级利益罢了。因此列宁指出:实证论者"就是这样一种讨厌的烂泥,就是哲学上可鄙的中间党派,它在每一个问题上都把唯物主义派别和唯心主义派别混淆起来……玩弄'调和派的骗人把戏'而已"[①]。此外,当时实验医学以及生物进化论中有机体的血缘关系和遗传说等,着重生理的、自然的现象,因此

---

① 列宁《唯物主义和经验批判主义》,《列宁选集》第二卷,第347页。

对于社会事物难以作用科学的解释。

至于费尔巴哈(1804—1872)的人本主义,则把人的肉体看作第一性,人的精神、思维为第二性,这一方面是唯物主义的;但是他从生物学、生理学出发,而不联系社会实践和社会历史,来考察人的问题,因此他所理解的是自然的人,而非社会的人,这一方面又是形而上学的。他主张无神论,但又把宗教意识归结为人的自然属性的产物,例如恐惧、从属、依赖等,而并未触及宗教观念的社会根源和阶级根源。费尔巴哈还主张:相亲相爱,谋求幸福,也是人所本有的"自然",从而提出"爱的宗教",并称之为真正的宗教,以代替信仰上帝的宗教。

然而,除实证主义和人本主义外,无产阶级革命的伟大理论诞生了。1845—1846年马克思、恩格斯发表《费尔巴哈——唯物主义观点和唯心主义观点的对立》,批判了人本主义。1848年,马克思的《哲学的贫困》否定了蒲鲁东的无政府主义。同年,马克思和恩格斯合写的《共产党宣言》是科学共产主义的第一个纲领性文献,鼓舞和推动全世界无产阶级争取解放的斗争,成了斗争的最锐利的武器。

但是,对于当时的文艺理学、文艺批评来说,它所接受的思想不可能是马克思主义,而只能是实证主义、人本主义以及人性论、人道主义的古老传统。例如法国的圣·佩韦和泰纳、英国的阿诺德、丹麦的勃兰兑斯等的批评理论在不同程度上受到实证论的影响,相当迂回曲折表现了尊重事实和现象的精神,并含有宗教思想痕迹。又如左拉的自然主义小说理论,在讲求实在的、确实的前提下,主张作家须从生理学角度考察人物,就实验医学、病理学、遗传说诸方面来研究人物性格。不过,另一方面,泰纳和左拉不囿于实证论的藩篱,论说了现实主义文艺及其理想,勃兰兑斯也有所突破,赋予了批评以一定的深度和广度。

〔英〕阿 诺 德

阿诺德(Mathew Arnold,1822—1888)是教育家、批评家和诗人。他曾任牛津大学诗学教授,两次赴美国讲学;还做过教育督学,被派往法、德、荷等国考察教育。他主张政府须强调文化和道德的感染,并宣扬基督教教义,以保证英国人民的"天赋"权利,"做自己愿做的事",而文化的中心问题则在于发挥理智,实现上帝的意志。他的这套迂腐保守的文教方针是为了和缓当时英国社会的阶级矛盾,同时也形成了他的文学批评的思想基础。当时英国的实证主义哲学家约翰·穆勒(1806—1873)和赫伯特·斯宾塞(1820—1903)提倡道德教育与宗教教育,以维持资产阶级的统治。实际上,阿诺德和这两人是相互呼应的。阿诺德的著作很多,理论方面有《批评文集》一集(1865)和二集(1885)[1]以及《当代批评功能》《论古典传统》《诗的研究》《克尔特[2]文学研究》《论荷马史诗的翻译》等。他反复宣传接触"最好"的思想,以理解人生"真谛",从而正确地评价人生。他主张为了达到此目的,文学创作须产生"最好"的思想,文学批评应指出作品中的"最好"的思想,因此提出文学批评乃是人生的批评。这种说法在英国和西方文论史上曾产生相当影响,而溯其源流,所谓"最好"是以英国现存制度为依据,和孔德实证论的只问"是什么"、不问"为什么",是一脉相承的。阿诺德爱用抽象字眼,从概念到概念,文笔迂回躲闪,而又时常板起"学者"面孔,故作艰深,但内容十分贫乏。下面试就其说得比较清楚的若干论点作些介绍和批判。

阿诺德时常把创造力和批判力并列,认为创造力的自由运用,属于"人的真正的功能;人在创造中找到他的真正幸福"[3]。从广义说,创造力表现在德行、学问、文学创作以至文学批评几方面,但是"批评力比起创造力来,是较为低级的"。文学创造力具有三个条件:(一)"创造性的天才";(二)"最好"的思想作为材料;(三)在适当的时机,"置身于某种智力和精神的气氛之中"。关于思想,阿诺德认为文学天才只作"综合和阐明的工作,而非分析和发现的工作",因为后者"毋宁说是哲学家的任务"。他强调文学天才在阐明思想时,纯属精神自身的探索,是"不带利害关系的智力和精神的活动",没有"政治的、实际效用的性质"。至于文学天才的成就,则决定于这精神自身活动的强度。他举例说明:十九世纪头二十五年的英格兰"既没有像我们伊丽莎白年代所有的全民族的生活和思想的光辉,也没有像德意志那种文化和那种研究与批评的力量",因此这一时期的英国文学创作条件不全,缺乏充分的思想材料,"没有对世界的透彻的解释","呈现出早熟的情况",以致"拜伦如此内容空虚,雪莱如此涣散,华兹华斯尽管深刻一些,却仍然不够完整和多样"。也就是"前者敌不过后者[4]":在天才的表现和成就上,英国浪漫主义只有激荡的感情,赶不上英国文艺复兴时人文主义和十八世纪后期德国启蒙派的思想。阿诺德把思想和感情、思想和实践、文学和政治对立起来,并责备"英国人一向被称为政治的动物,他把政治的和实践的东西评

---

[1] 也被辑为《讲演和评论文集》。
[2] 公元前一千年左右中欧、西欧的部落集团。
[3] 《当代的批评功能》,见《西方文论选》下卷,第76—82页;下引同。
[4] "前者"指十九世纪头二十五年;"后者"指伊丽莎白时代。

价如此之高,以致在他看来,思想容易成为憎恶的对象"。阿诺德接着哀叹:"实践成了一切,精神的自由荡然无存。……一个民族……终必由于营养不足而死亡。然而英国人却很少想到这一点。"由此可见这位批评家对于文学和社会现实的关系以及文学发展的前后联系等,几乎都加以割裂,却一味地捧着理智和精神自由这把尺,去衡量十九世纪欧洲文学,只能得出这样的结论——伟大作品中只有思想,没有感情,没有政治。

关于文学批评,阿诺德同样地主张应离开实践,保持"超然无执"的态度,方能配合文学创作,"去试图知道世界上已被知道的和已被想到的最好的东西,即完全无关实际、脱离政治和一切类似的东西"。并且"使这东西成为大家所知道,从而创造出一个纯正和新鲜的思想潮流"。他认为"英国批评界必须洞察"这个道理。

既然创作和批评应表现和指出这"最好"的思想,那末何谓"最好"的思想呢?他在《诗的研究》中讲得较多,主要是谴责"庸医""骗子"来反证"最好"。他先引用法国批评家圣·佩韦对拿破仑说过的那段话:"在政治和管理人类的工作中,也许存在庸医和骗子,但在思想界、艺术、荣誉和永恒的光辉中,庸医和骗子是不得其门而入的;这里有不容侵犯的人的尊严。"①阿诺德认为"这句话讲得令人佩服,我们应牢牢记住。而诗的领域也不例外,思想和艺术的统一给诗带来荣誉和永恒光辉,因此庸俗也是进不来的;这块神圣土地不受侵犯,也不可侵犯。"因为"骗子主义就是要混淆或抹煞卓越和低劣、正确和不正确或仅仅半正确、真和假或仅仅半真之间的界限。然而诗的命运特别崇高,这种混淆或抹煞就愈加不能允许了。"②说到这里,所谓"最好"无非是最能明辨是非、正误的意思。

接着阿诺德便把"明辨是非"看作批评的唯一准则,也就是能够"真实地"对待诗或文学,同时批判了其他两种批评——对诗、文学采取历史的和印象的(个人的)估价。"你可以将诗看作语言和思想的发展过程,这是对诗作历史性的估价;你也可以从自己的爱好来论诗,这是从个人的印象来估价。二者都是谬见,都未能树立真正的准则。"③真正的准则是:选择古典作家荷马、莎士比亚、弥尔

---

① 《诗的研究》,收入《批评文集》二集,查理·凯柏兰《文学批评举要》,加利福尼亚大学出版社,1975年版,第404页。
② 同上,第404页。
③ 同上,第405页。

顿等含有诗之真、诗之美的名句,①作为范例,"假如我们十分熟练,能加以运用,那末这些名句本身就足以使我们的诗评真正明确而又正确了"②。阿诺德进一步解释:"由于诗具有真和美的准则,它也就同时具有人生批评的准则,从而我们(英国)民族的精神也将从诗中寻到安慰和支持。这种力量的强弱,同人生批评的深浅成为正比。因此,诗在传达卓越而非低劣、正确而非错误、真而非假的时候,也必然增强人生批评的力量。"③阿诺德兜了一个大圈子,来论证文学批评必须排斥历史性的和印象性的批评,那末人生中所谓"卓越、正确和真"的"最好"思想,究竟又是什么呢?上文提到他所强调的文化教育、道德感染和宗教三者的混合作用,也就作了回答,一句话:维多利亚王朝的统治是理智的、合理的、正确的、卓越的,英国人民应把这一切作为实证的、确实的事实,加以接受,而不容丝毫怀疑,去问个"为什么",从而文学批评才能在这方面产生说服力。所以阿诺德说:批评须力图"造成一种崇高理智的气氛,使创造力能加以利用"④,也就是文学批评应伙同文学创作一起,来完全肯定当代英国的政治,使维多利亚王朝的秩序可以稳定下来。我们经过以上分析,懂得了阿诺德的根本意图,那末对于他给批评所下的其他一些定义,也就不难明白了。例如:"努力理解对象的真正实质"⑤:识辨作品有否危害当今政权;对"过于偏激的爱和憎"以及"个人的幻想"来说,"超然无执"乃是一种解毒剂⑥:无执是假,有执是真,就是要狠狠地批判过激的情绪、思想或个人自由;对"正确的情绪和思想"应有明确定义⑦:人民必须规规矩矩;"我并不希望自己有权去解决任何问题;批评乃是伟大的艺术,应撇开自己,一切让人们来解决"⑧:英国人民有理智,能接受统治,便是一切大吉,我又何必再唠叨。在西方文论史上,像阿诺德这样的极端虚伪、陈腐、庸俗、而又装腔作势的批评,也是相当罕见的。

此外,阿诺德对拉丁、克尔特、日耳曼等民族的研究很感兴趣,这一点是受了泰纳的影响。他对希腊精神和希伯来精神的比较研究,则在我国"五四"运动时

---

① 例句从略。
② 《诗的研究》,第 410 页。
③ 同上,第 404 页。
④ 《讲演和评论文集》,第 261 页。
⑤ 《论古典传统》,第 140 页。
⑥ 同上,第 199 页,140 页。
⑦ 《讲演和评论文集》,第 282 页。
⑧ 同上,第 227 页。

期,曾引起文化界一部分人的兴趣与共鸣。

〔法〕圣·佩韦

圣·佩韦(Charles Augustin Sainte-Beuve,1804—1869)出身小官吏家庭。学过医学,后来专攻文学,主要为理论批评。曾当选法兰西学院院士和参政院议员。他和雨果交往,一度以浪漫主义者自居;对圣·西门的空想社会主义也发生兴趣;但受孔德的实证论思想影响较深。他回避社会实践,片面地推崇思想文化;他曾对拿破仑说:"在政治和管理人类的工作中,也许存在庸医和骗子。但在思想界、艺术、荣誉和永恒的光辉中,庸医和骗子是不得其门而入的;这里有不容侵犯的人的尊严。"虽强调他对于人的认识,但由于还不可能运用历史唯物主义,进行阶级分析,因此只是触及若干表面现象。他的主要著作有《当代人物肖像》(1846)、《妇女肖像》(1848),主要是评论当代法国男女作家;《文学家肖像》(1862—1864),侧重于已故法国作家布瓦洛、拉辛、莫里哀、狄德罗等的评价;《波尔-罗雅尔修道院史》(1840—1859),环绕十七世纪天主教内部让森一派的新教,综合研究法国社会、思想和文学的历史。此外,他长期为报刊所写的评论文章,则编成《星期一丛谈》和《新星期一丛谈》(1851—1870)。西方批评界赞美圣·佩韦运用多种方法,如文学史、人物描写、心理解释、主观印象等,从而继布瓦洛之后,恢复了法国在文学批评上的威望。但是我们如加以分析,不难发现在这大量的著作中,实证论观点相当突出。孔德主张通过"实证",把握"确实"的事实,并且只须问"是什么",而不必问"为什么"。圣·佩韦则强调文学批评的任务在于发掘和研究有关文学和文学史的种种确实的、实证的事实,对于作家应注意其所属的种族、国家、所生活的时代、家庭出身、幼年环境、所受的教育和交往、首次的成功与失败、肉体和心理的特征等。他把文学批评比作植物采集,须广泛搜罗上述种种事实,加以阐明,而作家本人的可靠事迹尤为重要。"倘若不考察作家的为人,便很难评价他的作品,犹如对待一株树,要考察这树及其果实。有些涉及作家的问题,初看起来也许对研究他的作品毫不相干,其实不然。例如他对宗教的看法如何?他对妇女的事情怎样处理?他在金钱问题上又是怎样?他是富有还是贫穷?他有什么样的生活规则?总之,他的主要缺点和弱点是什么?每一答案都和评价一本书和它的作者分不开。"① 总之,作家的生活经验和生活理想,

---

① 《新星期一丛谈》,Ⅲ,15,28。

影响着他的创作主题及其处理。文学批评乃是"以间接方式来揭示那含蓄的、深藏的诗或创造"①。从而批评本身也意味着"一种发明或永恒创造"②。因此圣·佩韦的评论工作不得不大量掌握作家的生平、心理、琐事等方面的"史实",把它们编纂成一部所谓形形色色的文学的"自然史"。在他看来,一部文学史原无好与不好的诗的主题,只有好与不好的诗人,而诗人总是跟天才分不开的;是天才作家创造了良好趣味和良好风格,形成了古典传统,贯串在文学的"自然史"中,而天才的作用总是突出的。

他的这种观点,集中表现在他的那篇名著《什么是古典作家?》(1850)③。他列举罗马以来关于"古典作家"的界说,从中归纳出古典作家的条件是才华、热情、趣味,以及面向真理,保持中和平正等。他认为文学的"自然史"或文学发展的"事实",可以充分论证古典作家都曾做到以下几点:"丰富人类精神","增加人类宝藏";"发现精神道德上毫不含糊的真理","探究心灵里……某种永恒的热情";"以健康美丽的形式,表达自己的观察、思维或创见";至于"自己的语言风格……乃是亦今亦古,可以适应任何的时代"。他宣称:历代都有能够发现真理,并使自己成为合乎"理想"的作家,这便是古典作家;至于发现真理,与其说是有所变革,毋宁说是"迅速建立起有利于秩序和美的平衡"。用今天的话说,好作家或古典作家的职责就是维护安定的社会秩序,支持现存制度。为了实现这个目的,圣·佩韦呼吁"培养文艺趣味的神殿有待复苏",尤其要加以扩大,"使它成为一切高贵人们的家,成为一切永远在增加精神快乐与精神财富的总量的人们的家"。在这神殿里,"每一个具有文学趣味的人能够体会、玩味自己所感到的东西",在"心情"上取得"美好趣味的纯粹快感"。这样,"对我们法国来说,理性和良知都将完满无缺了"。圣·佩韦描绘了一幅法国文学发展的蓝图,要求法国的好作家都来宣扬所谓法兰西的理性和良知,亦即充当现政权的精神支柱。他的这些主张实际上是同他的院士、参议员等身份紧密联系着的,而且重新陷入古典主义者布瓦洛的窠臼。

圣·佩韦的文论的一个特点就是作家重于作品,而作家更和天才崇拜相联系。他反复描绘天才的伟大作用,尤其是天才的神秘性:"天才乃个人的独特禀赋,含有某些无法解释、莫可言传的方面。……未知、无名,特别是更高的心灵或

---

① 《妇女肖像》。
② 《文学家肖像》。
③ 陆达成译,《文艺理论译丛》1958年第4期,人民文学出版社。

意志,成为一个难于形容的单元——天才就意味着这样一个无可代替的中心与焦点。"这种看法和黑格尔所谓自我与永恒神性的合一,可以说是有相通之处的。于是乎天才艺术家就"像似另有一种感觉,使他安安静静地去觉察一般人所大都忽略的内心世界……看到了种种的自然的力量在无形之中互相作用,并把它们当作灵魂一样而起共鸣;他天生就有通向种种象征的秘诀,以及认识种种形象的能力"①。圣·佩韦终于抛开所谓实证的史料或事实,把玄奥的天才看作文学发展的动力了。因此,他竟然批评泰纳那部讲求实证的《英国文学史》:"只善于应用自己的方式、方法,而不曾感到作为诗人本质的天才的火花与光芒,始终停留在外部,听让天才这个独特性漏出网孔;尽管网编得十分细密。"②所谓"网"、"方式、方法",是指泰纳提出的文学三元素——种族、环境、时代,它们原属实证主义的"确实事实"的范畴,而圣·佩韦自己也是从此出发的。此外,法国历史学家、政治活动家基佐(1787—1874)著《英国革命史》《欧洲文明史》《法国文明史》等,承认第三等级有推翻封建贵族统治的权利,但怀疑资产阶级关系下阶级斗争的必然性,他的观点在当时仍有一定进步意义。圣·佩韦却认为基佐的著作"逻辑性太强,有损于真实性"③。圣·佩韦虽自命为研究文学的"自然史",但并不排除这部自然史中天才、个性的神秘性,而且真实性终于等同神秘性了。这些看法正是实证主义的不可知论或者"只问是什么"而"不问为什么"在文学批评中的反映。

十九世纪后半叶,孔德的实证哲学及其唯心观点在文艺批评领域中不断扩大影响,先后还出现了法国泰纳的文学三元素外加人类之爱和丹麦勃兰兑斯的人的"心理"的文学、"国民性"的文学,它们和圣·佩韦关于史实与理性、良知相结合的主张,是一脉相承的。

〔法〕泰 纳

泰纳(Hippolyte Adolphe Taine,1828—1893)生于律师家庭。先学商科,后改学医科,生理学和人体解剖实习等课对他的思想产生一定影响。他游历过英、比、荷、意、德等国。对孔德的实证哲学和黑格尔的美学都很感兴趣。他从事文艺理论和历史的研究;在巴黎美术学校讲授艺术史;长期为《论坛报》撰稿;当选

---

① 《新星期一丛谈》。
② 《思想集》。其实,泰纳有超越实证主义的一面,详泰纳一节。
③ 《星期一丛谈》。

为法兰西学院院士。主要著作有《拉·封丹和他的寓言》(1860)、《英国文学史》(1864—1869)、《艺术哲学》(1865—1869)以及《当代法国探源》(1871—1893),后者主要研究中央集权问题。他继史达尔夫人之后,在孔德的实证论和达尔文的进化论影响下,广泛搜集有关社会现象和精神生活的大量事实,用实验科学的方法,加以解释,进而探讨并论证艺术发展中适用于心灵和物质的共同规律,认为这样的文艺批评才是客观的、科学的。但是泰纳仅在方法上受孔德的影响,对于艺术的心灵的探讨,则认为孔德做得太不够了,在这方面他比较接近黑格尔。

他在《英国文学史·序言》①中宣称,全书意在阐明文学创作及其发展决定于三种力量或三个元素:种族、环境、时代,而全书总的方法则是:"我们在搜集事实之后,必须找出原因。……就像硫酸和糖一样,罪恶和德行都是某些原因的产物。"至于"种族"这一元素,属于"内部主源","是指先天的、遗传的那些倾向","这些倾向因民族的不同而不同","人们带着它们来到这个世界上,而且它们通常更和身体的气质结构所含的明显差别相结合"。列宁曾经指出:"民族是社会发展的资产阶级时代的必然产物和必然形式",而泰纳的看法却抽去阶级,显然是形而上学的、片面的了。其次,他把第二元素"环境"称为"外部压力",包括地理条件、气候条件。这原是十八世纪法国启蒙主义者孟德斯鸠所代表、史达尔所祖述的社会学中"地理学派"的余响。泰纳举例说明:寒冷的地带、卑湿的森林,面临惊涛骇浪的海岸,使人们"为忧郁和过激的感觉所缠绕,因而倾向于狂醉和贪食,喜欢战斗和流血的生活";而"可爱的风景区、光明愉快的海边地带",使人们"向往航海或商业,没有多大的胃欲,但一开始就对社会事业发生兴趣",例如固定的国家组织、雄辩术、科学发明和文学艺术。其实,这种地理因素无法说明某一民族的艺术在其固定的土壤和气候条件下所产生的变化和发展。第三,所谓"时代",又叫"后天动量"②,它"同内力(民族)和外力(环境)一起,存在着一个内、外力所共同产生的作用"。也就是"除了永恒的冲动(民族)和特定的环境外,还有一个后天的动量。当民族性格和周围环境发生影响的时候,它们并不是影响于一张白纸"。总之,泰纳把内部的民族性格和外部的自然环境作为先天的条件,把时代作为导源于前二者的后天产物;而在时代因素中,他又突出心理状态:"如果一部文学作品内容丰富,并且人们知道如何去解释它,那末我们在这作品

---

① 杨烈译,《西方文论选》下卷,上海译文出版社,1979年11月。
② 动量:英译文为 momentum。

中所找到的,会是一种人的心理,时常也就是一个时代的心理,有时更是一个种族的心理。"泰纳虽然并列三个元素,但实际上认为精神、心理特别重要,这一点是和黑格尔的影响分不开的。我们不妨联系黑格尔《美学·全书序言》的一段话:"每种艺术作品都属于它的时代和它的民族,各有特殊环境,依存在特殊的历史的和其他的观念和目的。"①可以说时代、历史和民族的观念同时代和种族的心理,双方是有一定联系的。

泰纳的《艺术哲学》②第二、三、四篇分别结合意大利文艺复兴时期绘画、尼德兰绘画以及希腊雕刻,来论证他的文艺观。他主张艺术作品具有部分和整体之间的理想关系;艺术的目的是表现某一显著的特征;艺术的功绩在于使特征愈加突出;艺术的杰作无有不是赋予最大的力量以最大的发挥;而艺术批评的标准则在于作品能否"对人有益"以及"有益的程度",特别是"个人有益于他人的内部动力、超乎一切之上的动力,也就是爱"。因此,作者表示"钦佩大慈大悲的心肠,鼓励佛教徒或基督教徒的传道师到野蛮民族中去的慈悲心"③。可以说,人类之爱乃泰纳的艺术观的核心。

因此,我们有必要进一步了解作为文艺批评家的泰纳的一些想法。首先他没有把自己完全局限于实证论的方法,认为孔德"很可能是一位相当蹩脚的作家","对于玄奥的沉思、文学的修养、心理的感觉以及历史的批评,孔德是完全陌生的"。④ 因此,他在自己的论著中强调艺术家的主观作用和创造精神。其次,泰纳的分析与评价是以作家的灵魂、思想、感情为对象,发掘他在创作中的统摄力、控制力,那也就是"富有生命的思想和坦率的激情",它们"乃是一位真正的诗人所不可缺少的源泉"。⑤ 他还说:文艺作为"思想的产物,其力量只能来自个人的、纯朴的情绪所具有的真诚"⑥。在这里,泰纳的看法同黑格尔很相近。黑格尔说:诗"把内在的东西作为内在的表现出来,这就是抒情诗。抒情诗求助于音乐,以便更深入到情感和心灵里"⑦。泰纳则把外在的联系内在化,因此重视艺术家内心的感觉,并以意大利文艺复兴时期的绘画为例。他引用米开朗基罗的

---

① 朱光潜译,黑格尔《美学》第一卷,第19页,商务印书馆,1979年。
② 傅雷译,人民文学出版社,1963年。
③ 《艺术哲学》,第377页。
④ 《论坛报》,1864年7月6日。
⑤ 《英国文学史》第四卷,第179页。
⑥ 同上书,第1卷,第51页。
⑦ 黑格尔《美学》,朱光潜译,第三卷,上册,第20页,1979年。

话:"那些东西①应当让才具较差的人作为消遣与补偿,因为艺术真正的对象是人体。"②接着又引彻里尼③的话:"绘画艺术的要点在于好好画出一个裸体的男人和女人。"然后自己作了按语:"意大利文艺复兴时期的画家却创造了一个独一无二的种族,一批庄严健美,令人想到更豪迈、更强壮、更活跃,总之是更完全的人类。"④泰纳的几个"更"字是强调艺术家的内心感觉、愿望和要求,给予主观世界在艺术创作中的合法地位。这里,不妨再对照黑格尔的一段话:"我们可以肯定说,艺术美高于自然。因为艺术美是由心灵产生和再生的,心灵和它的产品比自然和它的现象高多少,艺术美也就比自然美高多少。"⑤当然,他们之间还是有区别的,黑格尔本于"绝对理念"而提出艺术为心灵的产物,是客观唯心主义的,泰纳则只是说真挚的感情产生艺术。泰纳分析诗的创作,时常对比真挚的诗和修饰的诗,指出前者具有情感、激情和个性特征,北方的、英格兰的莎士比亚和拜伦可为代表,后者属于南方的或法兰西崇尚典雅和理性的这一传统,因而不足以言诗中的真情。他的《英国文学史》表现一个基本倾向,那就是贬抑古典主义,颂扬奔放不羁、情感热烈的浪漫主义。最后,关于艺术的本质,泰纳认为就是"转变普遍观念为细小的、可以感觉的事物"⑥;或者"使感情成为可见的东西"⑦;也就是从个别化、形象化来认识艺术的本质。这同黑格尔以"美是理念的感性显现"为根本原则来探讨艺术的哲学,也有一定的联系,不过泰纳还没发展到用客观唯心主义的"理念",来统摄他的批评理论。

此外,泰纳的《艺术哲学》还谈到艺术定义和艺术理想。他认为这个定义是逐步趋于完全的。"最初我们以为艺术的目的在于摹仿事物的外表。然后把物质的摹仿与理性的摹仿分开,我们发现艺术在事物的外表中所要摹仿的是各个部分的关系。最后又注意到这些关系可能而且应该加以改变,才能使艺术登峰造极,我们便肯定,研究部分之间的关系是要使一个主要特征在各个部分中居于支配一切的地位。"因此"艺术品的目的是表现某个主要的或突出的特征,也就是

---

① 指自然风景的题材。
② 《艺术哲学》,第73页。
③ 彻里尼(1500—1571),意大利雕刻家,著有《自传》。
④ 《艺术哲学》,第75—76页。
⑤ 黑格尔《美学》第一卷,第2页。
⑥ 泰纳《拉·封丹和他的寓言》。
⑦ 《英国文学史·序言》。

某个重要的观念,比实际事物表现得更清楚更完全"。① 泰纳接下来就转到艺术的理想,并环绕特征的永恒性和特征的有益程度,展开讨论。"伟大的文学作品……都表现一个深刻而经久的特征,特征越经久越深刻,作品占的地位越高。"他列举《神曲》、莎士比亚的戏剧、《浮士德》以及《堂·吉诃德》《鲁滨逊漂流记》等,认为"它们超出时间与空间的界限","比产生作品的时代与民族寿命更长久"。② 接着,泰纳指出"特征的价值与艺术品的价值完全一致","特征经过作家或艺术家的头脑,从现实世界过渡到理想世界"。③ 这里,泰纳论说了艺术理想的一个方面。另一方面,就是艺术作品的特征在于对生活有益而无害。他说:"特征的价值与艺术品的价值完全一致。"④并且,"由此可以推论,一切意志与智力的特征能帮助人的行动与认识的,便是有益的,反之是有害的"。⑤ 因此,这有益无害的艺术效果,是有道德涵义的、有道德理想的。最后,泰纳讲到艺术效果集中的程度,认为须针对作品的三个元素来考察。一是心灵或人物性格。二是人物的遭遇或事故,即"性格所受的摩擦必须能表现这性格"⑥。三是风格。"其他两个元素(性格和遭遇、事故)只是内容;风格把内容包裹起来,只有风格浮在面上","是唯一看得见的元素"⑦。关于风格包裹内容,泰纳作了解释。"我们不难看出一切风格都表示一种心境,或是松弛或是紧张,或是激动或是冷淡,或是心神明朗或是骚乱惶惑,而境遇与性格的作用或者加强或者减弱就要看风格的作用和它一致或相反而定。"⑧我们结合上文所述泰纳的文艺观点来体会他的这一解释,可以说风格既十分明显地表现作家本人的气质与心情,也流露出他对人物性格与际遇所抱的态度;假如联系布封所谓"风格即人",那末这"人"既有作家本人,也有他作品人物的爱、憎、好、恶、同情、反感。末了,关键在于"风格的力量",而且"人物的性格固然要靠情节去诉之于读者的内心,但必须用语言诉之于读者的感官"。泰纳还就风格、语言作了具体的对照。"十七世纪的文字清楚明白,中庸有度,精纯,连贯,完全适合宫廷中的谈话,却无法表现粗犷的情欲,幻想

---

① 《艺术哲学》,第 28 页。
② 同上书,第 362、364 页。
③ 同上书,第 373 页。
④ 同上。
⑤ 同上书,第 375 页。
⑥ 同上书,第 396 页。
⑦ 同上书,第 398 页。
⑧ 这一段和以下几段引文,均见《艺术哲学》,第 399 页。

的激动,不可抑制的内心风暴,像在英国戏剧中爆发的那样。十六世纪的文字忽而通俗,忽而抒情,大胆,过火,佶屈聱牙,前后脱节,放在法国悲剧的文质彬彬的人物嘴里就不成体统。"前者拉辛可为代表,后者莎士比亚可为代表。因此泰纳又说:"倘若拉辛用了莎士比亚的文体,莎士比亚用了拉辛的文体,他们的作品就变得可笑,或者根本不会产生。"

综上所述,泰纳的批评理论,突破实证主义窠臼,而多方面地结合欧洲文艺的发展以及作家与作品,来探讨艺术的本质、理想、风格等问题,所以不少地言之有物,也言之成理。至于他对地理、气质等影响的看法,则和六十年代开始的自然主义理论是有相通之处的。

〔丹〕勃兰兑斯

勃兰兑斯(Georg Morris Cohen Brandes,1842—1927)出身丹麦犹太商人家庭。在哥本哈根大学学法律、哲学、美学,毕业后旅行法、英等国。1848年欧洲革命浪潮冲击丹麦王国,资产阶级民主取代了封建专制,农业、渔业和航运都得到发展,并且颁布了宪法。在这新的形势影响下,勃兰兑斯决心从事文学活动,参加到祖国前进的行列,于六十年代开始理论批评工作。1871年巴黎公社失败后,他大声疾呼"我们至今还比欧洲其他国家落后四十年",从而举起"精神革命"的旗帜。进入二十世纪后,他更主张欧洲各国的知识界团结起来,共同对付沙文主义,1920年在法国左翼团体拥护苏维埃政权的宣言上签了名。一般说来,民族尊严感和小资产阶级激进情绪,不时流露在他的思想和批评著作中。他曾在母校长期主讲欧洲文学的美学,主要论著有《十九世纪文学主潮》[①]《波兰印象记》与《俄国印象》,其中一部分论及波兰与俄国文学[②],以及大量的作家评传,包括莎士比亚、歌德、伏尔泰、米勒[③]、弗洛贝尔、莫泊桑、左拉、马拉美、易卜生、普希金、屠格涅夫、托尔斯泰、高尔基,以及拉萨尔和存在主义先驱克尔恺郭尔等。作为文学批评家,勃兰兑斯在思想上受黑格尔的影响,在方法上则继承孔德与穆勒,于圣·佩韦和泰纳之间有所折衷。他也着重史实,但是除泰纳的三元素说,对于作家生平、作家心理,尤感兴趣,这是由于受圣·佩韦的影响较多,而学识的丰富和视域的宽广,以及对进步思想的向往,则胜过圣·佩韦。勃兰兑斯珍视自

---

① 下文简称《主潮》,先后有侍桁和刘半九等的译本,都未出全。
② 波兰部分有成时译《十九世纪波兰浪漫主义文学》。
③ 米勒(1814—1875),法国巴比松画派代表人物。

己的批评,认为"批评的力量足以移山:山就是对权威、偏见以及古老传统的迷信"①。主张批评家须探讨文学发展的倾向,即"时代精神",因为它构成"真正的诗的生命线"。②他说:批评家必须明确"文学有无生命力,这生命力就表现在能否提出问题来","文学如果提不出问题来,便会逐渐丧失一切意义"。③可以说勃兰兑斯相当强调文学家、文学作品中的理想、想象或创新精神;并以此作为文学发展的"主潮",而十九世纪欧洲文学的浪漫主义便是突出的例证。一般说来,勃兰兑斯的文学史观着重于民族意识和宗教、政治等观念的反映,集中表现在"人"的、尤其是"民族"的心理,因此他宣称批评著作主要是关于"民族心理"的,而评价文学史上每位作家时,须针对其有否助长自由主义、怀疑精神,也就是首先有无浪漫主义的理想。

他的《主潮》原为1872—1875年间的讲稿,1890年全书出版,共六卷:1. 流亡文学;2. 德国的浪漫派;3. 法国的反动;4. 英国的自然主义;5. 法国的浪漫派;6. 青年德意志。他在《斯堪的那维亚文学简介》中对全书作了这样的介绍:整部著作好像一个六幕剧;前三幕讲的是欧洲日益滋长的反拨④;第四幕以《英国的自然主义》⑤为标题,以拜伦为主角,描写他和济慈、雪莱等把文学推进到一个新阶段;最后两幕以雨果、乔治·桑、海涅为主角,反映了古典主义在法、德的彻底消亡。作者以欧洲资产阶级民主斗争为纲,论述十九世纪前半叶法、英、德等国浪漫主义文学运动的兴起与发展,并以1789年法国资产阶级革命为"正题",以封建王朝复辟为"反题",以资产阶级民主自由为"合题"。可以说,全书的结构沿用了黑格尔的辩证法观点,即一切发展过程寓有正、反、合三阶段的有机联系。作者在《主潮·序言》中举出四点说明。(一)十九世纪前半叶欧洲文学有个心理轮廓,那就是战胜十七世纪以来欧洲文学的反拨,再现了进步的理想。(二)目前的时代和社会如果提不出问题来,那便是暴君式的、停滞性的反拨,现代文学更不应苟且因循,而须用极大的勇气和决心,宣扬自由,发挥意志。(三)为了达到此目的,现代文学须具备以下的条件——某一种族的勇气、自由精神,人的特殊性质、气质,以及特殊环境等。(四)至于这一时期的丹麦文学,

---

① 《主潮》第五卷,第313页。
② 同上书,第331页。
③ 《主潮·序言》。
④ 也译"反动",指复旧的逆潮(古典主义)。
⑤ 作者以卢梭的返于自然说为浪漫主义的思想根源,这里的自然主义即浪漫主义,与后来左拉的自然主义无关。

则因为整个丹麦落后于欧洲四十年,文学上对抗十八世纪的反拨,来得相当迟缓,所以没有什么发展;而且天真、素朴的丹麦的国民性,也不利于文学革命,只是习于逃避现实,崇尚空想,以致文学中的人物形象代表古代理想,既缺乏现代精神,又脱离人性关系。丹麦的作家大都是牧师出身,只能接受神学的感化,不可能参加现实的变革(例如希腊民族解放运动),结果丹麦的牧师作家们竟将拜伦的悲愤理解为对所谓正统派的忠诚了。尽管十八世纪出现两个伟大思想——学术自由和自由的人道主义①,丹麦也未能接受,以致使自己的学术回到拜占庭时代,而文学也只剩下一些抽象的形象,有时以谨小慎微取代了正义与愤激。②

综上所述,勃兰兑斯乃是以人性、气质、意志等为文学发展的重要因素,把各民族文学看作是描写人的、心理的、国民性的文学,并且还有所谓不利于革命的国民性,而丹麦文学更是突出的例子。他具有相当浓厚的唯心史观,这使他的文学批评受到很大的局限。

此外,他相当注意文学作品中共性和个性的统一,一定的社会历史时期的若干文学典型形象既有共同性格,也各有自己的特征。他认为英国莎士比亚的哈姆莱特的性格分别体现于德国歌德的浮士德、法国缪塞的世纪儿③、英国拜伦的曼弗雷德,这些不同形象存在着"同"中之"异"。他写了那末多的名家评传,就是力图表达每一时代不同国家的诗人、艺术家的个性与特色,进而探求特殊所寓的一般,既比较每一时代的作家、作品,更综合评论若干时代的作家、作品。勃兰兑斯的这一艰辛的尝试,可以说是现代西方的比较文学研究的滥觞。

总的看来,勃兰兑斯不失为学识广博、著作丰富的文学批评家,尽管他有多方面的局限。弗兰茨·梅林有评论他的《主潮》一文,值得参考。④ 文中指出作者"完全站在资产阶级的立场上","始终在唯心主义的土地上活动"。但他"是以奋发有为、勇于进取的资产阶级所固有的革命锐气来表现这一立场的"。如果"要想充分享受《主潮》这部著作,须得有十九世纪上半叶关于德、英、法文学的相当广泛的知识"。那末"读起这部书来就像和一个聪明绝顶、见广识多、尤其是勇敢无畏的人促膝谈心。尽管我们的观点并不一致,但是我们乐于和他相会"。其

---

① 指资产阶级的启蒙思想。
② 以上关于《主潮·序言》的内容概括,尽量引用译文,但不逐一注明译本的页数。
③ 缪塞(1810—1857)是法国浪漫主义作家,有自传体小说《世纪儿的忏悔》(1836),描写他和乔治·桑的痛苦的爱情。"世纪儿"一词含有"世纪病"患者的意思,反映了当时青年一代的"无可名状的苦恼感觉"。
④ 转引自成时译《十九世纪波兰浪漫主义文学》的《译后记》。

实,梅林所持的态度,也可适用于阅读其他的非无产阶级的而有一定成就的文论著作吧!

〔法〕左　　拉

　　左拉(1840—1902)是法国小说家,自然主义理论的创始者。他出身工程师家庭,早年生活艰苦,做过出版社职员和新闻工作;和女工结婚后,逐渐熟悉劳动人民生活;巴黎公社时期,由于反对资产阶级的血腥镇压而同情公社;1898年德雷福斯案件发生,参加当时的民主运动,从人道主义立场谴责反动当局,被判徒刑,于执行前流亡伦敦。六十年代中期他开始小说创作,基本上继承批判现实主义传统。但是由于受孔德的实证论、泰纳的文艺观以及遗传学与贝尔纳(1813—1878)的实验医学等的影响较深,他提出了自然主义理论,认为小说写作是一个实验过程,就像自然科学对某种物质进行实验一样,不过小说家的课题是关于环境对人的影响,而决定环境的因素则主要是生理学、遗传学的规律。左拉于是得出结论:小说家既然是做实验工作,那末他的观察和研究都是超越道德的、政治的。在他看来,小说家应该首先是一位科学家、解剖学家、单纯事实的记录者,而不是什么道德家;唯一的创作方法乃是实验的方法,而不是艺术的概括和提炼,更不是想象和虚构。小说家以自然规律代替社会规律,从而描写人的行为和心理,他的这种理论相当地影响了自己的创作。他给小说总集《卢贡·马卡尔家族史》(1871—1893)制定计划,描写法兰西第二帝国时候这个家族的两个分支在遗传法则的支配下,所产生的有关神经和血缘的变态种种事实,从而解释小说中人物"气质"和环境的双重问题。

　　左拉的理论著作,主要有《卢贡·马卡尔家族史》的《总序》(1871)、《戏剧上的自然主义》(1880)、《实验小说论》(1893)等,后者包括《论小说》。此外,他对当时新兴的印象画派起着共鸣,予以支持,这也值得一提。法国画家莫奈(1840—1926)等根据有关"光"和"色"的科学实验,主张绘画应运用太阳光谱的赤、橙、黄、绿、青、蓝、紫七种色相,去反映自然界的瞬间印象,提出"光和色是绘画主题"的理论。1874年,莫奈展出了《日出印象》一画,被称为印象画派的奠基者。提倡实验方法的左拉对这一画派的理论很感兴趣,写了评论文章,加以赞扬。这也足以说明十九世纪后半叶实证论和实验方法影响广泛,也深入到绘画领域中去。

　　左拉在他那个小说集的《总序》中写道:"我想研究的是人的气质,而不是人的性格",希望读者会看到他的小说的每一章"都是对生理学上一种病况的研究"。他认为,对自己来说,"最重要的事情是作一个纯粹的自然主义者,一个纯粹的生理学家"。自然主义的艺术家应当是"单纯的事实记录者","不要夸张,也不是强调,只要事实"。他说:"作者不是一位道德家","道德教训,我留给道德家去做。……我不要那些原则(皇权啦,天主教的教义啦),我要这些原则(遗传学,先天性)。……我不想做政治家、哲学家、道德家。我做一个科学家就心满意足了,说出经过探求而找到的深刻的道理,我就心满意足了。其实,结论是没有的。"左拉这种只承认某些事实的论点,显然是继续了实证论者孔德所谓只问"是什么"、不问"为什么",以及"只观察、不评价"那套说法。今天看来,左拉虽然送走皇权和天主教,却迎来先天遗传的决定论,他刚刚跳出封建教会的泥坑,又一头栽进机械唯物论中,他仍旧没有成为一个真正的科学家。

左拉还在《总序》中阐明,自然主义的原则在于"接受事物所有的永恒本性",加以描写,"而不企图再度地创造世界"。他说:"我的意思是自然主义开始于人所写的第一行的字","我愿意承认荷马是第一位自然主义者",并且"从亚里斯多德到布瓦洛的全部文学批评,已在阐明这个原则,即每部作品都应该以真理为基础"。不仅如此,自然主义还"属于狄德罗的直系后裔",……并且"因巴尔扎克而取得胜利了"。因此,左拉的自然主义主张"回到自然和人;……书中不再是抽象的人物,不再是谎言式的发明,不再是绝对的事物,而只有真正历史上的真实人物和日常生活中的相对事物"。至于浪漫主义,左拉认为它"不曾适应永恒的事物",所以自然主义所摒弃的抽象、谎言和绝对性,它却奉为至宝,"于是它就不得不在自然主义面前崩溃了"。这里,左拉除了把"事实"即"真理"作为自然主义原则外,还企图把自然主义等同于或依附于现实主义,来非难浪漫主义是幻想和虚构,从而抬高自然主义。其实,作为创作方法,现实主义和浪漫主义原是一对孪生兄弟,相互补充,原不必强分高下,而自然主义和现实主义的界限,倒是不容混淆,前者描写生理的、病态的人,后者再现典型环境中的典型人物。左拉的小说论向着自然科学一边倒,毕竟是难以言之成理的。

此外,左拉在《实验小说论》[①]中首先承认:"有必要以'小说家'一词代替'医生'一词","在所有论点上都以伯纳德[②]的战壕来保卫自己",认为小说创作必须采用医学上的实验方法,小说作品"只是小说家在观众眼前所作的一份实验报告

[①] 杨烈选译,《西方文论选》下卷,第249—256页。
[②] 伯纳德(1813—1878),法国生理学家,著有《实验医学研究导论》(1865)、《普通生理学》(1872)。

而已"。只有这样,小说家才能"获得关于人的知识,关于人的科学的知识,不论在个人方面或社会关系方面"。接着,左拉谈到小说实验工作的具体步骤。实验的对象始终是真实的事实,即人的生理、遗传、病理等现象,也就是"自然",但在"置身于自然之前,先有一个观念,而且按照这观念进行工作,用观察和实验的方法来证明那观念是真实的"。左拉以巴尔扎克的小说《贝姨》为例,阐明巴尔扎克所首先具有的观念或选定的主题,是"一个男人的恋爱气质在他的家庭中、他的家族中和所处社会中造成的破坏",然后巴尔扎克就"进行他的实验,使于洛男爵(小说的主人公)面向一系列的试验,把他放在某些环境中,从而展示他那感情复杂的机器如何在工作"。所谓人的"气质",原属生理、遗传、病理等的范畴,既不能用它来取代人的阶级根源、阶级意识和所处的社会环境,也不可能成为刻画小说人物性格的准则,对小说创作来说,它反会导致伪科学的作用,然而左拉却以假为真了。他说:"科学进展的时候,……在未知事物的面前①,……投入新的假设,……运用我们的直观,探索一条走向科学的道路,不要怕犯错误。"接着他把话头一转:实验小说并不"单纯地做摄影师",他的"实验本身就含有加工、修改的意思"。说到这里,左拉引了伯纳德的一段话:"实验的性质绝对是个人的,具有一种特殊的感情和独有的东西,形成了创造能力、发明能力和天才。"总而言之,自然主义小说的实验过程是:确定主题;尊重自然,记录事实;通过干预、假设来论证主题;达到对自然的加工或修改;归结为艺术的创造。从忠于自然而又修改自然这一点说,左拉的自然主义又似乎不是那末僵化,而有些弹性,也渗入现实主义的理想,也要进行典型性格的塑造,这在左拉自己的小说创作中更是有所反映的。我们不妨说,左拉一面阐明自然主义理论原则,一面又在实践中不仅把它推翻,而且有所修改。他的《论小说》可能就是因此而作。

为此,我们有必要再看看他在《论小说》②中关于真实感、个性表现和论描写三部分的若干论点。首先,他对比想象和真实感,认为今天"想象不再是小说家的最高品质"。"今天,小说家最高的品质就是真实感。"在过去,大仲马、雨果等"想象出了充满情趣的人物和故事。……但是从来没有人把想象加于巴尔扎克和司汤达的头上",因为他们靠的是"巨大的观察力和分析力,……他们描绘了他们的时代,而不是……杜撰了一些故事"。至于当代的弗洛贝尔、龚古尔兄弟和

---

① 指观念或主题得到证明之前。
② 辛滨译,《古典文艺理论译丛》1964年第8辑。

都德等,"他们的才华不在于他们有想象,而在于他们很有力地表现了自然"。左拉接着指出,"真实感就是如实地感受自然,如实地表现自然"。他承认"有否真实感,……是决定我一切判断的试金石。当我读一本小说的时候,如果我觉得作者缺乏真实感,我便否定这作品"。而为了如实地感受自然,小说家必须懂得如何观察自然,因此在左拉看来,"观察的才能要比创造的才能更为少见",也就是更为可贵了。其次,左拉进而阐说"观察并不等于一切,还得要表现","一个伟大的小说家既有真实感,也有个性表现"。认为小说家在表现自然时所具有的个性,开始于他能够将丰富的形象"保存在脑子里,……非把他们说出来不可"。左拉以都德为例,盛赞他"能记忆起他曾见过的一切",其中包括若干人物、人物的各自的姿势、人物所处的某些境界及其轮廓等。都德的个性表现,便是根据记忆形象,使"自己变成这些人物,生活到作品的环境中去,把自己的个性与他要描绘的人物和事物的个性熔铸在一起,……在作品中获得了再生"。再次,左拉论到描写,认为十七世纪古典主义小说只写"纯理智的人物","环境无关重要";十八世纪启蒙主义小说则为"哲学论辩"加上"牧歌情调的画面";十九世纪浪漫主义小说描写"盛宴"和"猛烈色彩";只有近代的巴尔扎克、弗洛贝尔等方始在"科学地运用描写上"立下大功,因此"我要这样给描写下定义:描写是限定人、完成人的某一环境的情况"。大体说来,左拉的这些看法现在还是很有参考价值的。

第十一章 十九世纪(四) 封建社会主义、空想社会主义

在欧洲,资本主义的产生和发展所引起的谴责和批评,分别反映于欧洲的文论,浪漫主义和批判现实主义有关这方面的论点本书已作介绍,此外还有封建社会主义和空想社会主义的文论,也是针对资本主义社会的,其代表都在英国。

十九世纪三十至四十年代,正当积极浪漫主义反对封建专制的时候,在英、法等国趋于没落的封建贵族中间,却出现了封建社会主义。它是代表这个阶级的一种社会思潮,宣称自从封建王朝被推翻,在资产阶级统治下方始产生无产阶级,并使工人生活日趋贫困;它以维护工人的利益为借口,而把矛头指向资产阶级和无产阶级。它进而鼓吹,只有封建社会才可以调和"贵""贱",使二者趋于一致,因此封建专制政权非但不应废除,而是必须恢复,以"拯救世界",将社会导向"社会主义"。换句话说,社会领导权应交给"精神贵族",而非人民。封建社会主义反映在文艺批评上,则含有回到中世纪的宗教神秘色彩,主张创作须重新颂神,为"君权神授"说教,以达到重建封建专制的目的。封建社会主义的突出代表是英国的卡莱尔,他宣扬英雄崇拜和英雄等级说;神祇居首,次为先知,再下来数到诗人,并且把诗说成是不可知的,乃无意识的产物。但卡莱尔却还有另一面:表示了对资本主义制度下两极分化的不满,就这方面说,他的文艺观被称为对资本主义的浪漫主义式的批评。[①]

继卡莱尔之后,英国还有罗斯金也批判资本主义,但和卡莱尔不同,乃是从审美要求出发,对中世纪的回溯与依恋,并集中表现在高度赞美风格粗犷的哥特式教堂建筑艺术,更进而提倡原始的以至兽性的审美观。但罗斯金也另有一面,即大力宣扬美术教育,以求实现所谓"公平合理"的社会。

继罗斯金之后,英国更有莫里斯,从空想社会主义者的立场出发,认为艺术

---

① 例如〔苏〕阿尼克斯特著、戴镏龄等译《英国文学史纲》,第375页,人民文学出版社,1959年。

和文学足以美化生活,改造现实,为工人阶级谋福利,最后导向社会主义。

以上三人的文艺批评有一共同点,那就是通过批评资本主义,企图解决资本主义社会的矛盾,这当然是徒劳无功的。

〔英〕卡 莱 尔

卡莱尔(Thomas Carlyle,1795—1881)是散文家、历史家和文学批评家。父亲是砖瓦工,后转为自耕农。他曾在爱丁堡大学读神学,准备当基督教长老会牧师①。他政治上属于保守党,并与自由党相对抗。保守党的前身为托利党,代表贵族地主和高级教士的利益,自由党的前身为辉格党,代表大资产阶级和新兴贵族的利益。卡莱尔站在没落贵族一边,批评当时英国资本主义社会,认为封建专制的衰落导致工人生活的贫困,表现了封建社会主义观点。另一方面,卡莱尔重视生活经验,认为每桩事件、每个事实都是实在的,这又和孔德的实证论精神相一致。于是,他认为时代的主要课题就是承认资产阶级关系,但必须争取"灵魂"的再生,而所谓"灵魂"则表现为禀承神的意旨而取得胜利的、最为伟大的英雄事业。这也就是卡莱尔的英雄崇拜说和英雄史观,从而产生一系列反动观点:社会领导权属于少数"精神贵族";建立独裁政治;拥护德国的军国主义,颂扬俾士麦等。可以说,十九世纪末尼采的超人哲学以及二十世纪的法西斯主义,和卡莱尔所谓的英雄崇拜有一脉相承之处。卡莱尔没有文论专著,但是对于诗、诗人、艺术以及批评和鉴赏的种种看法,分别表现在他的政论、历史著作和散文集中,它们有助于理解卡莱尔的文艺观。

卡莱尔最早发表的著作是讽刺性政治小说《旧衣新裁》(1833),鲜明地对照"纨绔子弟"和"衣衫褴褛的乞丐",认为人类历史无异乎是一部服装更替史,他借此谴责社会的两极分化,表示对贫富悬殊的极大不满。由于英国经济学家和实证论者穆勒(1806—1873)协助他收集资料,他写成并发表《法国革命史》(1837),作者看到了法国人民的经济贫困是这次起义的原因。1839年发表《宪章运动》,同情英国人民的痛苦生活,指出"现金的王国"乃"人民贫困的根源","工人有权利也有力量来表示不满",但又认为王权衰落促成资产阶级统治,终于形成工人运动的导火线,还是暴露了没落贵族的封建社会主义观点。1843年写出《过去和现在》,就十二世纪的和十九世纪的英国进行比较,得出这样的结论:英国抛

---

① 长老会是基督教(新教)的教会,十七世纪英国资产阶级革命时期属于温和派。

弃了中世纪的宗教信仰,却没有找到任何可以代替它的东西;如果英国人还在坚持无神论,而不能重新获得自己的"灵魂",那末一切都是徒劳无功的。恩格斯对此书曾一针见血地指出:"这种'无灵魂',这种非宗教和'无神论'都是由宗教本质产生的。宗教按其本质来说就是剥夺人和大自然的全部内容,把它转给彼岸之神的幻影,然后彼岸之神大发慈悲,把一部分恩典还给人和大自然。"①由此可见卡莱尔的内心深处,有上帝在作怪,这是和实证主义的不可知论分不开的。此外,他不仅关心当代英国,还议论整个世界与全人类的前途,把希望寄托在他的英雄史观或封建社会主义所谓精神贵族统治说。1841年他发表了重要著作《论英雄与英雄崇拜》。这是一部讲演集,包括六讲:1.《作为神祇的英雄》,以北欧神话中的奥丁为代表;2.《作为先知的英雄》,以穆罕默德为代表;3.《作为诗人的英雄》,以但丁、莎士比亚为代表;4.《作为教士的英雄》,以马丁·路德和诺克斯为代表;5.《作为文人的英雄》,以约翰生、卢梭、彭斯为代表;6.《作为国王的英雄》,以克伦威尔、拿破仑为代表。首先,他认为英雄的概念非凡夫俗子所谓理解。"英雄生活于事物的内在领域,即真理、神圣、永恒之中,这一领域被暂时的、琐细的事物所掩盖,因此大多数人是看不到的;英雄的生命乃是自然本身的永远存在的心灵的一部分。"②作者结合历史来论说:"人类在这个世界上所完成的全部历史,归根结蒂是一向在这世界上工作的伟大人物的历史。他们是人类的领袖;广大群众所设法去做或已达成的一切,都以他们为模范、为榜样,并且从广义说,这一切是出于他们的创造;这许多位被送到世界上来的巨人是有思想的,我们在世界上所能见到的不朽事业,严格说来是他们的思想的外在表现和物质果实,是这思想在实践中的体现;整部世界历史的灵魂就是这许多巨人的历史——这样看是很恰当的。"③他还写道:"一切真正的事业就是宗教","实际上一切宗教必然造成英雄崇拜",而"凡是无所成就的宗教都应滚开……,我可不能充当它的避难所"。④ 这里不难看出卡莱尔首先赋予英雄的概念以浓厚的宗教神秘色彩。英雄是被上帝派遣,来到人间而胜利完成上帝使命的人。体现神旨,为英雄的最高标准。其次,卡莱尔解释神旨、宣扬圣道,因此关于英雄崇拜的头两讲,便是《作为神祇的英雄》和《作为先知的英雄》,接着的四讲才是作为诗人、教士、文

---

① 恩格斯《英国状况——评卡莱尔的〈过去和现在〉》,1844年《德法年鉴》。
② 《论英雄》。
③ 《论英雄》1《作为神祇的英雄》。
④ 《过去与现在》第三卷,第十二章、十五章。

人以及国王这四类英雄。在次序或等级上,英雄的概念意味着由神性而降为人性。卡莱尔对此表示莫大的遗憾。

他在《作为诗人的英雄》一章中感慨系之地说:"代表神祇和先知的英雄是古代的产物,在当今的新时代里不会重见了。他们存在的前提是原始的、粗略的思想概念,而科学知识的进展却结束了这个前提。……神祇和先知一去不复返了。"如今我们所能见到的我们的英雄,其雄心较小,因而问题也较少,那就是作为三级英雄的"诗人的德性"。由于地位所决定,他虽然卑之无甚高论,但他的德性却"不会消亡,因为诗人是属于一切时代的英雄,他一朝被产生,便为以后的一切时代所共有"。然而正因为诗人并非首席英雄,于是"他只能坐在椅子上写写诗,而且写出来的决没有多大价值。他不可能歌颂英雄的战士,除非他自己至少也是一位英雄的战士。……如果不能理解米拉波①……就不能写诗、写悲剧来感动人们,除非他的生活道路和所受教育把他引向这方面来。"在卡莱尔的眼中,诗人的地位虽不很高,但是他仍须力争上游,向二级英雄(先知)看齐,充当"世界即神这一观念"的解释者,因为这一观念"乃一切现象的根底",为无穷世界的启示者。卡莱尔曾翻译歌德的《威廉·迈士特》,和歌德接近,后来曾准备写一部德国文学史②,歌德死后,他在悼文中对歌德推崇备至,同时给诗人-英雄的涵义作了补充:"真正的诗人,一如既往,永远是预言家,他天生一双慧眼,能从上帝的宇宙中洞察那超绝的奥秘,并对宇宙最早的几行创作加以解释,……因为诗人窥见了最大的奥秘。对他来说,隐蔽的事物显现出来;将来仅仅是现在的另一侧面。"③卡莱尔认为诗和超绝的神秘性是有关系的,他曾作如下阐明:"人的一生中,被表达的部分远远小于未被表达的部分。""意识乃是一层稀薄的表皮,掩盖着深不可测的无意识领域。""从这神秘之中,也只有从这里,开始了全部的奇迹、诗创作、宗教、社会制度。"④他更应用这一观点来评价古代希腊、罗马文学,认为维吉尔之所以不得不亚于荷马,就是因为他那"致命的有意识"。⑤ 可以说,这是实证论的不可知论在他的文论中的又一次表现。

为了说明卡莱尔的非理性的文学批评,不妨引几段他对莎士比亚的看法。

---

① 米拉波(1749—1791),法国资产阶级革命时期斐扬派领袖之一,主张君主立宪,反对民主共和,后来接受王室贿赂,背叛了革命。
② 没有写成,但他对介绍德国文学有一定贡献。
③ 《歌德之死》,《卡莱尔全集》第二十七卷,第 377 页。
④ 《散文集》第四卷,第 49 页。
⑤ 《文学史讲演》第 52 页。

"自有诗人以来,莎士比亚居于领袖地位。"因为他具有"伟大的智力","他的幻想力、思考力是无敌的","他看到了一切事物的内心和它们之间的和谐"。但是这并非"出于习性或偶然,而是自然对他的赋予",因此他本能地具有"于静观中洞察一切的眼光",而他的智力"我要称之为无意识的智力"。也正是这"无意识",使莎士比亚成为"自然的一部分","他蕴藏如此丰富,……许多东西不为人知,也不可言说",于是乎对莎士比亚来说,"沉默比言语更为有力了"。① 卡莱尔转弯抹角地把莎士比亚说成是一位无意识的大诗人。然而,卡莱尔又感到他所要求于诗人的洞察奥秘和无意识,不可能普遍地实现,因此他失望了,终于走向另一极端,攻击诗人无裨实际:"我无论到哪里,无论处于何种情况中,都会发现诗人所扩散的模糊的语言,犹如一堆堆的垃圾(制造商、发明家、奋力前进的人也抛出这样的东西,他们从来不在伦敦海德公园②的骑马道上争取出版权,却妄想从地狱和魔王那里走向天堂和上帝);我自己常说'自从亚当蒙上遮羞布以来,出现了上百万的诗人,其中有上百位的莎士比亚,或者比例还要大些,有上千位'。"③ 像卡莱尔这样地论诗和诗人的职责,在欧洲文论中却是罕见的。

卡莱尔关于文艺批评和艺术欣赏,还有一些看法。他从英雄史观或英雄造时势的角度出发,强调"人并非他的环境的产物,相反地,在极大程度上环境乃人的产物",因此诗人-英雄之可贵就在于他对人世的幻想,而批评家便须"将自己的意境转化为作家的意境",深入"诗人的思维方式,见到诗人眼中的世界,取得和诗人一样的感觉和判断"。④ 也就是说批评的方法必须是通过直觉或测度来把握作家,因此批评的任务不包括对一切规律或理论的探讨。至于人们欣赏艺术作品,都不免有所偏袒,然而"正是由于偏袒,欣赏者就成为他面对的那位画家和歌唱家本人了"。因为欣赏所不可缺少的是"同情"和"测度":前者"以一颗坦率的、热爱的心,作为认识、理解的起点";后者则为"炽热发光的洞察力,能直入真实的意境"。卡莱尔更推广之,认为对于"任何事物"也是如此,"了解它;深入其真境,永远是一种神秘的艺术"。⑤ 可以说,卡莱尔所谓的批评与鉴赏,极端排斥理性认识,它们纯属直觉和主观臆测之事了。

---

① 《论英雄和英雄崇拜》第三讲《作为诗人的英雄——但丁;莎士比亚》。
② 以经常有政治集会在园中举行而驰名。
③ 《致斯特林函》,1842 年 11 月 21 日。
④ 《散文集》。
⑤ 《论英雄和英雄崇拜》,第 57 页。

此外,卡莱尔在实证论的影响下,讲求实际经验,反对虚拟、想象。这一倾向不断发展,甚至于文艺、哲学最后也被视为不切实际而横遭谴责。他曾写道:"哪怕是美术中的虚构,也是不能允许的。"①他对韵文也无甚好感,他劝诗人改写散文,至于理论文章,他竟说成是"愈来愈是确定无疑的不充分、不可靠,不能令人满意,几乎成为笑柄了"②。像卡莱尔这样一系列的武断与否定,也是欧洲文论史上所少有的。

总之,卡莱尔的文艺观受到封建社会主义和实证主义的不可知论的双重感染,具有两大特点:创作出于神旨,批评与欣赏纯凭直觉,因此在一定程度上成为十九世纪末欧洲文论中形形色色的非理性主义之先驱。

〔英〕罗 斯 金

罗斯金(John Ruskin,1819—1900)是政论家、艺术批评家。祖父为酒商,死时负债;父经营酿酒联合企业,成为富翁。罗斯金继卡莱尔之后,批评资本主义社会,但他不从政治和伦理道德出发,而从审美要求出发,认为工业生产发展,特别是资本主义的劳动分工,把工人变成机器,摧毁他们的审美观点和艺术活动,使他们丧失人性。他曾把自己的财产捐给许多慈善机构,希望改良贫民生活,并进行审美教育,以导致"公平合理"的社会。他还向往中世纪手工业劳动和中世纪艺术,对哥特式教堂建筑尤为崇拜,认为它对当代足以起美感作用。他同卡莱尔一样,主张封建复古能拯救当前生活的苦难,也抱有封建社会主义的观点。此外,他还严厉谴责资本主义不利于艺术和自由创造:"说实在的话,不是什么劳动的分工,而是人被分成许多部分——割裂成碎块,使生命变成屑末。"③

他的主要著作有《近代画家》一至五卷(1843—1860),其中有一部分是赞扬当时英国风景画家特纳④的;《建筑的七盏灯》(1849)、《威尼斯之石》(1851—1853),是关于意大利建筑艺术的研究,并强调人民的艺术、宗教和道德,以及民族精神和社会习尚,这两部书得到卡莱尔的好评,称为"木石的启示""时代的独一标志""一次新的文艺复兴"等。此外,《爱丁堡讲演集》(1853)主要是关于建筑

---

① 《近作短文集》(1851),第 322 页。
② 《致爱默生函》,1840 年 9 月。爱默生(1803—1882),美国散文家、诗人,有宗教神秘色彩。
③ 《罗斯金作品选集》第十卷,第 196 页。
④ 特纳(1775—1851),融合水彩画和油画的技法,讲求光和色的表现效果。

艺术、特纳和拉斐尔前派①；《曼彻斯特讲演集》(1857)，其中《艺术与政治经济》一文，特别强调艺术的道德和社会作用；《给那后来的》(1862)宣扬审美教育足以提高道德，最后促使公平的生活制度的建立。1871—1884年间，他陆续写过九十六封信给英格兰工人，谈到他自己关于社会、道德、宗教、艺术的杂感。

  罗斯金的艺术理论可归纳为：在有所见才有所感、所爱的基础上进行艺术想象；而这爱必须是宗教的爱。因此"全世界的艺术家的整个功能，就是充当一个见景生情的人。他毕生的工作是双重的；有所见，有所感。"②但在"所感"之中，并不排斥表现肉体的、健壮的感觉。他更把肉体的美感加以发挥，于1858年曾写道："人们也许以为纯洁给予力量，其实不然。一个健全的、结实的、自制的、漂亮惊人的兽性，——诗人们和艺术家都是由它而构成的。"罗斯金认为荷马、莎士比亚、丁托列托③、提香和米开朗基罗由于勇敢如野兽而博得赞美，而圣·弗朗西斯④和弗拉·安格利⑤就显然是可怜的弱者了。进而言之，艺术家必须大胆地去感受整个世界，才知道在作品中表现什么。"我们要求艺术家给我们做的事情是，使飞逝的东西暂停下来，使不可理解的东西能有所启示，使无边无际的东西具体化，使难以持续的东西永不消灭。……一切无限和奇妙的事物本身，都含有人们可以目睹而不可以衡量的一种精神和力量。"这精神和力量表现在两方面："一是喜爱，但不要加以限制；二是想象，却无须加以解释；一切崇高艺术由此开端，并于此终结。"⑥那末，艺术家对于所爱的对象，应抱怎样的态度呢？他回答道："假如不是为了爱它而加以描绘，那就错误了，假如是为了爱它，那就对了；由于有所爱而加以再现，纵然有失，也比起最最精确的再现来得更真实些。"⑦也就是说，艺术的真实不在于形似，而在于表达真挚的感情，不过罗斯金强调，后者须属于宗教的虔诚。"你可以像埃及人那样崇拜鹰，但你不会把它看作二足动物来描绘，因为当你领悟到鹰寓有神性时，你会感到狂喜，这狂喜从你双手进入画中，遂使这画能唤起观者的共鸣。"⑧罗斯金主张人类共有的宗教感情与审美活

---

 ① 详下注。
 ② 《威尼斯之石》第三卷，第二章。
 ③ 丁托列托(1518—1594)，意大利画家，多用宗教历史和神话题材，宣扬宗教虔诚。
 ④ 圣·弗朗西斯(1181—1226)，天主教方济各会创始者。
 ⑤ 弗拉·安格利(1387—1453)，意大利宗教画家。
 ⑥ 《威尼斯之石》第三卷，第二章。
 ⑦ 《近代画家》第四卷，第十三章。
 ⑧ 同上书，第四章。

动相结合,乃艺术创作和欣赏的标准。他曾写道:"我具有强烈的本能……把圣·马可教堂①的每块石头都画下来,并把它吞入我的灵魂深处。"②

罗斯金的宗教神秘的审美观,集中表现在他对哥特式教堂建筑艺术的陶醉。这种教堂有尖形拱门和高耸的尖塔,共同形成飞升的气势,以增强向往或皈依天国的宗教感情,因此在欧洲宗教艺术史上"哥特式"被看作重要的创造。罗斯金则认为哥特式的建筑师正是由于粗犷和缺乏文化,才能在艺术创造中获取绝对自由。"他们都冲破陈规以追求变革,他们懂得排斥'不完整,适足以削弱表现的效果,而刻意求工反而使生命力瘫痪。"③意思是粗壮、质朴具有强大的感染力,中世纪艺术有此风格,它可作为后代的楷模。

我们花了一些篇幅,介绍罗斯金对哥特式的兴趣,读者也许会感到离开文论太远了。其实不然,因为犹如原为建筑艺术风格的"巴罗克"一词逐渐被应用于文学理论与批评中,"哥特式"也同样地进入文论,含有"前浪漫"的意思,有时"哥特的"与"浪漫的"成了同义词。早在十八世纪,"浪漫的"指骑士气概的、勇武的,而"哥特式"则指日耳曼族的粗犷的风格。因为哥特原系族名,属于北欧日耳曼族的一支,于公元三至五世纪间侵入罗马帝国,哥特人在接受基督教的过程中,其教堂建筑所表现的艺术独特风格(见上述),被称为"哥特式"。十八世纪的文艺批评著作中也出现这词,例如德国的 H·W·封·格兹登堡交换使用"哥特的"和"浪漫的",英国 R·赫尔德认为英国诗人斯宾塞的《仙后》(1589—1596)"是一部哥特式的、而非古典式的诗篇,因此必须抱着一位哥特式崇拜者的态度,来阅读和评价这部作品"。此外,T·华尔顿虽承认古典主义的准则,但也相当适可而止地欣赏哥特式那样极为别致的崇高。如果再看当代,美国更有所谓哥特式的小说。美国文艺批评家 L·A·费德勒(1917—2003)在他的《美国小说中的爱情与死亡》④中认为哥特式罗曼司⑤之所以对当代美国小说产生影响,"其主要意义在于以恐怖代替言情"。他还指出,美国的这一派小说是"非现实主义的,虐待狂的,感情夸张的——是流行于正常世界的一种关于黑暗和荒诞的文学"⑥。由此看来,稍稍熟悉"哥特式"的涵义及其发展,对于理解西方文论中的

---

① 九世纪开始兴建于意大利的威尼斯。
② 1852 年从维罗纳写给父亲的信。
③ 《威尼斯之石》第二卷,第六章。"不完整"导致"无限"。
④ 修订本,伦敦开普公司,1967 年。
⑤ 原文为 Gothic Romance,即中世纪骑士的冒险性恋爱故事。
⑥ 参看 R·威列克《批评的诸概念》第六章《文学史上的浪漫主义概念》。

浪漫主义,是有些帮助的;更何况罗斯金所处的时代新浪漫主义①的浪潮正在英国掀起,那末他对哥特式的入迷,也就不是什么完全个人的癖好了。

最后,还须提一下罗斯金沉溺于宗教感情,支持英国绘画新兴的拉斐尔前派,这一画派侧重宗教题材,并宣称真正的艺术存在于文艺复兴时期意大利画家拉斐尔(1483—1520)之前。

总之,罗斯金崇尚自然、质朴、粗犷,同时又探索自然所禀承的神性,因此他的批评以宗教为动力,以自然神论为理论基础,从而提倡工人审美教育,所有这些钩出了一位封建社会主义者的面貌。至于工人审美教育这一方面,莫里斯加以继承和发展。

〔英〕莫 里 斯

莫里斯(William Morris,1834—1896)是作家、艺术家和理论批评家,空想社会主义者。父为商业经纪人。他曾在牛津大学读书,并学过建筑和装饰艺术,对于神学、教会历史和中世纪诗篇也发生兴趣。他曾认为对诗人来说,生命的真实和实际生活无关,而存在于幻想之中,这实际上就是当时英国新浪漫主义代表诗人史蒂文生(1850—1894)的观点:"人生快乐的基础和观察家们写在笔记簿上的东西很少联系。"七十年代起,开始积极参加政治活动,倾向社会主义,有组诗《社会主义歌集》,反映巴黎公社斗争,小说《梦见约翰·保尔》,宣扬乌托邦思想。1884年与马克思的女儿艾列奥诺娜·马克思(1856—1898)共同创立"社会主义同盟",曾发表《我是怎样成为一个社会主义者》。

莫里斯在另一方面深受罗斯金的影响,抱有通过艺术以美化生活、改造现实的幻想。他提倡装饰艺术的革新,自己从事书籍装帧,制作彩绘玻璃器皿、壁衣、花纸等。他结识了宗教色彩浓厚的拉斐尔前派画家彭恩·琼斯和罗赛蒂,自己并曾有专攻艺术的愿望。他出资支持这一画派的刊物,并筹办莫里斯·马尔复公司,生产并销售手工制造的家庭美术用品。他还写了艺术评论的著作《人民的艺术》《生活的美》《艺术和社会主义》等。

《艺术和社会主义》集中反映莫里斯的空想社会主义的文艺观。他自称站在"小康阶级"立场,谴责资本主义自由竞争的商业对艺术的危害以及造成市侩习气和不合理制度。他提出每人应爱自己的工作,工作之余应从事艺术活动:"有

---

① 以史蒂文生为代表,主张人的真实生命不在他的实际生活中,而在他的幻想中。

正当秩序的社会应为愿做工作的人保证：高尚而适宜的工作,合乎卫生而又美丽的住房,充分空暇时间以休息身心。"再进一步说："社会革命的端绪,必须作为重建人民艺术的基础,也就是生活快乐的基础。"①他认为人的工作也应有所限制："凡不值得做的工作,或必须使劳动者日趋堕落、然后才能完成的工作,都不应用人的劳动去完成。"②倘若上述的保证不能实现,并致堕落的工作无法制止,那末"罗曼司和诗歌——亦即艺术,将在我们当中消逝了"③。因为"艺术是人类劳动的神圣安慰,在每天的艰苦实践之后带来的罗曼司"④。最后关于艺术本身或艺术的新生,他竭力反对"奢侈""柔性""兽性"三个偏向。"我认为艺术不能和奢侈共处,……柔性和兽性是在奢侈左右的两个伴侣。我们小康阶级的人们,如果认真希望艺术的新生,首先必须摆脱这个局面：……腐化(是)可怕的死亡的陷阱,诚然,从那里也会出现新生,但它一定是来自恐怖、暴力的悲惨之中。"⑤这最后一段话反映了莫里斯作为小康阶级害怕暴力革命的心理,以及他的改良主义的文艺观。

---

① 《艺术与社会主义》,杨烈译,《西方文论选》下卷,第90—99页。
② 同上,第97页。
③ 同上,第98页。
④ 同上,第92页。
⑤ 同上,第93页。

第十二章 十九世纪(五) 经验批判主义、唯美主义、印象主义

十九世纪后半叶的欧洲,自由资本主义向垄断资本主义过渡,资产阶级知识分子的处境日益艰难,彷徨苦闷,精神空虚,有的甚至把生命看作是死刑的缓刑期①。为了理解这种思潮,还须联系当时所流行的马赫主义哲学。马赫主义又叫经验批判主义,其创始人为奥地利的马赫(1836—1916)和德国的阿芬那留斯(1843—1896),乃实证主义的延续和变种,被称为实证主义的第二代。他们所谓的"经验批判",就是否定经验的客观内容,把经验说成是纯粹主观的东西。他们以为经验不是人和自然、现实相互作用以改造世界的过程,而是与客观实在无关的人类感觉的总和。马赫断言感觉的东西构成了世界万物,将色、香、味等的感觉称为"要素",把物、物体、物质看作"感觉要素的复合"。他宣称"世界的真正要素不是物(物体),而是颜色、声音、压力、空间、时间(即我们通常称为感觉的那些东西)"。物体是"感觉的复合"。对此,列宁予以批判:这等于说"整个世界只不过是我的表象而已。从这个前提出发,除了自己以外,就不能承认别人的存在,这是纯粹的唯我论"②。"他既然不承认离开我们而存在的客观实在是'感性内容',那末在他那里就只剩下一个'赤裸裸的抽象的'自我,一个必须大写并加上着重号的自我。"③"从这里只能得出一个结论:'世界仅仅是我的感觉构成的。'"④列宁接着指出:"唯物主义和自然科学完全一致,认为物质是第一性的东西,意识、思维、感觉是第二性的东西,……马赫主义坚持相反的唯心主义观点,于是就马上陷入荒谬之中。因为,……把感觉当作第一性的东西。"⑤阿芬那留

---

① 见下文裴特部分。
② 列宁《唯物主义和经验批判主义》,《列宁选集》第二卷,第36页。
③ 同上,第37页。
④ 同上,第38页。
⑤ 同上,第40页。

斯同样地认为："只有感觉才能被设想为存在着的东西。"并且主张："实体消失了而感觉依然存在。"列宁也加以揭露：这等于说"感觉可以不要实体而存在，……思想可以不要头脑而存在"①。阿芬那留斯更进而提出"原则同格"说，即世界是我的感觉；非我是由我们的自我规定(创造、产生)的。列宁一针见血地指出："我们的自我和环境的不可分割的同格，是经验批判主义的原则同格。……是同样的破烂货色，只不过挂上了略加粉饰或重新油漆过的招牌而已。"经验批判主义妄图混同被反映和反映。事实上，"没有被反映者，就不能有反映，被反映者是不依赖于反映者而存在的"②。

这种抹煞客观、纯从主观出发，来看待感觉、经验的哲学思潮，乃是十九世纪末逃避现实、日趋腐朽的资产阶级世界观的必然产物，同时也就反映在这一时期的文艺创作、文艺批评中。1866年出现于巴黎的巴那司派③公开宣传诗歌不应涉及政治，须脱离社会斗争，强调"为艺术而艺术"，在法国首先出现"颓废主义"，于八十年代形成唯美主义的批评流派，并产生比较深远的影响。其代表人物除首先提出上一口号的法国的戈狄埃外，有法国的波德莱尔以及英国的裴特和王尔德等。他们强调诗人和艺术家的个人的、独特的感觉，尤其是对艺术形式美的特殊感觉，而毋视文艺的社会教育作用。他们主张艺术的目的只在于如何丰富艺术的形式美，认为后者是艺术欣赏或审美活动的唯一对象，推而至于人生的涵义也只是力图充实并尽情陶醉于所谓死缓期的每一刹那的美感享受。但是另一方面，他们的批评时常涉及创作实践中表现方式与造型美的紧密联系，具体分析形式美的一定艺术效果，其中某些论点今天仍有参考价值。此外，在"为艺术而艺术"的影响下，在感觉构成世界的前提下，除了唯美主义批评，还有印象主义批评。它以法国的法朗士为代表，强调艺术中个人的、特殊的感觉印象乃是千变万化，不相雷同，因而创造寓于批评、欣赏之中。这一流派和八十年代新兴的法国印象派绘画有内在联系，同时与史勒格尔以及圣·佩韦的理论有一脉相承之处。

〔法〕戈 狄 埃

戈狄埃(Théophile Gautier, 1811—1872)是法国小说家、批评家，首先提出"为艺术而艺术"，这一口号后来成为巴那司派的美学纲领。早在1832年他就写

---

① 列宁《唯物主义和经验批判主义》，《列宁选集》第二卷，第43页。
② 同上，第65页。
③ 亦称高蹈派。

道:"艺术意味着自由、享乐、放浪——它是灵魂处于逍遥闲逸的状态时开出的花朵。"艺术家"对制作或手法异常关心,因为'诗人'这个词字面上是指制作者;作品总是由于制作精美而存在的"。这种看法不始于戈狄埃,在古代希腊,诗的概念为制作、创作,并被应用于一切艺术。这一概念在西方广泛流行,戈狄埃却片面强调创作的技法,对作品内容则不感兴趣。1853年他在《珐琅和雕玉》中赞美以严谨的技巧处理细小题材:"在金或铜的上面镶嵌闪光的珐琅,或在宝石、玛瑙、红玉髓或石华的上面使用刻工的转轮。每件作品都做得像一个珍宝盒的盖子或一颗镂刻图象的印章戒指那样,极精美之能事——会使人联想到画家和雕刻家陈设在自己工作室中的古代勋章。"换句话说,艺术所贵在形式,它从精雕细凿中来,尤其是仅仅诉诸感觉,而没有更多要求。因此,他宣称"音乐有什么益处?绘画有什么益处?""凡属真正美的东西,都不是为了任何目的的。每件有用的东西都是丑的。""一般说来,事物一有用,便不美了。"他所谓的美,是不涉及道德的、无关实用的美。他还通过小说人物之口描写他的审美活动:"我一直是垂涎欲滴,却不知道究竟渴望的是什么,正像没有睫毛的眼睛盯住太阳望,又像手触火焰,尽管疼得可怕,却忍耐住了。然而美的极致是不可能到达的,对它也不希望有所摄取,更不要为使旁人也感觉到美而想方设法加以复制。"在他看来,美不仅局限于每一个人的感觉范围而又不可言传,甚至有时还须付以痛苦的代价才能获得,竟是苦中寻乐的滋味了。于是美感止于感性阶段,而且必须是细微的、个人的、独特的,有时还伴随痛感以及不可知性,并与道德判断毫无关系。后一点和康德的美同利害感无关说是一脉相承的。这些特征,反映了十九世纪末欧洲资产阶级知识分子孤独、忧郁等颓废情绪。因此,戈狄埃特别欣赏"为艺术而艺术"的另一代表波德莱尔和他的诗集《恶之花》。

他给《恶之花》写序言,并在序中用了"颓废者"一词,指的是对罕见而又珍贵的感觉的追求者,花花公子,或者说浪荡子,但却是有修养的艺术爱好者。不久之后,这个词被应用于文艺批评,称为"颓废主义",其比较有代表性的界说是:"艺术家在精神上的孤独,再加上剧化了的、反常态的象征主义。"[①]

戈狄埃为了歌颂"纯"艺术,不得不把美和任何实际的效用对立起来,并且断言美决非生活必需的东西。这种唯美主义观点集中表现在他的小说《莫般小姐·序言》中,下面的两段话是很有代表性的。"没有任何美的东西是生活中所

[①] 伏莱《马拉美论》,第257页。马拉美是象征主义代表诗人,见下一章。

必需的。——人们尽可以取消鲜花,世界并不因此而受到物质上的损失;但是谁又愿意没有鲜花呢?我宁可不要土豆也不放弃玫瑰花,我认为世界上只有功利主义者才会拔掉一花坛的郁金香去改种白菜。""只有毫无用处的东西才是真正美的;所有有用的东西都是丑的,因为它们反映了某种需要,而人的需要就像他那可怜的、残缺不全的本性一样,是卑鄙的、令人可厌的。"①

我们从戈狄埃的这些论点,不难看出他是"为艺术而艺术"、唯美主义以及颓废派的文艺批评的创始人。

〔法〕波 德 莱 尔

波德莱尔(Charles Pierre Baudelaire,1821—1867)是诗人、批评家,以诗集《恶之花》(1857)而得名。这部诗集描写心灵与官能的狂热、变态心理,抒发厌世情绪,甚至歌颂死亡。他长期过着放浪生活,死于酗酒和吸食鸦片。他进一步宣扬为艺术而艺术,戈狄埃所谓的美与苦痛相联系,被发展为美与邪恶不可分,戈狄埃赞美精细的技巧,波德莱尔则大谈艺术的形式美的威力,从而提出一套比较完整的唯美主义艺术观,被称西方颓废主义的首要代表。他和浪漫派画家德拉克洛瓦(1799—1863)、印象派画家马奈(1832—1883)、讽刺画家杜米埃(1808—1879)往还甚密,熟悉他们的表现形式和技法,这有助于他对艺术形式的功能的探讨,形成唯美主义批评的特征,下面提到的英国的裴特,也是如此。至于给波氏的思想以深刻影响的,除戈狄埃外,还有美国的"纯诗论"者爱伦·坡(1809—1849)。波氏的主要创作有诗集《恶之花》(1857),主要论著有《美学探奇》,包括1845、1846、1849、1851年的《沙龙画评》;《浪漫主义艺术》以及《德拉克洛瓦论》等。②

他从画家的气质和感觉出发,考察艺术技巧和艺术的形式美之间的关系。他常常联系艺术实践、特别是创作技法及其运用,研究审美问题,不大在书本或概念上转来转去,因此他在西方文艺批评史上有"当代(指十九世纪末)第一美学家"之称。那时候,印象派画家德加(1834—1917)曾坚决反对艺术批评家们倾向于发明理论,以掩盖他们对于绘画的实践过程的一无所知,而波德莱尔却无此病,在技法甘苦上是个内行,同时也有理论,只不过他的理论存在不少错误。十

---

① 《莫般小姐》,第22页,《夏庞缔埃丛书》,1927年。
② 部分译文,见《西方文论选》下卷,第225—232页。

九世纪末摄影术已很流行,影响及于艺术,产生了复制自然的倾向,而法国绘画则处于浪漫派向印象派过渡期间,正意味着从主动表现理想转为被动接受印象,以技法的创新逐渐代替表现所想象的境界。因此感觉和感受力被提到首位,描写感觉、印象成为创作的目的,描写技法必须革新乃主要课题。当然这一转变不只是因为摄影术,它和社会现实的丑恶日益暴露以及理想的破灭,更是紧密联系着的。而波德莱尔则在艺术如何对待自然、现实的问题上,提出自己的看法。他宣称"自己的首要任务就是向自然抗议,并以人代替自然"。又说:"一位艺术家应首先把人放在应有的地位,与自然相抗衡。"①因为"是自然指使人们同类相残、相食、相囚禁、相虐害"②。对艺术家来说,就须凭自己的感觉经验,通过作品以揭示自然的丑恶本质,反映出自然的规律。因此"一位健康的艺术家的首要条件,就是相信经验乃安排好了的一个整体",它表现为"生命、现实的模型",体现了"自然的规律"。艺术家不应背离这模型和规律。"假如一篇小说或一个剧本写得很好,那只能因为它没有引诱读者、观众违反自然规律。"但是他所谓的模型、规律却限于生活的暗面,而且形成作品的唯一主题。在波德莱尔看来,只有回避丑恶,不敢描写因而产生"有害"的作品,却不存在敢于描写丑恶而成为"不道德"的作品。于是他得出结论:"经过艺术的表现,可怕的东西成为美的东西;痛苦被赋予韵律和节奏,使心灵充满泰然自若的快感。""艺术的陶醉掩蔽了恐怖的深渊:因为天才能在坟墓旁边演出喜剧。"③因此"道德并不以呆板的口号出现,而是渗透艺术,和艺术混为一体"。"诗人不由自主地也是道德家,这是由于他具有那样充沛、丰满的人性。"换句话说,艺术家描写苦痛、邪恶、败德,不仅是描写美,表现人性,而且阐明了十九世纪末资产阶级的道德观,倘若还有道德可言的话。不难看出波德莱尔的这些论点,主要是为他的《恶之花》或者说"丑中美"寻找理论根据的。

波德莱尔认为讲论道德不能忽视败德,谈美不能丢开丑,并从而论述十八世纪和十九世纪的欧洲文学。"十八世纪流行着虚伪的道德观,由此产生的美的概念也是虚伪的。当时人们以为在自然中所看到的,是一切善和一切可能善的基础、根源与原型。其实,否定原始罪恶的存在,是一个十分错误的伦理观,而他们

---

① 《美学探奇》,第168页。
② 《西方文论选》下卷,第226页。
③ 《美学探奇》,第165页。

却对此视而不见,所以十八世纪是一个普遍盲目的时代。"①意思是启蒙主义文学家宣扬自由、平等、博爱等的正面道德说教,而丢了与美好相对的丑恶,看法不够全面。另一方面他又认为:"对艺术的狂热感情,适足以腐蚀和毁灭其他一切。……这意味着艺术本身的消亡。人性的完整也就瓦解了。"②这说明他对十九世纪初崇尚热情的浪漫主义也表示不满,因为不写丑恶就无从揭示人性的全貌,也不能完全实现艺术的目的。我们应把他的这一看法,和雨果的美丑并存说区别开来,因为雨果和他不同,不是从颓废主义出发,不是以丑代美的。关于十九世纪三十年代和四十年代开始的批判现实主义,波德莱尔则有这样的评语:"如今一切能够分析问题的人们都对'现实主义'一词深为憎恶,觉得它简直是对他们的侮辱,因为这个词已落在庸俗的艺术家手中,变得涵义隐晦、太富于弹性、不够明确,它已经不是什么新的创作方法,仅仅成为对非本质的事物作些细致的描写罢了。"③因为批判现实主义作家尽管揭露现实,但是由于没有颓废派那种忧郁、阴暗的气质,就不懂得美寓于丑的秘奥,对人世的丑恶本质只能是视而不见了。总的看来波德莱尔对十八世纪以来的文学采取否定态度,实际上是给自己的《恶之花》或"丑中美"的美学观再一次进行辩解。

与此同时,他在大西洋彼岸却发现了善于描写"第二"自然、具有恐怖逼人的风格的爱伦·坡,赞美坡具有"特殊天才"和"特殊气质",能"按照自然的正常状态,展示了参差不一的形象",认为文学史上"谁也不曾在刻画人类畸形上取得比坡更为不可思议的成功"。④ 他很欣赏坡能提取并利用"每一顷间,事物和思想之间的多种多样的结合"⑤,很钦佩坡的胆量,把畸形与丑怪纳入审美对象,并不因为害怕有损完美而丢了丑怪。波德莱尔肯定爱伦·坡,实际上也还是为了肯定自己的《恶之花》或"丑中美"观点。他还在 1859 年称颂戈狄埃的一文中写道:"我们的审美本能使我们不得不端详尘世,并抓住它的能见度⑥。"为的是获取创作中物质和精神之间的"对应""符合""一致"。在这以前,他写有一首以《对应》为题的十四行诗(1857),把整个大自然描写成一座神殿,它以树木为支柱,当风吹过这些"象征的丛林"时,发出似乎混乱无章的语言,而诗人由于特殊的禀赋,

---

① 《面脂颂》,载《费加罗报》1863 年 12 月 3 日。
② 《浪漫主义艺术》,第 296 页。
③ 同上书,第 399 页。
④ 《论爱伦·坡》。
⑤ 引自爱伦·坡《诗的原理》。
⑥ "能见度"也可译"可见性",原文为拉丁语。

却能领会其中的意思。作者是从颓废主义者立场出发,探寻并描绘和自己主观相"对应"①、相"一致"的东西,即丑怪、奇特的事物,因为它们特别投合颓废、阴暗的心理;作者最感兴趣的是丑恶的可见性。与此同时,作者还借助客观事物的描写,以象征超越现实之美、即心灵与神明的契合,把唯美主义引向象征主义了。

更值得注意的是,他还曾否定过为艺术而艺术,说它"带有幼稚的空想主义,妄图回避道德问题,……注定不能结出果实。它向人性挑战,更是臭名昭彰。我们根据生命本身的更高的普遍原则,宣判它为异端邪说,并且是有罪的"②。他难道是自相矛盾吗?不是的。因为有时候他也不免心虚,感到描写丑和描写美同样地离不开一定的主题,艺术既然接触主题,那末艺术除为本身以外显然另有目的,不可能仅为艺术本身了,而且他把丑加以美化的时候,也难矢口否定毫无外在目的,于是不能不对"纯艺术"有些微辞,作点表面文章。更何况所谓生命的最高的普遍原则,在颓废主义者的心目中已包括犯罪、丑恶在内,并且要求艺术家把后者作为对象,进行美的创造,因此他绕了一个弯,最后还是回到丑中之美。波德莱尔还仿效爱伦·坡,把这种创造称为"实现另一个类似艺术家(按:即颓废派艺术家)的心灵与气质的自然"③。这个"自然"就是上文提到的那个"第二"自然,实质上即颓废主义者的忧郁、苦闷。下面的一番话就说得很清楚:"美是这样一种东西:既带有热忱,也含着愁思。……一个女人的面容,……一个美好迷人的头颅——我指的是女人的头颅——呈现出迷离的梦境,能够满足感官,同时也引起一番惶惑;它或者暗示忧郁、疲倦、厌腻,或者唤醒对生命的热烈向往;于是愿欲和绝望、苦闷、怨恨融合为一了。"④他公然赞扬这种死亡之美,而且表示:"我并不主张'欢悦'不能和'美'结合,但我的确认为'欢悦'乃'美'的装饰品中最庸俗的一种,而'忧郁'似乎是'美'的光彩出众的伴侣。"⑤他的丑中美的观点可谓发挥得淋漓尽致了。但他犹嫌不足,在评价德拉克洛瓦的作品时,再作补充:"我要指出德拉克洛瓦的最为极端的德性——最突出的品质;也就是他的全部作品具有一种独特的、一贯的忧郁,表现在选材和人物的面容,形成一种风格。"他还从此得出结论:德拉克洛瓦所以爱好但丁和莎士比亚,正是因为"这两位也是

---

① 源于瑞典哲学家史威顿堡(1688—1772)的"对应说"。他崇信基督教新教,著《神爱与智慧》,宣传神的世界和人世之间相互对应,密切契合。波氏这诗加以发扬。参看下一章马拉美部分。
② 《浪漫主义艺术》,第184页。
③ 《美学探奇》,第111页。
④ 《西方文论选》下卷,第225页。
⑤ 同上。

人生苦恼的伟大画手"①。然而我们今天却很难从德氏的代表作中发现什么忧郁情绪。例如《希奥岛的屠杀》，尽管战场上有几具尸体，却是一幅歌颂1821年希腊人民反抗土耳其侵略的英勇斗争的历史画。再如《但丁和维吉尔》，则是但丁《神曲》的一幅很生动的插图，描写罗马诗人维吉尔领着意大利文艺复兴运动的先驱者但丁经历地狱时的一段情景——画中他俩站在小船上，驶过苦海的惊涛骇浪，那些被投入苦海而仍然作最后挣扎的"罪犯"，个个双手紧抱船舷，跟随他俩一同走向新生。应该说画家十分同情中世纪人民反对教会僧侣的黑暗统治、向往光明的斗争，哪里有什么忧郁苦闷的感情。实际上德氏画中的思想境界全被波德莱尔歪曲了。

从英勇奋斗中引出忧郁、抑闷的感情——这原是颓废派的主观想象，接着不妨看看波德莱尔对于想象的一些说法。"想象力既是分析，又是综合，……尤其是一种敏感"，可以"创造一个新世界，产生一种新感觉"。如果联系上文来理解，那就是说颓废的气质赋予艺术家以一种特殊的想象力，使他能敏锐地感觉到或辨别出世界存在丑中之美，而加以描绘，实现了物质、精神的合一，亦即前面提到的"对应""一致"，终于从丑恶中创造出美来。他还说自己并不打算排斥想象而呆板地、单纯地摹仿自然，因为本来就不应该"把这枯燥无味的、不生不育的职务派给艺术。……明明是装点门面，却偏想掩盖，生怕戳穿，这是毫无道理的"②。一句话，对于唯美主义艺术来说，现实的丑恶已不是修修补补的问题，而是应该敢于想象，化丑为美。正是这种"大胆"想象使波德莱尔写出《恶之花》，并宣布唯美主义的美学纲领就是丑中美。他的文艺批评的总则就包含在下边一句话中："诗不可同化于科学和伦理学、道德学，它一经同化，便死亡或衰歇。诗的目的不是'真理'，而只是它自己。"③他重复了坡的纯诗论。

波德莱尔宣扬为艺术而艺术，给唯美主义增添了丑中之美的美学原则以及象征主义的因素，掀起颓废主义思想的恶浪，影响深远，直到当代，因而在西方还赢得了颓废主义理论家的称号。

〔英〕裴 特

裴特（Walter Pater，1839—1894）是唯美主义在英国的重要代表。他进一步

---

① 《西方文论选》下卷，第229页。
② 《面脂颂》。
③ 《西方文论选》下卷，第226页。

宣传感觉、印象产生纯美,纯美才是真实等论点。他出身医师家庭,在牛津大学受过教育,与拉斐尔前派画家往还,和波德莱尔一样,对造型艺术的技法也有丰富的感性认识,因此他在艺术鉴赏和理论分析方面比较具体,较少抽象化、概念化。主要著作有《文艺复兴:艺术和诗的研究》(1873)、《伊壁鸠鲁的信徒马略:他的感觉与思想》(1885)、《鉴赏篇,附风格论》(1889)等。《文艺复兴》评论意大利画家波蒂切利、达·芬奇、米开朗基罗、乔尔乔尼画派,以及德国的艺术史家、古典主义者温克尔曼等,在艺术欣赏方面特别强调刹那间的美感,此书的《结论》可作为唯美主义的宣言。裴特主张艺术美是脱离社会现实的、孤立的、独特的;艺术评论是对艺术表达方式的探讨;取得卓越成就的艺术都具有一种活力,它形成艺术作品的动力,这活力和动力都开始于感觉、印象的生动丰富,而归结为无关现实的形式之美或纯美。

关于充实刹那的美感享受,裴特有许多描述。"只有在某一顷刻,手和面部的某些形状比较完美,山峰和海面的调子比较可取,某些激情或思想的震撼更加真实动人。""凡属现实的、实在的东西,只有一刹那间的存在,我们刚想抓住它,它已消逝了。"这是说感觉的特征在于它的极端的短暂性。与此同时,感觉、印象更有高度的个别性。"感觉经验被分解为一大群的印象。……在观察者的心灵中,每一对象则呈现出颜色、气味、结构等种种印象,而每一印象都属于彼此孤立的个人的印象,因为每一个人的心灵就像被隔离的囚犯,各自保持个人所憧憬的世界。"因此色、味、结构所唤起的感觉也就会因人而异了。裴特所谓的个别性或独特性,也还值得探讨,不宜匆匆否定。例如清人谢樵题《八大山人画册·水墨萝菔(罗卜)》:"人皆爱其叶,我独爱其根,根好有余味,叶好何足论?"既说明对于根和叶的美感,各人不相同,也论证了美感的个别性。裴特更进而论说:"个人的各个印象不断消失,经验也在萎缩","正因为运动不息,感觉、印象、形象总在新旧交替,方始会有我们的成毁相因,而人类的生命真实才日趋精纯"。而在每一个人看来,这短暂、个别的感觉、印象,毕竟是最最真实的、最最可贵的东西了。裴特还提到雨果关于人不免死亡的一句话:"人人难逃死刑,不过缓刑期或长或短,未可预卜",并加以引申:"仅此间歇为我们所有,以后我们就不知所在了。有的人没精打采,有的人感情冲动,便度过了这段时间,而最有智慧的人……则在艺术和歌声中度过。因为我们毕竟还有机可趁,那就是延长这一间歇,在有限的时间里尽量增加脉搏的次数。"这番话可作享乐主义者的自白,于是人生唯一的道路就是借艺术来充实刹那的美感享受。裴特还说:"艺术坦率地承认:当无法计量的刹那掠过我们的一生时,艺术却做了一桩事,那就是赋予每一刹那以最高的美,而且这样做不是为了别的,只是为了无数刹那本身。"①在颓废派看来,艺术的目的、功用仅仅为了丰富瞬刻的美感,所以问题就不在于感受什么,而是如何增强这种感受力了。裴特进而主张,艺术批评不可忽视感受力和人的气质的关系。"对批评家来说,重要之点并非凭智力以取得一个准确而抽象的定义,而在于他本人须具有某种气质,始能面向美的事物时深受感动。而且他还须永远记住,美存在于多种形式中。"②所谓气质,是指颓废派的阴暗心理、悲观情绪等,须由此出发,把握艺术的形式美。"各门艺术的感性因素原不相同,……各门艺术的感性材料带来各个具有独特性质的美,并且不可能为其他任何的形式美所代替——一切真正的审美批评应从这里入手。""一位真正的美学研究者的目的,不是抽象地而是用最为具体的措词来解释美,在讨论美的时候不要凭一般化的准则,却必须最最恰当地揭示出美的这一或那一特殊现象。"③也就是说,艺术批评家有必要通晓各门艺术所特有的表现技巧和手法,要有丰富的感性认识的基础。这种要求可以避免批评的概念化或教条化,今天看来还是可取的。在国画艺术中,这"具有独特性质的美"就表现在线条、轮廓、设色、水墨等的具体运用方式和方法,对不同画派、不同画家则各有变化,各具特色。例如同是画竹而风格各异:李衎(息斋)刻画,柯九思(丹邱)沉酣,顾安(定义)澹逸,这固然由于境界不相同,但也和各人的笔墨技法分不开,即李锐勒锋利,柯阔笔饱墨,顾淡墨轻拂,而观者可以从中各得所好,但是如何具体地感觉艺术的形式之美,对他来说,仍然是必须打通的一关。石涛曾题所画山水:"过此关者知之"④,也正是此意,不过他指的是山水画而非竹石。

裴特接着说:"须观察到对象(按:指艺术形象)本身,这一向被公正地认为是一切批评的目的;在审美批评中,首须清楚明确地认识对象所给予的真正印象",并且发现"这些对象犹如自然的产物,蕴藏着这样巨大的力量"。这力量究

---

① 以上均见《文艺复兴·结论》。另有丰华瞻全译文,见《现代西方文论选》,上海译文出版社,1983年。
② 《文艺复兴·序言》。
③ 《文艺复兴·乔尔乔尼画派》。
④ 故宫博物院影印本《石涛画册》第七幅题语。该册的《出版说明》提到石涛论画曾有一则:"笔枯则秀,笔湿则俗,今云间笔墨,多有此病。总之,过于文何尝不湿?过此关者知之。"云间或华亭,即今上海市松江县,董其昌为华亭派代表,山水喜用湿笔,石涛对董提出批评。鉴赏家如果懂得干笔、湿笔的不同艺术效果,也可以说是过了一关。

竟是什么呢？裴特用一系列问句来回答，并仍旧归结到人的气质上去。他的问句是："对我来说，这首歌或这幅画，以及生命和书中所呈现的那一迷人的独特个性，究竟是什么？它对我产生什么影响？它给我快乐吗？那又是怎样一种快乐？其程度如何？这种快乐的存在及其影响，更是怎样对我的本性起了修饰润色的作用？"换而言之，艺术作品或美感对象所具的迷人特性，恰巧符合人的本性或气质，从而产生力量；这和波德莱尔所谓物质和精神的"对应"是同一意思。但裴特更进而论说美感教育的效能，"是和我们对于美感、印象的深度和变化，成为正比的。……从事审美的评价，应当识别和分析这种效能，把它从一切附属物中区分开来，并指出这种特殊印象的根源以及在什么条件下人们会感觉到"。然而，裴特并未到此为止，却还往下说：批评或鉴赏"没有必要在形而上学的问题上自找麻烦，例如美的本质是什么？美和真或经验的关系如何？……这些都可从略了，回答或不回答，是毫无兴趣可言。"①这就显然不对头了。一面谈美育效能，一面却无视美的本质和真、善、美的统一，结果必然丧失美育的现实意义，这才真地把批评引向形而上学，更何况刹那的感觉印象已不仅仅作为审美活动的第一步，而是代替了它的全部，必然把艺术批评局限于艺术的形式一方面了。

裴特还论说形式或艺术外形的能动作用："一切艺术的共同理想就是……外形和内质融合而不可分。"②"如果一幅画只描绘一桩事件的实际细节、一处风景的原来位置、丘壑，在艺术处理上却缺少一种形式、一种精神，那末它就等于什么都没有了；这种艺术形式和方式，应当渗透到主题内容的各个部分：所有的艺术都始终不懈以此为目标，并取得不同程度的成功。"③意思是艺术须改造客观事物形象以创造艺术形象，改造的途径是将高度结合的精神、形式注入艺术形象，凡与内容契合的形式，无不寓有艺术家的心灵，所以成功的艺术作品有了"一种形式"，同时也有了"一种精神"。在西方艺术理论中，研究形式作用的并不始于裴特。例如德国启蒙主义者席勒就曾说过："一位大师所特有的奥秘，就是以形式来抹去物质的痕迹。"当"物质和形式真正结合并互相渗透"时，这种形式称得起是"活的形式"。④ 就国画说，运用皴法（形式）描写自然美（物质）时，也可以做到形、质交融，"天衣无缝"，标志着山水画家高度的技法水平。"劈斧（皴法名称）

---

① 《文艺复兴·序言》。
② 《鉴赏篇》，第37—38页。
③ 《文艺复兴·乔尔乔尼画派》。
④ 《席勒全集》第十八卷，第83、100、55页。

近于作家,文人出之而峭(雄健超脱),鬼脸(亦作鬼面,皴法名称)易生习气,名手为之而道"①,"作家习气"便是形、质结合生硬,未臻圆融精纯的境界。至于如何做到这一步,裴特则认为决定于艺术家的想象。他说想象的功能就是"将自然事物的种种印象加以锤炼,凝铸于艺术家所赋予的形式中",以"达到形象和思维二者的完全融合"。② 这里,我们也许会想到黑格尔的那句名言:"想象是创造的","最杰出的艺术本领就是想象",③而裴特则看到了艺术形式在创造性想象中的功用:改造自然形象,塑造艺术形象,抒发作者的情思。这种形式、精神一致说,实质上同我国晋代大画家顾恺之所说的"以形写神"相类似,而顾氏的"迁想妙得",则可相当于裴特所说:凭想象去锤炼印象,凝为艺术形象。此外,裴特还有一番话,其前半段是:"艺术总是力图不单单依靠理智、智力,以便专心致志于感觉之事,不对主题或题材负责"④;我们如只看这半段,不免要指责作者是为感觉而感觉。但他接着又说:"在诗和绘画中,凡属理想的模范(按:指成功的作品)都把全部结构所有的组成要素,融为一体,既不使题材或主题仅仅触及理智,也不使形式单单诉诸耳和目;而是以形式和内质的契合,来打动'善于想象的思维',产生独特的、唯一的效果;必须是依靠这种契合的本领,每一思想、每一感情才能和它的类似物、它的象征一同出现。"⑤这整段话意在突出艺术想象以及象征的作用:它使艺术家有所见便有所感(不是感觉而是感情),思想、形式统一,内质、外形融合,而难以区分,这时候艺术的效果或功用也就不会停留在形象塑造,还要有所寄托,有所象征。讲到想象和象征相联系,我们会想到艺术史上的若干例子。宋遗民龚开画"瘦马"表达自己的身世之感,画"高马小儿"暗示"小人乘君子之器,盗思夺之矣"。意思是宋亡之后,蒙古的统治不会久长。⑥ 元倪瓒给卢山甫画江千六树,黄公望题了七绝一首,后二句是:"居然相对六君子,正直特立无偏颇。"⑦黄公望正是从艺术造型的象征作用,来欣赏倪瓒这幅画的。至于元王冕题所画梅花:"宁可枝头抱香死",则以表示自己虽安居贫困,毕竟不甘落魄的心情。

---

① 笪重光《画筌》。
② 《希腊研究》(1895),第32页。
③ 朱光潜译,黑格尔《美学》第一卷,第348页。
④ 《文艺复兴·乔尔乔尼画派》。
⑤ 同上。
⑥ 吴师道《吴礼部集》第十一卷《〈高马小儿图〉赞》。
⑦ 此图藏上海博物馆。

至于这一契合,裴特则以其程度的多少来衡量艺术的高低,认为抒情诗不及音乐。"我们几乎不可能把抒情诗的内质和它的外形截然分开而无损于内质,从艺术的角度看,至少可以认为抒情诗是诗中最高的和最完整的形式。"①但他又说:"音乐艺术最全面地实现艺术的理想——形式和题材的绝对一致。这一理想实现了无数的完美无憾的瞬间,而从每一刹那的艺术来看,目的和手段、形式和题材、主题和表现都彼此难分,相互依存,相互渗透;因此音乐及其无数完美的刹那构成一种境界,为其他各门艺术所向往。能够作为完美艺术的真正典型或衡量标准的,毕竟是音乐而不是诗。"②裴特反复强调艺术作品的形、质合一,这是无可非议的。但是我们还须看到问题的另一面:他所特别感兴趣的是每刹那间的这种合一,而后者又和追求感官享乐、紧抓瞬刻美感的浓度、强度分不开。裴特认为音乐最能满足这一要求,所以赋予最高地位。

最后,我们更须明确:裴特所谓与形式、外形相对待的内质、实质,究竟是什么?因为这是裴特的唯美主义批评的核心问题。他说过:艺术作品必须具有"诗一般的刺激和趣味";"美加上不可思议的奇妙,可以构成艺术的浪漫的特质"。③ 那末,所谓"刺激""奇妙""浪漫特质"的根源又在哪里呢?裴特最后毫不讳言,是在"一个避难所"中,"一种避难式的修道院,可以摆脱尘世的粗鄙伧俗"。④ 因为"它比现实世界稍许好些,如果讲到想象和修饰美化,那里胜过现实世界"⑤。而且在那里,"另有一番新景象,创造出新理想"⑥。尤其是"为了仅仅欣赏而欣赏"⑦。至于导致这种论断的根本原因,可以看《文艺复兴·结论》最末一节里的那段自白:"我们都是有罪的,诚如雨果所说:'我们都被判死刑,不过缓刑期或长或短,未可预卜。'"唯美主义者裴特由于回避现实,生活空虚,精神颓废,终于在绝望中叫嚷开辟纯艺术的新天地了。

总之,裴特的艺术批评可归结为:以纯美充实每一刹那的感官享受,在死缓的、短促的一生中谋求安慰。至于他对形、质关系的看法,则还有一些可取之处,但毕竟是瑕不掩瑜。

---

① 《文艺复兴·乔尔乔尼画派》,第 137 页。
② 同上书,第 138—139 页。
③ 《鉴赏篇》,第 246 页。
④ 同上书,第 18 页。
⑤ 同上书,第 219 页。
⑥ 同上书,第 218 页。
⑦ 同上书,第 62 页。

〔英〕王 尔 德

王尔德(Oscar Wilde,1856—1900)是名医之子,写过剧本、小说、理论批评等。他不满资本主义制度,幻想所谓"绝对健康机构所具有的天然状态",认为"把它称作社会主义或共产主义也未尝不可"①。这只不过是空想,实际上他向往充满官能享乐的"美",认为即使在痛苦中也还可追求一种具有更大的"精神价值"的"美"。他自己过着极为放浪的生活,企图实现所谓超越道德的唯美主义理想,终于以败坏社会风化而入狱两年。他的文艺理论著作有《谎言的衰落》《批评家即艺术家》等,收入论文总集《意想集》中②。王尔德打着审美修养的旗帜,鼓吹为艺术而艺术、艺术高于一切,其理论的核心则是对立美与真,以美否定真,并从美而不真的观点出发,宣称艺术等于"撒谎",把关心生活与道德的艺术说成是"谎言的衰落",亦即艺术的死亡。于是"撒谎"的艺术,只剩下形式或形式之美。可以说,王尔德的唯美主义批评愈加突出了颓废色彩和形式主义。

王尔德认为"生活对艺术的摹仿,远远多于艺术对生活的摹仿",因此世界乃艺术的产物。"一个伟大的艺术家创造一个典型之后,生活便试去摹仿这个典型。""自然不是诞生我们的母亲。相反地,自然是我们创造出来的。由于我们的才智,自然才变得如此生意盎然。"王尔德还以特纳③的创作作为标准艺术,而以自然、现实与之相比,认为自然给我们观看的东西,竟是"特纳的第二流作品,属于低水平的特纳"。既然艺术远远地高出现实,当然"文学也总是抢在生活的前面。文学不摹仿生活,却按照自己的意图来塑造自然"。这主要是因为"在生活中,形式之贫乏是十分惊人的"。"全靠艺术为生活提供了一些美的形式,……通过这些形式,生活就可表现它的那种活力。"王尔德还自我吹嘘:"这是一个从来没有人提出的理论,它给艺术史投了一道崭新的光辉。"因此,艺术的关键问题在于艺术的形式。我们今天并不否认艺术形式美的作用,但王尔德的看法则有两点是值得研究的:(一)自然和艺术孰胜?(二)艺术是否以它的形式美来胜过自然?关于前一点,向来存在分歧。北魏郦道元《水经注·渐江》:"若耶溪水……水至清,照众山倒影,窥之如画。"自然山水之所以美,因为它像一幅山水

---

① 《社会主义制度下人的灵魂》(1891)。
② 下面关于这几部著作的引文,不逐一注明出处。
③ 参见第558页注④。特纳是英国水彩画家、油画家,主要作品为风景写生(海景较多),强调光线和空气的表现效果。

画,言外之意,是主张艺术胜过自然的。英国文艺批评家赫斯列特(1778—1839)说:"一切都在自然中,艺术家只不过加以发现。""人并不增添自然的宝库或另有创新,而只能从中抽取一个贫弱的、不完整的副本。"这样,艺术却又低于自然了。而明代书画家董其昌说得似乎中肯一些:"以径之奇怪论,则画不如山水,以笔墨之精妙论,则山水决不如画。"明代画家查士标题龚贤(半千)山水:"丘壑求天地所有,笔墨求天地所无。"都指出艺术不仅本于自然而有所补益,更应加以改造,有所创新。董、查实际上表达了鉴赏家,尤其创作者的审美要求和标准。至于后一点,回答可以是正面的。唐元稹《画松诗》:"纤枝无潇洒,顽干空突兀。……我去浙阳山,深山看真物。"他从反面阐明,倘若艺术作品没有提供美的形式,那就反而求诸自然吧。当然这种看法毕竟片面,因为除形式外,艺术还可在意境上比自然更美。换而言之,关于以上两点,都还值得进一步研究。

  王尔德对艺术形式的问题还有一些看法。首先,艺术家凭视觉以感受形式之美,所以"事物是因我们的视觉而存在,至于我们能够看见什么以及怎样看见,则完全取决于那些影响我们的种种艺术了。朝着一件事物看,并不等于真地看见那一事物。所谓看见事物,是指看见它的美。一个人并未看见什么,直到他看见了对象之美"。至于美的感觉能力,首先属于艺术家;至于观赏者则"首须拜倒在形式的脚下,这样,艺术的任何微妙才会对你公开"。总之,"形式就是一切。它是生命的奥秘。"本来形式或形式美在艺术创作中有其一定的地位,不容忽视,马克思就曾提出:"人类也是依照美的规律来造形的。"问题在于正确对待,王尔德则片面地予以夸大了。但是,另一方面他认为必须看到物之美才算看到物,这一论点却对审美感受、审美教育的研究有些启发,尽管语气偏激一些。比方说绘画展览会中观众熙来攘往,好不热闹,但是真能认识与形式美密切相关的技法特征、笔墨甘苦从而对作品领会更深的人,为数不会很多,然而他们看到的东西、他们的收获毕竟比一般观众多一些。裴特上面所说审美判断从作品的形式美入手,也正是这个意思。这里不妨联系十七世纪意大利批评家马可·波希尼的一句话:"画家用无形以造形,说得更确切些,他打破了现象的原来的形式结构,从而探索形象生动的艺术。"这句话在西方曾被认为是美的形式、富有画意的形式的一个很好的定义。[①] 王尔德还就形式的"奥秘"讲了一个比喻:"人们目前看见雾,并非由于雾的存在,而是因为诗人们、画家们已教导人们去领会雾景的神秘

---

① 意大利艺术史家莱奥涅罗·温图利(1885—1961)《艺术批评史》英译本,1964年,第126页。

与可爱。多少世纪以来,伦敦不是没有雾,……而且我们敢说雾一直是有的,但是倘若我们未见雾之美,我们便是对雾一无所知了。所以,雾并不存在,直到艺术家创造了雾。"意思是须待艺术赋予雾以美的形式,而后雾才值得一看,所以艺术显得高于自然了。其次一点是,既然形式美是决定性的,那末,"真正的艺术家并不是从他的感情到形式,而是从形式到思想和激情"。"他从形式、纯粹从形式获取灵感。""形式成为种种事物的开端。""形式既可诞生激情,也可消弭苦痛。"结果,形式美、艺术风格、艺术家的个性,完全是一码事了,而唯独抽掉那指挥形式、风格以及表现个性特征的思想感情与美学原则,于是王尔德的唯美主义最后只能是形式主义了。因此,艺术不得不脱离人民、脱离时代,"除了表现自己之外,不表现任何别的"。"一位真正的艺术家丝毫不去理睬群众",也不可能"和人们生活在一起",而且"在任何情况下,艺术都不去复制它所处的时代"。王尔德还指责"历史家们所犯的最大错误,就在于沟通某一时代的艺术家和这时代本身"。而"唯一美的事物,……是使我们毫不关心的事物。如果一个事物对我们有用或不可缺少,使我们感到苦痛和快乐,那末它就不属于艺术的正当范围了。因为我们对艺术主题应该漠不关心"。"一切艺术都无实用。"[①]可以说,王尔德的这些看法和戈狄埃一样,也是重复康德的美与利害感无关说。十九世纪末西方资产阶级颓废派作家们回避客观现实,陶醉于个人主观世界,王尔德也不例外,而他的唯美主义艺术批评也就离不开康德的主观唯心主义美学的影响。

王尔德将美和真、善拆开,那末美还保持一些什么呢?回答是"装饰""韵""显现"等。他既然主张美是不关心的,艺术是为了创造纯美,那就必然反对摹仿自然的美,而追求纯粹装饰性的美。他盛赞阿拉伯式图案艺术,因为后者"蓄意否定美属于自然这一概念,并抛弃普通画家的摹仿方法"。王尔德更从装饰谈到韵:"在真正的艺术家手中,韵不仅成为韵律美的物质因素,也是思想、激情的精神因素,……韵能将人的语言转化为诸神的谈话。"他认为艺术只有丢开客观,才能体现心灵、个性,他的话中虽然也有"思想"字样,指的却是和诸神冥合的心灵境界,跟我们所说作品的思想性毫不相干。为此,王尔德更拈出"显现",以区别于"表现"或对客观世界的反映。他说:"美显现一切,正因为它从不表现什么。美是种种象征的象征。"意思是表现的对象在外界事物中,象征的对象在内心世界里;前者以主观与客观的统一为范围,后者以(人的)心灵与神明的冥合为范

[①] 《格雷画像·序言》。

围,决不逾越主观世界;反映、表现乃主观借助于客观,与外在的尚未绝缘,是有待的,而显现、象征则纯属主观独运,完全是内在的、自足的。由此可见,王尔德手中的王牌不外乎:美是主观的,美源于心灵,并象征心灵的最高境界——与神的契合,因而高踞现实之上,睥睨生活之美。和波德莱尔相比,王尔德使唯美主义更加接近十九世纪末的象征主义了。

末了,不妨看看王尔德对文艺批评所提的要求。"只有丰富、增强自己的性格和个性,批评家方能阐明他人(作家)的性格、个性和作品。"因此"批评家不可能做到通常所谓的公正。那种看问题定要看双方的人,往往是一无所见的人。只有拍卖商才必须均等地、无偏地崇拜所有的艺术流派。"按照他的逻辑,美是主观的,进行美的创造的艺术就须体现艺术家主观世界中独特的东西——个性,欣赏或批评则应领会或阐明作家和作品的个性;批评者或欣赏者倘若随波逐流、人云亦云,那末也就说不上是真正的艺术鉴赏或美的判断了。王尔德还进一步认为,个性是每一个人的独特属性,不同的个性都有存在的理由,犹如个人与个人之间地位对等,因此"凡是根据美而创造出来的一切东西,对欣赏者来说,其意义是相等的,是无可轩轾的"。换句话说,美的主观性贯串于作家与作品的个性以及欣赏者与批评者的各自个性中,遂使文艺鉴赏、文艺批评不可避免地有偏执,有癖好,因而批评家也决不会混同于拍卖商。这样,王尔德的唯美主义批评又和当时的法朗士所代表的印象主义批评合流了。

〔法〕法 朗 士

法朗士(Anatole France,原名雅克·阿纳托尔·蒂波[Jacques Anatole Thibault],1844—1924)是小说家、批评家、政论家。他对古代希腊文学有较深修养,七十年代曾加入巴那司派,主张为艺术而艺术,后来逐渐转向批判现实主义,但法国新兴的印象主义画派对他也产生一定影响。他的长篇小说揭露天主教教会和资产阶级法制,讽刺资产阶级文明,进而谴责帝国主义。他含有历史循环论和宿命论、怀疑论的思想,晚年倾向社会主义。理论批评著作有《文艺生活》四卷(1888—1892)。

他在《文艺生活》第一卷的序言中写道:"为了真诚坦白,批评家应该说:'先生们,关于莎士比亚,关于拉辛,我所讲的就是我自己'。""优秀的批评家就是这样的一个人,他把自己的灵魂在许多杰出作品中的探险活动,加以叙述。"这里,所谓"我自己"或我的"探险活动",同史勒格尔的"批评即创作"、圣·佩韦的"批评须有所发明",意思很相近;另一方面,也不苟同于司汤达关于拉辛与莎士比亚的看法,而企图摆脱浪漫主义或现实主义的概念,强调批评须尊重读者各自不同的印象。因此他说:"让我们把冷嘲和同情都摆在读者面前,由他们看了以后自己去作判断吧!"这也就是印象主义的批评了。

印象主义一词始于法国画家莫奈(1840—1926)展出作品《日出印象》(1874),而出现在法国的艺术批评中。它反对古典主义传统和保守画风,大胆革新,要求在户外的阳光下直接描绘对象,特别是光和色所给予画家的瞬间的印象。我们知道唯美派也讲求刹那的感觉,因此印象主义和唯美派批评之间存在内在联系,而实质上是和经验批判主义所谓的"感觉复合"相沟通的。因此法朗士强调批评中的个人印象或主观感觉,其哲学基础也就不言而喻了。他在《笛师们的争论》[①]一文中集中反映了印象主义批评的理论特征:比较一致的意见,是值得怀疑的;必须承认每一个人的感受、印象是代表真理的。笛师们争论不休,到头来还是一场空,因为各是其是,争论终于平息了。我们不妨看看这篇文章的若干论点。

"在美学里,也就是说在云雾里,人们能够比对其他任何题目都争论得多而且好。一涉及美学,我们就必须怀疑。一涉及美学,我们会有一切叫人害怕的东西:有偏见也有不关心;有热情也有冷淡;有愚昧、狡猾、机智、深微,也有知识;还有一种天真,比诡诈还要危险。在美学的一切事项里,你必须谨防诡辩,特别是在诡辩显得美妙的时候,而且有些诡辩还是值得钦佩的。"接着,法朗士提出"多元"论式的批评,肯定种种的不同印象,并把它们归结为趣味和摹仿(人云亦云),而实质上只是一种偏见罢了。由于"趣味把我们引向某一作品,使我们排斥另一作品",所以法朗士就分析这趣味,找到它的根子在于"摹仿精神"。"要是没有它(摹仿精神),我们在艺术领域中所持的意见要比现在更加纷歧。正因为这样一个倾向,所以一件作品……开始被很少的人所接受,然后才为大多数人所接受。只有那第一批人是自由的;所有其余的人无非是随从附和而已。"于是法朗士得出结论:"意见的一致完全是偏见的结果,这可以由偏见一经破除则意见的一致也就同时消失这一事实来证明。"因此"在文学的问题上没有一条意见是不能很容易被一条跟它恰恰相反的意见反对掉的。那末,谁能终止笛师们的争论

[①] 傅东华译,选自琉威松《近世文学批评》,商务印书馆,1928年;又见《西方文论选》下卷,第269—271页。

呢?"然而,法朗士还是作了回答:批评家们的乐曲千差万别,应当让它们各存其"真",因为各自的印象是最"真"的啊!

可以说法朗士对于文艺批评采取了消极、悲观的态度,至于笔调的辛辣尖刻,则为欧洲文论中所罕见。

第十三章 十九世纪(六) 非理性主义——唯意志论、象征主义、神秘主义、直觉主义

我们回溯,以"神"为世界万物的创造者这种客观唯心主义思想,早在原始社会已经萌芽。当时人们从做梦的现象产生灵魂的观念,而由于对自然力量的不可抗拒和无法理解,更认为"万物有灵",把他们所谓的这种超越自然的力量当作"神灵"来崇拜,于是诞生了有神论或不凭理性认识、而凭直觉信仰的宇宙观。就欧洲而论,这种非理性的有神论丰富了古代希腊神话的宝库,并以不同的程度影响古希腊的唯物论和唯心论哲学,同时反映在古希腊的文学和文学批评中。文学创作大量描绘诸神以及神、人之间冲突与和解,理论批评则将文艺创作的动力归之于神或神旨,柏拉图便是典型的代表,而亚里斯多德也并不否认"创造主"的存在。到了中世纪,经院派哲学家们的文论,乃神学的附庸。文艺复兴运动时期,上帝的观念依然存在,作为资产阶级人文主义先驱的但丁声称"艺术是上帝的孙儿",处于运动后期的培根还认为"诗是参与神明的"。启蒙运动来了,资产阶级宣扬理性,而声望崇高的伏尔泰却公然宣布:"如果上帝不存在,也应该创造出一位来。"十九世纪初浪漫主义兴起,在侈谈天才、灵感的诗论中,同神或上帝都结下不解之缘,史勒格尔兄弟的耶拿派浪漫主义尤为突出,而在卡莱尔的封建社会主义文艺观中,上帝也还作怪。总之,在欧洲文学史上,非理性的因素是源远流长的。

到了批判现实主义以及自然主义,非理性的观点在小说理论中基本地被批判掉了。然而从十九世纪中叶开始到十九世纪末,欧洲资本主义的矛盾不断剧化,终于导致帝国主义阶段。资产阶级在和无产阶级较量的同时,其思想意识日趋没落、反动,资产阶级的唯心主义哲学诸派别汇为非理性主义逆流,从而出现了形形色色的非理性主义的文艺批评流派,主要有象征主义、神秘主义、唯意志论和直觉主义等,分别由法国的马拉美、比利时的梅特林克、德国的尼采和法国

的柏格森来代表；而作为前驱，则更有德国的叔本华和意大利的德·桑克梯斯。

下面试作简单介绍和批判。

〔德〕叔 本 华

叔本华(Arthur Schopenhauer,1788—1860)是德国唯心主义哲学家、唯意志论者。父为富商。他研究柏拉图和康德的哲学，读过印度《吠陀》中《奥义书》的德文译本。主要著作有《世界即意志和观念》①(1818)，《论趣味的引起》(写于1821年，1864年才发表)，《散文集》(1851)等。他继承和发展康德所谓的"物自体"和"现象界"，认为意志乃世界的本质、万有的基础，它是非理性的、无意识的、盲目的，现象界乃意志的表象(意志的感性映象)，而意志本身只是通过直觉(不是通过理性)而被认识。对人来说，生活意志由于本身的盲目性，成为永远得不到满足的冲动，给人世带来挣扎和痛苦。可以说，唯意志论和悲观主义形成了叔本华哲学的基本内容。

在他看来，佛教的"涅槃"寂(熄)灭一切烦恼、圆满(具备)一切清净功德，也就是从意志的禁锢中永远解脱出来，因此绝对地否定意志；而艺术则从纯美(无意图的、不关心的美)的观照中，暂时否定意志，得到暂时解脱。他和康德一样，主张艺术不涉及任何实际利害，凡属刺激味觉的静物画、唤起性欲的裸体画都须排斥，而艺术上的精心设计和巧思，正因为是有意识的行为，所以，也应该被消除，这样才有助于否定意志，实现无意图的美。更由于"涅槃"、宁寂乃客观存在的永恒观念，所以真正的艺术对象是观念世界，而艺术则通过直觉加以把握。艺术既然以摆脱意志、反映永恒观念为目的，因此摆脱或反映程度的深浅，决定艺术种类的高下。总的说来，诗抓住一般，抛开个别和具体，从而显现永恒；至于艺术种类之由低等到高等，正意味着被意志所困惑的"我"在艺术中逐渐消减，"我"最少，等次也最高。叔本华根据这原则，排列所谓艺术上升的次序：歌唱、谣曲、牧歌、小说、史诗、戏剧。② 至于音乐，叔本华认为它又和旁的艺术不同，抛开了现象的复制，而直接为意志本身写照，因此对一切现象而言，音乐是物自体。③也就是"我"的全部消亡。接着想介绍叔本华关于诗和悲剧的看法。他认为莎士比亚和歌德之所以是第一流诗人，乃是因为他们都保持客观，自己不出现于作品

---

① 也译《意志和表象的世界》《世界是意志和表象》。
② 《叔本华全集》，胡伯歇尔编，第二卷，第293页。
③ 见本章尼采一节，引叔本华语。

中，而只给作品人物充当"口技表演者"①，拜伦所以是第二流诗人，因为他甚至杜撰人物来替自己说话。叔本华还认为真正的诗人必须作为"纯属无意志的认识主体，以毫不动摇的、极乐的宁寂，和意志的压力形成了对照，……这种对照或交替唤起了情感，并被表现在一首歌中，于是就构成抒情的精神状态"②。换而言之，叔本华把抒情的歌唱看作诗的初步形式。关于等级最高的戏剧，叔本华主要论说了悲剧的本质。"悲剧的唯一职能，是再现一种巨大的不幸。"按照诗人所采用的不同方式，悲剧可归纳为三种，亦即不幸"可能是由于特别邪恶的人物"，"可能由于盲目的命运"，"可能由于剧中人物的对立地位或相互关系"。③ "悲剧……应被认为是诗的艺术的顶峰。""这种诗的最高造诣的目的，在于表现人生可怕的方面。难以言说的痛苦、人类的不幸、罪恶的胜利、机运的恶作剧，以及正直无辜者不可挽救的失败，都在这里展示给我们。"悲剧给予人们的，"是一种关于世界本质的完全无缺的认识。这种认识会对于意志起一种镇静的作用，产生出一种退让的感情，不仅是放弃生命，而且放弃生存意志的本身"。最后，使人们"自动而又愉悦地抛弃生命的本身"。④ 因此，悲剧所揭示的，"不是英雄人物赎还他个人的罪过，而是生存本身的罪过。这正如加尔台隆所正确指出来的：

'人之大孽，
在其有生。'"⑤

这也就是悲剧的意义之所在了。

叔本华对悲剧也并非全盘否定，而承认它有一定作用，那就是"悲剧的喜感"。这种喜感"属于崇高感，甚至是最高级的崇高感"。诚然，"在悲剧里，……出现于我眼前的，正是与我们的愿望相反的那样一种世界情况。……使我们感到……必须抛弃生存意志，不要再想它，也不要再爱它。然而正因为如此，我们才意识到在我们之上还存在着某种东西"。也就是"不想要生活的东西"。然而，我们终于站在"意志及其利害关系之上"了："我们看到了直接违反意志的东西

---

① 《全集》第三卷，第494—495页。
② 同上书，第二卷，第295页。"交替"，指"无意志"取代了"意志"。
③ 《意志和表象的世界》第一册，第三卷，第五十一节，蒋孔阳译自英译本，《西方文论选》下卷，第333页。
④ 同上，《西方文论选》下卷，第331、332页。
⑤ 同上，《西方文论选》下卷，第333页。加尔台隆(1600—1681)，西班牙剧作家、诗人。

时,得到了喜感。"①这里所谓"可喜",就是由于认识上找到了意志的对立面,由于看到了意志之上还有"东西"而觉得"可喜"了。我们不妨回溯欧洲文学批评史上的几种悲剧涵义与目的:亚里斯多德认为在于净化怜悯和恐惧,黑格尔认为可以导致绝对精神、永恒正义、永恒神性的胜利,前者结合生活实际,后者转向观念世界,为客观唯心主义说教;而叔本华则主张是摆脱了意志的压抑,进而否定生命,并以此为"崇高",这是极端悲剧的、反动的论点。

至于喜剧,叔本华认为和悲剧恰相反,它描绘出人生的美妙就在于永远感到活着很有趣,喜剧成为"一种刺激,使生命的意志不断得到肯定",它缺乏悲观主义的哲理,所以叔本华不惜加以讽刺:"正当观众兴高采烈的时刻,确实须要赶紧把幕落下,别让大家看到下文了。"②在叔本华之前,黑格尔谴责喜剧以主观任意性取代神性,在叔本华之后直觉主义者柏格森则认为喜剧"经常向外界观察",应把它开除出艺术领域,而叔本华则说它肯定人生、生命,是反悲剧主义的,它的地位只能是低于悲剧了。

此外,叔本华还论及天才的问题,认为"天才只是最完全的客观"③。叔本华所谓"客观",是指忘掉个人的意志、个人的存在;必须否定了意志,方能做到天才者之以物观物,使"我"无从介入。他进而谈到天才者的一些特质。天才诗人被比作做梦的人,例如但丁的《神曲》便是在梦中表现真理。同时,天才艺术家又总是一位孤独者,遭受时代的误解、忽视、侮蔑,只在死后方始得名。④ 这里,叔本华的"愤世嫉俗"委实捺不住了,竟发出一系列谬论:认为世界是与艺术家为敌的,于是建议写出一部悲惨的文学史,⑤并且把一般的文学史说成是一本本的"死胎的目录"⑥。他更从文学史回到一般历史,认为后者不存在丝毫的道德革新和任何发展,因而艺术也就无进步可言:"艺术无论在哪里都是一经诞生即达到终点。"⑦他的这些说法显然也是十分反动的。

除天才之外,叔本华还谈到文章的风格,却又不无中肯之言,不妨介绍一段:

---

① 《意志和表象的世界》,第三册对于第三卷的补充,第三十七节,蒋孔阳译自英译本,《西方文论选》下卷,第335—336页。
② 《全集》第三卷,第500页。
③ 《世界是意志和表象》英译本,第一卷,第36节。
④ 《全集》第三卷,第488页。
⑤ 同上书,第六卷,第598页。
⑥ 同上书,第六卷,第597页。
⑦ 同上书,第二卷,218页。

"风格乃作家思想的面貌,十分准确地标志性格,但和装点门面不相干。摹仿旁人的风格如同戴上面具,这面具尽管不那末美好,引起的厌恶与憎恨也不会久长,因为面具没有生命,所以反倒不如活人的一张最难看的脸。由此可见用拉丁文写作并抄袭古代作家的笔法,正是用面具来说话,读者固然听到他们说什么,却不能同时看到他们的思想面貌,更谈不上他们的文章风格了。"[1]

叔本华的文艺思想曾对我国产生影响,例如王国维(1877—1927)的《人间词话》论"无我之境",和叔本华从"客观"来阐明天才的本质,是有一定联系的。

〔意〕德·桑克梯斯

德·桑克梯斯(Francesco de Sanctis, 1817—1883)是文学史家、文艺批评家。早年参加意大利统一的政治运动,并反对异教势力,曾两次入狱,流亡国外。1870年实现统一后,曾任教育部长和那不勒斯大学比较文学教授。主要著作有《意大利文学史》(1870—1872)和死后出版的《十九世纪意大利文学史》未定稿、《批评文集》、《但丁〈神曲〉讲稿》、《论孟佐尼》、《论佩特拉克》[2]、《青年时代和黑格尔研究》、《骑士诗及其它》等。

德·桑克梯斯钻研黑格尔美学,并产生较大影响,使意大利美学家克罗齐(1866—1952)成为黑格尔的继承者。他的著作更增进了意大利在现代西方文学批评中的地位。

德·桑克梯斯认为,艺术不是对现实的摹仿或被动的反映;艺术和自然、历史之间也没有什么重要关系,"诗和尊重历史,毫不相干,诗甚至能描写非常的和违反自然的事物"[3]。他主张艺术"有自身的目的和内在价值,因此必须从艺术的这一本质演绎出特殊准则,用来判断艺术"[4]。假如代以"推理的方式、教条的方式,那就是否定艺术了"。"为思维而思维,乃艺术以外的事情。"[5]关于艺术的本质,他还从自主性、自发性和具体性、个别性等方面加以论说。首先,"艺术的自发性"或"艺术的自主性"将艺术同感情、道德、科学、概念形成的知识、哲学区分开来,"无意识和自发性"乃是艺术所以成为伟大的主要条件。"根据艺术的天

---

[1] 《散文集·论风格》英译本。
[2] 佩特拉克(1304—1374),意大利文艺复兴时期人文主义先驱之一,提出"人学"与"神学"的对立。
[3] 《十九世纪意大利文学史》第二卷,第424页。
[4] 《意大利文学史》第一卷,第63页。
[5] 《但丁〈神曲〉》讲稿。

经地义",艺术的"天才并不自觉,……并不依赖思想体系,而且常常违反作者的思想系统"。① 其次,艺术是具体的,而非抽象的,"诗须从这个世界上获取它的血和肉"②。因为抽象概念阻碍了具体生动的描写,例如但丁有时就不能免:"他纠缠在抽象概念里,把它们砌筑在一起,……他越出了故事情节而走进了纯粹概念的世界,……把整个现实拉过来作为这些概念的外象。"③德·桑克梯斯为但丁惋惜:"生动活泼的现实要在空泛的哲理里消失,作品变成蒙着故事情节面纱的道德和政治教本。一个自然而通常的诗人变成一个博学而道貌岸然的诗人。"④我们今天读但丁的《神曲》,不能否认有这样的感觉。因此德·桑克梯斯又说:艺术乃是"个体和个性的赋予"⑤,诗或艺术中出现的人物必须永远是"地方官某某、士兵某某";艺术创造的全部秘密就在这"某某"之中⑥,和普遍、一般毫不相关。再次,德·桑克梯斯从具体、个别进而否定典型。"以阿喀琉斯为勇敢和力量的典型,以舍赛底斯为懦弱的典型,都是不够准确的,因为这类品质可以在无数的个人身上找到,而且有无限差异的表现;阿喀琉斯就是阿喀琉斯,舍赛底斯就是舍赛底斯好了"⑦。作品人物应该各有其独特的"个人性格",而不是什么"完美无瑕的、抽象的、僵化的理想"的化身。⑧ 他无视共性、个性的统一,无视共性因个性而体现,这当然是错误的。

在他看来,一方面艺术创作是自发的,和艺术家的思想意图不相为谋,另一方面具体性、个别性的特点则在于它们是极为客观的东西,因此艺术的形式不仅脱离思想而存在,而且成为无须诉诸知觉的客观存在了。他从形式的绝对化得出艺术即形式、或形式即艺术本身的论断;这种"形式"必然是单数名词,头一个字母必然是大写的。实际上,就是排斥社会实践和思想认识,承认有所谓"内在的形式"在推动着艺术创作。可以说德·桑克梯斯的观点,继承了柏拉图和普罗提诺所说的"美的理式(理型)",同时夸大了亚里斯多德的"形式因"的作用。此外,他还以镜子作比喻,描绘形式的妙用在于它的透明性、清澈性、无隔阂等,这

---

① 《论孟佐尼》,钱锺书选译,《文汇报》1962年8月15日,《西方文论选》下卷,第467页。
② 《批评文集》第二卷,第93页。
③ 罗索《意大利作家论》选载德·桑克梯斯《意大利文学史》,钱锺书选译,《文汇报》1962年8月15日,《西方文论选》下卷,第465页。
④ 同上。
⑤ 《意大利文学史》第二卷,第230页。
⑥ 《批评文集》第一卷,第88页。
⑦ 《青年时代和黑格尔研究》,第172页。
⑧ 《批评文集》第一卷,第257页。

一点今天也还有参考价值。"形式是一面镜子,诱使你直接进入镜中的形象而不感到你和形象之间隔着一层厚厚的玻璃。"①"当形式向观者传出形象时,并不把观者的眼睛吸引到镜子上和停留在镜子上,……形式却如同水那般的清澈,让你一直看到水底的东西而水本身就像不存在似的。正因为清澈的形式并不一味地抓住观者的注意力,物象方能从形式中显现出来。"②这段描写可归结为:看到水底之物却未看到水,而形式为读者表现事物时正须如此,也就是形式(艺术语言)贵在不留迹象。庄周的"得鱼而忘筌"③或严羽的"不落言筌"④也是这种意思,不过说得简练而有神采。这里附带提一下德·桑克梯斯奉劝作家留意形式的另一问题:笔墨不可多着意,不要老是害怕读者看不懂而"主观介入"过多,于是提出"严肃的座右铭:我们自己少说话,让事物本身多说话"。⑤

德·桑克梯斯论想象时,也崇尚自然、若不经意。他将荷马与佩特拉克比较,认为前者的想象是"无我"的,后者的想象"主观介入"过多,不免矫揉造作。他还认为幻想所生的幻象胜于想象所生的形象,因而幻象高于形象。他的理由是,形象仍旧囿于现实,而幻象则是"形象被精神化"了的产物,其中"仅存一半现实",⑥而妙处也就在此。

更值得注意的是,德·桑克梯斯以作家不能左右的"内在形式"作为创作的动力,因此主张文艺批评家必须解释的,不是"一部作品和时代、流派或前辈之间的共同点",而是作家无法控制的"作品固有的内在价值以及那种独特的、不可转化的东西"。⑦ 德·桑克梯斯特别强调,这内在价值本身的实现却时常和作家的意图与实践相矛盾,也就是说作家意图和作品效果往往不相符合。现代西方流行的割裂世界观和创作的关系以及"意图的迷误"诸说,可以溯源于德·桑克梯斯的这个论点。下面摘录他与此有关的几段话。但丁"在《神曲》里,正像在一切艺术作品里,他意图中的世界和作品现实出来的世界,或者说作者的愿望和作者的实践,是有区别的"。⑧ 艺术家的"创作活动是不受他自己管束的,结果常常出

---

① 《十九世纪意大利文学史》第三卷。
② 《骑士诗及其它》。
③ 《庄子·外物篇》。
④ 《沧浪诗话·诗辨》。
⑤ 《批评文集》第三卷,第 296 页。
⑥ 《意大利文学史》第一卷,第 69 页。
⑦ 《论佩特拉克》。
⑧ 《论但丁》,钱锺书译,《文汇报》1962 年 8 月 16 日,《西方文论选》下卷,第 464 页。"意图的迷误",英译文为 intentional fallacy。

于他意想之外"。孟佐尼和但丁、塔索都一样,被"自己的意想或先入为主的理论所渗透",然而"亏得他们的天才把他们从他们的理论里拯救出来"。因此可以说,"正因为孟佐尼违反了自己的思想体系才成为艺术家"。总之,"灵感和理论——或者说,艺术的自在流行和批评的深思熟虑——二者之间的斗争"是不可避免的[①]。但是天才、灵感则能顺从自主性、自发性,摆脱思想、理论的桎梏,为内在形式服务,完成艺术创作。

德·桑克梯斯的文论以客观唯心主义和非理性主义为思想基础。他关于艺术自发性、形式即艺术等看法和意大利的克罗齐(1866—1952)所谓直觉即表现、即艺术,是非常接近的。克罗齐在他的《诗论》[②]中称许德·桑克梯斯对文艺批评的方法有最卓越的贡献,而克氏的美学和文论则在现代西方具有广泛影响。

〔法〕马 拉 美

马拉美(Stéphane Mallarmé,1842—1898)是象征主义诗人和理论家。他在法国一个高等专科学校教授英语,靠微薄的收入维持生活。有一段时期,每逢星期二晚间在家中举行座谈会,漫谈诗和艺术的问题,参加者大都是已露头角的青年作家如海塞门斯、瓦勒里、纪德、王尔德、叶芝,画家约翰·穆尔、惠斯勒、德加,评论家阿瑟·西门斯等,逐渐扩大自己的艺术思想影响。他的有关谈话和论文收编为《彷徨集》(1897)。

他最为崇拜的有两人:法国唯美派诗人波德莱尔(1821—1867)和美国神秘派诗人爱伦·坡(1809—1849)。波德莱尔把瑞典哲学家史威顿堡(1688—1772)的"对应论"应用于诗中的美、丑对应,美、丑一致,或者说丑即美的观点;他在以《对应》为题的十四行诗中,把整个大自然描写为一座神殿,它以树木为支柱,叫做"象征的丛林",风吹过的时候发出一阵阵杂乱无章的"语言",而诗人却由于他的特殊禀赋,能会其中之意。马拉美正是从这种美丑对应、美丑混乱之中看到了生命的真实并发现了诗的对象,而诗的使命就是"表达生之奥秘,赋予我们的存在以真实,从而完成我们唯一的精神业绩"[③]。换而言之,马拉美给诗规定了颓废、阴暗和神秘的主题。同时,马拉美也十分赞许爱伦·坡论说"音乐使心灵达到超凡美的创造"时所持的诗、乐契合的观点,认为坡在诗的形式上取得的成就,

---

① 《论孟佐尼》,钱锺书译,《西方文论选》下卷,第 466—467 页。
② 《诗论》第 5 版,第 306—307 页。
③ 《象征主义诗的使命》第二卷,第 321 页。

如组织精细,以及"具有高度准确性和数学演算一般的严格",都是与这一观点分不开的。因此,马拉美主张诗的形式还须"恢复语言的基本韵律"。① 马拉美沿着波、坡二人的道路,继续探索,逐渐强调诗的本质在于主观性和音乐性的统一;也可以说观念和形式的一致,给他所理想的诗的面貌画出一个轮廓。1886年9月15日,巴黎《费加罗报》发表了诗人莫拉(1856—1910)的一篇文章,提出"象征主义的诗赋予观念以感性外衣","具体现象乃感情的外表,而且与观念相联系",主张诗中是有思想感情的,但只能通过象征才能表达出来。到这时候,"象征主义"一词才在西方文艺理论史上首次出现。而马拉美则在记者访问时,通过批评巴那司派而转弯抹角地讲了诗中主观性、音乐性、象征性之不可分,并突出象征性的重要性,为象征派诗歌理论打下基础。② 他说:"与直接表现对象相反,我认为必须去暗示。对于对象的观照,以及由对象引起梦幻而产生的形象,这种观照和形象——就是歌。但是巴那司派诗人仅仅是全盘地把事物抓起来加以表现,所以他们缺乏神秘性。"而且"指出对象无异乎把诗的乐趣四去其三"。因为写诗原是"叫人一点一点地去猜想,这就是暗示……神秘性的完美的应用"。马拉美强调:"象征就是由这种神秘性构成的",其途径有二:"一点一点地把对象暗示出来,用以表现一种心灵状态。反之也是一样,先选定某一对象,通过一系列的猜想探测,从而把某种心灵展示出来。"③因此,就诗而论,象征的主旨归根结蒂就在于对神秘的暗示,而诗人首须排除科学,抛弃理智。这个道理,马拉美只是吞吞吐吐地说了出来。他认为当前有个不容忽视的思想,使诗人搁笔,文学停滞,根源则在于:"社会组织如今并未完成,还在不停地发展,造成了精神的不稳定性,而人的心灵、个性则又迫切地需要自我解释,这一需要正直接地反映在当前的文学中。"④也就是说,诗或文学乃是心灵、个性的自我解释,纯属个人之事,因为在当前的社会里,诗人处境则十分不妙,犹如"一个为自己凿墓穴的孤独者";尽管如此,这孤独感是抑制不了的,于是诗人便"抛弃陈腐的方法","把心灵状态、心灵的闪光加以歌唱,使之放出光辉……这里面有象征,也就有创造性",这样,诗人才能"为着一种已经完成的社会的华丽仪式和庄严仪式而创作";这样方

---

① 《象征主义诗的使命》第二卷,第321页。
② 这篇访问记题目叫《关于文学的发展》,由记者于勒·禺来(1864—1915)发表在1891年《巴黎回声报》,后来收入《七星丛书》版的《马拉美全集》(1945),有王道乾的中译本,见《西方文论选》下卷,第259—266页。
③ 《西方文论选》下卷,第262—263页。
④ 同上书,第259页,略加简化;下同。

始"恢复诗的神秘性","诗这样才取得它的意义"。① 我们从这番话里不难看出:为完成了的社会而创作,意味着诗人须百般地维护和歌颂这个已经腐朽糜烂的旧社会;而尚未完成、正在发展的社会则是变革,是革命,它使诗人无法保持孤独感或精神稳定,不利于他的"心灵"的"自由"创造;至于抛弃陈法,不过是在描绘阴暗的精神世界时,避免直截了当地和盘托出,而改用暗示、象征的手法。这就毋怪乎象征主义的诗从内容到形式,大都晦涩别扭,难以捉摸了。

我们对象征主义者马拉美的诗的概念,有了一个轮廓之后,便容易懂得他的一些"名言"以及他的同道——诗人或批评家——所发的议论了。例如马拉美曾说"诗把语言带到一个紧要关头上去了"。阿瑟·西门斯为之下一转语:"马拉美写诗,就是要通过语言抓住那即将消逝的、出神入迷的心灵状态。"② 又如马拉美说:"诗不是用观念而是用若干单词来写的。""素材不再是形式的造因,而是形式的效果。"这说明专事刻画孤独苦闷的象征派,已不可避免地沦为背离现实的形式主义了,而马拉美所谓的形式创新,最后甚至取消了诗中的标点符号。但另一位象征主义诗人兰波(1854—1891)却站出来为他辩护,美其名曰突出有限、臻于无限:"马拉美的性格,不愿接受作为一个人所有的局限,总是力图无限度地延伸自己的意识领域,满怀信心地以为自己具有挫败对方的力量,从而蔑视人生。"所谓挫败对方,是指对抗社会发展规律、社会革命及其在文艺中的必然反映;所谓自己的力量,则是由象征神秘、歌颂幻灭所组成,而所谓幻灭也就包括标点符号的消亡了。到了二十世纪,马拉美的入室弟子瓦勒里(1871—1945)更变本加厉,公开宣称:"诗人的任务是创造与实际事物无关的一个世界或一种秩序、一种体制"③,而这样创造出来的美,则是"悦耳而毫无意义,……清楚而无用,……模糊而令人愉快"④。瓦勒里把象征派诗论的虚无主义和非理性主义加以剧化了。

但是象征主义的诗论,也非一蹴而就,十九世纪前半期西方文论中已有萌芽。例如马拉美主张象征由神秘性构成,而英国卡莱尔则承认诗和超绝的神秘性的关系;马拉美向往孤独者的"心灵"的"自由"创造,而德国耶拿派浪漫主义者弗·史勒格尔则强调诗中的"无限"与"自由"。就其对后来影响说,象征主义的

---

① 《西方文论选》下卷,第263—264页。
② 阿瑟·西门斯《文学中的象征主义》,1908年伦敦版。
③ 丹尼斯英译本《瓦勒里选集》第七卷,《纯诗:一次讲演的札记》,《诗与抽象思维》,路特列基和格根·保罗公司版,伦敦,1958年。
④ 同上。

神秘观点,更预示了比利时神秘主义剧作家、诗人梅特林克的诗论,例如所谓"深刻的内在真理,……不可得见的灵魂,……支持着诗",或者"灵魂向着它本身的美和真作了不可思议的、无声无息而又永无休止的努力。而诗也就因此更加接近了真正的生命"。① 此外,象征派诗论的非理性主义或者说信仰主义更为二十世纪以来新托马斯主义文艺观开辟道路。新托马斯主义创始人马利坦(1882—1973)鼓吹诗中美学决定于上帝,体现为对"创造精神"(按即上帝)的象征,于是乎"对诗来说,……存在着一个彼岸的目的"②,硬把诗学拉回到神学中去,重演中世纪经院哲学的伎俩,使艺术文学给天主教会及其依附的帝国主义充当奴仆罢了。

〔比利时〕梅 特 林 克

梅特林克(Maurice Maeterlinck, 1862—1949)是戏剧作家、诗人,神秘主义的重要代表。他和法国象征派诗人很接近,用法语写剧本,大多取材于中世纪或出于自己的幻想,逐渐突出神秘主义色彩。前期所作称为"静剧",剧中人物处于灵魂的探索、与神明(上帝)冥合的状态中,人物的动作和时间、空间毫无联系,来去无踪,没有什么情节,人物的语言半吞半吐,而且重复、沉闷,整个剧本表现了宿命论观点。西方评论界却称赞他笔下的"迷蒙、惨白和平淡的形象"③。

他发表过几部散文集,阐说他的神秘主义诸论点,主要有《卑微者的财富》(1896,也译《卑微者的秘藏》)、《智慧与命运》、《死》等。《卑微者的财富》④收了《寂静》《灵魂的觉醒》《日常生活中的悲剧性》《神秘的道德》等篇。《日常生活中的悲剧性》集中表现他的神秘主义文艺观。他写道:"我们大多数人的生命之流是远远离开浴血伤戮,听不见震天杀声,看不见刀光剑影的。""更深的心弦颤动,并不由于白刀子进红刀子出,……为出鞘之剑所追逼,……以至于死亡。"然而"在日常生活中却有一种悲剧因素,它比伟大的冒险事业中的悲剧因素真实得多,深刻得多,也更能引起人们内在的真实自我的共鸣"。但人们不容易感觉到,因为不懂得真正的悲剧因素并不局限于肉体或心理,"它超出人与人、欲望与欲

---

① 见下一节——梅特林克。
② 拙译马利坦《艺术和诗中的创造性直觉》第五章《诗和美》,《现代外国哲学社会科学文摘》,上海,1961年第1期。
③ 爱德华·威尔逊《艾克塞尔的城堡》第42页,1932年。
④ 《西方文论选》下卷和《现代西方文论选》部分译文。

望之间的斗争"。只有当"理性和感情的对话沉默下来,……方能听到人和他的命运之间严肃的悄声对谈——不停的对谈。于是悲剧便履行它的职责,向人们指出生命在接近或背离真、美、神明或上帝时,其步伐是多么摇晃不定,心情多么忧虑无穷"。梅特林克认为必须在"卑微的日常生活中,……看到一直和我同处一室、应该为我所知的存在、力量或上帝",而这种感受属于"更高级的生活","但是还来不及觉察,就倏忽地消逝了"。因此,他说:"生活中真正的悲剧因素,只有在所谓冒险、悲痛和危险消失时,才开始存在。"在西方文艺批评史上,悲剧曾具有以下一些涵义:净化怜悯和恐惧的感情(亚里斯多德);导致"永恒正义"的胜利(黑格尔);对人生的否定(叔本华);权力意志的发挥(尼采);而到了神秘主义者梅特林克,悲剧则纯属宗教的诱饵了。

与此同时,梅特林克为了宣扬与神冥合,特别强调静态、静境,鼓吹"静态的戏剧……事实上早已存在了。埃斯库罗斯①的大部分悲剧是没有运动的悲剧"。他说:必须看到"生活的本源和它的神秘性",方能认识"真正的悲剧之所以美而伟大,并不在于动作,而全靠那些看来好像无用、似乎多余的对话,其实这正是灵魂可以听取奥秘的唯一对话,只有在这里,灵魂才被(上帝)呼唤着"。换言之,向往"真宰"、与神冥合的道路,"只在包围我们的""真正的寂静"之中。梅特林克进而描绘:"寂寞的人将是怎样的人。……我要高度评价一个人,这人在给我的一封信中只写了一句话:'我们之间相知不深,因为我不曾和你同在寂静之中。'"换句话说,人们不仅须要在寂静中冥求通往神明之路,而且只有在这条路上人们才能相互理解。梅特林克早年提倡和写过的静剧,便是为了探索这条道路的。

总之,梅特林克的神秘主义批评理论摒除一切理性思维,只剩下非理性的直觉而已。

〔德〕尼 采

尼采(Friedrich Wilhelm Nietzsche,1844—1900)宣扬唯意志论,鼓吹"超人"哲学。祖父和父亲都是牧师。他曾在波恩大学学神学和古典语言学,后来放弃神学,专攻语言学,业余从事音乐艺术,思想上受叔本华和德国作曲家、音乐家瓦格纳(1813—1883)的影响较深。叔本华主张盲目的生存意志为世界的本质和核心,而意志是永不满足的冲动,只能给人类带来挣扎和痛苦;瓦格纳的部分歌剧

---

① 埃斯库罗斯(约公元前525—前456),希腊悲剧作家,被称为"悲剧之父"。

和剧本含有宗教色彩和"超人"思想。尼采则把生存意志发展为权力意志,并环绕这个中心写了《悲剧的诞生》(1872)、《查拉斯图拉如是说》(1883)、《超于善恶之外》(1886)、《权力意志》等,最后一书未写完,大约有1052条格言,于1895年出版。他主张"认识是随着权力的增长而增长的。对意志的认识达到什么程度,取决于某类生物的权力意志增长到什么程度",进而"宰制实在,役使实在"。因此"各种有机功能都可归结为一根本意志、权力意志"。人生所谓的快乐,就在于冲破对权力意志的一切障碍,"使权力感因而高涨。所以一切的快乐都包含着痛苦。——如果要使快乐变得很大,那就必定要使痛快变得很长久,生活的折磨变得很厉害。"①尼采认为上述的矛盾和痛苦构成"世界的永恒核心"、"物自体"、"真实的和原始的存在"。在他看来,生活与道德的最高原则是以意志去统治一切,因此必须发挥权力,增强对意志的认识,以促使人类进化;世界属于最强的人,即超人,而超人的政治就是贵族的政治。尼采把人民群众看作"奴隶"或"畜群",反对民主、社会主义和妇女解放,最后宣称战争即道德。尼采的这套理论成为德国军国主义和法西斯主义的思想灵魂。他还赋予这矛盾、痛苦以人格,称之为"世界的天才"或"世界的原始艺术家",并通过对希腊艺术和希腊悲剧的研究,描绘这位"原始艺术家"的形象,同时用快感寓于苦痛这一美学观点来阐明古代希腊悲剧的诞生,以及悲剧对现实、特别是当时德国的意义。后面这些论点集中表现在他的《悲剧的诞生》②中,它们对二十世纪以来西方颓废艺术思潮产生深远影响。下面试作一些初步分析。

尼采认为希腊艺术的两个神灵——日神阿波罗和酒神狄奥尼修斯分别代表两个艺术境界,其内在本质和最高目的都是不相同的。如梦的日神"可以看作'个性原则'所化身的天才,只有依赖这原则才能获得假象的救济",但在如醉的酒神的"神秘的欢呼之下,这种个性化的魔力被破灭,因而敞开了一条通向'万有之母'、通向意志核心的道路"。这两种境界的"巨大对立,就像一道鸿沟分隔梦神的造型艺术与酒神的音乐艺术"。尼采认为这一点唯有叔本华看得如此清楚,所以找到了"在各种艺术中唯独音乐具有特殊的性质和古远的根源",指出了"音乐不像其他艺术,它不是现象的复制,而是意志本身的直接写照。所以音乐对宇

---

① 王复译《权力意志》第275,第286,《西方现代资产阶级哲论著选辑》第16、17页,商务印书馆,1964年。
② 全称为《悲剧从音乐精神诞生》,缪灵珠遗译,中国人民大学油印本,1965年。下面引文都根据这个译本。

宙间一切自然物而言,是超自然的,对一切现象而言是物自体。"叔本华所说的"是最重要的美学见解,严格地说,真正的美学从此开始"。此外,"瓦格纳曾肯定这一永恒真理,并在他的《贝多芬论》中断言,音乐的价值必须依照不同于一切造型艺术原理的审美原则"。① 以上是全书中比较重要的一段话,企图说明艺术的使命在于对意志的直觉,并加以表现。梦神或梦境的艺术,因为具有个性原则,只能见到意志或万有本体的现象,作出形式上的复制,从而产生造型艺术——雕刻与绘画,结果仅仅满足于形式美的快感,却还未能到达超自然的境界。酒神或醉境的艺术则不同,由于破除个性原则,打通了艺术和意志之间的隔阂,而直入自然的核心,表现为对意志的直觉,结果产生了与意志、万有为一的音乐艺术,臻于超自然的境界。而这一境界,才是真正的审美对象。

其次,尼采论说希腊悲剧如何产生于上述的音乐精神。"我们只有从音乐精神才能真正理解个人毁灭时的快乐。因为唯有依据个人毁灭的特殊事例,我们才能明白醉境艺术的永恒现象:这种艺术表现了那仿佛隐藏在个性原则后面的万能的意志,那在现象彼岸的历万劫而长存的永生。悲壮所引起的超脱的快感,乃是本能的、无意识的酒神智慧的舞台术语罢了。"尼采之所以对比梦境和醉境,是为了论证这二境的艺术区别。醉境艺术能启发我们,相信生存的永恒快乐不在现象,而在现象的背后,这样就于登上彼岸、直觉意志本身的同时,必然消灭个性原则,本能地、无意识地转为"万有之源"的本身,赢得了超脱的快感;虽然万有的现象不可避免地毁灭了,一切都须准备悲惨的没落,这些会带来痛苦,但它终于消失在超脱的快感之中了。至于梦境艺术在描写意志或予以形式的表现时,也经受个性原则消亡之苦,但是梦境艺术的美的对象毕竟不同于醉境艺术的美的对象,只局限于意志的现象,而非意志本身,也就是说仍然停留在此岸,而未登彼岸,无超脱境界之可言。因此,比较下来,音乐艺术的境界高于造型艺术的境界了。尼采论说到此,便把话头一转:认为与意志、万有为一的艺术,虽然陶醉在这"合一"之中,仍不免"深感这痛苦的锋芒的猛刺。因此希腊的悲剧确实是从音乐精神诞生的"。我们面对希腊悲剧,"纵有恐惧与怜悯之情,但我们毕竟是快乐的生灵,不是作为个人,而是作为众生一体",于是"我们就同大我的创造欢欣息息相通了"。② 这"大我的创造欢欣"之情,实质上和直觉意志本体所与的醉境

---

① 《悲剧的诞生》第十六章。
② 同上书,第十七章。

是分不开的,这里可以看出尼采是如何强调希腊悲剧的神秘意义了。

值得注意的是,对于醉境和梦境,尼采侧重醉境。"音乐与悲剧神话同是一个民族的醉境能力之表现,而且彼此不可分离。两者都发源于梦境领域之外的一个艺术领域",①两者都美化了一个境界,那儿,在快乐的和谐中,一切不和谐的因素和恐怖的世界面影都动人地②消逝了,两者都信赖自己的极其强大的魔力。因此,尼采认为"酒神比起梦神来,就显然有所不同,它是永恒的本源③的艺术力量"④。尼采把这不可分离的、音乐和悲剧神话的两结合,称之为"欢乐悲剧",赞美它"凭借音乐的帮助,目击意志的沸腾,动机的斗争,激情的澎湃,潜入下意识情绪最微妙的秘奥之处"。⑤ 这里不难看出,尼采衡量二境的标准就在于:较多的"能力"或更大的"魔力"寓于动境,而非静境。至于后者,则是"以美的面纱罩住了个性化世界与不和谐⑥的容貌,这也就是梦境艺术⑦的真正目的"⑧。换而言之,后者之所以不及前者,是因为它处于静境之中。

再次,尼采更从"个性化"和"合一"的对立,进而提出悲剧苏醒的论点,以深化悲剧的秘奥。他根据柏拉图对理念与形象的区别和评价,来说明酒神"不以任何个人身份出现于悲剧舞台上",而是"以各种姿态",来表现"经历个性化之痛苦的神",或者说因个性化而"被解体之神",所以"语言行为都好像一个错误、挣扎、受苦的人"。这样的英雄,才是希腊悲剧中通过神秘的仪式所崇拜的酒神。不仅如此,"秘仪信徒们总希望酒神再获得新生",而"这次再生是个性化的终结"。因此"悲剧的神秘教义"在于"打破个性的隔阂以期恢复原始的统一",其中具有"万物一体这个基本认识"。⑨ 由此可见尼采所谓悲剧的苏醒的论点,实际上是宣传悲剧的神秘教义罢了。

尼采由于强调个性化不利于对意志的直觉,所以把诗人凭个人想象去领会自然,看作是十分可笑之事。他曾写道:"所有诗人都相信,谁要是躺在荒草里或人迹罕至的山坡上,侧耳倾听,谁就能知道天地间的种种事情。""诗人假如受到

---

① 指醉境领域。
② 即经过痛苦的挣扎,而克服个性化。
③ 指意志。
④ 《悲剧的诞生》第二十五章。
⑤ 同上书,第二十二章。
⑥ 指个性化阻碍了对意志的直觉、与意志的合一。
⑦ 即绘画、雕刻或造型艺术。
⑧ 《悲剧的诞生》第二十五章。
⑨ 同上书,第十章。

一些温存,总以为自然本身钟情于他:如果自然向他耳边谈点情话,他便在凡人面前自夸自傲。""啊!只有诗人们是向往于虚构天地之间的种种事情的。""啊!我对诗人是多么感到厌烦!""老的或新的诗人都使我厌烦:我觉得他们太肤浅了,就像水浅的海。他们的思想没有足够的深度,他们的感情也就没有渗透到海底。""他们也不够纯洁;他们把水搅浑,使它像似深一点儿罢了。"① 一句话,诗人之"可厌",就是"个性"太强了。尼采还根据同一论点,说明个性化足以导致悲剧的衰亡。他认为到了希腊第三位悲剧作家欧里庇得斯(公元前 480—前 406),悲剧主角成为"一个普通人的化身,……以最灵敏的诡辩去观察、辩论,以取得结论",雅典的"平凡市民成为欧里庇得斯的一切政治希望的寄托者,并已有了发言权,但是以前却是由悲剧中的神人……来决定语言的性质"。② 依照上述尼采的观点,这是由于理智取代直觉的结果。因此,尼采讽刺地说:"在某种意义上,欧里庇得斯也不过是一个伪装人物,通过他来发言的那位神,不是醉神,也不是梦神,而是一个崭新的灵物,名唤苏格拉底③。这是一个新的对立,亦即酒神倾向与苏格拉底倾向的对立,希腊悲剧艺术作品就在这一对立上碰得粉碎了。"④ 换而言之,当论辩、知识或理性妨碍人们对意志、万有之本的直觉时,悲剧也就不复存在了。

综观尼采的以上论点,意在解释悲剧的兴、亡两个方面:它诞生于音乐精神,从克服个性化的痛苦中去直觉(用作及物动词)意志或万有之本,与之"合一",而有"醉境"之美;但是这痛苦的挣扎终于失败,个性化无法克服,直觉遭受理智、思辨的阻挠,"合一"与"醉境"也跟着消失,悲剧就趋于衰亡。

但是尼采的悲剧理论除了形而上学、神秘性这一方面,还反映了他对当时德意志的文化和民族前途的一些看法。他认为酒神狄奥尼修斯痛苦挣扎所含的精神秘奥以及与酒神倾向相反的苏格拉底对真知的理性探索,对当时德国来说,都具有现实意义。他首先不满于德国的文化教育,而加以讽刺:"我们高等教育机关的实在教育功能再没有比今日更低落更薄弱,……纸张奴隶的'新闻记者们'在一切有关文化方面战胜了教授们,而教授们……在自己的范围内还是那样风

---

① 《扎拉图斯拉如是说》第二部分,第三十九章《诗人们》,美国《现代丛书》英译本,第 138、139 页。
② 《悲剧的诞生》第十一章。
③ 苏格拉底自称"爱智者",强调"美德即知识"。
④ 《悲剧的诞生》第十二章。

流潇洒。"①他严厉批评德国知识分子在民族斗争方面意志低落,漠不关心,悠然自得。其次,他对艺术也感到失望:"从来未有过一个艺术的时代,像今日那样使我们目击所谓文化与真正艺术那末彼此疏远,而且互相对立。"今日"有教养的人们……对于悲剧复兴的现象"之所以"感到痛苦的惶惑",是由于未能"体会希腊天才的深奥原理"。② 也就是说,为发挥意志而奋斗的希腊悲剧精神,乃文化和艺术所必然具备的基本原则,但是如今忽视这个原则,必然迷失方向。尼采因此表现了他的渴望:"我们的文化如此衰落,一片荒凉景象,触目惊心,一旦接触到酒神的魔力,将突然发生变化!一阵狂飙扫荡着一切衰老、腐朽、残破、凋零的东西,把它们……卷到云霄。我们彷徨四顾,……只见下界突然升入金色的光辉里,这样丰茂青翠,这样生气勃勃,这样依依不舍。悲剧就端坐在生机蓬勃、苦乐兼并的情景中间,庄严肃穆,悠然神往;她在倾听一支遥远的哀歌,歌中唱到'万有之母',她们的名字是幻想,意志,痛苦。"尼采接着呼吁:"是的,朋友,同我一起信仰酒神的生涯,信仰悲剧的再生吧!"③尼采从上述的"苦乐"相兼的境界中,更进一步吐露他的内心,尤其是政治目的。"我们只能从古希腊人知道,悲剧的突然而神奇的苏醒对于一个民族的内部生活表示什么意义。同波斯作战的希腊人④,是一个信奉悲剧秘仪的民族,这个敢于作战的民族,就需要"悲剧精神作为不可缺少的灵药"。⑤ 换而言之,德意志民族的前途,也就全靠这付"灵药"了。于是尼采又高呼:"现在,就放胆做个悲剧英雄吧。因为您必将得救,您得要追随酒神信徒的行列,从印度走到希腊!武装起来,准备作艰苦的斗争,但是您要信赖您的神灵的奇迹。"⑥我们不难理解,尼采所谓的"敢于作战""艰苦奋斗",预示了德国的军国主义和纳粹德国的法西斯主义所作的垂死挣扎。

从文艺方面看,尼采的悲剧理论反复强调的意志、直觉、下意识情绪等,是与柏格森的生命哲学和直觉主义,以及佛罗依德所谓潜意识的永恒力量等息息相通,深深影响着二十世纪西方现代派文艺中形形色色的反理性倾向与形而上学观点。

---

① 《悲剧的诞生》第二十章。
② 同上。
③ 同上。
④ 指公元前四世纪初,希腊和波斯因经济与政治的矛盾所引起的希波战争,尤其是希腊在马拉松和萨拉米两次战役(公元前490、前480)中获得的重大胜利。
⑤ 《悲剧的诞生》第二十一章。
⑥ 同上书,第二十章。

〔法〕柏 格 森

柏格森(Henri Bergson,1859—1941)是生命哲学和非理性主义的主要代表。他曾在法兰西学院等高等学校任教,后专事研究工作,1928年获得诺贝尔文学奖。他主张宇宙中存在着向上的、创造的"生命冲动""生命之流",又称内在的"绵延"或"真正的时间",认为这是唯一的"实在";世界乃"创造进化"(也译"创化")的过程,或意识的绵延而不可分割的过程,当绵延停滞、创化中断或削弱,于是才有所谓物质。在他看来,意识在不断创造和增殖,物质在不断破坏和消耗。为了认识这世界本质的"实在"或"绵延",科学、逻辑、概念思维等都无能为力,只有依靠直觉,而排斥理智。至于直觉,则是一种能力,它不经科学分析而本能地、直接地把握生命或宇宙精神,进入意识深处。柏格森的这种理论也称为"直觉主义"。实际上,所谓"生命的冲动"是和叔本华的"生活意志"以及尼采的"权力意志"一脉相承的。他的主要著作有《试论意识的直接材料》(1889)[1]、《物质与记忆》(1896)、《形而上学引论》(1903)、《谈笑》(也译《笑之研究》)(1900)、《创造进化论》(1907)[2]等。他不时涉及艺术、美学、诗、绘画、戏剧等,来帮助解释他的生命哲学,而《笑之研究》则为讨论喜剧的专著。二十世纪以来非理性主义在西方发展迅速,并深入文艺创作和批评的领域,因此柏格森的有关论点今天还在产生很大的影响。

为了说明他的文艺观,不妨先引一段他对直觉的解释。"无数的直觉在迅速飞逝,它们只在时间的很大间隔中映出它们的对象[3],哲学应抓住它们,首先予以印证,然后让它们扩展,终而趋于统一。哲学把这项工作愈向前推进,便愈能理解直觉就是心灵本身,在某种意义上即是生命本身。"[4]意思就是以直觉来对抗理性和科学分析,从而建立唯心主义的认识论。其次,他更从反对科学进而曲解功利,并在反功利的前提下给直觉主义的艺术观进行辩解。他认为"生活要求我们只接受外物功利方面的印象","因此,无论是绘画或雕刻,更无论是诗或音乐,艺术的总目的都在于清除功利主义这一象征符号,……清除把我们从'实在'隔离开来的一切东西,从而使我们可以直接面对实在本身"。于是艺术并不反映

---

[1] 英译本改名《时间与自由意志》。
[2] 也译《创化论》。
[3] 指"绵延"或"实在"。
[4] 《创化论》英译本(1910),第268页,《进化的意义》。

现实,而是"把灵魂提高起来,超脱于生活的上面",方能在作品中体现"实在"或"绵延","如果这种超脱是完全的,……那末这灵魂一定是世界上从来未见的艺术家的灵魂。在每一门艺术中也将是出类拔萃的。"①柏格森把艺术看作绵延、创化的组成部分,而绵延又是不息的、不断的创造,因此艺术也就无预期目的之可言了。"即使画家也不能精确地预见到这幅肖像画将会画成什么样儿,因为预言就等于在画成之前要将它画好,这是一种荒谬的假设。""我们生活的许多瞬间也不例外。每一瞬间都是一种创造,而我们则是创造这些瞬间的艺术家。"②不仅如此,艺术乃绵延的方式之一,无论是在创作或欣赏中,其本身都属于直觉,与分析无关,同时也是有机整体而非无数个别、孤立的东西。柏格森还特意描写艺术或绵延的中断情况,来反证自己的论点。"当一个诗人向我朗诵他的作品时,我能对他感到足够的兴趣,从而进入他的思想领域,把我自己融会在他的感情中,……跟着我就在绵延的运动中为他的灵感所同化,而这一运动正如灵感本身,是不可分割的整体或行动。"然而"当我放松注意,这同情或共鸣便消失了,于是诗中那些短语重又出现,而分裂为语词,语词更分裂为音节"。③ 因为这种"再现"和"分裂"乃是分析取代了直觉的必然结果。柏格森生怕读者不明此理,又补充了一段。"当我们考虑某种字母系统中的某些字在组成我们所书写的一切时,我们不会设想新的字生长出来并和其他的字相联合,从而形成一首新诗。同时我们也不难明白:诗人创作诗歌以丰富人的思想,他的这种创造必然是思想上的一种绝对的、无条件的活动,这活动也必然是一发即收,而紧接着的便是创造本身的终结,以及自行分化为若干字,这些字也不过是对世间已有的字作量的增加而已。"④总之,艺术或诗的创造,在柏格森看来,只是直觉到精神的本质,而不是去分析物质、甚至发现什么新的物质。

柏格森更进而论说艺术欣赏的特征在于它的被动性,只有当灵魂对于绵延、实在,从能动的反抗转为被动的接受时,灵魂方能感到"实在"所与的暗示,从而享受艺术之美。"我们不容易给美感下定义,大致是由于我们把自然美看作先于艺术美:因此艺术的过程被假定为仅仅是艺术家表现美的一种手段,而美的本质则依然没有得到解释。"殊不知"艺术的目的就在于麻醉我们个性中的能动力

---

① 《笑之研究》,蒋孔阳译,《西方文论选》下卷,第 275、278、277 页。
② 《创化论》,第 7 页,《绵延》。
③ 同上书,第 209 页,《几何级数》。
④ 同上书,第 239—240 页,《虚构的物质起源》。

甚至反抗力,使我们处于完全响应性①的状态中,以便认识那被暗示给我们的观念②,并和作品中被表现出来的感情产生共鸣。"③因此作者给这段文字加上一个小标题:"美感:艺术将我们的能动的反抗力量趋入睡眠的状态,让我们对暗示作出反应"。这种的"睡眠状态",柏格森有时又称为"自我遗忘"或"超脱",而诗之可贵就在于能产生这样的效果。"诗的魅力究竟从何而来呢?对诗人来说,他的感情发展为形象,形象本身又发展为辞句,辞句更遵循韵律的法则将形象表达出来。我们看到这些形象掠过我们眼前时,我们所体验的乃是这些形象所包含的感情的相等物:倘若不是由于韵律所具有的规则运动把我们的灵魂引入自我遗忘的境界,并且如在梦中一般,想诗人之所想,见诗人之所见,那末我们决不能如此深刻地领会诗中这些形象的。"④这个"自我遗忘"或忘我之境就是上文所说的"超脱",它"不是来自反省的哲学的那种有意识的、逻辑的、系统的超脱,而毋宁是一种自然的超脱"。⑤ 这里,柏格森把问题仍旧归结到刹那的直觉,不容有丝毫的理性认识和分析。柏格森还把同一观点应用于小说方面。他虽承认小说家描写主人公时可凭分析的方法,但读者则只能在刹那间的直觉中对这位主人公有完整的领会。"小说可以堆砌种种性格特点,可以尽量让他的主人公说话和行动。但这一切根本不能与我在一刹那间同这个人物打成一片时所得到的那种直截了当、不可分割的感受相提并论。""由此可见,这种绝对的境界只能在直觉里给予我们,其余的一切则落入分析的范围。"⑥换而言之,读小说和读诗一样,只能凭直觉以进入不落言筌的超然、绝对的领域。

柏格森的直觉主义艺术观终于导致"无"乃是艺术目的的谬论。⑦"小孩玩拼块图画的游戏,把多种形状和色彩的块块拼成一幅画,他对这项玩艺儿练习的次数愈多,便能愈快地甚至在刹那之间就拼成一个画面了。"因为每次拼出的画总不外乎那末几个样种,没有更多的改动或变化。但是画家就不同了。"画家创造一幅作品,是从灵魂深处进行描绘的,因此时间不是什么附带的东西,时间的

---

① 响应性,英译为 responsiveness。
② 指"生命冲动""生命之流""绵延"或"实在"。
③ 《时间与自由意志》英译本(1910),第 14 页,《美感》。
④ 同上书,第 14—15 页,《美感》。
⑤ 《笑之研究》,《西方文论选》,第 277 页。
⑥ 《形而上学引论》,王复译,《西方现代资产阶级哲学论著选辑》,第 135 页,第 137 页。商务印书馆,1964 年。
⑦ 无,英译文为 nothing。

放长或减退,都将影响作品内容的变化。……因为创新[①]须花时间,而这时间和创新本身原是一回事。"接着柏格森把话头一转:既然艺术创新和创化、绵延具有同一性,而绵延是无限度的,所以绘画艺术也就相应地成为不可预测的了。"画家站在画布前,把调色板上的各种颜色都配齐,模特儿也坐定了——我们从这一切可以知道画的风格将是如何;那末,这是否等于我们已能预料画布将出现什么。我们应掌握问题的若干要素,但对问题的解答却只能是抽象的,例如肖像画必然和模特儿相似,也和画家的意图相合;但是,倘若要具体地回答问题,那就必然导致不可预见的'无'正是艺术创作中的一切。"其理由是:"正是这'无'摒弃'物质'而没入'时间'",时间既然在创造进化,所以"这'无'便以创造其自身为'形式'。这形式的萌芽和发育在永不减缩的绵延中展开了,并与绵延合而为一。"[②]柏格森经过一番诡辩,就将艺术创作归结为"无"了。

同时,柏格森把艺术创新等同于绵延中的一个刹那,而每个刹那都不可再,所以"诗人歌唱的总是他自己、仅仅他自己的某种独特心境,一种一去不复返的心境",而画家所画的也总是某时、某地之所见,"他所用的色彩也是我们永远不会再次看得到的"。柏格森强调刹那的特征在于不重复,在于独特,在于个别,所以"艺术的目的总是为了个别性的事物的"[③]。于是进而断言,"每出悲剧的英雄人物是独一无偶的性格",至于喜剧作家则描写类型,亦即"可以重复的性格",缺少个别性,并且"经常向外界观察",犹如"自然科学家……给类概念下定义",其方法又"与归纳科学具有同样性质"。"在这一点上,喜剧背离了艺术。"因为在柏格森看来"艺术是要和社会决裂,并回到纯粹自然之中去的"[④]。换句话说,柏格森加于喜剧以莫须有的罪名:缺少刹那、不可再、个别性;抛弃对主观的、内在的世界的直觉;联系社会,进行观察与分析;总之喜剧是在艺术领域以外之事,结果只好被开除了。

可以说,在逃避社会现实这一点上,柏格森和马拉美没有什么两样。马拉美看到了社会发展和变革不可避免,认为像他这样的诗人是孤独者,只好借助心灵、个性的自我描写或解释,来保卫孤独感,维持精神的稳定,于是诗的任务也就

---

① 创新,英译文为 invention。
② 以上所引,均见《创化论》,第 341 页,《现代科学》。
③ 《笑之研究》,见《西方文论选》下卷,第 280—281 页。
④ 同上,第 283、285、286 页。

不能不从反映客观现实转为暗示、象征那阴暗抑郁的内心世界。他还幻想扩展内心领域，没入无限境界，从而超越现实，逃避变革，使孤独者活得下去。而这无限境界就给梅特林克的神秘主义诗论开辟了道路。

梅特林克强调的生命秘奥，惟有在寂静中、而不在动作中才能领会，因此他要求首先对存在、力量、上帝有所认识，结果将文艺引入宗教神秘中去。他认为悲剧是秉承上帝意旨，向人们启示神性的，因此无须通过人物的动作，只在一片沉静中与神明对话，使心灵感受上帝的召唤。

如果说马拉美将诗引向宗教边缘，那末梅特林克就用它来宣传宗教迷信。到了尼采和柏格森，经过不同方式的非理性诡辩，连诗和艺术都被否定。尼采说人生的意义在于直觉（作及物动词用）意志，与万有合一，而个性、理智恰巧是直觉与合一的莫大障碍；特别是诗，由于强调个性，遭到他的严厉谴责，因而诗也就没有存在的必要了。柏格森则说，人生的价值在于直觉绵延，参与创化；创化意味着一切不可预见、亦即进入不可预知的"无"的境界，因而直觉绵延、参与创化的艺术，也就被送进"无"的领域，无异乎艺术的消亡。

总之，十九世纪末西方非理性主义的文艺批评实际上不是把宗教神秘塞入文艺，便是将文艺引向虚无。

在诗或艺术的个别问题，例如悲剧及其涵义上，他们虽各有看法，但殊途同归，一齐投入上帝怀抱。梅特林克说，悲剧是冥冥之中人的心灵和真宰对话。尼采说，悲剧者乃克服个性、理智与万有合一时的苦中之乐，这里的"真宰"和"万有"，不过是上帝的代称。柏格森强调悲剧英雄的独特个性，尼采否定这种个性，两说似乎矛盾，其实不然。前者幻想个性不仅可作为抗衡社会现实的孤注，还能导致艺术与现实决裂，为艺术即"无"的谬说辩护；后者妄图抛开个性、理智，来发扬那无视客观规律的意志及其威力，而在这威力之下，抒发个性的诗也必然终止其生命。在他们的口中，对个别的、独特的东西，既可肯定又可否定，实际上都是妄图反理性、反科学、反社会发展规律。不仅如此，柏格森为了与社会决裂而强调个别，马拉美满足于已经完成而不再向前的发展的社会，从而保住孤独者或诗人的稳定精神，表面看来好像对于社会的态度有所不同，其实想法一样，以为龟缩在极其狭隘的小天地里便可逃避革命的冲击。

这些非理性主义的诗论、艺术论迂回曲折地玩弄概念、名词、术语，故为玄虚，戳穿之后不过是皈依上帝以挽救内心贫困的一类破烂罢了。

本书主要参考书刊

《文艺理论译丛》，人民文学出版社。
《古典文艺理论译丛》，人民文学出版社。
《欧美古典作家论现实主义和浪漫主义》（一）、（二），中国社会科学出版社，1981。
《西方美学家论美和美感》，商务印书馆，1980。
《从文艺复兴到十九世纪资产阶级文学家艺术家有关人道主义人性论言论选辑》，商务印书馆，1973。
《外国理论家作家论形象思维》，中国社会科学出版社。
朱光潜《西方美学史》上卷、下卷，人民文学出版社，1979。
蒋孔阳《德国古典美学》，商务印书馆，1980。
柳鸣九等《法国文学史》上卷、下卷，人民文学出版社，1979，1981。
冯至、田德望等《德国文学简史》，人民文学出版社，1958。
杨周翰等《欧洲文学史》，人民文学出版社，1981。
汝信、夏森《西方美学史论丛》及续编，上海人民出版社，1982，1983。
汪子嵩等《欧洲哲学史简编》，人民出版社，1972。
梯利著、葛力译《西方哲学史》，商务印书馆，1979。
黑格尔著、朱光潜译《美学》第一卷，第三卷下册，商务印书馆，1979，1981。
华东六省一市二十院校编《外国文学教学参考资料》第一、二、三、四册，福建人民出版社，1980—1982。
圣兹伯雷《文学批评史》一至三卷，伦敦，1900—1904。
威列克《近代文学批评史》一至四卷，伦敦，1954。
威姆塞特与布雷克斯《文学批评简史》，纽约，1962。
鲍桑葵《美学史》，伦敦，1934。
基尔伯特与库恩《美学史》，纽约，1960。

温图里《艺术批评史》,纽约,1936。
威列克《批评诸概念》,耶鲁大学,1963。
阿德勒与范·多伦《西方思想宝库》,纽约,1977。
卡普兰恩《批评要著》,纽约,1975。
伍蠡甫主编《西方文论选》上卷、下卷,增订本,1981。

附　　录

伍蠡甫先生的学术思想

林骧华

从大学时代发表学术文章和外国文学名著译作起,伍蠡甫先生从事学术工作整整七十年。在世时,国内学术界向来称"北有朱光潜,南有伍蠡甫"。

伍蠡甫先生在学术上建树甚多,尤其是在西方文论研究和中国画论研究这两大领域,其成就直至今日无人能比。

以下分别识之。

一

伍蠡甫先生是著名画家,他的作品在文人画一脉中继承传统,大胆创新。他在画论领域的学术成就处于领先地位,在绘画美学方面也有许多创新的见解。由于根基深厚,知识渊博,兼善创作实践和理论探索,视野拓展到中国绘画创作与评论、西洋绘画创作与评论、外国文学作品翻译与理论研究,更着眼于深层次的领悟和比较研究的方法,所以他的深邃眼光和独到见解令很少有人能望其项背。

在伍蠡甫先生的画论代表作《谈艺录》(1947)和《中国画论研究》(1983)所收的一系列重要文章中,他的画论思想和著述大体上可以分为以下几个方面:

(1) 一般艺术观。大致表述在《中国山水画艺术——兼谈自然美和艺术美》《文艺的倾向性》《故宫读画记》《在日本的中国古画》等文章中。

(2) 中国画主题研究。大致表述在《中国绘画的意境》《再论中国绘画的意境》《中国画竹艺术》《中国画马艺术》《文人画艺术风格初探》《试论画中有诗》《艺术形式美的一些问题》《再论艺术形式美》《西方唯美主义的艺术批评》等文章中。

(3) 中国画技法研究。大致表述在《试论距离、歪曲、线条》《笔法论》《中国绘画的线条》《漫谈"气韵、生动"与"骨法、用笔"》《论国画线条和"一笔画""一画"》等文章中。

(4) 著名画家及其理论研究。可见于《关于顾恺之〈画云台山记〉》《董其昌论》等文章。以及后于 1984 年发表的《赵孟頫论》和 1986 年发表的《再论董其昌》。

伍蠡甫先生在他的画论研究中展现的学术思想与方法有以下几种特点：

(1) 遍览中国绘画史上无数画家、作品、理论观点、创作经验谈，凭自己的学识和经验，识别出重要的艺术现象和核心观点，加以爬罗梳理，再从这些现象与观点中精细剔抉，确定要点，然后通过精确介绍，深入分析，最终形成系统，进而提炼出自己的创新观点。

(2) 早在上世纪 30 年代和 40 年代，就运用历史唯物主义思想和辩证统一的思路来研究中国画论，娴熟地将中国古代画论、欧美艺术史论、马克思主义哲学这三种理论体系融贯打通，创立了与众不同的新理论体系。也可以说，他的学术观点、文学翻译、主编刊物，实际上是当时左翼文化运动的组成部分。

(3) 将文论与画论打通，使比较研究方法得到极大的发展。他对外国文学作品的翻译，不仅译笔流畅，更看重的是作品的主题。同样，在画论研究中，他重视技法，更重视意境。因此在他的文章里，一面是倾向于纯美的鉴赏，另一面透露对艺术与社会历史生活的真知灼见。例如，他认为，由于以"意"命"笔"，借"笔"达"意"，所以既可防止被动地描写自然的自然主义，也可杜绝片面强调笔墨的形式主义，这确实是一个基本原则，体现在一切向前发展的艺术之中。这样的想法，就不是空谈"全面"，而是从有机联系中看到事物的相互联系。

(4) 用凝练的归纳方法，设专题，汇总、比较、分析历代画论观点，同时在夹叙夹议中阐述自己的研究心得，寻找更高的标准。他对画论史的研究，不是"述而不作"，而是立足创新，无论是关于题材的主张还是属于价值判断的见解，时时言论精妙。由此对学术贡献甚巨，甚至也有助于今人读古画。

在一般艺术观方面，伍蠡甫先生指出，一切艺术活动及其作品都是有思想倾向的，因为人在一生中，不论思想还是行为，都必然表现出某一种倾向。人以无数不同的倾向来构成他的一生，而在此无数倾向中，又常常表现出主要的几种。人生活在现实里，既须反映现实，更须大家协同构造现实。于是，他的倾向就渗入现实，并且追求更高的现实，推动社会的持续发展。既然艺术与文学占人类精神发展史的重要部分，当然也曾替人类表现各种倾向。人有时不顾现实的巨大力量，以为自己的意志是万能的，他就成了浪漫主义者。他如果知道现实的力量难以抗拒，转而去反映这种现实，他便是写实主义者。但是现代思想还昭示我们，人固然不能不顾现实，但也不能降服于现实，他只有懂得如何识别现实的倾向，才能把握现实，超越现实，以谋大家的福利。这时候，人就是革命的写实主义者了。

伍蠡甫先生指出，黑格尔的艺术观和唯物史观的艺术观的不同之处，在于前者论艺术以什么法则表现倾向，后者论艺术表现过几种不同的倾向，而今后的倾向应该具有怎样的内容。前者偏重方法，后者偏重内容。但是社会上的大部分人身处现实，却自己并未懂得，于是就主张艺术无须倾向，而且还怕听别人谈到艺术倾向，以为一谈到倾向就是污蔑艺术的尊严。他们不懂得：艺术所表现出的意识倾向，是有其物质基础的。归根结蒂，艺术过程就是凭想象去求典型。艺术家和作家在共性中又切实体味到活生生的某一种个性，于是，才创作出一幅画、一首诗，或一篇小说。艺术家创造典型以达倾向之时，固须凭自己的个人想象，但是未用想象前，他不能不充分认识共性的社会基础，否则他的想象容易陷入幻想，他最后所得到的倾向也许是违背现实的。想象有主观的和客观的两面，从那些提供想象的素材来说，想象必然有其客观依据。而从如何使用素材来说，想象又是主观的，它是源于客观的主观。精神活动的自由足以培植想象，但是想象本身若无学识基础，则反而会受自由之害。

在伍蠡甫先生看来，每当社会有新的倾向，艺术随着也有新的对象。而作者首先必须有充分的学识，才能认知时代，认知倾向。为了在新的时代里认识和表现新的艺术对象，作者想要表现出广阔的时空，就必须摆脱形式、手段或工具的限制。在这个过程中，树立新的时空观念是十分重要的。各个门类的艺术家们为了避免停滞不前，就绝不能只表现目前所见的对象，还要连缀过去的残痕和将来的暗示，必须使三者相衔接，艺术才能够真正体现宇宙的运动，才能够表现其中的一种倾向。自古以来伟大作品的功力，都依靠这种综合与贯串。另一方面，在艺术创作中，应当明白的是，艺术作品表现艺术家对生命的感悟，然而这种表现不应该是生硬的、直线型的，因为生命（或生命的倾向）是沿着曲线前进的，而我们所能够把握住的任何一种变化，其方式也是曲线型的。曲线的作用造就了"美"，而对曲线的要求同时也是人类生理和心理上的要求。然而有很多鉴赏者，尤其是物观论（机械唯物论）者，一经察觉这作为内容的倾向，并且揭示出它和社会的关联后，便已满足，不想再进一步去回溯创作时的手法，这未免有负于艺术家创作时的苦心。那种只能顾及技法的艺术批评，则虽然可臻深刻，却不免失之片面。而在《利奥那多·达·文西的〈最后的晚餐（附译后记）〉》一文中，伍先生还借题发挥,主张文艺的积极使命,提倡弘扬大无畏精神,用文艺作品来描绘和表现"作为抗战基本力量的大众",充分表明,文艺家的家国情怀与艺术修养不可分割。

伍蠡甫先生说:"中国人谈到诗、文、书、画等,常以意境之高下为一个最具体的批判标准。意境是主观之具体表现,有其特殊的形象,凡轮廓鲜明的意识形态之表现,都含着一个完整的而绝非支离破碎的意义。"关于"意境",《辞海》(第六版)将这一概念定义为"文艺作品中所描绘的客观图景与所表现的思想感情融合一致而形成的艺术境界"。(详见《辞海》第六版第 2263 页)伍蠡甫先生认为,具体表现在中国绘画方面,意境之说是画论史上一大突破。意境从现实中来,这条审美原则毕竟是最根本的。美感以现实为基础这条重要的审美原则,规定了诗与画的美感都源于生活实践。石涛所强调的"尊受",就是强调画家必须用现实来丰富自己对美的感受。因此,伍蠡甫先生将"意境"释为画家表现在作品中的 mood 和作品中呈现的 atmosphere 两者的融合。(参见拙文《学者痕迹——忆林同济先生》,载《复旦名师剪影(文理卷)》第 212 页,复旦大学出版社,2013 年)他认为意境的内容来自现实社会。"特别可以注意的几点:(1)国画意境之完成与一般意识形态之完成相同,是受现实与社会的决定,但如此被决定的意境,后来也未尝不可反转来影响现实与社会,尤其是当它获得充分的力量时。(2)国画意境之表出与一般艺术相同,产自内容和形式间之相反相成,而内容常具更多决定的力量。(3)完成的意境与表出的意境需属同一体:表出的意境与内容并非同一体,因为在画家的精神运用的过程中,必先完成意境,始得有所表出,而他感受于自然的必全部存在于他所表出的。至于内容更须与形式合作,始可映出意境。"

伍蠡甫先生认为,意境之说与儒家思想传统密切相关。中国绘画发展史是不宜严格划分成若干时期的,它始终浸淫在儒家政治的意味之中。中国文化既然长久地被儒家思想支配,那么画家的意境必然与儒家的思想十分吻合。绘画支配的造意,含有一个共同的趋向。在那不同的面貌的背后,隐伏着一个一贯的相同的使命。需要进一步认识的是,画家的意境逃不出儒家的范畴,中国画学在方法论上主要受着儒学的支配。事实上中国古代绘画主要是反映儒家哲学所攀附的治人者的意识,其次是反映佛学、道学所表现的僧侣贵族或半僧侣贵族的意识。国画的意境主要地也无非就是达官贵人或依傍他们而生存的文人雅士的意境。中国历代著名画家几乎不是官僚便是士人,而论者更常常勉励学画的人,不能有半点寒伧气,这就是说,画乃文人之事。中国的画学的确属于文人学问的一个部门,但是它在保守、单调、停滞的支配思想中发育滋长。中国山水画在儒家的中庸的教训中滋长,而以物我调和为其最后目的。所表现的,与其说是"自然",不如说是通过"自然"而表现的"人"。山水画的种种意境,都是象征治道之下的某一种标准人品,不过,与此同时,画家对于所遇到的某些自然的形象,也必须能够使其配合得上人的某些品德,而谋取自然与人的契合。所谓"幽淡""浑厚""古朴""清雅"等意境,都是从为人之道出发,观照自然所得到的结果。中国山水画家必须学着如何站在人与自然的关系下,去调节自然现象与主观现象。看一幅山水画,必须从人的方面看,它兼有自然的成分;而从自然方面看,它又兼有人的成分;或者说,人天俱备,而且是位于人天中间。最后目的都是着重在意境与气韵,法度与笔墨毕竟退居从属地位。意境之外还有"法",但也是为了表达意境。当然,文人画也并非单剩意境。意境终究也还需要通过一种特殊的形式(即"法")才能表现,和一般艺术的法则并无什么两样。中国画学的"法"不是通常所谓方法或技巧,而是统理这方法或技巧的一个基本原则。文人所用的技巧实际上是遵循固定的法则,以表现意境的某些符号。在此之中,中国文人所有的对自然的印象,不是零碎的、片段的残景,而是配得上文人情绪的一种完整的精神之涌现。文人通常属笔为文时所憧憬的典雅、远奥、精约、壮丽、新奇等意境,都可以借"点"和"皴"的运用,而被表现在画中。于是"以意使法"的核心原则便浮现了出来。历代的卓然名家,无不以意使法,无不预先能够确立一件作品的意境,然后才能使法就意,以意运法。法之为用,原在造意。

伍蠡甫先生说,我国山水画在六朝的萌芽阶段,理论上已明确了由外而内、再由内而外的创作道路。中国画论史上有一条主要线索,那就是从尚形逐渐过渡到尚意,进而主张意与形的统一,其中包含着"创立意境""表达意境和表达的方式方法""意与法的关系"这几个方面或课题。文人画竹、画梅、画山水,是为了表达意境,不斤斤计较地复制对象。他们赋予线条、墨、色这些媒介的任务,不是再现自然之形,而是造形(创造艺术形象)写心,以形写神,力求从物质对象中解放出来,取得抒发意境的审美效果。中国绘画表达意境的特殊方式,即画家的意境可于象外"写"之,观者亦可于象外"得"之。对此,诗文称"无言之境",音乐叫"弦外之音",而在画中,则称"象外之象"。即使在空白处也大有文章可做。所谓"飞白","飞"是指飞舞的笔触,"白"是指由这种笔触而相应产生的笔画中的空白。然而,哪怕是空白,也还可作为无形之形而起作用,它虽然虚空而无行迹,仍不失为意境之所寄托。总而言之,以客观丰富主观,更以此主观为主导,统一主观与客观,谋求景与情的合一,形成"意境"以及"意、法关系"的根本法则。意境一经把握之后,便成为人从自然所能寻到的价值,而艺术创作的最后使命,即在此价值之探讨。不过,正因为自然是如此错综复杂,而我们每一次的创作,却单要从中表现出某一个独特的意境。这一意境所需的形象,也绝非只限于自然原来的形象,于是,艺术与现实之间,便有参差或距离了。造形艺术原是基于现实,乃得修正现实,而终于超过现实。所谓"超现实主义",不仅与现实距离得太远,而且也失尽现实的基础。作家的想象既变成了一个横行太虚的、不可捉摸的东西,那么他所修改的是什么?所予的价值是什么?也都无从解答了。艺术至此,无异乎否定了自己。

伍蠡甫先生从中国绘画的题材入手研究中国画史,别具一格,而其深入与细致的研究和透彻的分析,体现出深厚的学术功底、敏锐的感受能力和史实钩沉的娴熟技巧。他说,例如画竹和画马,都是中国绘画所特有的专科。竹之所以会被画家们感到"美",乃是由于他们对竹的看法取决于从竹所联想到的他们自己生活中的美学理想。在中国士大夫画家的笔下,竹被人格化了,他们画竹、画马就是为了画人,是借物兴怀,讲气节,敦品德,赞扬崇高的品德,为了写出自己种种"美"的思想感情,反映自己的审美意识。这是中国画竹、画马艺术的审美观。文人画借画竹来抒发胸臆;而由于国防和政治上的需要,促进了马政、马艺以及画马一科的发展。画家注意学习自然的客观形象,而加以掌握。为了真实地反映客观,通过艺术的反映来表现自己的主观。这个过程仍然是"意存笔先",即思想性决定艺术性,艺术性为思想性服务。即使他们在画纤竹或雪竹的时候,也还是在欣赏竹处于逆境或严寒之中为了自己生命所做的挣扎,并没有忘记个人"生命的自由"。对画家来说,贵能唤起而又控制读者的同样想象和审美意识。从题材的创新来看,"中国绘画的题材跟着中国社会的发展逐渐补充,今日汽车、洋房、西服、摩登女子之可入画,原无异于牛车、茅舍、僧衣、宫装在过去之可入画,甚而有些还成为独立的部门。……题材随着时代走,每一时代有它自己新生的题材,某一时代的画家应用这一时代的新题材,并不算是恶俗。……题材最初原无雅俗之别,但求用得时地之宜。"读到这样的画论见解,就像是在作深度的知识行走。

中国历代绘画艺术都具有一定的审美意识,而历代有成就的画家在作品中表现这种意识时,也有规律可循,那就是:力求意与法、内容与形式的统一,物与我、景与情的交融;通过笔墨的运用,融合作品的意境和形象,终于产生艺术美。审美意识既有个性差异,也有共同标准。大致说来文人画的艺术风格有"简""雅""拙""淡""偶然""纵恣""奇崛"等。对"简"的推崇,是以减削迹象来增强意境表达的审美原则。国画的一个最高境界,便是"简远",或笔墨简当,而寓意深远。文人画中的"偶然"风格的源头是很久远的,先后经过接触自然、创立意境、钻研自然、掌握自然形象的规律、锤炼艺术造形的种种技法。画家通过这么许多环节,做到意、笔契合,心、手两忘,物我为一,尤其是物为我化,终于有了偶然得之、天成、天地之趣。这些环节,一个扣着一个,相互关联,其中存在着规律性、必然性。因此,文人画的无意为之的"偶然",实际上是以有意为之的"必然"为基础的。文人的画风、画论本身也在发展,贵在创新。而玩弄技法则流为形式主义,也就无风格可言。相比之下,西洋风景写生画这一画科的创立,是在资本主义经济的发展阶段,它强调感觉经验,主张通过视觉,钻研自然的形象,讲求形似,提倡写实风格,以致自然美几乎成为艺术美的同义词,作品中也就很少见到画家的意境情思。另外值得注意的是,"风格即人"的"人",就当时的论人标准来说,未必都是指正面的,未必都具有高尚的品德,画史上就有过不少例子。赵孟頫原是宋朝宗室,宋亡仕元;董其昌纵子行凶,迫害农民;但他们的画仍各有风格。书法史上则有蔡京,他结交童贯,做了四回宰相,被称为"六贼之首",而书法不恶。

　　文艺理论上的若干问题——画或诗中的意境的建立、形象的塑造、情思的表达;形象思维的运用;想象所起的作用,等等,这些最基本的问题,在今天的文艺创作以及批评中反而变得陌生了。艺术家的想象代表他的思想水平和精神境界,关系到创造艺术形象、表现艺术真实的问题。艺术形象的特质和功能,就是写形—达意—表情;艺术形象的产生和运用,包含表象—记忆—想象等心理活动,而想象统摄一切,占有重要地位;而通过对艺术形象的特质、功能的探讨,可以明确想象和创作的密切关系。中国山水画中,房屋、人物、山水是三种主要的物景。就其本质与功能而论,山水画的艺术形式美不妨说是在一定的思想意识和审美观点的影响下,画家从自然美通向艺术美的一座桥梁。

　　在绘画技法研究方面,"笔法""线条"是伍蠡甫先生关注的重点。他认为,物造形似,心主意趣,以心使物,故意在笔先,为不易之则。笔墨成为主观化了的客观。山水画自魏晋始渐盛,渐渐消失实用目的,但写实精神继续存在。单是观察自然,记录观察结果,还不是艺术。对自然的形象能起感情的激动,从而把这激动提高到情操的完成,选择那宜于(或最有效地)传达这情操的形象,并运用熟练的技巧来表现主观化了的客观,于是才有产生绘画艺术的可能。而历代独特的风格,不起于意境,而始于意境之如何表现,以及这表现之如何胜过前人。画家注重"气韵、生动"与"骨法、用笔",他们如有度物取真的认识能力或审美水平,它便随着笔墨的运使而指导着创作全程——这个贯彻始终的"心"力或精神力量,称之为"气"。通过如此途径而取得的艺术效果,就叫做"韵",即有"风韵",有"韵致"的意思,"韵"并不脱离本质的"气"。

伍蠡甫先生非常重视"线条"在绘画中的作用,认为画线造形也是一种生命的运动。线条这一艺术媒介和艺术形式,关系着一般绘画作品的审美感受,而对中国绘画来说,这一艺术形式的运用对造形、抒情具有重大意义,并且产生特别显著的审美效果。线条并非物体所本有的,不是客观存在的,乃是发源于儿童画家、原始民族画家对自然、现实的感受、领会、抽象、想象,而被加于客观事物。因此线条的作用具有主观性和能动性,它包括对自然形象的摄取和画家思想感情的注入,可以说是造形艺术或艺术美中使主观和客观趋于统一的主要凭借。线条、轮廓线,在现实的物体上是找不到的。对国画来说,线条乃画家凭以抽取、概括自然形象、融入情思意境,从而创造艺术形式美的基本手段。所谓"一笔画""一画",乃绘画艺术普遍应用的原则,不是什么具体的一笔、一画。再者,不是说单凭一笔,就能画尽一件作品的全部形象,它意味着画家以情思、意境为主导,来运笔、用墨,沟通了笔法和墨法,使亦笔亦墨的无数线条,先后落在缣素上,却都为意境所统摄,因而它们连绵相属,气势一贯。绘画非小事,实与天地周旋,功参造化。线条的每一运动和动向,都紧扣着每刹那间心境的活动。画家必须打通心、手、笔、线四个环节。一笔画的理论是尚意的产物,不是纯属技巧的问题。所以要继续维护意、笔统一的创作方法,防止脱离现实,玩弄笔墨,抛弃内容,追求线条的形式美,而坠入唯美主义、形式主义的泥坑。如果研究文人画而无视画家对自然的感受和作品的情思意境,割裂游目骋怀与笔情墨趣、写意与造形之间的联系,破坏内容和形式的统一,终于摧毁画中之"诗",如此等等,那么就很难接触文人画的精神实质。

伍蠡甫先生以全面而且独到的见解来研究画家、画论的个案,例如董其昌和石涛和尚。他认为,董其昌本人的国画创作成就很高,但是在画论方面,董其昌的文人习气和门户之见相当严重,有时故弄玄虚,有时自相矛盾,有时为了争购或出售某家的画迹,所作评价不是真心话。关于石涛的画论,"尊受"乃是伍蠡甫先生心目中的重点(伍先生的书房命名是"尊受斋"),因尊受乃尊我所受于"一画之法"者,并且进而化法以为我用。

统而言之,伍蠡甫先生善于用今日话语的方式,明白而准确地解说古代画论,强调从环境中创新,熟读古人画论,又熟知今人论画和研究的文章,故能居高临下,透析众家学说,而自成一家之言。老一辈理论家达到的文艺思想成就,在今天来看仍有指导意义。惜乎如今这种有价值的理论往往被漠视——文艺批评要么失声,要么走样;创作方面更是"三俗"成风。再有时下对著名作家、艺术家、学者的"研究"兴趣,充斥书刊报纸的文章只着眼于生平琐事,啰唆细碎,鸡毛蒜皮,絮絮叨叨,却很少有人肯下苦工夫研究他们的学术思想和理论成果。

二

《欧洲文论简史》是一部开拓性的著作,将西方文学理论的发轫、渊源、演变、发展的历程构建成一部系统的历史,梳理了有代表性的文学批评理论和主要文论家的主要论点,提出一系列实质性的问题,并且抓住文学理论的一系列核心概念,理清各种文学观,以及从古希腊时代到19世纪末两千五百年里欧洲文学史上这些概念和文学观的继承和发展线索,包括各种批评流派、文学思潮之间的关系。

《欧洲文论简史》在伍蠡甫先生八十三岁时成稿,所以文笔尤显纯熟老到。其学术功力源自伍先生从年轻时起,研习欧美文学,翻译过大量的外国文学名著,主编过世界文学刊物,(当然也包括他的父亲、杰出的翻译家伍光建先生的学术成就对他的熏陶,)并且在20世纪60年代初主编《西方文论选》时,掌握了大量第一手材料,全面熟悉西方文学理论。可以说,《欧洲文论简史》这一著作的酝酿过程长达60年。

《欧洲文论简史》的撰写,以及在1985年的出版,在中国学术界属首次,因此在对西方文论史发展过程的全面把握、体例安排、重要理论问题的探讨、承前启后的线索、对重要流派和论点的评价、资料搜集和运用等方面都具有开创性的学术意义。其中最突出的一点,是伍先生此书始终强调继承、影响、批评的渊源发展关系,乃是一部真正的"史",它与那些以摆摊方式展示孤立的、零散的理论现象的假"史"完全不同。

概括地说,《欧洲文论简史》有以下特点:(一)自始至终贯穿了马克思主义文艺思想体系而不带任何教条气息,这是一件很不容易做到的学术工作;

(二) 客观、准确地理解和扼要介绍西方文论现象,引用观点时不片面,不曲解,不断章取义(伍先生曾不止一次对笔者说:对于西方文论家的观点,在研究时,他们的每一句话都是要有出处的);(三) 遍布全书各处的、见解深刻的分析与评论。其具体的学术表现是:(1) 准确地抓住文论家的思想和理论要点;(2) 按照"史"的脉络,着眼点在"发展"上,并且作出有效的比较;(3) 不盲从西方学术界的权威性定论,不亦步亦趋地"贩卖"理论思想,而是娴熟地作出批评式的分析和客观的价值判断;(4) 突出文学理论的核心概念(例如:想象、摹仿、形式、反映、象征、虚构、真实、表现、感受、崇高、纯美、生命、独创、非理性,等等),并对之作历史性的贯穿研究,确定各种思潮、流派的发展线索;(5) 糅合文学理论与艺术理论,并在恰当之处嵌入中国文艺理论与欧洲文艺理论的对照。综合上述方法,伍先生的《欧洲文论简史》以概念准确、比较异同、脉络清晰、深度分析、判断价值等经典的学术方法,构筑成了严密的学术思路。

伍蠡甫先生指出,古希腊罗马的丰厚文艺沃土中孕育和培养了原初但又经典的文艺理论思想和观点。早在柏拉图之前,在荷马和赫西俄德的诗歌创作中,已经出现了属于文学观层面的"神灵说""谎言说""真理说"等理论的萌芽,以及苏格拉底的"功利说",涉及文学创作的缘起、创作中的想象、文学语言等重大问题。然后出现了赫拉克利特和亚里斯多德的"摹仿说"和"创造性的想象说",品达的"天才说",柏拉图的"神附灵感说"和"理念说",古罗马时期贺拉斯的"寓教于乐说"和朗加纳斯的"崇高说"。这些文学观涉及美与真、美感与快感、艺术形式美、艺术规律等方面,同时也标志着欧洲美学史的开端,并以确立的文学观影响欧美此后的文学创作和理论,直至 20 世纪。从古希腊罗马时代以降,中世纪的圣·奥古斯丁、阿伯拉、圣·托马斯·阿奎那等人的重要文学理论和美学观点被纳入文论史的视野,不仅是因为他们的神学思想对欧美后世文学理论与创作的影响,也是因为他们丰富了文学理论的核心观念,并且因为他们对晚至 19 世纪和 20 世纪一些文学思潮和流派而言乃是先驱。文艺复兴时期涌现的文艺理论家以人文主义为标志,赓续但反拨中世纪的神学理念,而确立人在文学世界和精神世界里的地位。代表性的人物有但丁、达·芬奇、明屠尔诺、钦提奥、卡斯特尔维屈罗、瓜里尼、塔索、马佐尼、塞万提斯、锡德尼、培根、莎士比亚,这些在今天被读者和学者熟悉或不熟悉的名字,他们在文论史上的理论和思想贡献,都写进了《欧洲文论简史》。17 世纪和 18 世纪的古典主义文论和反古典主义思潮,通过对布瓦洛、圣·艾弗蒙、蒲伯、约翰生等人开启继承、完善、批判的道路之观点的确认,而得到了简明扼要但又不失详尽的阐述。18 世纪和 19 世纪在西方文论史上无疑是极其重要的时期,康德和黑格尔的横空出世,使文艺理论与美学思想的发展达到了能与古希腊罗马相媲美的第二个高峰。精神理念与艺术形式这一对文学的核心要素空前地凸显出来,或隐或显地引领 18 世纪到 20 世纪的文艺美学,于是有了启蒙运动的文艺思想,有了浪漫主义思潮与方法,有了伏尔泰、狄德罗、艾狄生、菲尔丁、布莱克、莱辛、赫尔德、歌德、席勒、维柯,也有了华兹华斯、柯勒律治、雪莱、济慈、史达尔夫人、夏多布里昂、司汤达、雨果、史勒格尔兄弟、海涅,他们的观点各成风采,互为补充,互为启发,在论辩和阐发的过程中,形成了群星璀璨的文学理论天空。在 19 世纪的现实主义(包括批判现实主义)方面,伍先生列出巴尔扎克、福楼拜(一译弗洛贝尔)、莫泊桑等文学大师基于文学创作而获得的理论观点。而实证主义和自然主义的文学思想和创作实践则通过对阿诺德、圣·佩韦、泰纳、勃兰兑斯、左拉等人观点的阐述,准确地展现出来。在 19 世纪的社会主义文艺思潮一章里,论述了卡莱尔的非理性的文学批评思想,罗斯金的封建社会主义艺术观点,戈蒂埃和波德莱尔的颓废主义(逃避主义)倾向,裴特的唯美主义宣言,法朗士的印象主义主张。再往后,就是非理性主义——叔本华的唯意志论,德·桑克梯斯的"艺术的自发性和自主性",马拉美的象征主义,梅特林克的神秘主义,尼采对意志、直觉、下意识情绪的强调,柏格森的生命论和创造进化论——驰骋文学界的时代了。这一切,在伍蠡甫先生笔下串起了一部有机结构的历史。

  伍蠡甫先生将西方文论的研究对象分成四类:(1) 文论思想家(例如康德、黑格尔、尼采、柏格森、克罗齐);(2) 富有哲学思想的作家(例如柯勒律治、施莱格尔、济慈、歌德、爱伦·坡);(3) 作家的创作经验(例如莎士比亚、菲尔丁);(4) 纯粹批评家(例如英国的阿诺德)。如此确定的研究范畴,其高明之处在于,首先将文学理论看作文学,而不是将文学研究材料看作是为了说明政治问题、社会问题、宗教问题、种族问题、环境保护问题等而提供的例证,结果失去文学性在文学研究中的主体地位,更不应成为所谓"方法论"的附庸,像最近二十多年来成为时髦显学的五花八门途径。

  在《欧洲文论简史》中,处处可见伍先生在准确援引文论要点之后,必定对文论观点和文论家作出精到的归纳和分析、评价。例如,他追踪西方文艺中从古到今的非理性主义传统,指出"在欧洲文学史上,非理性的因素是源远流长的"。他指出柏拉图、亚里斯多德、康德、黑格尔对后世文论家、文学批评流派和文论观点的影响(例如丹纳的主要观点来自黑格尔);而对诸如实证主义(孔德)和人本主义(费尔巴哈)思潮的积极意义和严重局限性则作出了实事求是的分析。

伍先生在这部《欧洲文论简史》的各章论述中,处处显示出真知灼见。以下略举一二:

> 艺术史确定的对象和理论研究的对象都由于批评性的思考才得以成立。
>
> 黑格尔认为"美是理念的感性显现",但是黑格尔的美学思想的缺陷在于"倒置'心''物'的关系"。
>
> 即便是唯美主义的"为艺术而艺术",实质上所谓只要艺术、不要政治的本身,也还是一种政治。艺术既然接触主题,那末艺术除为本身以外显然另有目的,不可能仅为艺术本身了。应该将巴尔扎克、雨果等人尊重艺术同福楼拜、王尔德、爱伦·坡等人主张的"为艺术而艺术"区分开来。对同一个概念,不同时代、不同的文论家有各自不同的理解和解释。
>
> 现实主义和浪漫主义并非绝对独立和对立的,浪漫主义的文学主张常常同现实主义的创作融合在一起。作为创作方法,现实主义和浪漫主义原是一对孪生兄弟,互相补充,而自然主义和现实主义的界限,倒是不容混淆。

伍蠡甫先生否定"掉书袋"式的批评方法。他赞同"文学批评乃是人生的批评",要"创造力和批判力并列",推崇"人的尊严"。他主张文学批评不应该有先入之见,应该防止批评的教条化、公式化。

在《欧洲文论简史》中,在伍蠡甫先生一生对西方文学理论的研究中,可以看到,他的学术长处表现在:(1)系统感很强,由于渊博而熟知每一种观点的来龙去脉,借此构建完整的文论史体系;(2)悟性很高,善于从理论现象中抓住本质,并确认现象之间的可靠联系,上升到规律性的认识;(3)善于组织思维与表达,偶尔思维有所发散,旋即收回,使行文逻辑十分严谨;(4)善于捕捉关键概念,排列精辟论述,在参照和比较之中,研究渊源与价值,实质上属于"比较思想史"范畴,远胜于一般所见"比较文学"对细节或主题的比较。这些学术素质和优势,是获得学术成果的可靠依据。

三

　　重新整理出版伍蠡甫先生的三部代表作,并写下这篇梳理伍先生学术思想的文章,不禁想起先生辞世竟然已有二十五年了。前辈的学术思想和成果如何才能不致湮没?多年来一直念兹在兹,终于还是有机会使伍先生的学术作为一份遗产,借"复旦百年经典文库"的出版得到保存与流传。

　　反顾今日,学风浮夸,只见文学理论与艺术理论领域多见热衷于肤浅的时髦,而抛弃优秀的学术思想、方法、成果。感叹之余,甚是替后人担忧。

2017 年 1 月于复旦大学

伍蠡甫先生学术年表

林骧华　编

伍蠡甫先生于1949年前主要职业是复旦大学教授兼文学院院长(1938—1949)。曾先后担任或兼任教职：上海暨南大学外文系教授、中国公学外文系教授、上海法学院英文教授、吴淞商船专科学校英文教授、大厦大学外国文学教授、圣约翰大学外国文学教授；上海黎明书局总编辑、《世界文学》主编、《西洋文学名著丛书》主编、《文摘》主编；北平故宫博物院顾问(1945—1949)；国际笔会中国分会秘书。先后在重庆、成都、昆明、贵阳、合川、上海、香港等地举行个人画展。1949年后担任复旦大学教授，外国文学教研室主任，西方文论博士研究生导师；上海中国画院兼职画师；《辞海·美术分册》主编；《中国美术词典》第一副主编；《中国大百科全书·外国文学卷》编委；《中国大百科全书·中国文学卷》编委。主要社会职务：第四届全国文代会代表；中华全国美学学会理事；全国外国文学学会理事；国际笔会（上海中心）会员；上海文联委员；上海社联委员；上海美协理事；上海作协理事；上海外文学会理事；上海美术研究会顾问；上海比较文学研究会顾问；中国农工民主党复旦大学支部委员。

1900 年

9月，伍蠡甫先生出生于上海。祖籍广东新会。父亲是著名翻译家伍光建。早年就读于北京汇文小学、上海青年会中学、上海圣约翰中学。

1919 年

入学复旦大学文科。

1921 年

发表译作

《社会底柱石》（易卜生著，署名伍范译，载《民国日报·平民》1921 年第

52 期)

《社会底柱石(续)》(易卜生著,署名伍范译,载《民国日报·平民》1921 年第 53 期)

1922 年

发表文章

《艺术之创造与艺术之享乐》(载《民国日报·平民》1922 年第 111 期,第 1 页)

1923 年

毕业于复旦大学文科,获文学士学位。

1930 年

出版译著

《新哀绿绮思》(卢梭著,伍蠡甫译,英汉对照,含文章《关于〈新哀绿绮思〉》(一)(二)》,上海黎明书局,1930 年,1931 年,1933 年有"译者序")

发表译作

《合作之胜利(合作剧)》(吉布斯著,载《新生命》1930 年第 3 卷第 3 期)

1932 年

出版译著

《福地述评》(上海黎明书局,1932 年)

《儿子们:福地之续篇》(赛珍珠著,伍蠡甫译并序,上海黎明书局,1932 年,1937 年)

发表文章

《西洋文学鉴赏·总论》(上海黎明书局,与孙寒冰合编)

《西洋文学的赐予(代序)》(载《西洋文学名著选》,上海黎明书局,与孙寒冰合编)

《〈儿子们〉译者序》(载赛珍珠著《儿子们》,上海黎明书局)

《中国文学的路向》(载《文化杂志》,上海,1932 年第 1 期)

1933 年

发表文章

《伍蠡甫孙寒冰两先生来函:关于西洋文学名著选答方重先生》(载《图书评论》,1933 年第 1 卷第 7 期)

出版译著

《阿密士和阿密力士》(载《两个罗曼司》,英汉对照,上海黎明书局,1933 年)

《合作之胜利》([英国] 吉布斯著,伍蠡甫译,中国合作学社,1933 年)

《威廉的修业年代》(歌德著,伍蠡甫编译,英汉对照,上海黎明书局,1933 年)

《浮士德》(歌德著,伍蠡甫编译,上海新生命书局,1934 年)

1934 年

《上古世界史》(与徐宗铎合译,世界书局,1934 年)

《中古世界史》(与徐宗铎合译,世界书局,1934 年,1935 年)

发表文章

《德莱塞》(载《文学》1934 年第 3 卷第 1 期,第 361—367 页)

《序吴译鲁拜集》(载《华美》1934 年第 1 卷第 2 期,第 6—8 页;吴剑岚选译《莪默:鲁拜集》,上海黎明书局 1935 年出版)

《书本以外的睿智和诗意》(载《华美》1934 年第 1 卷第 4 期,第 13—14 页)

发表译作

《贝加曼利的故事》([秘鲁] 卡尔德隆著,载《矛盾月刊》1934 年第 3 卷第 3/4 期)

《两个世界》([丹麦] 雅考博森著,载《文学(上海 1933)》1934 年第 2 卷第 3 期)

《惩罚》([阿根廷] 卢戈内斯著,载《文学(上海 1933)》1934 年第 2 卷第 5 期)

在上海黎明书局出版的《世界文学》上发表以下文章:

《〈世界文学〉发刊词》(载《世界文学》1934 年第 1 卷第 1 期,第 1—7 页)

《艺术的社会表现及其各种姿容》(署名 F. W.，载《世界文学》1934 年第 1 卷第 1 期)

《作为经验的艺术》(载《世界文学》1934 年第 1 卷第 2 期，第 209—213 页)

《文学的煤渣》(载《世界文学》1934 年第 1 卷第 2 期，第 214—215 页)

《合型的艺术》(载《世界文学》1934 年第 1 卷第 2 期，第 215—216 页)

《当代四画家》(署名 F. W.，载《世界文学》1934 年第 1 卷第 2 期，第 209—213 页)

《凡尔哈仑的诗》(载《世界文学》1934 年第 1 卷第 2 期，第 241—246 页)

在上海黎明书局出版的《世界文学》上发表以下译作：

《马雅可夫斯基之死》(Bezimensky 著，署名 F. W. 译，第 1 卷第 1 期)

《几则最主要的宣言》(署名 F. W. 选译，第 1 卷第 1 期)

1935 年

出版译著

《瑞典短篇小说集》(商务印书馆，1935 年，1939 年)

发表文章

《一年来的中国文学界》(载《文化建设》1935 年第 2 卷第 3 号，第 62—69 页)

《未解答的谜》(载《东方杂志》1935 年第 32 卷第 1 号)

《诗之理解(文艺讲座)》(伍蠡甫著，载《现代》1935 年第 6 卷第 2 号)

《与罗莱 Rowley 书》(伍蠡甫译，载《新文学》1935 年第 1 卷第 2 号)

《契诃夫的短篇小说》(载《新中华》1935 年第 3 卷第 7 期，第 186—187 页)

《刘易士评传》(载《现代》杂志 1935 年第 5 卷第 6 期，第 949—955 页)

《诗之理解》(载《现代》杂志 1935 年第 6 卷第 2 期，第 58—62 页)

《美国诗坛耆宿鲁滨孙逝世》(载《现代》杂志 1935 年第 6 卷第 4 期，第 46—50 页)

在黎明书局出版的《世界文学》1935 年第 1 卷第 1—6 号发表以下作品：

《中国本位文化建设(座谈)》(伍蠡甫、何炳松等，载第 1 卷第 3 期，第 365—367 页)

《烟雾弹》(载第 1 卷第 3 期，第 367 页)

《关于 Theodore Dreiser》(署名 F. W. ,载第 1 卷第 3 期,第 412 页)

《关于 Ivan Bunin》(署名 F. W. ,载第 1 卷第 3 期,第 454—455 页)

《纪念马克·吐温》(署名 F. W. ,载第 1 卷第 3 期,第 521—522 页)

《高尔基的三幕剧》(署名 F. W. ,载第 1 卷第 4 期,第 557 页)

《双重的世界观》(署名 F. W. ,载第 1 卷第 4 期,第 562 页)

《晚祷(附注)》(载第 1 卷第 5 期,第 706 页)

《一年间——〈世界文学〉发刊周年的回顾与杂感》(载第 1 卷第 6 期,第 821—824 页)

《"雅"与读书》(署名 F. W. ,第 1 卷第 6 期,第 824—826 页)

《俗》(署名 F. W. ,第 1 卷第 6 期,第 826—827 页)

《庇得与坎宁(附注)》(署名 F. W. ,第 1 卷第 6 期,第 839 页)

《精神形态的一种》(署名 F. W. ,第 1 卷第 6 期,第 844 页)

《Jean-Christophe 诞生》(署名 F. W. ,第 1 卷第 6 期,第 845 页)

《关于伊利亚·爱伦堡》(署名 F. W. ,第 1 卷第 6 期,第 886—887 页)

在黎明书局出版的《世界文学》1935 年第 1 卷第 1—6 号发表以下译作:

《陶器或苹果》([美国] V·F·卡尔佛顿著,署名 F. W. 译,第 1 卷第 3 期)

《批评的问题》([美国] 麦克斯·伊斯特曼著,署名 F. W. 译,第 1 卷第 3 期)

《诗人和独裁者》([美国] Mary M. Colun 著,署名 F. W. 译,第 1 卷第 3 期)

《人谱(附注)》([美国] H. L. Mencken 著,署名译者石璞及 F. W. ,第 1 卷第 6 期,第 990 页)

《自传叙言》([英国] H·G·威尔斯著,第 1 卷第 3 期)

《可爱的剪影》([苏联] 高尔基著,第 1 卷第 3 期)

《卡尔·桑德堡诗钞》(第 1 卷第 3 期)

《旷野之歌》([美国] 刘易斯·丹尼尔作图,伍蠡甫译意,第 1 卷第 4 期)

《关于巴尔扎克》(署名 F. W. 译,第 1 卷第 4 期)

《几个感想》([法国] Joseph Joubert 著,第 1 卷第 5 期)

《Guob》(D. Mirsky 著,署名 F. W. 译,第 1 卷第 5 期)

《诉怨》([英国] John Skolton 著,署名 F. W. 译,第 1 卷第 5 期)

《一个月夜》(莫泊桑著,第 1 卷第 5 期)

《淫猥》(莫泊桑著,第 1 卷第 5 期)

《印象主义者的 Soil》(署名 F. W. 译,第 1 卷第 5 期)

《雕刻,绘画,诗》([美国] Frank Harris 著,署名 F. W. 译,第 1 卷第 5 期)

《Jean François Millet 评传》([法国] 罗曼·罗兰著,伍蠡甫、江之蕃选译,第 1 卷第 6 期)

《人生的小故事(三则)》([法国] 安德烈·莫鲁瓦著,第 1 卷第 6 期)

《囚徒的归来》(狄更斯著,伍蠡甫、江之蕃合译,第 1 卷第 6 期)

《柏罗托里胡同》([苏联] 爱伦堡著,蠡甫、筱舟合译,第 1 卷第 6 期)

《素描十七幅:苏俄生活与一般农民生活》([美国] John Groth 著,第 1 卷第 6 期)

《论诗二则》(署名 F. W. 选译,第 1 卷第 6 期)

《文章杂论(五则)》(德国叔本华著,伍蠡甫选译,第 1 卷第 6 期)

《诗之四阶段》([英国] Thomas Love Peacock 著,伍蠡甫、曹允怀合译,第 1 卷第 6 期)

《诗一十六首》(古希腊、古罗马、法国、西班牙等国诗人著,伍蠡甫译意,第 1 卷第 6 期)

《不可救药》([英国] Lionel Johnson 著,署名 F. W. 译,第 1 卷第 6 期)

1936 年

留学英国伦敦大学。考察欧洲艺术,并在伦敦举行个人画展。

在国内出版译著

《印度短篇小说集》(商务印书馆,1936 年,1937 年,1939 年)

在国内发表文章

《怎样研究西洋文学?(上)》(伍蠡甫著,载商务印书馆《出版周刊》1936 年新第 188 号,第 1—5 页)

《怎样研究西洋文学?(下)》(伍蠡甫著,载商务印书馆《出版周刊》1936 年新第 189 号,第 1—6 页)

《一年来的中国文学界》(伍蠡甫著,在《文化建设》1936 年第 2 卷第 3 号)

《文学的形式与文学的策略》(载《华年周刊》第 5 卷第 6 期,第 14—16 页,1936 年 2 月)

1937 年

赴巴黎参加国际笔会年会。

归国。

出版译著

《四百万》(欧·亨利著,商务印书馆,1937 年)

《诗辩》(雪莱著,商务印书馆,1937 年)

《苏联文学诸问题》(高尔基著,伍蠡甫、曹允怀合译,上海黎明书局,1937 年)

《儿子们》(赛珍珠著,黎明书局,1937 年)

发表文章

《关于 O. Henry 及其〈四百万〉》(载欧·亨利著《四百万》,商务印书馆)

《伍蠡甫自英伦来函》(载《复旦同学会会刊》1937 年第 6 卷第 6 期,第 10 页)

《欧游途中杂记》(载《文摘》1937 年第 1 卷第 2 期,第 6—10 页)

1938 年

任复旦大学教授兼文学院院长(1938—1949)。

开设西方文论课程。

发表文章

《文艺女神在战斗》(载《时事新报·学灯》1938 年)

《文艺的倾向性》(载《时事新报·学灯》1938 年第 9、10 期)

《故宫读画记》(载《时事新报·学灯》1938 年)

《试论距离、歪曲、线条》(载《时事新报·学灯》1938 年)

1939 年

发表文章

《笔法论》(载《时事新报·学灯》1939 年第 48、49 期)

《现阶段日本的外交》(署名:蠡甫,载《学生论坛》1939 年第 2 期,第 6—9 页)

1940 年

发表文章

Imagination in Chinese Painting,载 *Asia*, Nov./Dec., 1940, New York

发表译作

《利奥那多·达·文西的"最后的晚餐"(续完)》(A. Vallentin 著,载《时事类编》1940 年特刊第 57 期)

1941 年

发表文章

《中国绘画的意境问题》(载《时事新报·学灯》1941 年第 147、148、149 期)
《纪念沫若先生文化劳作二十五周年》(载《新蜀报》副刊"蜀道"第 530 期,1941 年 11 月 16 日)

发表译作

泰戈尔作品两篇(载《新夫妇的见面》,泰戈尔著,多人合译,启明书店,1941 年)

1942 年

发表文章

《谈明日的艺术》(载《文化先锋》1942 年第 1 卷第 2 号,第 6—10 页)
《中国的绘画——明用篇第一》(载《文化先锋》1942 年第 1 卷第 13 号,第 2—4 页)

1943 年

出版译著

《文化与人民》(高尔基著,时代书局,1943 年)

发表文章

《中国的绘画——意境篇第二》(载《文化先锋》1943 年第 1 卷第 19 号,第 7—9 页)

《中国的绘画——法度篇第三》(载《文化先锋》1943年第1卷第25号,第10—14页)

《中国绘画的线条》(载《文艺先锋》1943年第3卷第6号,第7—16页)

《画室闲谈》(载《联合画报》1943年第9期,第3页)

《中国艺术的想象》(伍蠡甫著,邹抚民译,载重庆《风云》1943年第1卷第1期,第10—17页)

《画室闲谈》(载重庆《风云》1943年第1卷第2期,第4—6页)

1944年

发表文章

《再论中国绘画的意境》(载《文史杂志》1944年第3卷第3、4号合刊《美术专号》,1944年2月1日)

《伍蠡甫杨明哲校友来鸿》(载西安《西北通讯》1944年第1卷第10期,第2—3页)

1945年

受聘担任北平故宫博物院顾问(1945—1949)。

发表文章

《眼泪的故事(〈列子·汤问〉重写)》(载《人生画报》1945年第2期,第22页)

1946年

发表文章

《中国的古画在日本》(载《文讯》1946年第6卷第3号,文通书局印行)

1947年

出版著作

《谈艺录》(商务印书馆,第1—134页)

1950年

出席上海市文代会。

讲授"西洋文学批评"课程。

1955 年
加入中国农工民主党。

1956 年
出版译著
《哈代短篇小说集》（新文艺出版社，1956 年）

1957 年
发表文章
《画家对于自然美的看法》（载《文汇报》1957 年 4 月 18 日第 3 版）

1959 年
发表文章
《中国的画竹艺术》（载《复旦》1959 年第 12 期；修改本载《美术丛刊》1978 年第 3 辑）

1961 年
出席全国文科教材编写会议，应约主编《西方文论选》。

发表文章
《题画》（载《文汇报》1961 年 10 月 1 日第 4 版）
《"画语录"札记》（载《文汇报》1961 年 10 月 7 日第 3 版）

发表译作
《绘画与实在》（[法国] 吉尔桑著，载《现代外国哲学社会科学文摘》1961 年第 1 期）
《艺术和诗的创造直觉》（[法国] 马里坦著，载《现代外国哲学社会科学文摘》1961 年第 1 期）
《关于艺术是模仿还是创造的对话》（[瑞典] 比德尔曼著，载《现代外国哲学

社会科学文摘》1961年第8期）

1962 年

发表文章

《略谈吕凤子"中国画法研究"》（载《文汇报》1962年3月17日第3版）
《画水》（载《文汇报》1962年3月18日第4版）
《西方谈素描》（载《文汇报》1962年7月11日第3版）
《试论我国古代山水画对自然美的处理》（载《学术月刊》1962年第3期）

1963 年

出版著作

主编《西方文论选（上卷）》（上海文艺出版社，1963年），其中伍蠡甫译有：圣·奥古斯丁《忏悔录（选）》；卜迦丘《异教诸神谱系（选）》。

发表文章

《艺术形式美的一些问题》（载《学术月刊》1963年第8期）

1964 年

出版著作

主编《西方文论选（下卷）》（人民文学出版社上海分社，1964年），其中伍蠡甫译有：赫斯列特《英国的喜剧作家（选）》；雪莱《诗辩（选）》；英国宪章派《诗人们的政治（选）》；英国宪章派《一个圣诞节的花环（选）》；阿诺德《当代批评的功能（选）》；布拉德雷《为诗而诗（选）》；圣·佩韦《泰纳〈英国文学史〉（选）》；左拉《戏剧上的自然主义（选）》；弗利德里希·希勒格尔《文学史讲演（选）》；尼采《悲剧的诞生（选）》；梅特林克《卑微者的财富（选）》。

发表译作

《文学批评中的神话和原型学派》（[美国]温舍特、布鲁克斯著，载《现代外国哲学社会科学文摘》1964年第10期）

1972 年

复旦大学外文系恢复外国文学教研室,逐步恢复外国文学课程。伍蠡甫先生给法语专业讲授"法国文学史"。

1978 年

11 月,主持外国文学教研室讨论研究计划,提出自己承担两项研究项目:(1) 撰写西方文论发展简史(后成书《欧洲文论简史》);(2) 现代欧美文学流派研究资料集(后与林骧华合编成书《现代西方文论选》)。

被国务院有关部门列为"学术抢救对象",约请林骧华担任学术助手。

发表文章

《诗与画——形象思维漫谈》(载《上海文学》1978 年第 2 期)

1979 年

出席第四次全国文代会。

出版著作

主编《西方文论选(上卷)(下卷)》(新 1 版,上海译文出版社,1979 年)

1980 年

开设研究生课程"西方文论史"。

发表文章

《董其昌论》(载《中华文史论丛》(14),上海古籍出版社,1980 年 5 月)

《伍光建翻译遗稿·前记》(载伍蠡甫主编《伍光建翻译遗稿》,人民文学出版社,1980 年)

《论画中有诗》(载《文艺论丛》1980 年 9 月)

《中国的画马艺术》(载《美术丛刊》1980 年 12 月)

1981 年

发表文章

《西方唯美主义的艺术批评》(载《文艺理论研究》1981 年第 1 期)

《再论艺术的形式美》(载《学术月刊》1981年第3期)
《现代西方文论漫谈》(载《文艺研究》1981年第6期)
《文人画平议》(载《复旦学报》)

1982 年

发表文章

《文人画艺术风格初探》(载《文艺理论研究》1982年第2期)
《关于艺术形式美的讨论》(载《工艺美术学报》1982年第2/3期)
《西方文论中的非理性主义》(载《外国文学研究》1982年第2期)
《丰富的色彩,深邃的意境:法国二百五十年绘画展览观后记》(载《文汇报》1982年11月9日第3版)
《墨池,影壁,败墙》(载《艺术世界》1982年第4期)

1983 年

全国高校博士点学科评审会议外国语言文学专业组确定复旦大学应该设立外国语言文学专业博士点,伍蠡甫先生为复旦大学外文系第一位博士生导师,也是当时唯一的一位。

出版著作

伍蠡甫、林骧华编《现代西方文论选》(上海译文出版社,1983年),其中伍蠡甫译有:梅特林克《卑微者的财富(选)》;马利丹《艺术和诗中的创造性直觉》。著有小序、里普斯、梅特林克、柏格森、马利丹、编后记以及附录。

《中国画论研究》(北京大学出版社,1983年)

发表文章

《试论艺术抽象和艺术形式美》(载《文艺研究》1983年第1期)
《董其昌论》(载《中国画研究》1983年第3期)
《略谈刘道醇论画美学》(载《中国画》1983年第3期)
《狂怪求理》(载《艺术世界》1983年第5期)

1984 年

出版著作

伍蠡甫等编《西方古今文论选》(复旦大学出版社,1984 年)

出版画册

《伍蠡甫山水画辑》(上海人民美术出版社,1984 年)

发表文章

《漫谈"抽象"与艺术》(载《美学与艺术评论(第一集)》,复旦大学出版社,1984 年)

《现代西方文论简评》(载《外国文学研究》1984 年第 1 期,与程介未合著)

《评马提斯〈笔记〉》(载《文艺理论研究》1984 年第 2 期)

《赵孟頫论》(载《文艺研究》1984 年第 2—3 期)

《浅谈装饰性》(载《江苏画刊》,1984 年第 3 期)

《画外之功》(载《美育》1984 年第 5 期)

《董其昌评画数则》(载《艺术世界》1984 年第 5 期)

《漫谈"抽象"与艺术》(载《美学与艺术评论(第一集)》,复旦大学出版社,1984 年)

1985 年

出版著作

《欧洲文论简史》(人民文学出版社,1985 年)

伍蠡甫、胡经之编《西方文艺理论名著选编》(北京大学出版社,1985 年)

《山水与美学》(上海文艺出版社,1985 年)

出版译著

《哈代短篇小说选(第一集)》(上海译文出版社,1985 年)

发表文章

《浙江论》(载《中华文史论丛(33)》,上海古籍出版社,1985 年)

《漫谈〈文心雕龙〉和南朝画论》(载《文艺理论研究》1985 年第 5 期)

《现代西方文学批评的若干流派》(载《文艺报》1985年第3期)

《抽象艺术》(载《工艺美术学报》1985年第6期)

《抽象艺术(续)》(载《工艺美术学报》1985年第7期)

《尊受斋读画记(部分)》(载《美术文集：上海中国画院成立25周年纪念》，上海中国画院，1985年)

1986年

出版著作

《伍蠡甫艺术美学文集》(复旦大学出版社，1986年)

发表文章

《关于国画前景》(载《江苏画刊》1986年第4期)

《再论董其昌》(载《中华文史论丛(39)》，上海古籍出版社，1986年)

1987年

发表文章

《漫谈"气韵、生动"与"骨法、用笔"》(载《中国古代美学艺术论文集》，上海古籍出版社，1987年)

《苏珊·朗格的情感形式合一论与中国绘画美学》(载《文艺研究》1987年第4期)

《略论传统与创新、再现与表现》(载《文艺理论研究》1987年第6期)

《和预定图式作斗争——漫谈任伯年和他的肖像画》(载《江苏画刊》1987年第7期)

《美的欣赏——〈中国美术辞典〉代序》(载《中国美术辞典》，上海辞书出版社，1987年)

1988年

出版著作

《名画家论》(中国大百科全书出版社，1988年)

出版译著

《新爱洛绮丝》(华岳文艺出版社，1988年)

发表文章

《中国书论辑要·序言》(载《美术之友》1988年第4期)

《虚假空间与有意味的形式——中西美学比较》(载《江苏画刊》1988年第8期)

《中西美学的"虚""静"》(载《江苏画刊》1988年第10期)

《寄情笔墨　静水流深——论林曦明的中国画》(载《美术》1988年第12期)

1989 年

出版著作

伍蠡甫、朱立人编《现代西方艺术美学文选(音乐美学卷)(建筑美学卷)(戏剧美学卷)(舞蹈美学卷)(造型美学卷)》(春风文艺出版社、辽宁教育出版社,1989年)

主编《中国名画鉴赏辞典》并作序言"中国画遗产再认识(代序)",是年编定,身后于1993年由上海辞书出版社出版。

发表文章

《中国山水画的诞生》(载《文艺研究》1989年第4期)

《伍蠡甫自述》(载《中国当代美术家》,河北教育出版社,1989年)

《文人画与南北宗论文汇编·序》(载张连、[日本]古原宏伸主编《文人画与南北宗论文汇编》,上海书画出版社,1989年)

1990 年

发表文章

《巴罗克与中国绘画艺术》(载《文艺研究》1990年第2期)

附录(伍蠡甫先生1980年自填履历表):

复旦大学教职工登记表(1980)

姓名：伍蠡甫

出生年月：1900 年

家庭出身：资产阶级

籍贯：广东新会

本人成份：教师

职务：教授

工资级别：高教三级,255元

何时何地参加何种党派：五十年代参加中国农工民主党

会何种外语：英语

业务专长：中国绘画理论；中国山水画创作；西方文论

主要学历：复旦大学(1919—1923)
　　　　　伦敦大学(1936—1937)

工作简历：解放前：复旦大学教授兼文学院院长(1938—1949)
　　　　　　　　　北平故宫博物院顾问(1945—1949)
　　　　　解放后：复旦大学教授
　　　　　　　　　上海画院兼职画师
　　　　　　　　　《辞海》美术门主编
　　　　　　　　　《中国美术词典》第一副主编
　　　　　　　　　《中国大百科全书·外国文学卷》编委

主要社会职务：第四届全国文代会代表
　　　　　　　全国美学学会理事
　　　　　　　全国外国文学学会理事
　　　　　　　国际笔会(上海中心)会员
　　　　　　　上海社联委员
　　　　　　　上海美协理事
　　　　　　　上海作协理事
　　　　　　　上海外文学会理事
　　　　　　　上海美术研究会顾问
　　　　　　　中国农工民主党复旦支部委员

主要著作：《谈艺录》(包括《中国绘画的意境》、《中国绘画的线条》、《笔法论》、《故宫读画记》等)商务 1947 年版

《中国古代画竹艺术》(《复旦学报》1959.12；修改本《美术丛刊》1978.3 辑)

《石涛〈画语录〉札记》(《文汇报》1961)

《评吕凤子〈中国画法研究〉》(《文汇报》1961)

《中国山水画对自然美的处理》(《学术月刊》1962.3)

《艺术形式美的一些问题》(《学术月刊》1963.8)

《论画中有诗》(《文艺论丛》1980.9)

《董其昌论》(《中华文史论丛》1980.2)

《中国的画马艺术》(《美术丛刊》1980.12)

《再论艺术的形式美》(《学术月刊》1981)

《论"气韵、生动"与"骨法、用笔"》(《中国古代艺术和美学论文集》,上海古籍出版社,1981)

《文人画平议》(《复旦学报》1981)

《中国画论研究丛编》(上海人民美术出版社,1981—1982 交稿)

Imagination in Chinese Painting, *ASIA*, Nov./Dec., 1940, New York

《西方文论选》上卷,下卷,主编,上海译文出版社,修订本 1979

《西方文论简史》,人民文学出版社,1981 交稿

《西方现代文论选》,主编,上海译文出版社,1981 交稿

翻译：《哈代短篇小说集》

(林骧华 1980 年抄录)

复旦百年经典文库书目

第一辑

修辞学发凡　文法简论	陈望道著／宗廷虎、陈光磊编
宋诗话考	郭绍虞著／蒋　凡编
中国传叙文学之变迁　八代传叙文学述论	朱东润著／陈尚君编
诗经直解	陈子展著／徐志啸编
文献学讲义	王欣夫著／吴　格编
明清曲谈　戏曲笔谈	赵景深著／江巨荣编
中国古代土地关系史稿　中国土地制度史	陈守实著／姜义华编
中国经学史论著选编	周予同著／邓秉元编
西方史学史散论	耿淡如著／张广智编
中外历史论集	周谷城著／姜义华编
中国问题的分析　荒谬集	王造时著／章　清编
中国思想研究法　中国礼教思想史	蔡尚思著／吴瑞武、傅德华编
长水粹编	谭其骧著／葛剑雄编
古代研究的史料问题　五十年甲骨文发现的总结　五十年甲骨学论著目　殷墟发掘	胡厚宣著／胡振宇编
《法显传》校注　我国古代的海上交通	章　巽著／芮传明编
滇缅边地摆夷的宗教仪式　中国帆船贸易与对外关系史论集　男权阴影与贞妇烈女：明清时期伦理观的比较研究	田汝康著／傅德华编
哲学与中国古代社会论集	胡曲园著／孙承叔编
《浮士德》研究　席勒	董问樵著／魏育青编

第二辑

古史新探	杨　宽著／高智群编
诸子学派要诠　秦史	王蘧常著／吴晓明编
西洋哲学小史　宇宙发展史概论	全增嘏著／黄颂杰编
儒道佛思想散论	严北溟著／王雷泉编
谈艺录　中国画论研究　欧洲文论简史	伍蠡甫著／林骧华编
形态历史观　丹麦王子哈姆雷的悲剧	林同济著／林骧华编
世界文学史	杨　烈著／林骧华编

图书在版编目(CIP)数据

谈艺录：中国画论研究　欧洲文论简史/伍蠡甫著；林骧华编.—上海：复旦大学出版社，2017.8
（复旦百年经典文库）
ISBN 978-7-309-12886-4

Ⅰ.①谈…②中…③欧…　Ⅱ.①伍…②林…　Ⅲ.①中国画-绘画理论-研究②文学批评史-欧洲　Ⅳ.①J212②I500.6

中国版本图书馆 CIP 数据核字(2017)第 046805 号

谈艺录：中国画论研究　欧洲文论简史
伍蠡甫　著　林骧华　编
责任编辑/朱莉芝

复旦大学出版社有限公司出版发行
上海市国权路 579 号　邮编：200433
网址：fupnet@fudanpress.com　http://www.fudanpress.com
门市零售：86-21-65642857　团体订购：86-21-65118853
外埠邮购：86-21-65109143　出版部电话：86-21-65642845
浙江新华数码印务有限公司

开本 787×1092　1/16　印张 40.5　字数 648 千
2017 年 8 月第 1 版第 1 次印刷

ISBN 978-7-309-12886-4/J·331
定价：105.00 元

如有印装质量问题，请向复旦大学出版社有限公司出版部调换。
版权所有　侵权必究

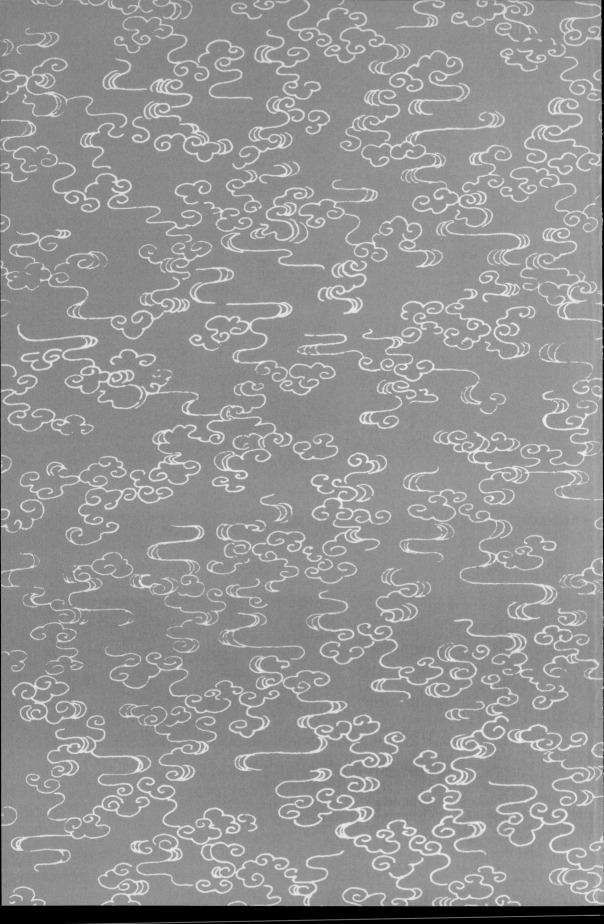